XVIIME SIÈCLE

INSTITUTIONS

USAGES ET COSTUMES

Typographie et Chromolithographie de Firmin-Didot et Cie

LOUIS XIII A SEIZE ANS.

FIGURES DE CRISPIN DE PAS.

LOUIS XIII A SEIZE ANS.

Ce sujet représente une scène fictive, peuplée avec des figures dont Crispin de Pas a illustré le livre de messire Antoine de Pluvinel, écuyer principal de S. M. le roi de France, dans lequel ce conseiller en son conseil d'État, chambellan ordinaire, expose au roi sa méthode « pour réduire les chevaux en peu de temps à l'obéissance des justes proportions de tous les beaux airs et maneiges. »

L'architecture est une restauration où se rencontrent le style du vieux Louvre de Pierre Lescot, orné par Philibert Delorme, tel qu'on le voit à la galerie du Louvre terminée sous Henri IV, et le système d'ornementation pratiqué depuis par Jacques de Brosse, au Luxembourg, Jean Marot, etc. La coloration des costumes est empruntée principalement à la galerie de Médicis de Rubens.

Louis XIII, la houssine en main, sort du palais pour monter à cheval. Il est précédé par un de ses jeunes pages : *Le roi, Messieurs!* Le porte-manteau, tenant aussi l'épée du roi, suit Sa Majesté, ainsi que des dames et des seigneurs de la cour, invités à la cavalcade. Les hallebardiers de la garde du corps, Suisses, Écossais, se découvrent au passage du cortège.

Le groupe principal du bas de la planche représente M. le maréchal de Soubise, s'appuyant d'une main familière sur l'épaule de Pluvinel; celui-ci, ancien écuyer de Henri IV, aux cheveux blanchis, à la fraise épaisse et démodée, est facilement reconnaissable; il tient en main la longue houssine de manège, dont il se servait peu d'ailleurs. « Il faut, dit-il, se garder « de battre le cheval; celui qui se manie par plaisir, est de bien meilleure grâce que celui qui est contraint par la force. » Le troisième seigneur est M. le duc de Bellegarde, grand écuyer de France, par abréviation usuelle, Monsieur le Grand.

Le cheval porte la selle, dite à la Pluvinel, imaginée par cet écuyer et qui fut en usage pendant presque tout le cours du siècle.

Les pages étaient des enfants de treize à quatorze ans, tous gentilshommes des meilleures maisons du royaume.

Pluvinel, tout en conservant pour lui-même un costume suranné, ne voyait pas d'un mauvais œil les modes nouvelles; car dans les conseils qu'il donne à son royal élève, on trouve ceci : « Je désirerois que mon escolier fust vestu de même façon que Monsieur de Bellegarde, « votre grand escuyer, qui sert en votre cour de miroir et de vertueux modèle à pied et à « cheval, à tous les plus propres et curieux chevaliers. »

PAUL LACROIX

(BIBLIOPHILE JACOB)

XVIIME SIÈCLE

INSTITUTIONS
USAGES ET COSTUMES

FRANCE

1590 — 1700

OUVRAGE ILLUSTRÉ

DE 16 CHROMOLITHOGRAPHIES ET DE 300 GRAVURES SUR BOIS

(Dont 20 tirées hors texte)

D'APRÈS LES MONUMENTS DE L'ART DE L'ÉPOQUE

DEUXIÈME ÉDITION

PARIS

LIBRAIRIE DE FIRMIN-DIDOT ET CIE

IMPRIMEURS DE L'INSTITUT, RUE JACOB, 56

1880

Reproduction et traduction réservées

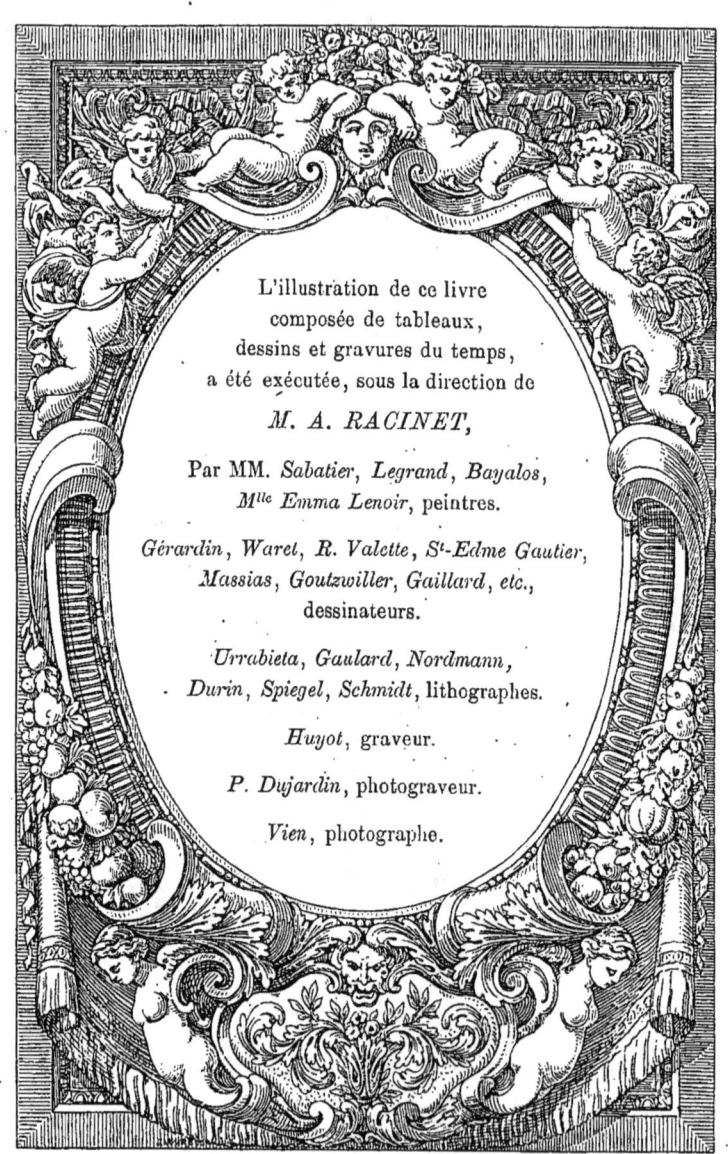

L'illustration de ce livre composée de tableaux, dessins et gravures du temps, a été exécutée, sous la direction de

M. A. RACINET,

Par MM. *Sabatier, Legrand, Bayalos,* Mlle *Emma Lenoir,* peintres.

Gérardin, Waret, R. Valette, St-Edme Gautier, Massias, Goutzwiller, Gaillard, etc., dessinateurs.

Urrabieta, Gaulard, Nordmann, Durin, Spiegel, Schmidt, lithographes.

Huyot, graveur.

P. Dujardin, photograveur.

Vien, photographe.

PRÉFACE DES ÉDITEURS

L'ouvrage que nous présentons cette année au public, et celui qui doit le suivre (Lettres, Sciences et Arts au XVIIe siècle), *viendront combler la lacune qui existe entre les quatre volumes du Bibliophile Jacob sur le Moyen Age et la Renaissance et les deux volumes sur le XVIIIe siècle. C'est, en un mot, le dernier anneau de la chaîne qui relie les diverses périodes de nos annales, et nous osons dire que l'ensemble de ces huit volumes offrira un tableau de la société française, dans sa vie d'autrefois fidèlement retracée, tel que les grandes compositions de l'histoire générale ne sauraient nous le montrer.*

La première série parue ayant amené le lecteur jusqu'aux derniers Valois, tandis que la seconde le conduisait depuis les dernières années de Louis XIV jusqu'à la révolution, à travers les règnes de Louis XV et de Louis XVI, on voit quel vaste champ restait encore ouvert au récit intermédiaire qui doit remonter jusqu'à Henri IV et Louis XIII pour atteindre, avec la période la plus longue et la plus brillante du grand règne (1643-1700), le développement imposant et en quelque sorte l'apogée de la monarchie française.

Cette vaste étendue du sujet qu'il avait à traiter a décidé l'auteur à placer en tête de son livre une sorte d'introduction historique en cinq chapitres, comprenant les règnes de Henri IV et de Louis XIII ainsi que la minorité de Louis XIV, pour éclairer et dégager la marche des chapitres qui viennent après et suivent, à travers les trois règnes, les progrès et la transformation successive des mœurs et des institutions.

N'est-il pas superflu, au point où en est arrivée cette publication, aujourd'hui bien connue et appréciée, de promettre au lecteur, qu'il trouvera dans l'auteur un guide sûr et éclairé, dont l'érudition sans pédantisme a essayé de faire revivre, en tableaux pleins de vie et de mouvement, cette intéressante époque de notre histoire ?

Quant à l'illustration du livre, qu'il nous suffise de dire que, plus que jamais, nous nous sommes attachés au principe qui fait l'originalité des publications précédentes, et qui consiste à tout tirer des documents anciens, à demander à l'époque elle-même le secret de sa physionomie propre. A ce point de vue, le XVIIe siècle offrait une véritable mine à exploiter. Depuis les représentations officielles des splendeurs du grand règne, animées par le pinceau d'un le Brun ou d'un Van der Meulen, jusqu'aux naïvetés des almanachs ou de l'imagerie populaire, que de variétés de types et de caractères ! Et quels peintres de mœurs que les Callot et les Abraham Bosse !

Pour le préambule historique consacré à la première partie du siècle, nous avons pu utiliser par la photographie nombre des pièces rares et curieuses que contiennent les grands recueils du Cabinet des Estampes, tels que le recueil de l'Histoire de France ou la riche collection Hennin, mis à notre disposition avec beaucoup de bonne grâce par l'administration de la Bibliothèque.

Le même principe de fidélité a dirigé le choix et les travaux de nos artistes graveurs, dessinateurs et chromolithographes qui, sous l'habile direction de M. Racinet, s'attachent avant tout à cette vérité de reproduction qui bannit toute idée de traduction libre ou d'interprétation moderne.

LISTE ALPHABÉTIQUE (*)

Des PEINTRES, GRAVEURS, ARCHITECTES, DESSINATEURS, ÉDITEURS, etc., dont les œuvres sont reproduites, avec renvois aux pages du volume, et note chronologique sur chaque personnage.

N. B. Les gravures hors texte sont désignées par des astérisques simples, et les chromos par des astérisques doubles.

A

Pages.

Académie royale des Inscriptions.
Médailles sur les principaux événements du règne de Louis-le-Grand . . . 176, 211, 214, 300, 317, 332 et 488

Aveline (Antoine), graveur. 1662-1712.
Vue générale de la maison de Saint-Cyr 385

Arnoult (Nicolas), dessinateur et graveur, travaillait à Paris de 1680 à 1700.
Dame de qualité en habit d'été 556

B

Ballart (Jean-Christophe), imprimeur de musique.
Atys (1676), opéra de Lully, frontispice 519
Armide (1686). (Voir Duplessis et Scotin.) . . . . .

Ballart (Pierre), imprimeur de la musique du Roi.
Costumes et mise en scène de ballets. D'après le *Discours au vray du ballet dansé par le roi le dimanche 29° jour de janvier 1617* 475
Costumes de ballet . . . . 476 et 477
Costumes de ballet et disposition chorégraphique de quatorze personnages 478
Décoration et mise en scène 479

Bar (Jacq.-Ch.), auteur du *Recueil de tous les costumes religieux et militaires*, 1778.
Costumes religieux . . . . 379 et 381

Bauduins (Adrien-François), peintre-dessinateur et graveur. 1640-....
Le Roy à la chasse du cerf, avec les dames, d'après Van der Meulen 200

Baur (Wilhelm), dessinateur et graveur à l'eau-forte. 1600-1640.
Galériens . . . . 326 et 327
La politesse française 537

Bérain (Jean), peintre, dessinateur, graveur et éditeur. 1636-1711.
Deschars en polichinelle 522

Bignon, dessinateur et graveur. 1640....
Louis XIII 117

Boitard. (Voir *Lauron*.)

Bollery (Nicolas), peintre. 1610-....
Entrée de Henri IV à Paris 37
Sortie de la garnison espagnole 39
Couronnement de Marie de Médicis 75

Bonnard (Les), famille de graveurs et d'éditeurs, ayant travaillé à Paris pendant la deuxième moitié du XVIIᵉ siècle.
Sébastien Leprestre, seigneur de Vauban, maréchal de France 255

Pages.
Sermon de Saint-Vincent de Paul en faveur des Enfants Trouvés. — D'après Galloche * 372
Mademoiselle Journet, dans le rôle de *Melisse* d'Amadis de Grèce 523
Costumes populaires 531
Gentilshommes français (1675-1694) 555
Jeunes élégants 557
Costumes de femmes (*La Fontange*) 559

Boquet (Nicolas?), travaillait à Rome et à Paris à la fin du dix-septième siècle.
Histoire générale du siècle * . . . . Frontispice.
Galère reale d'un Argonaute 486
Orphée conduit par Bacchus 487

Bosse (Abraham), peintre, architecte, dessinateur et graveur. 1602-1676.
Le roi Louis XIII écoute, à son retour de la Rochelle, la harangue du prévôt des marchands 123
Création des Chevaliers du Saint-Esprit (14 mai 1633)* . 130
Le vœu de Louis XIII 133
Disposition du festin fait par S. M. à MM. les Chevaliers du Saint-Esprit, le 14 mai 1633 * 186
Officiers au cabaret (ou au corps de garde) d'après de Saint-Igny 226
Un fifre, sous Louis XIII 264
L'étude du Procureur 323
« Visiter les malades » 361
L'Infirmerie de la Charité * 368
Le Mariage bourgeois. (Le contrat.) 433
Le Mariage bourgeois. (Le soir des noces.) 435
Le pâtissier dans sa boutique 447
Le petit pâtissier 450
Un artificier. (*Le feu*) 463
L'hôtel de Bourgogne 507
Gentilshommes français 536
Le courtisan suivant l'édit 540
La dame suivant l'édit 541
Le bal * 544

Boudan (Alexandre), graveur en taille-douce et éditeur, mort en 1671.
Bataille de Rocroy 139

Boulonnois (Esme de), dessinateur et graveur. Fin du XVIIᵉ siècle.
Gueux et mendiants (tiré des *Proverbes de Lagniet*, série de la *Vie des Gueux*) 310

Bry (Théodore de), dessinateur et graveur, imprimeur-libraire. 1528-1598.
Portrait de Henri IV 45

C

Callot (Jacques), graveur à l'eau-forte et dessinateur. 1593-1635.
Épisode du siège du fort Saint-Martin dans l'île de Ré . 120

(*) Cette liste n'étant que de noms d'auteurs, ne comprend pas les ouvrages anonymes ou sans éléments d'attribution, qui sont nombreux, et qu'on retrouvera à la table générale.

	Pages.
Entrée du roi à la Rochelle	121
Chasse royale *	200
Supplices militaires (l'estrapade, la roue, la fusillade, la pendaison)	228
Les estropiés militaires	233
Une compagnie d'infanterie française, sous Louis XIII (1633)	249
Les supplices usités au XVII° siècle *	324
Gueux (fig. 170 et 171)	392
Gueux (fig. 172 et 173)	393
Les malheurs de la guerre (fig. 177)	402
Les malheurs de la guerre (fig. 178)	403
Marche de Bohémiens (fig. 179)	404
Marche de Bohémiens (fig. 180)	405
Types parisiens. — Le marchand d'images	420
Baladins et mimes italiens (fig. 242)	492
Baladins et mimes italiens (fig. 243)	493
Décoration théâtrale	495
Vue de Paris (comédiens ambulants)	499
Comédiens italiens	508
Grotesque	524
Costumes d'homme, époque Louis XIII	534
Costumes de femme, époque Louis XIII	535

Champagne (Philippe de), peintre. 1602-1674.
Richelieu 113
Henri de la Tour d'Auvergne, vicomte de Turenne, maréchal général de France 247
Jean-Baptiste Colbert 289

Chastillon (Claude) ingénieur du Roi 1547-1616 ; auteur de la *Topographie française* (Paris 1641).
L'hôpital Saint-Louis 363

Chauveau (François), peintre et graveur. 1621-1676.
Anne de Bourbon, duchesse de Longueville . . 159
Le Carrousel de 1662 * ; figures 196
Types parisiens. « Le Barbon. » 399
Le duc d'Enghien. (Carrousel de 1662) 472
Escadron des Turcs. (Idem.) ** 472
Le duc de Guise. (Idem.) 473
Le cheval de bataille. (Idem.) ** 474
Frontispice des œuvres de Molière 517

Chenu (Pierre), graveur. 1718-1780.
Maximilien de Béthune, duc de Sully, dessiné par Gabriel de Saint-Aubin, (la tête d'après le tableau de Porbus) 49

Chevotet (J.-M.).
Vue intérieure du grand escalier de Versailles * . . . 194

Ciartres. (Voir *François Langlois*.)

Cochin père (Charles-Nicolas), graveur. 1688-1754.
Les drapeaux de Lens 151
Entrée du duc d'Enghien dans Philipsbourg, d'après la Belle 251

Couvay (Jean), graveur. 1622.
L'eau, d'après Huret 548

D

Dancker-Dankerts (peut-être Jean Danckerts), marines, dix-septième siècle.
Navire de guerre calfaté 258

Dieu (Antoine), peintre et graveur. 1662-....
Terre-plein du Pont-Neuf et perspective des deux quais du côté du Louvre * 452

Duplessis (N....) *le vieux*, dessinateur. ....-1700.
Armide, de Lully, frontispice de l'acte 1er . . . 521

E

Edelinck (Gérard), dessinateur et graveur. 1640-1707.
Abraham du Quesne (1610-1688) 262

	Pages.
Erlinger (Fr.), graveur.	
Prise de Cambrai, d'après Van der Meulen	253

F

Firens (Pierre), graveur et éditeur. ....-1639 ?
Louis XIII et Anne d'Autriche ; Philippe d'Autriche et Élisabeth de France 95

François (Jean-Charles), graveur. 1717-1769.
La Maréchale d'Ancre, d'après A. B. 99

G

Galloche (Louis), peintre. 1670-1761.
Sermon de Saint-Vincent de Paul en faveur des enfants trouvés * 372

Gaultier (Léonard), graveur. 1561-1628 ?
Baptême du Dauphin et de ses sœurs 61
Couronnement de Marie de Médicis, d'après N. Bollery . 75

Gheyn (Jacques de) *le vieux*, graveur et auteur du *Maniment d'armes, d'arquebuzes, mousquets et piques, représenté par figures.* 1565-1625.
Panoplie de l'armement du piquier, de l'arquebusier et du mousquetaire 217
Piquiers sous Henri IV ; maniement de la pique . 222

Gillot, peintre et graveur 1673-1722.
Comédiens italiens . . . . 514 et 515

Goltzius (Henri), peintre. 1558-1617.
Type de nain, bouffon de cour 183
Costumes militaires, d'après de Gheyn 529

H

Heince (Zacharie), dessinateur et graveur. 1611-1669.
Louis XIII 117

Hélyot (Pierre) dit *le père Hippolyte*, 1660-1716. Auteur de l'*Histoire des ordres monastiques religieux et militaires*, etc. Paris 1714.
Costumes religieux 379
Costumes religieux 381

Hœius (Franciscus) (peut-être Fr. van Hoey, éditeur en Hollande, de la première moitié du dix-septième siècle).
Gentilhomme français . . . . 546 et 547

Hollar (Wenceslas), dessinateur et graveur. 1607-1677.
La coque du grand navire 257
Le petit chien de manchon 539
Noble dame de France 542
Marchande de Paris 542
Matrone parisienne 543
Femmes des classes rustiques 543

Humbelot (Jacques), dessinateur et graveur. 1660-....
Les justes devoirs rendus au roy et à la reine régente sa mère 167
Types parisiens. Le crieur public 421

Huret (Grégoire), dessinateur et graveur. 1610-1670.
L'eau 548

I J

Isac (Jaspar), graveur du milieu du dix-septième siècle.
L'écuyer à la mode, caricature 533

Jaillot (J.-B.-Mich. Renou de Chevigné, connu sous le nom de), *Armorial universel*. 1679.
Armoiries bourgeoises (fig. 215) 441
Les armes des six corps des marchands de Paris . 443

	Pages.
Jode (Pierre de) *le jeune*, dessinateur et graveur. 1606-	
Le Père Joseph	109
Joullain (François), graveur et éditeur. 1700-1790.	
Comédiens italiens ; d'après Gillot (Histoire du théâtre italien de Riccoboni)	514 et 515

L

La Belle (Stefano Della Bella), graveur. 1610-1664.	
La chasse au cerf, la chasse au sanglier, la chasse au chevreuil *	200
Cavaliers et tambours à cheval	213
Entrée du duc d'Enghien dans Philipsbourg	251
Une galère	260
Reposoir élevé pour la Fête-Dieu par Mgr Tubeuf, etc.*	460
Scène de Mirame	511
Cavalier avec une dame en croupe	564
Lagniet (Jacques), graveur et éditeur. 1640-1674. (*Recueil des plus illustres proverbes mis en lumière, divisé en trois livres.*)	
Le cordier	184
Les travailleurs en faux	185
Le tire-laine	303
Le coupe-bourse	305
Gueux et mendiants	308, 309, 310, 311, 312 et 313
Le chemin de l'hôpital	314
« On ne sort pas du cabaret comme d'une église »	315
« La miche »	397
Types parisiens	398
Pauvres des campagnes	406
Satire contre les médecins et les avocats	434
Fous courant la ville	459
Tenues de duel et d'escrime	554
Langlois (François dit *Ciartres*), graveur et éditeur. ....-1646?	
Une galère, d'après la Belle	260
Compère Mardi-gras	456
Carême	457
Lasne (Michel), dessinateur et graveur. 1606-1667.	
Le cuisinier	422
La bourgeoise	437
Lauron, auteur d'un recueil (1711) intitulé *The cryes of the city of London drawn after the life*, lequel a été copié par Boitard avec planches supplémentaires de types français d'où sont tirées les suivantes :	
Cris de la rue	417, 418 et 419
Leblond (Jean), peintre, graveur et éditeur. 1635-1709.	
Briguelle (comédien)	522
Dames de qualité	549
Le Brun (Charles), peintre. 1619-1690.	
Louis XIV, dans la tranchée devant Tournay, avec sa maison militaire	198
Renouvellement d'alliance entre la France et les Suisses.*	198
Entrevue de Louis XIV et de Philippe IV dans l'île des Faisans en 1660 * *	202
Le château de Chambord * *	212
Défaite de l'armée espagnole, en 1667, par les troupes du roi, sous les ordres de Marsin	245
Le Clerc (Jean), dessinateur et graveur. 1587-1633.	
Le Persée français	33
Entrée de Henri IV à Paris, d'après N. Bollery.*	37
Sortie de la garnison espagnole, d'après N. Bollery	39
Baptême du Dauphin et de ses sœurs, d'après L. Gaultier	61
Couronnement de Marie de Médicis, d'après N. Bollery.	75
Le Clerc (Sébastien), graveur. 1637-1714.	
Louis XIV, dans la tranchée devant Tournay, avec sa maison militaire, d'après Ch. le Brun	198

	Pages.
Prestation de serment, entre les mains du Roi par M. le marquis de Dangeau, comme grand-maître de l'ordre de Saint-Lazare, d'après Ant. Pezey *	206
Défaite de l'armée espagnole, d'après le Brun	245
La galerie des Gobelins, visitée par Colbert	293
Le conseil du roi Louis XIV	295
Réception des ambassadeurs de Siam, par Louis XIV	297
Séminaristes	358
Séminaristes	386
Char décoratif figurant la forteresse de Montmélian, prise par Catinat (21 décembre 1691) *	486
Le Pautre (Jean), peintre. 1617-1682.	
Le sacre de Louis XIV	175
Intérieur d'habitation seigneuriale * *	550
Lesueur, dessinateur.	
Statue de Louis XIV	429
Leu (Thomas de), graveur, né vers le milieu du seizième siècle, mort vers 1620.	
Portrait du président Barnabé Brisson	25
Lostelneau (de), maréchal de bataille des camps et armées de Sa Majesté et sergent-major de ses gardes françaises.	
Mousquetaires sous Louis XIII ; l'exercice du mousquet.	223
Mousquetaires sous Louis XIV ; *idem*	225

M

Manesson-Mallet (Allain), auteur des *Travaux de Mars ou l'Art de la guerre*. (1684.)	
Mousquet, fusil, épées et armes diverses	221
Campements fixes	231
Les différentes espèces de canons	236
Canons et pierriers sur leurs affûts	237
Manœuvres d'infanterie et de cavalerie	250
Le pétard et son emploi	252
Mariette (Pierre), libraire et marchand d'estampes?	
Scènes de la vie rustique. « On plante le may. »	411
La fête des rois, au village	415
Le cuisinier, d'après Lasne	422
La bourgeoise, d'après Lasne	437
Comédiens italiens	513
L'eau (voir Huret)	548
Femme de qualité s'habillant pour courir le bal	562
Dame de qualité recevant un message	563
Marot (Jean), architecte et graveur. 1630-1679.	
Haut dais ou trône royal *	468
Martinet (Fr. Nic.), ingénieur et graveur.	
Cour du collège de Plessis-Sorbonne (1650)	343
Dortoir du collège de Navarre (1638-1731)	349
Façade du collège d'Harcourt (1675)	355
Mathonière (Nicolas de la), éditeur-graveur, travaillait à Paris de 1610 à 1622.	
Marie de Médicis, régente, et son fils, d'après F. Quesnel (1610)	83
Mérian (Mathieu) *le vieux*. 1593-1650.	
Paris, sous Henri IV	390
Vue de Paris ;*	Base du frontispice.
Mignard (Pierre), peintre. 1610-1695.	
Mazarin	145

N

Nanteuil (Robert), peintre et graveur. 1630-1678.	
Richelieu, d'après Ph. de Champagne	113
Mazarin, d'après Mignard	145
Turenne, d'après Ph. de Champagne	217
Fouquet, d'après le portrait peint par Nanteuil lui-même	281
Jean-Baptiste Colbert, d'après Ph. de Champagne	289

P

Pas (Crispin de) *le vieux*, graveur. ....-1635.	
Louis XIII à seize ans * *	Frontispice.

LISTE ALPHABÉTIQUE DES PEINTRES, GRAVEURS, ETC.

Louis XIII au manège, d'après l'ouvrage de Pluvinel intitulé *Maneige royal* 80
Louis XIII courant la bague, *idem*. 81

Perrault (Claude).
Arc de triomphe du faubourg Saint-Antoine 469

Pérelle (Adam), dessinateur et graveur. 1638-1695.
Vue et perspective du collège des Quatre-Nations . . . 357
Monastère du Val-de-Grâce. 380
Terre-plein du Pont-Neuf, d'après Dieu * 452

Pezey (Ant.), peintre, mort après 1695.
Prestation de serment du marquis de Dangeau, comme grand-maître de l'ordre de Saint-Lazare 206

Pitau (Nicolas), dessinateur et graveur. 1634-1676.
Jean-Jacques Olier 384

Q

Quesnel (F.....), peintre. 1542-1619.
Marie de Médicis, régente, et son fils (1610) 83

R

Regnesson (Nicolas), dessinateur et graveur. 1625-1670.
La duchesse de Longueville; d'après Chauveau 159
Types parisiens : « Le Barbon, » d'après Chauveau . . 399

Restout (Marc), peintre. 1616-1686.
Jeanne-Françoise de Chantal, fondatrice de la Visitation. 377

Rugendas (Georges-Philippe), peintre et graveur. 1666-1742.
Les ordres de l'état-major 246

S

Saint-Aubin (Gabriel-Jacques de), dessinateur et graveur. 1724-1780.
Maximilien de Béthune, duc de Sully (la tête d'après le tableau de Porbus) 49

Saint-Igny (de), peintre et dessinateur, dix-septième siècle.
Officiers au cabaret (ou au corps de garde) 226

Saint-Jean (J.-B. de), peintre, dix-septième siècle.
Marie-Anne-Christine-Victoire de Bavière, épouse du grand Dauphin. 203
Gentilshommes français. 555

Sandrart (Joachim), peintre et graveur. 1606-?
Dame à l'église. 556

Schenck (P.), graveur.
Jean Bart 263

Scotin.
Armide de Lully, frontispice de l'acte 1ᵉʳ 521

Silvestre (Israël) ou *Sylvestre*, dessinateur et graveur. 1621-1691.
Carrousel de 1662, architecture 106
Galère attaquant un grand navire 261
Vue du grand Châtelet 319
Le noviciat des jésuites 347
Vue perspective de la chapelle et maison de Sorbonne. 351
La place Royale, avec la statue de Louis XIII 427
Entrée du Cours-la-Reine 449
Foire annuelle tenue à Saint-Ouen, au bord de la Seine.* 454
Les plaisirs de l'Isle enchantée (troisième journée); théâtre dressé au milieu du grand étang. 481
Comédie à la cour *. 482
Les plaisirs de l'Isle enchantée (troisième journée); le feu d'artifice 485

Simonneau (Charles), graveur. 1645-1728.
Terre-plein du Pont-Neuf, d'après Dieu *. 452

Stella (Jacques Van der Star, dit), peintre. 1596-1657.
La danse champêtre 408
L'aller au travail 409
Les fiançailles 412
La noce villageoise 413

Surugue (Pierre-Louis), graveur. 1717-1771.
Vue intérieure du grand escalier de Versailles; d'après J. M. Chevotet * 194

T

Tardieu (Nicolas-Henri), graveur. 1674-1749.
Statue de Louis XIV, gravé d'après le dessin de Lesueur. 429

Trouvain (Antoine), graveur. 1656-1708.
Premier *appartement* 208
Cinquième chambre des *appartements*. 209
Quatrième chambre des *appartements* 210
Gentilshommes français. . . . . 555 et 557

V

Van der Meulen (Antoine-François), peintre. 1634-.....
Le Roy à la chasse du cerf, avec les dames 200
La Reine, entourée de sa maison militaire, se rend à Fontainebleau. 212
Louis XIV, au bois de Vincennes, conduisant dans sa calèche les dames de la cour. 213
Marche des bagages de l'armée et ordre pour le campement (fig. 87 et 88) 230
Engagement de cavalerie (combat au pistolet) 240
Engagement de cavalerie (combat à l'arme blanche) . . 241
Cavalerie en campagne. 242
Prise de Cambrai 273

Histoire générale du siècle, Frontispice, d'après Boquet.
Le petit sujet, inséré dans le bas de la composition, est une vue de Paris d'après Mérian.

CHAPITRE PREMIER

LA LIGUE

La Ligue; ses origines. — Les États de Blois et le meurtre du duc de Guise. — L'armée royale à Saint-Cloud. — Mort de Henri III. — Siège de Paris; procession de la Ligue. — Arques et Ivry. — Cruelle famine dans Paris. — Campagnes de Henri IV contre Mayenne et Alexandre Farnese. — Tyrannie des Seize; meurtre du président Brisson. — Henri IV à Saint-Denis. — Les États de la Ligue. — L'abjuration. — Entrée de Henri IV à Paris. — La pacification.

A Ligue n'avait été, à son origine en 1576, qu'une association particulière de gentilshommes de Picardie, qui, à l'instigation de Jacques d'Humières, s'engagèrent par serment à défendre la religion catholique, et à combattre l'hérésie calviniste, en faisant au besoin le sacrifice de leurs biens et de leurs vies. Mais d'autres ligues analogues, constituées sur les mêmes bases et sur le même plan, s'étaient établies simultanément dans toutes les provinces et avaient composé d'intelligence une seule Ligue, qui devint la *Sainte-Union* des catholiques contre les huguenots.

Voici comment le président de Thou raconte, dans les *Histoires de son temps*, la naissance de la Ligue à Paris : « Un parfumeur, nommé Pierre de la Bruyère et son fils Mathieu, conseiller au Châtelet, y furent les premiers et les plus zélés prédicateurs de l'*Union*; et, à leur sollicitation, tout ce qu'il y avait de débauchés dans cette grande ville, tous les gens qui ne trouvoient que dans la guerre civile une ressource à leur libertinage ou un moyen sûr de satisfaire leur avarice et leur ambition, s'enrôlèrent à l'envi dans cette nouvelle milice. » Ce jugement d'un adversaire peut n'être pas trop sévère pour un certain nombre d'ambitieux et d'intrigants qui se servaient de la religion pour colorer leur désir de dominer et ne craignirent pas d'appeler à eux les ennemis de la France, mais il ne saurait être appliqué d'une manière générale à tous les ligueurs. Il faut reconnaître qu'un grand nombre, dans le peuple surtout, étaient de bonne foi, et que, s'ils ont pu se tromper et se laisser tromper, ils n'ont jamais manqué de courage ni de dévouement.

La Ligue, qui donnait l'éveil aux passions démagogiques, n'eut aucune action dans les campagnes, mais elle fut bientôt maîtresse absolue des villes et surtout des plus populeuses, où les habitants paisibles n'osaient, malgré leur nombre, tenir tête quelquefois à une poignée de fanatiques. Le roi Henri III lui-même s'était vu forcé d'adhérer au pacte de la Ligue, qui n'avait pas tardé à s'écarter de son but primitif, pour se jeter dans un inextricable chaos de folies et de désordres.

Depuis la journée des Barricades (jeudi 12 mai 1588), qui avait forcé Henri III à sortir de sa capitale en vaincu et en fugitif, depuis la fin tragique du duc Henri de Guise et de son frère le cardinal de Lorraine, massacrés tous deux, par ordre du roi, au château de Blois, pendant les États généraux (23 et 24 décembre de la même année), la Ligue avait changé d'objet, de caractère et de physionomie : les princes de la maison de Lorraine en étaient toujours les chefs apparents, le roi d'Espagne Philippe II en était l'allié, la cour de Rome en était l'appui, mais il ne s'agissait plus d'étouffer l'hérésie dans le sang de *ceux de la religion :* toutes les forces de cette grande insurrection populaire se trouvaient dirigées à la fois contre le roi très chrétien qu'on voulait déposséder de sa couronne. Un décret de la Sorbonne avait délié les Français du serment de fidélité à l'égard de leur souverain. Paris était en pleine révolte contre l'autorité royale, et la plupart des villes avaient suivi l'exemple de Paris. Il y avait, pour ainsi parler, deux royaumes dans le royaume, deux États dans l'État, et jamais peut-être la France ne s'était trouvée en un tel péril.

Ce fut alors que Henri III, n'ayant plus autour de lui qu'un simulacre de cour et d'armée, fit appel à son beau-frère le roi de Navarre et réclama le secours des calvinistes, qui lui pardonnèrent leurs défaites de Jarnac et de Moncontour. Ce n'était qu'une trêve d'une année, en apparence, mais c'était la réconciliation éclatante de Henri de Bourbon avec le roi de France, dont il allait être désormais l'héritier présomptif. Avant cette réconciliation (mars 1589), le roi de Navarre avait adressé aux royalistes catholiques une touchante apologie de sa conduite politique : « Plût à Dieu, disait-il, que je n'eusse jamais été capitaine, puisque mon apprentissage devoit se faire aux dépens de la France! Je suis prêt de demander au roi, mon seigneur, la paix, le repos de son royaume, et le mien... On m'a souvent sommé de changer de religion, mais comment? la dague à la gorge... Si vous désirez simplement mon salut, je vous remercie; si vous ne désirez ma conversion que par la crainte que vous avez qu'un jour je ne vous contraigne, vous avez tort! » Ainsi, dès ce moment-là, le roi de Navarre semblait prévoir, sans trop d'effroi, qu'il pourrait bien se voir obligé de changer de religion pour devenir roi de France. Quand Henri III et le roi de Navarre se furent embrassés, au château de Plessis-les-Tours, en présence d'une nombreuse réunion de catholiques et de calvinistes (30 avril 1589), Henri de Bourbon écrivit à son fidèle serviteur Philippe de Mornay : « La glace a été rompue, non sans nombre d'avertissements que, si j'y allois, j'étois mort; j'ai passé l'eau, en me recommandant à Dieu! » Mornay lui répondit : « Sire, vous avez fait ce que vous deviez et ce que nul ne vous devoit conseiller. »

La situation désespérée du roi s'améliora tout à coup, et en moins de trois mois, Henri III put avoir l'espérance de prendre sa revanche contre tous ses ennemis et de triompher de la Ligue, qui avait failli le détrôner au profit du roi d'Espagne et de la maison de Lorraine. Dans les derniers jours de juillet, il se voyait à la tête d'une armée de 40,000 hommes et il occupait les hauteurs de Saint-Cloud, avec la certitude de rentrer bientôt en maître dans Paris. Du haut des collines où étaient campées ses troupes impatientes de commencer le siège de la ville rebelle, il regardait avec joie, dans le lointain, ce Paris qui l'avait insolemment chassé dans la journée des Barricades ; il prononça, dit-on, ces paroles empreintes d'un profond sentiment de vengeance : « Paris, chef du royaume, mais chef trop gros et trop capricieux ! tu as besoin d'une saignée, pour te guérir, ainsi que toute la France, de la frénésie que tu lui communiques ! Encore quelques jours, et on ne verra ni tes maisons, ni tes murailles, mais seulement la place où tu auras été. » Le roi de Navarre ne partageait pas ces sentiments et n'avait garde de méditer la destruction de la capitale d'un royaume qui devait tôt ou tard lui appartenir en vertu des droits que lui assurait la loi fondamentale de la monarchie. L'armée royale était divisée en deux camps : les catholiques à Saint-Cloud, les calvinistes à Meudon, mais tous devaient agir en commun, sous la direction de Henri III, qui avait approuvé les plans du roi de Navarre.

Paris se préparait à une résistance formidable, quoique sa garnison fût à peine suffisante pour défendre les positions que le duc de Mayenne avait fait fortifier à la hâte, en élevant des bastions et en creusant des fossés, hors de la vieille enceinte de murailles que les Parisiens avaient laissé tomber en ruines depuis le règne de François Ier. Mayenne, comme chef de l'Union et lieutenant général de l'État et couronne de France, avait convoqué tous les seigneurs et gentilshommes qui avaient prêté serment à la Ligue, mais ces seigneurs et gentilshommes étaient la plupart retenus, dans les provinces, par leurs propres intérêts : on ne pouvait guère compter sur leur assistance, du moins immédiate ; on comptait davantage sur les troupes espagnoles et napolitaines, que Philippe II envoyait au secours de Paris, bloqué plutôt qu'assiégé. Mais, à défaut de forces militaires, appartenant à l'armée de la Ligue, cette ville avait pour sa défense une population exaltée par les prédicateurs, et une milice bourgeoise qui s'était aguerrie au métier des armes depuis que les guerres civiles avaient changé tous les citoyens en soldats. Il avait fallu, bon gré, mal gré, s'enrôler dans cette milice, pour obéir aux ordres tyranniques de la faction des Seize,

PARIS PENDANT LA LIGUE.

La fameuse procession de la Ligue, reproduite par un grand nombre de gravures populaires, eut lieu le 14 mai 1590, à la suite de l'émotion causée par la défaite à Ivry du duc de Mayenne. Deux peintures du temps, représentant cette procession, appartenant, l'une à M. le duc de Valençay, l'autre à M. Baur, cataloguées, à l'exposition du Costume organisée par l'Union centrale des beaux-arts appliqués à l'industrie en 1876, sous les n°ˢ 67 et 68 (Documents pittoresques sur l'histoire de Paris), nous ont permis de recueillir les types les plus caractéristiques du nombreux personnel de cette *montre en armes*, où parurent, portant la pertuisane ou l'arquebuse, non seulement de véritables hommes de guerre et des gardes civiques, mais encore le légat du pape, Cajetan, de fougueux curés, et des moines de tous ordres, chartreux, feuillants, ordres mendiants. Les bourgeois en famille y figuraient, mêlés aux manouvriers, aux portefaix, à la lie du peuple. Presque tout le monde portait au chapeau la croix blanche, en souvenir de la Saint-Barthélemy.

Nous avons relevé entre autres types : le moine adolescent, le novice ; celui d'âge moyen, aux membres rustiques, ayant lacé la cuirasse et maniant la longue hallebarde en véritable soldat ; un autre d'âge plus avancé se faisant de la fourchette de son arquebuse un appui pour la marche ; puis le moine à large panse, qui figure dans toutes les représentations de cette procession, la croix en main, avec l'arquebuse à l'épaule, la poire à poudre sur l'estomac, la rapière au flanc, la longue mèche au ceinturon à côté de la petite gourde d'osier ; enfin, le moine peu exercé, maniant d'une main imprudente une arme qui ne lui est point familière, l'un de ceux qui, au dire de l'Estoile, « n'estant pas bien asseurés de leurs bâtons (armes à feu) » tuèrent ou blessèrent à droite et à gauche.

Le Paris de la Ligue, avant même la mort de Henri III, avait répudié les pompes de la parure. « On y voit une si grande réformation au retranchement du luxe, « dit un contemporain cité par M. Quicherat, qu'il est impossible de le croire à ceux qui ne le voient, jusque-là mesme que quand une damoiselle porte, non seule- « ment une *fréze* à la confusion, mais un simple rabat un peu trop long, les autres damoiselles se jettent sur elle et lui arrachent son collet, en lui déchi- « rant sa robe. Enfin, vous ne voyez plus dedans Paris que du drap au lieu de soye, et de la soye au lieu de l'or. »

Au mois de mai 1590, la terreur inspirée par la tyrannie des Seize n'était pas encore dans toute sa force. Les dames de la bourgeoisie, tout en portant des robes à jupe fermée, d'étoffes unies, la large fraise ou l'éventail de dentelle pour cols, les cheveux en raquette et les amas en bourrelets autour de la taille allongée se montraient encore en public avec leur masque de satin noir percé de deux trous. C'était comme une survivance des modes dont la belle Marguerite de Valois avait été la principale inspiratrice. Le haut chapeau dont les *catholiques zélés* couvraient leur tête était entièrement dépourvu des plumes que l'on y joignit plus tard. Ce chapeau en cône allongé et à larges bords était, dit-on, d'origine albanaise.

PARIS PENDANT LA LIGUE.

qui exerçait dans la capitale une autorité arbitraire et absolue. « Nous sommes maintenant devenus des guerriers désespérés, écrivait à un ami le célèbre Étienne Pasquier, alors avocat général à la chambre des comptes : le jour, nous gardons les portes ; la nuit, faisons le guet, patrouilles et sentinelles. Bon Dieu ! que c'est un métier plaisant à ceux qui en sont apprentifs ! » Il est permis de croire qu'une partie des habitants était, au fond du cœur, restée fidèle au roi et faisait des vœux pour être délivrée du fléau de la Ligue ; mais personne n'osait exprimer ou laisser soupçonner de pareils sentiments, dans la crainte d'être mis à mal par les *ligueux*. D'autres étaient sincères en leur foi et pensaient loyalement combattre *pro aris et focis*.

Le matin du 2 août (1589) le bruit se répandit tout à coup dans Paris que le roi Henri III avait été tué, la veille, par un moine jacobin. Celui qui en apporta la première nouvelle à la duchesse de Montpensier (Catherine-Marie de Lorraine) et à sa mère madame de Nemours, fut reçu comme un sauveur : la duchesse, lui sautant au cou et l'embrassant, s'écriait : « Ah ! mon ami, sois le bien venu ! Mais est-il vrai au moins ? Ce méchant, ce perfide, ce tyran est-il mort ? Dieu ! que vous me faites aise ? Je ne suis marrie que d'une chose : c'est qu'il n'a su, devant que de mourir, que c'étoit moi qui l'avois fait tuer ! » C'était la duchesse de Montpensier, qui, au moyen de toutes les séductions et de tous les artifices que lui suggérait son implacable haine contre le roi, avait, dit-on, poussé et déterminé un jeune moine du couvent des Jacobins, nommé Jacques Clément, à se faire régicide et à sacrifier sa vie, comme un martyr, pour frapper le tyran. Les prédicateurs n'appelaient pas autrement Henri III, depuis le meurtre du duc de Guise et du cardinal de Lorraine aux États de Blois, et tous les jours, en chaire, ils invitaient leurs auditeurs à se rendre agréables à Dieu et à mériter la félicité éternelle, en immolant cet *Hérode*, dont la mort serait si utile à la religion et à la France. Mme de Montpensier annonça, pour témoigner sa joie, qu'elle porterait le *deuil vert*, « qui est la livrée des fous, » dit Pierre de l'Estoile, et distribua des écharpes vertes à tous ses domestiques. Elle monta en carrosse avec sa mère et se fit promener par la ville, en criant à haute voix : « Bonnes nouvelles, mes amis! Le tyran est mort! Il n'y a plus de Henri de Valois en France! » La mère et la fille se rendirent aux Cordeliers, et entrèrent dans l'église, suivies d'une foule de peuple, qu'elles haranguèrent, du haut des degrés du grand autel, en excitant leur auditoire fanatique à

Fig. 1. — Meurtre de Henri III. (Fac-simile.)

N. B. L'estampe ci-dessus fait partie de la nombreuse collection de gravures populaires représentant la scène du meurtre. Le fanatisme ligueur respire dans les vers qui composent la légende. (Bibl. Nat., Rec. de l'Histoire de France; 1589-1590.)

prier Dieu pour le *bon moine* frère Jacques Clément, qui avait fait justice du cruel tyran, Henri de Valois, excommunié. Il y avait des fanatiques qui adressaient au ciel des actions de grâces et des prédicateurs qui glorifiaient en chaire la sainte et vertueuse action de l'assassin du roi. Déjà les faiseurs de libelles et de poésies diffamatoires se mettaient à l'œuvre, et le lendemain même on vendait dans les rues ces écrits abominables contre la mémoire du roi, avec quantité de placards accompagnés de gravures représentant l'assassinat et différents épisodes de cet horrible événement. On ignorait encore que Henri de Bourbon avait été proclamé roi de France, à titre de successeur légitime de son cousin et beau-frère Henri III.

Quand ce malheureux prince se sentit blessé mortellement, le 1er août, il se confessa, reçut l'absolution, communia, et se tint prêt à faire une fin chrétienne. Il avait mandé auprès de lui le roi de Navarre, et, en l'attendant, il parlait, avec calme et résignation, aux principaux seigneurs de sa cour, rangés tristement autour de son lit; il leur disait que son plus grand regret, en mourant, était de laisser son royaume dans un si fâcheux état; qu'il avait appris, à l'école de Jésus-Christ, le pardon des injures, et qu'il ne voulait pas qu'on vengeât sa mort. Il exhorta ensuite les assistants à reconnaître, après lui, pour roi de France, le roi de Navarre, qui était son seul héritier légitime. En ce moment, Henri de Bourbon arrivait tout ému et s'arrêtait au seuil de la porte. Le royal moribond l'appela, et, se soulevant avec effort, lui jeta les bras au cou et le retint pressé sur son sein, les yeux levés au ciel, comme s'il eût prié pour lui : « Soyez certain, mon cher beau-frère, lui dit-il, que jamais vous ne serez roi de France, si vous ne vous faites catholique. — Soit! répondit le roi de Navarre, en pleurant; que Dieu nous conserve longtemps Votre Majesté! » Toute l'assemblée fondait en larmes; on n'entendait que soupirs et sanglots. Henri III, que les prédicateurs de la Ligue avaient réussi à rendre odieux à ses sujets, était chéri de ses serviteurs, qui le regardaient comme le meilleur et le plus généreux des maîtres, mais ses ennemis le représentaient comme un monstre, gangrené de vices et capable de tous les crimes. Dès lors, suivant le témoignage d'un historien judicieux et impartial, « on ne vit, dans ses dévotions, que leur bizarrerie; dans ses libéralités, que leur profusion; dans sa patience, qu'un excès de timidité; dans sa politique trop circonspecte, que de la fraude et de la mauvaise foi. On commença par le mépriser, on finit par le haïr. »

Henri de Bourbon était allé, par ordre du roi, rassurer l'armée et prendre les dispositions urgentes que commandait la circonstance. Lorsqu'il revient à Saint-Cloud, vers deux heures du matin, Henri III venait d'expirer : il se jeta sur le corps inanimé de son beau-frère et l'embrassa en gémissant ; puis, se relevant avec dignité, il dit à l'assistance, d'un ton solennel : « Les larmes ne le feront pas revivre. Les « vraies preuves d'affection et de fidélité sont de le venger. Pour moi, « j'y sacrifierai ma vie. Nous sommes tous Français, et il n'y a rien « qui nous distingue au devoir que nous devons à la mémoire de « notre roi et au service de notre patrie. » Plusieurs des assistants tombèrent à ses genoux et lui baisèrent la main, en signe d'adhésion et d'hommage. Mais il s'en fallait de beaucoup que le roi de Navarre fût reconnu roi de France par toute l'armée. Quelques-uns de ses conseillers, sachant le mauvais vouloir des principaux chefs royalistes, proposaient au nouveau roi de se séparer d'eux et de se replier sur la Loire avec la noblesse protestante. Henri de Bourbon repoussa cette proposition, qui lui eût fait perdre la couronne : il pria ses officiers les plus habiles et les plus estimés, Guitry, Givry, d'Humières et Rosny, d'aller conférer avec les seigneurs catholiques dont les uns se refusaient formellement à reconnaître un roi huguenot, tandis que d'autres n'étaient pas éloignés de s'attacher à lui, à condition qu'il s'engageât à se faire instruire dans la *religion du royaume*.

Sur ces entrefaites, Harlay de Sancy vint annoncer au nouveau roi que les capitaines suisses consentaient à le servir, sans recevoir de paie, pendant deux mois. Givry, en apprenant cette bonne nouvelle, se rendit dans l'assemblée des seigneurs catholiques, et là, embrassant le genou du roi, dit à voix haute : « Sire, je viens de voir la fleur de votre brave noblesse ; elle attend avec impatience vos commandements : vous êtes le roi des braves et ne serez abandonné que par les poltrons. » Ces paroles furent accueillies par une approbation presque générale, et Henri de Bourbon ayant dit qu'il ne retenait personne, et qu'il ne voulait avec lui que des cœurs de bonne volonté, un grand nombre de seigneurs catholiques se décidèrent « à le reconnaître pour leur roi et prince naturel, suivant les lois fondamentales du royaume, et à lui promettre service et obéissance, après lui avoir fait promettre et jurer, en foi et parole de roi, de maintenir et conserver dans son royaume la religion catholique, apostolique et romaine, en son entier, sans y innover ou changer aucune chose. »

Toutefois, l'armée du roi se trouvant, par suite de quelques défections partielles, réduite à 15,000 hommes, avec des capitaines encore incertains, il ne fallait plus songer au siège de Paris, d'autant que Mayenne commençait à recevoir des renforts qui devaient lui permettre de prendre l'offensive. Henri se hâta de battre en retraite, avec les troupes qui lui restaient et, après s'être retiré d'abord sur Poissy, il alla

Fig. 2. — Transport des restes de Henri III à Poissy. — Fac-similé d'une estampe sur laquelle on lit : à Paris, par R. Guérard et Nicolas Prevost, demeurant rue Montorgueil, au Bon Pasteur (Bibl. Nat., Collection Hennin, t. IX, p. 60), citée dans les Drôleries de la Ligue, t. IV des Mémoires-Journaux de Pierre de l'Estoile (librairie des Bibliophiles, 1878).

déposer le corps de son prédécesseur dans l'abbaye de Saint-Corneille de Compiègne, en attendant qu'il le ramenât dans la sépulture des rois à l'abbaye de Saint-Denis. Le royaume de Henri IV ne se composait encore que de quelques villes de la Normandie, où il n'avait pas même laissé de garnison, mais il s'établit fortement dans la place de Dieppe et aux environs, où il avait formé un camp retranché, sous le canon du château d'Arques. C'est là qu'il voulait, après avoir reçu le secours d'hommes et d'argent que la reine d'Angleterre se disposait à lui envoyer, attendre l'attaque de Mayenne.

Paris avait passé de la consternation à l'allégresse et à la confiance : ce n'étaient que « risées et chansons, » tables dressées dans les rues et repas en commun ; dans les églises, sermons en l'honneur du bienheureux Jacques Clément, qu'on invoquait déjà comme un saint. Tous les jours, on faisait des feux de joie dans les carrefours, et l'on y brûlait des mannequins, représentant le *tyran* mort et le *Béarnais* vivant. On savait que le roi de Navarre avait la prétention de succéder à son beau-frère Henri III, mais on n'en tenait compte, et l'on espérait bien que d'un jour à l'autre Mayenne reviendrait victorieux, en traînant à sa suite l'hérétique vaincu et captif. On louait déjà des fenêtres, pour le voir conduire à la Bastille, où l'on préparait sa prison. Les royalistes et les gens paisibles n'avaient garde de se montrer dans la ville, qui était à la merci de la faction des Seize, et de la populace ligueuse qui refusait de reconnaître un roi hérétique, chef du parti huguenot. Le pape Sixte V avait lancé une bulle d'excommunication contre Henri IV, et le parlement de Languedoc, sous la pression des ligueurs, venait de décréter la peine de mort contre quiconque reconnaîtrait pour roi Henri de Bourbon, anathématisé par le saint-siège ! Philippe II s'était déclaré ouvertement le protecteur de la Sainte-Union des catholiques; il ordonnait, à son lieutenant le duc de Parme, Alexandre Farnese, non seulement d'envoyer au duc de Mayenne toutes les troupes que pourraient fournir les Pays-Bas, mais encore de se porter de sa personne en France et de combattre le roi de Navarre, qui passait à bon droit pour un habile général et pour un guerrier intrépide. Les théologiens et les prédicateurs parlaient ou écrivaient dans l'intérêt d'une transformation de la monarchie française, en soutenant que le pape pouvait à son gré changer les lois du royaume, délier les sujets du serment de fidélité envers leur souverain, et confier le troupeau du Christ à un pasteur plus digne de le gouverner. Les rhéteurs et les ambitieux rêvaient différentes formes de gouvernement, pour la France, où certains régents de l'Université eussent volontiers essayé de faire revivre un simulacre des républiques de l'antiquité. Les partisans de la monarchie héréditaire et de la loi salique étaient d'avis de donner la couronne au vieux cardinal de Bourbon, qui, malade et gardé à vue dans la ville de Tours, depuis les États de Blois, n'avait pas osé protester contre les flatteurs et les intrigants qui lui décernaient le titre de Charles X. On avait même frappé des écus et des francs d'argent au coin de ce roi Charles X : il eut une sorte de chancellerie qui émit des actes en son nom, et l'on vendait dans les rues de Paris son portrait gravé avec la

Fig. 3 et 4. — Types de monnaies et médailles frappées, pendant le siège de Paris, à l'effigie du cardinal de Bourbon sous le nom de Charles X, roi de France.

couronne royale. Ce fut là toute sa royauté ; il mourut, l'année suivante, sans avoir pensé sérieusement à devenir roi de France, par la grâce de Dieu et de la Ligue.

La fortune de Henri IV avait bien changé de face, en moins de deux mois : les subsides et les soldats anglais lui étaient arrivés fort à propos, pour payer la solde arriérée de ses lansquenets et pour résister aux attaques réitérées du duc de Mayenne, qui ne parvint pas à le faire sortir de ses lignes ; enfin, l'avantage lui resta dans un dernier combat, ou, armé d'une pique, « il fit merveilles, » selon l'expression de l'Estoile, et fut le héros de la journée d'Arques. Fort de l'effet moral de cette journée, et sans prendre la peine de poursuivre Mayenne à travers la Picardie, le roi se hâta de revenir sur Paris, avec une armée de 20,000 hommes pourvue d'une bonne artillerie ; le 30 octobre au soir, il campait dans le Pré-aux-Clercs, et surprenait le lendemain les faubourgs de l'Université, qui furent saccagés et pillés ; mais la journée suivante fut moins heureuse pour ses armes. Au point du jour, un pétard, qui devait enfoncer la porte Saint-Germain et livrer passage aux royaux, ne joua pas, la porte ayant été terrassée pendant la nuit ; le brave La Noue essaya inutilement de s'avancer, dans le lit de la Seine, au pied de la tour de Nesle, pour gagner le Pont-Neuf : il fut contraint de rebrousser chemin et faillit se noyer avec ses gens. On signalait l'approche du duc de Mayenne, qui rentra dans Paris vers dix heures du matin : la population entière était en armes et semblait avoir retrouvé toute l'énergie de la journée des Barricades.

Henri IV ne s'éloigna pas de Paris, sans avoir présenté la bataille au duc de Mayenne, qui ne l'accepta pas. L'armée royaliste se retira sur Étampes et occupa la plupart des places qu'elle rencontra sur sa route jusqu'à Vendôme, qui se rendit à discrétion, après quelque résistance. C'est ainsi que le roi continua la campagne d'hiver, levant les impôts, prenant les villes et les châteaux forts, ménageant le paysan et rassemblant peu à peu sous ses drapeaux la noblesse des pays qu'il soumettait à la puissance royale, qui fut reconnue dans le Maine, la Bretagne, la Normandie et la moitié de l'Ile-de-France.

La Ligue perdait ainsi du terrain à chaque instant, mais ses violences ne faisaient que s'accroître dans la capitale, où la faction des Seize s'appuyait sur le bas clergé et les ordres religieux. Le 11 mars 1590, le serment de l'Union avait été prêté de nouveau, solennellement, dans l'église des Augustins, en présence du légat du pape, par le prévôt des marchands et les échevins, ainsi que par les colonels, capitaines, et autres officiers de la milice bourgeoise ; mais, trois jours après, Henri IV remportait, à Ivry, sur l'armée de la Ligue, cette victoire immortalisée par le souvenir de son panache blanc, victoire *tant belle et insigne*, que, s'il avait marché immédiatement contre Paris, la population affolée et découragée lui en eût ouvert les portes. Malheureusement Henri se laissa retarder, dans sa marche sur Paris, par des négociations sans résultat, que le légat n'avait provoquées que pour gagner du temps; le roi, d'ailleurs, bien déterminé à ne pas faire un siège en règle, mais seulement le blocus de la place, avait besoin de garder le passage des rivières, qui estoient « les clefs des vivres de Paris, » dit l'Estoile, et il ne s'approcha de cette grande ville, qu'après s'être emparé de Corbeil, de Melun, de Montereau, de Lagny et du pont de Charenton. Il espérait que ses partisans déguisés, qu'on nommait les *politiques*, prendraient les armes, au cri de *vive le roi!* Mais les politiques ne remuèrent pas, quoique le roi eût fait attaquer les faubourgs Saint-Denis et Saint-Martin, par le corps que commandait le brave La Noue, qui fut repoussé et blessé grièvement.

C'est alors que Paris, qui était aux mains des ligueurs, Paris où régnait déjà la crainte d'un siège qui devait traîner à sa suite la famine, la misère, l'épidémie et tous les maux, fut témoin d'un spectacle sans exemple : treize cents prêtres, moines et écoliers, accompagnés d'un certain nombre de bourgeois, qu'on appelait *catholiques zélés*, firent une montre, en belle ordonnance, dans la journée du 14 mai. Guillaume Rose, évêque de Senlis, marchait en tête, comme colonel de cette étrange milice; le fougueux curé de Saint-Côme, Hamilton, faisait l'office de sergent de bataille; après eux, venaient, par compagnies, les chartreux avec leur prieur, les feuillants avec leur général, les quatre ordres mendiants et leurs chefs conventuels, tous la robe retroussée, le capuchon rabattu, la pertuisane ou l'arquebuse sur l'épaule, beaucoup coiffés de casques et revêtus d'armures; des crucifix leur servaient d'enseignes; leur bannière portait l'image de la sainte Vierge. Ils défilèrent, quatre par quatre, devant le légat, en chantant des hymnes de l'Église, qu'ils entremêlaient de salves de mousqueterie. Le légat les nomma de *vrais Machabées* et leur donna sa bénédiction, mais, dit l'Estoile qui assistait à cette montre en armes, « quelques-uns d'entre eux, qui n'estoient pas bien asseurés de leurs bastons (armes à feu), par mégarde, tuèrent un des gens du légat et blessèrent un serviteur de l'ambassade d'Espagne. » Telle fut cette fameuse procession de la Ligue, qui fit tant de bruit en Europe et qui fut immortalisée par une multitude de gravures populaires et surtout par les railleries de la *Satire Ménippée*.

La ville de Paris, d'après le recensement fait par ordre du gouverneur, ne renfermait, à ce moment-là, que 220,000 âmes; il n'y avait du blé que pour un mois, et, dit l'Estoile, « estant bien mesnagé, » mais on pouvait compter, en outre, sur 1,500 muids d'avoine et sur diverses subsistances, qui pouvaient fournir encore le moyen de vivre pendant deux ou trois semaines, en mangeant de la chair de cheval, de mulet et d'âne. L'ambassadeur d'Espagne, Mendoça, promettait de donner chaque jour six-vingts écus de pain aux pauvres, et tous les couvents, qui avaient des provisions, offraient aussi de distribuer tous les jours des portions de soupe et de pain. On fit différents essais pour mêler de la farine avec de la pâte d'avoine et des légumes secs. Dans une assemblée qui se tint chez un conseiller du Parlement, l'ambassadeur d'Espagne annonça que, le pain venant à manquer tout à fait, il n'y aurait qu'à moudre les os des morts qui remplissaient les charniers des cimetières et que cette poussière détrempée d'eau et cuite au four pourrait encore servir d'aliments; « opinion qui fut tellement reçue, dit l'Estoile, qu'il ne se trouva homme en l'assemblée qui y contredit. » Mais, un mois plus tard, lorsqu'on voulut recourir à cette effroyable ressource, tous ceux qui goûtèrent à ce pain d'os de morts périrent empoisonnés.

Paris était alors bloqué de toutes parts, mais Henri se contentait de donner de fréquentes alertes aux assiégés : une nuit, il fit promener ses troupes autour des remparts, pour donner une aubade à sa maîtresse (ainsi qu'il appelait Paris), avec un formidable bruit de tambours, de trompettes, de hautbois et de cornets à bouquins, qui mirent la ville en alarme : « Certes, dit-il, en riant, il faut que ma maîtresse soit bien farouche, puisque ne semble ravie de la douce musique que je lui envoie pour la réjouir; » une autre fois, il fit tirer

La procession de la Ligue.
Fragment d'une estampe anonyme, au burin, en trois planches.
(Bibl. Nat., *Collection Hennin*, t. XI, p. 4.)

à coup perdu deux pièces de canon, mises en batterie à Montmartre : les boulets atteignirent deux ou trois personnes en leurs maisons, et toute la population fut dans les transes. Henri voulait réduire la ville par famine, mais les malheureux habitants, qui mouraient de faim, n'osaient se plaindre ni parler de se rendre : le prévôt des marchands, la Chapelle-Marteau, encourageait le peuple à prendre patience, en lui annonçant que l'armée espagnole était en marche pour faire lever le siège. On voyait, aux coins des rues, les grandes chaudières de bouillie, qu'on nommait les chaudières d'Espagne, où l'on cuisait des marmitées de chair de cheval et d'âne : « on se battoit à qui en auroit; » on n'avait plus que du pain d'avoine et de son; la chair de cheval coûtait si cher, que les affamés « estoient contraints de chasser aux chiens et les manger, et des herbes crues, sans pain. » A la fin du mois de juillet, le peu qui restait de vivres se vendait, au prix de l'or, en cachette : « contre les auvents des boucheries de la Porte de Paris, il n'y avoit que frire, sinon quelques pièces de vieilles vaches et graisses de chevaux, asnes et chats, qu'on y voyoit estalez. » Les pauvres gens, hommes, femmes et enfants, sortaient de la ville dans les champs, pour couper du blé vert et des herbages, au risque de se faire tuer par les assiégeants, mais le roi avait ordonné qu'on ne tirât point sur ces affamés et qu'on les laissât, disait-il, faire leur moisson.

Saint-Denis avait ouvert ses portes aux royaux et obtenu une composition honorable, mais, à Paris, les ligueurs étaient résolus à tout supporter plutôt que de se rendre. On avait assassiné, en pleine rue, ou pendu au gibet bien des bourgeois soupçonnés de conspirer pour la soumission de Paris. Les politiques, en effet, avaient formé le projet de soulever le peuple, en lui conseillant de demander la paix ou du pain, et le 9 août, la foule ameutée se porta sur le Palais, en criant qu'il fallait se rendre plutôt que de mourir de faim. Mais les Seize, avertis du complot, firent dissiper cette foule, par des gens de guerre qui arrêtèrent les meneurs, « comme politiques, séditieux, fauteurs et adhérents à un hérétique; » au lieu de pain, on leur donna des coups, et au lieu de paix, un gibet. On accusa le président Brisson d'être le principal auteur de cette émeute, si cruellement réprimée, qu'on nomma la *journée du pain*. Cependant la mortalité devenait effrayante, et l'on commençait, dit l'Estoile, « à voir les rues et entrées des maisons, pavées de morts; » c'est alors que les Seize firent publier, à son de trompe, que les portes seraient ouvertes à tous ceux qui voudraient quitter la ville. Henri IV, ému de l'extrême misère de son peuple de Paris, « aimant mieux faillir aux règles de la guerre qu'à celles de la nature; rompant la barrière des lois militaires et considérant que tout ce pauvre peuple estoit chrestien et que c'estoient tous ses sujets, accorda premiérement passeport pour toutes les femmes, filles, enfants et escoliers, qui voudroient sortir : lequel s'estendit enfin à tous les autres, jusques à ses plus cruels ennemis, desquels mesmes il eut soin commander que, sortans, ils fussent humainement receus en toutes les villes où ils se voudroient retirer. » Ce fut là, ajoute Pierre de l'Estoile, « une des principales causes (pour en parler humainement) qui a engardé que le siège n'a point eu l'effet qu'il devoit avoir. »

Non seulement l'humanité d'Henri IV avait fait sortir de Paris huit ou dix mille bouches inutiles, mais encore il avait souffert qu'on fît passer des vivres aux princesses, c'est-à-dire à Mme de Nemours et à la duchesse de Montpensier, ses plus implacables ennemies. Autorisés par l'exemple du roi, les chefs et même les soldats de l'armée royale eurent la permission tacite d'envoyer du pain et de la viande aux amis et aux parents qu'ils pouvaient avoir dans Paris. Bien plus, comme on fermait les yeux sur ces envois qui se multipliaient sur tous les points de l'enceinte, il se fit dans les faubourgs un commerce secret de denrées alimentaires, qui arrivaient jusqu'aux halles, où elles se vendaient, sous le manteau, à des prix énormes. Ce ne fut pourtant qu'une bien faible atténuation de l'horrible famine qui décimait la population. Henri, néanmoins, se refusait obstinément à un assaut général, espérant la reddition de la ville, avant l'arrivée de l'armée espagnole qui approchait avec une sage lenteur, et dont les coureurs se montraient déjà dans la Brie. Pendant ce temps, « qui estoit six jours avant la levée du siège de Paris, raconte l'Estoile, vous eussiez veu le pauvre peuple, qui commençoit à mourir à tas, manger les chiens morts tous cruds par les rues ; autres mangeoient les trippes qu'on avoit jettées dans le ruisseau ; autres, des rats et souris, qu'on avoit semblablement jettés, et quelques uns, les os de la teste des chiens,

Fig. 5. — Ce rébus, qui tient sa place dans l'histoire de l'imagerie politique, paraît se rapporter à 1592, c'est-à-dire à la période aigue de la lutte entre la Ligue et Henri IV. (Bibl. Nat., *Rec. de l'Histoire de France*, 1591-1595.)

moulus, et estant la pluspart des asnes, chevaux et mulets mangés, on vendoit les peaux et les cuirs desdites bestes, cuites, dont les pauvres mangeoient avec fort bon appétit. » Et cependant personne n'eût osé parler de se rendre au Béarnais !

Le 30 août, au point du jour, les sentinelles des remparts poussèrent des cris de joie, et le peuple accourut en foule pour s'assurer que les assiégeants avaient abandonné toutes leurs positions pendant la nuit : on ne voyait plus un seul homme de l'armée royale dans les faubourgs ; le siège était levé. Henri IV n'aurait pu rester davantage autour de Paris sans s'exposer à une défaite inévitable. Le duc de Parme avait rejoint à Meaux le duc de Mayenne, et leurs forces réunies s'élevaient à plus de 30,000 hommes d'excellentes troupes, bien pourvues d'artillerie, de munitions et de vivres : elles vinrent se déployer, en face de l'armée royale, qui se concentrait dans les plaines de la Beauce, pour secourir Lagny, Corbeil et d'autres villes menacées par le duc de Parme. Henri IV, tout joyeux, s'imagina que l'ennemi lui offrait la bataille. « L'issue en est en la main de Dieu, écrivit-il le soir même à Mme de La Rocheguyon ; si je la perds, vous ne me verrez jamais, car je ne suis pas l'homme qui fuit ou qui recule. Bien vous puis assurer que, si je meurs, ma pénultième pensée sera à vous et ma dernière sera à Dieu. » Il avait envoyé un héraut au duc de Mayenne, pour lui annoncer qu'il était prêt à accepter la bataille ; Mayenne fit conduire le héraut devant le duc de Parme : « Dites à votre maître, répondit Alexandre Farnese, que je suis venu en France, par le commandement du roi mon maître, pour défendre la religion catholique et faire lever le siège de Paris ; si je trouve que le moyen le meilleur pour y parvenir soit de donner bataille, je la lui donnerai, ou le contraindrai à la recevoir ; sinon, je ferai ce qui me semblera pour le mieux. » Le duc de Parme employa la nuit à se fortifier dans son camp et fit investir les villes de Lagny et de Corbeil, qu'il voulait prendre pour assurer le ravitaillement de Paris. Henri fut très contrarié de cette réponse, mais il eut la prudence de ne pas attaquer un ennemi qui avait l'avantage du nombre. « Leur infanterie est bonne et brave, disait-il à ses capitaines, et pour ne vous en mentir point, je la crains. Mais je me fie à Dieu, et en ma noblesse et cavalerie française, que les plus grands diables même craindront d'affronter. »

Tandis que le duc de Parme assiégeait successivement Lagny et Corbeil, qui lui opposèrent une furieuse résistance, Henri IV tenta un dernier effort contre Paris, avec l'espoir de s'introduire dans la place par surprise. L'armée royale s'était repliée dans la plaine de Bondy, mais le roi et sa noblesse avaient passé la Seine et s'avancèrent jusqu'au faubourg Saint-Jacques, à la faveur de la nuit (9 août) : on les attendait pour leur ouvrir une porte de la ville. Tout à coup le tocsin leur annonça que leur entreprise était manquée; ils se retirèrent à la hâte, et l'on crut que c'était une fausse alerte. Deux heures plus tard, des soldats d'élite, portant des échelles, descendirent dans le fossé qui était à sec, entre les portes Saint-Jacques et Saint-Marceau, et plantèrent leurs échelles contre le rempart, qu'ils auraient escaladé, si quatre ou cinq jésuites qui faisaient le guet dans le jardin de l'abbaye Sainte-Geneviève ne fussent accourus et n'eussent, à coups de hallebarde, repoussé les assaillants qui s'enfuirent en laissant leurs échelles. Après cette dernière tentative, Henri IV, craignant de ne pouvoir nourrir son armée dans un pays ruiné par le siège, la divisa en petits corps, qu'il envoya de différents côtés où ils devaient trouver à vivre jusqu'à ce qu'il les rappelât autour de lui dans le Beauvaisis, où il n'emmenait qu'une espèce de camp volant, pour attendre et inquiéter le duc de Parme, quand celui-ci retournerait avec ses vieilles bandes espagnoles dans les Pays-Bas. Le plan de Henri IV, dont la sagesse fut d'abord méconnue et calomniée par les *politiques* (ceux-ci avaient espéré le voir reconquérir d'un coup sa capitale), consistait à laisser l'armée du duc de Parme s'affaiblir par les marches et les maladies, sans lui opposer d'autre résistance que celle des villes qu'elle assiégea et qu'elle prit en perdant beaucoup de monde. Lagny, Corbeil, Provins et quelques autres bicoques ne valaient pas les sacrifices que le duc de Parme avait dû faire pour s'en emparer. « Les Parisiens, dit l'Estoile en annonçant le retour du duc de Mayenne à Paris (18 septembre), le regardèrent d'un air plus triste que joyeux, estant encore combattus de la faim et plus touchés des maux qu'ils avoient endurés que de bonnes espérances pour l'avenir. » Le duc de Parme vint aussi à Paris, mais incognito, et il jugea que Henri IV triompherait plus tôt de la Ligue en temporisant qu'en s'épuisant à continuer la guerre dans toutes les provinces de France.

La Ligue n'existait, ardente et vivace, qu'à Paris, où les Seize et les prédicateurs entretenaient à l'envi un esprit de révolte irréconciliable contre le roi, qu'on appelait l'*hérétique*, et qu'on déclarait indigne de s'asseoir jamais sur le trône des rois très chrétiens. Le pape Sixte V, que l'on a accusé d'avoir été l'excitateur de ce déchaînement des catholiques contre Henri IV, commençait à mieux apprécier l'homme et la situation, lorsqu'il cessa de vivre, au moment où il rappelait son légat Cajetan pour le faire changer de politique. Le pape Grégoire XIV, qui remplaça Sixte V, crut servir la cause de la religion, en servant les intérêts de Philippe II, qui avait fait de la Ligue l'aveugle et terrible instrument de son ambition. C'est ainsi qu'un dessinateur avait représenté, en haut d'un placard in-folio, le *pourtraict de la Ligue infernale*, sous la figure d'une furie à deux têtes couronnées de serpents, avec des griffes aux pieds, vêtue d'une robe blanche et d'un manteau noir, en manière de religieuse, saisissant d'une main la Toison d'or d'Espagne, et de l'autre main voulant saisir la croix du Saint-Esprit, appendue aux armes de France et de Navarre, desquelles sortait un bras tenant une épée qui menaçait à la fois les deux faces du monstre.

Le duc de Parme avait laissé au duc de Mayenne trois mille hommes de troupes napolitaines et espagnoles, qui devinrent la garnison de Paris et qui ne se prêtèrent pas, comme on l'aurait cru, au service exclusif de la Ligue. Cette garnison étrangère devait être payée aux frais de la ville, et plus d'une fois elle réclama sa solde avec des menaces, qu'elle aurait mises à exécution, si on n'avait pas avisé aux moyens de la satisfaire. Elle n'eut, d'ailleurs, durant les trois années qu'elle passa dans la capitale, aucun lien de sympathie et d'affinité avec le peuple, qui la regardait avec défiance et quelquefois avec mépris.

Pendant ces trois années, Henri IV et la Ligue furent presque constamment, pour ainsi dire, en présence : Henri IV, à Saint-Denis, qui était son quartier général et sa capitale provisoire, et où il revenait sans cesse faire son métier de roi, après avoir assiégé et pris des villes comme Chartres (avril 1591) et Épernay (juillet 1592) ; la Ligue, dans

Paris où elle exerçait une véritable tyrannie ; mais il n'y eut, dans ce long intervalle, qu'une seule tentative de la Ligue pour s'emparer de

Fig. 6. — Fac-similé du placard politique décrit ci-contre (Bibl. Nat., *Rec. de l'Histoire de France*, 1589-1590) et cité dans les *Drôleries de la Ligue*, p. 298.

Saint-Denis et une seule entreprise de Henri IV contre Paris. Dans la nuit du 3 janvier 1591, le chevalier d'Aumale, qui visait à se mettre à la tête du parti des Seize, entra, par escalade, dans Saint-Denis, avec des troupes françaises et quelques lansquenets, mais il fut tué, alors qu'il était déjà presque maître de la ville : sa mort, en pareille circonstance, sembla un bienfait du ciel en faveur du roi, qui, l'ayant apprise, se jeta aussitôt à genoux, pour remercier Dieu, et qui, se tournant vers sa noblesse, déclara « qu'il ne pensoit pas qu'homme au monde eût reçu tant de bienfaits et grâces de Dieu, que lui. » Seize jours après, le 19 janvier, vers le soir, les troupes royales se logèrent, sans bruit, dans le faubourg Saint-Honoré, qui était désert depuis le siège de Paris; des soldats déguisés en paysans, conduisant des chevaux et des charrettes, chargés de sacs de farine, se présentèrent, à quatre heures du matin, devant la porte Saint-Honoré, mais cette porte avait été bouchée et terrassée, le soir même. Les faux paysans durent se retirer avec leurs farines, et les troupes royales évacuèrent le faubourg, avant le jour, sans qu'un coup d'arquebuse eût été tiré. Les ligueurs, avertis du danger que Paris avait couru dans la *journée des farines* (c'est ainsi qu'on appela cette ruse de guerre, qui n'avait pas réussi), firent chanter un *Te Deum*, à Notre-Dame, pour rendre grâces à Dieu d'avoir sauvé la ville, que l'armée du roi avait failli occuper sans coup férir. Les hostilités continuèrent pourtant aux alentours de Paris, et le pays était battu, en tous sens, alternativement, par des partis de ligueurs ou de royaux, qui enlevaient et rançonnaient toutes les personnes qu'ils rencontraient allant à Paris ou en sortant, avec ou sans passeport. Au nord, le duc de Mayenne prenait des villes et les saccageait, comme il fit de Château-Thierry; au midi, Henri IV assiégeait des villes plus importantes, malgré la résistance obstinée du parti ligueur, et après les avoir soumises de vive force ou par famine, sans rançonner leurs habitants et sans mettre à mal leurs garnisons, il s'en assurait la possession de manière à y maintenir l'autorité royale. C'était la meilleure de toutes les politiques.

L'absence de Mayenne, qui paraissait se tenir à dessein hors de Paris, où les Seize étaient seuls maîtres, amena un horrible déchaînement de tyrannies et de cruautés contre les partisans du roi : quelle que fût leur prudence, il suffisait qu'on les dénonçât dans leur quartier, pour mettre en péril leur vie ou leur liberté. Quelques prédicateurs, excités par l'Espagne et inspirés par l'odieuse duchesse de Montpensier, qui s'était faite la furie de la Ligue, répétaient tous les jours, en chaire, qu'il fallait égorger les politiques et que ce serait un holocauste agréable à Dieu. Les bulles d'excommunication du pape contre le roi de Navarre avaient été lues dans toutes les églises et affichées aux quatre portes de la cathédrale. Les Seize avaient emprisonné, sans forme de procès, plusieurs individus suspects d'attachement au Béarnais : un ancien secrétaire du roi, nommé Trimel, fut pendu, pour avoir écrit à un ami une lettre de badinerie, où il raillait les ligueurs en les qualifiant d'*Espagnols*, et une femme de bien, Mlle de la Plante, fut décapitée, pour avoir dit, sous le sceau du secret, à Bussy-Leclerc, gouverneur de la Bastille, que cette forteresse devrait être rendue au roi ; mais on évita de sévir contre les gens du peuple, qui, las de supporter tant de privations, disaient tout haut que l'entrée du Béarnais à Paris ferait baisser le prix du pain. On savait, en effet, que Henri IV avait fait relâcher des paysans accusés de porter des vivres à Paris, malgré les défenses rigoureuses qui n'avaient pas été levées depuis le blocus : « Dieu vous commande, mes amis, d'obéir à votre roi, leur avait dit ce bon prince en les tirant des mains des soldats qui les tourmentaient ; craignez Dieu et honorez votre roi, et Dieu aura pitié de vous. Ayant égard à votre pauvreté, je vous pardonne, mais n'y revenez plus. — Hé ! sire, dirent ces pauvres gens, nous mourons de faim ; c'est ce qui nous a fait faire ce que nous faisons. » Alors le roi fouilla dans sa poche et leur jeta tout ce qu'il avait d'écus et de testons : « Allez, leur dit-il, priez Dieu pour le Béarnais ; s'il vous pouvoit mieux faire, il le feroit. » On conçoit que ces nobles et touchantes paroles trouvèrent des échos dans le cœur de tant de malheureux épuisés de misère. Aussi, la femme d'un aiguillettier n'avait pas craint de dire, en pleine procession, que, si tous les larrons, qui étaient dans Paris et qui le faisaient mourir de faim, devaient être traités comme ils le méritaient, elle fournirait de bon cœur la corde pour les pendre. Un conseiller du Parlement, qui l'entendit parler ainsi, lui donna deux soufflets et l'envoya en prison, mais les magistrats eurent pitié d'elle, en se disant que la malheureuse n'avait peut-être pas mangé depuis la veille, car la disette régnait toujours dans Paris, et on la relâcha, sans tenir compte des colères de la populace qui voulait que cette femme fût attachée au gibet. Le Parlement était donc mis en suspicion, par les meneurs de la Ligue, qui jugèrent le moment opportun pour frapper un grand coup, à la suite duquel ils pourraient faire une Saint-Barthélemy des politiques qu'ils accusaient de travailler à la reddition de Paris au roi de Navarre.

Dans les premiers jours du mois de novembre 1591, les Seize s'assemblèrent secrètement, tantôt au logis d'un des leurs, nommé la Bruyère, tantôt chez Launoy, docteur en Sorbonne, et les assistants s'engagèrent par serment à partager la responsabilité des décisions qui seraient prises dans l'intérêt de la Sainte-Union. On avait dressé des listes de tous les politiques, avec les trois lettres P. D. C., qui désignaient ceux qu'on devait *pendre* ou *daguer* ou *chasser*. Mais, avant de mettre à exécution cette mesure générale, on résolut de se débarrasser du président Brisson, qu'on regardait comme le chef avoué des politiques, et de deux conseillers, Larcher et Tardif, qui passaient pour ses agents les plus actifs et les plus dangereux.

Le matin du 16 novembre, tous les ligueurs de Paris, avaient pris les armes : Bussy-Leclerc, Louschart et quelques autres de la faction des Seize s'étaient mis en embuscade, au bout du pont Saint-Michel, pour attendre le président Brisson, qui se rendait tous les jours au Palais, vers cinq heures du matin. Ils le saisirent au collet, le traînèrent ignominieusement aux prisons du petit Châtelet, et le firent monter dans la chambre du Conseil, où l'attendaient un prêtre pour le confesser et un bourreau pour l'étrangler. Brisson demanda quel était son crime, quels étaient ses accusateurs; on lui répondit qu'il était jugé, et Cromé, qui avait été son clerc, prononça la sentence qui le condamnait à mort comme coupable de trahison et du crime de lèse-majesté divine et humaine; le bourreau s'empara de lui aussitôt et le pendit aux barreaux de la fenêtre. On amena le conseiller Larcher, qui venait d'être arrêté dans la cour du Palais : « O mon Dieu ! s'écria Larcher en voyant le premier président pendu : vous avez fait mourir ce grand homme! » Il tomba en pamoison, et le bourreau le pendit à l'instant même. On était allé arrêter le conseiller Tardif, malade dans son lit, et on l'apporta, sans connaissance, dans la salle, où il fut pendu également, à côté du président Brisson. Le bourreau, nommé Jean Roseau, effrayé de ce triple assassinat juridique, contemplait tristement son ouvrage, en disant : « Semble-t-il pas le Seigneur Jésus entre les deux larrons ! » Le peuple,

Fig. 7. — Portrait du président Barnabé Brisson, d'après Thomas de Leu.
(Bibl. Nat., *Collection Hennin*, t. X, p. 42.)

entendant parler de massacre, sortit dans la rue et s'assembla sur les places, sans agir et sans rien résoudre. Le lendemain, on trouva les corps des trois victimes, attachés à une potence, en place de Grève, avec ces inscriptions : *Barnabé Brisson l'un des chefs des traîtres et hérétiques. — Claude Larcher l'un des fauteurs des traîtres et hérétiques. — Tardif, l'un des ennemis de Dieu et des princes catholiques.* Bussy-Leclerc, accompagné d'une troupe de ligueurs et de vaunéans (vauriens), vint saluer les cadavres, en criant : « Aux traîtres, aux méchans et aux politiques, qui avaient vendu la ville aux hérétiques! » Mais le peuple, qu'il espérait « esmouvoir au sang et au carnage, » lui tourna le dos et ne bougea pas. Les Seize étaient allés solliciter les chefs des troupes napolitaines et espagnoles de faire égorger, dans les maisons, tous les politiques, dont on avait dressé la liste ; mais ces capitaines étrangers répondirent qu'ils ne pouvaient « mettre la main sur des gens qui n'estoient condamnés par la justice, ni tuer des femmes dans leurs lits, qui ne se défendoient point. » C'est ainsi que l'horrible dessein des Seize n'alla pas jusqu'à l'égorgement général des royalistes et des suspects.

Cependant tous ceux qui se sentaient menacés avaient soin de se tenir cachés ; la plupart des membres du Parlement refusaient de monter sur les sièges, jusqu'à ce que la mort du président Brisson et de ses deux collègues eût été vengée. Une sorte de terreur vague régnait dans la ville, même parmi le peuple. Mme de Nemours elle-même, partageant ces inquiétudes, avait envoyé un de ses gentilshommes au duc de Mayenne, pour le presser de venir mettre ordre à l'audace des ligueurs. Les Seize, de leur côté, avaient écrit au roi d'Espagne, pour le supplier de prendre en main la conduite de leurs *affaires*. Mayenne arriva enfin, le 28 novembre, à Paris, avec l'intention de réprimer les excès de la Ligue. Quelques-uns des Seize allèrent au-devant de lui, mais il leur fit un accueil assez *renfrogné* et ne daigna pas les écouter : sa contenance et ses paroles annonçaient « qu'il ne couvoit rien de bon. » Le procès contre les meurtriers de Brisson, de Larcher et de Tardif, s'instruisit secrètement, et, le 4 décembre, quatre des Seize, l'avocat Ameline, le commissaire Louschart, le procureur Aimonnot et Aroux furent pendus dans une salle basse du Louvre. Cette exécution faite, Mayenne fit publier l'*abolition* des autres coupables, à l'exception de trois à l'égard desquels la justice prononcerait, et quand il quitta Paris, peu de jours après, pour retourner à l'armée, il emmena dix ou douze personnes, les plus compromises dans le complot des Seize, afin de rassurer les honnêtes gens. Ce fut le dernier soupir de la tyrannie des Seize. « Mon cousin de Mayenne a bien fait ce qu'il a fait, dit le roi en apprenant la pendaison des meurtriers du président Brisson, mais il eût fait mieux d'en pendre seize, au lieu de quatre. »

La Ligue changea dès lors de caractère; car, sauf les prédicateurs, qui vomissaient toujours les plus violentes injures contre l'*hérétique*, un apaisement continu se faisait dans les esprits, et tout le monde était d'accord en principe sur ce point, que le roi Henri ne devait plus rencontrer un seul adversaire, s'il voulait se faire catholique. Il se forma même, dans Paris, un nouveau parti, qu'on appela celui des *semonneux*, et dont le mot d'ordre était de *semondre* (inviter) le Béarnais à se convertir, pour être acclamé roi de France. Les *semonneux* n'étaient donc la plupart que des politiques, qui se donnaient un nom dangereux à porter. Le duc de Mayenne, néanmoins, ne les voyait pas de bon œil et les avait menacés, à plusieurs reprises, de les punir de leurs menées indiscrètes. Henri IV s'impatientait de l'espèce de pression qu'on prétendait exercer sur sa conscience; mais il fallait bien reconnaître que sa conversion était le désir presque unanime de la nation. Un jour, comme il s'informait de la cause de l'agitation qui s'était produite dans certains quartiers de Paris, on lui apprit que les Parisiens avaient avisé à lui envoyer des députés pour le sommer de se faire catholique : « Catholique? s'écria le roi, avec dépit : je le serai plus tôt qu'ils ne seront gens de bien à Paris! » Au surplus, ce même conseil lui venait de toutes parts; son fou, Chicot, qui fut tué au siège de Rouen, où il se conduisit en brave, avait dit au roi, devant ses capitaines : « Monsieur mon ami, je vois bien que tout ce que tu fais ne te servira de rien à la fin, si tu ne te fais catholique. »

Le 2 novembre 1591, le roi fut délivré du plus redoutable de ses ennemis, le duc de Parme, qui mourut à Arras, sans avoir compromis sa réputation de « grand et sage temporiseur, » mais non sans avoir appris, à ses dépens, que le Béarnais était digne de se mesurer avec lui. Henri n'eut plus dès lors à combattre que Mayenne, qui n'avait que fort peu des qualités d'un général d'armée.

Pendant qu'il employait l'année 1592 à continuer la guerre en Normandie et en Picardie, sans s'éloigner de Paris, ses généraux n'avaient pas eu besoin de sa présence ni de son concours pour avancer ses affaires dans les autres provinces où l'Union existait encore : tels, le prince de Conti en Bretagne, Lesdiguières en Piémont, le maréchal de Biron en Champagne, où il fut tué en assiégeant Épernay. Le duc d'Épernon, après trois ans d'attente et d'inaction dans son gouvernement de Guyenne, avait pressenti que la couronne de France s'affermissait sur la tête de Henri IV, et était venu se mettre aux ordres de son souverain. En 1593, il n'y eut de guerre nulle part, et le roi, sans avoir déposé les armes, s'attacha à réduire ses ennemis, les gentilshommes catholiques, en traitant avec eux, pour enlever à la Ligue ses derniers chefs et ses derniers appuis. Rien n'eût été plus facile que de se rendre maître de Paris, qui était toujours le centre et le foyer de la Ligue, mais qui n'avait pour sa défense qu'une garnison étrangère et la milice bourgeoise, composée des éléments les plus disparates et les plus incertains ; mais Henri s'abstint de rien entreprendre contre sa bonne ville, car il comprenait que ce n'était plus par la force, mais par une politique habile, qu'il devait achever de reconquérir son royaume et de consolider son autorité.

Ses adversaires, le duc de Mayenne et le roi d'Espagne, avaient recours à des moyens analogues, lorsqu'ils convoquaient les États généraux, pour faire décider souverainement les questions qui se rattachaient à la vacance du trône et à l'élection d'un roi de France. Ces États généraux, où des députés catholiques étaient seuls appelés, s'ouvrirent, à Paris, le 25 janvier 1593, sous les auspices du légat et de l'ambassadeur d'Espagne, qui, quoique étrangers l'un et l'autre, avaient la prétention d'inspirer les députés français et de les diriger dans l'intérêt exclusif de Philippe II. Bien qu'il ne fût encore arrivé à Paris qu'un petit nombre de ces députés, à cause des difficultés et des dangers que présentait le voyage, le duc de Mayenne ne crut pas devoir différer l'ouverture des États, et le discours qu'il prononça, en cette occasion, ne laissa pas de doutes sur la mésintelligence qui s'accusait dès lors entre lui et la cour d'Espagne. Le projet des Espagnols, en effet, était de faire élire un roi, et ce roi auquel on destinait la main de l'infante d'Espagne ne pouvant être Mayenne, on avait jeté les yeux sur le jeune duc de Guise, pour en faire le gendre de Philippe II.

Henri IV n'avait pas attendu la réunion des États, pour protester contre leur convocation, attentatoire à l'*autorité* royale, et pour déclarer coupables de lèse-majesté les députés français qui oseraient s'y rendre. Le lendemain même de l'ouverture de ces États de la Ligue (c'était le nom dont on les flétrissait déjà), un trompette du roi venait apporter des lettres, de la part des députés du tiers-état et du clergé de Chartres, qui sommaient le duc de Mayenne de désigner un lieu *non suspect*, entre Paris et Saint-Denis, à l'effet d'y tenir une conférence, où l'on aviserait aux moyens de pacifier la France ; cette conférence, dans laquelle il ne devait pas y avoir d'étrangers, avait pour objet de mettre en présence les représentants du parti de la Ligue et ceux du parti royal. La conférence fut acceptée et s'ouvrit à Suresnes, le 29 avril, malgré les injures et les malédictions des prédicateurs contre tous délégués, royalistes et ligueurs, qui en feraient partie. Une foule de peuple était amassée près de la Porte-Neuve, par laquelle passaient ceux qui allaient à la conférence, et l'on entendait crier tout haut : « La paix! la paix! Bénis soient ceux qui la procurent et la demandent! Maudits soient les autres ! » On s'était embrassé, à la conférence, et l'on tomba d'accord sur la nécessité d'une trêve, qui permettrait de travailler à la paix générale. La seconde séance fut encore plus nombreuse et plus conciliante. On commençait à savoir que le roi n'était pas éloigné de se faire catholique, et c'est à ce propos que le gouverneur de Paris, M. de Belin, dit tout haut que « si le roi de Navarre se faisait catholique, il voyait la noblesse en bonne disposition de le reconnaître. — Oui, s'écrièrent quelques gentilshommes qui se trouvaient là ; oui, dussent tous les mutins, avec les Seize de Paris, en crever de rage ! » Pierre de l'Estoile résume ainsi l'état de l'opinion dans la capitale : « Les prédicateurs crient et se formalisent; les Seize en enragent, les gens de bien s'en réjouissent, et la voix du peuple pour la paix se renforce. »

Les vivres étaient rares et chers, à Paris ; le pain manquait souvent, car il n'en venait plus de Gonesse ; mais les doublons d'Espagne arrivaient par tonnes, et le duc de Feria, envoyé extraordinaire de Philippe II, les semait à pleines mains. La faction des Seize relevait la tête et les prédicateurs recommençaient à demander une Saint-Barthélemy des politiques et de tous les partisans du Béarnais.

Le 4 mai, la trêve fut criée pour dix jours, avec permission de sortir de Paris sans passeport et de circuler librement à quatre lieues aux environs. Le bruit courait partout alors, que le roi allait se faire catholique. Toutes les portes de Paris furent ouvertes, et plus

Fig. 8. — *Doublons d'Espagne;* monnaie à l'effigie de Philippe II.

de sept mille personnes profitèrent de la trêve pour sortir de la ville. Les champs étaient couverts de peuple en habits de fête, qui se rendait à l'abbaye de Saint-Denis et aux autres lieux de pèlerinage, pour y faire ses dévotions.

Cependant les États généraux siégeaient toujours au Louvre, et le nombre des députés s'était beaucoup augmenté; mais la proposition du duc de Feria pour l'abolition de la loi salique en faveur de l'infante d'Espagne, destinée à l'alliance d'un prince français, n'avait rencontré que froideur et résistance dans l'assemblée, malgré les efforts des docteurs de la Sorbonne, qui répétaient, de concert avec le légat, que le roi de Navarre, excommunié par le pape, comme hérétique, avait perdu tous ses droits à la couronne de France. Cette résistance des États généraux fut soutenue par le Parlement, qui rendit, le 28 juin, un arrêt notable contre ceux qui entreprendraient d'ébranler les lois fondamentales du royaume et surtout la loi salique.

La trêve continuait virtuellement, par le fait seul de la continuation des séances de la conférence de Suresnes. Il régnait, pendant ce temps, à Paris, un inextricable conflit d'opinions et de vœux, qui se traduisaient par des placards affichés dans les rues et jusqu'à la porte des États, par des milliers de brochures criées et vendues publiquement, et par des assemblées rivales de *politiques* et de *ligueux*. Le duc de Mayenne s'efforçait de rester neutre et de paraître indifférent, au milieu des partis et de leurs intrigues, mais on devinait qu'il se réservait de garder le pouvoir, avec son titre de lieutenant général de l'État et de la couronne de France. Le duc de Feria fit une dernière tentative, et proposa aux États de consacrer l'alliance de l'Espagne avec la France, en approuvant le mariage de l'infante et du duc de Guise, qui deviendrait roi des Français catholiques. Le duc de Guise se chargea de répondre à cette proposition, faite sans son aveu : il menaça de tuer de sa main quiconque se permettrait de lui donner le titre de *roi*. Les prédicateurs osèrent seuls parler, en chaire, de l'élection *divine* et *miraculeuse* du duc de Guise.

Henri IV jugea le moment venu de donner le dernier coup à la Ligue. Il avait assisté au prêche, pour la dernière fois, le 18 juillet 1593. Cinq jours après, les docteurs en théologie, qu'il avait mandés de Paris à Saint-Denis, se mirent à débattre avec lui sur le fait de sa conversion et l'interrogèrent sur les points principaux de la foi. Le roi, qui s'était fait instruire en secret, prouva, par ses réponses, qu'il connaissait à fond les dogmes de la religion catholique. « Je mets aujourd'hui mon âme entre vos mains, dit-il aux docteurs. Je vous prie, prenez-y garde, car, là où vous me faites entrer, je n'en sortirai que par la mort, je vous le jure et proteste. » Le lendemain, il signa son abjuration, dont les termes furent très adoucis, grâce à l'intervention de plusieurs prélats. « Le dimanche, 25 juillet, dit l'Estoilé qui enregistra dans ses journaux ce fait considérable, le roi alla à la messe, à Saint-Denis, habillé d'un pourpoint de satin blanc chamarré d'or et les chausses de mesme; portant un manteau noir, avec le chapeau de mesme, où il y avoit un panache noir. » La veille, le roi avait pris congé des ministres calvinistes qui composaient sa chapelle, et leur avait dit, en pleurant, « qu'ils priassent Dieu pour lui, qu'ils l'aimassent toujours, et qu'il les aimeroit, se souviendroit d'eux, et ne permettroit jamais qu'il fût fait tort ou violence aucune à leur religion. » On en voulut conclure que, malgré sa conversion, il resterait fidèle à la réforme, et cette conversion fût accueillie avec des cris de rage par tout ce qui appartenait à la Ligue. Aux prônes de toutes les paroisses de Paris, on menaça d'excommunication quiconque irait entendre la *messe du roi;* les prédicateurs montèrent en chaire et vomirent les plus atroces injures contre ce « faux converti, qui n'était, disaient-ils, qu'un méchant relaps, bon à tuer comme un chien enragé. »

Ces agents de l'Espagne allèrent jusqu'à annoncer « qu'avant la fin du mois d'août, Dieu les délivreroit du Béarnois, par la main de quelque honnête homme. » En effet, on arrêta successivement, à Saint-Denis, quatre ou cinq individus, moines et autres, armés de couteaux, qui étaient venus, dit-on, avec l'intention d'assassiner Henri IV; mais, faute de preuves suffisantes, ils furent relâchés. Il n'en fut pas de même de Pierre Barrière, natif d'Orléans, venu de Lyon exprès pour tuer le roi et qui aurait fait part de son affreux dessein au curé de Saint-André des Arts à Paris; lequel, sur cette confidence, dit P. de l'Estoile « l'embrassa, en l'appelant son bon confrère et béni de Dieu. » De telles assertions ont besoin d'être contrôlées. Quoi qu'il en soit, Barrière, arrêté à Melun, jugé et convaincu d'avoir voulu attenter à la personne du roi, fut exécuté et rompu vif, après avoir eu le poing coupé, tenant dans la main droite le couteau dont on l'avait trouvé muni.

La trêve entre Henri IV et la Ligue avait été prolongée jusqu'à la fin de l'année, avec l'assentiment de Mayenne, mais les Ligueurs de Paris ne se préparaient pas moins à une résistance désespérée; ils faisaient sortir de la ville les capitaines de la milice bourgeoise, qu'on soupçonnait d'être partisans du roi. « Les Seize, dit

Fig. 9. — Allégorie politique en l'honneur du Béarnais, représenté comme le sauveur de la France. Fac-similé d'un placard in-folio, daté de 1594, à *Paris, par Jean Leclerc, rue Saint-Jean de Latran, à la Salemandre,* et cité dans les *Droleries de la Ligue*, p. 294. (Bibl. Nat., *Rec. de l'Histoire de France*, 1596-1600.)

l'Estoile, qui n'avait pas quitté Paris, marchoient haut, les testes levées, et les politiques, un peu basses. »

L'Estoile fait plus loin ce tableau de la situation : « Sur la fin de cest an 1593, la Ligue, voiant les affaires du roy fort avancées, et acheminées à sa ruine et confusion, desbanda tous ses arcs, comme pour ung dernier effort, par le moien de ses jésuites et prédicateurs, contre la majesté du roi, lequel ils appelloient le *luitton* (lutin) *de Navarre* et le *serpent des Pyrénées*, et le galopoient tellement, tantôt ouvertement, puis couvertement, à droite, à gauche, à tort, à travers, de nuit, de jour, qu'ils se vantoient tout haut, que, s'il n'avoit la cuirasse forte et le dentier bien serré, sa force endiablée ne lui serviroit de rien pour gangner la France. »

De son côté, le roi n'employait plus que des armes politiques, des négociations, des séductions, des traités secrets. Ce prince, qui manquait souvent d'argent pour son propre usage, au point de ne plus pouvoir nourrir ses chevaux ou d'être réduit à une douzaine de mauvaises chemises et à cinq mouchoirs, savait trouver des millions, par l'entremise des Sébastien Zamet, des Cenami, etc., pour payer des villes et des capitaines. Meaux lui avait été rendu ou pour mieux dire *vendu*, par Vitry, comme il le disait lui-même *en gaussant;* ces moyens décisifs ne furent pas étrangers à la réduction de villes plus importantes, telles que Lyon et Orléans.

Il n'était que trop probable que la réduction de Paris suivrait de près celles d'Orléans, de Lyon, et de Rouen, mais les Seize, qui semblaient avoir recouvré dans la capitale leur prépondérance maintenue par la terreur, ne paraissaient pas disposés à se soumettre, bien que la plus grande partie de la population fût impatiente d'avoir un roi, au lieu de tous ces tyrans de bas étage. La cause de Henri IV avait été défendue par une quantité d'écrits remarquables, éloquents ou ingénieux, qui mettaient à néant les ardents libelles de la Ligue. Les deux plus célèbres de ses écrits, et ceux qui eurent le plus d'action sur l'esprit public, avaient été le *Catholicon d'Espagne*, imprimé en 1593, et l'*Abrégé des États de la Ligue*, publié en 1594, vigoureuses satires, pleines de bon sens et de sel gaulois, qui formèrent la *Satire Ménippée*, composée par cinq ou six auteurs dévoués aux intérêts de la couronne de France. « Peut-être, a dit le président Henault;

que la *Satire Ménippée* ne fut guères moins utile à Henri IV que la bataille d'Ivry. » Cet ouvrage plaisant et sarcastique porta le dernier coup à la Ligue, en la frappant de ridicule.

Le mois de mars commençait pourtant sous des auspices assez menaçants. Les Seize tenaient des assemblées secrètes : ils faisaient porter des armes, par crochetées, dans les maisons. Le duc de Mayenne avait fait déclarer, dans les églises de Paris, qu'il ne traiterait jamais avec l'hérétique, et les prédicateurs ne cessaient d'invectiver le roi, en appelant contre lui le feu du ciel et le couteau des bons catholiques. Le Parlement, de son côté, avait de fréquentes réunions, dans lesquelles on ne parlait que de la nécessité de faire la paix. Tout le monde fut surpris ou inquiet, en apprenant que Mayenne était sorti de Paris, le 6 mars 1594, en disant « qu'il alloit communiquer avec les siens, pour le repos du peuple, duquel il avoit pitié. »

M. de Belin, gouverneur de la ville, s'était démis volontairement de sa charge et l'avait transmise à M. de Brissac, dont le caractère sournois et ondoyant inspirait moins de confiance, quoiqu'il affectât d'être attaché au parti de la Ligue. Le légat affirmait que Brissac était un parfait catholique, parce qu'il lui avait demandé l'absolution, pour avoir conféré avec son frère, M. de Saint-Luc, qui était calviniste ; le duc de Feria disait que Brissac était un bon homme inoffensif, parce que, dans un conseil de l'Union, où l'on discutait une affaire de grave importance, il l'avait vu s'amusant à prendre des mouches contre la muraille. M. de Brissac, en sa qualité de gouverneur, se donnait beaucoup de mouvement pour veiller à la tranquillité intérieure de la ville. Dans la soirée du 21 mars, les Seize lui firent savoir qu'une certaine agitation régnait dans quelques quartiers, surtout aux alentours du Palais. Brissac leur fit répondre qu'il ne s'en étonnait pas et qu'on avait fait répandre, en effet, que les troupes royales devaient attaquer, pendant la nuit, le quartier de l'Université. Ce fut donc dans ce quartier-là que les ligueurs se portèrent en armes, pour se tenir prêts à repousser l'attaque qu'on leur annonçait. Quant à Brissac, il fut sur pied toute la nuit, visitant les postes et suivi par des capitaines espagnols, que le duc de Feria avait placés auprès de lui, avec ordre de le tuer, à la moindre apparence de trahison, ce qui prouve qu'on était en défiance à son égard et que le bruit d'un complot avait couru dans la ville. Brissac fit bonne contenance, et les capitaines espagnols, n'ayant rien vu ni entendu qui confirmât leurs soupçons, revinrent, las et fatigués, vers deux heures du matin, chez le duc de Feria, qu'ils rassurèrent sur la situation de Paris, où tout était calme et bien ordonné, disaient-ils.

Mais les royalistes ne dormaient pas : ils avaient été prévenus, le soir même, que le roi s'approchait avec ses troupes et qu'il entrerait, par une des portes de la ville, entre trois et quatre heures du matin. Les principaux chefs du complot, notables, bourgeois, capitaines de quartier, magistrats et autres, devaient descendre dans la rue, armés et portant des écharpes blanches, pour fermer les ponts et garder les points les plus importants de Paris, tandis que les Italiens et les Espagnols se tenaient enfermés dans leurs corps de garde, près de la porte de Buci, et que les ligueurs faisaient des patrouilles dans le quartier de l'Université. Le prévôt des marchands, les échevins et la plupart des membres du Parlement s'étaient mis résolument à la tête des royalistes. M. de Brissac avait fait, la veille, enlever les terres qui masquaient la porte Neuve, sous prétexte de la murer, et cette porte restait ouverte pour recevoir le roi, pendant que la porte Saint-Denis livrerait passage aux troupes de M. de Vitry, et que les garnisons de Melun et de Corbeil arriveraient, par eau, dans le quartier de Saint-Paul. La ville se trouva donc envahie, de deux côtés différents, par les troupes royales, avant l'entrée du roi, qui ne se présenta devant la porte Neuve qu'au point du jour. Il était à cheval, armé de toutes pièces, avec l'écharpe blanche en sautoir, et suivi d'un grand nombre de seigneurs, d'une quantité de noblesse et de cinq ou six cents hommes d'armes. Après avoir reçu les clefs de Paris, que le prévôt des marchands lui offrit sur un plat d'argent, il embrassa M. de Brissac, en lui donnant le titre de maréchal de France; puis, il voulut immédiatement se rendre à Notre-Dame, pour y entendre la messe et remercier Dieu : son cortège s'engagea dans la rue Saint-Honoré, et tout le monde se mit aux fenêtres, pour le voir passer, au milieu d'une foule énorme qui criait : *Vive le roi!* Quand il mit pied à terre sur la place du Parvis, il était tellement pressé par cette foule grossissante, que ses capitaines des gardes jugèrent prudent de refouler le peuple ; mais Henri IV les en empêcha, disant avec bonté qu'il aimait

Fig. 10. — Entrée de Henri IV à Paris. — Fac-simile d'une gravure intitulée « Réduction miraculeuse de Paris sous l'obéissance du roy très-chrestien Henry IIII, et comme Sa Majesté y entra par la porte Neuve, le mardy 22 de mars 1594. — *N. Bollery pinxit; Jean Le Clerc excudit,* » et citée dans les *Droleries de la Ligue*, p. 306. (Bibl. Nat., Collection Hennin, t. IX, p. 18.)

N. B. Le personnage qui se découvre, et auquel le roi s'adresse, paraît être le duc de Brissac.

mieux avoir plus de peine et que tous ces braves gens le vissent à leur aise, car, ajouta-t-il, ils sont affamés de voir un roi ! » L'évêque de Paris, cardinal de Gondi, étant absent, un archidiacre le remplaça et vint, avec tout le clergé, au-devant du roi jusqu'à la porte de l'église. Le roi y entra, après avoir baisé la croix, « avec grande humilité et dévotion » et entendit la messe, ainsi que le *Te Deum* en musique.

Pendant ce temps-là, ses ordres avaient été partout exécutés dans Paris : cinquante-quatre capitaines avaient occupé le Louvre, le Palais, le grand Châtelet, les ponts et les carrefours. Tous les ligueurs qui essayaient de sortir en armes dans la rue étaient invités à rentrer dans leurs maisons, et à s'y tenir tranquilles ; ceux qui avaient fait le guet dans le quartier de l'Université, s'y trouvaient en quelque sorte prisonniers : ils tentèrent de soulever la populace de ce quartier et se portèrent, au nombre de 4,000, sur la porte Saint-Jacques, mais le comte de Brissac et le seigneur d'Humières, à la tête d'une bonne troupe d'infanterie, précédée d'une quantité de gens du peuple et d'enfants criant : *Vive le roi! vive la paix!* abordèrent ces ligueurs, avant qu'ils fussent organisés pour la résistance, et les dissipèrent de gré ou de force. Il y eut peu de victimes, et le roi dit, à ce sujet, qu'il aurait voulu, au prix de cinquante mille écus, racheter la vie de quelques lansquenets et de deux ou trois bourgeois, qui furent tués ou jetés à l'eau, sur le quai de l'École, par la compagnie de M. d'O. Dans tous les quartiers, le prévôt des marchands et les échevins, accompagnés de hérauts, trompettes. et bourgeois à pied et à cheval, annonçaient la paix et le pardon à la foule, qui témoignait sa joie par des acclamations redoublées. Le peuple se mêlait librement aux soldats, qu'on faisait entrer dans les boutiques pour leur donner à manger et à boire. On distribuait de main en main une ordonnance imprimée, annonçant que le roi vouloit que « toutes choses passées et avenues depuis les troubles soient oubliées et défendoit d'en faire aucune recherche à l'encontre d'aucune personne, sans excepter ceux qu'on appeloit vulgairement les Seize. » Le roi avait fait inviter gracieusement le légat du pape à venir le trouver au Louvre, mais le légat refusa d'y aller et n'attendit que le moment de partir pour Rome. Le capitaine Saint-Quentin, qui commandait un corps de Wallons au service de l'Espagne, avait été envoyé, en même temps, au duc de Feria, pour lui faire savoir que le roi ne songeait pas à le retenir prisonnier avec ses troupes espagnoles et italiennes, mais qu'on ne lui accordait que trois ou quatre heures pour évacuer Paris. Le duc, qui ne pensait pas en être quitte à si bon marché, s'écria à plusieurs reprises : « Ah! grand roi! » et promit tout ce qu'on voulut. Il sortit de Paris, dans l'après midi, avec les garnisons étrangères, par la porte Saint-Denis, et le roi qui s'était mis à une fenêtre au-dessus de cette porte, pour les voir passer, saluait les chefs espagnols, en leur criant : « Allez! allez! re-

Fig. 11. — Sortie de la garnison espagnole. — Fac-simile d'une gravure de même provenance que celle de la page 37, et intitulée : « Comme Sa Majesté, étant à la porte Saint-Denis, veid sortir de Paris les garnisons étrangères que le roi d'Espagne y entretenoit. » (Bibl. Nat., *Rec. de l'Histoire de France*, 1591-1595 ; Collection *Hennin*, t. XI, p. 20.)

commandez-moi à votre maître, mais n'y revenez plus. » Ils emmenèrent avec eux les prédicateurs de la Ligue les plus compromis, entre autres le fameux Boucher, et une cinquantaine de ligueurs, qui avaient fait trop de mal pour se croire en sûreté à Paris.

La duchesse de Montpensier et sa mère, Mme de Nemours, étaient désespérées et se tenaient cachées dans leur hôtel, pleurant, gémissant et tremblant. Le roi leur fit dire qu'elles n'avaient rien à craindre et qu'il irait les saluer, dès qu'il aurait achevé sa réconciliation avec la bonne ville de Paris. Pendant son dîner, on lui avait transmis deux avis d'importance : il n'y prit pas garde, et, comme on les lui rappelait, pour qu'il y donnât ordre : « Je vous confesse, dit-il avec émotion, que je suis si enivré d'aise de me voir où je suis, que je ne sais ce que vous me dites ni ce que je vous dois dire. » Il n'avait pas encore quitté son corselet et ses armes. On refusa de laisser entrer deux prêtres, qui insistaient pour être admis en sa présence : c'étaient les fougueux prédicateurs Commelet et Lincestre ; mais il consentit à les recevoir et ne les vit pas sans inquiétude s'approcher de la table pour s'agenouiller à ses pieds. *Gare le couteau!* dit-il, en riant. Les deux énergumènes semblaient bien calmés et honteux, en faisant amende honorable et en sollicitant leur pardon. « Priez pour moi, leur dit Henri IV, autant et mieux que vous avez prêché contre moi ! » Vinrent ensuite le prévôt des marchands, les échevins, et le corps de ville, qui lui présentèrent, suivant l'usage, de l'hypocras, de la dragée et des flambeaux : le roi les remercia de ce qu'ils lui avaient déjà fait présent de leurs cœurs, et leur dit que désormais il ne voulait d'autre garde que la leur.

Le lendemain même, le roi approuva le traité que M. de Rosny avait ébauché avec M. de Villars, pour la reddition de Rouen : Villars fut nommé amiral de France et reçut 1,200,000 francs destinés à payer ses dettes, avec une pension de 20,000 écus. Le roi s'acquitta, en outre, de ses promesses à l'égard de tous ceux qui l'avaient aidé à reprendre Paris, sans coup férir ; il donna, aux uns, des charges, des titres et des honneurs ; aux autres, des sommes d'argent, des pensions, des abbayes et des bénéfices de toute espèce. Les seigneurs catholiques qui avaient suivi le parti de la Ligue ne demandaient qu'à l'abandonner, en faisant payer le plus cher possible leur amende honorable. Henri IV, dans la journée du 24 mars, alla voir Mme de Montpensier et Mme de Nemours, comme il le leur avait annoncé ; il ne leur adressa aucun reproche et les charma par sa clémence et sa bonhomie.

Le duc de Mayenne était toujours en pourparlers avec divers agents secrets du roi, pour une entente et un accommodement, qu'il voulait faire accepter à des conditions inacceptables ; à son exemple les seigneurs et les gentilshommes, qui appartenaient encore au parti de la

Ligue, ne semblaient pas éloignés de traiter aussi de leur soumission, et l'on pouvait prévoir un terme assez prochain où la Ligue deviendrait exclusivement espagnole. Le parti catholique exalté se rapprochait du roi, sans attendre la décision souveraine du saint-siège. Le 2 avril, la Sorbonne, qui s'était tenue à l'écart, vint saluer au Louvre ce roi vainqueur, qu'elle avait appelé si longtemps le Béarnais, et peu de jours après, elle lui prêta serment. Le nouveau lieutenant civil Jean Séguier avait fait supprimer publiquement tous les libelles de la Ligue, en défendant, sous peine de la vie, à tous les libraires et imprimeurs, d'en imprimer ou publier aucun. Henri IV désigna, en même temps, Pierre Pithou et Antoine Loisel, pour rechercher et déchirer, « dans les registres du Parlement, » tout ce qui y avait été inscrit d'injurieux, non seulement contre le roi régnant, mais encore pour la mémoire de Henri III. La clémence royale fut aussi complète qu'elle pouvait l'être à l'égard des ligueurs, qu'ils fissent ou non amende honorable. Quelques obstinés et incorrigibles, qui parlaient trop et qui faisaient mine de protester ou de résister, furent seuls expulsés de la capitale, avant que le roi y fît son entrée solennelle, aux flambeaux, le 15 septembre 1594, entre sept et huit heures du soir, monté sur un cheval gris pommelé, et portant un habillement de velours gris chamarré d'or, avec le chapeau gris et le *panache* blanc. Ce soir-là, il avait un visage fort riant et content, à voir l'empressement du peuple qui se pressait autour de lui, en criant : *Vive le roi!* et il mettait à chaque instant le chapeau au poing, pour saluer les dames et damoiselles qui étaient aux fenêtres. Il semblait avoir oublié que cette foule contenait plus d'un fanatique, qui pouvait cacher un couteau dans sa manche pour frapper l'*hérétique,* comme beaucoup de ligueurs le nommaient tout bas.

Le 27 décembre, au retour d'un voyage que le roi avait fait en Picardie, comme il entrait tout botté, avec les seigneurs de sa suite, dans la chambre de Mme de Liancourt, un jeune homme de dix-huit ans nommé Jean Châtel, fils d'un drapier de Paris et élève du collège des jésuites, se glissa parmi les assistants, et le frappa d'un coup de couteau à la lèvre, sans avoir réussi à l'atteindre à la gorge. L'assassin, qui n'avait pas essayé de s'enfuir, fut jugé, condamné, et exécuté deux jours après. Cet attentat prouvait que la ligue subsistait toujours et n'avait pas désarmé. D'autres tentatives de régicide se succédèrent par intervalles, mais elles échouèrent toutes, jusqu'au crime de Ravaillac, qui devait enlever à la France le meilleur et le plus grand de ses rois.

Quant à la Ligue, dont le roi d'Espagne devint le chef avoué et seul intéressé, elle n'était plus qu'un pâle reflet de ce qu'elle avait été depuis la mort de Henri III, et l'on peut dire qu'elle avait perdu toutes ses forces d'expansion quand Mayenne consentit enfin, en 1598, à faire sa paix avec le roi. La destruction de la Ligue était désormais un fait accompli.

Fig. 12. — Un arquebusier du temps de la Ligue.

CHAPITRE DEUXIÈME

HENRI IV ET SULLY

Caractère de Henri IV. — Administration et réformes de Sully. — L'assemblée des notables à Rouen — Siège d'Amiens et traité de Vervins. — Mariage de Henri IV avec Marie de Médicis. — Naissance du Dauphin. — Trahison et châtiment du maréchal de Biron. — Intrigue de cour et querelles de ménage. — Couronnement de la reine. — Attentat de Ravaillac; mort de Henri IV.

ENRI IV ne fut connu et apprécié dignement qu'après sa mort. Sans doute Pierre de l'Estoile, qui se faisait l'écho sincère et naïf de la voix du peuple, s'écriait, au moment même où le meilleur et le plus grand des rois de France venait d'être assassiné par Ravaillac : « Les roys sont roys et Dieu est Dieu, parce que ils règnent subjects aux mesmes vices, passions, infirmités et accidents que les autres hommes, et bien souvent davantage, pauvres pots de terre en la main du grand Maistre et sous sa verge, de laquelle il les rompt et brise comme le potier ses vaisseaux, toutes et quantes fois que bon lui semble : de quoy nous avons, en ceste journée, un bel exemple en la personne sacrée de nostre bon roy, prince grand, magnanime et vertueux, affable, doux et humain plus que roy qui ait esté il y a cinq cens ans en France; craint, révéré et aimé de ses peuples outre mesure, s'il faut ainsi parler. Dieu nous l'a osté, en son ire! »

Mais, malgré ce touchant éloge d'un contemporain, on ne saurait nier que la postérité n'ait été bien lente à formuler un jugement équitable sur ce grand roi et sur son règne. A soixante ans de distance, Tallemant des Réaux, si perspicace et si fin dans ses appréciations personnelles, osait écrire, dans ses *Historiettes :* « Si ce prince fût né roy de France et roy paisible, apparemment ce n'eust pas esté un grand personnage. » Il ajoutait, cependant, comme réparation d'injustice : « On n'a jamais veu un prince plus humain ny qui aimast plus son peuple; d'ailleurs, il ne refusoit pas de veiller pour le bien de son Estat. » C'est au dix-huitième siècle, c'est de nos jours surtout que les hautes et admirables qualités de Henri IV, comme roi et comme homme, ont été mises en lumière et universellement reconnues. Déjà, en 1761, Voltaire, dont le jugement était si sûr et si délicat en matière d'histoire, quand il pouvait être impartial et désintéressé, jugeait ainsi le règne de Henri IV son héros favori : « Dix ou douze années du grand Henri IV paraissent heureuses, après quarante années d'abominations et d'horreurs qui font dresser les cheveux ; mais, pendant ce peu d'années que le meilleur des princes employait à guérir nos blessures, elles saignaient encore de tous côtés : le poison de la Ligue infestait les esprits; les familles étaient divisées; les mœurs étaient dures; le fanatisme régnait partout, hormis à la cour. Le commerce commençait à naître, mais on n'en goûtait pas encore les avantages; la société était sans agrément, les villes sans police; toutes les consolations de la vie manquaient, en général, aux hommes. Et, pour comble de malheur, Henri IV était haï. Ce grand homme disait au duc de Sully : Ils ne me connaissent pas; ils me regretteront en un siècle plus tard. » M. Henri Martin, s'associant à l'opinion de Voltaire, a donc pu dire avec autorité, dans son *Histoire de France :* « Henri IV est resté le plus grand, mais surtout le plus français des rois de France; on ne revit plus sur le trône une âme aussi nationale, une intelligence aussi libre. Personne n'a jamais senti mieux que lui le vrai rôle de notre patrie. Ce n'est pas sans raison que la popularité du Béarnais s'est accrue parmi nous, à mesure que l'esprit moderne a grandi ; ce n'est pas sans raison que le dix-huitième siècle a voulu faire de lui le héros épique de notre histoire. Les classes laborieuses n'ont jamais oublié le roi qui leur fut le plus sympathique par les manières et par le cœur, le roi qui s'occupa le plus sérieusement des intérêts du sol et du travail. »

Fig. 13. — Portrait de Henri IV, entouré des figures allégoriques de la Justice et de la Prudence ; d'après Théodore de Bry.

Henri IV s'était révélé et peint lui-même, dans une lettre adressée à Sully, en avril 1607 ; il avait alors cinquante-quatre ans : « Je perdrai plutôt, dit-il, maîtresses, amours, chiens, oiseaux, jeux et brelans, bâtiments, festins et banquets et toutes autres dépenses, plaisirs et passetemps, que de perdre la moindre occasion et opportunité pour acquérir honneur et gloire, dont les principales, après mon devoir envers Dieu, ma femme et mes enfants, mes fidèles serviteurs et mes peuples, que j'aime comme mes enfants, sont de me faire tenir pour prince loyal, de foi et de parole, et de faire des actions, sur la fin de mes jours, qui les perpétuent et couronnent de gloire et d'honneur, comme j'espère que feront les heureux succès des desseins que vous savez, auxquels vous ne devez douter que je ne pense plus souvent qu'à tous mes divertissements. »

Sully, à cette époque, était devenu l'ami le plus dévoué et le plus intime, le confident le plus fidèle et le plus clairvoyant de Henri IV; il fut toujours le plus sage conseiller et le serviteur le plus actif et le plus utile de son bon maître, qui n'aurait jamais fait, sans lui, les œuvres royales qu'on peut attribuer en participation à ce grand ministre. Rien n'était plus dissemblable et même opposé que les caractères, les sentiments et les idées du ministre et du roi, et pourtant l'un et l'autre, après des antagonismes et des conflits réitérés, finirent par se façonner mutuellement à une entente réciproque et par servir d'intelligence, avec le même zèle, les intérêts de la chose publique; mais il est bien certain que ces deux grands esprits, si différents dans leurs aptitudes et leurs tendances, s'étaient comme partagé entre eux la tâche du gouvernement : Henri IV se réservait la politique et l'action militaire; Sully se concentrait dans l'administration des affaires d'État, dans la direction des finances et dans la mise en pratique de toutes les questions économiques, telles que les impôts, le commerce, l'industrie, l'agriculture, etc.

On accusait généralement Sully d'avoir *un cœur dur et ambitieux*, comme dit l'Estoile. « Jamais, dit Tallemant, il n'y eut surintendant plus rebarbatif. » Mais Henri IV lui pardonnait tous ses défauts et ne voyait en lui que l'ami éprouvé, l'homme d'État consommé, l'administrateur habile et incorruptible. Voici le portrait que Henri IV fit de son premier ministre en 1609 : « De M. de Sully aucuns se plaignent, dit-il, et quelquefois moy-mesme, qu'il est d'humeur rude, impatiente et contredisante; l'accusant d'avoir l'esprit entreprenant, qui présume tout de ses opinions et de ses actions et mesprise celles d'autry, qui veut eslever sa fortune et avoir des biens et des honneurs. Or, combien que j'y reconnoisse une partie de ses défauts, je ne laisse pas de l'estimer et de m'en bien et utilement servir, pource que d'ailleurs je reconnois que véritablement il ayme ma personne, qu'il a intérêt que je vive, et désire avec passion la gloire, l'honneur et la grandeur de moy et de mon royaume ; aussi, qu'il n'a rien de malin dans le cœur, a l'esprit fort industrieux et fertile en expédients, est grand ménager de mon bien, homme fort laborieux et diligent, qui essaye de ne rien ignorer et de se rendre capable de toutes sortes d'affaires de paix et de guerre. Bref, je vous confesse que, nonobstant toutes ses bizarreries et promptitudes, je ne trouve personne qui me console si puissamment que luy, en tous mes chagrins, ennuis et fascheries. » C'est Sully lui-même, qui a consigné, dans ses *Œconomies royales*, ces paroles du roi, telles que les lui avait rapportées un témoin auriculaire d'un entretien de Henri IV avec *ses plus confidens et qualifiez serviteurs.*

Maximilien de Béthune, qui ne fut créé duc de Sully qu'en 1606, s'était nommé jusque-là M. de Rosny. Son père l'avait présenté au roi de Navare en 1571, c'est-à-dire avant sa douzième année, et il resta dans la maison de Henri de Bourbon, qui l'avait admis à son service avec une sympathique bienveillance. Mais, en 1580, ce jeune gentilhomme protestant voulut prendre congé du roi de Navarre, pour entrer au service du duc d'Alençon en Flandre ; le roi l'ayant taxé de légèreté et d'ingratitude : « Sire, lui répondit Rosny, je n'ai point encore pensé à vous quitter pour cela, mais je ne laisserai d'être toujours votre serviteur, puisque mon père m'y a destiné dès ma première jeunesse et me l'a fait ainsi jurer en mourant. Un mien précepteur, nommé La Brosse, qui se mêle de prédire et de faire des nativités, m'a plusieurs fois juré, avec grands serments, qu'infailliblement vous serez un jour roi de France, et régnerez tant heureusement, que vous élèverez votre gloire et la magnificence de votre royaume au plus haut degré d'honneurs et de richesses ; et que je serai des mieux auprès de Votre Majesté, laquelle m'élèvera en biens et aux plus hautes dignités de l'État. Soyez donc assuré que je vous servirai à jamais de cœur, d'affection, et très loyaument. » Le roi de Navarre n'oublia pas cette prédiction et, trois ans plus tard, il rappelait auprès de lui M. de Rosny, en l'invitant à s'attacher à sa fortune dans une nouvelle guerre de religion. « Êtes-vous pas résolu que nous mourions ensemble? lui dit le roi; il n'est plus temps d'être bon ménager : il faut que tous les gens d'honneur et qui ont de la conscience employent la moitié de leur bien pour sauver l'autre. Je vous promets que, si j'ay bonne fortune, vous y participerez. » Rosny avait encore pour cent mille livres de bois à vendre : il les vendit et apporta l'argent au roi, pour subvenir aux besoins de la guerre, et depuis il ne quitta plus le service de Henri de Bourbon. A la bataille de Coutras (1588), où il avait fait un prodigieux usage de deux canons dont il dirigeait le feu, Henri, qu'il rencontra « l'espée toute sanglante au poing, poursuivant la victoire, » lui cria en passant : « Vos pièces ont fait merveilles ; aussi, vous promets-je que je n'oublierai jamais le service que vous m'y avez rendu. » Après la journée des Barricades qui chassa de Paris Henri III, ce fut Rosny que le roi de Navarre employa dans toutes ses négociations, dont la plus importante fut sa réconciliation avec le roi son beau-frère, réconciliation suivie du retour de la noblesse protestante sous les drapeaux du roi de France. « Tout le monde couroit au-devant de lui, racontent les rédacteurs des *Mémoires de Sully*, et un gentilhomme de son parti, qui l'appeloit *le dieu Rosny*, disoit aux autres : Voyez-vous cet homme-là? Par Dieu ! nous l'adorerons tous, et lui seul rétablira la France. » Il était donc sans cesse à côté de son bon maître, qui l'avait pris en amitié et qui le consultait en toute occasion, sans s'offenser des avis un peu rudes que lui donnait ce franc et loyal conseiller. Le roi de Navarre apprenait ainsi à l'estimer à sa valeur et il lui confia les missions les plus délicates, pendant les pénibles épreuves de la Ligue. Le triomphe de l'habile négociateur, qui ramena dans le parti du roi tant de chefs importants, fut la soumission de l'amiral de Villars, qui était maître de Rouen et d'une partie de la Normandie. Ce fut Rosny qui lui mit au cou l'écharpe blanche et qui s'écria gaiement, en s'adressant à tous ceux qui entouraient l'amiral : « Allons morbieu ! la Ligue est au diable ; que chacun crie : *Vive le roi!* » Il négocia, dans le même sens, avec le cardinal de Vendôme, devenu cardinal de Bourbon, et avec le comte de Soissons, qu'il eut l'adresse de rallier à la cause du roi.

La reconnaissance de Henri IV s'était traduite, à l'égard de Rosny, par des pensions qu'on ne payait pas toujours avec exactitude, car les trésoriers ne se faisaient pas faute de garder en mains les deniers de l'État et d'en dilapider la meilleure part. C'est pourquoi le roi avait

Fig. 14. — Maximilien de Béthune, duc de Sully, surintendant des finances, grand maître de l'artillerie de France. — D'après une estampe, sur laquelle on lit : « La tête, d'après le tableau de Porbus, qui appartient à Mgr le duc de Sully. » Dessiné par Gabriel de Saint-Aubin; gravé par Chenu.

voulu faire entrer dans son conseil des finances Rosny, dont il connaissait la probité. Mais le duc de Nevers, qui présidait ce conseil, et les membres qui le composaient, ne pouvaient s'accommoder de cette probité, hérissée de formes assez rudes. Rosny s'était fait ainsi beaucoup d'ennemis à la cour, et les envieux ne lui manquaient pas. On essaya mille intrigues pour le brouiller avec son maître, que la rudesse de ce serviteur peu courtisan blessait trop souvent; on faillit plus d'une fois le faire tomber en disgrâce, mais le roi, après quelques jours de froideur et d'éloignement, lui revenait toujours avec plus d'amitié et de confiance. Le but que le roi se proposait d'atteindre, avec l'aide et le concours de Rosny, était, suivant les termes d'une lettre qu'il lui écrivait d'Amiens, le 15 avril 1596, « de restablir le royaume en sa plus grande ampletude et magnifique splendeur, et de soulager mes pauvres peuples, que j'ayme comme mes chers enfants, de tant de tailles, subsides, et oppressions, dont ils me font journellement des plaintes. » Henri IV, vainqueur de la Ligue et reconnu roi de France par tous ses sujets, se voyait condamné, en ce temps-là, à un état de gêne et de misère aussi cruel que celui où il se trouvait, en 1592, pendant le siège de Paris. « Je suis fort proche des ennemis, écrivait-il à Rosny, et n'ay quasi pas un cheval sur lequel je puisse combattre, ny un harnois complet que je puisse endosser; mes chemises sont toutes deschirées, mes pourpoints sont trouez au coude, ma marmite est souvent renversée, et depuis deux jours je disne chez les uns et les autres, mes pourvoyeurs disans n'avoir plus moyen de rien fournir pour ma table. Jugez si je mérite d'être ainsi traitté, et si je dois plus longtemps souffrir que les financiers et trésoriers me fassent mourir de faim? »

L'entrée de Rosny dans le conseil des finances n'eut pas lieu néanmoins sans de grandes difficultés et sans d'inexplicables retards; enfin, ses « provisions pour les finances » duement approuvées par le conseil et signés par le roi, lui furent délivrées, et le chancelier de Cheverny, le reçut « avec applaudissement » au nombre des membres du conseil. Rosny, pour son coup d'essai, entreprit un voyage, où, dans quatre généralités seulement, il *grapilla si bien pour le roi*, sur les comptes des années précédentes, qu'il ramassa en quelques semaines 500,000 écus; cette riche *cueillette* fut chargée, par ses ordres, sur soixante-dix charrettes, et menée à Paris sous une escorte dans laquelle figuraient huit receveurs généraux, comme garants et cautions des sommes levées. En vain ses ennemis profitèrent-ils de son absence pour l'accuser lui-même d'exactions, de forfaiture et de détournements; Rosny justifia de sa recette par des bordereaux en règle, confondit ses calomniateurs et garda la confiance du roi, qui lui donna 6,000 écus de gratification et augmenta sa pension de 1,000 francs par mois.

Le commencement de réforme, essayé et réalisé par Rosny dans quatre généralités seulement, avait prouvé à Henri IV que la réforme devait être générale et régulière dans tout le royaume pour produire les heureux résultats qu'on pouvait en attendre. Le salut de l'État dépendait de cette réforme. Le moment était critique ; jamais l'argent n'avait été plus nécessaire, car il fallait à la fois subvenir aux dépenses des services publics et soutenir la redoutable guerre que l'Espagne continuait à faire à la France. Les « affaires du roi » semblaient réduites à l'extrémité ; on avait rien à espérer des ressources de l'impôt, qui se payait mal ou qui ne se payait pas. On devait donc absolument avoir recours à la création de nouvelles taxes, mais, comme Rosny ne cessait de le répéter au roi : « Les levées de deniers, pour produire bien et jamais mal, ne devoient se faire que par le commun consentement des peuples qui les payoient. » Ce fut donc Rosny qui eut l'idée d'une assemblée des notables, au lieu d'une réunion des États généraux, et qui fit enfin adopter son projet par Henri IV. Le plan de Rosny, en convoquant cette assemblée à Rouen, était de forcer la main aux notables et de les mettre en demeure, vis-à-vis de la nation, non pas de prendre en charge le gouvernement du royaume, mais de procurer à ce gouvernement les moyens de subsister entre les mains du roi. A la première séance de cette assemblée des notables (4 novembre 1596), Henri IV prononça un admirable discours, qu'il avait sans doute préparé de concert avec Rosny et qui lui gagna tous les cœurs : « Vous savez à vos dépens, comme moi aux miens, dit-il, que lorsque Dieu m'a appelé à cette couronne, j'ai trouvé la France non seulement quasi ruinée, mais presque toute perdue pour les François. Par la grâce divine, par les prières et par les bons conseils de mes serviteurs qui ne font profession des armes, par l'épée de ma brave et généreuse noblesse, par mes peines et labeurs, je l'ai sauvée de la perte. Sauvons-la, à cette heure, de la ruine. Participez, mes chers sujets, à cette seconde gloire, comme vous avez fait à la première. Je ne vous ai point appelés, comme faisoient mes prédécesseurs, pour vous faire approuver mes volontés. Je vous ai fait assembler pour recevoir vos conseils, pour les croire, pour les suivre, bref, pour me mettre en tutelle entre vos mains, envie qui ne prend guerre aux rois, aux barbes grises, aux victorieux. Mais le violent amour que je porte à mes peuples, l'extrême envie que j'ai d'ajouter à mon titre de roi, deux plus glorieux titres, ceux de libérateur et restaurateur de cet État, me font trouver tout aisé et honorable. »

L'assemblée des notables, comme Rosny l'avait prévu, devenait ainsi responsable du salut de l'État, et aucune considération égoïste ne pouvait dès lors influer sur ses résolutions. Force était d'aviser, avant tout, aux nécessités financières du moment : les recettes de l'État ne montaient qu'à vingt-trois millions et ses charges s'élevaient à seize ; on n'avait donc que sept millions pour payer les frais de la guerre et pour entretenir les fortifications, les ponts et chaussées, la marine et la maison du roi. Les notables n'hésitèrent pas à augmenter de sept millions les recettes du trésor, en établissant un nouvel impôt nommé *sou pour livre*, qui était un droit d'entrée d'un sou par livre sur toutes les denrées et marchandises qui se vendraient dans les villes, bourgs et foires du royaume, excepté sur le blé. Ils décidèrent, en outre, que les gages des officiers, c'est-à-dire les appointements de tous les fonctionnaires de l'État dans l'ordre civil, seraient laissés aux caisses du roi durant une année. C'était rejeter sur les notables la responsabilité des actes de rigueur que devait nécessiter l'exécution de ces mesures. Une concession apparente fut faite à l'assemblée, par l'établissement d'un *Conseil de Raison*, tiré de son sein, qui devait partager avec le roi la perception et la gestion des revenus publics; mais ce conseil, voué d'avance à la haine et au mépris de ceux qu'il lésait, ne tarda pas à disparaître, après trois mois d'une existence difficile, en ne laissant que de tristes et ridicules souvenirs. Ainsi, grâce à la tactique ingénieuse de Rosny, Henri IV ne fut plus troublé dans l'exercice de sa puissance royale, qu'il avait fait semblant d'abdiquer au profit des délégués de l'assemblée des notables. « Ah! Sire, lui avait dit la marquise de Mousseaux, étonnée de son discours à l'ouverture de cette assemblée, comment avez-vous parlé à ces gens-là de vous mettre en tutelle entre leurs mains? — Ventre Saint-Gris! s'était écrié le roi en riant, rassurez-vous, ma mie, je n'entends me mettre en tutelle que l'épée au côté! »

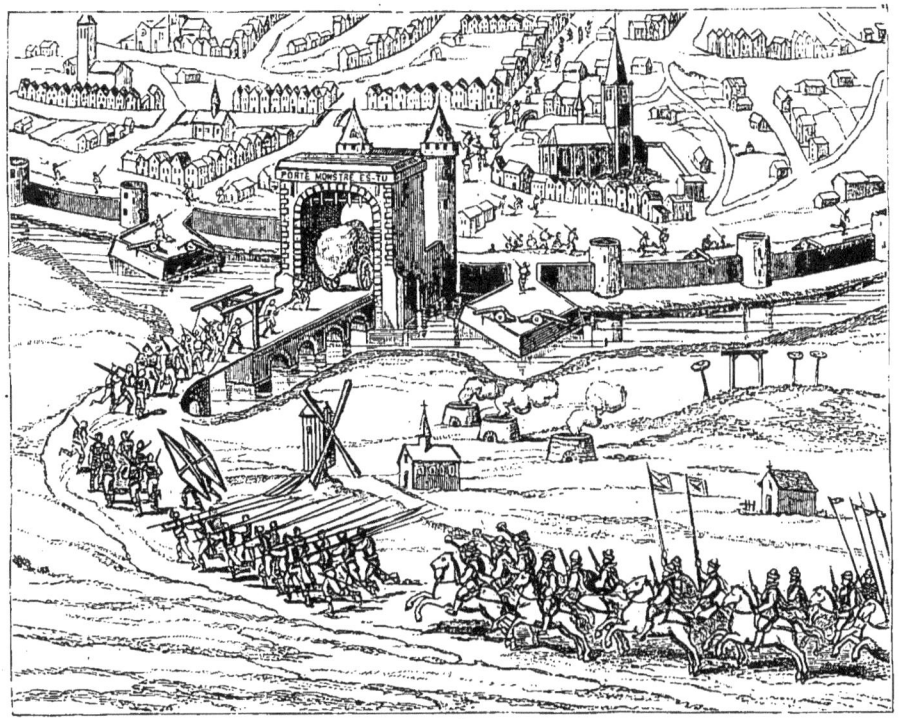

Fig. 15. — Surprise d'Amiens par les Espagnols. — D'après une estampe sur laquelle on lit : « Portrait de la ville d'Amiens, comme elle a été surprise le 11 mars 1597 avec ung chariot et peu de gens, desquels le capitaine étoit le gouverneur de Doulans. » (Bibl. Nat.; *Recueil de l'Histoire de France*, 1597.)

Pendant ce temps-là, Rosny n'avait pas perdu son temps : il avait travaillé, jour et nuit, sans se donner « quasi loisir de prendre ny repos ny repas, » à réorganiser l'administration des finances. Le roi le laissait faire et comptait sur lui.

Dans la nuit du 12 mars 1597, où l'on avait dansé au Louvre jusqu'à deux heures du matin, Henri IV fut réveillé par un courrier qui lui apportait la nouvelle de la prise d'Amiens, où les Espagnols étaient entrés, sans coup férir, au moyen d'une ruse de guerre. Rosny, que le roi avait envoyé chercher en toute hâte, le trouva dans sa chambre, « ayant sa robe, son bonnet et ses bottines de nuit, se promenant à grands pas tout pensif, la teste baissée, les deux mains derrière le dos. » Le roi vint à sa rencontre, et lui serrant la main : « Ah! mon ami, lui dit-il d'une voix plaintive, quel malheur! Amiens est pris! c'est la Ligue qui se relève! — Eh bien! Sire, repartit Rosny, les regrets et les plaintes ne sont pas capables d'y apporter remède : il faut que nous l'espérions de votre courage, vertu et bonne fortune. Je vous ai vu parachever des choses plus difficiles. Vivez seulement, portez-vous bien, mettez les mains à l'œuvre, et ne pensons tous qu'à reprendre Amiens. » Le roi, un peu réconforté, lui représenta que tout manquait en ce moment : l'argent, l'artillerie et les soldats, car il avait justement concentré dans cette ville d'Amiens, qui ne lui appartenait plus, tout ce qu'il avait de ressources disponibles en hommes, en canons et en numéraire. « Sans plus consumer le temps en discours, plaintes et paroles vaines, interrompit Rosny avec sa brusquerie ordinaire, permettez, Sire, que j'aille en mon logis chercher argent parmi mes papiers : je m'assure de vous donner les moyens d'en recouvrer, car il en faut avoir pour faire le siège d'Amiens et poursuivre la guerre contre les Espagnols. » Rosny n'avait pas imaginé de moyens plus prompts et plus sûrs, pour faire de l'argent, « ne voulant pas surcharger le peuple des campagnes, » que de faire contribuer les riches à une levée extraordinaire de deniers, moitié gré, moitié force. Il y eut seulement 300,000 écus de prêts volontaires, mais les financiers, qui se voyaient menacés de la création d'une chambre de justice chargée de rechercher leurs malversations, aimèrent mieux éviter cette recherche en prêtant au roi plus de 1,200,000 écus. C'est à partir de ce moment que Rosny fut choisi pour diriger seul les finances et pour remplir, en réalité, la charge de premier ministre, sans en prendre le titre. Henri IV déclara néanmoins, en plein conseil, que, pour avoir quelqu'un « qui eust à répondre de tout et qui servist comme de solliciteur et de chasse-avant aux autres, » il choisissait Rosny, comme « celui qui le connoissoit de longue main, le plus jeune et le plus vigoureux, pour aller et venir, et auquel il diroit plus librement ses véritez, s'il venoit à manquer. »

Aussitôt après, Henri IV partit de Paris pour conduire ses troupes devant Amiens. Quant à Rosny, il resta pour « trouver de l'argent, amasser artillerie, munitions et vivres, faire dresser un hôpital pour les malades et blessés, » et, tous les mois, il se rendait au camp d'Amiens avec 150,000 écus destinés au payement de l'armée. Le 25 septembre 1597, la brèche étant ouverte et l'assaut imminent, la garnison espagnole capitula et sortit de la place avec armes et bagages. Ce fut le dernier soupir de la Ligue. Le vieux roi d'Espagne, Philippe II, las d'une si longue guerre qui lui avait coûté tant d'hommes et tant de doublons, inclinait vers une négociation pacifique, qui aboutit au traité de Vervins (2 mai 1598).

Dix-neuf jours auparavant, Henri IV avait signé, avec les chefs du parti protestant, le fameux édit de Nantes, qui fut la consécration de la paix religieuse en France et la meilleure base pour l'affermissement du trône. Rosny, en sa qualité de gentilhomme protestant, n'avait pas peu servi à défendre les intérêts de ses coreligionnaires et à les rattacher au gouvernement du roi.

Peu de jours avant la conclusion du traité de Vervins, Henri IV avait ouvert son cœur à Rosny, dans un long entretien, où il ne lui avait rien caché de ses préoccupations et de ses inquiétudes : il en était à regretter de devenir *roi paisible dedans et dehors le royaume* : « Bientôt, disait-il, je viendrai aux travaux qu'il faudra supporter, parmi les négoces et affaires politiques, et en l'établissement des ordres, lois, règlements et disciplines, tant civiles que militaires, esquelles j'appréhende qu'il me conviendra vaquer assiduellement, n'ayant jamais eu l'humeur bien propre aux choses sédentaires, et me plaisant beaucoup plus à vestir un harnois, piquer un cheval et ordonner un coup d'épée, qu'à faire des loix, tenir la main à l'observation d'icelles, estre toujours assis dans un conseil à signer des arrests, à voir, à examiner des états de finances, et n'étoit que je m'attends d'estre en cela secouru de Bellièvre, de vous, de Villeroy, de Sillery et de deux ou trois autres de mes serviteurs que j'ai en fantaisie, je m'estimerois plus malheureux en temps de paix qu'en temps de guerre. »

Ces paroles prouvent que Henri IV avait peu de goût pour les choses d'administration et de gouvernement, à l'égard desquelles il se reposait sur ses ministres et particulièrement sur Rosny. Mais ce qui le tourmentait sans cesse, c'était de savoir quel serait son successeur; car il n'avait pas d'enfant légitime, et il prévoyait les *contentions* qui s'élèveraient entre son neveu, le jeune prince de Condé, et les autres princes du sang, pour l'héritage de la couronne. Il avait donc projeté de faire prononcer la dissolution de son mariage avec sa femme Marguerite de Valois, dont il était séparé depuis plus de vingt ans, et, son divorce obtenu, il songeait à se remarier, pour avoir des enfants qui pussent lui succéder.

Mais quelle serait la femme dont il devrait rechercher l'alliance dans les différentes cours de l'Europe? Henri IV ne disait pas à Rosny que son choix était fait depuis plusieurs années, et qu'il avait résolu d'épouser Gabrielle d'Estrées, qui lui avait donné tant de témoignages de sincère affection et de généreux dévouement; mais Rosny avait deviné l'intention du roi, qui laissait percer ses véritables sentiments en disant : « Plaise à Dieu que je ne me jette pas dans le plus grand des malheurs de cette vie, qui est, selon mon opinion, d'avoir une femme laide, mauvaise et dépite! » Or Gabrielle était belle, affable, et toujours souriante. Fille d'Antoine d'Estrées, que le roi avait nommé gouverneur de l'Ile-de-France et grand maître de l'artillerie, elle portait alors le titre de duchesse de Beaufort, et elle avait déjà pris les airs et le train d'une reine : « elle usoit modestement du pouvoir qu'elle avoit sur le roi, » dit Théodore-Agrippa d'Aubigné, qui n'a jamais flatté personne dans ses ouvrages historiques, et qui se piquait d'avoir toujours dit la vérité, même aux rois. Rosny, qui devait en partie sa grande situation à l'appui permanent de Gabrielle d'Estrées, ne la seconda pas toutefois dans le dessein que sa famille poursuivait de la pousser sur le trône de France; il dissuadait, au contraire, le roi, de poursuivre un dessein aussi opposé aux intérêts de son règne; il faillit, à ce sujet, se brouiller avec la favorite, lorsque Gabrielle, « par la suggestion d'aucuns siens parens et alliez pleins de vanité et d'ambition, eut pris des espérances de pouvoir parvenir à des couronnes et diadèmes pour elle et ses enfants. » Mais ils étaient réconciliés, au moment où Gabrielle, qui était allée loger chez Sébastien Zamet pour les fêtes de Pâques, en l'absence du roi séjournant à Fontainebleau, mourut subitement dans la nuit du vendredi saint, 10 avril 1599.

Cette mort foudroyante, à laquelle le poison n'était peut-être pas étranger, laissa Henri IV dans une profonde douleur; il n'y eut que Rosny qui fut capable de le consoler, en lui faisant entendre la voix de la raison et celle de l'amitié. « Sire, lui dit-il, ayez agréable de remettre en Dieu et vous et vos affaires : confiez-vous, Sire, du tout en lui, et il accomplira ce que je vous ai toujours vu le plus ardemment souhaiter, qui est d'avoir une femme que vous puissiez aimer, laquelle vous donne des enfants qui puissent, sans dispute, vous succéder au royaume. » Henri IV ne se serait pas consolé si vite, s'il n'eût jeté les yeux sur Mlle d'Entragues, pour remplacer Gabrielle et en faire une reine de France, pendant que Rosny, d'après son autorisation, était en correspondance avec la reine Marguerite de Valois, pour traiter la délicate question du divorce. Marguerite, qui résidait alors dans son château d'Usson, en Auvergne, ne faisait plus obstacle aux vœux du roi, ni à ceux de tous les bons Français, disait-elle, puisque tous désiraient ardemment qu'une nouvelle alliance donnât au roi des enfants légitimes. Une procédure régulière s'était ouverte pour dissoudre le mariage de Henri IV et de Marguerite de Valois, pendant que les ministres du roi et l'agent de la cour de Florence traitaient secrètement des conditions d'un mariage avec Marie de Médicis, nièce du grand-duc de Toscane. Le roi était impatient de se retrouver libre de contracter une seconde union, mais il ne manifestait pas beaucoup d'empressement pour celle qu'on lui préparait; il évitait d'en parler; il s'informait seulement des progrès assez lents de la dissolution de son premier mariage devant la commission d'enquête nommée par le pape. Ses projets, au sujet de Mlle d'Entragues, dont l'esprit égalait la beauté, mais que son astuce, son ambition et sa cupidité ne recommandaient pas à la sympathie des amis du roi, aboutirent même à une promesse de mariage, que les événements se chargèrent de rendre nulle. Rosny, qui n'avait pas craint de désapprouver devant le roi lui-même cette imprudente promesse, mena si bien et si rapidement la négociation relative aux arrangements préliminaires de l'alliance projetée entre le roi et Marie de Médicis, que, le lendemain même du jour (10 novembre 1599) où la commission d'enquête pour l'examen des motifs de nullité du mariage de Henri IV avec Marguerite de Valois eut prononcé que ce mariage était nul en droit et en fait, de telle sorte que les parties redevenaient libres de se marier *où bon leur semblerait*, tous les articles du traité pour l'union du roi et de la princesse de Toscane furent convenus et signés à Paris. Rosny vint alors trouver le roi pour d'autres affaires, et lui dit tout à coup dans leur entretien : « Nous venons de vous marier, Sire! » Henri IV resta pensif et comme abasourdi, se grattant la tête et se curant les ongles, sans rien répondre. « Eh bien! soit! de pardieu! s'écria-t-il soudain. Il n'y a remède, puisque, pour le bien de mon royaume et de mes peuples, vous croyez qu'il faut être marié. Il le faut donc être, mais c'est une condition que j'appréhende fort. »

Rosny n'avait pas le titre de premier ministre, quoiqu'il le fût en réalité, mais il était surintendant des bâtiments et fortifications et grand voyer de France depuis 1597, surintendant des finances depuis 1598 ; il devint grand maître de l'artillerie (13 novembre 1599), au moyen d'une transaction pécuniaire avec le comte d'Estrées, titulaire de cette charge de la couronne. Dès qu'il fut en possession de l'Arsenal, il tint à honneur de prouver au roi qu'il était digne d'une charge si importante, qu'on avait laissée à l'abandon, et qui n'existait plus, en quelque sorte, que de nom seulement. En moins de vingt jours, il eut chassé de l'Arsenal cinq cents fainéants, en les remplaçant par de bons ouvriers ; il rouvrit les ateliers de poudrerie et de fonderie, passa des marchés avec les commissaires des salpêtres et les maîtres de forges, fit fondre des canons et des boulets, rassembla une immense quantité de matériel pour l'artillerie, et prit des dipositions minutieuses, comme si la guerre allait éclater à bref délai.

Sur ces entrefaites, le duc de Savoie, qui retardait de souscrire aux conditions du traité de Vervins en refusant au roi le marquisat de Saluces, vint en France, moins pour s'entendre directement avec

Henri IV que pour préparer, avec sa fourberie ordinaire, des intrigues et des conspirations contre lui. Il alla visiter l'Arsenal, et Rosny le conduisit aux ateliers, où il lui montra vingt canons nouvellement fondus, des affûts auxquels on travaillait activement, et des amas de bombes et de boulets. « Qu'est-ce cela? s'écria le duc de Savoie. — Monsieur, répondit Rosny en riant, c'est pour prendre votre bonne ville de Mont-

Fig. 16. — L'Ancien Arsenal et son magasin à poudre. (Vue prise de la rue Contrescarpe.)

mélian. — Vous n'y estes pas allé, Monsieur, répliqua froidement le duc; autrement, vous sauriez bien que Montmélian ne se peut prendre. — Bien, bien, murmura Rosny : si le roi me commandoit d'en faire le siège, j'en viendrois à bout, ne vous déplaise. »

Six mois plus tard, Henri IV déclarait la guerre au duc de Savoie et confiait à Rosny la direction de l'artillerie en campagne. Rosny était prêt, depuis qu'il avait considéré comme inévitable une rupture avec le duc de Savoie, qui continuait à endormir le roi par des promesses qu'il était bien décidé à ne pas tenir. Cette guerre ne dura que trois mois. Rosny s'était réservé le siège de Montmélian, qui passait pour imprenable; mais il éleva, autour et au-dessus de cette place *merveilleusement forte*, neuf batteries qui la foudroyèrent avec quarante bouches à feu. C'était Rosny en personne qui conduisait l'attaque et qui força enfin la garnison à capituler (16 novembre 1600). Jamais la charge de grand maître de l'artillerie n'avait été en meilleures mains, et cette campagne décisive, où Henri IV s'empara coup sur coup de toutes les places de la Bresse et de la Savoie, fit le plus grand honneur à la prévoyance, à l'activité et au courage de Rosny. Le siège et la prise de Montmélian eurent en Europe un glorieux retentissement. Le roi avait écrit à Rosny, pendant la guerre de Savoie, pour blâmer son *inconsidération à se jetter aux périls* et pour le supplier de se *mieux ménager à l'avenir* : « car, lui disait-il, si vous m'estes utile en la charge de l'artillerie, j'ay encore plus besoin de vous en celle des finances. »

Le mariage du roi avec Marie de Médicis suivit de près la défaite du duc de Savoie, qui n'obtint la paix qu'en abandonnant à son vainqueur une partie de ses États (17 janvier 1601). Dès le 5 octobre 1600, le grand-duc de Toscane avait épousé, au nom du roi, la princesse, qui vint en France avec une suite magnifique. Henri IV était allé à sa rencontre jusqu'à Lyon, où les noces furent célébrées. La reine avait vingt-sept ans ; elle était d'une beauté vulgaire, sans agrément dans la physionomie, sans grâce dans les manières ; elle manquait d'esprit et elle avait un caractère impérieux, jaloux et opiniâtre. Le roi s'aperçut bien vite qu'il ne serait pas heureux avec une femme qui lui était peu sympathique et qui faisait tout pour l'éloigner d'elle. Les torts de Henri IV à l'égard de Marie de Médicis ne s'aggravèrent pas cependant au point de le séparer tout à fait de la reine, qui semblait s'obstiner à rester éloignée de lui. Par bonheur, l'objet principal de cette union mal assortie avait été atteint : Marie de Médicis avait donné un dauphin à la France (27 septembre 1601), et le roi eut ainsi un héritier légitime.

La naissance de l'enfant royal amena une sorte de trêve entre les deux époux, qui avaient été plus d'une fois brouillés, après des scènes violentes, dans l'une desquelles Marie de Médicis s'emporta jusqu'à sauter au visage du roi pour le frapper. Le roi, sur les sages conseils de Rosny, seul confident de cette querelle de ménage, avait consenti à pardonner ; mais, de plus en plus *importuné* par la reine et par tout ce qui composait son propre entourage, il ne se refusa plus à autoriser, à la cour, des divertissements et des plaisirs, auxquels, avide de distractions, il prenait part avec l'ardeur d'un jeune homme, bien que ses cheveux eussent grisonné depuis longtemps. « A Paris, à Fontainebleau et à l'Arsenal, lit-on dans les *Œconomies royales* de

Fig. 17. — Reproduction d'une estampe portant pour titre : « Représentation des cérémonies et de l'ordre gardé au baptesme de Mgr le Daupbin et Mes Dames ses sœurs à Fontainebleau, le 14e jour de 7bre 1606; *Jean Le Clerc excudit. L. Gaultier sculpsit.* » (Bibl. Nat., *Coll. Hennin*; t. XIV, p. 19.)

N. B. La cérémonie représentée est de cinq ans postérieure à la naissance de Louis XIII.

Sully, l'on ne voyoit que toutes sortes de galanteries et parties se faire pour aller à toutes sortes de chasses, courir la bague, rompre au faquin et en lice, faire de toutes sortes d'armes, ballets, mascarades, et assemblées de dames; tout cela sans excez de dépenses, que le roy ne trouvait nullement bonnes. » Rosny, dans l'intention de complaire au roi et de lui faire oublier ses chagrins domestiques, avait fait de l'Arsenal le rendez-vous ordinaire de ces fêtes de cour, toujours joyeuses et souvent brillantes, où l'austère grand maître de l'artillerie ne dédaignait pas de danser des ballets avec les jeunes courtisans et les *filles italiennes de la reine*.

Henri IV dépensait tous les ans, pour ses plaisirs, 1,200,000 écus au moins, « somme suffisante, disait Rosny, pour entretenir quinze mille hommes d'infanterie; » mais Rosny était là, par bonheur, pour augmenter sans cesse les revenus du roi et pour lui faire des économies, qu'il entassait chaque année, avec l'intention de créer un immense fonds de réserve pour des besoins imprévus. Le roi, comme le dit avec raison notre judicieux historien Henri Martin, « avait toutes les passions qui ruinent un particulier et qui obèrent même un souverain : les femmes, le jeu, les bâtiments. » Plus de six millions furent employés pendant son règne à continuer des édifices commencés sous les règnes précédents et à en bâtir de nouveaux. De plus, Henri IV, qui aimait le luxe d'apparat, quoiqu'il fût toujours très simple dans ses goûts personnels, dépensa, suivant les comptes de Sully, plus de 1,800,000 livres en joyaux et en ameublements, dans l'espace de douze années. Quant au jeu, où le roi perdait presque toujours, sans cesser de jouer avec fureur, c'était un gouffre que Rosny comblait, en gémissant. Henri IV promettait souvent de renoncer au jeu et, une heure plus tard, il oubliait sa promesse; mais il s'en excusait, en disant à Rosny qu'il travaillait assez pour avoir besoin de se distraire. Henri IV, en effet, ne s'occupait pas seulement des affaires de l'État avec ses ministres et dans son conseil, il s'en occupait sans cesse, pour ainsi dire, tous les jours et à toute heure, en tous lieux et en toute circonstance : « Quand il alloit par pays, dit son historiographe Pierre Mathieu, il s'arrestoit pour parler au peuple, s'informoit des passans, d'où ils venoient et où ils alloient, quelle denrée ils portoient, quel estoit le prix de chaque chose, et autres particularitez. » C'est ainsi que ses relations permanentes avec les gens du peuple l'avaient rendu populaire. « Le roy vouloit estre informé de tout au vray, » dit l'auteur des *Œconomies royales*. Il présidait tous les jours le conseil, et faisait discuter devant lui les questions qui se présentaient, les plus minimes comme les plus importantes, « appliquant à toutes, dit un des meilleurs historiens de ce règne, son expérience, ses lumières naturelles, les lumières qu'il avait tirées des autres, dans ses rapports et ses entretiens avec toutes les classes de citoyens. Après la discussion, il prenait une résolution invariable et la faisait exécuter sans retard. Ses secrétaires d'État lui rendaient également compte, chaque jour, des affaires de leur département. L'œil du maître était donc partout et toujours. »

Une des plus constantes préoccupations du roi et de son habile ministre, était de réduire les charges du peuple. Ils y réussirent en partie, et si l'impôt du *sol pour livre*, imaginé par Rosny, dut être retiré, non sans avoir excité des troubles ; si le roi n'eut pas le temps de supprimer le système de la gabelle, odieux aux populations, en lui substituant une sorte de monopole du sel, du moins put-il, après avoir fait remise de l'arriéré des tailles en 1598, les diminuer encore de près de quatre millions, dans la période de 1600 à 1609 ; aussi disait-il avec satisfaction dans ses édits concernant la taille : « Nous avons assez fait connoistre nostre desir et affection au soulagement de nos sujets. » Les mesures qui lui permirent d'obtenir ces heureux résultats étaient inspirées et dirigées par Rosny, qui soumit au régime de la taille tous les usurpateurs de noblesse dans l'ordre civil et militaire, en leur enlevant le bénéfice des exemptions qu'ils s'étaient indûment attribuées. Quarante mille privilégiés, qui ne payaient rien à l'État, rentrèrent ainsi dans la catégorie des contribuables. Rosny aurait voulu faire davantage, en 1601, quand il obtint du roi la création d'une chambre de justice, pour découvrir les malversations des gens de finance ; mais il fut bientôt arrêté dans la poursuite qu'il allait faire des *grands voleurs et brigands*, et se vit forcé de se rabattre sur les petits qui n'étaient pas couverts par la protection du roi et de ses familiers. Les *larronneaux* payèrent donc pour les *grands larrons*. Quelques années plus tard (1607), cet implacable ennemi des concussions financières reprit pourtant l'examen général des comptes, gages et profits des officiers de finance, et leur fit encore rendre gorge.

Deux vastes opérations, que Rosny fut autorisé à entreprendre sous sa seule responsabilité, devaient produire des résultats inespérés. Il vérifia d'abord les rentes sur l'État, et en annula un grand nombre que l'État avait payées indûment depuis longues années : le règlement général des rentes, effectué en 1604, diminua de plusieurs millions la dette publique, en réduisant toutes les rentes à un taux inférieur et en supprimant par voie de rachat les plus onéreuses. En même temps, il accrut considérablement le revenu éventuel, qu'on appelait les *parties casuelles*, en décidant le roi à concéder à tous les officiers de justice et de finance la propriété héréditaire de leurs charges, moyennant le payement d'un droit annuel, nommé *la Paulette*, du nom de son inventeur, le traitant Paulet, droit équivalant au soixantième de la valeur vénale de chaque office. Rosny, après avoir vérifié les rentes, vérifia les cessions aliénables du domaine de l'État : les unes étaient mal justifiées, les autres avaient été faites à conditions usuraires, quelques autres, faites de bonne foi, pouvaient être retirées au moyen d'un remboursement avantageux. Cette opération menée à bien, avec autant d'adresse que d'équité, restitua immédiatement à la couronne pour trente-cinq millions de domaines, et assura, dans un délai de seize ans, le recouvrement de quarante-cinq millions. Rosny avait complété la réorganisation des finances par la réforme des monnaies : les monnaies étrangères furent absolument prohibées en France, et l'exportation de l'or et de l'argent, interdite sous peine de mort. Ce rigide réformateur ne craignait point, pour le service du roi, de se faire des ennemis parmi les courtisans intéressés au maintien des abus, et de lutter contre les plus puissants adversaires. C'est ainsi qu'il refusa sa signature à une ordonnance qui accordait au comte de Soissons un droit de quinze sols sur chaque ballot de toile entrant dans le royaume ou en sortant, au grand détriment du commerce du lin et du chanvre, bien que le roi eût consenti à cette mesure, en cédant aux instances de la marquise de Verneuil, qui était de moitié dans l'affaire. On alla se plaindre au roi de la brutalité de Rosny ; il ne fit qu'en rire : « On souffre tout d'un si bon serviteur ! » dit-il.

Rosny n'hésitait pas, quand il le fallait, à résister au roi lui-même, et il allait jusqu'à lui désobéir, dans son intérêt. Ainsi, au mois de juin 1600, le duc de Savoie ayant réussi, par une feinte soumission, à tromper Henri IV, celui-ci crut à la parole de ce fourbe et ordonna à Rosny de suspendre tout préparatif de guerre. Mais Rosny ne tint aucun compte des ordres du roi et lui écrivit : « Sire, je vous supplie de m'excuser si je contrarie vos opinions et contreviens à vos commandements. Je sais, de science, que M. de Savoye ne veut que vous tromper. C'est pourquoi j'avancerai toutes choses, pour vous empescher de recevoir ni honte ni dommages. » Deux jours après, le roi lui répondait : « Mon ami, vous avez bien deviné ; M. de Savoye se moque de nous. Venez donc en diligence, et n'oubliez rien de ce qui est nécessaire pour lui faire sentir sa perfidie. »

Fig. 18. — Charles de Gontaut Biron, maréchal de France; d'après une gravure au burin (1602). (Bibl. Nat., *Coll. Hennin*, t. XIII, p. 34.)

Rosny avait également pressenti et découvert la trahison du maréchal de Biron, qui s'entendait avec le duc de Savoie pour faire échouer les projets politiques de Henri IV. Il en avertit le roi, sans pouvoir le convaincre ; mais, quand le roi eut entre ses mains les preuves de la trahison du maréchal, Rosny fit un suprême effort pour amener ce grand coupable, qui avait été longtemps serviteur fidèle et dévoué, à demander un pardon qu'il eût obtenu de la bonté de son maître. « Que votre conscience vous juge vous-même, lui dit-il, en présence de Henri IV, à Fontainebleau, et vous conduisez tout ainsi que si vous croyiez que nous ne sussions tout ce que vous avez fait, dit et pensé de plus secret ; car je vous jure, en ma foi, que c'est le vrai moyen d'obtenir du roi tout ce que vous sauriez désirer. » Biron fut inflexible et impénétrable. Le roi le fit arrêter, le soir même (12 juin 1602). Peu de temps avant cette arrestation, qui eut lieu, par le conseil de Rosny, dans le cabinet même du roi, Henri IV avait dit à son ministre : « Pour vous témoigner que je me fie en vous plus que jamais, je veux que les lettres de capitaine de la Bastille soient maintenant sous votre nom, afin que, si j'ai des oiseaux à mettre en cage et tenir sûrement, je m'en repose sur votre prévoyance et votre loyauté ! » C'est à la Bastille que le maréchal de Biron fut enfermé, pendant son procès, qui se termina par sa condamnation à mort. Au moment même de son exécution, le maréchal appela un des officiers de la Bastille. « Je vous prie, lui dit-il, de baiser les mains de ma part à M. de Rosny, et lui dire qu'il perd aujourd'hui un des meilleurs et plus affectionnés amis qu'il eût. J'ai toujours fait beaucoup d'état de son mérite et de son amitié. » Puis, il fondit en larmes : « Ah ! que c'est un bon et fidèle serviteur du roi et de l'Estat et un sage conseiller, que M. de Rosny ! Que le roi fait sagement et prudemment de se servir de lui, car, tant que Sa Majesté s'en servira, les affaires de la France n'iront que bien, et si je l'eusse cru, les miennes iroient mieux ! » Henri IV pardonna aux complices de Biron, excepté au duc de Bouillon, qui, au lieu de se rendre à l'appel de Rosny, continua ses intrigues et ses complots, jusqu'à ce que le roi lui eût ôté sa principauté de Sedan.

Le comte d'Auvergne, frère de la marquise de Verneuil, avait failli partager le sort de Biron ; mais le roi le gracia, à la prière de sa sœur : cet acte de clémence ne les empêcha pas l'un et l'autre d'ourdir une nouvelle trame, qui avait pour but l'assassinat de Henri IV. Ce fût encore Rosny qui éventa ce complot, après deux tentatives infructueuses contre la vie du roi. Les conspirateurs, qui appartenaient tous à la famille d'Entragues, furent arrêtés, jugés et condamnés, le comte d'Entragues et le comte d'Auvergne à la peine capitale, la marquise de Verneuil à la prison perpétuelle (1601). Le roi leur fit grâce à tous, mais il ne pardonna pas au roi d'Espagne, qui se trouvait mêlé au complot, et il se promit bien de l'en punir tôt ou tard.

Peu de temps après l'exécution de Biron, le roi avait exprimé sa reconnaissance à Rosny, en lui promettant d'élever et d'enrichir sa maison encore davantage : il l'avait déjà nommé marquis; il lui assura, en outre, 50 ou 60,000 livres d'extraordinaire tous les ans; il lui donna ensuite le gouvernement du Poitou et le créa duc et pair (février 1606), en érigeant en duché-pairie la baronnie de Sully que le marquis de Rosny avait achetée en 1602. C'est donc seulement depuis 1606 que M. de Rosny fut toujours appelé duc de Sully, et ce

Fig. 19. — Arrestation et exécution du maréchal de Biron. — Les deux médaillons sont placés, dans l'original, au-dessous du portrait de Biron, reproduit ci-dessus, p. 65.

fut aussi sous ce nom-là qu'il devint célèbre dans l'histoire d'un règne auquel il eut une bien glorieuse part. Cette faveur si haute et si méritée avait été cependant sur le point de succomber, l'année précédente (1605), sous les coups de l'envie. La confiance du maître se trouva tout à coup ébranlée par les machinations de la marquise de Verneuil, à peine sortie de prison et rentrée en grâce. Une foule de libelles anonymes, qui accusaient Rosny d'intelligences avec les chefs étrangers du parti protestant, étaient venus assaillir le roi et troubler sa sécurité. Mais Henri eut l'heureuse inspiration de provoquer une explication complète, que la fierté de Rosny avait jusque-là dédaignée, et toute cette formidable intrigue aboutit à la scène fameuse de Fontainebleau, à cet entretien de quatre heures, dans lequel le ministre n'eut pas de peine à se justifier, et qui, en se terminant par la plus éclatante réconciliation, déconcerta toutes les espérances de ses ennemis.

Depuis longtemps Henri IV avait confié ses désirs et ses vues politiques à Sully, en l'invitant à les étudier et à chercher dans son esprit les meilleurs moyens de les mener à bonne fin. Les deux souhaits qu'il avait formés en montant sur le trône, c'était de disposer tous les rois de la chrétienté à choisir pour les peuples trois religions qui pourraient subsister ensemble, sans haine, ni envie, ni guerre l'un contre l'autre, et de faire en sorte que tous les rois eussent chacun la même étendue de pays à gouverner et la même somme de puissance dans ce concert européen qu'il ne désespérait pas d'établir entre eux. Plus tard, pour arriver à ce grand remaniement des États et des nations, il imagina une monarchie universelle, formée de l'entente réciproque des souverains. Il avait, en outre, formulé en maximes royales les devoirs des peuples envers les rois et des rois envers les peuples. La plus belle de ces maximes était celle-ci, qui caractérise bien la pensée dominante de ce bon roi : « Si les rois, comme Dieu, désirent régner sur leurs peuples soumis, qu'ils paroissent non rois, mais, comme lui, vrais pères. » Ces utopies d'une grande âme faisaient la préoccupation continuelle de Henri IV, et trouvaient un généreux auxiliaire dans Sully, qui s'appliquait à leur donner une forme moins vague et plus saisissable. Il avait de fréquents entretiens avec le roi sur ces théories plus ou moins bizarres du pouvoir monarchique, et il composait ensuite, pour élucider ces questions difficiles, des mémoires forts intéressants, que le roi lisait avec une vive curiosité. Plusieurs de ces mémoires sur le plan de confédération générale européenne et sur la pacification universelle ont été conservés et recueillis dans les *Œconomies royales.* On y trouve aussi un mémoire fort curieux sur les causes de l'affaiblissement des royaumes, États et principautés souveraines.

Au reste, Sully procédait presque toujours de la sorte : il ne faisait pas une proposition de réforme sans l'appuyer par un mémoire écrit ; nous ne possédons pas malheureusement ceux qu'il avait composés sur l'agriculture, le commerce, les routes, les canaux, et sur d'autres sujets de la science économique, que personne de son temps n'avait étudiée et approfondie mieux que lui. On peut du moins le juger par ses œuvres, par les faits accomplis sous son impulsion et, en quelque sorte, sous ses yeux. Son axiome favori était : « Labourage et pâturage sont les deux mamelles qui nourrissent la France, les vraies mines et trésor du Pérou. »

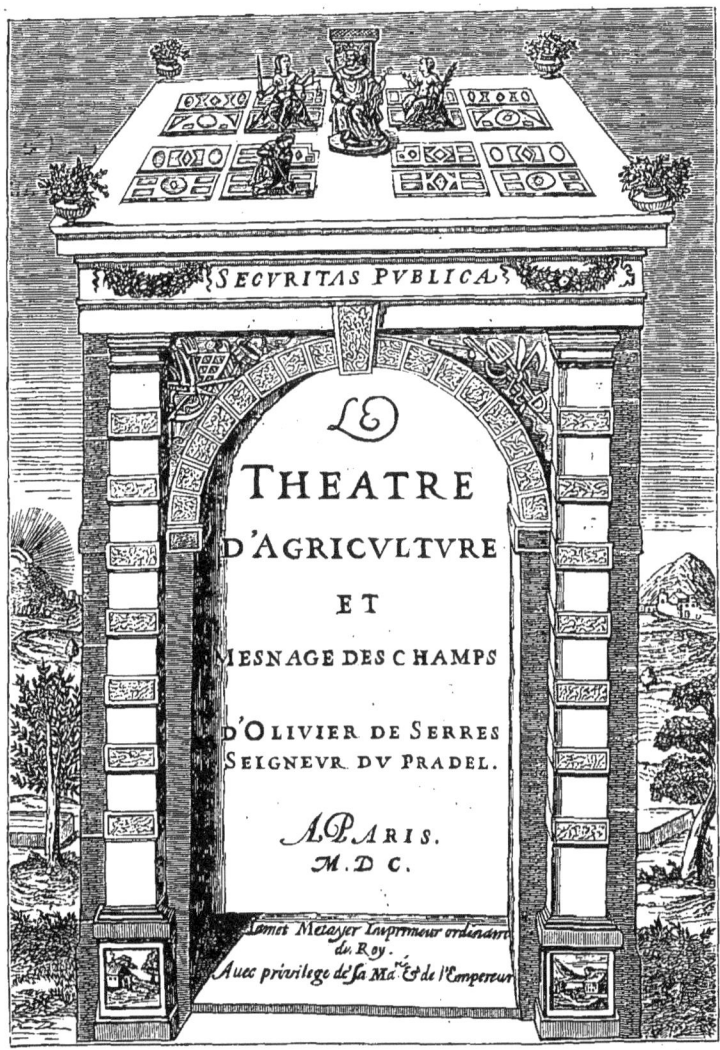

Fig. 20. — Frontispice du *Théâtre d'Agriculture* d'Olivier de Serres, dédié au roi, dont la statue, assise sur un trône, entre la Justice et la Paix, occupe le haut du portique. (Bibl. Nat., *Coll. Hennin*, t. VIII, p. 7.)

Il s'efforçait sans cesse, en conséquence, d'améliorer, de favoriser l'agriculture, à ce double point de vue, en défrichant les landes et en desséchant les marais, en augmentant la production des céréales, en développant les cultures fourragères, en encourageant l'élève du bétail. Il avait arrêté la dévastation des forêts et des cours d'eau; il avait ouvert et planté des routes carrossables par toute la France; il avait commencé, par le canal de Briare, un vaste système de canalisation commerciale; il avait autorisé l'exportation des grains, ainsi que celle des vins et eaux-de-vie; il avait créé un nouveau régime de douanes et réglementé l'importation des marchandises étrangères. Ce fut lui qui reconstitua l'armée et qui releva la marine française, par l'augmentation de la solde des troupes, par le perfectionnement de l'artillerie, par le maintien de la discipline, par le progrès de l'art militaire.

Henri IV ne se réservait que ce qui lui semblait se rattacher au gouvernement politique. Il avait fait une loi sur la chasse, et il l'avait faite terrible contre le braconnage, parce que l'esprit du temps considérait la chasse comme le privilège exclusif des nobles; il avait fait une loi contre les duels, et il l'avait faite sévère et juste, parce que les duels lui enlevaient, tous les ans, la fleur de la noblesse; il voulait faire une loi pour l'abréviation des procès, mais il ne parvint pas à triompher du mauvais vouloir des parlements. Il se sentait porté naturellement à désirer, à favoriser, à protéger tout ce qui avait de la grandeur et de l'éclat. Malgré Sully, et même à son insu, il avait pris à cœur la création et l'extension des colonies françaises en Amérique; il avait prêté un généreux appui aux arts et aux industries de luxe, notamment à celles de la soie, de la broderie et de la tapisserie. Il semblait avoir dicté les sages réflexions que Palma Cayet fait à ce propos dans sa *Chronologie septennaire* : « La France semble se vouloir revendiquer la juste possession des arts et inventions de toutes sortes, comme c'est la France qui les élabore toutes. »

Henri IV et Sully formaient donc, pour ainsi dire, entre eux, une pensée unique, pour le gouvernement et l'administration du royaume; ils se voyaient ou s'écrivaient tous les jours, soit au Louvre, soit à l'Arsenal. Trois fois par semaine se tenait le conseil d'État et des finances, et Sully ne manquait jamais d'y assister; les trois autres jours de la semaine étaient consacrés à des affaires diverses de moindre importance, que Villeroy et Sillery se chargeaient d'expédier.

Sully jugeait inutile de paraître, ces jours-là, au Louvre; il ne sortait pas de l'Arsenal, où il travaillait avec ses secrétaires, s'occupant de l'artillerie, des magasins d'armes, des voies et chemins, des fortifications, des bâtiments, et de la Bastille comme forteresse et comme prison d'État. Il avait toujours dans ses coffres de l'Arsenal cinq ou

Fig. 21. — Attentat contre Henri IV, sur le Pont-Neuf, en 1605 (Bibl. Nat., *Collection Hennin*, t. XIV, p. 4.)

N. B. Le fait est raconté dans les mémoires de l'Estoile (1605). L'auteur de cette tentative, nommé Jacques des Iles, n'avait fait que tirer Henri par son manteau ; mais, saisi porteur d'un poignard nu, il avait déclaré vouloir tuer le roi. Malgré cela, sur l'ordre exprès du souverain, qui ne voulut voir en lui qu'un fou, il ne fut pas mis en jugement.

six millions disponibles, et dans les souterrains de la Bastille seize ou dix-sept millions en or et argent monnayé, dans des caques cerclées de fer. Des historiens modernes ont prétendu que cette énorme réserve de numéraire était destinée à payer les frais de la grande guerre que le roi avait juré d'entreprendre, un jour ou l'autre, contre le roi d'Espagne et l'empereur d'Autriche ; et, en effet, cette guerre semblait imminente au moment où Henri IV, si souvent menacé par le fer des régicides avant et pendant son règne, fut assassiné par Ravaillac.

Le roi venait bien souvent, à toute heure du jour et de la nuit, se reposer le cœur et l'esprit auprès de son *bon ami*, qu'il consultait non seulement sur toutes les affaires de son gouvernement, mais encore sur les choses les plus intimes de sa vie domestique, troublée par les intrigues et les malices de l'entourage de la reine. Il ne se trouvait bien qu'auprès de Sully, et il ne se séparait de lui qu'à regret, se plaignant de son métier de roi, qui l'obligeait à venir reprendre ses chaînes royales dans ce vieux palais où il n'avait peut-être pas un ami; car si le peuple l'aimait, la plupart de ses officiers et de ses serviteurs ne l'aimaient guère. Plus d'une fois il vint s'installer à l'Arsenal, où Sully lui fit grande chère et bon accueil, tant qu'il y fut : « Grand maître, disait le roi, venez m'embrasser, car je vous aime comme je dois et me trouve si bien céans que je veux y souper et y coucher, pourvu qu'il n'y vienne personne tant que j'y serai, sinon ceux que j'aurai mandés. » En dînant seul à seul avec Sully, il lui demanda de faire accommoder à l'Arsenal une chambre et un cabinet, où il viendrait loger deux ou trois jours chaque mois, sans avoir l'ennui de se faire accompagner des officiers de sa maison. Sully s'empressa d'obéir aux ordres du roi, qui devenait ainsi son commensal et son hôte.

Sully était alors au comble de la faveur et de la fortune; il avait été appelé mainte fois, comme il le dit lui-même dans ses *Mémoires*, à « démesler les intrigues et brouilleries domestiques de cour et de cabinet; » il fut bientôt journellement requis, par le roi ou par la reine, pour apaiser leurs disputes et régler leurs différends; il s'y employa souvent à contre-cœur, d'autant plus qu'il avait pu constater que les torts venaient surtout de la reine. Lorsque Sully eut découvert, par l'entremise de ses agents secrets, que Marie de Médicis avait des intelligences avec la cour d'Espagne et entretenait de sourdes menées contre la France dans d'autres cours étrangères, Henri IV n'eut pas le courage d'aller au fond de ces odieuses trames; il préféra faire semblant de n'y pas croire : « Il ne faudroit pas, dit-il à Sully, que nous nous picotions bien fort, ma femme et moi, touchant ses desseins en Espagne, pour que j'arrivasse à m'ulcérer et à me cabrer tout à fait. »

La reine avait donc bien mal choisi son temps pour demander au roi la qu'il fît couronner. Henri se refusa longtemps à obtempérer à cette fantaisie ambitieuse, « d'autant, dit-il à Sully, que le cœur me présage qu'il me doit arriver quelque désastre ou signalé déplaisir à ce couronnement. » Enfin il céda aux prières et surtout aux bouderies et aux violences : « Comme le roy estoit le meilleur mari du monde, il consentit au couronnement. » Henri IV, il est vrai, avait alors vis-à-vis de la reine un nouveau tort ou du moins l'apparence d'un tort à se faire pardonner; il était devenu follement épris de Charlotte de Montmorency, fille du connétable, et, pour rassurer ceux qui auraient pu s'inquiéter de cette passion, peut-être plus innocente que coupable, il avait marié cette belle personne à son neveu, le prince de Condé. Mais le prince, ému des *sots contes* que faisait la cour à ce sujet, en prit ombrage au point de quitter la France et de se fixer en Flandre. Henri IV fut encore plus affligé qu'offensé de cette conduite injurieuse, de la part d'un prince de sa famille qu'il avait traité comme un fils. Il ne pouvait ignorer que ces manœuvres avaient été combinées dans la petite cour étrangère de la reine.

Cherchant à faire diversion à ses chagrins domestiques, Henri jugea que le moment était bon pour entreprendre la guerre qu'il projetait depuis longtemps contre l'Autriche et l'Espagne : l'occasion s'offrait d'elle-même. La succession des États de Clèves, Juliers et la Marck était ouverte, et les princes d'Allemagne, héritiers de ces États, résistaient à l'Espagne, qui voulait s'en emparer comme faisant partie des Pays-Bas. Henri IV résolut d'intervenir dans le débat, d'après les anciens droits de la France, et pensa que cette querelle de succession devait, suivant l'expression de Sully, « donner commencement à la glorieuse et admirable entreprise, » de confédération européenne. Cette guerre devait durer trois ans, et coûter 50 millions. Les préparatifs que Sully eut l'ordre de faire le plus secrètement possible dans l'espace de quatre mois avaient mis sur pied une armée de 25,000 hommes qui se rassemblaient en Champagne et en Dauphiné; une artillerie nombreuse et bien ordonnée allait sortir des arsenaux, avec tout le matériel nécessaire.

On savait, à la cour, que le roi se proposait de prendre le commandement de ses troupes, peu de jours après le couronnement de la reine. Ce couronnement, qu'il redoutait au fond de l'âme et qu'il n'avait pas osé refuser à l'intraitable vanité de Marie de Médicis, fut célébré avec pompe, le 13 mai 1610, dans la basilique de Saint-Denis. L'entrée solennelle de la reine à Paris était fixée au 16 mai, et le départ du roi pour l'armée, au 19 suivant.

Le lendemain du sacre, Sully, malade, n'ayant pu se rendre au Louvre, le roi lui avait fait dire qu'il irait le voir, en lui recommandant de se bien soigner. Vers les quatre heures, il se fit un grand bruit dans l'Arsenal; on n'entendait que ces exclamations douloureuses : « Ah! mon Dieu; tout est perdu et la France est détruite! » Sully sortit de sa chambre, tout déshabillé, et sa femme vint lui annoncer que le roi avait été blessé gravement d'un coup de couteau. Il se fit habiller à la hâte, après avoir ordonné à ses gentishommes de se tenir prêts à l'accompagner. Tous montèrent à cheval et se dirigèrent avec lui vers le Louvre. La nouvelle de l'assassinat du roi s'était déjà répandue par tout Paris : « Passant par les rues, raconte Sully, c'estoit pitié de voir tout le peuple, en pleurs et en larmes, avec un triste et morne silence, ne faisant que lever les yeux au ciel, joindre les mains, battre leurs poitrines et hausser les épaules, gémir et soupirer. » Un homme à cheval passa près de Sully et lui remit un billet contenant ces mots : « Monsieur, où allez-vous? Aussi bien, c'en est fait, je l'ai vu mort, et si vous entrez dans le Louvre, vous n'en réchapperez pas non plus que lui. » Sully apprit, en chemin, les détails de l'assassinat. Le roi avait demandé son carrosse, pour aller à l'Arsenal; il y était monté avec le duc d'Épernon et six autres personnes de sa suite : il se trouvait placé, au fond du carrosse, entre M. de Montbazon et le duc d'Épernon. Le carrosse, en arrivant dans la rue de la Ferronnerie, rencontra une charrette qui l'obligea de s'arrêter près des boutiques. Il n'y avait pas de gardes autour du carrosse, mais seulement quelques valets de pied. Au milieu du désordre et du tumulte de la rue, un homme se glissa jusqu'à la portière du carrosse, et frappa le roi avec un couteau qu'il tenait ouvert à la main. Le coup avait percé le cœur, et le roi était mort en poussant un léger soupir. On ne s'était pas même aperçu, dans le carrosse, qu'il avait été frappé. Le duc d'Épernon donna l'ordre de retourner au Louvre. Quant à l'assassin, il ne fut reconnu que parce qu'il

Fig. 22. — Couronnement de Marie de Médicis. — L'estampe, ci-dessus reproduite, est intitulée : « Pourtraict du Sacre et du Couronnement de Marie de Médicis, Royne très chrestienne de France et de Navarre, faict à Sainct-Denis en France, le jeudy 13 de Mai 1610. *J. Le Clerc excudit. L. Gaultier sculpsit. N. Bollery invenit.* » (Bibl. Nat., *Collection Hennin*, t. XV, p. 34.)

avait gardé son couteau ensanglanté. Peu s'en fallut qu'on ne le massacrât sur la place; mais il fut arrêté et mis en lieu sûr.

Sully ayant reçu, en route, deux ou trois avis qui le dissuadèrent de pousser jusqu'au Louvre, revint à l'Arsenal et alla s'enfermer dans la Bastille, en attendant que la reine le fît appeler. Il n'a pas révélé dans ses *Œconomies royales* ce qu'il savait de l'assassinat et de l'assassin : « Ce diable incarné, dit-il, l'instrument duquel les autheurs des misères, désastres et calamitez de la France se sont serviz pour exécuter leurs exécrables desseins. » Le roi avait été ramené, mort, au Louvre. « Je ne vous dis rien des pleurs de la reine, évrivait Malherbe dans une lettre qui contient les détails exacts de ce tragique et mystérieux événement, cela se doit imaginer. Pour le peuple de Paris, je crois qu'il ne pleura jamais tant qu'à cette occasion. » Pendant ce temps-là on ne s'entretenait, au Louvre, que de l'union et alliance des couronnes de France et d'Espagne, et l'ambassadeur du roi Philippe III avait été prié d'assister au *Conseil secret et caché*, qui se tenait chez Marie de Médicis.

Fig. 23. — Boîte de montre ajourée, représentant Henri IV à cheval.
(Collection Soltikoff.)

CHAPITRE TROISIÈME

RÉGENCE DE MARIE DE MÉDICIS

Procès et supplice de Ravaillac. — Caractère du jeune roi; son éducation. — Marie de Médicis proclamée régente par le parlement. — Disgrâce de Sully; influences des favoris italiens. — Rébellion des grands. — États généraux de 1614. — Mariage de Louis XIII. — Arrestation du prince de Condé. — Les Concini. — Faveur de Luynes. — Meurtre du maréchal d'Ancre; supplice de Léonora Galigaï. — Disgrâce de la reine mère.

'ASSASSIN de Henri IV se nommait François Ravaillac. C'était un homme grand et robuste, ayant la barbe rouge, les cheveux noirs et crépus, les yeux gros et caves, les narines largement ouvertes, en un mot, la physionomie sinistre. Jeune encore (il n'avait que trente-deux ans), il avait fait différents métiers sans s'attacher à aucun : d'abord clerc et valet de chambre chez un conseiller du parlement, il était devenu ensuite solliciteur de procès, maître d'école, et enfin frère convers chez les Feuillants. Longtemps détenu pour dettes, il fut tourmenté dans sa prison, disait-il, par des visions diaboliques, qui laissaient après elles « des puanteurs de feu, de soufre et d'encens. » Les jésuites, qui l'écartèrent d'une de leurs maisons où il demandait à être admis, avaient constaté les égarements de son esprit. Ce désordre mental, qui l'agita durant des années, tourna peu à peu vers cette idée fixe : Sauver Dieu et l'Église des entreprises ténébreuses d'un prince hérétique. Sans rien dire de ses projets à personne, pas même à son confesseur, le sombre fanatique partit d'Angoulême, sa ville natale, le jour de Pâques, après avoir communié, fit la route à pied jusqu'à Paris, vola un couteau dans une auberge, faute d'argent pour en acheter un, et tua le roi. Son forfait accompli, il n'avait pas bougé de place, comme pour faire voir que c'était lui qui l'avait exécuté. Appréhendé par un archer des gardes du corps, qui le fouilla, on ne trouva sur lui que trois demi-quarts d'écu et « quelques instrumens de sorcellerie. » Conduit à l'hôtel de Retz, puis à la conciergerie du Palais, il subit quatre interrogatoires, devant une commission de la cour du parlement, mais on ne réussit pas à obtenir de lui d'autres aveux que ceux qu'il avait déjà faits spontanément : il protesta que jamais il n'aurait conçu la pensée de frapper le roi, si le roi n'avait entrepris de « détrôner le pape ; » qu'il ressentait un grand déplaisir de n'avoir pu résister à la tentation de le tuer et qu'il espérait le pardon de Dieu, « priant toute la cour céleste de s'interposer entre le jugement de son âme et l'enfer. » La torture provisoire qu'on lui infligea, contrairement à l'usage de ne l'appliquer qu'aux accusés qui niaient leur crime, ne le fit pas varier dans ses réponses, et l'on se vit obligé de ne pas le soumettre aux tourments de la question extraordinaire, dans la crainte qu'il ne fût point en état « de satisfaire au supplice. » Le parlement toutes les chambres assemblées, rendit son arrêt le 27 mai 1610. Atteint et convaincu du crime de lèse-majesté divine et humaine, Ravaillac fut condamné à être tenaillé aux mamelles, bras, cuisses et jambes, à avoir la main droite brûlée et le corps tiré à quatre chevaux. En outre, son père et sa mère devaient être bannis du royaume et tous ses parents contraints de changer de nom. Le même jour, l'exécution eut lieu, en place de Grève : elle durait depuis plus d'une heure, sans que le patient eût fait entendre un cri ou une plainte, lorsque la foule se rua sur l'échafaud, acheva de mettre en pièces le moribond et traîna par les rues ses débris ensanglantés, en le maudissant.

La mort du roi laissait la couronne à son fils aîné, un enfant de neuf ans. Le petit Louis XIII, né le 27 septembre 1601, était sans doute, à certains points de vue, très avancé pour son âge, et, par suite de l'éducation désordonnée qu'il avait reçue de toutes mains, pour ainsi

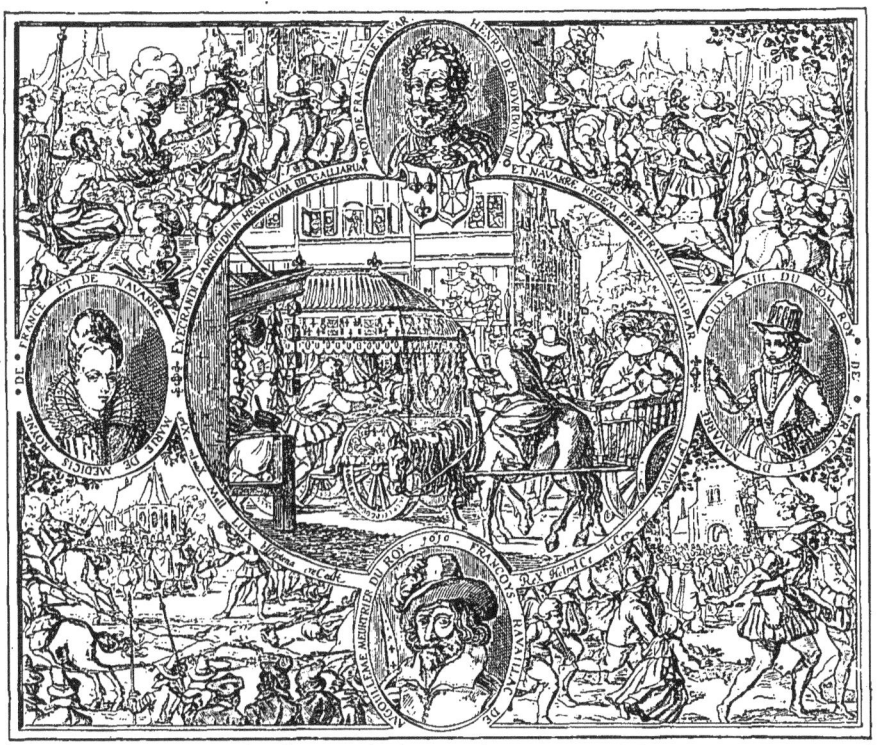

Fig. 24. — Scènes de l'attentat et du supplice de Ravaillac, avec les portraits de Henri IV, de Marie de Médicis, de Louis XIII et de Ravaillac; d'après une gravure à l'eau-forte, anonyme. (Bibl. Nat., *Coll. Hennin*, t. XV, p. 38.)

dire, au milieu de ses nourrices, de ses gentilshommes, de ses précepteurs et de ses favoris subalternes, son esprit se trouvait tout grand ouvert sur les mauvais côtés de la vie et particulièrement de la vie de cour. On avait développé ses défauts instinctifs au détriment de ses qualités naturelles, et ce qui pouvait lui rester de bon dans le cœur, malgré de dangereux conseils et de plus dangereux exemples, c'était à lui seul qu'il en devait l'initiative. Ainsi, le jour même de l'assassinat d'Henri IV, quand on le lui eut appris, il pleura et s'écria : « Ah! si j'y eusse été avec mon épée, je l'eusse tué (l'assassin)! » Cependant comme dit Tallemant des Réaux dans ses *Historiettes*, « il estoit un peu cruel, comme sont la plupart des sournois qui n'ont guère de cœur... Il s'est longtemps diverty à contrefaire les grimaces des mourans. » La sournoiserie et la timidité, l'opiniâtreté et l'insouciance faisaient le fond de son caractère. Tallemant énumère, en ces termes, ceux qui furent tour à tour ses premiers favoris : « Il commença par son cocher

Fig. 25. — Louis XIII au manège. — D'après l'ouvrage intitulé : *Maneige royal... fait et pratiqué en l'instruction du Roy par Antoine Pluvinel, son Escuyer principal... le tout gravé et représenté en grandes figures taille-douce, par Crispian de Pas* (1624).

N. B. La planche originale porte les noms des divers acteurs de cette scène, dont les principaux sont : Le Roi, cinquième personnage de gauche à droite ; d'Effiat, premier ; le comte de Soissons, à cheval, et Pluvinel, debout, à la gauche du cheval.

Saint-Amand à tesmoigner de l'affection à quelqu'un. Ensuite il eut de la bonne volonté pour Haran, valet de chiens. Le grand prieur de Vendosme (fils naturel d'Henri IV), le commandeur de Souvray (gouverneur du dauphin) et Montpouillan la Forest, garçon d'esprit et de cœur, mais laid et rousseau, furent esloignez l'un après l'autre par la reyne mère. Enfin, M. de Luynes vint. » Le jeune prince eut autant d'attachement qu'il était susceptible d'en avoir pour son père, qui l'aimait tendrement, mais qui l'avait élevé d'une manière déplorable, en ne faisant que rire de ses grossièretés et de ses intempérances de langage. Quant à sa mère, qui le traitait souvent avec une rigueur inflexible, il la craignait beaucoup et ne l'aimait pas. Il ne manquait ni de finesse ni de malice, mais il était d'une ignorance que ses précepteurs avaient pris à tâche d'entretenir; il ne se plaisait, il est vrai, qu'aux exercices de corps et aux travaux manuels. « On ne sçauroit quasi con-

Fig. 26. — Louis XIII courant la bague. — Gravure extraite de l'ouvrage cité p. 80.
N. B. Le personnage représenté à pied, à la droite du spectateur, est M' de la Sourdière, écuyer.

ter, dit Tallemant des Réaux, tous les beaux mestiers qu'il avoit faits, outre ceux qui concernent la chasse (comme sonner du cor, faire voler l'oiseau, lancer les chiens, etc.); car il sçavoit faire des canons de cuir, des lacets, des filets, des arquebuses, de la monnoie... Il estoit bon confiturier, bon jardinier. » Il dansait bien et montait à cheval avec grâce. On eût dit que Marie de Médicis ne se souciait pas d'en faire un roi. Le lendemain de la mort de son père, on lui apprenait par cœur le discours qu'il aurait à prononcer devant le parlement, en séance solennelle, et on lui présentait Messieurs de la ville, qui vinrent le saluer, genou en terre ; peu de jours après, il était fouetté, par ordre de la reine régente, et il le fut encore plus d'une fois jusqu'à sa majorité.

Henri IV, ne prévoyant pas sa mort subite, n'avait pris aucune des mesures de prudence que lui commandait pourtant son prochain départ pour la guerre longue et pénible qu'il allait entreprendre contre l'Autriche. En un tel désarroi, le pouvoir semblait s'offrir à qui oserait le saisir, et les ambitieux ne faisaient pas défaut à la cour. Marie de Médicis, qui se sentait isolée au milieu de cette cour, où ses sentiments antifrançais lui avaient aliéné les plus fidèles serviteurs de son époux, perdit d'abord toute assurance. « Hélas ! hélas ! répétait-elle en gémissant, le roi est mort ! » ce qui lui attira cette vive réplique de la part du chancelier de Sillery : « Vous vous trompez, Madame ; en France, le roi ne meurt pas ! » La résolution énergique du duc d'Épernon raffermit le courage de la reine et conjura les périls du moment. A peine eut-il ramené au Louvre le corps inanimé du roi, qu'il agit en maître avec autant d'audace que de prévoyance. En sa qualité de colonel général de l'infanterie française, il fit mettre en bataille le régiment des gardes, fermer les portes de la ville et occuper militairement la place de Grève, le Pont-Neuf et les abords du château du Louvre. Après s'être assuré de la tranquillité publique en parcourant les rues, où la douleur profonde de la population n'avait produit aucun symptôme de trouble ni de révolte, il apparut tout à coup dans le parlement, qui venait de s'assembler, pour une audience de relevée, non pas au Palais, mais au couvent des Augustins, près du Pont-Neuf. Sur la nouvelle de la mort du roi, le président de Harlay, l'avocat général Servin et tous les autres conseillers s'étaient empressés de s'y rendre. Servin demanda, sans préambule, que le parlement pourvût, « ainsi qu'il avoit accoustumé, » à la régence ; et, ajouta-t-il, « il n'y avoit pas d'incertitude sur la personne qui devoit estre revestue de cette autorité. » On commençait à délibérer, lorsque le duc d'Épernon entra dans la salle, par une porte intérieure. Refusant de prendre sa place de pair, il invita brièvement la compagnie à se hâter, et frappant avec la main son épée : « Elle est encore au fourreau, dit-il (s'il faut en croire le récit de son secrétaire), mais si la reine n'est déclarée régente à l'heure même, il y aura carnage ce soir ! » L'arrêt de régence fut rédigé et enregistré sur-le-champ. Le lendemain, 15 mai, un lit de justice consacra d'une manière plus solennelle le titre de ré-

Fig. 27. — Marie de Médicis, régente, et son fils. — D'après une estampe signée : *Nicolas de la Mathonière excudit; F. Quesnel pinxit*, 1610. (Bibl. Nat., *Rec. de l'Histoire de France*; 1610.)

gente, que Marie de Médicis devait à l'audacieuse intervention du duc d'Épernon, et le petit roi, qui avait accompagné sa mère au Palais, prononça d'un air délibéré ces paroles qu'on lui avait apprises le matin :

« Messieurs, il a plu à Dieu appeler à soi notre bon roi, mon seigneur et père. Je suis demeuré votre roi, comme son fils, par les lois du royaume. J'espère que Dieu me fera la grâce d'imiter ses vertus et suivre les bons conseils de mes bons serviteurs. »

« Pour un si grand changement, écrivait le poète Malherbe, il n'y en eut jamais si peu. » La soumission fut, en effet, générale et complète : les protestations de fidélité arrivèrent de toutes parts au jeune roi et à la régente. Princes et seigneurs se turent et s'inclinèrent devant le fait accompli. Et pourtant ce qui venait de se passer dans l'établissement de la régence était justement le contraire de ce que le feu roi aurait voulu. L'autorité royale entre les mains de Marie de Médicis, c'était le règne de la faction espagnole, représentée par les vieux ligueurs, le duc d'Épernon, les Guise, et les Italiens qui entouraient la reine. D'un autre côté, les immenses préparatifs de guerre faits par Henri IV et par Sully inquiétaient le peuple, et cette expédition imminente, dont les grandes vues lui échappaient totalement, il l'interprétait de la manière la plus fâcheuse, et se figurait que, sous prétexte de combattre l'Autriche, cette vieille ennemie de la France, l'armée formidable qu'on avait rassemblée si mystérieusement, était destinée à renverser la papauté et à relever en Europe la religion réformée. Le peuple, à cet égard, partageait l'erreur qui avait poussé Ravaillac au régicide. Il accepta donc avec joie un nouveau règne, qui le délivrait de ses appréhensions, en mettant à néant une guerre impie et insensée, que la mort seule de Henri IV avait pu empêcher. C'est ainsi que, suivant l'expression triviale, mais énergique d'un historien moderne (Michelet), « la France fut retournée comme un gant. »

La reine mère avait l'esprit fin et rusé, mais étroit et capricieux; son éducation avait été très négligée, et rien ne la distinguait, à cet égard, des femmes les plus ordinaires. Elle était belle, mais sans grâce et sans charme. Elle était, disait-on, altière, crédule, superstitieuse, défiante et vindicative; elle aimait le faste et la pompe, sans avoir le sentiment de la vraie grandeur. On la louait seulement pour sa discrétion et sa fermeté, qui n'était que de l'obstination. Quoique exclusivement attachée à ses propres volontés, elle se laissait toujours diriger par d'obscurs confidents qui la flattaient pour se rendre maîtres d'elle : au nombre de ces domestiques tout-puissants, on remarquait malignement trois Italiens, les deux Orsini et Concino Concini, que le génie de l'astuce et une audace éhontée avaient poussé à la fortune. Marie de Médicis devint bientôt le jouet et la victime des intrigants qui la dominaient.

La régente, toutefois, ne congédia d'abord aucun des ministres de Henri IV, bien qu'elle ne les aimât point et qu'elle n'en fût guère aimée. Elle fit bonne mine et bon accueil, même à Sully, qu'elle déclara tout haut « un utile serviteur. » Sully, cependant, avait tardé vingt-quatre heures à faire acte d'obéissance, en sa qualité de premier ministre, et à paraître au Louvre avec les autres membres du conseil. Il comprenait, avec sa clairvoyance accoutumée, que la mort de son maître amènerait un changement qui lui serait fatal, ainsi qu'à ses coreligionnaires. Aussi s'était-il d'abord enfermé dans la Bastille, dont il était gouverneur, avec l'intention d'y soutenir un siège, au besoin, jusqu'à l'arrivée de son gendre, Henri de Rohan, et des six mille Suisses que ce seigneur huguenot commandait. Dans les premiers jours de sa régence, la reine mère donna beaucoup de temps aux affaires de l'État, travaillant avec ses ministres et recevant en audience particulière tous les grands officiers de la couronne, avant et après le conseil. Elle suivait de point en point les avis des Orsini, de Concini surtout, et ne songeait qu'à s'affermir dans le pouvoir, qu'elle croyait ne partager avec personne : elle diminua d'un quart le prix du sel; elle confirma le fameux édit de Nantes, en tous ses points et articles; elle consentit au mariage du duc de Guise avec la duchesse de Joyeuse, veuve du duc de Montpensier, gagnant ainsi à la fois l'affection du peuple, la confiance des protestants et l'appui de la famille de Lorraine. Quant à la guerre que le feu roi allait entreprendre au moment où il fût assassiné, on n'y donna pas suite, malgré les énormes préparatifs qui étaient faits, et on la réduisit à une simple campagne de trois mois dans le pays de Juliers, pour aider les princes allemands à terminer le siège de la capitale de ce duché. Les grands, jaloux les uns des autres et tous esclaves de leur ambition personnelle, furent attirés et conquis par des honneurs, des offices, des sommes d'argent, et chacun dès lors, n'obéissant qu'à ses intérêts particuliers, se trouva plus ou moins satisfait d'un gouvernement qui commençait sous des auspices si favorables pour tout le monde.

Tout alla bien jusqu'au sacre de Louis XIII, à Reims (17 octobre 1610), magnifique cérémonie où l'enfant royal joua son rôle en perfection, mais qui fut l'occasion d'aigres disputes de préséance : celle qui s'éleva entre Concini, devenu marquis d'Ancre, et le vieux duc de Bellegarde, divisa la cour en deux factions hostiles ; et, pour éviter un plus grand éclat, la reine mère se vit obligée de mettre aux arrêts les deux adversaires. La cour, qui était déjà incertaine et troublée quand elle avait quitté Paris, y revint très émue et toute brouillée. Les partis opposés se rapprochèrent cependant pour abattre l'ennemi commun, le duc de Sully, qui entendait mener les choses en premier ministre, comme par le passé. Les prodigalités du nouveau règne n'avaient fait qu'aiguiser des appétits qui se montraient insatiables ; la reine mère, assaillie de demandes d'argent excessives et incessantes, s'en était remise au surintendant des finances pour ce qu'il y avait à faire contre ces avides convoitises, et celui-ci, fort économe de sa nature, ne se faisait pas faute de ménager l'épargne qu'il avait eu tant de peine à former pour son bon maître Henri IV. Il porta même, dans ses refus, une dureté, une violence exceptionnelles, jusqu'à venir accuser en plein conseil les ministres, ses anciens collègues, de s'être entendus pour ruiner l'État ; il alla jusqu'à les menacer de recourir à l'intervention du parlement. Sa perte une fois résolue entre tous ceux qu'il gênait ou qu'il avait offensés, on n'eut pas de peine à persuader à la régente qu'un gardien du trésor, aussi jaloux et aussi despote, était un embarras continuel pour l'expédition des affaires, en même temps qu'une cause persistante de haine et de défiance. Le 26 janvier 1611, Sully reçut l'ordre d'avoir à résigner tous ses offices. Il céda aussitôt, sans mot dire, « par obéissance plus que par élection, » suivant son propre aveu, et il se retira sur les bords de la Loire, dans son château de Sully. Il tomba seul, du reste, sans entraîner personne dans sa chute, « ce qui arrive, remarque Richelieu dans ses *Mémoires*, à ceux qui, au lieu de posséder les cœurs des hommes par un procédé obligeant, les contraignent par leur autorité. » La reine mère retint pour elle, dans la succession de son premier ministre, le gouvernement de la Bastille, où Sully avait amassé une réserve de cinq millions en or, qui

Fig. 28. — Entrée de Louis XIII en la ville de Reims, pour son sacre, le jeudi 14 octobre 1610. (Bibl. Nat., *Rec. de l'Histoire de France*; 1610.)

représentaient plus de quarante millions au taux de la monnaie actuelle. La surintendance des finances fut partagée entre trois ministres, Jeannin, de Thou et Châteauneuf. Quant à Concini, qui avait été l'âme du complot contre le ministre favori de Henri IV, il demanda et prit tout ce qu'il voulut dans le trésor de la Bastille, et il continua, avec plus d'effronterie que jamais, le train ordinaire de ses rapines.

La régence de Marie de Médicis ne dura, en principe, que quatre ans, quoiqu'elle se soit prolongée, en réalité, plus de deux ans et demi après la majorité du roi. Cette période fut sans doute une des plus fertiles en intrigues de toute espèce que présente le dix-septième siècle, et pourtant on ne saurait y signaler que bien peu de faits importants. Une reine incapable, d'un caractère passionné et fantasque, des favoris obscurs et insolents, des ministres sans initiative et sans influence, une cour tumultueuse, affamée de luxe et de plaisir, le peuple écrasé d'impôts, les protestants inquiets et toujours en armes, tels sont les principaux traits du triste tableau que nous offre cette époque, troublée par tant de cabales, de rivalités, d'intrigues et de mauvaises passions. La reine mère, en cherchant à maintenir la paix au prix des plus durs sacrifices, avait laissé s'affaiblir le pouvoir entre ses mains et ouvrait le champ à toutes les prétentions des grands, qui se regardaient comme souverains absolus dans leurs châteaux et leurs gouvernements. La régente avait beau ordonner, elle était si mal obéie, que le duc de Rohan garda, malgré elle, la ville de Saint-Jean d'Angely, occupée par des troupes protestantes, et que le duc de Nevers s'empara de Mézières, à main armée. On semblait revenu au temps de la féodalité : la Provence appartenait au duc de Guise ; les Montmorency dominaient dans le Languedoc, les Joyeuse dans le Lyonnais ; la Bourgogne, où les Gontaut et les Biron avaient essayé de se rendre indépendants, était sous la main du duc de Mayenne ; la Picardie se trouvait inféodée, en quelque sorte, aux maisons d'Humières et de Créqui ; dans la Bretagne, les ducs de Rohan et de Vendôme tenaient en échec le pouvoir royal ; enfin, le prince de Condé régnait en Guyenne. La monarchie, pour résister à tant d'adversaires, n'avait à sa disposition que l'alliance de l'Espagne, l'esprit machiavélique de l'Italien Concini, et le trésor de la Bastille, qui s'épuisait rapidement.

Le parti des princes, se voyant joué par le marquis d'Ancre, quitta la cour, et son chef, le prince de Condé, publia un manifeste, dans lequel il réclamait, après des récriminations assez vagues, la convocation des États généraux et la suspension des mariages royaux projetés et même conclus avec l'Espagne. La régente eut quelques velléités de résistance belliqueuse ; puis, cédant aux avis du chancelier de Sillery, elle répondit, par une apologie de sa conduite, au manifeste du prince de

Condé et consentit à entamer, avec les princes, des pourparlers qui aboutirent au déplorable traité de Sainte-Menehould (15 mai 1614). Non seulement elle fit droit aux demandes de Condé touchant les États généraux et les mariages projetés, mais elle donna la ville de Mézières au duc de Nevers et la Bretagne au duc de Vendôme, avec une pension de cent mille livres au duc de Longueville; elle accorda, en outre, trois cent mille livres au duc de Mayenne, et cent cinquante mille écus au prince de Condé. Tel fut l'emploi de l'argent qu'on avait obtenu de la chambre des comptes pour combattre les *mécontents*. Ceux-ci, avec la plus insigne mauvaise foi, n'en persistèrent pas moins dans leur rébellion armée. Marie de Médicis eut alors l'inspiration d'agir en reine : malgré les lâches supplications de Concini et de sa femme, elle se mit à la tête de deux ou trois mille soldats et marcha à la rencontre des princes, avec son fils : elle ne trouvait partout, sur son passage, que soumission et dévouement; la présence du jeune roi éveillait l'enthousiasme de provinces qui l'avaient supposé débile et maladif. Cette simple démonstration de volonté et de force suffit pour dissiper les rebelles.

A son retour avec sa mère, Louis XIII fut reçu comme en triomphe par les Parisiens, et salué des noms de *Pacifique* et de *Juste;* il ne conserva que le dernier, avec d'autant plus de satisfaction qu'il avait craint d'être surnommé *le Bègue*, à cause de son bégayement incurable. La vieille reine Marguerite, première femme de Henri IV, écrivait, à l'occasion de l'entrée solennelle du jeune roi à Paris : « Il est incroyable combien le roi a crû de corps et d'esprit dans ce voyage; il entend, à cette heure, toutes ses affaires et promet de se bien faire obéir. Il ne fera pas bon de se jouer à lui dorénavant. » Le dernier jour de sa treizième année le fit sortir de tutelle; mais, déclaré majeur, il laissa l'administration du royaume à sa mère, avec « sévères défenses à tous sujets d'entrer en ligues et associations, tant au dedans qu'au dehors. »

Dès les premiers moments de sa royauté, il allait avoir affaire aux représentants de la nation, aux États généraux. Ces États devaient être les derniers de l'ancienne monarchie, avant ceux de 1789 qui la renversèrent. Réunis à Paris, au couvent des Augustins, le 27 octobre 1614, les États généraux ne donnèrent pas les résultats qu'on attendait de cette mesure extraordinaire; après avoir perdu beaucoup de temps en contestations sur des points de préséance et d'étiquette, en querelles scandaleuses qui dégénérèrent parfois en violences, les trois ordres se trouvèrent divisés sur la plupart des questions. Tandis que la noblesse demandait que les charges ayant titre d'office, au lieu d'être librement transmissibles, fissent retour au domaine du roi, qui les distribuerait gratuitement aux plus dignes, le tiers répondait en demandant la révocation de quatre-vingts commissions qui grevaient le peuple, la diminution d'un quart de la taille et la suppression totale des pensions de la noblesse, qui avaient presque doublé en moins de quatre années. Le clergé formula aussi son vœu de prédilection, en demandant que les canons du concile de Trente fussent publiés en France, ce qu'il avait inutilement réclamé depuis soixante ans : les nobles adhérèrent à ce vœu, mais les gens du tiers état s'y opposèrent, au nom des libertés de l'Église gallicane. Enfin, après quatre mois de pénibles et inutiles discussions, les États achevèrent la rédaction de leurs cahiers, au nombre de vingt-quatre, et les présentèrent au roi (23 février 1615). Ce fut un jeune prélat, Armand de Richelieu, évêque de Luçon, qui parla le premier, au nom du clergé; il parla en homme d'État, et son langage clair, précis et nerveux, produisit une vive sensation. La reine mère avait accordé aux députés la permission de rester à Paris jusqu'à l'examen complet de leurs cahiers ; mais, le 24 mars, le chancelier leur déclara que cet examen n'était pas achevé et que le roi, en leur faisant savoir qu'il consentait à supprimer la vénalité des charges et à diminuer les pensions, les invitait à retourner chez eux. « Ainsi les États se terminèrent comme ils avoient commencé, dit Richelieu dans ses *Mémoires*. La proposition en avoit été faite sous de spécieux prétextes, sans aucune intention d'en tirer avantage pour le service du roi et du public, et la conclusion en fut sans fruit, toute cette assemblée n'ayant eu d'autre effet que de faire voir à tout le monde que ce n'est pas assez de connoistre les maux, si l'on n'a la volonté d'y remédier. »

Humiliés de n'avoir rien fait de vraiment utile et leurrés de promesses qu'on s'empressa d'oublier, les députés se séparèrent, emportant avec eux, silencieusement, le « droit de libre et générale discussion, » qu'on leur avait reconnu et qui, deux siècles plus tard, devait être l'expression de la volonté nationale. Aussitôt les brigues et les cabales recommencèrent. Ceux qu'on appelait *les princes*, Condé, Bouillon, Mayenne, Longueville, etc., se retirèrent dans leurs gouvernements, à l'exception du duc de Nevers, l'agent du parti des princes à la cour. Ils s'étaient assuré l'appui du parlement, qui avait fort à cœur de reprendre dans l'État un rôle politique. Telle fut l'origine de l'arrêt du 28 mars 1615, par lequel les princes, ducs et pairs et officiers de la couronne étaient convoqués pour délibérer entre eux sur les affaires publiques. Cet arrêt, attentatoire à la prérogative royale, ne pouvait servir qu'à provoquer une lutte intestine sans but et sans issue, comme il ne s'en produisit que trop jusqu'à la majorité de Louis XIV. Condé saisit l'occasion de lancer un nouveau manifeste, habilement préparé, dans lequel il déclarait que les États généraux n'avaient pas été libres, et qu'on ne tenait aucun compte de leurs propositions ni de leurs vœux; que sa vie et celle des autres princes n'étaient plus en sûreté; que Concini, qui disposait de tout dans l'État, avait gaspillé plus de six millions; que les protestants se voyaient menacés d'extermination, etc. Il terminait son factum par une menace, à savoir que « si l'on continuoit à lui refuser les moyens propres à la réformation des désordres, il seroit contraint d'en venir aux extrémités, par la violence du mal. »

La guerre civile se ralluma. Cette fois, la reine mère, conseillée par les ducs d'Épernon et de Guise, ne recula pas devant l'emploi de la force. Après avoir déclaré Condé et ses adhérents criminels de lèse-majesté, elle se rendit à Bordeaux, avec une petite armée, pour y conclure les deux mariages espagnols. Bien que la révolte se fût étendue dans les provinces et que le duc de Rohan, voulant marcher sur les traces de l'amiral de Coligny, eût soulevé les populations protestantes contre l'autorité royale, on se borna de part et d'autre à de légères escarmouches. Il y eut cela de singulier dans ce simulacre de guerre civile, que les deux partis avaient l'air de se chercher sans cesse et ne se rencontraient pas souvent. Condé, ayant mis en déroute quelques centaines de recrues de l'armée royale, tira de cette affaire insignifiante la gloire, qu'on lui contestait, d'être « aussi bon aux traits de plume qu'aux coups d'épée. » Mais bientôt Marie de Médicis, à bout de patience, lasse de l'humeur hautaine de d'Épernon, soupirant après les plaisirs de Paris, manquant d'argent d'ailleurs, prêta l'oreille aux propositions d'accommodement que lui fit Condé, et les hostilités furent suspendues. Pendant ce temps-là, le mariage de Louis XIII avec l'infante Anne d'Autriche, et celui de sa sœur Élisabeth de France avec le prince des Asturies, qui fut plus tard le roi Philippe IV, avaient été menés à bonne fin. Ce double mariage eut toutes les péripéties d'un roman. Le roi était parti de Paris, le 17 août 1615, avec la reine mère, sous la protection du régiment des gardes et d'un corps de vieilles troupes. C'était une petite armée de 4,000 hommes et de 1,000 chevaux, sans compter le personnel nombreux des officiers et des domestiques de cour. On n'allait pas vite en route; on s'arrêtait, par étapes, pour les repas et pour la couchée; la cour vivait au milieu d'un camp mobile. A la moindre alerte, la marquise d'Ancre, déjà irritée de la mauvaise chère qu'on faisait par les chemins, suppliait la reine mère de retourner à Paris. Quant au jeune roi, il était d'une humeur charmante et se plaisait infiniment aux exercices militaires. Une maladie de la princesse Élisabeth fit perdre un mois à Poitiers; puis on parvint à Bordeaux, sans rencontrer l'ennemi. Un autre mois fut passé dans cette ville, et enfin, le 6 novembre, Madame Élisabeth et l'Infante partirent, chacune de son côté, l'une de Bordeaux et l'autre d'une ville d'Espagne, pour arriver simultanément, la première à Saint-Jean de Luz et la seconde à Fontarabie. Le duc de Guise, accompagné de 1,500 chevaux et de 4,000 gens de pied, s'était chargé de conduire la princesse française à sa destination. Quant au roi d'Espagne, il fut beaucoup plus lent à se rendre à Fontarabie, bien qu'il n'eût à craindre aucune attaque sur sa route.

L'échange des deux princesses eut lieu à la frontière des deux États, sur la Bidassoa. Un pavillon s'élevait de chaque côté du fleuve, pour mettre les princesses à l'abri, pendant qu'on ferait les préparatifs nécessaires à leur transport au milieu de la rivière, où deux autres pavillons avaient été construits, communiquant l'un à l'autre et destinés à effectuer cet échange de fiancées entre la France et l'Espagne. On

Fig. 29. — « Le Roy, épris des charmes de l'Infante, sur le rapport qui lui a été fait, envoie peindre son portrait, et fait proposer la double alliance par le duc de Mayenne, au commencement de février 1612. » (Bibl. Nat., *Rec. de l'Histoire de France*; 1612.)

raconte que les Espagnols avaient placé sur le pavillon de l'Infante une immense couronne royale surmontée d'un globe avec une croix. Les Français s'offensèrent de cette orgueilleuse prétention, et exigèrent l'enlèvement de ce globe et de la croix qu'il portait. L'échange des princesses devait s'opérer dans la forme prescrite. Les deux cortèges descendirent, en même temps, des montagnes opposées dont la Bidassoa baigne le pied : la litière de l'Infante parut la première, mais ceux qui l'escortaient, ne voyant pas vis-à-vis d'eux la litière de Madame Élisabeth, « jettèrent de tels cris, dit une relation, que, si toute l'Espagne eust été perdue, ils n'en eussent pu faire davantage. » Les deux escortes, qui venaient à la rencontre l'une de l'autre, réglèrent de telle sorte leur marche réciproque, qu'elles arrivèrent ensemble aux pavillons qui attendaient les deux fiancées sur chaque rive. La même simultanéité de mouvements fut observée pour l'entrée des princesses dans les deux bacs qui les conduisirent chacune aux pavillons qui leur étaient destinés au milieu du fleuve, où se trouvaient déjà deux secrétaires d'État pour la vérification et l'échange des deux contrats de mariage. Après un court entretien, les deux fiancées se séparèrent, l'une entrant en Espagne, l'autre en France, sous l'escorte du duc de Guise, qui avait amené Madame Élisabeth et qui ramenait l'Infante. Celle-ci eut, sous les murs de Casteljaloux, le spectacle d'une assez chaude escarmouche entre les troupes royales et les huguenots. Le jeune roi lui avait fait déjà présenter une lettre de bienvenue par le sieur de Luynes, « un de ses plus confidents serviteurs, » et dans l'impatience de la voir, il vint incognito, mêlé à un groupe de cavaliers, se poser sur son passage. La bénédiction leur fut donnée à Bordeaux par l'évêque de Saintes (25 novembre). Après les fêtes et les réjouissances dont les Bordelais se montrèrent prodigues, la reine mère ordonna le départ pour Paris, et l'on se mit en route, malgré la mauvaise saison, avec une petite armée qui protégeait la marche lente et pénible des coches où la cour s'était entassée pêle-mêle. Le trajet de Bordeaux à Tours ne dura pas moins de cinq semaines. Les jeunes époux, qui avaient presque le même âge, à peine quatorze ans, et dont les relations personnelles étaient des plus cérémonieuses, se reposèrent à Tours, et ne firent leur entrée solennelle à Paris que le 16 mai 1616. Le voyage des noces de Louis XIII avait duré neuf mois.

Cependant une conférence s'était tenue à Loudun, pour négocier la paix entre les princes et la cour. Pendant ces négociations qui menaçaient de s'éterniser, un grand nombre de seigneurs se rangèrent du côté des *mécontents*, pour partager avec eux les bénéfices de la rébellion, et bien des accords particuliers se firent en dehors du traité de pacification générale. La reine mère céda sur tous les points : elle distribua plus de six millions aux intéressés, congédia le duc d'Épernon, ainsi que les vieux ministres Jeannin, Sillery et Villeroy, et plaça le prince de Condé à la tête du conseil, en gardant auprès d'elle ses familiers et surtout le marquis d'Ancre, nommé maréchal de France (février 1614), sans qu'il eût jamais tiré l'épée. C'était lui qui

Fig. 30. — Louis XIII et Anne d'Autriche; Philippe d'Autriche et Élisabeth de France. — Fragment supérieur d'une estampe intitulée : Hommage des quatre parties du monde sur le subject de la S. Alliance des très puissants Roys de France et d'Espagne; *Pierre Firens sculpsit*. (Bibl. Nat., *Collection Hennin*; t. XX, p. 10.)

N. B. Dans l'original, le bas de la composition est occupé par un groupe de l'Europe, de l'Asie, de l'Afrique et de l'Amérique, s'unissant pour célébrer ce double mariage.

avait choisi les nouveaux ministres, des hommes obscurs qu'il pouvait faire agir à son gré et qui se mirent d'eux-mêmes au service de son ambition, en l'absence de Condé, qu'on avait beaucoup de peine à faire revenir à la cour. L'évêque de Luçon, Armand Richelieu, devenu l'aumônier de la jeune reine et le favori de Marie de Médicis, fut pour Concini un conseiller habile et un auxiliaire dévoué. Il avait été désigné pour l'ambassade d'Espagne, mais il jugea que sa présence à Paris serait plus utile au maintien de l'autorité de la reine mère. Il était déjà entré au conseil d'État, et il voulait faire partie du ministère, pour y tenir tête à Condé, qui refusait toujours d'y venir occuper sa place. L'évêque de Luçon alla donc le chercher et eut l'adresse de le ramener, trois mois après le traité de Loudun, qui l'avait fait premier ministre. Condé, à son tour, fut reçu par le peuple de Paris comme un sauveur; mais, à la cour, il n'était qu'un ennemi, qui ne dissimulait pas même l'intention de se poser en maître. Aussi, son hôtel était-il assiégé de courtisans plus que le Louvre, où sa tyrannie se faisait sentir constamment et sous les formes les plus intolérables. Un jour, dans la chambre du roi, il s'assit avant d'y être invité, et resta couvert. Il se donnait des airs de protection avec Louis XIII, et tellement, que le bruit courait, dans les provinces, qu'il avait en mains tout le pouvoir royal. Dans l'entourage de Marie de Médicis, on croyait ou l'on feignait de croire qu'il n'attendait plus que l'occasion de monter sur le trône. Sully en fut alarmé, au fond de son château où on l'oubliait, et il accourut pour offrir ses services à la reine mère, qui lui demanda ce qu'elle avait à faire : « Plût à Dieu, Madame, s'écria-t-il, que vous fussiez dans la campagne, au milieu de 1,200 chevaux! » Le remède au mal semblait présenter trop de dangers, surtout au sortir d'une guerre civile et contre un adversaire qui avait pour lui le peuple et une partie de la noblesse. On s'en tint à une résolution plus hardie, que l'évêque de Luçon avait suggérée à la reine mère et qu'elle fit adopter par Louis XIII, impatient de se soustraire à l'arrogante domination du prince de Condé : il s'agissait d'arrêter ce prince et de l'enfermer dans une prison d'État. Le 1er septembre, à l'issue du conseil, Condé, suivant l'usage, se rendit chez la reine : le roi, qui venait d'armer de sa main les conjurés en leur distribuant des pertuisanes, vint à sa rencontre, parla de chasse avec lui et s'éloigna tout à coup. Au moment même, M. de Thémines, accompagné de ses deux fils, parut et arrêta le prince, qui n'essaya pas de résister : on le conduisit sur-le-champ au château de Vincennes. Cette arrestation imprévue déconcerta les amis du prince de Condé : ils se hâtèrent de sortir de Paris, mais aucun d'eux ne tenta de courir aux armes. Seule, la princesse douairière de Condé essaya de soulever le peuple, en criant par les rues que son fils avait été tué par le maréchal d'Ancre. Concini était en horreur aux Parisiens, qui ne lui pardonnaient pas sa fortune insolente et qui le chargeaient volontiers de toutes les iniquités. Une foule furieuse se porta sur le superbe hôtel qu'il avait fait bâtir dans la rue de Tournon, à côté du palais du Luxembourg où résidait la reine mère : l'hôtel fut livré au pillage et à moitié détruit. Le soir même, l'ordre était rétabli dans Paris, et M. de Thémines recevait sa récompense : une gratification de 100,000 écus et le bâton de maréchal de France.

L'évêque de Luçon ne fut pas oublié : il prit la place du prince de Condé au conseil, en qualité de secrétaire d'État de la guerre et des affaires étrangères (25 novembre), et l'ambassadeur d'Espagne écrivait à son gouvernement, en annonçant la nomination de Richelieu, qu'il n'y avait pas « meilleur que lui en France pour le service de Dieu, de la couronne d'Espagne et du bien public. » Cet ambassadeur se faisait illusion sur le caractère et sur les desseins de l'évêque de Luçon, qui, dès son entrée aux affaires, reprit la pensée et le langage de Henri IV contre l'Espagne, nonobstant ses rapports journaliers avec la reine mère et la jeune reine, avec l'appui déclaré du maréchal d'Ancre ; ses premières instructions, adressées aux ambassadeurs de France en Allemagne, en Angleterre et en Italie, prouvaient assez qu'il n'entendait pas se faire le complaisant de la politique espagnole.

Le prince de Condé prisonnier, les princes allaient rallumer la guerre civile, mais le maréchal d'Ancre mettait sur pied trois armées royales, qui devaient opérer à la fois en Picardie, en Champagne et dans le Nivernais, tandis que l'évêque de Luçon faisait publier à Paris quantité de pamphlets mordants et de factums vigoureux, dans lesquels on n'épargnait pas la turbulence, l'avidité et la mauvaise foi des princes révoltés. Les hostilités commencèrent avec avantage pour l'armée royale contre les ducs de Nevers, de Vendôme, de Bouillon et de Mayenne, « pour empescher, disait une déclaration du roi, l'établissement d'une tyrannie particulière dans chaque province. » Mais on pouvait prévoir que la nouvelle révolte des princes et des grands serait longue et difficile à réprimer, quoique les huguenots n'eussent pas encore pris les armes.

Mais déjà le roi s'inquiétait et s'irritait de la suprématie despotique et impérieuse que le maréchal d'Ancre s'arrogeait dans les choses du gouvernement, depuis que cet ancien favori de la reine mère avait pris la direction de la guerre contre les princes, avec l'assentiment de l'évêque de Luçon, qui, se bornant à dominer dans le conseil dont il était l'âme, était resté, par gratitude, attaché à la fortune de Concini. Le favori avait épousé Léonora Dori, dite Galigaï, qui avait été sœur de lait de Marie de Médicis et son ancienne femme de chambre, avant de devenir sa favorite, sa confidente et presque son amie. Cette petite Florentine, presque laide à force de maigreur, malgré la beauté de ses traits, passait pour une femme de tête, plus astucieuse qu'intelligente, capable pourtant d'acquérir une grande influence sur un esprit faible, capricieux et indécis. Elle eut donc une part considérable dans l'avancement de son mari, qui, parti de très bas, comme il ne craignait pas de l'avouer lui-même, était devenu marquis d'Ancre, maréchal de France, gouverneur de Normandie, riche de plusieurs millions, et maître absolu des volontés de la reine mère. Au reste, Concini n'était pas sans mérite, au dire du maréchal d'Estrées : il avait du jugement, un cœur généreux, de l'esprit et quelque bravoure ; flatteur, séduisant, d'agréable tournure, de belle humeur et abondant en saillies, il n'avait pas eu de peine à gagner le cœur de la reine mère, auprès de laquelle il s'était glissé sous le titre équivoque de *cavalier servant*. Personne mieux que lui ne savait imaginer un divertissement, ni organiser les spectacles, les jeux, les carrousels, où il brillait entre tous par son adresse et par son grand air. Il en était venu à mépriser les princes et à leur faire sentir son mépris, « et, en cela, comme le dit Tallemant des Réaux, il n'avoit pas grand tort; » mais son orgueil, son insolence, son faste et sa cupidité lui firent des ennemis puissants, qui finirent par le perdre dans l'esprit du roi. Quant à la haine populaire, elle ne s'était que trop manifestée lors du pillage de son hôtel, pillage exécuté en manière de représailles, sous l'inspiration d'un cordonnier nommé Picard, 'qu'il avait fait rouer de coups. Le sentiment de cette aversion générale qu'il inspirait le faisait incliner à la retraite, et il songeait à offrir au pape un don de six cent mille écus pour obtenir la cession en usufruit du duché de Ferrare; mais il dut céder devant la résistance de sa femme, « plus aheurtée que jamais, » et répondant

Fig. 31. — La maréchale d'Ancre. — D'après une estampe signée : *A. B. pinxit; François sculpsit; à Paris, chez Odieuvre.* (Bibl. Nat., *Collection Hennin*; t. XX, p. 59.)

à toute objection, que ce serait lâcheté et ingratitude d'abandonner leur bienfaitrice.

Le maréchal d'Ancre avait pressenti qu'un rival, plus redoutable que tous ses ennemis, tramait secrètement sa perte. Ce rival était le favori de Louis XIII, comme Concini avait été celui de la reine mère. Le sieur Charles de Luynes, parti de plus bas encore que Concini, n'était pas moins ambitieux que lui. Attaché d'abord, en qualité de valet de fauconnerie, à la personne du Dauphin tout enfant, il se fit une position par son habileté à dresser des faucons et des pies-grièches pour la chasse au vol. Le petit prince, dont la chasse fut la première et peut-être l'unique passion, voulut qu'on créât pour Luynes la charge bizarre de *maître de la volerie du cabinet*. Depuis la majorité du roi, Luynes avait demandé et obtenu d'autres emplois plus honorables et plus lucratifs. En moins de deux ans, il devint capitaine du Louvre, conseiller d'État, capitaine des gentilshommes ordinaires, grand fauconnier de France et gouverneur du château d'Amboise. Sa fortune était déjà grande, moins grande pourtant que son avidité. On lui supposait à tort trop peu d'esprit pour être jamais dangereux, et quand ce favori du roi inspira de l'ombrage à Concini, qui avait servi lui-même à le pousser dans le chemin de la faveur, il était trop tard pour l'éloigner ou le renverser : Luynes s'était emparé absolument de la confiance de Louis XIII, qui ne pouvait plus se passer de lui et qui le tenait à tout heure dans l'intimité la plus familière. C'est ainsi que Luynes, ayant à sa discrétion l'oreille et le cœur du roi, travaillait sans cesse à le tourner contre sa mère, et à lui inspirer des craintes au sujet des intrigues et des complots de Concini. Celui-ci, en effet, depuis la dernière prise d'armes des princes, n'avait que trop aidé, à son insu, la perfide manœuvre de Luynes, en ne permettant pas au roi de sortir de Paris pour aller chasser à Saint-Germain ou à Fontainebleau, car il redoutait une tentative d'enlèvement de la personne royale par les rebelles, et il avait fait comprendre à la reine mère qu'elle devait veiller sur son fils et le garder à vue jusqu'à la fin de la guerre civile. Louis XIII s'indignait donc de se voir, en quelque sorte, captif dans le Louvre et forcé de borner ses divertissements aux promenades, aux jeux et aux semblants de chasse qu'on lui laissait faire dans le Jardin des Tuileries. Luynes ne cessait de lui répéter que le Louvre était une prison où sa mère et le maréchal d'Ancre le retenaient pour prolonger son enfance et leur autorité.

Louis XIII, qui avait conspiré avec sa mère, l'évêque de Luçon et le maréchal d'Ancre, contre le prince de Condé, n'hésita pas à conspirer contre le maréchal d'Ancre avec Luynes et les gentilshommes de son entourage. Il fut convenu qu'on tuerait le maréchal.

Le roi, âgé de quinze ans et demi, n'ignora aucun détail du complot et choisit lui-même le lieu du guet-apens dans lequel le malheureux Concini devait périr. Le baron de Vitry, capitaine des gardes, chargé d'exécuter l'assassinat, « reçut agréablement la pro-

Fig. 32. — Meurtre de Concini. — D'après une gravure à l'eau-forte, avec légende en allemand, divisée en six sujets, dont le premier, ci-dessus reproduit, représente le meurtre; les autres représentent les actes de vengeance populaire qui l'ont suivi. (Bib. Nat., *Collection Hennin*, t. XX, p. 47.)

N. B. C'est le jeune roi qui se montre à la fenêtre, encourageant Vitry.

position, » et appela son frère du Hallier, son beau-frère et d'autres aventuriers pour lui prêter main-forte. Le 24 avril 1617, à dix heures du matin, le maréchal d'Ancre se rendit au Louvre, pour voir la reine mère. Il était accompagné de cinquante à soixante personnes, qui la plupart le précédaient. Au moment où il mettait le pied sur le pont dormant attenant au pont-levis, Vitry et ses complices, qui attendaient son arrivée dans la salle des Suisses, vinrent à sa rencontre; Vitry lui posa la main sur le bras, en disant : « Le roi m'a donné l'ordre de me saisir de votre personne. — Moi! » s'écria Concini, qui voulut tirer son épée. Aussitôt cinq coups de pistolet furent tirés à bout portant, et l'atteignirent sans le tuer; il tomba sur les genoux, et Vitry le renversant d'un coup de pied, on l'eut bientôt achevé. Les meurtriers se précipitèrent alors sur son corps criblé de blessures et le dépouillèrent de ses habits, de ses bijoux et des valeurs considérables en billets de banque italienne qu'il avait toujours dans ses poches. Aux cris de *vive le roi!* qu'ils poussaient en agitant leurs épées et leurs poignards teints de sang, Louis XIII parut à une fenêtre, entre les bras du comte d'Ornano, colonel des Corses, et leur cria : « Grand merci, mes amis! Maintenant je suis roi! »

Pendant tout le jour, le Louvre ne désemplit pas de gens qui venaient complimenter le roi de cette *action héroïque*. Le soir, dans la chambre de Louis XIII, on partagea le butin, c'est-à-dire les charges, les gouvernements, les domaines et l'argent, qui composaient la succession de Concini et de sa femme; Luynes en eut la plus grosse part, et Vitry hérita du bâton de maréchal qui lui avait été promis. Ce même soir, le cadavre de Concini, qu'on avait caché presque nu dans le coin d'un jeu de paume, fut porté à l'église de Saint-Germain l'Auxerrois et descendu dans une fosse, avec la bière vide qu'on mit par-dessus lui, sans même le couvrir d'un linceul. Le lendemain matin, la populace envahit l'église, déterra le corps et le traîna par les ruisseaux jusqu'au Pont-Neuf, où on le pendit par les pieds à l'une des potences qu'il avait fait dresser pour effrayer ceux qui parlaient mal de lui. Ensuite on le coupa par morceaux, qu'on brûla ou qu'on jeta dans la rivière. Un homme, qui en avait arraché le cœur, le fit rôtir et le mangea, aux applaudissements du peuple.

Marie de Médicis était restée prisonnière dans ses appartements, pendant qu'on arrêtait et qu'on mettait à la Bastille plusieurs de ses agents et de ses domestiques : elle gémissait et maudissait son fils, mais elle eut bientôt pris son parti, quand elle sut que son conseiller favori, l'évêque de Luçon, n'avait été l'objet d'aucune violence ni d'aucune insulte. Elle résolut de ne pas se compromettre en essayant de défendre la mémoire du maréchal d'Ancre, et quand la femme de ce malheureux, abandonnée de tout le monde, espérait trouver auprès d'elle un appui, on refusa durement de la recevoir. La pauvre Galigaï se cacha dans son lit, avec l'or et les pierreries qu'elle aurait pu emporter, mais les meurtriers de son mari vinrent l'y chercher, et lui enlevèrent tout ce qu'elle possédait, sans toutefois attenter à sa vie. On la retint enfermée dix jours, avant de la conduire à la Bastille. Son fils, un enfant de neuf ans, serait mort de faim et de mauvais traitements, si un écuyer de la jeune reine n'en avait eu pitié. Anne d'Autriche, sachant que cet enfant avait été recueilli par un de ses écuyers, désira le voir, lui donna des friandises et lui fit danser un branle devant elle; mais l'intérêt qu'il avait d'abord inspiré ne dura pas longtemps, car, pour se défaire de lui, on l'envoya en prison, où il mourut de misère. Une commission extraordinaire étant nommée dans le parlement pour juger la marquise d'Ancre, on la transféra de la Bastille à la Conciergerie (11 mai). Elle était dans un tel dénuement qu'elle manquait de linge et d'argent, avant que son procès fût commencé. Accusée de crime de lèse-majesté et d'intelligence avec l'étranger, elle eut aussi à se défendre contre une accusation de magie et de sorcellerie, à laquelle avaient donné prise quelque pratiques de superstition italienne. Elle répondit, avec beaucoup de raison et de calme, à ses juges, sur les faits d'impiété qu'on lui attribuait, et elle se défendit d'avoir participé aux actes politiques qu'on reprochait au maréchal d'Ancre. Il n'y avait pas matière à condamnation; un des juges se récusa, cinq autres refusèrent de délibérer. L'avocat général le Bret conclut à la mort, sur l'assurance, dit Richelieu dans ses *Mémoires*, que la grâce suivrait le jugement. L'arrêt condamnait la mémoire de Concini à perpétuité, et ordonnait que sa veuve aurait la tête tranchée en place de Grève; leurs biens devaient être confisqués et réunis à la couronne, leur maison rasée, leur fils déchu de noblesse et incapable d'exercer aucun office. Après un instant de défaillance, la maréchale d'Ancre se montra « fort assurée, » et ce fut avec autant de fermeté que de résignation qu'elle marcha au supplice. En regardant l'immense foule qui accourait sur son passage, elle dit doucement : « Que de peuple, pour voir une pauvre affligée! » Sur l'échafaud, elle se recommanda à la miséricorde des assistants et réclama leurs prières (26 juillet 1617).

Louis XIII avait à plusieurs reprises refusé de voir sa mère, qui le suppliait de lui donner audience; il lui fit répondre durement « qu'elle trouveroit toujours en lui les sentiments d'un bon fils, mais que Dieu l'ayant fait roi, il vouloit gouverner lui-même son royaume. » Humiliée et indignée de l'abandon où on la laissait dans le Louvre, elle demanda la permission de se retirer à Blois (3 mai 1617). C'était partir pour l'exil; mais l'évêque de Luçon, à qui l'on n'avait pas ôté son titre de secrétaire d'État, en changeant tous les ministres, ne tarda pas à la rejoindre pour l'encourager et la soutenir, pendant la faveur de Luynes, qui allait gouverner le roi et la France.

Fig. 33. — Monnaie à l'effigie de Louis XIII, jeune. (Face et revers.)

CHAPITRE QUATRIÈME

LOUIS XIII ET RICHELIEU

Richelieu en disgrâce, après la chute de Concini. — Ses rapports avec Marie de Médicis. — La reine mère s'évade du château de Blois. — Intrigues des *mécontents*; guerre civile. — Prises d'armes des protestants; siège de Montauban. — Mort de Luynes. — Entrée de Richelieu au conseil. — Richelieu premier ministre. — Conspiration de Chalais; son supplice. — Siège de la Rochelle. — Guerre d'Italie; le pas de Suze. — Nouveaux complots déjoués par Richelieu; *la journée des Dupes*. — Exécution de Montmorency. — Pouvoir de Richelieu. — Conspiration de Cinq-Mars; exécution de Cinq-Mars et de de Thou. — Mort de Richelieu. — Mort de Louis XIII.

peine Richelieu est-il nommé par les historiens contemporains de la régence de Marie de Médicis, bien qu'il ait occupé, pendant les dernières années de cette régence, une position prépondérante et tout intime auprès de la reine mère et qu'il fût encore, au moment de la mort du maréchal d'Ancre, secrétaire d'État de la guerre et des affaires étrangères. Le comte de Pontchartrain, un de ses collègues au conseil d'État, a écrit des mémoires politiques sur cette époque et n'a pas daigné l'y nommer : il le désigne seulement entre « deux ou trois qui n'ont autre mérite et expérience aux affaires, sinon d'être ministres des passions du maréchal et de sa femme. » Et pourtant Richelieu, qu'on n'appelait alors que l'*évêque de Luçon*, ou *Monsieur de Luçon*, était non seulement le confident et l'inspirateur de la reine mère, mais encore, sans se prévaloir de sa supériorité et de sa prédominance, le plus actif et le plus influent des membres du conseil. Mais il ne se montrait pas à la cour et se contentait d'avoir ses entrées libres chez la régente et chez le marquis d'Ancre, qui le tenait en estime particulière. Quant au roi, il connaissait bien M. de Luçon, et il ne se sentait pas éloigné de lui accorder certaine confiance, d'autant plus qu'il s'était servi de son intermédiaire en plusieurs occasions, pour agir auprès de la reine mère et obtenir d'elle au moins une apparence de bon vouloir et de condescendance. Il savait aussi que l'évêque de Luçon avisait toujours, dans le conseil, à ce qu'on ne le laissât pas manquer d'argent. Ainsi, le 23 avril 1617, la veille même de l'assassinat du malheureux Concini, Armand de Richelieu écrivait à l'intendant du Poitou : « Je vous asseure que les finances de Sa Majesté sont si courtes, que par le désir que j'ay que son service ne retarde point, manque d'argent, j'ay mieux aimé avancer quinze cens livres du mien. » Louis XIII sut peut-être qu'il était débiteur de l'évêque de Luçon, et il n'avait pas trouvé mauvais qu'on le retint dans le conseil; mais le nouveau chef du gouvernement, Luynes, jugea dangereux pour sa fortune la présence de M. de Luçon à la cour et le fit avertir, sous main, de retourner dans son évêché, où il n'aurait à s'occuper que des devoirs de sa charge épiscopale.

Armand de Richelieu écouta cet avis qui ressemblait à un ordre, et, confiné dans son évêché « le plus vilain et désagréable évêché de France, » selon ses propres expressions, il ne songea plus qu'aux affaires de l'Église, en cessant de diriger celles de l'État : il écrivit un ouvrage de théologie intitulé : *Les principaux points de la Foy de l'Église catholique deffendus contre l'escrit adressé au Roy par les quatre ministres de Charenton*. C'était une manière adroite de se rappeler à la bienveillance de Louis XIII, auquel il dédia son livre. Ce livre n'arriva peut-être pas à son adresse, et le prélat, qui continuait à entretenir des relations secrètes avec la reine mère, exilée à Blois, se vit exiler lui-même dans le prieuré de Coussay, dépendant de sa terre de Richelieu. On jugea bientôt qu'il était encore trop voisin de Blois, car il reçut l'ordre d'aller à Avignon (7 avril 1618), et de n'en pas sortir : il s'empressa d'obéir à ce nouveau commandement du roi : « Je n'aurois point le courage de me recommander aux bonnes grâces de Votre Majesté, lui écrivait-il, si ma conscience accusoit tant soit peu mes actions, mais sçachant asseurément qu'elles n'ont pas mesme peu donner lieu au moindre soupçon, j'attribue à mon malheur ordinaire la cause de mes esloignemens, et m'asseure que le temps et mes déportemens, en quelque lieu qu'il vous plaise que j'aille, feront toujours paroistre à mes ennemys qu'il n'y a rien au monde capable de corrompre ma fidélité ny d'altérer ma preud'hommie ; car, oultre que je suis obligé à Vostre Majesté, par nature, par les honneurs que j'en ay autrefois receüz et les tesmoignages qu'il luy a pleu souvent rendre de mon affection à son service, je le suis encore envers moy-mesme. » Si cette lettre n'eut pas un effet immédiat, elle remit l'évêque de Luçon en rapport indirect avec le sieur de Luynes, qui était devenu premier gentilhomme de la chambre, capitaine de la Bastille et lieutenant général de Normandie. Luynes avait jugé que l'exilé d'Avignon devait être toujours instruit des intentions et des projets de la reine mère, prisonnière à Blois, et il ne se refusa pas à bien accueillir le marquis de Richelieu, frère de l'évêque et les deux fidèles agents de ce dernier, l'abbé Bouthillier et le capucin Joseph du Tremblay. Il apprit, par ses intermédiaires, que M. de Luçon usait de tout son crédit auprès de Marie de Médicis, pour la dissuader d'entreprendre aucune cabale contre le roi son fils, et pour l'engager à attendre du temps et des événements la fin de sa disgrâce. L'évêque de Luçon donnait, au reste, à la reine mère l'exemple de la patience et de la résignation ; il subissait, sans se plaindre, son exil à Avignon, et employait ses loisirs à composer, pour les fidèles de son diocèse, une *Instruction du chrétien*, qu'il faisait imprimer à Paris. Il avait confiance dans l'avenir, et il se promettait bien de reprendre, un jour ou l'autre, tout son crédit et tout son pouvoir auprès de la reine mère, si elle redevenait elle-même accréditée et puissante auprès du roi. Il ne voulut donc pas se mêler des intrigues et des complots que le duc de Bouillon et le duc d'Épernon dirigeaient à Sedan et à Metz, pour délivrer Marie de Médicis, en la faisant sortir de Blois, où elle était entourée d'espions et en butte à toutes sortes d'outrages.

Luynes, dans ses conférences avec le marquis de Richelieu et les deux secrétaires de l'évêque de Luçon, avait fait entendre qu'il ne s'opposerait pas à une réconciliation du roi avec sa mère. Quant au roi, cette idée de réconciliation l'alarmait, et il éprouvait une extrême répugnance à s'y prêter. D'un autre côté, Marie de Médicis fut détournée d'employer l'entremise de Luynes pour se réconcilier avec le roi; elle se jeta de préférence dans les bras des ducs de Bouillon et d'Épernon, qui avaient préparé une guerre civile avec l'argent qu'elle leur avait fait passer.

Dans la soirée du 22 février 1619, la fenêtre de la chambre qu'elle occupait dans le château de Blois s'ouvre tout à coup : les sentinelles ont été éloignées, des échelles de corde sont fixées solidement aux murailles. L'auguste prisonnière, soutenue par un des gentilshommes du duc d'Épernon, descend par ces échelles sur la plateforme et de là au pied du rempart. Un carrosse s'y trouvait pour la recevoir avec son épargne et ses pierreries. Ce carrosse la mena jusqu'à Montrichard, où le duc d'Épernon l'attendait pour la conduire à Angoulême. L'évêque de Luçon n'essaya pas de l'y rejoindre, mais il lui adressa de sages conseils, qui témoignaient à la fois de sa prudence et son dévouement : « Sa Majesté, » disait-il dans cette note secrète qu'un envoyé était chargé de remettre en mains propres à la reine mère, « s'acquerra de tous grandes louanges de n'avoir ni au passé ni au présent autre intention que d'aymer le roy, sa grandeur et l'augmentation de son règne. »

Pendant que le duc d'Épernon rassemblait des troupes, et mettait en état de défense la ville d'Angoulême, Richelieu intervenait activement auprès de Luynes, toujours par l'intermédiaire de l'abbé Bouthillier et du capucin Joseph du Tremblay, pour décider le roi à conclure un accommodement avec sa mère, avant que la guerre civile eût éclaté. Le roi y répugnait visiblement ; Marie de Médicis ne s'y prêtait pas davantage, mais l'évêque de Luçon fut invité à y donner les mains personnellement : il vint alors à Angoulême et n'eut pas de peine à faire partir la reine pour Poitiers, où Louis XIII venait à sa rencontre avec toute la cour. L'entrevue de la mère et du fils donna lieu à

Fig. 34. — Le Père Joseph. — D'après une estampe signée : *Pet. de Iode exc.* (Bibl. Nat., *Coll. Hennin*, t. XXXI, p. 44.)

beaucoup de larmes mêlées à leurs embrassements : « Dieu ! mon fils, que vous êtes grandi ! s'écria la reine. — Ma mère, répondit le roi en s'inclinant, si j'ai grandi, c'est pour votre service. » Marie de Médicis ne retourna pourtant pas à Paris avec le roi ; elle alla s'établir à Angers, capitale du gouvernement d'Anjou, que son fils lui avait concédé. La ville d'Angers devint aussitôt le foyer de nouvelles intrigues. La reine mère, prêtant l'oreille aux sollicitations des princes et des seigneurs mécontents qui méditaient une nouvelle guerre civile, n'avait pas voulu rentrer à Paris sans garantie ; elle avait refusé ce retour aux instances de Luynes, dont la faveur auprès de Louis XIII ne faisait que s'accroître, et aux conseils que lui suggérait en secret la prudence de l'évêque de Luçon : les *mécontents* l'avaient donc emporté sur les avis d'un ami sincère et d'un grand politique. Tout était en armes dans le Poitou, la Vendée, la Guyenne et la Normandie. Le roi dut enfin, malgré sa répugnance pour la guerre, se mettre en personne à la tête de ses armées, en déclarant « qu'on avoit emprunté le nom de sa mère pour couvrir d'ambitieux desseins. » Il prit tout à coup un plaisir, qu'il ne connaissait pas, à passer en revue ses troupes, à tenir son conseil de guerre, et il était bien résolu, suivant ses propres expressions, « à jeter le fourreau de l'épée en deçà de la Loire, » dans le cas où sa mère sortirait d'Anjou pour se réfugier en Poitou. L'armée du roi s'était arrêtée en vue de la ville du Pont-de-Cé, dans l'attente d'une réponse définitive de la reine mère, à laquelle il avait fait offrir des conditions honorables ; Louis XIII, « plutôt par divertissement qu'autrement, » eut l'idée de pousser une reconnaissance jusqu'aux portes de cette ville. Les partisans de la reine mère, qui s'y trouvaient en grandes forces, essayèrent de battre en retraite, et leur retraite désordonnée se changea en déroute. « Une escarmouche de moins de deux heures, dit du Plessis-Mornay, avoit dissipé le plus grand parti qui eut esté en France depuis plusieurs siècles, et avec peu d'apparence de le pouvoir rallier. » L'évêque de Luçon conseilla, dit-on, à Marie de Médicis de chercher un passage sur la Loire, pour gagner Angoulême, où elle obtiendrait une paix avantageuse sous la protection du duc d'Épernon. Ce conseil ne fut pas suivi, et il eut des échos fâcheux, puisque le roi et son favori Luynes, qui jusque-là s'étaient montrés disposés à reconnaître les bons offices de Richelieu en appuyant sa promotion au cardinalat, renoncèrent momentanément à ce projet. La reine mère s'était cependant réconciliée avec son fils, dans une entrevue où ils avaient à l'envi redoublé de caresses et de protestations réciproques.

L'évêque de Luçon, après de vaines tentatives pour se rapprocher du roi et pour se rendre nécessaire, fut éconduit et tenu à distance. Luynes et Louis XIII avaient sur son compte la même opinion : ils le regardaient comme un politique habile et astucieux, mais ils le voyaient de longue date attaché de telle sorte à la reine mère, qu'il la servirait toujours aux dépens et au détriment de tout le monde. C'est en cela qu'ils s'exagéraient un dévouement qui, dans aucun cas, n'eût dépassé les bornes que lui imposait une invincible ambition personnelle. Au reste, M. de Luçon avait foi dans son étoile, et comme ses espérances de grandeur à venir étaient fondées sur le retour de Marie de Médicis auprès de son fils, il attendait en silence auprès d'elle un instant plus favorable à leurs intérêts communs. Pendant la formidable prise d'armes des protestants dans les provinces du Midi, en 1621, il donna peut-être au nouveau duc de Luynes, nommé connétable de France, le conseil de porter d'abord tout l'effort de la guerre contre la ville de la Rochelle, principal centre de la rébellion ; mais ce conseil ne fut pas écouté, et Louis XIII, accompagné de son connétable, alla assiéger Montauban. Les dispositions du siège avaient été si mal prises, qu'il fallut le lever en toute hâte avant l'assaut, et l'armée royale, décimée par des maladies épidémiques, fut obligée de se tenir sur la défensive. Louis XIII, dont le caractère, à la fois timide et mutin, subissait en grondant le joug qu'il s'était donné, eût été bien aise de pouvoir alors se soustraire à la domination de son ancien favori, mais il ne l'osa pas, et ne fit que lui susciter des obstacles et des contrariétés. Luynes en éprouva tant de chagrin, qu'il tomba malade devant la petite ville de Monheurt qui refusait d'ouvrir ses portes au roi mais qui fut bientôt forcée de se rendre à merci. Louis XIII ne pardonna pas aux habitants leur résistance : il ordonna que la ville fût pillée et brûlée, sous ses yeux, à l'heure même où Luynes mourait à quelques pas de lui, d'une fièvre pernicieuse. Luynes ne fut regretté de personne, et, comme dit Bassompierre, » il ne fut guères plaint du roi. » (15 décembre 1621.)

Le connétable mort, l'évêque de Luçon jugea que la reine mère pouvait reprendre toute son influence dans les conseils du roi, et il se chargea de la diriger vers ce but, qu'elle atteignit promptement sous l'habile conduite de son ancien ministre. C'est en vain que cette princesse italienne, qui avait regagné l'amour du peuple français depuis qu'on la croyait persécutée par son fils, fut desservie, repoussée, entravée par les nouveaux élus du conseil, le prince de Condé, le chancelier de Sillery, le surintendant des finances, Henri de Schomberg le cardinal de Retz, évêque de Paris, maître de l'oratoire de Sa Majesté, et par toutes leurs créatures. Ces conseillers du roi craignaient l'évêque de Luçon, et cherchaient à l'écarter de ce conseil où la reine mère avait repris sa place ; mais il y était toujours invisible et agissant, puisque la reine mère ne se conduisait que d'après ses avis : elle écoutait tout, parlait peu, épiait le moindre désir du roi, s'empressait de s'y conformer et ne se départait en aucun cas de la réserve la plus prudente. Elle avait dès lors plus d'empire sur son fils qu'elle n'en eut jamais, malgré les ruses et les perfidies qu'on inventait journellement pour détacher d'elle le roi, qui lui accordait autant de confiance que d'affection. On dut s'en apercevoir en diverses circonstances, et notamment quand la mort eut changé tout à coup la politique du conseil, en lui enlevant le cardinal de Retz, Henri de Gondi, et le garde des sceaux, de Vic, qui furent remplacés par le doyen des conseillers d'État Lefevre de Caumartin, et par Bassompierre, créé bientôt maréchal de France, à la recommandation de la reine mère. Peu de jours auparavant, on apprenait que le pape avait donné le chapeau de cardinal à l'évêque de Luçon, « afin de complaire à la reine (Marie de Médicis), avec laquelle le roi vivoit si bien, qu'en toutes choses il avoit à plaisir de lui donner contentement. »

L'évêque de Luçon, que l'on n'appela plus que le *cardinal de Richelieu*, s'était flatté de succéder directement, dans le conseil, au cardinal de Retz, mais le prince de Condé eut assez de crédit pour l'en éloigner encore une fois. Il fallut un nouveau remaniement du conseil pour l'y faire entrer, après le renvoi du comte de Schomberg, qui dut céder sa charge de grand maître de l'artillerie au fils du duc de Sully, et la surintendance des finances au marquis de la Vieuville, en dépit de l'appui que le prince de Condé s'efforçait de lui prêter contre les sourdes manœuvres de son redoutable adversaire. Le cardinal de Richelieu se refusa d'abord à faire effectivement partie du conseil, où il se trouvait assez représenté par la reine mère, qu'il inspirait, et par le marquis de la Vieuville, qu'il avait fait premier ministre. Sa santé fragile et chancelante,

Fig. 35. — Richelieu. — D'après le portrait de Philippe de Champagne, gravé par Nanteuil (1657).

disait-il, l'empêchait d'accepter un pareil fardeau. Marie de Médicis n'insistait pas moins auprès de son fils pour qu'il l'aidât à vaincre la résistance du cardinal : « Je le connois mieux que vous, lui disait le roi ; c'est un homme d'une ambition démesurée ; il sera le maistre de nous tous, si nous le laissons faire. » Puis, à peu de jours de là, voyant le cardinal passer dans la cour du Louvre, il dit au maréchal de Praslin : « Voilà un homme qui voudroit bien être de mon conseil, mais je ne m'y puis résoudre, après tout ce qu'il a fait contre moi. » C'était un reste des préventions que le connétable de Luynes lui avait fait partager à l'égard de l'évêque de Luçon. Mais, le lendemain même, Louis XIII manda le cardinal et lui annonça que M. de la Vieuville réclamait absolument son entrée dans le conseil. Le marquis de la Vieuville n'avait été, à son insu, dans cette affaire, que l'instrument aveugle de Richelieu. Celui-ci résista encore, pour mieux se faire prier, et enfin, lorsque la reine mère fut intervenue elle-même pour l'inviter à céder au désir du roi, « il demanda, dit Henri Martin dans son *Histoire de France*, qu'au moins personne ne pût lui parler d'affaires, ni le solliciter en dehors du conseil, attendu que des visites trop multipliées le *tueroient;* » et il s'excusa d'avance d'être forcé de manquer souvent au lever du roi, « ne pouvant, dit-il, être longtemps debout ou en une presse. » Le cardinal de Richelieu entra donc au conseil, et prit place à côté de Marie de Médicis (19 avril 1624).

Une fois ministre en nom, le cardinal reconnut qu'il ne pouvait rien pour le service du roi, en laissant les affaires dans les mains d'un premier ministre tracassier, brouillon et indiscret. La Vieuville était donc jugé et condamné : il fut arrêté, le 12 août, au sortir de la chambre du roi, et conduit prisonnier d'État au château d'Amboise : « Les affaires d'État, dit le cardinal dans la première séance du conseil qu'il présida sous les yeux du roi et de la reine mère, les affaires d'État doivent se faire par conseil et non par un seul à l'oreille. Il faut que les ministres vivent en société et en amitié, non pas en partialités et divisions. Toutes les fois qu'un seul voudra tout faire, il voudra tout perdre, mais en se perdant il perdra l'État. » Louis XIII, qui avait un esprit juste mais borné, un caractère faible et ombrageux, un cœur sec et froid, se trouvait déjà sous le joug de son premier ministre, qui, par la grandeur de ses idées, par la force de sa volonté, par la puissance de son génie, l'avait conquis et subjugué.

C'est Richelieu lui-même qui, dans la *Succincte narration des grandes actions du Roi*, cet admirable résumé de sa vie politique, nous a révélé avec autant de modestie que de sincérité le véritable but de sa conduite de ministre : « Lorsque Votre Majesté, dit-il, se résolut de me donner en mesme temps et l'entrée de ses conseils et grande part à sa confiance pour la direction de ses affaires, je puis dire, avec vérité, que les huguenots partageoient l'Estat avec elle, et que les grands se conduisoient comme s'ils n'eussent pas esté ses sujets, et les plus puissans gouverneurs des provinces, comme s'ils eussent esté souverains en leurs charges. Je puis dire que le mauvais exemple des uns et des autres estoit si préjudiciable à ce royaume, que les compagnies les plus réglées se sentoient de leur déréglement et diminuoient en certains cas vostre légitime autorité. Je puis dire que chacun mesuroit son mérite par son audace... Je puis dire encore que les alliances étrangères estoient méprisées; les intérêts particuliers préférés aux publics; en un mot, la dignité de Votre Majesté royale tellement ravalée et si différente de ce qu'elle devoit estre, par le défaut de ceux qui avoient lors la principale conduite de vos affaires, qu'il estoit presque impossible de la reconnoistre. Nonobstant toutes les difficultés que je representay à Votre Majesté, connoissant ce que peuvent les rois quand ils usent bien de leur puissance, j'osay vous promettre, sans témérité, à mon avis, que vous trouveriez remède au désordre de votre Estat, et que dans peu de temps vostre prudence, vostre force et la bénédiction de Dieu donneroient une nouvelle force à ce royaume. Je luy promis d'employer toute mon industrie et toute l'autorité qu'il luy plaisoit me donner, pour ruiner le parti huguenot, rabaisser l'orgueil des grands, réduire tous ses sujets en leur devoir, et relever son nom dans les nations étrangères au point où il devoit estre. » Ainsi, suivant cette déclaration solennelle, Richelieu, dès le commencement de son ministère, avait conçu et projeté tous les actes politiques qu'il exécuta depuis : il semblait avoir recueilli dans son âme les grandes pensées de Henri IV, qui voulait créer l'unité nationale de la France, en lui donnant de nouvelles frontières, et reconstituer l'Europe sur des bases durables, en abaissant la maison d'Autriche pour arriver à la pacification universelle. Le cardinal se mit à l'œuvre aussitôt, et ses premiers actes semblèrent rattacher son ministère au règne de Henri IV : le mariage du roi d'Angleterre avec Henriette de France, l'alliance de Louis XIII avec la Suisse et la Hollande, l'union des princes protestants d'Allemagne avec le Roi Très Chrétien, la paix signée simultanément avec l'Espagne et les chefs du parti protestant (1625-26), paraissaient avoir donné à Richelieu la sécurité et le loisir nécessaires pour s'occuper du gouvernement intérieur de la France.

« Mais, dit Richelieu dans ses *Mémoires*, tandis que le Roy, croyant avoir apaisé toutes les tempêstes étrangères qui estoient connues contre le repos de la France, s'appliquoit aux remèdes des maux internes qui la travailloient et des duels qui esloignoient d'elle la bénédiction de Dieu, voici qu'un orage se forme de nouveau, d'autant plus à craindre que c'est dans le cœur mesme de l'Estat, et qu'il enveloppe la personne qui y est la plus considérable après celle du roy. » Cette personne n'était pas la reine mère, que Richelieu s'efforçait de maintenir dans une étroite union avec son fils, « union, dit-il, importante à leur réputation et avantageuse au bien de l'Estat ; » c'était Monsieur, frère du roi, âgé de dix-huit ans, qui devenait le chef de toutes les cabales, que son gouverneur, le maréchal d'Ornano, avait l'audace et l'ingratitude de diriger contre le cardinal, auquel il devait sa récente élévation au rang de maréchal de France.

« C'estoit, dit le cardinal dans ses *Mémoires*, la plus effroïable conspiration dont jamais les historiens aient parlé non seulement en la multitude des conjurés, mais surtout en l'horreur de son dessein qui alloit à perdre la personne sacrée du Roy. » Cette conspiration, ourdie par des femmes, et dont Mme de Chevreuse était l'instigatrice, n'allait à rien moins qu'à menacer la vie du malheureux Louis XIII, ou tout au moins sa couronne, car on l'aurait détrôné, pour mettre à sa place son jeune frère Gaston ; et comme on le croyait assez valétudinaire pour qu'il ne survécût pas longtemps à sa déchéance, on songeait déjà à faire épouser sa veuve par son successeur au trône. Quant au cardinal, qu'on n'espérait pas associer à de pareils complots, « on étoit déterminé à s'en débarrasser par un assassinat. » La duchesse de Chevreuse avait tout combiné : le comte de Chalais, favori du roi, comme Mme de Chevreuse était

Fig. 36. — Louis XIII. — D'après l'ouvrage intitulé : *Les Hommes illustres et grands capitaines français qui sont peints dans la galerie du Palais-Royal*; dessiné et gravé par *Heince et Bignon*. (1690).

favorite de la reine, s'était engagé à tout, et le duc d'Anjou, au profit de qui on conspirait, ne reculait pas devant la pensée du détrônement et même de la mort de son frère. Les princes de la famille royale, les plus grands seigneurs de la cour, les chefs du parti protestant, avaient accepté un rôle actif dans cette odieuse conspiration, dont Richelieu tenait tous les fils et connaissait tous les ressorts (juillet 1626). Richelieu alla révéler au roi ce qui se tramait contre lui, et le roi, effrayé des dangers qui l'entouraient, approuva toutes les mesures de précaution que le cardinal voulait prendre contre les conspirateurs, en pardonnant au duc d'Anjou ses coupables intentions, qu'on mettait sur le compte de la légèreté de son caractère et de l'inexpérience de son âge, abusées par de perfides conseils. Le maréchal d'Ornano avait été arrêté, au sortir de la chambre du roi, et mené à Vincennes, où une mort subite, assez étrange, devait le sauver d'un procès criminel. La reine Anne d'Autriche demanda grâce pour Mme de Chevreuse, qu'on fit évader en fermant les yeux sur son évasion, mais on ne lui accorda pas la même indulgence pour le comte de Chalais, qui fut accusé de crime de lèse-majesté et livré à ses juges. Les princes de Vendôme, fils naturels de Henri IV, furent arrêtés aussi et enfermés dans le château d'Amboise. Le duc d'Anjou, mis en présence du roi et de la reine mère, interrogé par le cardinal et convaincu de projets détestables qu'on désavoua pour lui, se vit réduit à dénoncer ses complices et à demander pardon à son frère, « qui reçut de lui une déclaration écrite, par laquelle il s'obligeoit de luy soumettre ses volontés et ses affections, priant la reine sa mère d'estre sa caution, et promettant encore d'aimer sincèrement ceux que Leurs Majestés aimeroient. » C'était faire amende honorable au cardinal et reconnaître son autorité suprême. En conséquence, un contrat d'amitié et de confiance fut signé entre le roi, sa mère et son frère, qui firent serment, sur les Évangiles, de l'observer fidèlement. Trois mois plus tard, Monsieur, qui changeait son titre de duc d'Anjou en celui de duc d'Orléans, épousait, à Nantes, Mlle de Montpensier, fille de la duchesse de Guise : le cardinal de Richelieu avait célébré lui-même les fiançailles des époux. Quand le comte de Chalais entendit, de sa prison, le canon qui annonçait la cérémonie, il s'écria : « O cardinal, que tu as un grand pouvoir! » Quatorze jours après, le comte de Chalais était décapité, sur la place publique de Nantes (19 août 1626).

Richelieu, depuis son entrée au ministère, n'avait pas cessé de pousser le roi à détruire le parti protestant; il répétait sans cesse que « les rébellions ne pouvoient venir que des huguenots et des grands du royaume, mécontents. » Il crut le moment arrivé de s'emparer de la Rochelle, qui était toujours la place d'armes des réformés et qui entretenait dans l'État un danger permanent de révolte. C'é-

Fig. 37. — Exécution du *marquis* (sic) de Chalais, décollé à Nantes pour *prétendu crime d'Estat*, le 19 août 1626. (Bibl. Nat., *Recueil de l'Histoire de France*, à sa date.)

tait là un des projets qu'il nourrissait depuis sa jeunesse, et qu'il avait souvent confiés au père Joseph, dans leurs longs entretiens à l'évêché de Luçon. Louis XIII avait fini par se laisser convaincre, d'autant plus que le dernier traité avec les protestants était sans cesse violé par eux, et que leur principal chef, le duc de Rohan, recommençait à soulever le Languedoc. Le roi aspirait à unir tous ses sujets dans la religion catholique; Richelieu, comme théologien, condamnait aussi l'hérésie, mais, comme homme d'État, il ne songeait qu'à écraser la rébellion. Dans ce but, voyant que l'Angleterre armait ses flottes pour soutenir le protestantisme et défendre la Rochelle, il avait pu,

Fig. 38. — Épisode du siège du fort Saint-Martin, dans l'île de Ré; d'après Callot. —Tiré d'une suite de six planches et de dix en-têtes, au nombre desquels le sujet représenté p. 121. (Bibl. Nat., *Coll. Hennin*, t. XXV, p. 40.)

N. B. La figure à cheval, à la gauche de la composition ,représente le roi Louis XIII.

en quelques mois, créer une marine militaire capable de tenir tête à celle de l'Angleterre, qui envoya bientôt quatre-vingt-dix vaisseaux contre l'île de Ré, pour décider les habitants de la Rochelle à méconnaître l'autorité royale.

Le siège de la Rochelle fut décidé sur-le-champ, et, suivant un plan que Richelieu avait préparé lui-même depuis longtemps, on fit le blocus de la ville par terre et par mer. Pendant que l'armée du roi allait camper sous les murs de cette ville, qu'on n'espérait pas prendre de vive force, la flotte française bloquait le port, de concert avec une flotte

Fig. 39. — Entrée du roi à la Rochelle, d'après Callot. (Voy. ci-contre.)

espagnole, et on entreprenait, hors de la portée du canon des assiégés, un travail gigantesque, qui ressemblait à une menace plutôt qu'à une œuvre raisonnable de génie militaire, car ce n'était rien moins qu'une digue en pierre bâtie dans la mer sur toute la largeur de la rade et appuyée de chaque côté à un fort, de manière à empêcher toute espèce de secours ou de ravitaillement. Richelieu, après s'être fait instituer grand maître et surintendant général de la navigation, du commerce, et de la marine, fut nommé lieutenant général du roi devant la Rochelle, quoique Louis XIII vînt plus d'une fois exercer un commandement effectif dans le camp de l'armée assiégeante. Les assiégés supportèrent les horreurs de la famine avant de capituler (29 octobre 1628). Le roi déclara solennellement à ses sujets, que le culte catholique était rétabli à la Rochelle, qu'il avait conquis « avec le conseil et les laborieux services du cardinal de Richelieu, après un siège de quinze mois, les hasards de sa propre personne en plusieurs occasions, et après avoir défait ou rendu inutiles trois armées des Anglais. » Le cardinal aurait pu dire que le parti protestant n'existait plus en France, si le duc de Rohan n'eût pas été là pour le faire renaître.

Richelieu se détachait insensiblement de Marie de Médicis, qui s'étonnait de n'avoir plus autant d'empire sur le premier ministre, qu'elle regardait comme son ouvrage ; il se montrait vis-à-vis d'elle moins complaisant et peut-être moins dévoué, en restant aussi respectueux, et pourtant elle travaillait à le desservir auprès du roi, qui avait l'esprit toujours ouvert aux défiances et toujours porté à de brusques revirements d'opinion. Richelieu fut bientôt certain que cette amie d'autrefois n'aspirait qu'à le renverser, et lui opposait constamment la faveur naissante du cardinal de Bérulle ; il se tint sur la défensive et, blessé dans son orgueil, il comprit qu'il devait désormais séparer de ses intérêts ceux de Marie de Médicis. Il se croyait sûr de son crédit personnel et de sa puissance dans tout ce qui concernait le gouvernement ; mais, néanmoins, sachant combien le caractère du roi était faible, ondoyant et capricieux, il eut l'idée de le soustraire à l'influence journalière des passions de la reine mère, dirigée par le cardinal de Bérulle, que le roi redoutait et méprisait. Il emmena donc le roi en Italie, pour secourir le duc de Nevers, que l'empereur, le roi d'Espagne et le duc de Savoie voulaient empêcher de prendre possession du duché de Mantoue, lequel lui appartenait par droit de légitime héritage. Richelieu ne craignait pas la reine mère quand elle était loin de son fils, et il l'avait fait nommer régente en l'absence du roi.

La campagne d'Italie fut très brillante et très rapide : le cardinal, qui l'avait préparée et qui la dirigeait en personne, laissa au roi tout l'honneur des succès qu'il pouvait à juste titre s'attribuer à lui-même. Après le combat du pas de Suze, où le roi conduisit lui-même ses troupes à l'assaut avec une bravoure digne de sa race, et la capitulation de la ville de Suze (6 mars 1629), le duc de Savoie traita de la paix, au nom de l'Espagne, et le nouveau duc de Mantoue fut réintégré dans son duché. Le cardinal avait pu dire sans flatterie, mais avec l'emphase ordinaire du grand style de son temps, « que le seul bruit de l'arrivée du roi, porté au loin par le vent, délivroit les villes assiégées, protégeoit les alliés de la France et humilioit ses ennemis. »

Mais, au moment même où le duc de Nevers devenait duc de

Mantoue sous la protection de Louis XIII, le duc d'Orléans, devenu veuf, et violemment épris de Marie de Gonzague, qu'il voulait

Fig. 40. — « Le roi Louis XIII écoute, à son retour de la Rochelle, la harangue que lui adresse le prévôt des marchands de la ville de Paris. » — D'après Abraham Bosse; Paris, 1629. (Bibl. Nat., Coll. Hennin, t. XXV, p. 31.)

épouser malgré son frère et sa mère, avait formé le projet d'enlever cette princesse, au lieu de rejoindre le roi à l'armée. Marie de Médicis, avertie du projet de Gaston, y mit obstacle en faisant arrêter et conduire au château de Vincennes la princesse de Nevers, qui attendait à Coulommiers, chez sa tante la duchesse douairière de Longueville, la venue du prince qu'elle devait épouser en secret. Gaston d'Orléans, indigné d'un pareil acte de violence, écrivit à son frère, pour lui déclarer qu'il ne reparaîtrait pas à la cour jusqu'à ce qu'on lui eût fait justice. Richelieu était resté en Italie, pour négocier, mais le roi allait en Languedoc réduire à merci les protestants, que le duc de Rohan avait soulevés une dernière fois, en leur promettant l'appui du Roi Catholique contre le Roi Très Chrétien. La reddition de Montauban, assiégé par Louis XIII, fut la fin des séditions incessantes du parti protestant en France.

Marie de Médicis avait juré de se venger de Richelieu, en mettant à sa place le cardinal de Bérulle, dont le roi ne voulait pas. Elle était d'intelligence avec son fils Gaston, qui refusait de revenir à la cour tant que le cardinal de Richelieu serait ministre, et qui passa en Lorraine dès que le roi et Richelieu rentrèrent à Paris. Le cardinal de Bérulle mourut subitement (2 octobre 1629), peu de jours après le retour de Richelieu, que l'on accusa de l'avoir fait empoisonner. Richelieu, délivré de son plus redoutable adversaire, ne tint aucun compte de l'accusation que ses ennemis répandaient pour le perdre : il s'entendit avec Puylaurens et le Coigneux, confidents et âmes damnées de Gaston, pour le ramener auprès du roi, qui s'inquiétait de sa nouvelle fuite. Mais il avait écrit d'abord une lettre respectueuse à la reine mère, pour la supplier de faire agréer au roi sa retraite, « maintenant, disait-il avec dédain, que les affaires estoient remises au point de pouvoir estre conduites par tout le monde. » Louis XIII, effrayé de l'idée seule de se voir privé de son ministre, employa jusqu'à la prière et jusqu'aux larmes pour apaiser la colère de la reine mère contre Richelieu. Il n'y eut pas de réconciliation entre eux, mais le roi, sous prétexte de rétablir le bon ordre dans ses conseils, déclara Richelieu « premier ministre de l'État, pour y tenir le rang qu'il avoit eu jusqu'alors (21 novembre 1629). »

La guerre se ravivait en Italie; les forces combinées de l'Empire et de l'Espagne menaçaient le duché de Mantoue; Richelieu dut repartir à la hâte pour reprendre le commandement de l'armée française :

il laissait derrière lui bien des ennemis et surtout la reine mère, qui ne songeait qu'à s'emparer du roi. Il croyait pouvoir compter sur le garde des sceaux Marillac, sur le marquis d'Effiat, surintendant des finances, et sur la plupart des membres du conseil, mais il comptait davantage sur le roi, qui ne s'accoutumait pas à son absence et en témoignait des inquiétudes continuelles. Aussi ne tarda-t-il pas longtemps à rejoindre le cardinal, qui avait dirigé avec bonheur les opérations militaires, et qui commençait à négocier avec le duc de Savoie et l'empereur.

Louis XIII n'avait reparu qu'un moment à la tête de son armée : il retourna bientôt à Lyon, où les deux reines l'avaient suivi, et où l'on travaillait, au milieu des fêtes de cour, à la chute du cardinal. Celui-ci était instruit de tout : le vaste système d'espionnage qu'il avait établi autour du roi ne lui laissait rien ignorer de ce qui se tramait contre lui. Le roi avait fini par se rendre aux pressantes sollicitations de sa mère, de sa femme et de son frère, qui réclamaient l'éloignement du cardinal : il s'était donc engagé par serment à renvoyer son premier ministre, et peut-être même à le traduire en justice, pour y répondre à divers chefs d'accusation capitale, aussitôt que la cour serait rentrée à Paris. Sur ces entrefaites, le roi tomba si gravement malade, qu'on désespéra de son rétablissement. Chacun se préparait à un nouveau règne qui allait mettre le duc d'Orléans sur le trône, puisque le roi n'avait pas d'enfant, lorsque l'auguste malade entra en convalescence (1er octobre 1630). Quinze jours après, il était en état de revenir à Paris avec la reine, qui lui avait prodigué les soins les plus tendres pendant sa maladie. Les hostilités étaient momentanément suspendues en Italie, à cause des négociations qui se poursuivaient, à Ratisbonne, à Mantoue et à Casal ; le cardinal avait jugé nécessaire de quitter l'armée, en laissant ses instructions et ses pleins pouvoirs au Père Joseph, pour traiter avec les Espagnols : il était arrivé à Lyon en toute hâte, il avait vu le roi à peine convalescent, qui ne l'attendait pas, et le roi, lié par un serment qu'il n'osait enfreindre, lui avait dit seulement de se mettre bien avec la reine mère. Richelieu se fit violence pour dissimuler son ressentiment et pour faire bonne mine à sa plus implacable ennemie, avec laquelle il descendit la Loire, sur le même bateau, « en grande privauté, » dit Bassompierre, qui était du voyage.

Le complot qu'on avait ourdi à Lyon contre le cardinal ne pouvait plus tarder à éclater : « Jamais faction ne fut plus forte en un Estat, dit Richelieu dans sa *Succincte narration;* il seroit plus aisé de rapporter ceux qui n'y trempoient pas, que ceux qui s'y estoient engagés. » Le garde des sceaux Marillac en avait été le principal artisan, et Richelieu, qui le savait, n'eut pas l'air de s'en douter. Le 10 novembre 1630, la reine mère et son fils, qu'elle avait sommé de tenir sa parole en faisant arrêter son premier ministre, se trouvaient en conférence au Luxembourg, quand le cardinal vint frapper à la porte du cabinet : cette porte était fermée, et l'on n'ouvrit pas. Le cardinal connaissait une autre issue qui le conduisit dans le cabinet par l'oratoire de la reine. « Le voici ! » s'écria le roi, tout ému, en le voyant paraître. — « Vous parliez de moi ! » dit froidement le cardinal. Marie de Médicis restait frappée de stupeur ; mais, reprenant courage, elle éclata en reproches et en injures contre Richelieu, qui n'y daigna pas répondre et qui, se tournant vers le roi éperdu, acheva de le troubler en lui disant : « Il est temps que vous soyez instruit de tout ce qui s'est fait, non pas contre moi, mais contre Votre Majesté, qu'on veut détrôner au profit de monsieur le duc d'Orléans. » Richelieu accompagna le roi, au sortir du Luxembourg, et le ramena au Louvre, où il le tint longtemps enfermé avec lui. Gaston, qui se faisait malade pour ne pas se montrer, vint, le soir même, rendre visite à son frère : le cardinal était encore là, et le roi le lui présenta, en le priant de l'aimer comme un de ses plus fidèles serviteurs. Ce fut le coup de grâce des adversaires de Richelieu. Le lendemain de ce jour, que les contemporains appelèrent la *journée des Dupes*, Louis XIII partit de grand matin pour Versailles, et le cardinal y arriva en même temps que lui. La reine mère avait été avertie de n'y pas venir. Le jour même, le garde des sceaux fut arrêté par un exempt qui le conduisit à Châteaudun, où il était exilé, tandis qu'on recherchait dans ses papiers les éléments d'un procès criminel à lui intenter, et que son frère, le maréchal de Marillac, plus coupable que lui, était ramené prisonnier d'Italie en France pour y être jugé.

Le cardinal avait reconquis plus d'empire qu'il n'en avait jamais eu sur Louis XIII, et il se sentait assez fort pour tenir tête à tous ses ennemis. Il fit toutefois un nouveau pacte avec le duc d'Orléans, par l'intermédiaire de Puylaurens, qu'il trouvait toujours prêt à le remettre en bonne intelligence avec Monsieur; mais cette fois encore, après avoir donné parole d'agir de concert avec le cardinal, le prince retomba dans les mains de sa mère et lui obéit sur-le-champ, en allant s'établir à Orléans, où il se mit en rapport avec plusieurs gouverneurs de provinces, les ducs de Bellegarde, d'Elbeuf et de Guise, qui avaient promis de se déclarer pour lui et pour la reine mère, si l'on en venait à une prise d'armes contre le cardinal. Celui-ci disposait entièrement du roi, qui ne pardonnait pas à sa mère d'avoir entraîné la reine dans une cabale *diabolique* qui semblait menacer sa couronne, sinon sa vie. Anne d'Autriche fit amende honorable et obtint son pardon, en avouant qu'elle avait prêté l'oreille à de perfides insinuations.

Marie de Médicis, entourée de ses astrologues et de ses flatteurs, restait décidée à ne pas céder et à lutter contre le roi lui-même. Louis XIII comprit qu'il ne pouvait souffrir plus longtemps une pareille révolte contre son autorité et qu'il devait, pour son repos, peut-être aussi pour sa sûreté, éloigner sa mère. Après l'avoir attirée à Compiègne, où il s'était rendu avec le cardinal (17 février 1631), il l'y laissa prisonnière, fit éloigner ou arrêter ses principaux partisans, et lui désigna Moulins comme lieu d'exil. En même temps, il cherchait à se rapprocher de Gaston, en lui faisant savoir qu'il ne s'opposait plus à son mariage; mais Gaston, inspiré, dirigé par sa mère, ne songeait qu'à fomenter la guerre civile, et ses agents commençaient à l'entreprendre, en son nom, sous la forme des plus odieux pamphlets. La reine mère était toujours prisonnière à Compiègne et refusait de se rendre à Moulins : le 18 juillet, elle sortit du château, déguisée et accompagnée d'un seul gentilhomme, pour monter dans un carrosse à six chevaux qui l'emmena en Flandre. C'est là que son fils Gaston ne devait pas tarder à la suivre. « Votre Majesté, dit

Richelieu dans la *Succincte narration des grandes actions du Roi*, éluda alors, avec beaucoup de vigilance, divers desseins et beaucoup d'entreprises, méditées et tentées, sous le nom de la Reine et de Monsieur, sur diverses places du royaume, et votre patience fut telle en ces malheureuses rencontres que je puis dire que vous ne fistes connoistre que ce que vous ne pouviez dissimuler de leur mauvaise conduite. Cependant, pour en arrêter le cours, vous fistes trancher la teste au maréchal de Marillac, avec d'autant plus de raison qu'ayant esté condamné avec justice, la constitution présente de l'Estat requéroit un grand exemple. »

Richelieu, qui attribue au roi tous les actes de fermeté et de justice de son règne, aurait pu s'en faire honneur, car c'était lui, lui seul, qui les avait conseillés au roi. Il n'était pas cruel, mais inflexible, et quand il obéissait à la raison d'État, il n'épargnait pas le sang d'un grand coupable. C'est à l'occasion des déplorables rébellions que l'incorrigible duc d'Orléans excitait sans cesse dans le royaume, que le cardinal écrivit de sa main cette note qui révèle tout son caractère d'homme politique : « Il falloit lors achepter les momens, non seulement au prix de l'or, mais du sang des hommes. » Si le garde des sceaux Marillac n'était pas mort dans sa prison, il eût partagé sans doute le sort de son frère. Quand Boutteville et Des Chapelles furent condamnés à la peine de mort pour avoir bravé l'édit contre les duels, Richelieu n'hésita pas à faire exécuter la sentence, « qui estoit, dit-il, quasi contre le sens de tout le monde et contre mes sentimens particuliers. » Quand le duc d'Orléans, en révolte contre le roi son frère, fut entré dans le royaume avec des troupes que le duc de Lorraine et d'Espagne lui avaient fournies, Richelieu conseilla au roi la clémence à l'égard de Monsieur, mais il exigea le châtiment impitoyable de tous ceux qui avaient pris part à cette tentative de guerre civile. Après la défaite de Castelnaudari (1er septembre 1632), le duc de Montmorency, qui s'était laissé séduire par l'héritier présomptif de la couronne, fut donc condamné à la peine capitale : Richelieu ordonna l'exécution, quoique le duc d'Orléans eût fait dire au roi que, « si Montmorency mouroit, » il ne pardonnerait pas aux auteurs de sa mort et « les feroit mourir un jour eux-mêmes. » Le cardinal avait pensé que « le châtiment du duc de Montmorency ne se pouvoit obmettre, sans ouvrir la porte à toutes sortes de rébellions, dangereuses en tous temps. » La chambre de justice, qu'il avait fait établir à Paris, dans le ressort de l'Arsenal, poursuivit sans relâche sa tâche redoutable, et prononça des condamnations

Fig. 41. — Exécution de Montmorency. — Le bourreau montre au peuple la tête du supplicié.
(Bibl. Nat., *Coll. Hennin*, t. XXVII, p. 54 et 55.)

sévères et justes, dont quelques-unes ne furent exécutées qu'en effigie: plusieurs des coupables reçurent leur grâce sur l'échafaud. Il y eut des accusés et des condamnés dans la magistrature comme dans l'armée, et le marquis de Châteauneuf, qui avait succédé comme garde des sceaux à Marillac, apprit en prison ce qu'il en coûtait pour n'avoir pas rempli avec assez de dévouement les ordres du premier ministre.

Richelieu était enfin délivré des cabales de la reine mère, qui s'était fait justice elle-même en passant à l'étranger, et qui ne cessait pas, à

Bruxelles comme naguère en France, de tramer des complots contre le roi, tout en essayant de se rapprocher de lui et d'arriver à une réconciliation, que son fils Gaston persistait à solliciter pour elle. Mais tous les efforts de l'un et de l'autre restaient impuissants devant l'inexorable ressentiment de Richelieu, qui disposait seul désormais de la volonté du roi. Le duc d'Orléans était retourné plusieurs fois auprès de sa mère, qui l'animait sans cesse contre le roi et contre le cardinal, mais ce prince inconstant et léger porta malheur à tous ses partisans, et surtout à son beau-frère le duc de Lorraine, lorsque son mariage avec la princesse Marguerite motiva l'occupation de la Lorraine par l'armée du roi, qui ne voulait pas reconnaître ce mariage et le fit déclarer nul par une assemblée du clergé de France (juillet 1635). Gaston, qui avait fait un traité secret avec le roi d'Espagne, et n'était pas resté étranger à plusieurs tentatives d'assassinat contre le cardinal, revint enfin à la cour, et tout lui fut pardonné de nouveau ; mais son éternel instigateur Puylaurens, arrêté dans le cabinet du roi et emprisonné au château de Vincennes, mourut, au bout de quatre mois, d'une maladie subite, qu'on appela *fièvre pourprée*.

Le duc d'Orléans était rentré en grâce auprès du roi, qui lui témoignait plus d'affection que de confiance : on devait croire que tant d'échecs et de mésaventures dans ses intrigues l'avaient rendu sage ou du moins prudent, mais il ne se résignait pas à plier sous la domination de Richelieu : il continuait à lui tendre des pièges et à le battre en brèche dans la faveur du roi, qui n'eût pas été fâché de trouver en faute son premier ministre, mais qui ne l'aurait pas sacrifié à des ennemis incapables de le remplacer. Le cardinal, de son côté, était bien aise de tenir sous sa main puissante cet artisan infatigable de révoltes et de brouilleries, pour l'éloigner des mauvais conseils de Marie de Médicis qui, pensionnée par l'Espagne et discréditée dans toutes les cours de l'Europe, ne pouvait plus rien contre lui ni contre la France. Il était voué tout entier aux grandes œuvres de sa politique, après avoir décidé Louis XIII à déclarer la guerre à l'Espagne. Cette guerre, qui devait durer vingt-cinq ans, s'était allumée à la fois en Allemagne, en Italie et en France. Richelieu avait réuni des forces suffisantes pour résister en même

Création de chevaliers du Saint-Esprit (14 mai 1633); d'après Abraham Bosse.

temps aux Espagnols et aux Impériaux. Le roi se mit à la tête d'une de ses armées et marcha contre les Espagnols, qui avaient envahi la Picardie. Il avait pris pour son lieutenant général le duc d'Orléans, et cela sans consulter le cardinal, qui en fut très irrité et qui s'en plaignit amèrement. Le cardinal était sur le point de donner sa démission de premier ministre et de se retirer dans son château de Richelieu, et, comme le dit Vittorio Siri, « il en eût fait la folie, sans le Père Joseph qui le rassura, en lui représentant que Gaston se perdrait lui-même dans l'esprit du roi. » Gaston donna bientôt raison au père Joseph, et comme il attribuait le refroidissement subit du roi à l'influence de Richelieu, il conçut l'odieux projet de le faire tuer, au sortir du conseil, par le comte de Montrésor, qui s'était offert pour exécuter ce lâche assassinat. Le comte de Soissons trempait dans le complot, qui n'eût pas manqué si les auteurs avaient eu le courage de donner le signal à l'assassin. Monsieur, en apprenant que le cardinal savait le danger auquel il venait d'échapper, avait quitté brusquement l'armée, et lorsqu'on lui annonça le prochain retour de son frère à Paris, il s'écria, terrifié : « Combien de gens vont-ils pendre maintenant! » Il n'eut garde d'attendre le terrible cardinal, et il s'enfuit à Blois, tandis que son complice, le comte de Soissons, se retirait à Soissons. Gaston fut encore sur le point de sortir du royaume et de recommencer ses tentatives de guerre civile, mais Richelieu évita de le pousser à bout, et recommanda la voie de la conciliation pour le ramener auprès de son frère, après une brouille de deux mois.

La reine mère n'était pas à craindre directement, et d'ailleurs son retour au Louvre n'était plus possible; mais, jusqu'à sa mort, qui eut lieu à Cologne le 3 juillet 1642, sa fatale influence continua à se faire sentir à la cour de France, tantôt sur son fils Gaston, tantôt sur la reine Anne d'Autriche, tantôt sur les princes et les grands de l'État, sans avoir désormais aucune action sur le roi, qui la détestait plus qu'il ne la redoutait. Richelieu ne lui pardonna jamais; l'humeur vindicative, il est vrai, était au fond de son caractère, mais, comme il le dit en mourant, il n'eut jamais « d'autres ennemis que ceux de l'État. » Il n'en avait pas moins à se défendre sans cesse contre ces ennemis, qui travaillaient à sa chute et la croyaient tous les jours plus imminente; mais son habileté consistait surtout à suggérer au roi les idées qu'il voulait lui voir adopter, et le roi croyait toujours agir de son plein gré en n'agissant que par la volonté de son ministre.

Le règne de Louis XIII ne fut donc, à vrai dire, que le règne de Richelieu, quoique ce grand ministre se fît un devoir scrupuleux d'attribuer au roi seul tous les actes dont l'initiative et l'exécution n'appartenaient qu'à lui-même. Ainsi, ce fut en 1641 que Richelieu, non pas aveuglé mais encouragé et fortifié par le succès des armes du roi dans les guerres qu'il soutenait à la fois en Allemagne, en Espagne et en Italie, pensa que le moment était venu de fonder en France la monarchie absolue, en consolidant le pouvoir royal par une manifestation solennelle des droits de la royauté. Louis XIII se rendit au parlement (24 février), avec son frère Gaston, le cardinal de Richelieu, le prince de Condé et les ducs et pairs qui se trouvaient en cour. La déclaration du roi, dont il fut donné lecture, commençait ainsi : « Il n'y a rien qui conserve et maintienne davantage les empires que la puissance du souverain également reconnue par tous les sujets; mais, comme cette puissance porte les Estats au plus haut degré de leur gloire, aussi, lorsqu'elle se trouve affoiblie, on les voit en peu de temps décheoir de leur dignité... Les factions qui s'étoient formées en France n'avoient été dissipées que depuis que l'autorité royale avoit repris cette force et cette majesté qui conviennent à un estat monarchique, où il ne sauroit être permis de mettre la main au sceptre du souverain. » On pouvait croire, en effet, que l'ère des factions était close, et que la royauté absolue de Louis XIII, proclamée par le duc de Richelieu, en face du du duc d'Orléans, n'avait plus rien à craindre des factieux.

Déjà, trois ans auparavant, la naissance, longtemps attendue, d'un dauphin (16 septembre 1638), en assurant l'hérédité du trône dans la ligne directe, et en la préservant des ambitions jalouses de Gaston et des princes du sang, semblait avoir mis l'autorité royale hors de toute atteinte, et le roi, pour reconnaître cette faveur de la Providence par un grand acte religieux, avait prononcé ce vœu mémorable qui plaçait le royaume sous la protection de la sainte Vierge.

L'année 1641 s'ouvrit par de nouveaux complots, ourdis à Sedan, et la guerre civile était près de renaître. Le comte de Soissons avait signé, de concert avec les ducs de Guise et de Bouillon, un traité secret avec l'Espagne. Richelieu envoya deux armées contre les Espagnols et contre les rebelles. Le comte de Soissons gagna le combat de la Marfée, aux portes de Sedan (6 juillet 1641); mais il y fut tué avant

Fig. 42. — Le vœu de Louis XIII. — D'après Abraham Bosse. (Bibl. Nat., *Coll. Hennin*, t. XXXI, p. 36.)

que le duc d'Orléans eût le temps de venir prêter son concours aux rebelles. Le duc de Bouillon fit sa soumission au roi, tout en se promettant de prendre sa revanche.

Une conspiration se renoua presque aussitôt entre lui et le grand écuyer Cinq-Mars, le favori de Louis XIII. Cinq-Mars, dont le caractère impérieux et mutin se révoltait souvent contre le roi lui-même, avait juré de perdre le cardinal, qui le traita un jour « avec autant d'aigreur et d'emportement que s'il eust été un de ses valets. » Ce fut donc un sentiment de vengeance, plutôt que d'ambition, qui l'entraîna dans ce complot, dirigé surtout contre le cardinal. Il avait espéré le faire tomber en disgrâce, et, voyant qu'il n'y réussirait pas, il était résolu à le faire assassiner, avec la complicité de Gaston et de l'Espagne. On ne sait pas exactement de quelles mains le cardinal de Richelieu reçut la copie du traité conclu avec cette puissance. Il était alors à

Narbonne, gravement malade, et le corps à moitié paralysé. Le roi, non moins malade que lui, s'y trouvait aussi, pendant que son armée assiégeait Perpignan et occupait le Roussillon. La mort du cardinal semblait si prochaine, qu'on l'annonçait déjà à Paris et celle du roi paraissait devoir la suivre de près; cependant Louis XIII s'était rétabli assez bien pour partir avec son grand écuyer, qui avait repris faveur,

Fig. 43 et 44. — Henry Ruzé d'Effiat, marquis de Cinq-Mars, grand escuier de France. — François Auguste de Thou. (Bibl. Nat., *Rec. de l'Histoire de France*; 1640-1643.)

et pour se rendre au camp de siège devant Perpignan : il y resta plus d'un mois, triste et préoccupé, attendant les preuves de la conspiration, que Richelieu lui avait promises; elles ne lui arrivèrent que le 10 juin 1642, et aussitôt il revint à Narbonne. Le cardinal n'y était plus; il s'était fait transporter à Tarascon, après avoir dicté son testament. C'est à Narbonne que Cinq-Mars fut arrêté, par ordre du roi, qui refusa de le voir; on arrêta en même temps l'ami du grand écuyer, le jeune de Thou, qui connaissait le complot sans y avoir pris part. Le cardinal, toujours malade, voulut les conduire lui-même, en remontant le Rhône, à Lyon, où ils devaient être jugés, tandis que le roi retournait à Paris. Le duc d'Orléans s'était empressé de s'accuser lui-même et de révéler tous les faits relatifs au complot qui venait d'avorter : il était sûr d'avance d'obtenir son pardon, mais le cardinal ne fit grâce ni à Cinq-Mars, ni au malheureux et imprudent de Thou, qui furent tous deux condamnés et exécutés (12 septembre).

Richelieu ne devait pas survivre longtemps à ses deux dernières victimes : on le ramena pourtant à Paris, en bateau, et il se fit conduire,

Fig. 45. — D'après une estampe du *Recueil de l'Histoire de France* (Bibl. Nat.) sur laquelle on lit : « Dessin satirique où le cardinal de Richelieu est représenté rendant le jugement contre MM. de Cinq-Mars et de Thou. »

N. B. Le fait représenté est apocryphe et l'origine de ce dessin satirique n'est pas elle-même très clairement indiquée. Il y a toutefois assez d'indices d'une satire à peu de chose près contemporaine pour que nous ayons cru pouvoir la reproduire.

le lendemain même, à sa maison de Ruel, où il se tint renfermé pendant six semaines, attendant toujours le roi, qui ne paraissait pas ; presque moribond, il craignait encore d'être assassiné ou empoisonné. Son dernier acte fut une déclaration au roi, relatant tous les méfaits et toutes les trahisons du duc d'Orléans, depuis sa jeunesse, et concluant néanmoins au pardon du coupable. Le cardinal, dont la faiblesse augmentait d'heure en heure, s'était mis au lit le 1er décembre, avec un violent accès de fièvre : il envoya prévenir le roi de se hâter, s'il désirait le voir encore. Le roi vint le lendemain, sans empressement, sans émotion ; le mourant lui dit adieu, en déclarant d'une voix ferme et respectueuse, qu'il quittait la vie « avec la satisfaction de n'avoir jamais desservi le roi, et de laisser son Estat en un haut point, et tous ses ennemis abattus. » Le soir même, l'agonie commençait. Le curé de Saint-Eustache avait été mandé auprès de son illustre paroissien ; à la vue du saint sacrement qu'on lui apportait, Richelieu s'écria : « Voilà mon juge, devant qui je paroîtrai bientôt! Je le prie de tout cœur qu'il me condamne si j'ai eu d'autre intention que le bien de la religion et de l'Estat. » Pendant la nuit, il demanda l'extrême-onction : « Je pardonne à tous mes ennemis, dit-il, de tout mon cœur et comme je prie Dieu qu'il me pardonne à moi-même. »

Le jour suivant, le roi revint le voir, et l'agonisant se ranima pour s'entretenir avec lui pendant une heure. Il ne mourut que le 4 décembre 1642, entouré de sa famille et de quelques serviteurs. Il léguait au roi le Palais-Cardinal, ainsi qu'une partie de ses meubles et de sa fortune; il lui avait légué aussi, en quelque sorte, le successeur qu'il s'était choisi lui-même, en désignant à son choix et à sa confiance celui qui fut le cardinal Mazarin.

Fig. 46. — Jetons frappés en commémoration du vœu de Louis XIII.

CHAPITRE TROISIÈME

LA FRONDE

Mort de Louis XIII. — Bataille de Rocroy. — Anne d'Autriche déclarée régente. — Mazarin; son caractère, son impopularité. — Émotions populaires. — L'arrêt d'union. — Le *Te Deum* de Lens. — Arrestatoin de Broussel. — Sédition. — La Fronde. — La cour quitte deux fois Paris. — Combat de Charenton. — Traité entre la cour et le parlement. — Rentrée solennelle du roi à Paris. — Nouvelles intrigues. — Arrestation des princes. — Guerre civile générale. — Exil de Mazarin. — Majorité du roi. — Combat du faubourg Saint-Antoine. — Les princes à l'hôtel de ville; massacre des notables. — Nouvelle rentrée du roi. — Fin de la Fronde.

E son lit de mort, Richelieu avait écrit au cardinal Mazarin : « Les grands services que vous avez déjà rendus à l'Estat me font assez connoistre que vous serez capable d'exécuter ce que j'avois commencé. Je vous remets mon ouvrage entre les mains, sous l'aveu de nostre bon maistre, pour le conduire à la perfection, et je suis ravi qu'il recouvre en vostre personne plus qu'il ne sçauroit perdre en la mienne. » Louis XIII avait promis, en effet, à son premier ministre mourant, d'accepter de sa main le successeur qu'il s'était choisi lui-même; il eut d'autant moins de répugnance à remettre à Mazarin tous les soins du gouvernement, que lui-même, malade, s'affaiblissant de jour en jour, dégoûté de tout et presque las de la vie, car la force lui manquait pour se livrer comme

autrefois au plaisir de la chasse, il reconnaissait la nécessité de continuer l'œuvre politique de Richelieu; d'ailleurs, depuis la trahison de son *cher ami* (Cinq-Mars), il ne sentait plus de goût à reprendre un favori, et il ne subissait pas d'autre influence que celle de la reine Anne d'Autriche, qui avait conquis sur lui, bien tardivement, une sorte d'empire, par suite des bons conseils du cardinal Mazarin. Rien n'empêchait donc Mazarin d'entrer immédiatement en possession du crédit et de l'autorité que son illustre prédécesseur venait de lui léguer auprès du roi. Deux jours après la mort de Richelieu, Louis XIII écrivait, sous la dictée de Mazarin, aux ambassadeurs de France dans les cours étrangères : « Ma principale pensée sera tousjours d'user de la mesme vigueur et fermeté dans mes affaires, que j'y ay gardées, autant que la justice et la raison ce pourront permettre, et de continuer la guerre avec la mesme application et les mesmes efforts que j'ay fait depuis que mes ennemis m'ont contraint de m'y porter, jusqu'à ce que, Dieu leur ayant touché le cœur, je puisse contribuer avec tous mes alliés à l'establissement du repos général de la chrestienté. » C'était bien la pensée de Richelieu, qui regrettait, à son dernier soupir, de laisser la France « sans l'avoir affermie par une paix générale. » Dans la prévision d'une régence prochaine, plus longue que celle qui suivit la mort de Henri IV, Mazarin avait eu déjà l'adresse et l'habileté de gagner la confiance d'Anne d'Autriche, en s'assurant l'affection personnelle de cette reine fière et hautaine, qui avait trop longtemps souffert de se voir dédaignée et souvent opprimée par les favoris du roi pour n'être pas profondément sensible à la soumission respectueuse d'un ministre qui la replaçait à son rang, en quelque sorte, vis-à-vis de son époux si longtemps injuste et hostile à son égard.

Louis XIII ne pouvait plus se faire illusion sur son état de santé, qui lui annonçait la fin de son règne, et il en vint bientôt (20 avril 1643) à régler, en présence d'une nombreuse assemblée de princes, de seigneurs et de hauts dignitaires, l'administration du royaume pendant la minorité de son fils. Il ne survécut à Richelieu que cinq mois, et mourut (14 mai 1643), à l'âge de quarante-deux ans, sans regretter la vie ni la couronne, en se préoccupant beaucoup plus des détails minutieux de ses obsèques que des grands intérêts de la monarchie. Seulement, la veille de sa mort, il s'était souvenu qu'il était roi, pour annoncer au prince de Condé que son fils, le duc d'Enghien, ne tarderait pas à remporter une grande victoire sur les ennemis de la

Fig. 47. — Bataille de Rocroy. — D'après une estampe intitulée : « Les heureux commencements du règne de Louis XIIII, sous la généreuse conduite du duc d'Enghien, » et signée : *A. Boudan excudit.* (Bibl. Nat., *Coll. Hennin*, t. XXXVII, p. 42.)

N. B. — Le duc d'Enghien occupe le centre de la composition; devant lui, fuit dom Francisco de Mello, général des Espagnols, porteur de la canne qu'il *perdit à la bataille*, suivant la légende. Le cavalier qui tire un coup de pistolet, à gauche, est le maréchal de L'Hospital; aux pieds de ce dernier le baron d'Ambise, mestre de camp, renversé; derrière le duc d'Enghien, le comte d'Isembourg, qui fut blessé mortellement, et immédiatement devant lui le maréchal de Gassion.

France. Peu de jours après, pendant les funérailles de Louis XIII, on apprit que la bataille de Rocroy avait été gagnée par le duc d'Enghien.

Les commencements de la régence furent pleins de promesses et d'espérances. Les armées de la France étaient victorieuses sous le commandement du duc d'Enghien et du vicomte de Turenne ; les princes, naguère coalisés contre la royauté, semblaient maintenant d'accord pour la soutenir et la défendre ; la reine, conseillée et dirigée par Mazarin, se montrait bienveillante, gracieuse, libérale, pour tout le monde ; le peuple, qui prêtait l'oreille aux échos de la cour, se réjouissait déjà d'une nouvelle ère de paix et de prospérité. Dans un lit de justice tenu au Palais, Anne d'Autriche, vêtue de deuil, accompagnée des princes et des ducs et pairs, était allée, avec son fils aîné, l'héritier de la couronne, prendre possession de la régence et se mettre, en quelque sorte, sous la tutelle du parlement qui, flatté, enorgueilli du rôle suprême qu'on semblait lui offrir, ne songea point à réclamer l'exécution rigoureuse du testament de Louis XIII. C'était pourtant la régence absolue qu'on voulait attribuer à la reine, car le prince de Condé et le duc d'Orléans se levèrent, l'un après l'autre, « pour lui remettre tout le pouvoir et rendre ses volontés sans bornes. »

Mazarin avait tout prévu et tout préparé : le duc d'Orléans se contentait du titre éphémère de lieutenant général du royaume, et chacun des princes croyait, à part soi, avoir des droits acquis à une action personnelle dans le gouvernement. Mais on put bientôt s'apercevoir qu'il n'y avait et qu'il n'y aurait qu'une volonté, celle d'Anne d'Autriche, et qu'une direction, celle du cardinal Mazarin.

Mazarin, pendant les dernières années du règne de Louis XIII, avait toujours dissimulé sa réelle influence sous les discrètes allures d'une politesse sérieuse et muette. On s'accordait à faire l'éloge de son caractère affable et bienveillant, comme de son esprit fin et délié ; mais personne ne pouvait se vanter de le bien connaître, excepté la reine, qui lui portait la plus sincère amitié et qui comptait en toute chose sur son dévouement absolu. « Il avait sur elle, dit Voltaire avec un sens et un tact exquis, cet empire qu'un homme adroit devait avoir sur une femme née avec assez de faiblesse pour être dominée, et avec assez de fermeté pour persister dans son choix. » La reine avait le même âge que lui ; elle était encore fort belle ; romanesque et passionnée comme une Espagnole, elle ne pouvait être indifférente aux sentiments de respectueux attachement qu'elle avait inspirés au cardinal de Mazarin. Son orgueil l'avait faite irascible et opiniâtre, quoiqu'elle sût, au besoin, dissimuler ses impressions et se soumettre, en apparence, à une nécessité de situation dominante ; mais elle ne changeait pas pour cela d'idée, ni d'intention, ni de but : ce qui explique sa persévérance invariable dans ses affections comme dans ses haines. Elle devait depuis longtemps se préparer à la régence, que Mazarin avait su lui faire pressentir, car elle se sentait incapable de gouverner par elle-même et elle avait besoin de compter sur un autre Richelieu, qui la déchargerait du fardeau et des embarras du gouvernement. Une minorité

Fig. 48. — « Première séance royalle du roi Louis Quatorzième, où, assisté des princes, seigneurs et autres officiers de sa couronne, il déclare la reine, Anne d'Autriche, sa mère, régente du royaume, le 18ᵉ jour de may, l'an 1643. » (Bibl. Nat., *Rec. de l'Histoire de France*; 1640-1643.)

N. B. — Les noms des pairs siégeant au parlement sont inscrits sur la gravure elle-même, ainsi qu'un quatrain en l'honneur de la régente; le tout en caractères très menus, à cause de la réduction voulue, mais lisible à la loupe.

devait, d'ailleurs, donner un nouvel aliment aux cabales de cour, que l'affaiblissement de la puissance royale, depuis la mort de Richelieu, avait laissé renaître, en ouvrant les portes des prisons d'Etat à plus d'un dangereux détenu; mais ces cabales avaient changé de caractère, de tactique et d'objet. Ce n'était plus la guerre civile qui devait inévitablement résulter de la conspiration des *mécontents;* c'était seulement un travail incessant d'intrigues qui se succédaient l'une à l'autre ou se mêlaient ensemble pour donner satisfaction à des ambitions aussi mesquines qu'insatiables. Pour les *mécontents*, que le ridicule avait déjà frappés en leur donnant la qualification d'*importants*, il s'agissait moins de s'emparer du pouvoir de la régence que de tous les avantages qu'il serait possible d'en tirer à leur profit.

Le chef de ces *importants* était le duc de Beaufort, fils du duc de Vendôme, jeune prince de haute mine, mais de pauvre intelligence, inconséquent et vantard, capable de toutes les folies et de quelques bonnes intentions : il se croyait tout permis, parce qu'il avait l'audace de tout entreprendre; il voulait marcher l'égal du roi, parce qu'il se disait aussi petit-fils de Henri IV, et il tenait à la cour le premier rang de prince du sang, parce qu'il s'appuyait sur le crédit de Mme de Montbazon, qui partageait exclusivement, avec sa fille, la duchesse de Chevreuse, la faveur de la reine. Il s'était entouré de brouillons et de factieux qui lui conseillaient de se débarrasser de la dangereuse rivalité de Mazarin auprès d'Anne d'Autriche. Mazarin fut averti des complots qu'on tramait contre lui, et il dut les prévenir en faisant arrêter et conduire au donjon de Vincennes le duc de Beaufort, qui avait juré de le tuer de sa propre main. Il y eut, en outre, plusieurs des partisans de ce prince, entre autres le vieux Châteauneuf, qu'on éloigna de la reine et qui furent invités à se retirer dans leurs terres. La duchesse de Montbazon avait été sacrifiée la première, sans que la reine essayât de la protéger contre la duchesse de Longueville, qui exigeait son renvoi et sa disgrâce. Mme de Longueville avait, pour elle, outre l'adhésion de Mazarin, l'influence considérable de sa mère, la princesse de Condé, et de son frère, le duc d'Enghien, le vainqueur de Rocroy. Anne d'Autriche n'osa pas même intervenir en faveur de la duchesse de Chevreuse, qui avait repris un moment auprès d'elle ses anciens droits de confidente et d'amie.

On vit bien que Mazarin était le maître sous le nom de la régente, lorsque l'évêque de Beauvais, que Louis XIII en mourant avait mis à la tête du conseil, fut remercié et renvoyé dans son diocèse. Le surintendant des finances Bouthillier et son fils, le comte de Chavigny, sortirent en même temps du ministère, qui fut reconstitué par le cardinal avec des hommes d'État qu'il savait être à sa dévotion. Les principaux *importants,* que le cardinal de Retz représente comme « quatre ou cinq mélancoliques qui avoient la mine de penser creux, » essayèrent encore de donner suite à la cabale du duc de Beaufort, mais ils perdirent le dernier appui qu'ils avaient dans l'intimité de la reine, quand Mme de Hautefort, qui persistait à les soutenir, se vit obligée, à son tour, de quitter la place et de disparaître de la cour, sur un ordre de Mazarin, qui la craignait plus que toutes les autres conseillères d'Anne d'Autriche. La querelle des duchesses de Montbazon et de Longueville eut un triste dénoûment, dans un duel célèbre, où le duc de Guise et le comte de Coligny combattirent l'un contre l'autre, en plein jour au milieu de la place Royale, sous les yeux des dames qui étaient les témoins de la lutte sanglante de ces deux vaillants champions. Ce duel, dans lequel Coligny fut blessé mortellement pour les beaux yeux de Mme de Longueville, semblait le prologue de la Fronde, où les femmes de la régence d'Anne d'Autriche allaient jouer un rôle si actif, en faisant de la galanterie française le mobile romanesque de la politique.

On ne pouvait plus douter que Mazarin fût désormais le seul guide, le seul inspirateur de tous les actes de la régence. Il pouvait achever, par la paix autant que par les armes, l'œuvre de Richelieu, et tandis que le duc d'Enghien et le vicomte de Turenne, les deux plus grands capitaines de leur temps, se mesuraient, sur divers champs de bataille, avec les meilleurs généraux de l'Espagne et de l'Allemagne, les négociations se poursuivaient à la fois à Munster et à Osnabruck pour la conclusion d'un traité qui donnait de nouvelles frontières à la France agrandie, en assurant une paix durable à l'Europe. Les négociations, que le comte d'Avaux et Abel Servien étaient chargés de suivre au nom de la France, c'était Mazarin qui les conduisait seul, avec une merveilleuse habileté, du fond du Palais-Royal, où il avait jugé utile de s'établir près de la reine, qui s'y trouvait plus en sûreté qu'au Louvre. Quant à lui, il habitait un petit corps de logis, dans une cour intérieure du palais, laquelle s'ouvrait sur la rue des Bons-Enfants et était gardée jour et nuit par de nombreuses sentinelles; le complot de Beaufort contre sa vie l'avait averti de prendre des précautions de prudence, qui devinrent de plus en plus nécessaires, à mesure que s'envenimait davantage le ressentiment de ses ennemis et que la voix publique le désignait plus spécialement à l'aversion de tous les Français. On attribuait, en effet, à la reine, tout le bien qui se faisait, dans les choses du gouvernement, et l'on n'attribuait tout le mal qu'à lui seul. Un courtisan avait déclaré que la langue française pouvait se réduire à quatre mots : *la reine est si bonne*, et le peuple, parodiant cette flatterie, disait qu'il ne fallait que cinq mots pour résumer la puissance du diable : *le cardinal n'est pas bon.*

Mazarin avait sans doute à se reprocher de n'avoir pas pris à cœur la cause du peuple et de ne tenir aucun compte de ses misères, quand il avait autorisé et même provoqué les prodigalités des premiers temps de la régence. « On donnoit tout, on ne refusoit rien, » dit, à ce sujet, le cardinal de Retz. Les revenus de l'État étaient dévorés, par anticipation, pour plus de trois années, et cependant les dépenses s'élevèrent, dans le cours de cette première année, à vingt-cinq millions au-dessus du chiffre des dépenses de l'année précédente. Les abus et les désordres qui existaient dans l'administration financière, depuis qu'elle avait cessé d'être dans les mains de Sully, n'avaient fait que s'augmenter à l'excès, surtout après que l'Italien Particelli, qui déguisait sa nationalité sous le nom d'*Émery*, fut devenu contrôleur général ou surintendant des finances. Particelli d'Émery surpassa tous ses prédécesseurs : il avait une prodigieuse imaginative pour créer de nouvelles taxes; il retranchait arbitrairement une portion des rentes à payer par l'État, il empruntait à 15 et 20 pour cent, rendait les contribuables solidaires les uns des autres, faisait saisir et vendre les bestiaux et les instruments aratoires des laboureurs, et retenait en chartre privée les gens qui n'avaient pas le moyen de payer. On assure que, durant l'année 1646, vingt-trois mille personnes avaient été ainsi emprisonnées, et que cinq mille moururent de faim et de maladie dans les prisons! D'un bout de la France à l'autre, des cris de douleur et des malédictions s'élevaient contre le premier ministre, qui autorisait ces horreurs ou qui du moins n'y portait pas remède. L'indignation populaire eût été plus grande encore, si l'on avait soupçonné que le premier ministre se faisait une large part dans le produit de ces impôts injustes et vexatoires, et que sa fortune particulière grossissait rapidement aux dépens de la fortune publique.

Fig. 49. — Mazarin. — D'après le portrait peint par Mignard et gravé par Nanteuil (1661).

Bien que Mazarin n'eût rien changé à ses habitudes discrètes et mystérieuses et se fût fait, en quelque sorte, une existence close de toutes parts, le secret n'en était pas si bien gardé qu'il ne transpirât dans le public quelque bruit de ce rapide accroissement de fortune. On savait qu'une grande bibliothèque avait été formée, pour lui, par le savant Naudé, son secrétaire; que de riches collections de tableaux de maîtres, de statues antiques, d'anciennes tapisseries; de camées et de pierres précieuses, étaient réunies par ses ordres. On apprit bientôt que le cardinal avait acheté, au prix d'un million, l'hôtel que le président Duret de Chevry avait fait construire, sur la rue des Petits-Champs, entre les rues Vivienne et Richelieu, et qu'un autre président de la chambre des comptes, Jacques Tubeuf, venait d'agrandir en y ajoutant son propre hôtel. Une armée d'ouvriers et d'artistes, arrivés d'Italie, s'étaient emparés déjà de ces deux hôtels, et les badauds de Paris étaient aux aguets pour suivre les travaux de construction et d'embellissement, en se disant l'un à l'autre que le palais Mazarin serait plus beau que le Palais-Cardinal, devenu Palais-Royal depuis qu'il était habité par le jeune roi, la reine et le premier ministre.

Mazarin ne prenait pas garde à ces haines populaires qui s'amassaient contre lui : il avait trop de mépris pour le peuple, qu'il confondait avec la canaille, suivant l'habitude des grands seigneurs italiens. Il ne savait pas que le levain de la Ligue fermentait toujours au fond du cœur des bourgeois de Paris, et il osa imprudemment se mettre en lutte avec l'esprit de corps parlementaire, qui faisait mouvoir à son gré toute la bourgeoisie. Il aurait pu voir, cependant, au mois de juillet 1644, un faible essai d'émeute parisienne, lorsque le peuple, irrité d'une taxe arbitraire et onéreuse qui frappait toutes les maisons bâties dans les faubourgs depuis un demi-siècle, se porta en masse sur le Palais, envahit la grande salle en poussant des cris de mort contre le contrôleur général d'Émery, et se montra dans les rues, armé de bâtons et vociférant. Ce fut ce jour-là que la reine, effrayée de ces menaces et de ces excès, transporta du Louvre au Palais-Royal sa résidence ordinaire. Quant aux désordres et aux émeutes qui avaient lieu dans les provinces à l'occasion de la levée des tailles, le cardinal n'en voyait rien et ne s'en inquiétait pas. Il n'ignorait point que la colère du peuple et des bourgeois s'exhalait contre lui en épigrammes et en vaudevilles satiriques; c'est à ce sujet qu'il aurait dit ce mot fameux, qui eut des échos sinistres dans le ressentiment des Parisiens : « Ils chantent, ils payeront ! »

Tout était tranquille du côté de la cour, où les *importants* avaient été remplacés par les *petits-maîtres*, qui critiquaient tout d'un ton tranchant et d'un air bravache, mais qui ne songeaient pas à faire des menées politiques; on se plaignait seulement de ce que la reine donnait trop de temps à ses dévotions, et pas assez d'éclat aux divertissements de la jeune noblesse.

Au dehors, les armées de France poursuivaient le cours de leurs succès, et le congrès de Munster marchait lentement et résolument dans la voie que Mazarin avait ouverte pour arriver à une paix définitive, aussi honorable qu'utile pour toutes les parties belligérantes; mais il fallait de l'argent, beaucoup d'argent, car les caisses de l'État étaient vides, et, pour les remplir, le contrôleur général d'Émery faisait appel aux ressources de son génie inventif, en créant de nouveaux impôts. En vain, touché de la misère du peuple, le parlement s'était réuni, malgré la défense de la reine, pour protester contre cet accroissement des impôts, Paris était resté calme, bien que les corps de métiers eussent été taxés à plus de 700,000 livres, et le contrôleur général continuait le cours de ses entreprises financières.

Mazarin se croyait alors assez sûr de l'avenir pour faire élever auprès de lui trois de ses nièces et son neveu, que la reine avait accueillis avec empressement et qu'elle traitait comme ses propres enfants; il se proposait aussi de faire connaître à la cour ce que c'était que l'opéra italien et la musique italienne, et il laissait à son compère Particelli d'Émery liberté entière de battre monnaie, tantôt par des mesures vexatoires, tantôt par des édits bursaux presque insignifiants et même ridicules, tels que la création des charges de contrôleurs de fagots, de jurés vendeurs de foin, de conseillers du roi crieurs de vin, et ces charges se vendaient cher, ainsi que les lettres de noblesse.

Toutefois, ce calme ne devait pas être de longue durée, et déjà les artisans de troubles et de guerres civiles jugeaient le moment favorable pour exciter le peuple à l'insubordination, sinon à la révolte, en attaquant hautement la reine et son *ami* le cardinal, qu'elle soutenait contre le parlement. Les dispositions séditieuses de la populace et de la bourgeoisie parisiennes se traduisirent par une espèce d'émeute, aussitôt réprimée que commencée, le 12 janvier 1648, quand le jeune roi, à peine rétabli d'une maladie qui avait mis ses jours en danger, fut conduit, par sa mère, à Notre-Dame, pour assister à une messe d'actions de grâces. La veille même, la reine avait vu son carrosse entouré d'un groupe de femmes de la lie du peuple, qui l'outragèrent, en l'invitant à chasser *son* Mazarin. D'autres indices de sédition témoignaient de la sourde irritation qui régnait dans Paris. Ainsi, toutes les nuits, on entendait, dans les rues, des coups de feu, et le jour, les abords du Palais étaient encombrés d'une foule remuante et grondante. La création de douze nouvelles charges de maîtres des requêtes avait exaspéré le parlement, qui refusa d'enregistrer cet édit.

Le parlement fit plus : il s'entendit, pour la résistance, avec les cours souveraines, la chambre des comptes, la cour des aides et le grand conseil, qui s'unirent « par la considération de la confraternité. » L'arrêt d'union, rendu, le 13 mai 1648, par toutes les chambres assemblées, fut cassé par le conseil des ministres, qui voulait mettre ordre à la coalition séditieuse de la haute magistrature. Mazarin avait protesté, dans le conseil, contre cet arrêt d'union, qu'il déclarait attentatoire aux droits de la royauté ; mais, comme il prononçait le français à l'italienne, il répétait toujours l'arrêt d'*ognon*, ce qui faisait sourire les ministres et ce qui eut des échos moqueurs à la cour, puis dans toute la France. Le parlement ne persista pas moins à maintenir son arrêt d'union, « pour servir le public et le particulier, et réformer les abus de l'Estat. »

On apprit tout à coup que le duc de Beaufort s'était échappé du donjon de Vincennes, et qu'il recommençait, plus audacieux que jamais, ses brigues et ses complots, avec les anciens chefs des *importants*. Le parlement avait l'air de les soutenir, lorsqu'il osait adresser des remontrances à la reine, par une députation qui fut reçue au Palais-Royal, mais qui n'y trouva que des reproches et des menaces de la part de la reine elle-même. Anne d'Autriche alla jusqu'à dire aux envoyés du parlement, que « si les séditieux persistoient, elle en feroit un chastiment si exemplaire, qu'il en seroit mention à la postérité. » En dépit de ces menaces, Mazarin poussait doucement à la conciliation, et il pria le duc d'Orléans, le grand agitateur du règne précédent, d'intervenir auprès des rebelles du parlement. Après deux jours de délibérations parlementaires et de conciliabules secrets, la reine déclara qu'elle consentait à l'exécution de l'arrêt d'union, pourvu que les assemblées des quatre cours souveraines terminassent promptement la besogne qu'elles avaient à faire. Les magistrats coalisés, fiers de leur triomphe, prononcèrent souverainement la suppression des intendants créés par Richelieu, et demandèrent la diminution des impôts, en établissant une chambre de justice, pour faire rendre gorge aux financiers. La reine s'inclina devant la volonté du parlement de Paris, appuyé par les cours souveraines et par tous les parlements de France. Mazarin n'osa même pas faire entendre sa voix en faveur de Particelli, qui fut destitué le 10 juillet et remplacé, à la surintendance des finances, par le duc de la Meilleraye, auquel il ne laissait que des caisses vides, avec cent trente millions de dettes. Le parlement était désormais le maître de la situation.

Le duc d'Orléans avait repris beaucoup d'autorité auprès de la reine, qui s'indignait des attentats de ces *robins* contre le pouvoir royal et qui voulait que ce pouvoir fût respecté : « M. le cardinal est trop bon, disait-elle ; il gastera tout, pour toujours ménager ses ennemis. » Mazarin prêchait tout haut la modération et la prudence, en reprochant à la reine *d'être brave comme un soldat qui ne connaît pas le danger*. Mais ce n'était qu'une manière de cacher son jeu et de prendre, au nom de la reine, des mesures coercitives contre les téméraires empiètements de la bourgeoisie de robe. La nouvelle de la glorieuse victoire de Lens, remportée par le duc d'Enghien contre les Espagnols, vint encourager la reine et son premier ministre à recourir aux moyens violents pour réduire à merci le parlement. Rien ne prouve mieux la coïncidence de ce succès avec un projet de répression vigoureuse des entreprises parlementaires, que ce mot du jeune roi Louis XIV, à propos de la victoire de Lens : « Le parlement en sera bien fâché. » Il était question, en effet, d'appeler à Paris le prince de Condé, avec quelques régiments de sa vaillante armée, pour mater la bourgeoisie séditieuse et tenir en bride le populaire. On savait que le parlement préparait des remontrances au roi et semblait aspirer à mettre la main dans le gouvernement de la régence. Mazarin jugea que la mesure était comble, et qu'on ne pouvait plus sans péril tolérer l'attitude factieuse des parlementaires.

Un *Te Deum* solennel devait être célébré, le 26 août, à Notre-Dame, pour la réception des drapeaux pris sur l'ennemi; le parlement fut invité, selon l'usage. Cette cérémonie avait motivé un grand déploiement de troupes, qui remplissaient toutes les rues de l'île du Palais. Dès que les membres du parlement furent rentrés à leur domicile, on procéda immédiatement à l'arrestation du conseiller Broussel et des présidents Charton et Potier de Blancmesnil, qui étaient considérés comme les chefs les plus dangereux de la faction parlementaire, et soupçonnés d'être les instruments des grands conspirateurs qui travaillaient sourdement à soulever le peuple. Le président Charton avait eu le temps de s'esquiver, mais Broussel et Potier de Blancmesnil furent mis dans deux carrosses, pour être conduits, sous bonne escorte, l'un à Vincennes, et l'autre à Saint-Germain en Laye. La vieille servante de Broussel courut après le carrosse qui emmenait son maître, et ses cris ameutèrent le peuple, qui tenta de délivrer le prisonnier. Ce Broussel, qui n'avait de recommandable que ses cheveux blancs et sa haine contre le ministère ou plutôt contre Mazarin, s'était rendu populaire en attaquant avec animosité tous les actes de la cour et en élevant ses attaques jusqu'à la personne de la reine. L'enlèvement de Broussel souleva donc tout le quartier de la Cité; les portefaix et les gens de rivière accoururent, aux cris de *liberté* et de *Broussel;* on ferma les boutiques, on tendit les chaînes des rues, on jeta des pierres aux soldats, les fenêtres se garnirent d'hommes armés. Au bruit de cette émeute, le maréchal de la Meilleraye s'était avancé, à la tête des gardes de la maison du roi, jusqu'au Pont-Neuf, lorsque la foule ouvrit ses rangs pressés pour livrer passage au coadjuteur de l'archevêque de Paris, à Paul de Gondi, sire de Retz, qui était sorti de l'archevêché pour aller supplier la reine de faire mettre en liberté Broussel et Blancmesnil. On comprend que le coadjuteur, se rendant au Palais-Royal, à pied, en rochet et en camail, au milieu d'une bande de peuple,

Fig. 50. — « Les cornettes, guidons et drapeaux pris sur les ennemis en la bataille de Lens, portés en cérémonie à Notre-Dame par les Cent-Suisses et les François. » D'après la gravure de Cochin père (1648.)

fut assez mal reçu par la reine et par le cardinal : « en ayant esté refusé, dit le Journal du parlement, comme il n'avoit pas de bonnes paroles à donner au peuple, il retourna chez lui par un autre chemin qu'il n'estoit venu. » La populace continuait à vociférer, à casser les vitres : on la laissa occuper les rues de la Cité, du quartier des Halles et du quartier Saint-Honoré. Le maréchal de la Meilleraye avait fait replier les troupes aux alentours du Palais-Royal, et pendant la nuit on fit venir deux mille hommes d'infanterie, qui étaient cantonnés à quelques lieues de Paris. Cette nuit-là se passa dans le plus grand calme ; mais le coadjuteur tenait conseil, à l'archevêché, avec les principaux meneurs, pour aviser à ce qu'il faudrait faire, le lendemain, pour tirer parti de l'agitation du peuple.

Paul de Gondi, qui venait de faire son apparition sur la scène politique, était né conspirateur. Son orgueil et son ambition le poussaient aux entreprises audacieuses ; il enviait la fortune du cardinal Mazarin et il aspirait à prendre sa place auprès de la reine, qu'il croyait facile de subjuguer par la puissance de la fascination. Il n'en était pas, d'ailleurs, à son coup d'essai, puisqu'à l'âge de vingt-trois ans il avait été l'âme d'une conspiration contre la vie de Richelieu. Ses espérances n'avaient pas de bornes ; car, ne comptant que des marchands enrichis parmi ses ancêtres, il ne se lassait pas de répéter : « Je suis d'une famille de Florence aussi ancienne que celle des plus grands princes. » Ce fut lui qui attira le parlement dans les cabales et le peuple dans les séditions, sans autre but que de renverser Mazarin et de devenir, à sa place, maître absolu du gouvernement.

Il est impossible de ne pas voir la main du coadjuteur dans les événements qui eurent lieu à Paris, le lendemain de la réception froide et dédaigneuse qu'on lui avait faite au Palais-Royal. De grand matin le parlement était rassemblé, et deux membres de la compagnie, neveux du conseiller Broussel, lui avaient porté plainte au sujet de l'enlèvement de ce magistrat. Les bourgeois, la plupart en armes, sortaient de leurs maisons et venaient se mettre sous les ordres des colonels et capitaines de quartiers ; le peuple, très ému et très exalté, affluait de toutes parts et se portait aux abords du palais de justice. On signala un carrosse, lequel, escorté de gens à cheval, essayait de traverser le Pont-Neuf : c'était le chancelier Séguier, qui allait enjoindre au parlement de cesser ses assemblées. Il fut obligé de mettre pied à terre, et la foule le poursuivit de grandes huées. Son escorte fut assaillie et maltraitée ; lui-même eut beaucoup de peine à se soustraire à ces violences, en cherchant un asile dans l'hôtel de Luynes, près du pont Saint-Michel. Le peuple assaillit l'hôtel, et le chancelier n'aurait pas échappé à ces furieux, si le maréchal de la Meilleraye, à la tête d'une compagnie des gardes, ne fût venu le délivrer et le ramener au Palais-Royal à travers une grêle de pierres. Le bruit se répandit aussitôt qu'il avait été tué ; ce fut le signal du soulèvement des Parisiens : partout on s'arme, partout on se met en défense ; on élève, à chaque rue, des barricades, avec des tonneaux remplis de sable et de terre ; on monte des pierres et des pavés à tous les étages des maisons : la ville entière offre l'aspect d'un camp retranché, dans lequel plus de cent mille hommes se distribuent les postes et se disposent à soutenir un siège. Les troupes reculent devant ces démonstrations menaçantes, et ne répondent pas même à des décharges de mousqueterie qui font tomber quelques soldats. Tout est morne et anxieux dans l'intérieur du Palais-Royal, où la reine et le cardinal ne savent que résoudre. Le parlement est sorti, avec robes et bonnets, les huissiers en tête, pour se rendre chez le roi : on lui fait place respectueusement, on le salue de mille acclamations. La reine, à l'arrivée des gens du parlement, ordonne de les introduire en sa présence : elle les reçoit d'un air glacial. Le premier président Molé prend la parole, et conjure la reine de faire mettre en liberté Broussel et Blancmesnil, pour que l'insurrection cesse. Anne d'Autriche répond que c'est au parlement seul de calmer l'agitation publique et que, s'il ne le faisait pas, tous ceux qui se trouvaient devant elle en répondraient sur leurs têtes. Le premier président insiste; la reine s'irrite, refuse toute concession et disparaît. Mais Mazarin, qu'elle va rejoindre, la décide à entrer en pourparler avec le parlement, qui peut seul s'interposer entre elle et le peuple révolté. Après de longs débats pour en venir à une entente réciproque, la reine consent à tout, si le parlement s'engage à ne pas siéger jusqu'aux premiers jours de novembre. Il s'agit d'en délibérer, et le parlement se met en marche pour retourner au lieu de ses séances. Mais quand le peuple, qui attendait sa sortie, le voit revenir sans ramener le conseiller Broussel avec lui, on lui barre le passage, on le repousse, on lui crie qu'il ne sortira du Palais-Royal qu'avec Broussel libre ou le cardinal et le chancelier pour otages. Une partie des gens du parlement seulement rentre dans le Palais-Royal; les autres jettent à terre leurs insignes et leurs robes pour s'esquiver dans la foule. On tient séance dans la grande galerie du Palais-Royal, sous la présidence du chancelier, et l'on rend un arrêt par lequel le parlement déclare qu'il ne s'occupera plus que des affaires courantes, en dehors de toute question politique. Cet arrêt rendu, la reine fait délivrer des lettres de cachet pour le retour des prisonniers. Les parlementaires sont forcés de montrer ces lettres de cachet, pour que la foule leur ouvre passage.

Le peuple, qui ne se fiait pas trop aux promesses de la reine, passe la nuit sur ses barricades, en faisant bonne garde pour ne pas être surpris.

Le jour suivant, dès l'aube, le parlement était déjà réuni quand le président de Blancmesnil vint reprendre sa place dans la grand'chambre; mais Broussel n'avait pas encore reparu, et le peuple le redemandait à grands cris. On le trouva dans l'église de Notre-Dame, qui priait à genoux devant un autel; les bourgeois armés l'escortèrent jusque dans les salles du Palais, en criant : *Vive Broussel!* Aussitôt le parlement ordonne : « Que chacun rouvre ses boutiques, et retourne à ses exercices ordinaires ; que les chaînes soient abaissées et les barricades défaites, avec défenses à tous vagabonds et gens sans aveu de porter aucunes armes et de s'assembler, sous peine de punition. » Trois heures après, il ne restait plus traces des barricades.

Le parlement tint sa promesse et s'abstint de toute délibération relative aux derniers événements, mais le peuple et les bourgeois étaient trop fiers d'avoir fait trembler la cour pour ne pas s'attribuer toute la gloire de leurs barricades. C'était, pensaient-ils, un moyen infaillible qu'ils pourraient toujours employer avec succès pour obtenir du gouvernement pleine satisfaction à l'égard de tous leurs griefs. Les conspirateurs savaient aussi comment le peuple et les bourgeois leur serviraient d'instruments dociles et aveugles contre la cour. Ces conspirateurs avaient déjà leur nom de parti : ils s'étaient qualifiés de *frondeurs*, pour rappeler qu'il n'avait fallu qu'un coup de fronde du petit berger David pour mettre à bas le géant Goliath. Le roi avait à peine été nommé pendant l'émeute des barricades; la reine seule était désignée, par les conspirateurs, au ressentiment des Parisiens; on n'imputait qu'à elle l'audace d'un attentat contre le vénéré conseiller Broussel, qui avait toujours été le défenseur de la cause du peuple. C'est alors que commença contre elle un effroyable débordement de chansons et de vaudevilles satiriques, qui passaient de bouche en bouche et allaient retentir jusqu'aux portes du Palais-Royal. Dans ces chansons, que les frondeurs s'acharnaient à multiplier et à répandre avec une atroce malignité, le nom de Mazarin était odieusement mêlé au nom de la reine, qui ne pouvait plus paraître en public sans être outragée.

Anne d'Autriche avait demandé, avec instance, que le prince de Condé fût averti de venir en toute hâte à Paris avec son armée. Mazarin s'y opposa, en disant que l'armée du prince de Condé était plus utile contre les ennemis que contre les Parisiens; mais la reine, ne pouvant plus supporter le séjour de Paris, où tout le monde semblait s'être tourné contre elle, résolut d'aller passer l'automne au château de Ruel, avec le roi et la cour. Le cardinal, prévoyant l'effet

Fig. 51. — Réunion de frondeurs. (Bibl. Nat., *Rec. de l'Histoire de France*; 1648-1651.)

La gravure porte dans le recueil cette légende manuscrite : « Avis que donne un frondeur aux Parisiens, qu'il exhorte à se révolter contre la tyrannie du cardinal Mazarin. »

fâcheux de ce départ, prit les précautions nécessaires pour qu'il n'eût pas l'air d'une fuite, et une fois arrivé à Ruel, où il suivit la reine, il manda au parlement que le jeune roi étant malade, ses médecins lui avaient recommandé, dans l'intérêt de sa santé, de faire un séjour de deux mois à la campagne. Les Parisiens furent très inquiets et très irrités quand on sut que la cour n'était plus à Paris. Ils apprenaient, peu de jours après, que le prince de Condé avait quitté son armée pour se rendre aussi à Ruel, et qu'on rassemblait des troupes destinées à faire le siège ou le blocus de Paris. Le parlement oublia sa promesse de s'abstenir de toute discussion politique jusqu'à la fin de ses vacances, et, dans une séance (22 septembre) où le président Viole avait exposé les dangers que pourrait courir la capitale si le parti de la cour se préparait à l'attaquer de vive force ou par la famine, le président de Blancmesnil s'écria que tout le mal venait d'un seul homme, et que le remède serait de remettre en vigueur l'arrêt de 1617, qui, après la mort du maréchal d'Ancre, avait interdit expressément de confier à un étranger l'administration du royaume. Le cardinal Mazarin avait été nommé par tous les assistants, et dès lors son nom revint dans les délibérations où le parlement ne visait qu'à humilier l'autorité royale. En même temps, on publiait à Paris une des premières mazarinades qui aient paru, et dont M. de Retz était certainement l'auteur ou l'inspirateur; elle était intitulée : *Requête des trois États du gouvernement de l'Ile de France au Parlement*, et ce pamphlet anonyme, où les griefs contre Mazarin s'étalaient en huit pages pleines des plus violentes invectives, s'adressait au parlement, pour le supplier de faire des remontrances à la reine « sur les grands malheurs et désordres déjà causés par le cardinal Mazarin, et sur ceux qu'il causeroit à l'avenir s'il demeuroit plus longtemps dans cette domination illégale et violente où il s'estoit establi. » Mazarin comprit qu'il ne devait pas laisser le champ libre à ses ennemis : dans les conférences qui se tenaient à Saint-Germain pour dresser un compromis entre le roi et le parlement, il écouta, il signa tout ce qu'on voulut, pourvu que son nom ne fût pas prononcé dans cet arrangement amiable qui donnait satisfaction aux exigences impérieuses du parlement ; et, le 31 octobre, il ramenait la cour à Paris, sept jours après la signature, à Munster, d'un glorieux traité de paix, d'après lequel, selon les expressions emphatiques de la *Gazette :* « les François pourroient dorénavant abreuver paisiblement leurs chevaux dans le Rhin, et le roi faire, de là vers l'autre bout de son royaume, plus de cinq cents bonnes lieues françoises sur ses terres. » Les habitants de Paris ne s'émurent même pas à la nouvelle de ce traité, qui rehaussait la grandeur de la France aux yeux de l'Europe : on n'était, à Paris, occupé que du retour du roi au Palais-Royal, ce qu'on regardait comme une soumisson aux volontés du peuple et aux ordres du parlement.

Mazarin ne tarda pas à s'apercevoir qu'il s'était trop pressé de revenir à Paris. L'attitude de la population était plus insolente et plus menaçante que jamais, et les projets des chefs de la Fronde s'annonçaient par des bruits sinistres et par des placards incendiaires. Les libelles imprimés en cachette commençaient à pleuvoir et tombaient dans toutes les mains. Le cardinal fut le premier à reconnaître que le roi et sa mère n'étaient plus en sûreté au Palais-Royal. On décida donc que la cour quitterait Paris, pour se rendre à Saint-Germain. Le secret fut bien gardé, et, le 6 janvier 1649, à quatre heures du matin, le carrosse d'Anne d'Autriche, où se trouvaient le roi et son frère, arriva le premier au Cours la Reine : les carrosses des princes et des princesses, des ministres et des grands officiers de la maison royale, en un mot, de toutes les personnes de la cour, ne se firent pas attendre au rendez-vous, et deux heures plus tard tous les fugitifs étaient en sûreté dans le château de Saint-Germain, qui, malheureusement, n'avait pas été préparé pour les recevoir, à ce point que, durant plusieurs jours, la reine et ses deux fils couchèrent sur des lits de camp, tandis que les princesses et les dames de la cour couchaient sur la paille. Mais, néanmoins, tout le monde était heureux d'être hors de Paris.

Les Parisiens, à leur réveil, apprirent qu'ils n'avaient plus dans leurs murs ni roi, ni reine, ni ministres, ni princes, ni princesses, à l'exception de la duchesse de Longueville, qui était restée presque seule dans l'hôtel de Condé. Il y eut dans la ville un moment de stupeur et d'effroi. Les milices bourgeoises s'armèrent et sortirent dans les rues ; on courut d'abord aux portes de Paris pour les fermer et les garder, car le bruit se répandait déjà que le prince de Condé, accompagné des maréchaux de la Meilleraye, de Gramont, du Plessis-Praslin et de Villeroy, s'était mis en campagne, afin de tenter un coup de main sur Paris avant que la ville fût en état de défense ; mais on avait beau regarder dans la plaine, on ne voyait paraître aucun corps d'armée, on n'entendait pas au loin le son des tambours et des trompettes : on se rassura. Le parlement prit des mesures, à l'effet de maintenir la tranquillité de Paris et de pourvoir à sa sûreté. Le coadjuteur avait reçu l'ordre de suivre la cour à Saint-Germain : il fit grand éclat de son obéissance apparente aux volontés du roi ; mais, au moment où il montait en carrosse, le peuple intervint à point pour le faire rentrer à l'archevêché, en le saluant de mille acclamations. Le lendemain, un lieutenant des gardes du corps apporta au parlement, qui refusa d'en prendre connaissance, un message de la reine. C'était un ordre du roi qui transférait le parlement à Montargis. On décida que l'avocat du roi Talon et les autres gens du roi iraient à Saint-Germain, pour protester contre les calomnies dont le parlement était l'objet, mais ils n'allèrent pas au delà d'un village au-dessous de Saint-Germain : le chancelier, qui ne leur donna audience qu'après les avoir fait attendre en plein air, par le froid et la bise, leur annonça que, si le parlement n'obéissait pas, Paris serait assiégé par les troupes royales, qui occupaient déjà Saint-Cloud, Charenton et Saint-Denis. Au retour de la députation, le parlement rendit un arrêt, qui disait que de très humbles remontrances seraient faites au roi et à la reine régente, et qui signalait comme auteur de tous les désordres de l'État le cardinal Mazarin, « le déclarant perturbateur du repos public, ennemi du roi et de son Estat, lui enjoignant de se retirer de la cour en ce jour, et dans huitaine du royaume ; et ledit temps passé, ordonnant à tous les sujets du roi de lui courir sus, avec défense à toutes personnes de le recevoir. » Cet arrêt fut crié à son de trompe dans tous les carrefours de Paris (8 janvier). La guerre civile était déclarée.

Pour soutenir cette guerre, il fallait de l'argent. Le parlement commença par s'imposer lui-même et fournit une contribution de 750,000 livres ; les autres cours souveraines se taxèrent à proportion. On avait des armes, puisque l'Arsenal était au pouvoir du peuple. Les soldats à enrôler ne faisaient pas faute dans les classes populaires, et l'on eut bientôt formé un régiment destiné à être employé au dehors de la ville, où les milices bourgeoises devaient rester cantonnées. Les chefs arrivaient de tous côtés : le duc d'Elbeuf vint le premier se mettre au service du parlement ; le prince de Conti et le duc de Longueville, qui n'avaient fait que s'arrêter quelques heures à Saint-Germain, prirent le commandement des recrues et des bourgeois, qu'on nommait déjà *l'armée de Paris*. Puis, la foule accueillit avec enthousiasme son héros, le duc de Beaufort, qui, depuis son évasion du donjon de Vincennes, s'était tenu caché dans le Vendomois. Le duc de Bouillon, le maréchal de la Mothe, le prince de Conti, et beaucoup d'autres grands seigneurs, accouraient pour servir la cause du peuple. La belle du-

Fig. 52. — Anne Geneviève de Bourbon, duchesse de Longueville.
D'après une estampe signée : *F. Chauueau*. — *N. Regnesson fecit*.

chesse de Longueville était l'âme de cette noblesse frondeuse. Le premier fait d'armes dont les habitants de Paris furent très fiers, avait été la prise de la Bastille, défendue par vingt-six soldats, qui fut battue en brèche par six petits canons ; le gouverneur capitula, et sortit de la place avec les honneurs de la guerre ; on le remplaça par le fils de Broussel (12 janvier). Le parlement n'avait pas perdu de temps pour l'exécution de son arrêt contre Mazarin : il ordonnait que tous ses biens meubles et immeubles fussent saisis ; après quoi, il invita tous les parlements de France à sanctionner son arrêt contre « le perturbateur du repos public. » Le coadjuteur avait fait appel, par l'intermédiaire de ses agents, à toutes les plumes vénales qui voudraient participer à cet effroyable déchaînement de libelles outrageants et calomnieux, qu'on allait voir naître et se succéder sans interruption pendant quatre ans, pour vouer au mépris et à la haine des Français le ministre étranger que le roi et la reine régente s'obstinaient à conserver. Il y eut, dans ces quatre années, plus de 4,000 mazarinades, la plupart rédigées et imprimées à Paris, puis colportées par toute la France, les unes sérieuses, emphatiques, éloquentes, les autres burlesques, plaisantes et grossières, soit en vers, soit en prose, et dont l'effet fut immense au moment où elles parurent, parce qu'elles répondaient aux passions du plus grand nombre, mais dont le coadjuteur faisait justice plus tard, en disant de ces intruments de guerre civile : « Je crois pouvoir dire, avec vérité, qu'il n'y a pas cent feuilles qui méritent qu'on les lise. » On prétend que Mazarin n'avait que du dégoût et de l'indifférence pour ces pamphlets, dont l'exagération ridicule atténuait l'effet ; mais on sait qu'il fut sensible au poème burlesque de *la Milliade*, composé par Scarron, qu'il avait pensionné généreusement, et le soin qu'il prit de faire publier par son bibliothécaire Naudé une réfutation très vive et très précise des principales attaques dirigées contre sa politique prouve combien il avait à cœur de détruire la fâcheuse impression produite par tant d'abominables libelles.

Cependant la cour ne voulait pas prendre au sérieux la guerre de Paris. On racontait les anecdotes les plus plaisantes sur les étranges soldats que le parlement avait levés à la hâte, pour les opposer aux troupes de Condé et du duc d'Orléans ; c'était la *cavalerie des portes cochères*, nommée ainsi parce que chaque maison ayant une porte cochère sur la rue avait dû fournir un homme et un cheval. Cette armée parisienne improvisée commençait toutefois à sortir de la ville, mais sans s'éloigner beaucoup des murailles ; ses exploits se bornoient à l'enlèvement de quelques convois de vivres et au pillage de quelques maisons des champs. Elle portait sur ses enseignes cette devise bizarre : *Nous cherchons notre roi*. Toutes les forces de Paris allèrent se mettre en bataille dans la plaine de Picpus quand on apprit que le prince de Condé se portait sur Charenton, qui fut emporté à la pointe de l'épée et presque aussitôt abandonné par les vainqueurs, après un combat

Fig. 53. — « Jean Robert, enrôlé à la guerre de Paris. » Caricature faisant partie des nombreux dessins satiriques contre l'armée bourgeoise de la Fronde. (Bibl. Nat., *Rec. de l'Hist. de France*; 1648-1651.)

N. B. L'estampe est accompagnée d'un sixain un peu grossier, commençant par ces vers :

Ce brave est échauffé d'une audace guerrière,
Autant du cœur que du caquet....

assez sanglant; mais l'armée de la Fronde n'osa pas se mesurer avec l'armée royale et se retira sans coup férir (3 février).

Cette affaire, peu glorieuse pour les soldats de la Fronde, disposa le parlement à la conciliation, et, malgré les intrigues du coadjuteur, qui cherchait à l'entraîner ainsi que les princes dans une sorte de ligue avec l'Espagne, mécontente du traité de Munster, en faisant luire à leurs yeux l'espoir d'une intervention de l'armée de Turenne, les conférences ouvertes à Ruel aboutirent à un accommodement entre la cour et les parlementaires (11 mars). Le premier président Molé ne craignit pas d'outre-passer ses pouvoirs, en signant cette transaction : il ne savait pas que Turenne, abandonné de son armée, avait dû se réfugier chez le landgrave, pour n'être pas retenu prisonnier par ses propres soldats, mais il savait que la cour était instruite de l'alliance projetée des frondeurs avec l'Espagne, par l'arrestation d'un écuyer du prince de Conti et par la saisie des lettres de l'archiduc Léopold. Quand Molé vint rendre compte de sa mission au parlement, les princes s'indignèrent de ce que leurs intérêts particuliers n'eussent pas été mieux sauvegardés. La grand'salle du Palais était envahie par le peuple, qui faisait rage; et le premier président, dont la fermeté ne faiblit pas un moment dans cette journée, aurait été mis en pièces s'il s'était montré. On lui proposa de se retirer par une issue dérobée, mais il s'y refusa fièrement, et comme le coadjuteur se disait incapable d'apaiser la foule qu'il avait ameutée : « Eh! mon bon seigneur, repartit Molé en raillant, dites le bon mot seulement, et vous en viendrez à bout. » Le coadjuteur harangua cette foule furieuse et ouvrit enfin un passage au premier président, qui, précédé des huissiers et suivi des membres du parlement, sortit sain et sauf du Palais. Parmi les clameurs qui l'accompagnaient, on entendit pour la première fois retentir le cri de *Vive la république!*

Il y eut encore de nouveaux débats au parlement, et de nouveaux attroupements autour du Palais ; la paix n'en était pas moins signée, et les princes, pour y adhérer, imposèrent au cardinal des conditions plus ou moins exorbitantes. On n'épargna ni l'argent ni les promesses avec eux. Enfin cette paix fut criée à son de trompe, dans les rues de Paris, le 2 avril : le peuple en avait pris son parti; les feux de joie, les salves d'artillerie et le *Te Deum* le mirent en liesse. L'armée de la Fronde fut licenciée le lendemain, et le parlement se remit à juger des procès. Les princes, généraux de la Fronde, avaient tous fait assez pauvre figure pendant la guerre civile, à l'exception du duc de Beaufort, qui fit preuve d'une grande bravoure et dont la popularité s'en accrut. On ne parlait de lui, à la cour, que sous le nom de *roi des halles;* mais le peuple l'admirait et l'adorait à tel point, que la paix n'eût pas eu lieu si ce brave prince eût voulu s'y opposer. Il ne fut pas même nommé, non plus que le coadjuteur, dans les articles accessoires du traité.

La tranquillité fut prompte à se rétablir dans toutes les villes et

DANS LES ARMES DE LA VILLE DE PARIS

A Le bon Genie de la France, conduisant sa Majesté en sa flotte Royale
B Son Altesse le Prince de Conty, Generalissime de l'armée du Roy, tenant le timon du Vaisseau accompagné des Ducs d'Elbeuf, & de Beaufort, Cenereaux de l'armée, & du Prince de Marsillac, Lieutenant general de l'armée.
C Les Ducs de Bouillon & de la Motte-Haudancour, Generaux, accompagnez du Marquis de Noirmoutier, Lieutenant General de l'armée.
D Le Corps du Parlement, accompagné de Messieurs de Ville.
E Le Mazarin, accompagné de ses Monopoleurs, s'efforçant de renverser la Barque Françoise, par des venti contraires a sa prosperité.
F Le Marquis d'Ancre se noyant, en taschant de couler le Vaisseau à fond, faisant signe au Mazarin de luy prester la main dans sa premiere entreprise.

A fatale revolution de l'Empire des Troyens sembleroit nous rendre hereditaire de son mal. heur, ainsi que cette Ville retient encore le nom d'un de ses derniers Princes, si dans la consternation publique de cette maladie generale de l'Estat. Paris, le chef de ce grand corps de la Monarchie Françoise, si redoutable à tous ses ennemis, & qui ne peut estre atterré que par sa propre pesanteur. Si Paris nu s'estoit le premier armé pour la deffense de cette Couronne, & la conservation de son authorité : les armes de Paris, cette Nef plus renommée que celle d'Argos. sous la conduite d'un autre Iason. digne sang de nos Roys, assisté des Polux & des Castor, autres illustres Argonottes, dont l'experience & la valeur nous promettent deia vn port asseuré en commançant à desplier les voiles. Inuincibles Herauts, que l'objet du peril ne peut arrester : vous n'auez à combattre en cette celebre conqueste qu'vn Dragon, gardien de tous les thresors de la France, vne harpie orgueilleuse des despouilles & des richesses de ce florissant Royaume, vn serpent qui se remplit depuis tant d'années du sang des peuples, & que nostre foiblesse laisse laschement sacrifier tous les iours à son insatiable conuoitise. à la honte de l'Estat, au desauantage de nostre ieune Monarque, & au mespris des Loix & de la Iustice, & qu'apresent tant de sages Nectors s'efforcent de faire reuiure aux despens de leurs propres vies & de tous leurs biens. Mais le mal est si grand & si present que l'effet du remede consiste à la diligence. Portons donc nos armes vers cet ennemy commun de tous les Estats; & tandis que nostre Prelat assisté de son Clergé porte les bras vers le Ciel comme vn autre Moïse, combattons en vrays Iosués, & autant armés de foy que de fer, croyons nostre victoire certaine. & que Paris meritera de porter vn iour le nom de deffenseur de L'ESTAT & du salut de la FRANCE

Fig. 54. — Estampe allégorique contre le cardinal Mazarin, à l'occasion de l'arrêt rendu contre lui.
(Bibl. Nat., Recueil de l'Histoire de France; 1648-1651.)

les provinces qui avaient obéi au mouvement insurrectionnel de la Fronde ; mais, quoique Paris eût repris sa physionomie ordinaire et que chacun, dans sa sphère, ne songeât qu'à ses affaires, il n'était pas question du retour du roi dans sa capitale. La reine régente avait déclaré qu'elle préférait mourir plutôt que d'y rentrer. Ce fut pour la distraire et la calmer que le cardinal Mazarin la conduisit à Compiègne, avec le roi. Il avait l'intention de se rendre à l'armée d'Allemagne, car si les ratifications du traité de Munster avaient été échangées, la paix n'était pas encore terminée avec l'Espagne, et l'archiduc Léopold, qui avait eu l'espoir de conclure une alliance offensive et défensive avec la Fronde, par l'entremise du coadjuteur et du prince de Conti, allait continuer la guerre en Flandre. Le prince de Condé n'avait pas consenti à reprendre son commandement, mais il s'était engagé à ramener le cardinal à Paris. Le cardinal attendait le moment de l'inviter à tenir sa promesse, dès qu'il aurait décidé la reine à revenir avec lui au Palais-Royal. Il alla d'abord à Saint-Quentin, visiter l'armée qui se préparait à faire campagne contre les Espagnols, et il fut reçu avec les mêmes honneurs qu'on avait rendus à Richelieu devant la Rochelle. Il jugea que l'heure était venue de retourner à Paris.

Un maître des cérémonies prévint le parlement et le corps de ville que l'entrée solennelle aurait lieu le 18 août; le corps de ville, suivi de cinq-cents bourgeois à cheval en housses et habits noirs, alla, sur la route de Saint-Denis, attendre le cortège royal : la reine était sur le devant du carrosse, avec Mlle de Montpensier, fille unique du duc d'Orléans; à la portière, du côté de la reine, se trouvaient le roi, le duc d'Anjou et le duc d'Orléans; à l'autre portière, le prince de Condé et le cardinal Mazarin. « Ce fut, dit Mme de Motteville dans ses *Mémoires*, un véritable prodige que l'entrée du roi en ce jour, et une grande victoire pour le ministre. Le Mazarin, si haï, étoit à la portière avec Monsieur le Prince. Il fut regardé attentivement de ceux qui suivoient le roi : ils se disoient les uns aux autres, comme s'ils ne l'eussent jamais vu : *Voilà le Mazarin!* Les uns disoient qu'il étoit beau, les autres lui tendoient la main et l'assuroient qu'ils l'aimoient bien; d'autres disoient qu'ils alloient boire à sa santé. »

Le prince de Condé se croyait quitte désormais de ses engagements avec la reine, et dès lors il n'appartint plus qu'aux caprices de sa sœur, la duchesse de Longueville, et aux intérêts de sa maison; il s'éloigna immédiatement du cardinal, et donnant carrière à son caractère mutin, malicieux et narquois, il se posa en adversaire dédaigneux du premier

Fig. 55. — « La marche de Louis XIIII, roy de France et de Navarre, 18 aoust 1649. »
(Bibl. Nat. *Recueil de l'Histoire de France*; 1648-1651.)

N. B. Cette composition, qui représente le roi à cheval, précédé des cent-suisses, entouré de ses gardes du corps et suivi des gentilshommes de sa cour, est accompagnée du quatrain suivant :

Tel marche dans Paris Louis victorieux.   Quand il retourne au Louvre, ayant côblé de vœux
Plus digne qu'un César d'immortelles louanges,   L'unique Roy des Roys et la Reine des anges.

ministre, qu'il se faisait un plaisir de contrecarrer en toute occasion et qu'il affectait d'accabler d'impertinences. Un jour, en prenant congé de lui, il le toisa d'un air sardonique et lui dit en ricanant : *Adieu, Mars*. Il ne pardonnait pas sans doute à Mazarin d'être allé au camp de Saint-Quentin jouer le rôle d'un général d'armée. Son ressentiment s'était aussi tourné contre la reine : il la bravait, il se moquait d'elle ; il avait encouragé le marquis de Jarzay à lui oser faire une déclaration d'amour, dont Anne d'Autriche s'offensa d'autant plus que son entourage avait eu le mauvais goût de s'en divertir. Les épigrammes et les bons mots ne coûtaient pas à Condé : il faut supposer qu'il s'en permit quelques-uns qui le brouillèrent avec la reine et le cardinal, auquel il aurait écrit, dit-on, une lettre provocatrice portant cette adresse insolente : *All'illustrissimo signor Facchino*. Une réconciliation n'était plus possible, et la cour songeait à se rapprocher des principaux chefs de la Fronde et du duc d'Orléans, pour lesquels Condé, qui ne ménageait personne, témoignait un dédaigneux mépris.

Le parlement se trouvait un peu en dehors de ces cabales et de ces intrigues, mais il n'attendait que l'occasion de rentrer en scène. Il ne fallait, pour cela, que voir reparaître les armes dans les mains des bourgeois, et agiter le fantôme des complots de la cour. Des bruits de tentatives d'assassinat contre le duc de Beaufort, contre le prince de Condé et contre un conseiller au Châtelet nommé Guy Joly (cette dernière affaire imputée à la cour et imaginée, dit-on, par la prétendue victime elle-même), mirent en présence devant le parlement et devant le public les partis qui se rejetaient mutuellement l'accusation. La mésintelligence fut bientôt au comble entre les princes et la cour, qui prit le parti violent de faire arrêter Condé, son frère le prince de Conti, et son beau-frère le duc de Longueville. Cette arrestation arbitraire, que le coadjuteur n'osa désapprouver tout haut, eut lieu le 18 janvier 1650, au Palais-Royal, où les trois princes avaient été mandés par la reine pour assister à une séance du conseil privé; et pendant qu'on les arrêtait au nom du roi, Anne d'Autriche était en prières, dans sa chambre, avec son fils. Les prisonniers furent conduits à Vincennes; le peuple, en apprenant leur emprisonnement, fit des feux de joie et des réjouissances, parce qu'il regardait ces trois princes comme les plus redoutables ennemis de la Fronde. Mazarin s'était presque réhabilité par ce coup d'État, et les frondeurs disaient gaiement, « qu'il ne falloit plus haïr le cardinal, puisqu'il avoit cessé d'être *Mazarin*. »

Le grand Condé, le vainqueur de Rocroy et de Lens, le premier capitaine de son temps, n'était pas populaire à Paris, mais son nom imposait le respect et l'admiration à toute l'Europe. On eût souhaité le voir à la tête des armées de la France, alors qu'il était enfermé au donjon de Vincennes. Sa mère, la princesse douairière, quoique frappée d'un arrêt d'exil, s'était obstinée à rester à Paris, pour porter elle-même au parlement une requête suppliante, et pour lui demander justice de l'arrestation illégale des princes; sa femme avait traversé la France, en bravant mille périls, pour se réfugier à Bordeaux, où,

Fig. 56. — Cette curieuse estampe, dont le titre même indique le sujet, se rapporte, comme la précédente, à la rentrée du roi à Paris, en août 1649. Elle est signée : *Humbelot fecit*. (Bib. Nat., *Rec. de l'Histoire de France*; 1648-1651.)

N. B. La reine Anne d'Autriche est à gauche. — Derrière le jeune roi, debout sur les marches du trône, sont le maréchal de Villeroy à gauche, et Gaston d'Orléans à droite. — Le personnage qui s'incline devant le roi est le duc de Beaufort, suivi du coadjuteur de Retz et du maréchal de la Mothe.

avec l'aide des ducs de Bouillon et de la Rochefoucauld, elle soulevait le peuple en faveur des princes prisonniers; sa belle-sœur, la duchesse de Longueville, sortait de France et y rentrait avec une armée espagnole commandée par Turenne. La situation de la cour était très difficile et menaçait de devenir très grave.

Mazarin avait eu l'adresse de s'éclipser, en quelque sorte, du gouvernement, en laissant l'autorité royale dans les mains du duc d'Orléans, tandis que Mme de Longueville et Turenne traitaient avec le roi d'Espagne (20 avril), en s'engageant réciproquement à ne pas mettre bas les armes, « que monsieur le Prince ne fût hors de prison et que l'on eût offert une paix juste et raisonnable à l'Espagne. » Le roi n'avait pas d'armée pour faire face à tant d'adversaires, et l'on dut mettre en gage les pierreries de la reine, afin de payer la solde arriérée des régiments suisses. Le parlement de Paris et tous les parlements de France inclinaient à protester contre la prison des princes.

Le cardinal fait face à tout : il trouve des soldats et des généraux pour combattre toutes les forces de la sédition, qui commence en Normandie, qui éclate ensuite en Picardie, qui menace de s'étendre en Bourgogne, et qui s'allume avec plus de violence en Guyenne. C'est la reine, c'est le roi, qu'il met à la tête des troupes et qu'il conduit lui-même contre les partisans du prince de Condé, tandis qu'il oppose le maréchal du Plessis au maréchal de Turenne, qui avait pris audacieusement le titre de « lieutenant général de l'armée du roi pour la liberté des princes. » Après avoir fait transférer au château de Marcoussis les princes que Turenne allait tirer de Vincennes, il pacifie en trois mois la Guyenne et fait rentrer Bordeaux dans l'obéissance du roi (1er octobre). Il pardonne aux rebelles et traite avec eux, sans les pousser au désespoir. On le voit, après le traité de Bordeaux, dans le même carrosse que le duc de Bouillon, le duc de la Rochefoucauld et Lenet, un des ardents auxiliaires de la cause des princes. « Qui auroit pu croire, Messieurs, leur dit en souriant le cardinal, qui auroit pu croire, il y a seulement huit jours, que nous serions tous quatre aujourd'hui dans le mesme carrosse? — Tout arrive en France! » répond la Rochefoucauld, qui méditait déjà son livre des *Maximes*. Ce mot profond et spirituel résumait d'avance tout ce qui devait se passer jusqu'à la fin de la Fronde.

Mazarin rentra seul à Paris (31 décembre 1650), où les frondeurs s'étaient réunis contre lui avec les partisans des princes : tout le prestige de ses succès militaires était déjà perdu. Le roi et la reine, qu'il croyait ramener en triomphe, n'ont plus même la puissance de le soutenir contre Retz et Gaston. Mazarin s'indigne, sort une fois de son caractère doux et placide, et, en présence du duc d'Orléans, que la reine avait appelé au Palais-Royal, maudit les brouillons de la France, en leur donnant les noms de Cromwell et de Fairfax. Le coadjuteur, qui avait compté sur sa promotion au cardinalat, accuse Mazarin de lui avoir enlevé le chapeau de cardinal : il excite le parlement à demander hautement la liberté des princes et l'éloignement du ministre étranger; le duc d'Orléans est muni de pleins pouvoirs pour obtenir de la reine régente cette double concession! Mazarin, dont le peuple attache les portraits au pilori et à la potence, comprend qu'il n'est pas en sûreté au Palais-Royal : accompagné de deux gentilshommes, il se retire à Saint-Germain, où il espère que le roi et la reine ne tarderont pas à le rejoindre. Mais le parlement rend un arrêt qui l'exile de France, et dans la nuit du 9 au 10 février 1651, les milices bourgeoises entourent le Palais-Royal et y retiennent prisonniers le roi et la reine. Mazarin se résigne : « lui, timide et tremblant aux approches d'une disgrâce, se retrouve ferme et patient dans la disgrâce même. » Porteur d'un ordre de la reine, il se rend au Havre pour annoncer aux princes qu'ils sont libres, et il les conduit jusqu'à Rouen, où il prend congé d'eux; le prince de Condé ne tire de lui d'autre vengeance que de le saluer, en adieu, d'un immense éclat de rire.

Mazarin s'acheminait lentement vers l'exil, dans l'attente d'une lettre de la reine qui le rappelât, mais la lettre ne vint pas; les princes étaient rentrés à Paris, et le cardinal n'avait plus que des ennemis intéressés à son éloignement définitif. Sur un avis de la reine, il se hâta de passer la frontière. Le jour même où le parlement le poursuivait d'un nouvel arrêt plus violent que les autres, *pour informer plusieurs crimes d'État à lui imputés,* et pour se saisir de sa personne, Mazarin avait trouvé une splendide hospitalité dans le château de Bruhl, appartenant à l'électeur de Cologne, et c'était encore lui qui dirigeait les affaires de France, par l'entremise des nombreux agents de sa politique, qu'il avait laissés auprès de la reine régente, notamment le secrétaire d'État le Tellier, Servien et Lionne. En même temps, il entretenait une correspondance secrète avec Anne d'Autriche, qui lui conservait un attachement inaltérable. Le prince de Condé avait dès lors rompu avec la cour, après avoir essayé d'arracher au roi des concessions qui devaient annihiler l'autorité royale : il refusa de paraître au lit de justice dans lequel Louis XIV déclarait sa majorité (8 septembre 1651), et partit pour son gouvernement de Guyenne avec le projet d'y préparer la guerre civile.

Le roi avait été forcé, en se déclarant majeur, de confirmer l'arrêt du parlement contre Mazarin, acte de faiblesse apparente dont Mazarin se plaignit, dans une lettre restée célèbre, avec plus d'éloquence peut-être que de sincérité ; il est difficile de ne pas croire, en effet, que le roi ne fût toujours d'accord avec Mazarin pour tous les actes de son gouvernement, puisqu'il envoyait secrètement à son ancien ministre les pouvoirs nécessaires à l'effet de traiter avec les Espagnols en son nom, au moment même où, dans la déclaration publique qui inaugurait sa majorité, il rejetait sur le cardinal tous les griefs de la Fronde contre la régence d'Anne d'Autriche.

Ce fut certainement Mazarin qui détacha du parti des princes le maréchal de Turenne, lequel devint tout à coup le général en chef de l'armée du roi. Condé en conçut tant de dépit, qu'il ne balança plus à lever l'étendard de la révolte dans son gouvernement de Guyenne, et il en ressentit plus d'une fois un terrible remords, comme l'indique son propre aveu, recueilli par Bossuet dans l'oraison funèbre de ce grand capitaine : « J'étais entré en prison le plus innocent des hommes ; j'en suis sorti le plus criminel! »

La Fronde se divisait alors en trois partis : celui de la vieille Fronde, représenté par le duc d'Orléans, le coadjuteur, le parlement et la bourgeoisie de Paris; celui de Monsieur le Prince, dans lequel le duc de Nemours et le duc de la Rochefoucauld s'étaient jetés comme des héros de roman ; et celui de la cour, qui avait pour lui le duc de Bouillon et le maréchal de Turenne. La reine, d'après le conseil de Mazarin, n'hésita pas à opposer le roi en personne au prince de Condé, le souverain au sujet rebelle. Le roi, en partant de Paris, avait enjoint formellement au cardinal de venir le rejoindre à l'armée ; et le cardinal, qui faisait faire des levées d'hommes dans le pays de Liège et sur les bords du Rhin, se mit en campagne, pour obéir au roi, avec six mille soldats portant sa couleur, l'écharpe verte, qui annonçait que ces troupes étaient à sa solde et sous ses ordres. Il s'avance, sans rencontrer d'obstacle, de Sedan à Rethel, et pénètre en Champagne, où les maréchaux d'Hocquincourt et de la Ferté viennent prendre le commandement des renforts qu'il amène au roi. Le parlement de Paris, en apprenant que Mazarin est en France, renouvelle contre lui l'arrêt rendu en 1569 contre l'amiral Coligny, et défend, sous peine de mort, de lui livrer passage ou de lui donner asile. Les arrêts du parlement, qui avaient bien pu faire vendre à l'encan la bibliothèque de Mazarin, que cherchèrent vainement à sauver quelques généreux amis de la science, sont impuissants cette fois à arrêter la marche du petit corps d'armée du cardinal, qui arrive enfin à Poitiers, auprès du roi et de la reine (13 janvier 1652).

La guerre civile eut pour théâtre les rives de la Loire, d'Angers à Orléans, d'Orléans à Bléneau, où Condé faillit enlever le roi lui-même avec toute la cour, et enfin d'Étampes à Paris, où la vieille Fronde populaire, soutenue par le parlement et dirigée par le duc de Beaufort et le coadjuteur, semblait n'avoir plus de liens avec la nouvelle Fronde, qui n'était qu'une lutte entre Condé et Turenne. Mazarin avait fait du coadjuteur un cardinal (février 1652), sans réussir à le faire rompre avec le parlement. Les intrigues et les négociations continuaient, sans résultat, tandis que les armées de Turenne et de Condé manœuvraient l'une contre l'autre, avec une merveilleuse stratégie, sans en venir à une bataille décisive.

Cette bataille eut lieu pourtant, sous les murs de Paris, qui voulait se désintéresser des résultats d'une lutte exclusivement militaire, dans laquelle la cour seule pouvait former des vœux et des espérances. Le jeune roi assistait, avec Mazarin, des hauteurs de Charonne, à ce sanglant combat du faubourg Saint-Antoine (2 juillet 1652), où Condé forcé de battre en retraite devant les forces supérieures de Turenne, allait se voir obligé de mettre bas les armes, si Mlle de Montpensier, la *grande Mademoiselle,* n'avait obtenu de son père, le duc d'Orléans, un ordre écrit pour faire tirer le canon de la Bastille contre Turenne victorieux, et pour ouvrir les portes de la ville à Condé, qui put s'y réfugier avec ses troupes en déroute.

L'entrée des troupes de Condé dans Paris reculait encore une fois le dénoûment pacifique de la guerre civile : le parti des princes était maître de la ville, où le parlement ne pouvait plus traiter avec le roi et signer la paix, au moyen d'une transaction qui avait été presque convenue avant le combat du faubourg Saint-Antoine. Tout le monde voulait pourtant la paix, mais on n'avait jamais été plus exaspéré contre Mazarin; on accusait même le parlement de *mazarinisme*, et c'était à qui le maudirait le plus. Les bourgeois et les marchands surtout se repentaient d'avoir fait la Fronde : « Voilà quatre ans, disaient-ils, que le parlement nous a excités pour ses intérêts particuliers ; il nous a valu le siège de Paris, l'absence du roi, la ruine de notre trafic; qu'il fasse la paix et nous tire de notre misère, ou nous l'assommerons! » Les princes demandaient à la ville d'embrasser leur cause et de leur fournir l'argent nécessaire pour continuer la guerre, et la ville faisait la sourde oreille. Ils soulevèrent la basse populace, qui se répandit dans les rues, en forçant tous les passants à arborer à leur chapeau un petit bouquet de paille, qui était l'emblème de l'union des princes et du peuple. Une assemblée des notables devait avoir lieu à l'hôtel de ville le 4 juillet, pour accepter cette union avec les princes, à laquelle la plupart des délégués étaient hostiles. Le prince de Condé et Gaston d'Orléans s'efforcèrent de changer les dispositions de l'assemblée, et, n'y réussissant pas, ils sortirent, en disant à la populace, du haut perron de l'hôtel de ville : « Ces gens-là ne veulent rien faire pour nous, et sont des Mazarins. Faites-en ce que vous voudrez! » On en fit un affreux massacre, et les milices bourgeoises n'osèrent pas venir à leur secours.

Le but poursuivi par les princes était atteint : tout tremblait devant eux ; Paris leur appartenait, et le parlement obéissait à leurs ordres. Le président Molé, devenu garde des sceaux, fit savoir au parlement que le roi avait permis au cardinal de se retirer ; mais cependant le cardinal retardait toujours son départ. Les princes, de leur côté, annonçaient leur soumission au roi, pourvu que Mazarin sortît du royaume. La *chasse au Mazarin* recommença dans le parlement, qui ordonna de reprendre la vente publique du mobilier et des objets d'art du cardinal, en mettant sa tête à prix. Le conseiller Broussel, qui avait été constamment l'infatigable agitateur de la Fronde, en était venu enfin à diriger l'action du parlement, qui donne à Gaston d'Orléans la lieutenance générale du royaume et qui nomme le duc de Beaufort gouverneur de Paris. Condé, après avoir entamé avec la cour des négociations que ses caprices et ses exigences faisaient échouer, persiste dans sa rébellion et joint ses forces à celles

Fig. 57. — Combat du faubourg Saint-Antoine. (Bibl. Nat., *Rec. de l'Histoire de France*; 1652-1656.)

des Espagnols, qu'il appelle en France pour continuer la guerre civile : le maréchal de Turenne est là pour lui tenir tête et pour l'empêcher de rentrer à Paris, où Gaston ne demande plus qu'une amnistie en bonne forme, à partir du moment où le cardinal aura quitté la France. Le roi ne s'oppose plus au départ du cardinal, qui va s'établir à deux pas de la frontière, dans la ville de Bouillon. L'amnistie générale est enregistrée par la fraction du parlement transférée à Pontoise, et la population parisienne attend avec impatience le retour du roi et de la cour. Le cardinal de Retz, qui s'était éloigné des princes et qui restait dans l'inaction depuis plusieurs mois, se rattache tout à coup au parti de la cour et conduit à Compiègne une députation de son clergé, pour prier le roi de revenir au milieu de son bon peuple de Paris. Puis il se fait chef d'une espèce de conspiration, dans le but d'ouvrir les portes de Paris au roi, malgré les résistances de Gaston et du duc de Beaufort; il travaille le peuple et la bourgeoisie au profit de la cour, et fait crier *Vive le roi!* dans les rues, pendant que le signe de ralliement des princes, la *paille*, est remplacé par un *papier blanc* qui devient l'emblème royaliste. L'armée de Condé s'éloigne de la capitale, et le roi rentre au Louvre dans la soirée du 21 octobre 1651. Le lendemain, le duc d'Orléans part pour Blois, et le parlement enregistre un nouvel édit d'amnistie, en réclamant certaines réserves contre les princes qui portaient encore les armes contre le roi! Par arrêt du 13 novembre, le prince de Condé fut déclaré criminel de lèse-majesté, et un mois plus tard, le 19 décembre, le cardinal de Retz, qui s'était remis à cabaler et à menacer, se vit arrêté au Louvre et conduit à Vincennes.

Mais dès lors Mazarin était rentré en France avec une petite armée qui venait renforcer celle de Turenne, et qui le ramena victorieusement à Paris. Le 3 février 1653, le roi vint à sa rencontre jusqu'au Bourget, et le conduisit au Louvre dans son carrosse. Le soir même, un feu d'artifice fut tiré en son honneur, et la foule, qui avait envahi les deux rives de la Seine, salua de ses acclamations enthousiastes le cardinal, qu'elle avait tant de fois maudit en poussant des cris de mort contre lui. Quelques semaines après, le prévôt des marchands et les échevins offraient un bouquet magnifique à Mazarin dans l'hôtel de ville, qui avait été le théâtre de l'horrible massacre des notables. La fin de la guerre civile, qui se prolongea jusqu'à la soumission de Bordeaux (31 juillet), termina les troubles de la Fronde et inaugura glorieusement le règne de Louis XIV, sous les auspices de son premier ministre. Mazarin avait pu écrire cette note, dans ses carnets, avec un juste orgueil : « Je n'ay fait mal à personne que aux ennemis de la
« France; je n'ay rien pris d'elle; je contribué à la conquette de beau-
« coup de places et de provinces toutes entières, sans en prendre pas
« une, quelque offre que la bonté de la Reyne du consentement de la
« Maison royale men ayt faite. » Mazarin avait triomphé enfin de

la Fronde, après quatre ans de luttes incessantes et de terribles vicissitudes, avec l'aide de son fidèle allié, le *temps*. « Les temps d'orage

Fig. 58. — Le sacre de Louis XIV (7 juin 1654); d'après le Pautre.

étoient passés, dit le président Hénault, et l'on respectoit en lui une fortune que tant de traverses n'avoient pu renverser. »

Le 7 juin 1654, Louis XIV fut sacré à Reims, et Mazarin, qui prévoyait déjà les commencements d'un grand règne qu'il avait préparé, répéta sans doute alors son mot favori : *Le temps et moi !*

Un tableau, même abrégé, de ce long règne, un des plus connus et des plus saillants de notre histoire nationale, dépasserait de beaucoup les limites du cadre restreint que nous avons adopté. Nous devons donc terminer ici cette introduction historique, qui amène le lecteur au cœur même de notre sujet, le XVIIe SIÈCLE. Le règne de Louis le Grand, en effet, embrasse la plus grande partie du siècle qu'on appelle souvent à bon droit *le siècle de Louis XIV;* à ce titre, il est le centre naturel des études qui vont suivre sur les institutions et les mœurs de la France; études dans lesquelles se trouveront nécessairement rappelés les principaux faits d'une époque qui commence avec la Fronde, et qui s'étend jusqu'aux quinze premières années du XVIIIe siècle.

Fig. 59. — Les armes de France.

CHAPITRE SIXIÈME

LA COUR

LA FAMILLE ROYALE ET LA NOBLESSE

La cour et les courtisans sous Henri IV. — La cour et les courtisans sous Louis XIII. — Les grandes charges de cour. — Les maisons des reines et des princes du sang. — La famille de Louis XIV. — La cour du grand roi. — La noblesse à la cour. — Les *appartements*. — Les résidences royales. — L'étiquette et la vie de cour.

ETTE cour de France, qui avait été, au seizième siècle, la plus belle et la plus célèbre des cours de l'Europe, se trouva tout à coup déchue de sa splendeur, après la mort de Henri III. Henri IV, qui pouvait à peine fournir la solde de ses troupes suisses, allemandes et anglaises, à force d'emprunts onéreux et avec le concours pécuniaire de ses partisans, aurait-il pu subvenir aux énormes dépenses d'une cour, en payant les pensions de ses officiers et les gages de ses domestiques? Pendant quatre ans, de 1589 à 1594, il eut à soutenir une guerre continuelle contre les ligueurs et les Espagnols; il avait sans cesse le harnois sur le dos et il ne déposait ses armes un moment que pour faire le roi, en casaque grise, avec des chausses usées et des chemises déchirées ; la seule cour qu'il y eût alors autour de lui, c'étaient de *vieilles barbes*, comme on disait en ce temps-là, des hommes de guerre, des ministres d'État et des gens de finance. Il tenait à Saint-Denis cette cour militaire et politique, où il n'y avait pas de place pour les dames, qui faisaient naguère l'ornement de la cour de France.

La reine, Marguerite de Valois, avait du moins conservé un simulacre de cette cour de France, si polie, si élégante et si raffinée, dans le château d'Usson, qu'elle habitait en Auvergne et dont elle ne sortit que six ans après son divorce avec le roi. Marguerite était encore, à cette époque, digne de représenter l'ancienne cour, qui, trente ans auparavant, disait d'elle, au moment où la reine mère, Catherine de Médicis, l'emmenait en Gascogne, pour la réconcilier avec son mari : « La cour est fort obscure ; elle a perdu son soleil ; la cour et la France ont perdu la plus belle fleur de leur guirlande. » Henri IV ne fit rien cependant, lorsqu'il fut remis en possession de tous les privilèges de la puissance royale, pour ressusciter cette cour de France qu'il ne devait pas oublier et dont le reflet l'avait suivi naguère dans son royaume de Navarre. « Dans l'espace de quatre ou cinq ans que je fus en Gascongne avec lui, raconte Marguerite de Valois dans ses charmants *Mémoires*, faisant la pluspart de ce temps-là nostre séjour à Nérac, nostre cour estoit si belle et si plaisante, que nous n'enviions point celle de France, y ayant madame la princesse de Navarre, sa sœur, qui depuis a esté mariée à M. le duc de Bar, mon nepveu, et moy, avec bon nombre de dames et de filles ; et le roy mon mary estant suivy d'une belle trouppe de seigneurs et gentilshommes, aussi honnestes gens que les plus galans que j'aye veu à la cour : et n'y avoit rien à regretter en eux, sinon qu'ils estoient huguenots. Mais de cette diversité de religion il ne s'en oyoit point parler : le roy mon mary et madame la princesse sa sœur allans d'un costé au presche, et moy et mon train à la messe, en une chapelle qui est dans le parc : d'où, comme je sortois, nous nous rassemblions pour nous aller promener ensemble, ou en un très beau jardin, qui a des allées de lauriers et de cyprèz fort longues, ou dans le parc que j'avois fait faire, en des allées de trois mille pas qui sont au long de la rivière, et le reste de la journée se passoit en toutes sortes d'honnestes plaisirs, le bal se tenant d'ordinaire l'après-disnée et le soir. »

Henri ne retrouva pas une pareille cour, ni au Louvre, ni à Fontainebleau, ni dans les autres châteaux royaux, lorsqu'il eut épousé, en secondes noces, Marie de Médicis. Cette princesse ne se plaisait que dans son intérieur italien, avec quelques favoris et quelques favorites subalternes; la bonne intelligence ne régna jamais, d'ailleurs, entre elle et le roi, qui vivait de préférence avec ses anciens compagnons d'armes, ses ministres, ses confidents et ses amis de table et de jeu, tels que le duc de Bellegarde, le comte de Bassompierre, son valet de chambre Beringhen et son financier Sébastien Zamet. Ces réunions familières, qui entraînaient toute espèce de désordres secrets, semblaient antipathiques à l'établissement d'une véritable cour, où la politesse et le savoir-vivre auraient entretenu des rapports délicats dans la société des deux sexes, sous les yeux du roi et de la reine. Henri IV recherchait d'autres distractions et d'autres divertissements : après des journées fatigantes à la chasse ou à la paume, il passait des nuits entières à boire et à jouer ; son passe-temps favori était la représentation des farces italiennes, et pendant les jours gras, il courait les rues, déguisé et masqué, avec ses intimes, faisant irruption dans les maisons bourgeoises, au grand effroi des femmes qu'ils éveillaient en sursaut, et « portant le momon » (défi d'un coup de dés) dans les hôtels de gens de cour.

Cependant la vieille cour s'était reconstituée peu à peu sur les traditions du passé ; la plupart des charges qui en dépendaient avaient reparu avec de nouveaux acquéreurs, qui payaient fort cher l'honneur d'appartenir au gobelet ou à la garde-robe du roi. Sully faisait profiter l'épargne royale des sommes que la vente de ces charges prélevait sur la vanité de la petite noblesse et de la grande bourgeoisie ; mais les gages des officiers et serviteurs du roi n'étaient pas encore payés exactement, et les pensions qu'on leur avait promises après les guerres de la Ligue, comme prix de leurs services, semblaient reléguées à jamais dans le pays des chimères.

Henri IV, si prodigue à l'égard de quelques belles dames qui le captivaient et de quelques rusés courtisans qui savaient se rendre nécessaires, était, avait toujours été avare. Dès l'année 1596, la duchesse douairière de Rohan avait essayé de faire une « Apologie pour le roi, envers ceux qui le blâment de ce qu'il gratifie plus ses ennemis que ses serviteurs. » Cette étrange apologie tournait justement au contraire de l'intention de son auteur : « Allez-vous voir quelque honneste homme en son logis, disait-elle, le premier langage qu'il vous tiendra sera : « Je m'en vay de cette cour, malcontent ; il y a si longtemps que « j'y dépense le mien, sans en avoir la moindre récompense, non pas « mesme payement d'une telle partie qui m'est deüe. » Entrez dans la basse-cour du chasteau, vous oyrez les officiers crier : « Il y a vingt-« cinq et trente ans que je fais le service au roi, sans pouvoir estre payé « de mes gages : en voilà un qui luy faisoit la guerre, il n'y a que trois « jours qu'il vient de recevoir une telle gratification ! » Montez les degrez, entrez jusque dans son antichambre, vous oyrez les gentilshommes qui diront : « Quelle espérance y a-t-il à servir ce prince ? J'ay mis ma vie « tant de fois pour son service ; je l'ay tant de temps suivy, j'ay perdu « mon fils, mon frère ou mon parent : au partir de là, il ne me connoist « plus, il me rabroue si je luy demande la moindre récompense. » Entrez jusque dedans sa chambre, vous oyrez, à deux pas de luy, et jusque derrière sa chaise, des seigneurs de qualité qui diront : « Il m'a refusé « ce que le feu roy n'eust pas voulu refuser à un valet ; il n'y a que les « larrons qui puissent gagner à son service. Nul ne peut faire ses affaires « qu'en le desrobant. Qu'il est chiche ! qu'il est mauvais maistre !... »

On ne saurait se représenter ce qu'était la vie de cour sous Henri IV et pendant les premières années du règne de Louis XIII, si l'on n'a pas lu quantité de satires, de pamphlets et de facéties concernant les courtisans. De tous les points du royaume arrivaient journellement de jeunes nobles, de bonne mine, assez bien vêtus, mais dénués d'argent la plupart, qui venaient tenter fortune à la cour et qui cherchaient à se pousser dans la carrière des favoris, en *se donnant* à un grand seigneur, en se faisant son domestique, son client, sa créature. Que d'adresse, que d'astuce, que de savoir-faire fallait-il mettre en œuvre, pour faire un chemin rapide dans une voie étroite et tortueuse, obstruée par tant d'ambitions et de rivalités! On citait des courtisans qui avaient tout tenté, tout entrepris, durant des années entières, sans parvenir à se glisser dans l'entourage du roi, à se faire remarquer de Sa Majesté et à lui adresser la parole. Ce jeu n'était pas bon avec Henri IV, qui malmenait les importuns. Pierre de l'Estoile rapporte que, le 1ᵉʳ février 1596, un maître des requêtes, bossu, nommé Dubreuil, avait pénétré dans la chambre du roi, qui s'y promenait avec le duc de Bellegarde. Ce maître des requêtes eut l'indiscrétion de présenter un placet au roi. Henri IV lui répondit qu'il y donnerait ordre, « mais, ajouta-t-il, retirez-vous pour cette heure, et sortez! » L'importun, s'obstinant à rester, attendait dans un coin de la chambre; le roi l'aperçut et vint à lui, en colère : « Mon petit maître des requêtes, bossu, tortu, contrefait, lui cria-t-il, je vous avais commandé de sortir et vous voilà! J'ai fait une ordonnance que vous sortiriez tous. Je ne veux plus voir autour de moi que ceux qui portent l'épée. »

Le baron de Fœneste raconte très plaisamment, dans ses *Aventures* écrites par Agrippa d'Aubigné, comment et dans quelle circonstance il réussit à se faire bien venir du roi, en lui donnant à rire. Il arrivait de Gascogne avec l'audace et l'impudence de sa province; il était recommandé à un comte, qui le fit bien habiller, en lui fournissant ainsi le moyen de *paroître* à la cour. Il fréquentait l'hôtel du duc de Guise, par la faveur du baron de Luz, qui l'avait choisi comme second pour les duels où on aurait besoin d'une bonne épée. Le baron de Fœneste rencontra dans le Louvre un courrier de la poste, qu'il avait vu sur la grande route en se rendant à Paris; il lui demanda « à qui il étoit; » l'autre répondit qu'il n'était encore à personne et qu'il voulait se donner à quelque prince. Fœneste le présenta tout de suite au duc de Guise, et deux jours après, ce courrier de la poste avait couché dans la chambre du duc, ce qui était la marque d'une haute faveur, et ce fut lui qui, en échange de bons offices, fit admettre, un jour, son compagnon de voyage dans le cabinet du roi. Le duc de Guise jouait avec le roi, et le nouveau favori tenait la bougie, en débitant mille folies qui amusaient Sa Majesté. Tout à coup il pousse le baron de

Fœneste, lui tend le bougeoir et lui dit : « Servez le roi ! » Le baron était aux anges, éclairant le jeu du roi, lorsqu'un valet de garde-robe jeta deux fagots dans la cheminée. Le roi se trouvait garanti du feu par un écran de bois, mais le pauvre Fœneste, qui tenait le bougeoir, était exposé à toute l'ardeur du foyer, si bien que ses chausses et ses bas de soie commençaient à roussir et qu'il se voyait quasi brûler vif. Les courtisans disaient tout haut : « Il brûle d'ambition. » Et le roi, qui suivait le jeu avec ardeur, répétait sans cesse : « Éclairez bien ! » pendant que le malheureux porteur du bougeoir royal trépignait, s'agitait, et mourait de douleur. Enfin, un éclat de rire général, auquel le roi prit part de bon cœur, mit fin au supplice du pauvre baron de Fœneste, qui se ressentait cruellement de ses brûlures, mais qui était en passe de faire désormais un vrai courtisan.

On avait vu, de tout temps, les fous de cour, à titre d'office, prendre position auprès des rois et obtenir le privilège de dire tout haut les sottises et les impertinences qui leur venaient à la bouche. Henri IV avait hérité de son prédécesseur un fou très spirituel et très hardi, nommé Chicot, qui fut tué en sa présence, au siège de Rouen (1591), par un gentilhomme qu'il avait fait prisonnier; il eut aussi Angoulevent, surnommé le Prince des sots, et une folle, nommée Mathurine, qui détourna le couteau avec lequel Jean Chastel allait percer la gorge du roi. Le dernier fou de la cour de France paraît avoir été Langely, qui déridait quelquefois le front soucieux de Louis XIII et qui mourut, sous Louis XIV, sans avoir osé jamais risquer une plaisanterie malsonnante devant le grand roi. Catherine de Médicis avait apporté d'Italie le goût des nains et des êtres contrefaits, dont la difformité était un sujet de distraction pour le désœuvrement de la cour. « Il semble, lit-on dans une facétie intitulée *le Diogène françois* (1617), que la cour de nos princes sembleroit nue et sans ornements, si elle ne s'accommodoit d'un pygmée, d'un nain, d'un misanthrope prodigieux et contrefait, tant l'esprit de l'homme est agité de divers appétits changeants et variables. » Maître Guillaume était un de ces monstres à peu près muets, quoique les pamphlets du temps lui aient souvent prêté des discours facétieux et politiques : il touchait dix-huit cent livres, « par les mains de maître Jean Lobeys, son gouverneur, » qui le conduisait comme un singe à la chaîne, et qui était l'inspirateur de ses grimaces et de ses gambades. Après lui, Henri IV eut trois nains, dont un noble espagnol, et Louis XIII en eut au moins deux.

Fig. 60. — Type de nain, bouffon de cour. — D'après Goltzius.
(Gravure signée de Ullrich.)

Dans *les Caquets de l'accouchée* (1622), on voit que l'affluence des petits nobles et des cadets de famille n'avait fait que s'accroître à la cour, depuis que l'exemple du marquis d'Ancre, du connétable de Luynes et d'autres favoris, invitait les jeunes ambitieux à venir, de tous les points de la France, chercher fortune sous les regards du roi : « A présent, dit l'auteur anonyme de cet ouvrage satirique, que la cour est remplie de cadets de haut appétit et de jeunes favoris, chacun d'eux voudra partager au bonheur et aux qualitez, en sorte qu'après la guerre on verra autour du roi plus de demandeurs que de défenseurs, et, pour dire, il sera très difficile d'aborder seulement les galeries du Louvre. » Outre les grands favoris, qui mettaient la main à la politique et aux affaires, il y avait les petits favoris « qui s'eslevent de peu et lesquels d'un néant bastissent une

Fig. 61. — Le Cordier. — D'après le *Livre des Proverbes joyeux*, publié par J. Lagniet, quay de la Mégisserie, près le For-l'Évesque.

N. B. Le costume du principal personnage et le quatrain placé au bas de la gravure concourent à donner à cette composition le sens d'une satire contre les courtisans. Voici le quatrain :

Puisqu'en ce beau travail je ne manque de rien,   Je suis riche en faisant tout, au rebours du bien,
A bien passer le temps, le bonheur me convie :   Et c'est à reculons que je gaigne ma vie.

Sur la gravure même, on lit :

Il file sa corde. — Les grands s'accordent. — Les petits prennent la corde.

fortune relevée. » Ces petits favoris avaient une tendance naturelle à protéger des gens de rien et à en faire des gens de cour, tandis que la cour restait fermée aux familles les plus honorables et les plus riches de la bourgeoisie : « Ce n'est pas avoir beaucoup de mérite, disait aigrement la femme d'un conseiller du parlement, de vouloir aspirer à ces honneurs dont on est indigne, et pour y parvenir au préjudice des seigneurs de remarque, et de la trop grande bonté du roy, de se servir de moyens reprochables à l'infiny. » Une pièce satirique, intitulée : *Les Ambitieux de la cour*, se raille ainsi de l'origine de ces coureurs de fortune : « Ces fats sont quelquefois issus d'un épe-

Fig. 62. — Les Travailleurs en faux. (Même source que la fig. 61.)

N. B. Le quatrain placé au bas de l'estampe est celui-ci :

En ce siècle tortu, le droit est hors de chance :   Puisque ce beau travail nous mest dans l'abondance,
La fausseté nous rit ; courage, forgerons ;   Plus nous ferons de faux et plus nous gaignerons.

Bien que le sens de ce dessin satirique ne soit pas aussi clairement écrit que celui du précédent, on peut y voir d'après la légende, rapprochée des costumes, une allusion aux grands et aux gens de cour.

ron, d'un lard, d'un ventre de merlue, d'un clistère à bouchon, d'un soulier sans semelle, d'une chaussure à trois plis, d'un cheval, d'une selle, d'un grateur de papier mal escrit, d'un moine défroqué, d'un juif, d'un sergent, d'un maroufle, etc. » On avait beau jeu à se moquer de ces sots sans noblesse et sans argent, qui se vantaient sans cesse de leur extraction, et qui ne comptaient que sur leur bonne mine et sur leur adresse pour se faire bien venir à la cour. Et cependant le satirique dit, en parlant de ces *guêpes de cour*, qui mangent *le travail et le miel des abeilles* : « Il n'y a tel courtaud de boutique, qui, les voyant passer, ne leur fasse la nique et ne désire bien que tous les courtisans fussent ainsi taillez (soumis à la taille), comme les paysans. » On peut estimer à deux ou trois mille le nombre de ces coureurs de fortune, qui suivaient la cour, non seulement celle du roi, mais encore celles des princes du sang.

La véritable noblesse ne cessait de se défendre contre ceux qui usur-

Fig. 63. — Les députés de la noblesse aux États généraux de 1614 demandent au roi la création de l'office de juge d'armes de France.

paient ses privilèges et lui disputaient le terrain de la cour. C'est ainsi qu'on avait vu, lors des États généraux de 1614, les députés de la noblesse se réunir pour demander au roi Louis XIII la création de l'office de juges d'armes de France, dans l'exercice duquel devait s'illustrer la dynastie des d'Hozier.

Les ordres de chevalerie réservés à la noblesse, et notamment le plus élevé de tous, l'ordre du Saint-Esprit, institué par Henri III, furent aussi de la part de Louis XIII l'objet d'une attention que ne leur accorda pas au même degré son successeur ; et la création de chevaliers de cet ordre, faite par le roi à Fontainebleau, le 14 mai 1633, resta célèbre entre toutes par le caractère imposant des cérémonies qui y furent observées.

Disposition du festin fait par S. M. à MM. les Chevaliers du Saint-Esprit, après leur création, à Fontainebleau, le 14 mai 1633; d'après Abraham Bosse.

La cour de Louis XIII fut, pendant un temps, la plus considérable et la plus coûteuse de toutes les cours, puisqu'elle en comprenait réellement quatre : la cour du roi, la cour de la reine mère, la cour de la reine, et la cour du cardinal de Richelieu. Cette dernière n'était pas là moins importante, si l'on s'en rapporte à une pièce allégorique de l'année 1636, dans laquelle sont indiqués *les logements de la cour*, que le fourrier d'État se charge de marquer à la craie avant l'arrivée de la cour, dans une ville où les hôtelleries ne suffisent pas pour la loger : « Nous avons bien de la peine à loger Son Éminence, écrit le fourrier à un ami, car vous savez qu'il a grande suite et force bagage, et que sa cour est aussi grosse que celle du roy. C'est pourquoy il luy faut beaucoup de lieux. Nous avons marqué *l'Ancre, la Couronne ducale* et *l'Écu de Bretagne*, mais on nous a dit que cela ne suffisoit pas seulement pour la moitié de sa suite, et qu'il en faudra bien marquer d'autres pour sa personne. » On peut juger, par aperçu, de ce que pouvait être le déplacement de la cour, dans ses changements de résidence et dans ses voyages. Ce n'était pas seulement la difficulté de loger sur un même point tant de monde à la fois ; c'était encore la difficulté de le nourrir : aussi, là où la cour avait passé un jour ou deux, il semblait qu'une nuée de sauterelles eût dévoré le pays à dix lieues à la ronde.

D'après des calculs qui n'ont rien de trop exagéré, on estime à plus de trois mille le nombre des charges de toute nature qui dépendaient de la cour du roi, depuis les grands officiers de la couronne et de la maison, jusqu'aux plus bas officiers de la cuisine, de l'écurie et de la valetaille. On doit bien penser que la moitié au moins de cet immense domestique n'avait pas à se déplacer et restait à son poste. Une partie des revenus de la couronne se trouvait absorbée par les pensions et par les gages de tout ce personnel de cour, lorsqu'on les payait, ce qui n'avait pas lieu tous les ans : la guerre, la marine, les ambassades, les places fortes, l'administration ne coûtaient pas tant à l'État. Nous avons un relevé sommaire et très incomplet de ces dépenses de cour pour l'année 1622, dans une sorte de budget dressé par Nicolas Rémond, secrétaire d'État. D'après ce budget, qui avait doublé certainement à vingt ans de là, la *bouche* de Sa Majesté et des officiers de sa maison, coûtait 300,000 livres; les gages des officiers domestiques s'élevaient à la même somme; les pensions, à 6,400,000 livres; l'écurie demandait 196,000 livres, la fauconnerie 18,000, la vénerie 12,000, l'argenterie 98,000; il fallait 129,000 livres pour les *plaisirs du roi*, 150,000 livres pour ses *grosses étrennes*, 8,400 livres pour ses offrandes et aumônes, 200,000 pour les *menus dons*, 200,000 pour les voyages, 140,000 pour l'argent de poche de Sa Majesté, etc. Si l'on ramène ces sommes au cours actuel de l'argent, on doit calculer que depuis deux siècles et demi la valeur de la monnaie a décuplé deux ou trois fois. En un mot, la dépense totale de l'État n'atteignait pas tout à fait vingt millions, sur lesquels le roi et la cour en absorbaient plus de quatorze. On s'explique donc les continuels embarras qui troublaient alors la gestion des finances; on s'explique aussi la colère du peuple et surtout de la bourgeoisie, contre l'augmentation incessante des impôts.

Il est vrai que la cour formait un monde à part, qui n'avait pas d'échos, pour ainsi dire, dans la population taillable et corvéable à merci. Les curieux et les indiscrets des classes inférieures ne savaient de la cour que ce qu'en disaient malicieusement les poètes et les libellistes : ils n'en étaient pas beaucoup plus avancés, quand ils avaient appris par cœur ces *questions de la cour* dans le *Catéchisme des courtisans* : « *Demande* : Qu'est-ce que les courtisans? — *Réponse* : Rien de ce que l'on en voit. — *D*. Qu'est-ce qu'un ministre? — *R*. L'idole de la cour. *D*. Qu'est-ce que les charges? — *R*. Une honorable gueuserie. — *D*. Qu'est-ce que la cour? — *R*. L'attrait de la jeunesse et le désespoir de la vieillesse. » Les sages et les philosophes jugeaient mieux quel terrible élément était quelquefois la cour, en voyant les naufrages des favoris qui avaient affronté cette mer remplie d'écueils et de tempêtes : ils se rappelaient que le maréchal d'Ancre avait été assassiné sur le pont dormant du Louvre, avec l'assentiment du roi, et que sa femme, Éléonore Galigaï, l'amie d'enfance de la reine mère Marie de Médicis, avait été brûlée vive, comme sorcière, en place de Grève; que le comte de Chalais, favori de Louis XIII et de son frère Gaston, avait été décapité à Nantes, pour avoir conspiré contre la domination du cardinal de Richelieu, et que plus tard Cinq-Mars, que Louis XIII appelait *cher ami*, avait péri également sur l'échafaud, pour avoir

Fig. 64. — Les *Plaisirs du Roi* : la comédie à la cour. — D'après une estampe du Recueil de l'Histoire de France (Bib. Nat.), 1643, portant cette légende : « Le soir, le roi et les personnes de la cour vont à la comédie. »

conspiré contre son *bon maître*. Ces exemples et tant d'autres prouvaient que la fortune était toujours perfide et changeante, à la cour, où le plus élevé en puissance et le plus assuré dans sa prospérité tombait, en un jour, en une heure, au dernier degré de disgrâce et d'infortune. Aussi Richelieu, menacé lui-même par tant d'intrigues, disait-il, qu'il avait plus de peur du petit coucher du roi que des armées espagnoles. (*Mémoires* du comte de Puységur.)

« Sire, disait au jeune Louis XIV Nicolas Besongne, clerc de la chapelle et de l'oratoire du roi, en lui offrant l'*Estat présent de la France*, qui fut en 1656 le précurseur de l'*Almanach royal* de 1700 ; Sire, quand je considère Votre Majesté au milieu de tous les grands officiers de vostre couronne et de vostre maison royale, que j'expose en ce livre, je m'imagine voir l'assemblée de tous les dieux de l'antiquité, sur le mont Olympe, qu'Homère nous décrit si souvent : je vous contemple comme Jupiter, père des dieux et roi des hommes. » Cette assemblée des dieux, que Nicolas Besongne décrit dans son livre, n'est autre que la cour, composée des officiers de la couronne et de ceux de la maison du roi, que nous allons énumérer rapidement en suivant l'ordre dans lequel ils étaient portés sur les états des pensions et gages, que les trésoriers présentaient à la vérification de la chambre des comptes et ensuite à celle de la cour des aides.

Le grand aumônier, commandeur né des ordres du roi, occupait un office qu'on regardait comme le comble des honneurs ecclésiastiques : il ne prêtait le serment de fidélité qu'au roi, et recevait le serment de toutes les personnes attachées à la chapelle et à l'oratoire de Sa Majesté, entre autres des huit aumôniers servants, des neuf chapelains et des huit clercs de chapelle et d'oratoire, etc. C'était ordinairement un cardinal que le roi honorait de cet office : il se trouvait chargé de la délivrance des prisonniers, laquelle avait lieu aux quatre grandes fêtes de l'année et en diverses occasions solennelles. Il disposait seul du fonds destiné aux aumônes du roi, et surveillait le service de la chapelle ; il assistait le roi dans toutes les cérémonies religieuses, quand le roi lavait les pieds le jour de la Cène, ou touchait les écrouelles le jour de son sacre ; il lui faisait baiser l'Évangile et la patène à certaines fêtes de l'Église ; il lui présentait le goupillon et le pain bénit, à la messe. Il avait le privilège de venir quand il voulait à son lever et à son coucher, pour la prière, au dîner et au souper pour la bénédiction de la table. Il remplissait, en un mot, toutes les fonctions d'évêque de la cour ; ses gages ordinaires ne s'élevaient pas néanmoins au-dessus de 1,200 livres. Il portait pour marque de sa charge le cordon bleu, et au bas de ses armes un grand livre couvert de satin bleu avec l'écu de

France en broderie. Le premier aumônier, dont les gages étaient les mêmes, remplissait aussi les mêmes fonctions en l'absence du grand aumônier ; les huit aumôniers suppléaient aussi, à la chapelle, dans la chambre du roi et ailleurs, le grand aumônier et le premier aumônier ; les huit chapelains servants et les huit clercs (les premiers à 240 livres et les seconds à 180), faisaient leur service par quartier. Le maître de

Fig. 65. — L'écu de France; d'après un bas-relief.

l'oratoire, qui était généralement un évêque, touchait 1,200 livres, de même que le confesseur du roi. Le maître de la chapelle de musique était aussi un évêque, avec les mêmes gages ; il avait sous ses ordres deux sous-maîtres et plusieurs musiciens servant par semestre.

Le grand maître de la maison, de qui la charge remontait à une haute antiquité, puisqu'il prétendait tirer son origine des anciens maires du palais, était d'ordinaire un des princes du sang. Il avait sous ses ordres les sept offices qui composaient la *bouche du roi*, à savoir : le gobelet, la cuisine-bouche pour le roi seul, la paneterie-commun, l'échansonnerie-commun, la cuisine-commun, la fruiterie et la fourrière. Chacun de ces services avait des officiers supérieurs et inférieurs ; les premiers étaient le premier maître d'hôtel, le maître d'hôtel ordinaire et les douze maîtres d'hôtel servant par quartier; les trois grands officiers de la bouche, savoir : le grand panetier, le grand échanson et le grand écuyer tranchant : les trente-six gentilshommes servants du roi, les maîtres de la chambre aux deniers, les deux contrôleurs généraux, les seize contrôleurs d'office; enfin, le contrôleur ordinaire de la bouche. Ces officiers s'assemblaient sous la présidence du grand maître, avec les commis au contrôle, pour traiter au rabais des fournitures de la maison du roi ; on appelait ces réunions le *bureau du roi*. C'était le grand maître de la maison qui disposait de toutes les charges des sept offices, et qui recevait le serment de tous les officiers, qu'il avait nommés après acquisition desdites charges. Il ne faisait son service à la table du roi qu'en cérémonie, pour accompagner les viandes : il marchait alors devant tous les maîtres d'hôtel et gentilshommes servants, son bâton levé, tandis que les maîtres d'hôtel tenaient le leur abaissé devant lui. Il était préféré à tous les princes, pour donner la serviette au roi; il réglait tous les ans la dépense de bouche de la maison royale et présidait le bureau du roi, dans lequel siégeaient les premiers maîtres d'hôtel, les maîtres d'hôtel de quartier, les maîtres de la chambre aux deniers, le contrôleur général de semestre et les contrôleurs clercs d'office, pour examiner et approuver toutes les dépenses. Le grand maître n'avait que 3,600 livres de gages, outre la pension qui lui était attribuée en qualité de prince du sang. Il portait, pour marque de sa charge, deux bâtons garnis d'argent doré et fleurdelisés aux deux bouts, mis en sautoir derrière l'écu de ses armes.

Le service des gentilshommes servants, qui faisaient alternativement les fonctions de panetier, d'échanson et d'écuyer tranchant, était très compliqué et très minutieux, au dîner et au souper du roi. Ces charges, qui ne produisaient que 700 livres de gages, se payaient pourtant fort cher, parce qu'on les considérait comme honorifiques, et qu'elles mettaient les titulaires en évidence à la cour et en rapport direct avec la personne du souverain. Ils apportaient les plats sur la table, faisaient l'essai du pain, des viandes et du vin devant le roi, etc. Le nombre des officiers employés dans les sept offices de bouche, dépendant du grand maître, était considérable, et ces officiers se subdivisaient hiérarchiquement en une infinité de catégories. Ainsi le gobelet se partageait en paneterie-bouche et en échansonnerie-bouche, ayant chacune douze chefs, quatre aides, quatre sommiers, et d'autres officiers payés 600 et 400 livres. La bouche du roi ou cuisine-bouche comprenait plus de soixante of-

Fig. 66. — Le Dîner du roi. — D'après une estampe du *Recueil de l'Histoire de France.*
(Bibl. Nat., 1643.)

ficiers aux gages de 600 à 300 livres, dix écuyers, quatre maîtres-queux, quatre hâteurs, quatre potagers, quatre pâtissiers, quatre porteurs, quatre garde-vaisselle, deux sommiers du garde-manger et deux sommiers des broches, etc. La paneterie-commun avait seize chefs, douze aides, six sommiers et deux lavandiers ; l'échansonnerie-commun, vingt chefs, douze aides, un maître des caves, deux sommiers de vaisselle et quatre de bouteilles. La cuisine-commun comportait deux fois plus de monde que la cuisine-bouche. La fruiterie-commun n'avait que douze chefs, douze aides et quatre sommiers. La fourrière, qui fournissait le bois dans la maison du roi, comportait vingt valets de fourrière et seize aides, outre divers bas officiers, tels qu'un délivreur de bois, un porteur de bois, un porte-tables du roi, un menuisier, qui avait la fourniture du buis le jour des Rameaux, etc. A la suite des sept offices, on classait les fournisseurs ordinaires de la maison du roi, boulangers, bouchers, marchands de vin, etc.

Le grand chambellan, dont la charge avait existé dès l'origine de la monarchie, réunissait sous ses ordres tous les officiers de la chambre et de la garde-robe du roi, ceux des cabinets, antichambre, etc. Comme maître de la chambre du roi, il lui donnait la chemise à son réveil, et la serviette quand le roi déjeunait dans sa chambre. Il portait pour marque de sa charge deux clefs d'or passées en sautoir, derrière l'écu de ses armes. Le grand chambellan avait les mêmes gages que le grand maître, mais cette charge était toujours remplie par un duc et pair, qui touchait une pension du roi. Après le grand chambellan, il y avait quatre premiers gentilshommes ordinaires de la chambre, servant par quartier et faisant le service du grand chambellan en son absence; aussi recevaient-ils les mêmes gages que le grand chambellan, et de plus, chacun d'eux prenait chez lui six pages nobles entretenus aux frais du roi. Il y avait, en outre, vingt-huit gentilshommes ordinaires de la chambre du roi, servant par semestre et touchant 2,000 livres de gages. Les quatre premiers valets de chambre, aux gages de 700 livres, gardaient les clefs des coffres de la chambre et couchaient, par quartier, dans la chambre du roi; les autres valets de chambre, au nombre de trente-deux, servant aussi par quartier aux gages de 660 livres, faisaient différentes fonctions autour du roi lorsqu'on l'habillait ou le déshabillait, tenant sa robe de chambre, lui présentant le miroir, etc. Ils faisaient aussi le lit du roi, avec les tapissiers de quartier. Les seize huissiers de la chambre servaient également par quartier et se tenaient le jour et la nuit aux portes de la chambre du roi, où ils faisaient entrer les personnes que désignaient les premiers gentilshommes de la chambre. Les six garçons de la chambre, les deux lavandiers du corps, les porteurs de la chambre, etc., appartenaient au service subalterne.

Vue intérieure du grand escalier de Versailles, gravé par Surugue; d'après J. M. Chevotet.

Quant au service de médecine, il comprenait les médecins, les chirurgiens, les apothicaires et les barbiers, ayant titre de valets de chambre et servant par quartier. La fonction des barbiers consistait à peigner le roi, à lui faire le poil, c'est-à-dire la barbe, à le coiffer et à l'essuyer au sortir du bain. Le premier médecin avait 3,000 livres de gages; les huit médecins par quartier, 1,200 livres chacun. Ils devaient se trouver au lever, au coucher et au repas du roi. La garde-robe, qui avait soin des habits, du linge et de la chaussure du roi, était dirigée par quatre maîtres, choisis parmi les plus grands noms de la noblesse, servant par année avec 3,400 livres de gages. Ils couchaient dans la chambre du roi ou à côté, quand ils faisaient leur service. Le porte-manteau ordinaire, payé 1,320 livres, se voyait à la tête de treize à quatorze porte-manteaux servant par quartier avec 660 livres de gages. Quatre valets de garde-robe ordinaires commandaient à seize autres valets d'ordre inférieur.

Le cabinet, dont le personnel ne se composait que de quatre secrétaires, deux huissiers, un lecteur de la chambre et plusieurs gardes des livres, des armes et des bijoux, renfermait la bibliothèque particulière du roi, le cabinet des armes et le cabinet des antiques. L'antichambre, où l'on dressait la table du roi et où on le servait à dîner et à souper en cérémonie, avait seulement deux huissiers spéciaux servant par semestre. A l'antichambre se rattachait le service du garde-meuble de la couronne, placé sous la direction d'un garde-meuble général et d'un contrôleur, avec une série de bas officiers, tapissiers, vitriers, menuisiers, etc., servant par quartier. Les interprètes aux langues, les historiographes de France et plusieurs maîtres pour enseigner au roi différents exercices, tels que les armes, les mathématiques, la paume, etc., dépendaient du cabinet, comme la musique de la chambre du roi dépendait de l'antichambre du roi. Cette musique de la chambre, qui se faisait entendre surtout au dîner du roi, se composait de deux intendants, de deux maîtres et de trois pages de la musique, de quatre chanteurs, de deux compositeurs, et de quelques joueurs d'instruments, outre la grande bande des vingt-quatre violons du roi en service extraordinaire.

Le grand écuyer, dont la charge n'était pas antérieure au règne de Charles VII, portait encore, aux entrées des rois dans les villes du royaume, aux pompes funèbres et dans quelques autres solennités, une casaque de velours bleu semée de fleurs de lis d'or, montant un cheval caparaçonné de même, et tenant l'épée royale dans le fourreau de velours bleu fleurdelisé. Il avait la surintendance des écuries de Sa Majesté, principalement de la grande écurie, car la petite écurie était plus spécialement sous les ordres du premier écuyer, qu'on appelait *M. le Premier.* Le grand écuyer, qu'on désignait aussi sous le nom de *M. le Grand*, réglait toutes les dépenses concernant les écuries, ainsi que les dépenses des carrosses, chariots et autres véhicules de la maison du roi. Il avait aussi à régir les dépenses pour l'habillement d'une partie de la maison militaire, et c'était lui qui disposait des fonds ordonnés pour les sacres, couronnements, mariages et pompes funèbres des rois. Ses gages n'étaient que de 3,600 livres, avec 10,200 de livrées pour frais de représentation. La grande écurie se trouvait gouvernée, en son absence, par l'écuyer ordinaire, qui y avait un logement. Elle se divisait en trois parties distinctes : l'école des pages, tous les officiers servant dans les écuries du roi, haras, et tous les officiers servant aux cérémonies. Les pages, au nombre de soixante-dix, devaient justifier de sept degrés de noblesse pour être admis dans l'école dirigée par trois écuyers instructeurs, ayant pleine autorité sur les gouverneurs des pages et sur tous les maîtres et précepteurs qui apprenaient aux pages les exercices de l'équitation, des armes, de la guerre, etc. Le personnel de la grande écurie était immense : cinquante-huit valets de pied, seize petits laquais, huit fourriers, dix conducteurs de voitures, trois postillons, huit maréchaux de forges, quarante palefreniers, cinquante aides, et quantité d'autres officiers attachés au service des écuries : aumôniers, chapelains, médecins, chirurgiens, apothicaires, tireurs d'armes, voltigeurs, chevaucheurs, cuisiniers, etc. Plus de cent vingt chevaux devaient être toujours entretenus dans la grande écurie. Le haras, dont le siège était à Saint-Léger, sous la surveillance d'un capitaine du haras, n'avait pas plus de trente fonctionnaires, les gardes, les palefreniers, les maréchaux-ferrants, les vétérinaires, etc. Ce qu'on

Le grand carrousel de 1662.
Tiré de la publication éditée en 1670 par Ch. Perrault, sous ce titre latin : *Festiva ad capita annulumque decursio....* (Imprimerie Royale.)

appelait les *officiers servant aux cérémonies*, c'étaient les vingt-cinq hérauts d'armes, avec le roi d'armes à leur tête, les poursuivants d'armes, le juge d'armes, les porte-épées de parement, les porte-manteaux, et les trompettes et joueurs d'instruments. La petite écurie, gouvernée exclusivement par le premier écuyer ou M. le Premier, ne renfermait que les chevaux de trait et de main, employés ordinairement au service du roi. Il y avait, dans la petite écurie, dix-neuf écuyers servant par quartier, lesquels prêtaient serment entre les mains du grand maître de la maison du roi, parce que l'écuyer de quartier ou *de jour* accompagnait le roi dans ses sorties à cheval ou en voiture et chevauchait à son côté. La petite écurie avait, d'ailleurs, presque autant d'officiers que la grande : vingt pages avec leurs gouverneurs, maîtres et précepteurs, des valets de pied, des maréchaux de forges, des palefreniers, des cochers, des porte-chaises, etc.

La maison militaire du roi se composait de différents corps d'élite, destinés à garder sa personne, ainsi que le lieu de sa résidence, et à le suivre à la guerre. Les quatre compagnies des gardes du corps (la première écossaise, les trois autres françaises), étaient chacune de cent hommes, choisis par le roi lui-même depuis 1664, commandés par un capitaine, un lieutenant, un enseigne et plusieurs exempts. Les capitaines de ces compagnies appartenaient à la plus haute noblesse ; ils accompagnaient partout le roi et couchaient près de sa chambre. Les Cent-Suisses, dont le capitaine était un gentilhomme français, s'appelaient aussi gardes du corps ordinaires du roi. Les cent gentilshommes du bec à corbin, en dépit de leur ancienne qualification, formaient deux compagnies, de cent hommes chacune, commandées par deux capitaines et deux lieutenants. La compagnie des gens d'armes et celle des chevau-légers avaient l'une et l'autre deux cents hommes, avec un capitaine lieutenant, le roi étant capitaine titulaire de ces deux compagnies. La compagnie des mousquetaires à cheval, qu'on regardait avec raison comme l'élite de la noblesse guerrière, s'honorait aussi d'avoir le roi pour capitaine. Les cinquante gardes de la porte, sous les ordres d'un capitaine et de quatre lieutenants, servant par quartier à la porte du roi, n'avaient pas d'autre arme que la hallebarde en main. La compagnie des archers du grand prévôt de France était préposée à la police intérieure de l'hôtel du roi. Quant au grand prévôt de France, qui occupait une des plus anciennes charges de la maison du roi, il conservait des prérogatives fort importantes, et sa juridiction s'étendait à dix lieues de la cour; il touchait 2,000 livres de gages et 8,000 de récompense.

Fig. 67. — Louis XIV, dans la tranchée devant Tournay, avec sa maison militaire. — Gravé par Seb. le Clerc, d'après Ch. le Brun (1681), avec cette inscription : « Siège de Tournay en l'année 1667, où le roy Louis XIV, étant dans la tranchée, se lève au-dessus et s'expose au feu des ennemis pour reconnoître l'état de la place. »

Les deux régiments des gardes françaises et suisses fournissaient tous les jours deux ou quatre compagnies, pour garder toutes les avenues du logis du roi; le régiment français avait trente compagnies, et le régiment suisse, seize, chacune de deux cents hommes, ce qui formait un effectif de plus de 9,000 hommes, sans compter les officiers. Le mestre de camp du régiment français était un maréchal de France, et celui du régiment suisse prenait le titre de colonel général des Suisses au service de France; car Louis XIV, à son avènement au trône, n'avait pas manqué de renouveler avec solennité l'alliance de

Renouvellement d'alliance entre la France et les Suisses, fait dans l'église de Notre-Dame de Paris par le roi Louis XIV et les ambassadeurs des XIII cantons et de leurs alliés, 18 novembre 1663; d'après C. le Brun.

la France avec les cantons suisses, qui fournissaient à la maison du roi un contingent de belles troupes d'élite.

Le grand maréchal des logis, dont la fonction consistait à faire marquer tous les logis, tant pour le roi que pour toute la cour, lorsque la cour suivait le roi en voyage, avait 3,000 livres de gages et bouche en cour (c'est-à-dire sa table particulière défrayée et servie à la cour), avec d'autres appointements : son personnel comprenait douze maréchaux de logis, quatre fourriers du corps et quarante fourriers ordinaires. Le capitaine des guides avait sous sa direction un certain nombre de guides, qu'il envoyait d'avance, quand le roi allait sortir en campagne, pour faire réparer les chemins, par voie de corvée, là où la cour devait passer.

Le grand maître des cérémonies, qui exerçait sa charge aux solennités royales, ayant en main son bâton d'ordonnance couvert de velours noir, avait sous lui le maître des cérémonies, un aide des cérémonies, et les trois conducteurs des ambassadeurs.

Aux grandes charges qui s'exerçaient en dedans de la maison du roi, il faut ajouter celles qui s'exerçaient au dehors et qui représentaient ce qu'on avait nommé *les plaisirs du roi*, c'est-à-dire les charges de grand veneur, de grand fauconnier et de grand louvetier. Chacune de ces charges donnait la surintendance sur une multitude d'officiers de différentes catégories, dont beaucoup étaient gentilshommes, car tout ce qui tenait à la chasse concordait bien avec la noblesse.

Le grand veneur avait sous lui des lieutenants, sous-lieutenants et gentilshommes de chasse, des valets de chiens à cheval, des valets de limiers, d'autres valets de chiens ordinaires, des garçons pour la garde des lévriers, des fourriers, des pages, etc.

Le grand fauconnier avait aussi des gentilshommes, des pages et d'autres officiers pour chaque différent vol (milan, héron, corneille, perdrix, canard, pie, etc.); le grand louvetier avait des veneurs de louveterie, des valets de lévriers, des valets de chiens courants, des sergents louvetiers, etc.

Quand le roi allait à la chasse au fusil, il avait toujours auprès de lui son porte-arquebuse, qui lui présentait les armes toutes chargées, et partout où il chassait, il trouvait le capitaine des chasses, préposé à la garde de la forêt ou de la *garenne* dans laquelle la chasse avait lieu.

Quant aux chasses à courre, qui étaient le principal luxe du roi et des grands, elles comportaient un magnifique appareil. A Fontainebleau, théâtre favori des plus beaux *laisser-courre du cerf*, le droit de suivre la

Fig. 68. — « Le roy à la chasse du cerf, avec les dames. » — D'après une estampe signée B. F. (Bauduins), qui porte : « Désigné pour le roy très-chrétien par F. Van der Meulen; se distribue à Paris par l'auteur, en l'hostel des manufactures royales des Gobelins et en la rue Saint-Jacques, avec privilège du roy. »

chasse était accordé une fois pour toutes à ceux qui avaient obtenu le privilège de porter le justaucorps, « qui était, dit Saint-Simon, uniforme bleu, avec des galons d'argent entre deux d'or, doublé de rouge. »

Il y avait aussi, dans chaque château, un capitaine et un lieutenant à la capitainerie, qui exerçaient leur autorité sur les gardes, mortes-payes, concierges, portiers, garde-horloge et autres domestiques.

1. Chasse royale. — D'après Callot.
2. La chasse au cerf. — 3. La chasse au sanglier. — 4. La chasse au chevreuil. — D'après la Belle (Della Bella).

Le surintendant et ordonnateur général des bâtiments du roi, jardins, tapisseries de Sa Majesté, arts et manufactures de France, comptait, parmi ses différents subordonnées, quatre intendants des bâtiments, cinq ou six contrôleurs, un architecte, et plusieurs autres officiers et ouvriers.

Enfin, les trésoriers de la maison du roi, qui figuraient sur les états après tous les services de la maison, étaient au nombre de vingt-huit ou trente, ainsi que leurs contrôleurs; chacun d'eux, trésorier des menus plaisirs du roi, trésorier de l'argenterie, trésorier des écuries, trésorier des chasses, etc., avait à payer les dépenses d'un service spécial, avec les fonds qu'il recevait des trois trésoriers de l'épargne.

Après cette énumération très sommaire des charges de la couronne et de la maison du roi, il ne faut pas oublier de dire que les mêmes charges et les mêmes officiers se retrouvaient identiquement, mais en moindre nombre et avec quelques variantes d'attributions, dans la maison de la reine, dans la maison de Monsieur et dans la maison du dauphin. Il y eut, pendant près de six ans, deux maisons de la reine : celle de la reine mère, Anne d'Autriche, qui mourut en janvier 1666; et celle de la reine régnante, Marie-Thérèse d'Autriche, qui avait épousé Louis XIV en juin 1660. Or, la maison de la reine mère n'avait été que fort peu diminuée de ce qu'elle était sous la régence, non seulement avec ses vingt-deux dames d'honneur et d'atour, ses six damoiselles ou *filles de la reine*, ses dix-sept femmes de chambre, mais encore avec ses officiers ecclésiastiques, depuis le grand aumônier jusqu'aux clers de chapelle; ses officiers laïques, depuis l'intendant de la maison jusqu'à ses vingt-quatre pages et ses vingt-quatre valets de pied; sans parler des nombreux officiers attachés à la chambre, à l'antichambre, à la garde-robe, aux cabinets, au service de la bouche : ce qui composait un ensemble de plus de quatre cents personnes à gages. Il y avait, en outre, deux maisons de Monsieur : celle du duc d'Anjou, frère de Louis XIV, et celle de son oncle, Gaston d'Orléans, lequel survécut jusqu'en 1660 à son frère aîné, Louis XIII.

La famille royale n'avait jamais été ni plus nombreuse ni plus brillante qu'elle le devint sous le règne de Louis XIV, avant la fin du siècle, qui devait voir disparaître la plus grande partie des princes et des princesses que ce long règne eut pour contemporains, et la cour de France pour ornements. Louis XIV, à l'âge de vingt-deux ans, avait pris avec indifférence l'épouse que la reine mère et le cardinal Mazarin lui avaient choisie à la cour d'Espagne. C'était une alliance politique et non une union de sympathie mutuelle (9 juin 1660). Mais la reine Marie-Thérèse d'Autriche, qui avait le même âge que le roi, s'attacha passionnément à lui, et le roi lui sut gré de cette affection exclusive, à laquelle il répondit par des sentiments de profonde estime. La reine était modeste, simple, bonne et pieuse. Elle eut six enfants, dont cinq moururent en bas âge; le sixième, Louis de France, fut le *grand dauphin*, qu'on appela *Monseigneur*. Né en 1661, il eut pour gouverneur le duc de Montausier; et pour précepteur Bossuet, qui ne firent pas de lui un esprit supérieur, et qui ne changèrent pas son caractère défiant et sauvage. De la princesse palatine Marie-Anne-Christine, « princesse toute de l'ancien temps, attachée à l'honneur et à la vertu, » d'après le jugement de Saint-Simon, il eut trois fils : Louis, duc de Bourgogne; Philippe, duc d'Anjou; et Charles, duc de Berry, que la grande dauphine, morte en 1690, n'eut pas le temps d'élever elle-même. Le duc de Bourgogne et le duc de Berry étaient malheureusement destinés à mourir jeunes; le duc d'Anjou fut Philippe V, roi d'Espagne. L'oncle du roi, Gaston d'Orléans, mort en 1660, avait laissé, de sa première femme, Mlle de Bourbon Montpensier, une fille, qu'on nomma la *grande Mademoiselle*; et, de sa seconde femme, Marguerite de Lorraine trois filles, qui épousèrent Cosme III, duc de Toscane; Louis-Joseph, duc de Guise; et Charles-Emmanuel, duc de Savoie. Le frère du roi, Monsieur, Philippe de France, avait épousé en 1661 la sœur du roi d'Angleterre, Charles II, cette gracieuse et spirituelle Henriette, qui fit le charme de la cour de France, et dont les deux filles furent mariées à Charles II, roi d'Espagne, et à Victor-Amédée II, roi de Sardaigne. Devenu veuf en 1670, Philippe d'Orléans se remaria, l'année suivante, avec Charlotte-Élisabeth de Bavière, princesse palatine, qui lui donna un fils et une fille : Philippe, duc de Chartres, lequel fut régent pendant la minorité de Louis XV, et Charlotte d'Orléans, mariée au duc Charles de Lorraine.

ENTREVUE DE LOUIS XIV ET DE PHILIPPE IV DANS L'ÎLE DES FAISANS EN 1660.

La maison de Bourbon-Condé était représentée par Louis II, dit le *grand Condé,* un des héros du siècle, né en 1621, mort en 1686, et par son fils unique Henri-Jules, dit *Monsieur le Prince,* qui n'eut, d'Anne de

Fig. 69. — Marie-Anne-Christine-Victoire de Bavière, épouse du grand Dauphin. — D'après le portrait peint par de Saint-Jean (gravure anonyme). — Voy. A. Firmin-Didot, *les Graveurs de portraits en France*, N° 2459.

Bavière, palatine du Rhin, qu'un fils, Louis de Bourbon, dit *Monsieur le Duc.* La branche de Bourbon-Conti avait pour chef Armand, prince de Conti, qui mourut en 1666, en laissant deux fils de son mariage avec Anne Martinozzi, nièce de Mazarin. Enfin, une rayonnante pléiade de princes et de princesses, enfants légitimés du roi, qui eut le soin de les établir avec éclat en les introduisant dans les familles du sang royal, rayonnait autour de la couronne de France et formait l'auréole du règne de Louis XIV.

C'est seulement sous ce règne que la cour prit un caractère envahissant et absorbant qu'elle n'avait jamais eu. Louis XIV, qui révéla ce qu'il entendait faire de la monarchie absolue, en disant : L'*État c'est moi!* voulut, en quelque sorte, que la cour devînt l'expression éclatante de sa royauté. « L'ancienne cour de la reine, sa mère (Anne d'Autriche), qui excelloit à la savoir tenir, dit Saint-Simon dans ses Mémoires, lui avoit imprimé une politesse distinguée, une gravité jusque dans l'air de galanterie, une majesté partout, qu'il sut maintenir toute sa vie, et lors même que vers sa fin il abandonna la cour à ses propres débris. » Pendant quarante ans, de 1660 à 1700, la cour de Versailles n'eut pas d'égale en Europe, et l'éclat dont elle brillait, la magnificence qu'elle déployait, la grandeur dont elle était l'image, se reflétèrent sur tout le siècle de Louis XIV. La France semblait avoir disparu, sombre et muette, au milieu du fracas et du rayonnement de cette cour. Le roi, élève docile de Mazarin, continua l'œuvre de Richelieu, en achevant d'abattre la féodalité et d'assouplir la vieille noblesse au joug de l'autorité royale. Le dissolvant le plus puissant qu'il employa contre les ligues et les coalitions des princes et des nobles fut le déplacement de la principale noblesse, qu'il força de quitter ses châteaux et ses terres, et de se fixer à la cour. Les plus riches s'étaient hâtés d'accourir à l'appel de Louis XIV, pour échauffer à son soleil leur orgueil, pour faire assaut de luxe avec les pompes et les splendeurs du grand roi; les plus pauvres vinrent ensuite, pour chercher fortune. Ce fut une sorte d'émigration de la noblesse des provinces ; « des tournois et des fêtes en donnèrent le signal, » dit Lemontey, dans son *Essai sur l'établissement monarchique de Louis XIV.* On acquit la conviction que les faveurs ne tomberaient désormais qu'autour du roi. Il y eut des places et des plaisirs pour tous les âges et pour tous les sexes. Le ridicule s'attacha aux vertus domestiques et à la simplicité agricole. Les habitudes des nobles campagnards alimentèrent les sarcasmes de la comédie et les fréquentes mascarades de la

L'ÉTAT GLORIEUX ET FLORISSANT DE LA FAMILLE ROYALE

D'APRÈS UN ALMANACH DE 1699.

Les numéros indiqués ci-dessus répondent aux personnages suivants, groupés autour du roi Louis XIV.

Nos 1. — Louis de France (le grand dauphin).

2. — Louis de France (le duc de Bourgogne).

3. — Marie Adélaïde de Savoie (duchesse de Bourgogne).

4. — Philippe de France (le duc d'Anjou; depuis Philippe V, roi d'Espagne).

5. — Charles de France (le duc de Berry).

6. — Philippe de France (le duc d'Orléans, *Monsieur*, frère du roi).

7. — Élisabeth, Charlotte de Bavière (la Palatine, *Madame*, femme du précédent).

8. — Henri-Jules de Bourbon, prince de Condé (Monsieur le Prince).

9. — Louis III de Bourbon (Monsieur le Duc).

10. — Louise-Françoise de Bourbon (Mademoiselle de Nantes, femme du précédent).

11. — Philippe d'Orléans, duc de Chartres (depuis régent de France).

Nos 12. — Françoise-Marie de Bourbon (Mademoiselle de Blois, femme du précédent).

13. — François-Louis de Bourbon (prince de Conti).

14. — Victor Amédée II, duc de Savoie.

15. — Léopold-Joseph-Charles, duc de Lorraine.

16. — Louis-Joseph, duc de Vendôme.

17. — Philippe de Vendôme (le grand prieur).

18. — Louis-Auguste de Bourbon (duc du Maine).

19. — Louis-Alexandre de Bourbon (comte de Toulouse).

20. — Louise-Bénédite de Bourbon (Mademoiselle de Charolais, duchesse du Maine).

21. — Élisabeth-Charlotte d'Orléans, duchesse de Lorraine.

22. — Marie-Anne de Bourbon (Mademoiselle de Blois, princesse douairière de Conti).

État glorieux et florissant de la famille royale. — Tiré de l'Almanach de 1699. (Voir, ci-contre, la légende détaillée.)

cour. Le luxe, la galanterie, la vanité et la mode firent le reste. »
Louis XIV avait établi en principe que les nobles devaient avoir tous
les grades dans l'armée, et les bourgeois de mérite, toutes les places
dans le gouvernement : « Peu à peu, dit Saint-Simon, il réduisit tout
le monde à servir et à grossir sa cour, ceux-là mêmes dont il faisoit le
moindre cas. Qui était d'âge à servir n'osoit différer d'entrer dans le
service. » Mais nous refusons à croire, en dépit du témoignage de
Saint-Simon, que ce fût là, de la part du roi, « une autre adresse
pour ruiner les seigneurs et les accoutumer à l'égalité, et à rouler pêle-
mêle avec tout le monde.

La ruine de beaucoup de maisons nobles, à cette époque, par
suite des dépenses immodérées de la cour, est un fait réel, nonobstant
les pensions, les récompenses et les dons que le roi ne ménageait
pas, surtout dans le temps de sa grande prospérité. Mais le résultat
inévitable des luttes de l'ambition, de la prodigalité et du luxe ne
fut pas, ne pouvait pas être la conséquence d'un projet, d'une intention préconçue, pour l'abaissement et la décadence de la noblesse, comme le veut Saint-Simon. « Cette dignité, dit ce terrible
juge du grand roi, il ne la vouloit que pour lui et que par rapport à
lui; et celle-là même relative, il la sapa presque toute pour mieux
achever de ruiner toute autre et de la mettre peu à peu, comme il fit, à
l'unisson, en retranchant tant qu'il put toutes les cérémonies et les distinctions, dont il ne retint que l'ombre. » Cependant le roi avait inventé lui-même une foule de petites distinctions, que les personnes de
la cour étaient jalouses d'obtenir et qu'il n'accordait qu'aux privilégiés, pour tenir chacun attentif et assidu à lui plaire : tels étaient
les logements, bien étroits et bien mesquins d'ailleurs, qu'un très petit
nombre de courtisans obtenaient dans le château de Versailles; le choix
qu'il faisait lui-même de ceux qui devaient l'accompagner dans ses
voyages et dans ses promenades; le bougeoir qu'un courtisan devait
tenir tous les soirs au coucher du roi, et enfin le justaucorps à brevet, bleu, doublé de rouge et brodé d'or, que quelques jeunes seigneurs
avaient seuls le droit de porter dans toutes les cérémonies.

On doit s'étonner que Louis XIV, qui savait tout le prix que la noblesse de cour attachait à ces distinctions honorifiques, n'ait pas donné plus d'extension et plus d'éclat aux ordres de chevalerie religieux et militaires que ses ancêtres avaient créés. Il fit attendre jusqu'en 1661 la première promotion de chevaliers du Saint-Esprit, qui eut lieu sous son règne. Il n'y avait, auparavant, qu'un très petit nombre de chevaliers, reçus sous Louis XIII, qui portaient le grand habit aux cérémonies de l'ordre, où ils allaient à l'offrande et communiaient tous. On eût dit que le roi voyait de mauvais œil ces cérémonies de l'ordre du Saint-Esprit, car il supprima le grand habit, l'offrande et la communion, en nommant de nouveaux chevaliers. L'ordre de Saint-Michel était, en quelque sorte, un annexe de l'ordre du Saint-Esprit, mais la Marinière ne craignait pas de dire, dans *la France triomphante,* publiée en 1657 : « A présent, cet ordre est tellement avili, qu'il y a peu ou point de personnes de qualité qui veulent le porter. » L'ordre de Saint-Lazare et de Notre-Dame du Mont-Carmel n'était pas plus recherché, quoique le roi en eût donné la grande maîtrise au marquis de Dangeau, en 1693. Enfin Louis XIV se décida à créer, en ce temps-là même, un nouvel ordre de chevalerie, celui de Saint-Louis, uniquement destiné aux officiers de terre et de mer, et dont il était le grand maître; mais cet ordre militaire n'était pas de ceux que les nobles se montraient fiers d'obtenir, et, dans tous les cas, ils ne le portaient jamais à la cour.

Le roi, qui portait quelquefois sous son habit le grand cordon bleu de ses ordres, ne semblait pas tenir beaucoup à le voir porté par ses courtisans, lors même que ceux-ci l'auraient reçu de sa main. Ce qu'il voulait, ce qu'il exigeait, c'était la présence assidue, journalière, de tous les gens de cour, qui venaient, suivant une expression caractéristique, contempler sa gloire et adorer sa grandeur. « Non seulement, dit Saint-Simon, le roi étoit sensible à la présence continuelle de ce qu'il y avoit de distingué, mais il l'étoit aussi aux étages inférieurs. Il regardoit à droite et à gauche, à son lever, à son coucher, à ses repas, en passant dans les appartements, dans ses jardins de Versailles, où seulement les courtisans avoient la liberté de le suivre; il voyoit et remarquoit tout le monde : aucun ne lui échappoit, jusqu'à ceux qui n'espéroient pas même être vus. Il distinguoit

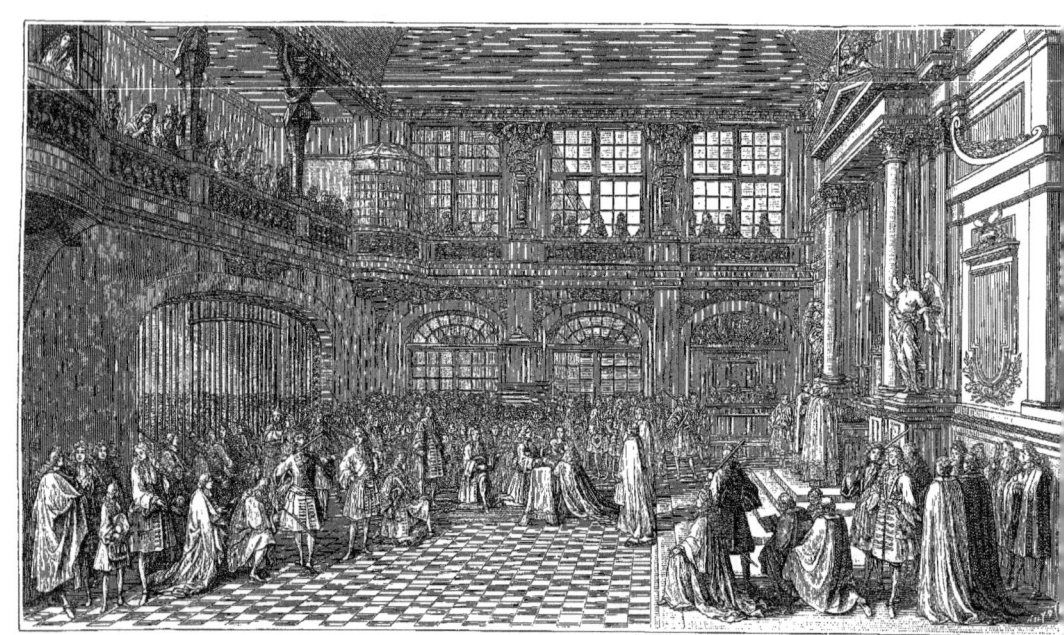

Prestation de serment, entre les mains du Roi, par M. le marquis de Dangeau, comme grand-maître de l'ordre de Saint-Lazare, le 18 décembre 1695, dans la chapelle de Versailles, gravé par Séb. Le Clerc; d'après Ant. Pezey.

très bien, en lui-même, les absences de ceux qui étoient toujours à la cour, celles des passagers qui y venoient plus ou moins souvent.... C'étoit un démérite aux uns, et à tout ce qu'il y avoit de distingué, de ne pas faire de la cour son séjour ordinaire ; aux autres, d'y venir rarement, et une disgrâce sûre, pour qui n'y venoit jamais. Quand il s'agissait de quelque chose pour eux : « Je ne le connois point ! » répondoit-il fièrement. Sur ceux qui se présentaient rarement : « C'est un homme que je ne vois jamais ! » et ces arrêts-là étoient irrévocables. » Cette vie de cour devait être bien assujettissante et très pénible. On le comprendra, en sachant que dans tous les appartements de Versailles il n'y avait pas un siège pour s'asseoir, excepté des coffres et des bancs dans les antichambres, car personne n'avait le droit d'être assis devant le roi, excepté les princesses, qui seules pouvaient prétendre aux honneurs du tabouret.

Louis XIV était craint de tous, respecté et admiré par quelques-uns, mais il n'était aimé de personne, avec d'autant plus de raison qu'il n'aimait personne. Ce n'est pas de son temps qu'un des courtisans aurait dit, à son sujet, ce que le marquis de Pisani disait de sa fille, la célèbre marquise de Rambouillet, à propos de Henri IV : « Si je savois qu'après ma mort elle dût être femme d'un homme qui ne fût pas serviteur du roi, je l'étranglerois tout à l'heure de mes propres mains ; » et cependant, jamais souverain ne fut plus honteusement adulé que Louis XIV. « Les louanges, disons mieux, rapporte Saint-Simon, la flatterie, lui plaisoit à tel point, que les plus grossières étoient bien reçues, les plus basses encore mieux savourées : ce n'étoit que par là qu'on s'approchoit de lui... La souplesse, la bassesse, l'air admirant, dépendant, rampant, étoient les uniques voies de lui plaire : pour peu qu'on s'en écartât, on n'y revenoit plus. » Dans sa jeunesse, le roi, qui avait la faiblesse ou plutôt la passion de la *gloire,* comme dit Saint-Simon, ne trouvait pas de plus grand plaisir que d'être le principal acteur des fêtes splendides qu'il donnait à sa cour : dans sa vieillesse, quand de grands malheurs eurent compensé tristement les grandes prospérités de la première moitié de son règne, il n'eut plus d'autre plaisir que la chasse, le billard et les cartes.

Ce fut en 1692 que Louis XIV, dont le caractère et les habitudes avaient changé insensiblement depuis son mariage secret avec Mme de Maintenon, mariage postérieur de quelques années seulement à la mort de la reine (1683), eut l'idée, sans doute d'après l'inspiration de son austère compagne, d'offrir à la cour quelques distractions

Fig. 70. — Premier appartement. — D'après une estampe sur laquelle on lit : « Gravé par A. Trouvain, rue Saint-Jacques, au Grand Monarque, attenant les Mathurins, avec privilége du Roi; 1694. »

N. B. Les jeunes personnages, groupés autour de cette espèce de billard appelé le *Jeu des Portiques*, sont, de gauche à droite : 1° le duc d'Anjou, depuis Philippe V; 2° le duc de Berry (tous deux fils du grand Dauphin); 3° Le prince de Galles (sans doute Jacques-François-Édouard, fils de Jacques II, né en 1688 et dit *le Premier Prétendant*). Le personnage debout près de la glace est le comte de Brionne. Les autres ne sont pas désignés.

qui pussent remplacer la comédie et les ballets, exilés de Versailles : telle fut l'origine de ce qu'on appela l'*appartement*, qui avait lieu l'hiver trois fois la semaine. C'était une réunion de l'élite de la cour, depuis sept heures du soir jusqu'à dix. Après un concert de musique, on jouait au billard et à toutes sortes de jeux de commerce et de hasard : « Liberté entière de faire des parties avec qui on vouloit, dit Saint-Simon. Il y avoit une salle destinée aux rafraîchissements, ajoute-t-il, et le tout parfaitement éclairé. » Dans les premiers temps, le roi allait à l'*appartement* et y jouait, dans un salon réservé; bientôt il n'y alla plus, car « il passoit ses soirées chez Mme de Maintenon, à travailler avec ses différents ministres, les uns après les autres; mais, ajoute Saint-Simon, il vouloit qu'on y fût assidu, et chacun s'empressoit à

Fig. 71. — Cinquième chambre des appartements. — D'après une estampe de la même série que la précédente portant la date de 1696.

N. B. Les personnages ne sont pas désignés.

lui plaire. » En somme, rien n'était plus triste, plus monotone, plus ennuyeux que ces assemblées de jeu, où l'on ne parlait pas, même en l'absence du roi, comme si la majesté morose de Louis XIV planait sur ce concours muet d'étiquette et de cérémonial.

La cour, qui avait été si brillante et si joyeuse, devint sombre et silencieuse, mais elle gardait toujours un caractère de grandeur et de majesté. La Bruyère a fait, vers ce temps-là, une peinture saisissante de la cour, peinture qui se termine par un étrange tableau de la messe du roi à Versailles : « On parle d'une région où les vieillards sont galants, polis et civils; les jeunes gens, au contraire, durs, féroces, sans mœurs ni politesse. Les femmes du pays précipitent le déclin de leur beauté par des artifices qu'elles croyent servir à les rendre belles; leur coutume est de peindre leurs lèvres, leurs joues,

Fig. 72. — Quatrième chambre des appartements. — (Même série de gravures; 1696.)

N. B. Les personnages composant le groupe de gauche, sont, de gauche à droite : 1° Le duc de Bourgogne; 2° Madame; 3° Madame la duchesse de Chartres; 4° Madame la duchesse du Maine; 5° Madame la princesse de Conti. Les deux personnages qui font face à ce groupe sont le duc de Chartres et Mademoiselle. Les deux autres ne sont pas désignés.

leurs sourcils et leurs épaules... Ces peuples, d'ailleurs, ont leur Dieu et leur roi. Les grands de la nation s'assemblent tous les jours, à une certaine heure, dans un temple qu'ils nomment église. Il y a, au fond de ce temple, un autel consacré à leur Dieu, où un prêtre célèbre des mystères qu'ils appellent saints... Les grands forment un vaste cercle au pied de cet autel et paroissent debout, le dos tourné directement au prêtre et aux saints mystères, et les faces élevées vers leur roi, que l'on voit à genoux sur une tribune et à qui ils sem-

Fig. 73. — Suite de portraits de Louis XIV, à différents âges (1643 à 1706).

N. B. Le groupe du haut de la planche représente Anne d'Autriche, régente, et Louis XIV enfant, habillé en fille, avec le cordon du Saint-Esprit; d'après une peinture de l'école française appartenant à M. Feral.

La figure du bas est d'après le profil en cire colorié d'Antoine Benoist (v. XVIIIe siècle, Lettres, Sciences et Arts, p. 326), profil placé depuis 1856 dans la chambre à coucher du roi, à Versailles. — La devise est datée de 1663.

Tous les autres profils sont tirés des *Médailles sur les principaux événements du règne de Louis le Grand* par l'Académie royale des médailles et inscriptions (Paris, 1702).

blent avoir tout l'esprit et tout le cœur appliqués. On ne laisse pas de voir dans cet usage une espèce de subordination, car ce peuple paroît adorer le prince, et le prince adorer Dieu. Les gens du pays le nomment *la cour*. »

A Versailles, résidence de prédilection, création somptueuse de Louis XIV, qui n'avait jamais goûté le séjour de Saint-Germain, et

Fig. 74. — La reine, entourée de sa maison militaire, se rend à Fontainebleau. — D'après Van der Meulen.

N. B. La grande composition, dont nous ne donnons ici qu'un fragment au trait, sera reproduite en entier dans le volume des Arts.

qui avait pris Paris en aversion, au souvenir des troubles de la Fronde pendant sa minorité ; à Versailles, disons-nous, c'était la cour, avec le faste de la royauté, avec les rigueurs de l'étiquette ; là, Louis XIV avait à cœur d'être toujours le grand roi. C'est à peine si cette étiquette rigoureuse se relâchait quelque peu dans les séjours que le roi et la cour faisaient dans d'autres résidences royales, telles que Chambord ou Fontainebleau. Chambord, bien que réparé et entretenu à grands frais par le roi, ne fut de sa part que l'objet d'assez rares visites ; mais il n'en fut pas de même de Fontainebleau, qui recevait souvent toute la cour avec la famille royale, les ministres et les conseils du roi, et où le genre d'existence ne différait guère de celui de Versailles.

Ce ne fut que dans la seconde période du règne, que les réunions des courtisans devinrent plus restreintes et choisies, soit à Trianon,

LE CHÂTEAU DE CHAMBORD

soit surtout à Marly. Il fallait être invité aux séjours que faisait le roi dans cette dernière résidence, en « se présentant pour Marly, » comme il était d'usage de le faire, à la suite du grand couvert, la surveille de chaque voyage. Là, entouré de ses fidèles et de ses favoris, le roi daignait descendre, pour ainsi dire, de sa gloire et se mon-

Fig. 75. — Louis XIV, au bois de Vincennes, conduisant dans sa calèche des dames de la cour. — D'après Van der Meulen. (Gravure de la même série que celle reproduite sous le n° 68, p. 200.)

trait sous des dehors plus humains. Dès qu'il avait dit tout haut : *Le chapeau, Messieurs!* en sortant du château, pour aller à la promenade, aussitôt tous se couvraient, en avant, en arrière, à côté de lui. « Dans les salons, on jouait gros jeu au lansquenet, et force table de jeux. » Souvent, au sortir de table, après avoir travaillé avec un de ses ministres, « il passoit jusqu'au soir à se promener avec les dames, à jouer avec elles et leur faire tirer une loterie... C'étoit ainsi une galanterie de présents, qu'il leur faisoit au hasard, de choses à leur usage, comme d'étoffes et d'argenterie, ou de joyaux. »

Mme de Maintenon, la veuve du poète burlesque Scarron, déjà vieille, quoique belle encore et imposante, que Louis XIV avait épousée secrètement, mais à la connaissance de toute la cour, assistait toujours à ces brillantes assemblées de dames, au milieu desquelles on la traitait en reine. Ce n'était plus alors la cour du grand roi, c'était la cour de Mme de Maintenon, ou *de Maintenant*, comme disait le sarcastique Bussy Rabutin.

Fig. 76. — Médaille frappée en souvenir de l'inauguration des *appartements*.
Tiré du recueil cité page 211.

CHAPITRE SEPTIÈME

LES ARMÉES ET LA MARINE

Les armées. — Modifications dans l'armement à partir de Henri IV. — Système de recrutement. — Discipline militaire. — Art militaire; marches et campements. — Administration; vivres; hôpitaux. — L'artillerie. — Organisation de l'infanterie en régiments. — La cavalerie. — Les grands commandements et la hiérarchie militaire. — La tactique. — La marine depuis Henri IV jusqu'à Louis XIV; progrès, splendeur et décadence.

E dix-septième siècle amena une transformation complète dans l'art militaire, dans les armées de terre, et dans la marine; mais cette transformation ne s'opéra pas d'une manière brusque et régulière, d'après un système général résultant d'une étude approfondie des lois et des conditions de la guerre en France et en Europe. Les changements lents ou rapides, transitoires ou définitifs, qui eurent lieu dans l'organisation des troupes, dans leur armement, dans leur emploi, dans leur service, étaient presque toujours motivés et imposés par les événements et par les circonstances, par les mœurs et par les usages, par les variations successives de la vie politique du peuple français. Aussi, à partir

du règne de Henri IV, il ne restait plus guère traces, si ce n'est en souvenir, de tout ce qui avait fait et caractérisé les guerres de conquête en Italie, les guerres de jalousie et rivalité étrangère, les guerres civiles de religion. C'est Henri IV qui établit et constitua le régime des armées modernes ; c'est Louis XIII et Richelieu qui créèrent une marine nationale ; c'est Louis XIV, Louvois et Colbert qui, en développant les forces militaires et maritimes de la France, la mirent en état de faire face aux armées et aux flottes coalisées de ses ennemis ; ce sont eux, ce grand roi et ces deux grands ministres, qui élevèrent au plus haut degré de puissance et d'éclat notre armée et notre marine.

Dans les premiers temps de la Ligue, après la mort de Henri III, son successeur n'avait pas plus de 15 à 20,000 hommes à opposer à l'armée ligueuse du duc de Mayenne et des princes catholiques, aux milices bourgeoises de Paris et de quelques villes de la Sainte-Union, et aux vieilles bandes espagnoles du duc de Parme. Mais les troupes de Henri IV, composées de Suisses et de lansquenets, de recrues protestantes et des vieux régiments royaux, étaient aguerries et intrépides, bien disciplinées et conduites par de vaillants capitaines ; le Béarnais, d'ailleurs, un des premiers hommes de guerre de son temps, leur avait communiqué l'ardeur et la confiance qui l'animaient. « A la bataille d'Yvry, en 1590, dit Palma Cayet, dans sa *Chronologie novennaire*, l'armée de l'Union estoit chargée de clinquant d'or et d'argent sur les casaques, mais celle du roy n'estoit chargée que de fer, et ne pouvoit-on rien voir de plus formidable que deux mille gentilshommes armez à crud depuis la teste jusqu'aux pieds ». Sa Majesté mesme, comme dit le poète du Bartas, au cantique et à la description qu'il a faicte de la bataille d'Yvry :

> . . . . Bravache, il ne se pare
> D'un clinquant enrichy de mainte perle rare :
> Il s'arme tout à crud, et le fer seulement
> De sa forte valeur est son riche ornement. »

Le moment n'était pas loin, cependant, où les armes défensives, trop pesantes et trop gênantes dans l'action, allaient être tout à fait abandonnées, malgré l'exemple du Béarnais et de ses gentilshommes huguenots. Dans la journée d'Arques, qui précéda la bataille d'Ivry, on avait vu arriver, raconte le duc d'Angoulême dans ses *Mémoires*, « un secours d'Ecossois, conduit par le sieur d'Ovins, fort vaillant homme et ancien serviteur du roy, composé de douze cents hommes

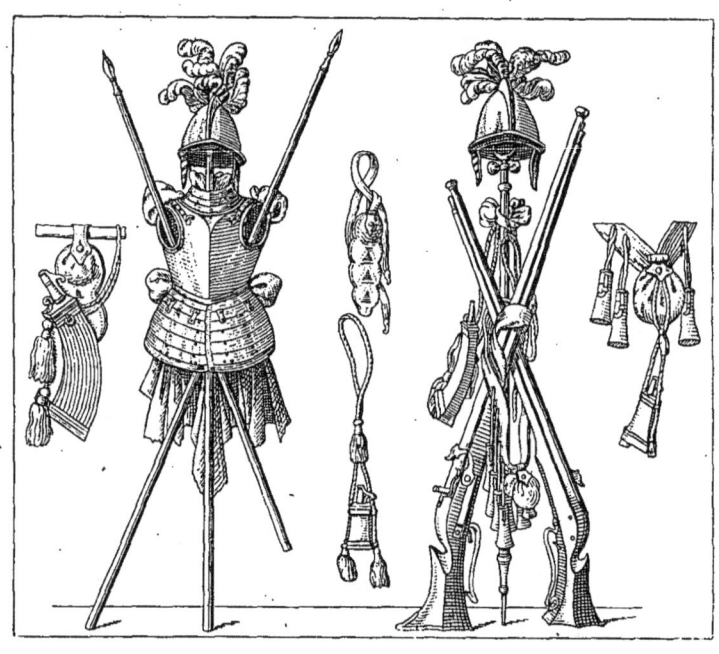

Fig. 77. — Panoplie de l'armement du piquier, de l'arquebusier et du mousquetaire. — D'après l'ouvrage de J. de Gheÿn : *Maniment d'armes d'arquebuzes, mousquets et piques, représenté par figures*, in-fol. (1608).

N. B. La panoplie de droite réunit l'arquebuse et le mousquet, avec la fourchette et la poire à poudre. — Les petites pièces, empruntées aux détails du fourniment, sont, de gauche à droite : 1° La poire à poudre suspendue à une agrafe du ceinturon ; 2° Cette agrafe seule, et au-dessous, le pulvérin contenant la poudre fine pour amorcer ; 3° L'extrémité de la bandoulière et, pendantes sur la poitrine, les charges de poudre, toutes prêtes dans de petits sacs de peau ou de papier.

de pied et de soixante chevaux, qui nous apprestèrent à rire, à les voir armés et vestus comme les figures de l'antiquité représentées dans de vieilles tapisseries, avec jacques de maille, et casques de fer couverts de drap noir, comme bonnets de prestres, et se servant de musettes et de hautbois lorsqu'ils vont au combat. » François de la Noue disait déjà, dans ses *Discours politiques et militaires*, en 1587 : « Comme ils ont eu bonne raison, à cause de la violence des arquebuseries et pistoles, de rendre les harnois plus massifs et à meilleure espreuve qu'auparavant, ils ont toutefois si fort passé mesure que la pluspart se sont chargés d'enclumes. Nos gens d'armes et chevaux légers, du temps du roy Henri II, estoient bien plus beaux à voir portant salade, brassards, tassettes, la casaque, la lance et la banderole, et n'avoient toutes les armes pesanteur, qui les empeschât de les porter vingt-quatre heures. Mais celles d'aujourd'hui sont si griefves, qu'un gentilhomme, à trente ou trente-cinq ans, est tout estropié des espaules d'un tel fardeau. »

Les gens de pied furent les premiers à se débarrasser du poids incommode des casques et des armures de fer; on les accusa malignement d'y avoir renoncé pour n'être pas arrêtés dans leur course, lorsqu'ils viendraient à se débander et à s'enfuir. On lit dans un manuscrit de cette époque : « Il n'est demeuré, parmy les hommes de pied, que les soldats plus desbauchez et vicieux, lesquels ont desdaigné de porter le corcelet et la pique, pour s'en trouver empeschez à courir en ville de çà et de là, et n'ont voulu porter qu'une arquebuse, sans morion (armure de tête plus légère que le casque). » La cavalerie conserva longtemps les armes défensives, en dépit de leur lourdeur insupportable. Tallemant des Réaux rapporte qu'au siège de Saint-Jean d'Angely, en 1621, Cadenet, qui venait d'être créé duc de Chaulnes, se trouvant forcé d'aller au feu, « s'arma d'armes si pesantes, qu'on disoit qu'il lui avoit fallu donner des potences pour marcher. » Louis XIII n'en prescrivit pas moins, sous peine de dégradation, à tous les cavaliers et à tous les gentilshommes, de n'aller à la guerre que munis d'armes défensives. Le secrétaire d'État des Noyers écrivait, en 1639, au maréchal de Châtillon : « Le roy desire que Messieurs les intendans distribuent à la cavalerie françoise les armes qui sont à Montreuil, obligeant les cavaliers à les porter, à peine d'estre dégradés de noblesse. C'est à vous, Monsieur, et à M. le maréchal de la Force, à leur faire connoistre combien il importe à l'Estat et à leur propre conservation, de n'aller tous les jours combattre, en pourpoint, des ennemis armés depuis les pieds jusques à la teste. » Louis XIV avait à cœur également de veiller à la conservation des officiers de la gendarmerie et de la cavalerie légère, quand il leur enjoignait, par son ordonnance du 5 mars 1675, de porter des cuirasses, surtout lorsqu'ils se rendaient à la tranchée. Vers ce temps-là, Louis-Hector de Villars, qui n'avait pas plus de vingt ans, et qui servait comme volontaire, sous les yeux du roi, dans l'armée de Turenne, raconte, dans ses *Mémoires*, qu'il fut désigné pour marcher à l'attaque d'une demi-lune, au siège de Maestricht, mais, « qu'on luy avoit donné une cuirasse dont la pesanteur ne lui laissant pas la liberté d'agir, il la jeta en sortant, et entra un des premiers dans la demi-lune. » Les officiers seuls devaient porter la cuirasse, car leurs soldats ne l'avaient pas. Aussi, en 1677, Villars refusa, en dépit des ordonnances, de s'armer d'une cuirasse, au commencement d'une action qui semblait devoir être chaude : « il dit tout haut en présence des officiers et des cavaliers, qu'il ne tenoit pas sa vie plus précieuse que celle de ces braves gens, à la tête desquels il combattoit. » La cuirasse, il est vrai, n'était pas d'un grand secours contre les armes à feu, mais elle opposait une résistance presque certaine aux coups de lance comme aux coups d'épée. La cavalerie française, dès le temps de Henri IV, ne se servait plus de lances, quoique les Espagnols en fissent encore usage. « Les Espagnols seuls, écrivait le duc de Rohan dans son traité de la guerre (*le Parfait Capitaine*, 1638), ont encore retenu quelques compagnies de lances, qu'ils conservent plustost par gravité que par raison, car la lance ne fait effet que par la roideur de la course du cheval, et encore il n'y a qu'un rang qui puisse s'en servir, tellement que leur ordre doit estre de combattre en haie. »

Les armes à feu, qui furent en usage dans l'infanterie dès le commencement du seizième siècle, avaient toujours présenté de graves inconvénients, malgré les perfectionnements que l'Allemagne et l'Italie s'efforçaient d'apporter à leur fabrication. Les arquebuses à crochet et les *haquebuttes*, avec leur fourchette plantée en terre pour les soutenir et les immobiliser, ne fournissaient qu'un tir incertain, capricieux et irrégulier : il ne fallait que la pluie ou l'humidité, pour empêcher la mèche de s'enflammer, quand les arquebusiers avaient couché en joue et appuyé le menton sur la crosse de l'arme, qui avait un recul formidable et de violents soubresauts au moment de la décharge ; aussi, comme le dit Brantôme : « Il y en avoit plusieurs bien mouchés et balafrés, et par le nez et par les joues, » quoique un honnête gentilhomme eût imaginé d'appuyer la crosse contre l'estomac, non plus contre l'épaule. Ce n'était pas sans peine et sans danger qu'on chargeait l'arquebuse, qui, nonobstant la force de son calibre, éclatait souvent dans les mains d'un imprudent ou d'un maladroit ; en tous cas, on ne pouvait charger et tirer plus d'un coup en huit ou dix minutes. Cependant, après bien des essais, les armes à feu devinrent meilleures, moins longues de canon et moins lourdes, plus faciles à manier, et d'un mécanisme plus ingénieux : à l'arquebuse succédait le mousquet, qui avait paru en France dès la fin du règne de Henri II. « Le plus de mousquets qu'il peut y avoir aux régiments, c'est le meilleur, dit Guillaume de Saulx-Tavannes dans ses *Mémoires*, écrits en 1625 ; peu de cuyrasses, au premier coup, y resistent ; appuyez, ils tirent juste. Quelques arquebuziers à rouet sont nécessaires pour tirer derrière les premiers rangs et pour en temps de pluye ; les montures des arquebuzes des Espagnols et des Italiens sont plus utiles que les courtes inventées par les François, qui sont fautives. » Le mousquet, dans l'origine, avait eu quatorze pieds et demi de long, et sa balle pesait une once et deux gros ; on ne tarda pas à remplacer les mèches soufrées, qui s'éteignaient ou ne s'allumaient pas par un temps humide, en adaptant à la culasse du mousquet une roue d'acier, que la détente du ressort faisait mouvoir rapidement et qui, dans son mouvement de rotation, frappait sur une pierre à fusil qui faisait jaillir l'étincelle et mettait le feu à la poudre. Cette invention fut bien perfectionnée vers 1630, lorsqu'on fit choquer la pierre contre l'acier même, pour produire l'effet du briquet ; mais, néanmoins, cette modification importante dans le tir du mousquet transformé en fusil, ne fut adoptée, pour les armes de guerre, qu'en 1670 ; jusque-là, on s'était servi, à la guerre, des arquebuses à rouet. A la fin du dix-septième siècle, tous les soldats d'infanterie n'étaient pas encore armés de fusils, car une ordonnance du 12 décembre 1692 réglait le nombre de ceux qui en auraient dans chaque compagnie. Outre les mousquets, on se servait alors de carabines rayées, à balle forcée, longues de trois pieds, et portant fort loin. Les pistoles à rouet, qui n'étaient que de petites arquebuses, avaient été employées dès le règne de Henri II, mais on les

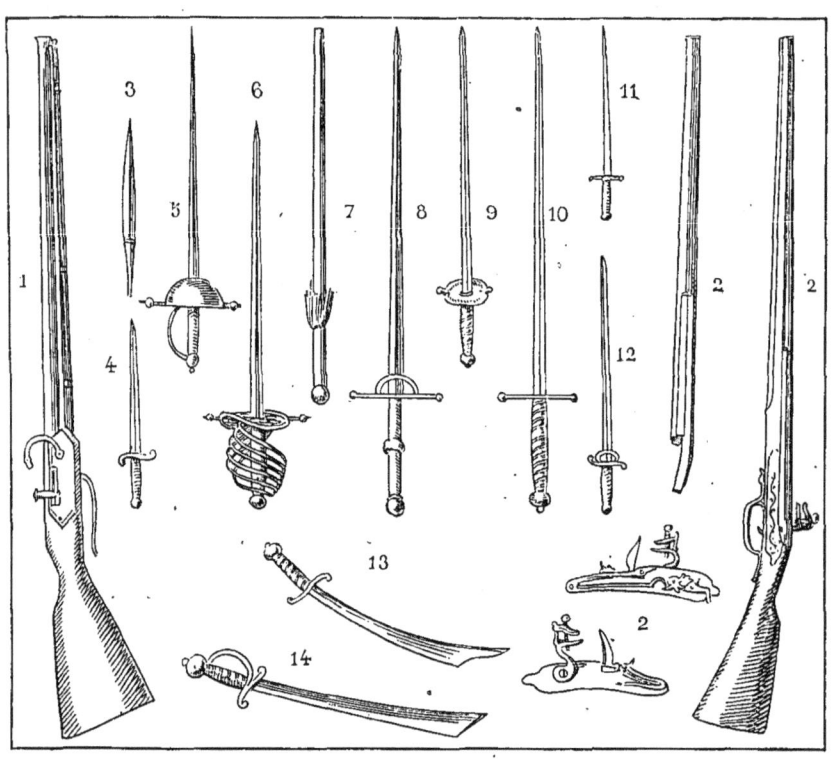

Fig. 78. — Mousquet, fusil, épées et armes diverses. — Figures tirées des *Travaux de Mars*, ou *l'Art de la guerre*, par Manesson-Mallet, 1684.

N. B. — Le n° 1 représente le mousquet, et le n° 2 le fusil, avec son canon démonté et sa platine.

regardait comme très dangereuses pour ceux qui ne savaient pas *s'en bien aider*, comme le dit la Noue. On leur substitua donc le *pétrinal* ou *poitrinal*, également à rouet, espèce d'arquebuse plus courte que le mousquet, mais de plus gros calibre, « porté à un large baudrier, pendant en écharpe de l'épaule, dit Fauchet dans son *Traité des armes de guerre*, et couché sur la poitrine de celuy qui le porte, quand il le veut tirer. » Le *poitrinal* figurait encore au siège de Rouen, en 1592, et le fantassin qui le portait s'appelait *poitrinalier*. Les pistoles, en changeant de dimension et en devenant de plus en plus portatives, avaient formé les pistolets, qui étaient déjà d'un usage général dans les guerres de Henri IV, et qui furent attribués surtout à l'armement de la cavalerie : « Le pistolet, dit dans ses *Mémoires* Guillaume de Saulx-Tavannes, perce, tue, porte la mort et la crainte avec soy : les

Fig. 79. — Piquiers, sous Henri IV; le maniement de la pique. — D'après l'ouvrage de J. de Gheyn, cité p. 217.

N. B. La planche ci-dessus représente les commandements suivants : N° 1. *Prenez la pique à la pointe.* N° 2. *Présentez la pique en palmiant.* N° 3. *Posez la pique contre le pied droit et tirez l'épée.*

plus foibles hommes, pourveu qu'ils ayent du courage, s'en peuvent bien servir, mesme sur de meschans chevaux.... »

Les compagnies qui ne portaient aucune espèce d'armes à feu étaient alors très nombreuses dans l'infanterie des armées françaises; les hommes qui les composaient n'avaient pas d'autres armes que des piques, qu'ils maniaient avec autant de force que d'adresse. Le fameux capitaine Montluc disait à ses piquiers, au moment de la charge qui décida le gain de la bataille de Cérisoles, en 1544 : « Mes compagnons, si nous prenons la pique au bout de derrière, et combattons du long de la pique, nous sommes défaits, car l'Allemand est plus dextre que nous en ceste manière. Mais il faut prendre les piques à demy, comme fait le Suysse, et baisser la teste pour enferrer et pousser en avant. » Tous les capitaines, il est vrai, n'avaient pas la même confiance dans les bons résultats de l'emploi des piques; ainsi, selon

Fig. 80. — Mousquetaires sous Louis XIII; l'exercice du mousquet. — D'après l'ouvrage intitulé : *Le mareschal de bataille, contenant le maniement des armes, les évolutions, toutes sortes de bataillons, etc... inventé et recueilli par le sieur de Lostelneau, maréchal de bataille des camps et armées de Sa Majesté et sergent-major de ses gardes françaises;* Paris, Est. Migon (1647).

N. B. Les deux commandements figurés ci-dessus sont, de gauche à droite : N° 1. *Portez bien vos armes.* N° 2. *Joignez la fourchette au mousquet.*

le témoignage d'Agrippa d'Aubigné, Henri IV les avait en dédain. Guillaume de Saulx-Tavannes était bien loin de partager cette antipathie : « Les piques, dit-il, sont les meilleures armes des gens de pied, lesquelles ne doivent estre empeschantes, ny rompantes, non si grosses aux François et Espagnols qu'aux Suisses et lansquenets : entre lesquelles celles des premiers rangs doivent estre les plus renforcées, celles des troisième et quatrième les plus légères, parce que les unes contiennent et les autres frappent. Les hallebardes, pertuisanes et demy-piques, de six en six rangs de piquiers, sont utiles à la meslée, d'autant que les piques ne se tournent si facilement. » Leur usage persista constamment dans les armées jusqu'à la fin du XVIIe siècle. Manesson-Mallet écrivait, en 1684, dans son livre célèbre des *Travaux de Mars* : « On remarque qu'excepté dans les combats de campagne, les piquiers sont partout ailleurs fort inutiles. » On avait, il est vrai, depuis longtemps, suppléé à l'usage des piques par celui des baïonnettes qu'on pouvait mettre au bout des fusils. Ces baïonnettes, qu'on employa d'abord en guise d'épées, étaient longues d'un pied, avec des manches de même longueur; on en fit des armes terribles, dès qu'on fut parvenu à les emmancher solidement à l'extrémité du canon des mousquets; elles remplacèrent très avantageusement les piques, quand on les eut données ainsi au régiment royal d'artillerie, qui fut créé en 1671. C'est de cette époque que date la redoutable manœuvre de la baïonnette dans l'infanterie française. Les officiers, n'étant armés ni de piques ni de baïonnettes, avaient, outre leurs épées, des espontons, sorte de demi-pique, qui leur tenait lieu de bâton de commandement, mais dont ils se servaient quelquefois avec beaucoup de bravoure dans les batailles corps à corps, ce qu'Henri IV lui-même avait fait d'une manière héroïque à la bataille d'Ivry.

Les armées, sous Henri IV, étaient encore peu nombreuses; elles comprenaient rarement plus de 20,000 hommes, dont une partie était composée de troupes étrangères, allemandes et suisses : on regarda comme un fait exceptionnel la formation d'une armée de 50,000 hommes, que le roi avait fait rassembler, à grands frais, en 1610, avec l'intention d'entreprendre une grande guerre contre l'Autriche. Cette armée, qui se formait de différents côtés dans les provinces, au moyen de levées extraordinaires, ne fut jamais réunie dans le même camp, et la mort imprévue de Henri IV fut le signal de sa dissolution. Sous Louis XIII, les armées n'étaient pas plus nombreuses, mais on en mit plusieurs sur pied à la fois, en les créant simultanément aux quatre coins du royaume : il y avait encore, dans les armées, des corps étrangers à la solde du roi. Les campagnes les plus mémorables de Condé et de Turenne exigeaient à peine la présence de 25,000 hommes sous les drapeaux. Les grandes armées, toujours divisées en plusieurs corps d'armée, qui faisaient campagne à distance l'un de l'autre, ne furent mises sur pied que pendant le règne de Louis XIV, lorsque la France avait à soutenir la guerre contre des puissances coalisées. L'illustre Vauban, qui rédigeait en 1700 le recueil de ses *Oisivetés*, déclare positivement que, vers ce temps-là, le roi n'entretenait pas moins de 340,000 hommes, en temps de guerre,

Fig. 81. — Mousquetaires sous Louis XIV. — D'après l'ouvrage cité p. 223.

N. B. — Les commandements indiqués sont, de gauche à droite. — N° 1. *Ouvrez la charge avec les dents.* — N° 2. *Tirez la baguette hors du mousquet en trois temps.* — N° 3. *Couchez en joue; tirez.*

et, la paix faite, on réformait immédiatement les deux tiers des compagnies. Les levées des troupes ne s'étaient pas toujours faites de la même façon, depuis le règne de Henri IV jusqu'à celui de Louis XIV. Sous Henri IV, on délivrait des commissions à des capitaines recruteurs, qui allaient enrôler des fantassins dans les villes, où ils n'avaient que l'embarras du choix, car la jeunesse était belliqueuse de sa nature, et le peuple, qui eut toujours le goût des armes, ne demandait qu'à prendre du service dans les armées du roi. Les pauvres, les désœuvrés, les fainéants, se laissaient aller à signer un engagement militaire, sous la promesse d'une solde minime qu'ils ne touchaient pas trop exactement, après avoir reçu deux ou trois écus à titre d'avance. Plus tard, sous Louis XIV, le recrutement devint plus difficile et les conditions n'en étaient que plus désavantageuses : on n'acceptait que

Fig. 82. — Officiers au cabaret (ou au corps de garde). — D'après une estampe intitulée : le Tabac, et gravé par A. Bosse, d'après de Saint-Igny.

des hommes célibataires ou veufs, âgés de moins de quarante ans. Le prestige de l'uniforme, qui ne brillait ni par l'éclat des couleurs ni par la richesse des ornements avant l'époque de Louis XIV, avait peu d'action sur la vanité des nouvelles recrues, qu'on entraînait plutôt par l'assurance d'une nourriture fixe et assez copieuse, quoique simple et frugale. L'espoir du pillage et des licences grossières qu'il entraînait à sa suite n'étaient pas un des moindres motifs déterminants de l'embauchage des recrues. Quant à la cavalerie, les levées étaient moins promptes et mieux ordonnées, puisque, généralement, les enrôlés appartenaient à la petite noblesse et à la bourgeoisie; elles offraient aussi, pour les jeunes gens qui s'enrôlaient, plus d'avantages pécuniaires et plus de satisfaction d'amour-propre. L'équipement militaire était, chez les cavaliers, un puissant attrait qui les attachait à leur métier. La solde n'était pas forte, mais les 4 ou 5 sous par jour attribués à l'infanterie, représentaient alors quatre ou cinq fois la somme que le soldat reçoit encore aujourd'hui. Fantassins et cavaliers pouvaient aspirer à des grades inférieurs, qui élevaient la solde et autorisaient certaines prérogatives; mais, à moins d'une action d'éclat, les bas officiers ne parvenaient pas au rang des officiers, qui devaient être nobles, pour obtenir de l'avancement. Les troupes n'étant réunies ordinairement que pour faire la guerre, on leur épargnait autant que possible la fatigue des exercices.

Quant à la discipline, elle a été longtemps arbitraire et variable, suivant le caractère des chefs; elle ne prit une forme réglementaire que sous le règne de Louis XIV : elle fut régulièrement établie, à partir de 1662, et ne cessa plus d'être empreinte d'une extrême sévérité. La peine de mort était fréquemment prononcée, en cas de vol, de rébellion et de meurtre, surtout dans l'armée en campagne. La désertion à l'ennemi avait pour châtiment la potence, après dégradation; la désertion simple n'était punie d'abord que par le fouet ou les verges, mais le nombre des déserteurs s'étant multiplié de manière à compromettre l'existence de l'armée, l'ordonnance de 1684 arrêta que le déserteur, après récidive, aurait le nez et les oreilles coupées, les joues et le dos marqués, au fer rouge, de la fleur de lis. Dans certains corps d'élite, comme la gendarmerie et les chevau-légers, les peines infamantes ou ignominieuses n'étaient pas admises; on se contentait de casser les ivrognes, les libertins et les débauchés, après avoir essayé de les corriger par la prison. Les soldats condamnés aux galères ne conservaient pas leur uniforme, et n'y arrivaient que dégradés devant leur régiment. Chez les fantassins, on ne ménageait pas les punitions corporelles, telles que le fouet et l'estrapade ; on leur appliquait aussi des châtiments bizarres et même ridicules, tels que le cheval de bois ou chevalet, le morion, l'habit retourné, etc.

L'estrapade.   La roue.

La fusillade.   La pendaison.

Fig. 83, 84, 85 et 86. — Supplices militaires. — D'après J. Callot.

On ne peut imaginer à quel point de rigueur fut portée la discipline, du temps de Louis XIV. Un fait curieux, rapporté par le maréchal de Puységur, pourra en donner une idée : M. de Marillac, en sortant, à cheval, du logis du roi, heurta une sentinelle dont l'arme atteignit la croupe du cheval ; M. de Marillac, qui était alors maréchal de camp, battit la sentinelle ; M. de Goas fit mettre en prison cette sentinelle, qui appartenait à son régiment, et voulut forcer M. de Marillac à mettre l'épée à la main. Le roi manda devant lui les deux adversaires, condamna M. de Marillac aux arrêts, et ordonna de faire passer au conseil de guerre la sentinelle qui n'avait pas fait son devoir. En effet, cette sentinelle fut condamnée au supplice de l'estrapade, pour n'avoir pas tué M. de Marillac qui la maltraitait. Le roi accorda la grâce de ce soldat, mais M. de Goas le chassa de son régiment, après l'avoir dégradé.

Ce fut seulement sous Louis XIV que l'art militaire fit des progrès réels, en France, au point de vue théorique et pratique, bien qu'il fût parvenu, dès le seizième siècle, à son plus haut point de perfection, en Italie, en Espagne et en Allemagne. Les hommes de guerre, les bons capitaines, n'avaient pas manqué du temps de Henri IV et de Louis XIII, mais ils ne se piquaient pas de connaître à fond les principes de l'art militaire ; ils se contentaient de gagner des batailles, de soutenir des sièges, de prendre des villes, sans avoir étudié mathématiquement la stratégie, la castramétation, la balistique et l'attaque ou la défense des places fortes. Ils se conduisaient, dans leurs opérations militaires, par inspiration, par expérience, par bon sens naturel plutôt qu'en vertu de connaissances acquises scientifiquement. Ainsi, Henri IV, qui n'avait presque rien appris dans les livres, était un des meilleurs généraux d'armée de son temps ; mais, néanmoins, il ne parvint pas, malgré toute son habileté, à faire accepter la bataille au duc de Parme, qui ramena son armée, sans combattre, dans les Pays-Bas, et qui, marchant très lentement et à petites journées, sans se laisser jamais entamer, échappa toujours à la poursuite de l'armée royale, à travers la Normandie et la Picardie. La science des marches était, à cette époque, une des conditions les plus importantes de l'art militaire. C'était en cela surtout qu'Alexandre Farnèse l'emportait sur Henri IV, qui avait pourtant exécuté des marches très bien conçues, notamment, après la mort de Henri III, la marche sur Dieppe, dont le résultat fut la victoire d'Arques. Le système de Henri IV, dans les marches qu'il faisait faire, était de dérober toujours son armée à la vue de l'ennemi et de le devancer, nonobstant les distances, d'un lieu à un autre. Une des marches les plus remarquables qui aient eu lieu dans les guerres de Louis XIV, ce fut le maréchal de Luxembourg qui l'exécuta en 1694, lorsque au sortir du camp de Vignamont, il arriva en quatre jours au pont d'Espierre, après avoir fait quarante lieues et traversé cinq rivières, devançant l'ennemi, qui n'avait que vingt lieues à faire pour parvenir au même point et prendre position sur l'Escaut.

Chaque général avait des qualités particulières auxquelles chacun rendait justice. Le maréchal de Luxembourg possédait au plus haut degré la tactique des marches; le maréchal de Turenne passait pour le

Fig. 87 et 88. — Marche des bagages de l'armée, et ordre pour le campement. — D'après Van der Meulen.

plus habile dans l'art des campements, et les soldats se chargeaient de faire son éloge à cet égard, en disant que lorsqu'ils servaient sous ses ordres, ils dormaient en pleine assurance, au cœur même du pays ennemi. Il s'agissait surtout, pour bien dresser un camp, de bien choisir son terrain et de prendre toutes les précautions nécessaires. L'établissement du camp regardait moins le général en chef que les ingénieurs, mais la sûreté du campement ne dépendait que du général, auquel incombait exclusivement le soin de le garantir d'une attaque ou d'une surprise. Au surplus, les camps français, comme les anciens camps romains, formaient des espèces de villes, divisées par quartiers et par rues, et entourées d'un retranchement en terre avec des fossés et des fascines. Le plus habile ingénieur qui se soit occupé de castramétation sous Louis XIV était un nommé Martinet, qui devint colonel du régiment du roi et qui se distingua, dans la campagne de 1667, par la manière intelligente dont il avait ordonné le camp de son régiment, de

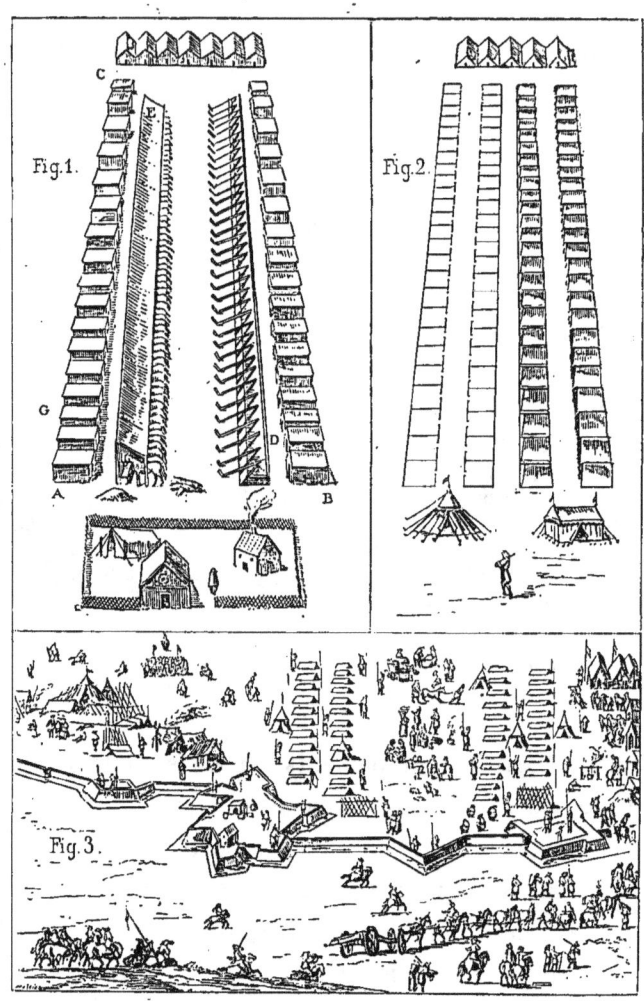

Fig. 89. — Campements fixes. — D'après les *Travaux de Mars*, de Mallet, cités p. 221.

N° 1. Logements de la cavalerie. — N° 2. Logements de l'infanterie. — N° 3. Ligne de circonvallation d'un camp retranché, renfermant notamment le parc de l'artillerie ou magasin des poudres, et le parc ou quartier des vivres où sont logés les vivandiers et les marchands.

telle sorte que toute l'armée vint l'admirer, et que le roi voulut appliquer les mêmes dispositions à tous les campements. Quant à l'assiette, à la figure et à l'étendue du camp, on se réglait sur les circonstances et d'après les localités; mais l'objet principal dans la formation d'un camp, qui pouvait être occupé pendant des mois, c'était d'en rendre le séjour aussi sain, aussi sûr, aussi commode et même aussi agréable que celui d'une ville dans laquelle tous les services se trouvaient installés dans les meilleures conditions.

Les détails multiples de l'administration des armées étaient encore bien négligés sous le règne de Henri IV : on voit cependant que le roi, après la guerre de la Ligue, avait pris à cœur, autant qu'il était possible à cette époque, les questions qui intéressaient la santé et le bien-être des troupes. Sully le secondait avec beaucoup de zèle, pour diriger et surveiller les commissaires des guerres, chargés d'assurer les subsistances de l'armée en campagne; mais il fallait, malgré tout, que le soldat vécût sur le paysan, suivant la vieille expression qui remontait aux ordonnances de Charles VII, en vertu desquelles les gens de guerre, logeant chez l'habitant, avaient place *au feu et à la chandelle*. Pendant tout le seizième siècle il en fut de même, avec plus ou moins de violence et de cruauté : les troupes ravageaient, ruinaient le pays qu'elles avaient occupé ou même seulement traversé. Les règlements les plus sévères de la discipline n'étaient que de bien faibles préservatifs contre les exigences de la soldatesque. Ce ne fut que sous Louis XIV qu'on tenta de mettre ordre à ces abus révoltants. Il faut dire aussi que les soldats habitués à vivre en pays ennemi ne faisaient pas de différence entre des étrangers et des compatriotes, quand ils avaient faim et que les conseillers-commissaires particuliers des vivres ne remplissaient pas en temps utile les devoirs de leur charge. On peut, d'ailleurs, se rendre compte de la situation douloureuse des gens de guerre manquant de nourriture et de solde, ne trouvant sur leur passage que des portes et des cœurs fermés, n'ayant ni aide ni secours dans leurs besoins les plus urgents. S'ils tombaient malades en route, s'ils étaient blessés à la guerre, ils se voyaient exposés à mourir abandonnés dans les champs. On sait pourtant que Sully fit établir des hôpitaux militaires, pour l'armée du roi qui assiégeait Amiens en 1597, mais il n'y avait pas encore de service médical dans les armées. Les soldats, qui après la guerre avaient été licenciés, revenaient, en mendiant, dans leurs villages, et s'ils étaient estropiés et infirmes, ils ne pouvaient plus gagner leur vie par un travail quelconque : on les rencontrait donc demandant l'aumône le long des chemins ou dans les rues des villes ; quelques-uns portaient les débris de leur uniforme, et d'autres, qui ne tardaient pas à devenir des voleurs dangereux, mendiaient l'épée au côté. Ils étaient si nombreux à Paris, sous Louis XIII, qu'on les enferma,

Fig. 90. — Les estropiés militaires. — D'après J. Callot.

comme vagabonds, dans l'hôtel de la Pitié, et plus tard, en 1657, à l'hôpital général de la Salpêtrière, où ils furent employés à des travaux manuels, quand ils étaient capables de les faire, pour subvenir aux dépenses de la maison. Ce n'était plus là l'hospice militaire que Henri IV avait fondé en 1596 dans les bâtiments de l'ancien hôpital de l'Ourcine, pour y recueillir et héberger les gens de guerre, officiers et soldats, blessés sous les drapeaux : les invalides restèrent dans cet hôpital jusqu'en 1634, où ils furent transférés à Bicêtre et confondus bientôt avec les pauvres et les vagabonds. Il n'y avait plus trace de la fondation charitable de Henri IV, lorsque Louis XIV, dont les grandes guerres faisaient tant d'invalides, eut la pensée d'instituer pour eux un asile digne de leurs glorieux services. On commença, en 1670, la construction de l'hôtel royal des Invalides, et en 1674 l'édifice était déjà en état de recevoir un grand nombre d'officiers et de soldats, qui y trouvèrent une retraite honorable et tous les soins que réclamaient leurs infirmités. Il appartenait au règne de Louis le Grand de donner un palais aux vieux braves qui avaient versé leur sang pour la patrie.

Les guerres, au dix-septième siècle, étaient beaucoup plus meurtrières qu'on ne serait tenté de le croire, d'après l'infériorité des armes en usage à cette époque. En jetant les yeux sur les cadres des officiers de tel ou tel régiment, on est stupéfait du nombre des morts devant l'ennemi. Lorsque M. d'Imécourt était colonel du régiment d'Auvergne, en 1686, Louvois présenta au roi ce brave officier accompagné de huit de ses fils, qui servaient sous ses ordres. Louis XIV fut charmé de voir tant de bons militaires dans une seule famille : « Ce n'est pas tout, Sire, dit M. d'Imécourt, j'avais cinq frères qui ont été tués au service de Votre Majesté. » Peu d'années après, il avait perdu cinq de ses fils, à la bataille de Steinkerque, en 1692, où le régiment du roi perdit la moitié de son effectif et quinze de ses officiers, trois commandants de bataillon, quatre capitaines de grenadiers et d'autres capitaines. En 1636, le régiment de Piémont tint tête, pendant dix-sept heures, à toute l'armée espagnole qui cherchait à passer la Somme pour aller assiéger Corbie : ce régiment eut neuf cents hommes tués ou blessés, y compris treize capitaines, quatorze lieutenants, seize enseignes et trente-deux sergents.

Les armes à feu, arquebuses, mousquets et pistolets, faisaient moins de ravages dans les rangs des bataillons que l'artillerie, dont tous les coups portaient, parce qu'on la tirait à petite distance et qu'elle envoyait plusieurs livres de balles au lieu d'un seul boulet. Cependant cette artillerie, qui avait été la première du monde du temps de Louis XI et de Charles VIII, avait bien dégénéré depuis et n'était plus, sous Henri IV, à la hauteur de l'artillerie espagnole, italienne et allemande. C'est que les Suisses et les Allemands avaient été longtemps chargés de la garde, de la conduite et du service de l'artillerie française, qui tomba en bien mauvaises mains quand les *artilliers* ne formèrent plus un corps

COSTUMES DE L'ARMÉE FRANÇAISE (CAVALERIE ET ARTILLERIE).

N. B. Cette composition réunit, dans une sorte de scène fictive, des types d'époques un peu différentes, et le lecteur comprendra facilement cette sorte d'anachronisme volontaire dont le but est de réunir un plus grand nombre d'exemples et de bien faire suivre les transformations du costume pendant le cours du siècle.

La même observation s'applique à la planche p. 256, et aux planches p. 538 et 556 (Costumes civils).

N°s 4. — 1608. Fantassin piquier.
11. — 1630. Officier de cavalerie légère.
5. — 1630. Artilleurs et pièce de canon. — Le canonnier tenant le fouloir est en costume de 1678.
9. — 1630. Soldat de cavalerie légère. — On comprenait sous ce nom, outre les chevau-légers proprement dits, les cuirassiers, les carabiniers, les fusiliers et les mousquetaires à cheval.
2. — 1640. Guidon des mousquetaires du roi.
16. — 1640. Tambour des mousquetaires du roi.
1. — 1649. Garde du corps du roi. (*Archer du corps* jusqu'en 1664.)
3. — 1650. *Chevau-léger* (avec l'écharpe en bande ou en sautoir).
20. — 1650. Trompette, cavalerie légère.
6-8. — 1660. Officiers généraux.
12. — 1660. Maison du roi. Gentilhomme *à bec de corbin*. (Voy. p. 567.)
13. — 1660. Maison du roi. Garde du corps (les quatre compagnies, distinguées par la bandoulière, avaient la casaque bleue depuis 1657).

N°s 22. — 1664. Mousquetaire du régiment des gardes françaises. — Depuis 1661, elles portaient l'uniforme, distinct pour chaque compagnie.
19. — 1667. Officier de cavalerie légère.
17. — 1676. Trompette du régiment de Condé, cavalerie légère. — Les trompettes et les timbaliers portaient la livrée du mestre de camp.
14. — 1685. Page du roi, grande écurie.
7. — 1688. Maison du roi, mousquetaire de la garde, 2e compagnie. — Dans la 1re compagnie les chevaux étaient toujours blancs ou gris, et toujours noirs dans la 2e.
18. — 1692. Hussard royal, cavalerie légère. — D'origine hongroise, les hussards gardèrent au service de la France leur costume national.
10. — 1698. Officier de dragons, régiment de la reine.
21. — 1698. Officier du régiment de Furstemberg, cavalerie légère.
15. — 1698. Gendarme bourguignon. (Corps d'élite; maison du roi.)

Les n°s 4, 11, 5, 9, 2, 16, 1, 3, 20, sont tirés de Callot, d'Étienne de La Belle et des peintures du château de Richelieu.

Les n°s 6, 8, 12, 13, 22, 19, 17, 14, 7, 18, 10, 21, 15, proviennent des peintures de Le Brun et de Van der Meulen, de la collection des costumes civils et militaires publiées par Bonnard, Mariette, Saint-Jean, enfin du recueil de Guérard.

Nos documents, comme ceux de la planche p. 256, sont empruntés à l'ouvrage si complet de MM. de Noirmont et Alfred de Marbot *Costumes militaires français*. Paris ; Clément, éditeur.

COSTUMES DE L'ARMÉE FRANÇAISE

spécial et que les Grisons et les lansquenets cessèrent d'être employés exclusivement au service de cette artillerie, à la fin du seizième siècle. Un écrivain militaire espagnol, Diego Ufano, qui a publié un curieux ouvrage sur l'artillerie, au commencement du dix-septième siècle, dit que l'art de fondre les pièces de canon était alors bien imparfait en France, comme ailleurs : les unes étaient tortues et mal proportionnées ; les autres, de poids inégal, plus pesantes devant que derrière ; celle-ci, rugueuses et bossues à l'intérieur ; celles-là, trop faibles et pauvres de métal, ce qui explique pourquoi elles éclataient souvent. Selon Ufano, une pièce de canon ne pouvait tirer que huit coups par heure ; de plus, après quarante coups tirés, il fallait la rafraîchir et la laisser reposer pendant une heure entière. Les calibres existants sous Henri II ne différaient pas beaucoup de ceux que Henri IV faisait fondre à l'Arsenal de Paris. Dans une *instruction sur le fait de l'artillerie*, dressée par Sully en 1605, il n'est question que de six calibres en usage : canons de 33 livres, grande couleuvrine de 16, bâtarde de 7 $^1/^2$, moyenne de 2 $^1/^2$, faucon de 1 et fauconneau de 3/4 de livre. Sous Louis XIII, on adopta les calibres de 12 et de 24 livres, mais on s'abstint bientôt de se servir des calibres de 33 et de 34, surtout dans les sièges, parce que, comme le dit le cardinal de la Valette dans une lettre écrite en 1636 à l'occasion du siège de Corbie, l'ennemi ayant des pièces du même calibre, pouvait se servir des boulets qu'on lui envoyait. Il y eut, pendant cinquante à soixante ans, de nombreux essais dans la fonderie des canons, après qu'on eut renoncé à faire des pièces monstrueuses d'une longueur extraordinaire, ou d'un poids énorme, qui défonçaient toutes les routes et restaient quelquefois profondément engagées dans le sol, sans que l'effort de quarante chevaux parvînt à les mouvoir. On abandonna donc les couleuvrines de 35 pieds de long et les bombardes de 10 pieds de diamètre. Le matériel de l'artillerie demeura presque stationnaire du temps de Louis XIV, où l'on n'employa plus que six calibres pour les canons de siège et de campagne, savoir : 32, 24, 16, 12, 8 et 4 ; mais les pièces furent fondues, avec plus de soin et plus d'exactitude, sur des modèles mieux proportionnés et avec un métal mieux préparé. Leur nombre s'accrut aussi, en raison de l'augmentation des armées, de manière à compter, par mille hommes, une pièce de canon, avec cent coups à tirer pour chacune. Les améliorations qui furent apportées au service même de l'artillerie étaient plus importantes que

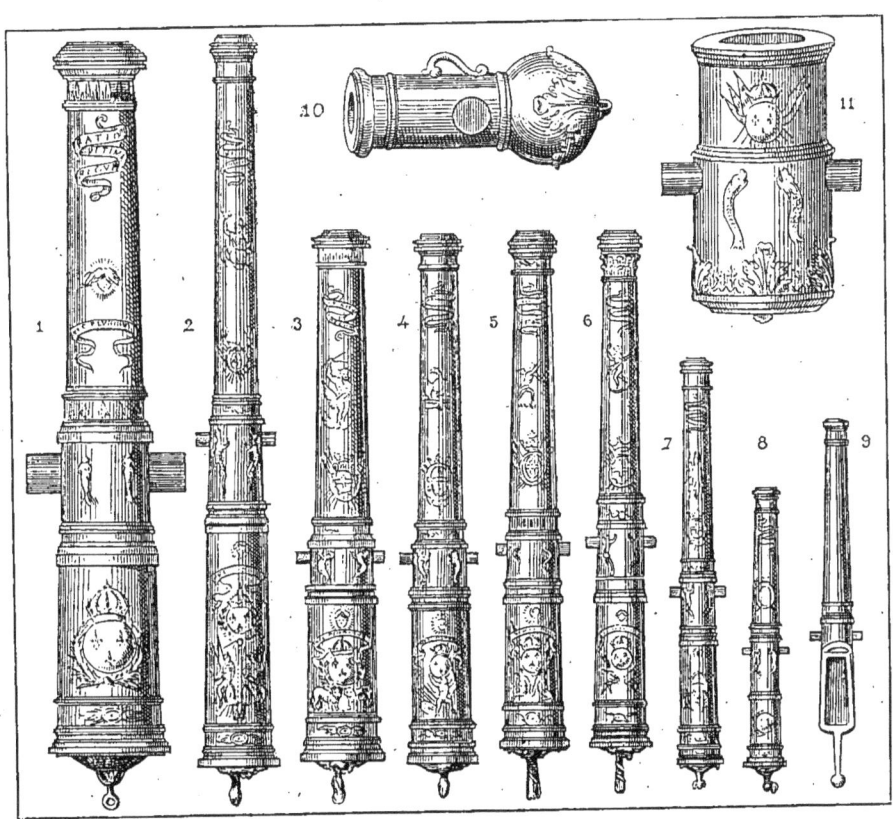

Fig. 91. — Les différentes espèces de canons. — D'après les *Travaux de Mars*. (V. pages 221 et 231.)

N° 1. *Canon* de bronze de dix pieds de long, à balles de 48 livres.
N° 2. *Grande coulevrine* extraordinaire longue de quinze pieds, portant 16 livres de boulet.
N° 3. *Demi-canon* ou *coulevrine*, portant 24 livres de balle.
N° 4. *Canon léger* ou *demi-canon* dit la *moyenne*, portant 24 livres de boulet ; ces pièces de 24 étaient les plus usitées pour faire les batteries et attaquer les places.
Les n°° 5, 6, 7, 8 et 9, représentent des pièces légères ou pièces de campagne :
5. *Coulevrine* portant 16 livres de balle.
6. *Coulevrine bâtarde*, dix pieds de long, avec le boulet de 8 livres.
7. *Bâtarde légère* de 8 livres.
8. *Pièce de régiment* de 4 livres. *Le Faucon* portait 10 livres et le *Fauconneau* 5 livres de balle.
9. *Pierrier*, portant un boulet de 3 livres.
N° 10. Pièce d'origine portugaise, importée en France, n'ayant qu'une longueur d'un pied et demi, tirant 54 livres de fer avec 10 livres de poudre.
N° 11. *Mortier* servant à élever ou à jeter les bombes.

celles du matériel. Ainsi, dès la bataille d'Arques, Henri IV avait fait un essai d'artillerie légère ou volante, proposé par un canonnier normand, nommé Charles Brise : c'étaient deux grandes coulevrines attelées, que couvraient plusieurs escadrons, qui s'ouvrirent tout à coup, lorsque les coulevrines se mirent à courir et à tirer sur les ennemis avec un art et une prestesse admirables. Cette invention, décrite par Davila, serait bien antérieure à la bataille d'Arques, si l'on doit s'en rapporter aux Mémoires de Gaspard de Saulx-Tavannes, écrits par son fils Guillaume sous le règne de Louis XIII. La France inventait peu en fait d'armes de guerre; elle ne s'appropriait que tardivement

Fig. 92. — Canons et pierriers sur leurs affûts. (Même source.)

A A A. *Canon* monté sur son affut, armé et équipé. — Autre *canon* garni comme le précédent, ayant de plus un avant-train fait d'un essieu et d'une paire de roues. — *Coulevrine* posée sur un chariot léger, utile à l'artillerie dans les pays de terre forte.
B. *Pierriers* de fonte, montés sur pivot. On les chargeait par l'arrière en introduisant dans la volée la balle, les pierres ou les ferrailles, puis une boite faite de fer ou de bronze remplie de grosse poudre, serrée par derrière avec une cheville de fer. De la main gauche on faisait évoluer le pierrier pour la mire; on mettait le feu à la boite avec la main droite.
C C. Chargement et tir d'une pièce d'artillerie se chargeant et se déchargeant avec le bras, d'invention portugaise.

les inventions dont les nations voisines faisaient usage bien avant elle; par exemple, les bombes, dont de Thou signale l'emploi au siège d'une ville de la Gueldre, par le comte de Mansfeld, en octobre 1588, ne furent employées par une armée française qu'en 1634, au siège de la Mothe, en Lorraine, où Malthus, ingénieur anglais au service de la France, fit le premier essai de ces terribles projectiles.

L'organisation de l'armée sous Henri IV ne différait pas beaucoup de ce qu'elle était sous Henri II et sous Charles IX. On y voyait, à côté des troupes étrangères (suisses et allemandes), les quatre régiments créés par Henri II et les deux régiments créés par Charles IX. Les quatre vieux régiments d'infanterie, Picardie, Champagne, Piémont et Navarre, étaient restés toujours fidèles au roi de France, excepté pourtant le régiment de Navarre, qui dut suivre le parti du roi son maître pendant les guerres de religion. Henri IV créa neuf régiments pendant son règne; Louis XIII en créa onze de 1616 à 1640, et Louis XIV, quatre-vingt-quatorze de 1643 à 1709, sans compter les régiments de cavalerie.

Quant à la maison militaire de ces trois rois, nous en avons parlé ailleurs (voy. le chap. LA COUR), comme faisant partie de la maison royale plutôt que de l'armée proprement dite.

Outre les six *vieux régiments*, il y eut d'abord, sous Henri IV, cinq régiments, qu'on appela les *petits vieux*, et qui avaient rang après les six plus anciens régiments de l'armée et avant les neuf autres créés sous ce règne. Les *petits vieux* n'avaient pas été formés par Henri IV, mais bien par des gentilshommes, qui les levèrent à leurs frais et qui les amenèrent à son service dans la guerre de la Ligue. Des onze régiments qui dataient seulement du règne de Louis XIII, les deux principaux étaient celui de Normandie et celui de la Marine. Le régiment de Normandie avait été créé en 1618, et on y avait fait entrer une quantité d'officiers d'élite, tirés des autres régiments. Le régiment de la Marine fut créé par le cardinal de Richelieu en 1626, quand il eut la charge de chef et de surintendant général de la navigation et du commerce de France. Tout cardinal qu'il était, il conserva jusqu'à sa mort le grade et les fonctions de mestre de camp du régiment de la Marine, et, après lui, le cardinal de Mazarin voulut également avoir ce régiment sous ses ordres, mais ce fut son neveu Mancini qui en devint mestre de camp. Le régiment le plus estimé, du temps de Henri IV, avait été celui de Champagne, à tel point que plusieurs gentilshommes n'acceptèrent pas de commissions pour lever des troupes, sans avoir la promesse de faire entrer ces nouvelles troupes dans le régiment de Champagne. Le roi fut donc obligé, pour donner satisfaction à ces gentilshommes, de porter à vingt compagnies le personnel de ce régiment, célèbre entre tous.

Parmi les régiments d'infanterie créés par Louis XIV, il faut distinguer le régiment du Roi, formé en 1662 et composé de cinquante compagnies, dont tous les officiers avaient été tirés des mousquetaires. On vit alors des jeunes gens de qualité entrer comme volontaires dans la compagnie colonelle du régiment, pour y porter le mousquet. A la revue de ce régiment, dès le temps de sa première cam-

Fig. 93. — Grenadier allumant sa grenade.

pagne, en 1667, le roi créa quatre grenadiers par compagnie, et ce furent les premiers grenadiers qui figurèrent dans l'armée française. A cette belle revue, qui eut lieu entre Vincennes et Paris, tous les officiers portaient la cuirasse; ils avaient des tentes peintes avec des trophées aux armes du roi; quant aux soldats, leur uniforme consistait en justaucorps brodés d'or et d'argent. Le marquis de Dangeau était alors colonel de ce beau régiment; il eut pour successeur le sieur Martinet, qui s'était fait connaître par la création des camps réguliers et par d'autres innovations militaires.

Les corps de cavalerie légère devinrent de plus en plus nombreux, sous Henri IV, car les guerres civiles du seizième siècle avaient épuisé la race des grands chevaux, qui pouvaient seuls porter les hommes armés de pied en cap. La gendarmerie, réduite à quelques escadrons, fut conservée pourtant dans la maison militaire du roi, mais elle renonça bientôt à porter la lance, qui avait été si longtemps l'arme caracté-

Fig. 94. — Engagement de cavalerie (combat au pistolet). — D'après Van der Meulen.

ristique des gens d'armes. La cavalerie légère se divisait en compagnies qui formaient des escadrons, dont on fit des régiments en 1635; mais on faillit revenir aux escadrons, parce que les capitaines des compagnies ne voulaient pas obéir aux mestres de camp, qui avaient pris le commandement des régiments. En 1636, il y eut, à ce sujet, dans le camp de Drouy, en Picardie, une querelle épouvantable entre un capitaine et M. de Canillac, qui commandait le régiment : ils mirent l'épée à la main l'un contre l'autre, à la tête des troupes, et le comte de Soissons, qui était général en chef de l'armée, eut bien de la peine à les empêcher d'en venir à une lutte sanglante. Tout s'apaisa cependant, après quelques contestations entre les capitaines d'ordonnance et les mestres de camp, et toute la cavalerie resta organisée en régiments.

Ce fut lors de cette organisation qu'on remit sur ce pied le corps des dragons, qui avait été supprimé à la suite du siège de la Rochelle.

Fig. 95. — Engagement de cavalerie (combat à l'arme blanche). — D'après Van der Meulen.

Les dragons, qu'on surnommait l'*infanterie à cheval*, parce qu'ils marchaient à cheval et combattaient à pied, existaient dans l'armée française depuis le milieu du seizième siècle. Le maréchal Charles de Cossé-Brissac les avait organisés pendant la guerre de Piémont. Leur manière de combattre alternativement avec le pistolet, la hache, la baïonnette et le mousquet, avait d'abord inspiré tant de terreur, que leur nom était, dit-on, un souvenir de ces premiers temps où l'on disait d'eux que ce n'étaient pas des hommes, mais des dragons indomptables, comme ceux de la mythologie. A la paix des Pyrénées, en 1660, il n'y avait encore que deux régiments de dragons; il y en eut quarante en 1693.

De l'année 1690 date la création du régiment royal des carabiniers, un des plus beaux qui fussent alors sous les drapeaux. Les carabiniers n'avaient aucune attache traditionnelle avec les *carabins*, qui avaient

Fig. 96. — Cavalerie en campagne. — D'après Van der Meulen.

remplacé les estradiots et les argoulets sous le règne de Henri IV, et qui servaient d'éclaireurs et d'escarmoucheurs. Avant l'institution de ce régiment de cavalerie, on avait mis deux carabiniers ou bons tireurs dans chaque escadron des différentes armes, et ces deux carabiniers galopaient en avant de l'escadron en déchargeant de loin sur l'ennemi leurs carabines rayées. Les compagnies de carabiniers furent réformées en 1698, après la paix de Riswyck.

Le régiment des hussards, qui avait été créé deux ans après celui des carabiniers, fut supprimé à la même époque; mais la singularité de leur costume et de leur équipement hongrois les rappela longtemps à la mémoire des gens qui les avaient vus à la parade ou pendant la guerre; toutefois, c'étaient encore, à cette époque, de médiocres soldats peu capables de tenir pied dans le moindre engagement de cavalerie ou d'infanterie. Ils ne servaient que pour les reconnaissances, à l'avant-garde ou à l'arrière-garde d'un corps d'armée.

Fig. 97. — Cavaliers et tambours à cheval. — D'après la Belle (Della Bella).

Au dix-septième siècle, comme de tout temps, le soldat français était brave et intrépide, mais il valait plus ou moins, selon la manière dont il était commandé : « Pour l'obéissance, disait Guillaume de Saulx-Tavannes, le commun des soldats nouveaux sont meilleurs que les vieux en France. Les capitaines expérimentés, en peu de temps peuvent dresser les soldats, principalement lorsqu'ils sont payés, leur imposant par la force les lois de l'aguerrement. Cette grande invention d'exercice, pratiquée en Flandre, avec leurs demi-tours à droite et à gauche, les anciens qui n'en usoient pas ne laissoient de combattre aussi bien ou mieux que maintenant; le tout gît à l'expérience et au respect que les soldats ont aux bons capitaines. » Henri IV n'eut jamais plus de 25,000 hommes sous ses ordres, mais les princes et les seigneurs de son parti guerroyaient, de plusieurs côtés différents, avec des forces spéciales, qui, en se réunissant, auraient composé une armée très considérable. A la fin du règne de Louis XIII, il y eut, opérant à la fois, trois grandes armées. « Les préparatifs de l'année 1640, dit Richelieu dans sa *Succincte Narration* adressée au roi, étonneront sans doute la postérité, puisque, quand je les mets devant vos yeux, ils font le même effet en moi, bien que sous vostre autorité j'en aie été le principal auteur ; ainsi vous eûtes, dès le commencement de l'année, cent régiments d'infanterie en campagne et plus de trois cents cornettes de cavalerie. » C'était là certainement un ensemble de plus de 150,000 hommes.

Louis XIV fut obligé d'étendre encore davantage les cadres de son armée, lorsqu'il eut à se défendre contre la Ligue d'Augsbourg, en 1687 ; il put ainsi opposer 375,000 hommes à l'Europe coalisée contre la France. On se demande comment l'enrôlement volontaire pouvait rassembler sous les drapeaux une pareille masse d'hommes, sans autre amorce que le prix de l'engagement, qui était de trente livres payables par tiers, le premier tiers au moment même de la signature de l'engagement, le second à l'arrivée de l'engagé au dépôt des recrues, et le troisième à son entrée dans le régiment auquel il était destiné. Les recrutements se faisaient au compte des colonels de chaque régiment, et les colonels y trouvaient de grands avantages, puisque Vauban dit, dans le recueil de ses *Oisivetés*, que le roi gagnerait douze millions à se charger des recrues.

Il y avait donc, à la fin du règne de Louis XIV, cent dix-neuf régiments de cavalerie et deux cent soixante-quatre régiments d'infanterie ; mais tous ces régiments, sur le pied de paix, ne représentaient pas plus de 120 à 130,000 hommes. Tous les officiers, à l'exception d'un petit nombre d'officiers de fortune, étaient nobles, c'est-à-dire de petite noblesse ou de bonne bourgeoisie. On distinguait, dans l'infanterie, les *régiments des princes*, c'est-à-dire ceux qui portaient le nom d'un membre de la famille royale ou d'un prince du sang ; les *régiments royaux*, dont le nom indiquait qu'ils se trouvaient placés sous les auspices du roi ; les *régiments de gentilshommes*, c'est-à-dire ceux qui portaient le nom de leurs colonels, et enfin les *régiments provinciaux*, qui portaient les noms des provinces du royaume ; c'était dans ces derniers régiments qu'on incorporait les levées de milices, qui se faisaient dans les généralités, par ordonnance du roi, et que les villages étaient obligés de fournir en hommes tout équipés et tout armés. Ces milices tenaient lieu du ban et de l'arrière-ban, qu'on ne convoquait plus depuis le règne de Louis XIII.

Toute l'armée était alors administrée par cent quarante commissaires des guerres et par autant de contrôleurs inspecteurs.

Le commandement des troupes n'avait aucune corrélation avec leur surveillance et leur direction administratives. On avait, dans l'origine, rattaché ce commandement supérieur à plusieurs grandes charges qui se contrariaient l'une l'autre, et qui entretenaient ainsi une lutte permanente de prédominance et d'autorité.

Fig. 98. — Défaite de l'armée espagnole, près le canal de Bruges, sous la conduite de Marsin, par les troupes du roi Louis XIV, en l'année 1667. — D'après le tableau de le Brun, gravé par Séb. le Clerc (1680).

N. B. On voit, dans ce tableau, l'usage du bâton de commandement.

Le connétable, placé jadis en tête de la hiérarchie militaire, n'avait plus guère qu'un vain titre. La charge était même devenue intermittente : Henri IV en pourvut Henri de Montmorency (1593) pour le gagner à sa cause; mais il ne lui donna point de commandement. Après trois ans de vacance, un caprice de Louis XIII nomma son favori de Luynes connétable (1617). Pour dédommager Lesdiguières, on le qualifia de *maréchal général* (1621), titre qu'il porta jusqu'à l'année suivante, où il succéda à de Luynes. Lesdiguières, qui mourut en 1626, fut le dernier connétable; mais Louis XIV rétablit, en 1660, la dignité de maréchal général, en l'honneur de Turenne.

On avait eu, depuis le règne de Charles IX, la charge de colonel général de France; elle fut en quelque sorte subdivisée par Louis XIII, qui fit autant de colonels généraux de l'infanterie française qu'il y avait de corps d'armée en campagne. Il y eut aussi, en même temps, un colonel général des Suisses et Grisons, un colonel général des Corses,

Fig. 99. — Les ordres de l'état-major. — D'après Rugendas.

et même un colonel général des troupes écossaises au service de France. Tous ces colonels généraux exigeaient qu'on leur rendît des honneurs extraordinaires. Un jour, le vieux duc d'Épernon, qui, en sa qualité de colonel général de l'infanterie, se regardait comme le premier dignitaire des armées du roi, entrant au Louvre dans le carrosse de Monsieur, Gaston d'Orléans, mit la tête à la portière et ordonna au tambour de battre aux champs pour annoncer sa présence. Ces grandes charges militaires tendaient toujours à disparaître ou du moins à se trouver restreintes et modifiées par la création de charges inférieures ou subsidiaires. C'est ainsi que Henri IV avait nommé

Crillon lieutenant général de l'infanterie française, pour diminuer l'autorité despotique et illimitée que s'arrogeait le duc d'Épernon, en sa qualité de colonel général de l'infanterie, Louis XIV supprima

Fig. 100. — Henri de la Tour d'Auvergne, vicomte de Turenne, maréchal général de France (1611-1675). — D'après le portrait de Philippe de Champagne, gravé par Nanteuil.

cette charge en 1661; en revanche, il créa celle de colonel général des dragons.

Les lieutenants généraux eurent moins de suprématie et de pouvoir dans l'armée, à mesure qu'on augmenta leur nombre. Avant

Louis XIII, le commandant en chef d'une armée n'avait qu'un seul lieutenant général; il en eut souvent deux sous Louis XIII. Bientôt l'usage s'établit d'en mettre plusieurs sous les ordres du commandant en chef : il y en avait trois, pendant la guerre de 1667; puis leur nombre illimité s'accrut de telle sorte, que la promotion des lieutenants généraux, en 1704, fut de soixante. Le rang était fixé entre eux par le numéro d'ordre de leur promotion.

Les brigadiers, créés en 1668, commencèrent également par être fort peu nombreux et par avoir une position presque analogue à celle de général d'armée, lorsque l'armée venait à se partager en deux brigades, placées chacune sous le commandement d'un chef de brigade. Plus tard, la brigade se composa seulement de plusieurs régiments de cavalerie ou d'infanterie, et elle était alors commandée par un brigadier avec brevet. Louis XIV fut très satisfait du service de ces officiers généraux, qui avaient sous leurs ordres les colonels et les mestres de camp. Ces derniers n'avaient été d'abord que des officiers spéciaux, chargés de régler tout ce qui concernait le campement des troupes, sous les ordres du maréchal de camp. Ils devinrent ensuite les chefs des régiments d'infanterie, puis les chefs des régiments de cavalerie, à la formation de ces régiments en 1635. Mais, en 1661, la charge de colonel général de l'infanterie étant supprimée, les mestres de camp des régiments d'infanterie prirent le titre de colonel, et les régiments de cavalerie conservèrent seuls des mestres de camp; ce qui amena des conflits de préséance entre la cavalerie et l'infanterie.

Enfin, les capitaines, dont le nombre allait toujours s'accroissant en raison de l'augmentation du chiffre de l'armée active, avaient perdu, en se multipliant, une partie de leur ancienne et primitive distinction; car, dans l'origine, ce titre de *capitaine* s'était donné à des personnages de la plus haute noblesse, et l'on avait dit simplement, le capitaine Montluc, le capitaine la Trémoille, etc., sans même ajouter au titre la qualité de *monsieur*. Il n'y avait eu que les capitaines, avant les mestres de camp et les colonels; mais, sous Louis XIII, chaque compagnie fut commandée par un capitaine, et l'on en mit deux, un premier et un second, quand la compagnie était trop

CHEVALIERS DE L'ORDRE MILITAIRE DE ST LOUIS ARMÉS PAR LOUIS XIV

forte On créa, en outre, des capitaines de diverses espèces : capitaine des guides, capitaine des charrois, capitaine des mineurs, etc.

Au-dessous du capitaine ou des deux capitaines d'une compagnie, on mit un lieutenant, qui remplissait la seconde charge dans la compagnie. Quant aux sous-lieutenants, on les vit paraître dans la cavalerie sous

Fig. 101. — Une compagnie d'infanterie française, sous Louis XIII (1633). — D'après J. Callot.

le règne de Louis XIII, mais il n'y en eut pas dans l'infanterie avant 1657. Le grade d'enseigne, ou porte-enseigne, dans chaque régiment d'infanterie, était attribué à l'officier qui avait fait ses preuves de courage et qui passait pour le plus brave des compagnies du régiment. Quand le porte-enseigne devint porte-drapeau, on donna un enseigne à chaque compagnie. Le porte-enseigne fut porte-étendard dans la cavalerie et porte-guidon dans la maison militaire du roi. Chaque compagnie d'infanterie avait, en outre, douze à seize bas officiers ou sous-officiers : sergents, caporaux et anspessades.

Ces modifications dans l'organisation et le commandement se rattachaient à des changements dans la marche et la disposition des troupes, dont on peut juger par le tableau ci-contre.

Fig. 102. — Manœuvres d'infanterie et de cavalerie. — D'après les *Travaux de Mars*, déjà cités.

Fig. 3. — *Ordre d'une compagnie d'infanterie française en marche.* — A. Capitaine. — B. Lieutenant. — C. Enseigne. — D. Sergents. — E. Caporaux. — F. Anspessades. — G. Mousquetaires. — H. Piquiers. — I. Tambours. — A la queue de la compagnie est le poste ordinaire du sous-lieutenant, quand les premiers officiers se trouvent à la tête.

Fig. 1. — *Marche d'un régiment d'infanterie par division.* — A. Colonel. — B. Lieutenant-colonel. — C. La moitié des capitaines à la tête, l'autre moitié à la queue du régiment. — D. Les lieutenants à la tête de chaque division des mousquetaires. — E. Les divisions des mousquetaires de la première manche. — F. Tambours à la tête, au centre et à la queue du régiment. — G. Les sous-lieutenants à la tête des divisions des piquiers. — H. Piquiers. — I. Les enseignes avec leurs drapeaux. — K. Les mousquetaires de la seconde manche. — L. Les sergents sur les ailes. — M. Le major qui fait défiler. — N. L'aide-major.

La *hallebarde* était l'arme ordinaire des sergents d'infanterie. — Il y en avait de plusieurs façons : le n° 8 représente la forme la plus usitée ; le talon était pointu, pour que l'arme fût fichée en terre dans les haltes. — N° 9. *Pertuisane*. — N° 5. Hache d'armes. — N° 6. *Faux*, servant pour la défense des dehors. — N° 7. *Fourche* employée pour la défense des postes. — La pique, qui avait alors de 13 à 14 pieds de longueur, était l'arme ordinaire des piquiers et des principaux officiers d'infanterie. La demi-pique, nommée *sponton*, de 8 à 9 pieds de longueur, était employée pour les officiers d'infanterie dans les actions de parade.

Fig. 2. — *Marche d'une compagnie de cavalerie.* — Marche sur quatre files. — A. Trompette. — B. Capitaine. — C. Lieutenant. — D. Cornette. — E. Étendard. — F. Les deux brigadiers. — G. Les 30 cavaliers, dont un maréchal. — H. Les maréchaux des logis.

Fig. 4. — Le *timbalier* est, avec la trompette, à la tête de l'escadron, trois ou quatre pas en avant du commandant, dans les marches et les revues.

Fig. 103. — Entrée du duc d'Enghien dans Philipsbourg. (9 sep. 1644.) — Gravé par N. Cochin, d'après la Belle (Della Bella). — (Bibl. Nat., Coll. Hennin, t. XXXVIII, p. 14.)

L'artillerie, qui comprenait autrefois le génie militaire dans ses attributions diverses, formait dans les armées un corps à part, avec toute une catégorie d'officiers spéciaux, commandant des milices spéciales, sous la direction du grand maître de l'artillerie, nommé par Henri IV à la place du capitaine général des poudres de l'artillerie. Ce fut M. de Rosny (Sully), qui occupa le premier cette charge, que le roi érigea en office de la couronne en 1601. Le grand maître de l'artillerie avait la surintendance sur tous les officiers appartenant à l'artillerie proprement dite, canonniers, pionniers, charrons, cordiers, et tous les petits officiers employés aux travaux de l'armée, dans les marches et dans les campements, ainsi que dans les sièges et la défense des villes fortifiées. Il se faisait représenter par ses lieutenants « en toutes les armes du roi, » car il devait surtout remplir les devoirs de sa charge, en surveillant les arsenaux de

France, en faisant fondre les canons et fabriquer les poudres. Sully avait été le véritable organisateur du génie militaire en France ; il

Fig. 104. — Le pétard et son emploi. — Tiré des *Travaux de Mars*, déjà cités.

C. — Vue en coupe de l'intérieur.
A. — Le chargement ; il consistait en poudre fine, non battue, avec un feutre par dessus, puis un tranchoir de bois, de la cire jaune, ou de la poix grecque, le tout recouvert d'une toile cirée.
B. — Le pétard attaché sur un madrier doublé de lames de fer ; on attachait ce madrier avec des tirefonds à la porte qu'il s'agissait de faire sauter ; l'effet était d'autant plus terrible que la jonction était parfaite.
D. — Chariot, appelé *flèche*, servant à approcher les portes par dessus les fossés, lorsque les ponts-levis étaient levés.

appela d'abord des Italiens à ce service, et il invitait en même temps les officiers les plus instruits de l'infanterie française à se livrer aux études qui devaient les rendre capables d'exercer les fonctions d'ingénieurs. Ce fut lui qui créa le comité des fortifications,

Fig. 105. — Vue de la ville et de la citadelle de Cambrai, assiégées et prises par le roi en 1677. — Gravé par Fr. Erlinger d'après la peinture faite par Van der Meulen pour le grand escalier de Versailles.

dans lequel il se montrait aussi habile que ses deux collaborateurs, le fameux Errard, de Bar-le-Duc, et Claude de Chastillon, qui le premier porta le titre de directeur des fortifications.

Les ingénieurs et les architectes militaires se distinguèrent encore davantage sous le règne de Louis XIII, où le siège de la Rochelle leur permit de montrer combien ils pouvaient contribuer, en certaines circonstances, au succès d'une campagne glorieuse. Le génie occupait désormais dans nos armées le rang auquel il avait droit, d'après les progrès de l'art représenté alors par Marolois, Pagan et Deville. Les grandes guerres de Louis XIV donnèrent un rapide développement à tous les services du génie et de l'artillerie : à la paix de Riswick (1697), on ne comptait pas moins de six cents excellents ingénieurs dans l'armée française, et l'illustre Vauban, le plus célèbre ingénieur de son temps, avait changé complètement le système de l'architecture militaire, en faisant fortifier plus de trois cents places de guerre, et en conduisant les opérations de cinquante-trois sièges, entre lesquels l'histoire a immortalisé ceux de Maestricht, de Valenciennes et de Philipsbourg.

Les grades et les dignités étaient beaucoup moins nombreux dans la marine que dans l'armée, d'autant plus qu'il n'y eut des troupes spéciales de marine que fort tard; car on se bornait autrefois à faire embarquer des troupes de terre, quand on avait besoin d'armer une flotte ou une escadre en vue d'une expédition navale. La marine n'était pas d'ailleurs constituée dans les mêmes proportions que l'armée; elle resta même longtemps, à cet égard, dans un état d'infériorité absolue; ainsi, la charge d'amiral, la première et la plus ancienne des charges de la marine, avait eu sans doute des prérogatives considérables, quoiqu'elle ne répondît hiérarchiquement qu'à la charge de maréchal de France et qu'elle fût circonscrite entre un très petit nombre de titulaires. Les tribunaux du grand amiral se nommaient *amirautés;* il y en avait deux : l'amirauté de Paris, de laquelle relevaient dix sièges particuliers; l'amirauté de Rouen, qui en comprenait dix-huit. Dans le Midi et en Bretagne, les affaires maritimes ressortissaient aux différents parlements. L'amiral de France était, depuis le quinzième siècle, comme chef de la marine et des armées navales, un des grands officiers de la couronne; et, par conséquent, il avait prédominance sur tous les amiraux, bien qu'aucune amirauté n'eût été placée directement sous sa dépendance. Cette charge fut supprimée par Louis XIII, qui la remplaça par l'office de grand maître, chef et surintendant de la navigation et du commerce; mais Louis XIV

Fig. 106. — Sébastien Leprestre, seigneur de Vauban,... maréchal de France. — D'après une estampe sur laquelle on lit : « *A Paris, chez Bonnard, rue St-Jacques, au Coq; av. priv.* »

la rétablit en 1669, en se réservant la nomination des officiers de marine. Le roi créa ensuite deux vice-amiraux, l'un du *Levant* pour la Méditerranée, et l'autre du *Ponant* pour l'Océan; avant cette création, il y avait non seulement un général des galères, depuis le règne de Charles IX, mais encore un commandant en chef de la flotte et un lieutenant général. On fit ensuite des lieutenants généraux de mer, comme on avait fait des lieutenants généraux pour les armées de terre. Sous Louis XIII, on donnait le nom de chef d'escadre au commandant de l'armée navale; en 1647, il y avait quatre escadres portant chacune le nom d'une province maritime. La charge de capitaine de vaisseau avait toujours été très importante; elle correspondait à celle de colonel dans l'armée de terre. Le major et les aides-majors, qui avaient rang de capitaines et de lieutenants de marine, ne furent institués qu'en 1691; le lieutenant et l'enseigne de vaisseau étaient auparavant les seuls officiers que le capitaine eût sous ses ordres. Les mêmes grades, attribués à des officiers qui servaient sur des navires d'ordre inférieur, impliquaient une autorité et des privilèges moindres. Ainsi les capitaines de galiotes, bâtiments destinés à jeter des bombes, primaient les capitaines de frégates légères; ceux-ci commandaient aux lieutenants de vaisseaux et se trouvaient classés au-dessus des capitaines de brûlots.

Telles étaient les charges de la marine, sans y comprendre celles de l'artillerie de mer. Mais, à vrai dire, la marine française n'existait pas à l'avénement de Henri IV, qui n'en avait pas besoin pour faire face à la marine espagnole, puisque son alliance avec la reine d'Angleterre lui assurait, au besoin, l'appui de la marine anglaise. L'Angleterre, dès cette époque, s'attribuait la souveraineté de l'Océan, comme l'Espagne celle de la Méditerranée. Henri IV n'eut que trop conscience de sa faiblesse vis-à-vis de la puissance navale de ses alliés: lorsque Sully, qui allait en ambassade extraordinaire à Londres, se fut embarqué à Calais sur un petit navire portant le pavillon du roi de France, il rencontra en mer une *ramberge*, gros bâtiment anglais, que le roi Jacques Ier envoyait à la rencontre de l'ambassadeur, pour lui faire honneur et le conduire au port de Douvres; mais le capitaine de cette ramberge somma le capitaine français de mettre son pavillon bas. Sully voulut s'y refuser; son refus fut suivi de trois coups de canon, que lui adressait la ramberge anglaise, et les boulets percèrent la coque du navire français et faillirent le couler. Sully se plaignit amèrement d'un pareil accueil, en se voyant forcé d'obtempérer à l'injonction

COSTUMES DE L'ARMÉE FRANÇAISE (INFANTERIE ET MARINE).

Nos 16. — 1608. Fantassin arquebusier.
9. — 1610. Cent-Suisses, aux couleurs de la reine Marie de Médicis, avec le drapeau de la compagnie.
10. — 1625. Archer de la garde ou garde du corps.
22. — 1630. Fifre du régiment des gardes-françaises.
20. — 1630. Enseigne, même arme.
15. — 1630. Officier de cavalerie légère.
11. — 1647. Officier d'infanterie.
19. — 1660. Officier d'infanterie. — Les officiers portaient la pique et le hausse-col, sans autre uniformité.
14. — 1664. Tambour du régiment des gardes françaises. — Les tambours des gardes françaises avaient des justaucorps à la livrée du roi, bleu turquin, avec des galons à carreaux blancs et rouges.
5. — 1667. Infanterie, mousquetaires.
7. — 1676. Officier du régiment du roi (infanterie.) A une revue passée en 1667, les officiers de ce régiment avaient tous la cuirasse.
8. — 1685. Officier d'infanterie. — Les officiers portaient alors des manteaux écarlate et des manchons.

Nos 13. — 1685. Officier aux gardes françaises.
4. — 1688. Officier général de la marine royale. — Les officiers de marine n'avaient point d'uniforme, non plus que les matelots.
12. — 1689. Officier de milice. — La milice gardait les places fortes.
6. — 1694. Officier général n'ayant pas d'habit uniforme. — On reconnaissait l'officier général, un jour de bataille, à la grande écharpe qu'il portait en baudrier.
21. — 1697. Mousquetaire, régiment des gardes suisses. — Tout le régiment avait l'uniforme rouge, avec parements, veste, culotte et bas bleus.
18. — 1697. Enseigne du régiment des gardes françaises, portant le drapeau d'ordonnance dans chaque compagnie.
17. — 1700. Enseigne du régiment de Champagne.
1, 2, 3. — 1705. Artillerie des côtes. — Le n° 1 est un sergent de la compagnie de Rochefort, le n° 2 est un enseigne de la compagnie franche des canonniers des côtes de l'Océan. Leur drapeau blanc, donné par Louis XIV, portait l'écusson du grand maître de l'artillerie; on y voit un canon faisant feu et la devise : *Tonantis imago*.

Les exemples les plus anciens sont empruntés à de Gheyn, Crispin de Pas, Abraham Bosse, Callot, de La Belle, et autres graveurs du temps, puis à le Brun et Van der Meulen, à Bonnard, Mariette et Saint-Jean; enfin, à l'*Art militaire français*, dédié à M. le maréchal de Boufflers, publié à Paris en 1697, et au recueil de Guérard.

(Voir l'ouvrage les *Costumes militaires français* de MM. de Noirmont et Alfred de Marbot; Paris; Clément, éditeur.)

COSTUMES DE L'ARMÉE FRANÇAISE

du capitaine anglais, qui s'excusa de son acte brutal, en disant que s'il avait reçu l'ordre d'honorer en la personne de Sully la qualité d'ambassadeur, il n'en était pas moins obligé de faire rendre au pavillon de son maître l'honneur qui était dû au souverain de la mer. Sully, dans une lettre à Henri IV, du 15 juin 1603, s'efforça d'atténuer l'outrage que le pavillon du roi avait reçu du capitaine anglais.

Fig. 107. — La coque du grand navire. — D'après Hollar.

Il n'y avait pas un seul vaisseau armé, dans nos ports, à la mort de Henri IV. La situation était la même en 1624, quand les huguenots de la Rochelle, qui s'étaient emparés de quelques vaisseaux que le duc de Nevers avait équipés par ordre du roi, sous prétexte de les employer contre les Turcs, armèrent ces navires et y ajoutèrent d'autres bâtiments légers, pour ravager les côtes de la Normandie : « Bien que le sort de la marine eust esté jusqu'alors tellement abandonné, qu'elle n'eust pas un seul vaisseau, dit le cardinal de Richelieu dans sa *Succincte narration des actions du Roy*, elle se conduisit avec tant d'adresse et de courage, qu'avec ceux qu'elle put amasser de ses sujets, vingt de Hollande et sept *roberges* (ramberges) d'Angleterre, elle défit l'armée que les Rochellois avoient mise en mer. » C'est alors que

Richelieu, sans songer à rétablir la charge d'amiral de France à son profit, se fit nommer, par le roi, grand maître et surintendant général de la navigation et du commerce, pour avoir le droit de reconstituer une marine. Il publia, en 1629, un code maritime, organisa des écoles de pilotage, de science nautique et de construction navale, rappela tous les marins français qui étaient à la solde des marines étrangères,

Fig. 108. — Navire de guerre calfaté. — D'après Dancker-Danckerts.

défendit à tout sujet du roi de prendre du service maritime en dehors du royaume, et ordonna qu'à l'avenir une flotte de cinquante vaisseaux bien armés et bien équipés, outre des pataches et d'autres bâtiments de petite dimension, serait chargée constamment de veiller à la sûreté des côtes de France et de fournir des escortes aux navires de commerce. « Il semble, disait Richelieu, dans le recueil de réflexions politiques qu'on appelle son *Testament*, il semble que la nature ait voulu offrir l'empire de la mer à la France, pour l'avantageuse situation de ses deux côtes, également pourvues d'excellents ports aux deux mers Océane et Méditerranée. » Richelieu avait donc eu l'idée de faire deux flottes : l'une pour l'Océan, composée de gros vaisseaux ; l'autre pour la Méditerranée, mais destinée surtout à opérer contre les forces maritimes de l'Espagne, cette dernière flotte réunissant un grand nombre de galères et de bâtiments légers. En 1638, neuf de ces

Fig. 109. — *Le navire royal* avec ses divers pavillons. — D'après une estampe datée de 1666.

Au grand mât, le grand pavillon de France, de satin blanc, en broderie d'or et d'argent.

Au mât de misaine, un pavillon et un étendard ou bannière « avec *flammes traînantes en l'eau,* » de même couleur tous deux, en satin bleu et blanc.

Au mât de beaupré, pavillon de satin bleu fleurdelisé.

Au mât d'artimon, pavillon de satin vert semé de fleurs de lis d'or.

Le phare, falot, fanal, ou lanterne dorée du gaillard d'arrière, est surmonté d'une hampe pour l'enseigne ; celle-ci était de satin rouge avec le pavillon de France en or, ou de satin rouge semé de fleurs de lis d'or.

galères, commandées par M. de Sourdis, archevêque de Bordeaux et chef de l'armée navale de France, forcèrent quatorze galères espagnoles et quatre grands vaisseaux dunkerquois à se réfugier dans l'anse de Guetaria, en Biscaye, où ils furent tous brûlés ou coulés à fond, avec perte de 500 canons et de 4,000 hommes. Huit ou dix jours après, dans la Méditerranée, un autre combat de galères « peut-être le plus célèbre qui ait été donné, » au dire de Richelieu, fit honneur au marquis de Pont-Courlay, qui, à la tête de quinze galères françaises, livra bataille à pareil nombre de galères espagnoles et remporta une éclatante victoire. La flotte de l'Océan eut aussi l'occasion de se distinguer dans quelques combats, mais le plus fameux des vaisseaux de ce temps-là, nommé *la Couronne*, ne paraît pas avoir figuré dans ces affaires. Il était très bon voilier, quoique ayant

Fig. 110. — Une galère. — D'après le dessin de la Belle (Della Bella), gravé par François Langlois, dit Ciartres.

200 pieds de longueur et 46 de largeur, avec une épaisseur de bois considérable, et portant soixante-douze pièces de canon. « Bien que vos prédécesseurs, dit Richelieu dans sa *Succincte narration des actions du Roy*, aient méprisé la mer, jusqu'à ce point que le feu roy vostre père n'avoit pas un seul vaisseau, Vostre Majesté n'a pas laissé d'en avoir, en la mer Méditerranée, pendant le cours de cette guerre de 1638, vingt galères et vingt vaisseaux ronds, et plus de soixante bien équipés en l'Océan. » Le port de Brest date aussi du ministère de Richelieu, ainsi que la composition des équipages et la création du régiment des Vaisseaux.

Richelieu ne s'était pas vainement flatté d'augmenter encore la marine française, avec une dépense annuelle de 2,500,000 livres, car, peu de mois avant sa mort, d'après un état contemporain des forces militaires de la France, le roi avait trente-cinq galères et soixante vaisseaux ronds, prêts à prendre la mer. Ce nombre diminua beaucoup pendant les troubles de la minorité de Louis XIV, puisqu'il n'y avait plus, en 1649, que vingt-cinq galères et trente vaisseaux de haut bord. La ruine de la marine française ne fit que s'accuser davantage, sous le ministère du cardinal Mazarin, qui l'avait laissée tomber dans l'abandon le plus déplorable. A sa mort, en 1661, il ne restait plus que huit vaisseaux capables de tenir la mer, et l'artillerie de marine se trouvait réduite à

Fig. 111. — Galère attaquant un grand navire. — D'après Israël Sylvestre.

cinq cent soixante-dix pièces de canon de fonte et quatre cent soixante-quinze de fer. En 1664, pour faire l'expédition de Gigery, sur la côte d'Afrique, on eut bien de la peine à armer quinze ou seize vaisseaux, en y ajoutant des vaisseaux de Malte et de Hollande. Mais déjà Colbert était chargé de la marine, et il comprenait la nécessité urgente de rendre à la France sa puissance maritime. Tout manquait, et tout était à créer. La France n'avait ni arsenaux, ni bois de construction, ni matériaux, ni munitions, ni approvisionnements, pour faire des flottes; pas d'ancres, pas de cordages, pas de voiles, pas d'artillerie de marine. On eut recours à l'étranger, surtout à la Hollande. Une fonderie de canons fut instituée à Amsterdam, avec l'autorisation du gouvernement des Provinces-Unies; on y construisit douze vaisseaux de ligne et on en acheta trente-deux. La marine militaire ne prit tout son essor que lorsqu'elle passa, en 1669, sous l'administration de Colbert. En trois années, le nombre des vaisseaux fut porté à cent quatre-vingt-seize, dont cent dix-neuf de haut bord, vingt-deux frégates et cinquante-cinq bâtiments légers; plus de soixante mille matelots furent classés; l'école des gardes-marines fut établie, le port de Rochefort creusé, l'infanterie de marine organisée d'une façon permanente. Dès 1667, on avait vu manœuvrer,

Fig. 112. — Abraham du Quesne (1610-1688). — D'après Edelinck.

dans la rade de Brest, cinquante vaisseaux de guerre, sous le commandement du duc de Beaufort, non compris l'escadre du Levant, qui devait se joindre aux forces de cet amiral, pour aller porter des secours à l'île de Candie assiégée par les flottes ottomanes. La France était dès lors en état de maintenir sa supériorité maritime dans les guerres qui se succédèrent, avec plus de succès que de revers, jusqu'à la paix de Riswick, en 1696.

La marine royale, sous le commandement de d'Estrées, de du Quesne, de Tourville, de Duguay-Trouin, de Jean Bart et d'autres illustres marins, avait plus d'une fois soutenu glorieusement une lutte héroïque contre les flottes combinées de l'Angleterre et de la Hollande. Il faut constater que, dans les combats isolés de vaisseau à vaisseau ou d'escadre à escadre, les Français avaient eu presque

Fig. 113. — Jean Bart (1651-1702). — D'après P. Schenck.

toujours l'avantage; on sait que l'intrépide Jean Bart, monté sur de petits bateaux corsaires, ne craignait pas de s'attaquer aux plus grands vaisseaux anglais et hollandais, qu'il capturait de vive force et qu'il coulait en pleine mer, quand il ne pouvait pas les amener, de bonne prise, dans un port de France. Louis XIV avait réussi d'ailleurs à faire entrer sa meilleure noblesse dans le service de mer, en comblant d'honneurs les marins qui se distinguaient par des actions d'éclat.

Après avoir publié un grand nombre d'édits et d'ordonnances sur le fait de la marine, Colbert les coordonna, en 1681, dans un code qui comprenait toute la jurisprudence maritime, et qui fut considéré à juste titre comme un chef-d'œuvre de police et d'administration navales. Après la mort de Colbert (1683), Seignelay continua avec zèle l'œuvre de son père, « mais la jalousie de Louvois, dit Saint-Simon, écrasa la marine. » Les désastres de la Hogue et de la guerre de Succession lui portèrent un coup funeste. Vers la fin du règne de Louis XIV, on pouvait voir les débris de nos flottes pourrir dans les ports et trois cent soixante-neuf navires rester inachevés sur les chantiers.

Fig. 114. — Un fifre sous Louis XIII. — D'après Abr. Bosse.

CHAPITRE HUITIÈME

FINANCES, INDUSTRIE, COMMERCE

Administration financière de Sully. — Mesures prises par Henri IV en faveur de l'industrie et du commerce français. — Désordres financiers pendant la régence de Marie de Médicis; États généraux de 1614. — Les finances sous Richelieu. — Minorité de Louis XIV; misère et dilapidations. — Mazarin et Fouquet. — Colbert et son administration. — Ordre rétabli dans les finances. — Impulsion donnée aux diverses branches de l'activité nationale; développement de la marine marchande et du commerce extérieur; création de grandes manufactures. — Premiers insuccès de Colbert; rivalité de Louvois. — Mort de Colbert; ses successeurs.

N a vu (chap. II) comment Sully avait justifié la confiance que lui accordait Henri IV, en s'attachant à faire une guerre implacable aux abus de toute nature qui régnaient dans les finances depuis tant d'années, et qui n'avaient fait que s'accroître durant les troubles de la Ligue. Il dut s'armer d'une résolution inflexible, pour arrêter le pillage des deniers de l'État et pour faire rendre gorge aux voleurs : il avait affaire à une « effrénée quantité d'officiers, qui détruisoient tous les revenus du roi; » il avait affaire à d'*anciens partisans*, qui tenaient à vil prix les gabelles, les cinq grosses fermes, les péages des rivières, etc., « par l'intelligence d'aucuns du conseil, lesquels y avoient part; » enfin il

avait affaire à de puissants personnages, gouverneurs de provinces et grands seigneurs, qui levaient des impôts qu'ils avaient établis à leur profit et de leur seule autorité. C'est ainsi que le duc d'Épernon touchait, dans son gouvernement de Guyenne, 60,000 écus de taxes arbitraires, sans lettres patentes du roi. Sully y mit ordre, et il eut à répondre, dans le conseil même, aux insolentes réclamations de d'Épernon. Sa réponse fut celle d'un soldat, décidé à faire respecter avec son épée les droits de son autorité administrative. Henri IV était alors à Fontainebleau; il écrivit à son ministre, que si M. d'Épernon osait l'appeler en duel comme il l'en avait menacé, c'était le roi qui viendrait en personne lui servir de second.

Le roi, à cette époque, ne recevait pas les deux tiers des sommes que les trésoriers percevaient en son nom sur la masse des différents impôts, et sur la taille seule, qui devait se monter annuellement à 16,230,000 francs, il y avait en 1597 un arriéré de plus de vingt millions. Il fallut toute l'activité, toute la persévérance, toute l'adresse de Sully, pour équilibrer, avant tout, la recette et la dépense, en payant les dettes énormes de l'État et en comblant le déficit effrayant qui existait dans tous les services publics. Le surintendant des finances avait obtenu ces grands résultats en cinq ans, par le fait seul de nombreuses réformes dans la perception des impôts.

En 1602, les tailles avaient été réduites de 1,400,000 écus, ainsi que le constate le préambule de l'édit de la même année; et cependant, tout en réduisant les tailles et les gabelles à mesure que s'accroissait la prospérité publique, l'habile ministre avait pu, à force d'économies, payer cent millions de dettes du roi, et créer un fonds de réserve en numéraire qui dépassait seize millions en 1610. Le revenu ordinaire de la France n'était pourtant alors que de vingt-six millions.

La situation prospère des finances se trouvait au niveau de celle de l'industrie et du commerce, qui devaient surtout leurs progrès rapides à l'influence directe de Henri IV et à ses intelligentes innovations. Sully ne partageait pas toujours à cet égard les idées et les vues du roi, mais il n'avait garde de les contrarier; il se bornait à essayer de les modifier, dans de longs entretiens. Au sortir des guerres civiles, en 1595, la plupart des manufactures françaises étaient ruinées, et celles qui n'avaient pas arrêté tout à fait le travail ne produisaient que des marchandises de qualité inférieure et peu abondantes. Tout ce qu'on fabriquait de draps grossiers et d'étoffes communes suffisait à la consommation restreinte des pauvres gens. La fabrique de Rouen conservait seule, en France, le privilège de faire des draps fins, que n'égalaient pas ceux de l'Angleterre, mais qui étaient alors presque dédaignés, car le luxe et la mode voulaient qu'on portât de la soie au lieu de drap; or, la France ne fabriquait pas d'étoffes de soie; elle ne savait plus même employer ses belles laines pour faire des serges et des étamines de bonne qualité, ses beaux chanvres pour faire des toiles fines, ses excellents cuirs, naguère si bien tannés, pour faire de bonnes chaussures; on ne faisait plus rien que de grossier et d'imparfait, la main-d'œuvre s'était comme perdue, et les matières premières passaient, à l'état brut, en Italie, en Suisse, en Flandre et en Angleterre, pour revenir, toutes fabriquées, sur le marché français, au détriment de l'industrie nationale.

« Les Anglais, disait Barthélemy Laffemas dans un mémoire au roi, font apporter en ce royaume telle abondance de leurs manufactures de toutes sortes, qu'ils en remplissent le pays, jusqu'à leurs vieux chapeaux, bottes et savattes, qu'ils font porter en Picardie et en Normandie, à pleins vaisseaux, au grand mespris des François et de la police. Où l'on peut remédier par l'establissement du commerce et manufactures. » Laffemas, après avoir constaté, dans ce même mémoire, la décadence de l'industrie française, notamment dans le rayon de la capitale, avait proposé au roi d'établir, en chaque ville, une chambre de commerce, pour réveiller l'émulation des anciennes communautés d'arts et métiers, et, en chaque chef-lieu de diocèse, un grand bureau des manufactures, des marchands et des artisans, pour concentrer et diriger les efforts de l'industrie locale; mais il demandait, en même temps, la prohibition absolue des marchandises étrangères dans le royaume. Tel était aussi le vœu de l'assemblée des notables de Rouen, en 1596, ainsi que des délégués des manufactures de la Touraine et du Languedoc. Henri IV accueillit ce vœu général, et toutes les marchandises étrangères furent prohibées par l'édit de 1599. On n'avait pas songé que l'usage des bas de soie et des draps d'or et d'argent était général à la cour et dans la riche bourgeoisie. La fabrique de Lyon commençait à peine à façonner quelques draps d'or et d'argent; la fabrique de Tours ne produisait encore qu'une petite quantité de bas de soie, à des prix

Fig. 115. — Le château royal de Madrid, au bois de Boulogne, bâti pour François Ier en 1529.

On lit au bas de cette gravure, non signée, du XVIIe siècle : « Présentement on y a établi une manufacture de bas de soie. »

exorbitants. Il y eut donc un cri de colère et d'indignation chez les consommateurs, comme chez les marchands qui ne pouvaient plus vendre ni acheter : le roi fut assiégé de réclamations contre le nouveau système prohibitif, que les contrebandiers se chargeaient déjà de battre en brèche : « J'aimerois mieux, disait Henri IV, combattre le roi d'Espagne en trois batailles rangées, que tous ces gens de justice, de finances, d'écritoire et de villes, et surtout leurs femmes et leurs filles, que vous me jetteriez sur les bras par vos défenses. » Il révoqua donc son édit malencontreux, et rouvrit les bureaux de douane à toutes les marchandises étrangères qui étaient devenues indispensables aux besoins du luxe; mais il avait tenu compte de l'expérience, et, malgré les obstinations et les résistances de Sully, il s'occupa d'acclimater en France l'industrie de la soie : il fit planter des mûriers dans les provinces méridionales, où cette culture réussit à merveille; il fit acheter de la graine de ver à soie dans le Levant, et donna aux habitants de la Provence la faculté

Fig. 116. — Le travail de la soie. — Tiré de l'Encyclopédie.

N. B. Bien que cette gravure soit postérieure à l'époque dont nous traitons, elle représente le travail du *tour du Piémont*, resté en usage même après les essais de Vaucanson, et dont l'emploi, en Italie et en France, paraît remonter à une époque reculée.

de créer des magnaneries sur le modèle de celles qui étaient si florissantes en Italie. Barthélemy Laffemas avait été nommé contrôleur du commerce (1602), et il devait faire agir les commissaires désignés pour répandre par toute la France la culture du mûrier et l'élevage des *magnans* ou vers à soie. Les fâcheuses prédictions de Sully, qui jugeait cette innovation préjudiciable à l'agriculture et impraticable dans nos climats, ne se réalisèrent pas, et bientôt la soie indigène alimenta abondamment les manufactures françaises. Celles de Lyon fabriquèrent des soieries qui ne le cédaient en rien aux soieries d'Italie et qui pouvaient être vendues à un prix bien inférieur. Henri IV avait pourtant consenti, malgré lui, à donner raison aux préjugés économiques de son premier ministre, qui croyait défendre les intérêts de l'agriculture, en renouvelant les lois somptuaires contre le luxe; mais Sully lui-même reconnut son erreur, et le roi favorisa la fabrication des draps d'or et d'argent, qu'il avait d'abord prohibée. Il fonda à Paris, sur l'emplacement de la place Royale actuelle, une grande manufacture modèle, où les draps d'or et d'argent étaient fabriqués, ainsi que les plus riches étoffes de soie, par d'habiles ouvriers qu'il faisait venir de Venise et qu'il avait logés dans les galeries basses du Louvre. Cette manufacture modèle encouragea la concurrence des manufactures de Lyon, de Tours, de Troyes et d'autres villes, où l'on travaillait la soie aussi artistement que dans les Flandres et en Italie.

Henri IV ne s'arrêta pas dans la voie qu'il avait ouverte à l'industrie : il voulut rendre à la France les fabriques de tapisseries de haute lisse, qu'elle avait eues autrefois pour la décoration intérieure de ses hôtels et de ses châteaux, et dont il n'existait plus à Paris qu'un seul atelier, dirigé par un excellent élève ou *apprentif*, pour la conservation de son art vraiment national ; il fit plus, il appela les meilleurs ouvriers de Flandre, avec l'intention de créer à Paris même une manufacture de tapisserie flamande, en leur assurant une subvention de 100,000 livres : « Tant pour les commoditez que Sa Majesté leur a donnez, que pour se faire valoir eux-mêmes, dit Barthélemy Laffemas dans son *Recueil de ce qui s'est passé à l'Assemblée de commerce de Paris*, ils y apportent toute diligence : il ne se pourroit jamais rien voir de mieux, ni pour les personnages, auxquels il semble qu'il ne manque que la parole, ni pour les paysages et histoires, qui sont représentés d'après le naturel. » Le roi établit, en outre, au Louvre une fabrique de tapis de Turquie et de Perse, qui fut l'origine de la célèbre manufacture de la Savonnerie.

La commission du commerce engagea le roi à fonder une manufacture de toiles fines à la façon de Hollande, avec les lins de France, et elle n'hésita pas à lui prédire qu'il en proviendrait un *grand trésor* pour le royaume, en l'affranchissant ainsi de l'importation des marchandises hollandaises. Henri IV eut également la bonne pensée de faire renaître les manufactures de verre, de cristal et de glaces à miroir, que Henri II avait créées à Saint-Germain, et dont il restait à peine un souvenir dans les imitations imparfaites qu'on en faisait encore à Nevers et à Lyon. Le duc de Nevers avait conseillé lui-même au roi de s'emparer d'une fabrication aussi importante et de la propager en France. Une manufacture royale de cristal et de glaces fut donc établie à Melun, avec privilège pour la confection et la vente de ces objets en verre, accordé à des gentilshommes italiens qui devaient diriger la fabrication confiée à des ouvriers français.

Les encouragements que le roi ne se lassait pas d'octroyer aux industries de luxe, destinées à rivaliser avec les industries étrangères, ne l'empêchèrent pas de s'intéresser aux industries vraiment nationales, en corrigeant les *défauts* de la mauvaise fabrication et en relevant l'ancienne probité du commerce français, altéré et compromis durant les guerres civiles. Il avait donc, par lettres patentes du 16 avril 1601, chargé une commission tirée des cours souveraines, « de vaquer au rétablissement du commerce et manufactures dans le royaume. »

Il n'avait pas encore essayé de reconstituer une marine militaire en état de protéger sa marine marchande ; et, pour défendre cette dernière contre les corsaires anglais dans l'Océan ou les pirates algériens dans la Méditerranée, il n'eut longtemps d'autre ressource que de délivrer des lettres de marque à des armateurs de Bretagne et de Provence. Cet état de choses prit fin par un traité pour la liberté du commerce, conclu avec l'Angleterre, laquelle n'y consentit toutefois qu'à la condition que ses nationaux seraient exemptés du droit de trente pour cent, qui frappait les marchandises françaises à leur sortie du royaume ; il en résulta que, si ce traité mit fin à la piraterie qui désolait le commerce maritime, il permit à l'Angleterre de s'emparer du transport de nos marchandises dans les ports d'Espagne, au grand détriment de notre marine marchande. Henri IV avait signé, avec la Porte ottomane, un traité plus avantageux, qui concédait aux Français la liberté entière du commerce, soit pour vendre, soit pour acheter, dans les échelles du Levant, et toutes les autres nations de l'Europe n'étaient admises, comme par le passé, à fréquenter les ports de l'empire ottoman que sous l'aveu et le pavillon de la France. Les navires anglais qui n'auraient pas arboré ce pavillon eussent été capturés par la marine turque. Quant à la piraterie des États barbaresques, elle était absolument interdite, sous peine de mort.

Henri IV avait beaucoup fait pour affranchir de toute entrave et pour sauvegarder de tout péril le commerce des mers; mais, trop indulgent aux prétentions opiniâtres de Sully, il eut le tort de maintenir, dans ses États, les douanes intérieures et une foule de péages tyranniques, que les provinces et les villes avaient établis sur leur territoire. On ne s'explique pas comment Henri IV et son ministre ne faisaient rien pour supprimer le péage du Rhône, lorsqu'ils projetaient de construire des « canaux nécessaires pour rendre les deux mers communicables par à travers la France, » et qu'ils commençaient la construction du canal de Briare, en adoptant pour principe l'utilité commerciale de la navigation des rivières, favorisée, en outre, par l'établissement de relais de chevaux pour le halage.

Des édits sévères furent promulgués, vers la même époque, pour protéger le commerce contre les banqueroutiers frauduleux, qui se sauvaient hors de France avec l'argent de leurs créanciers, ou qui détournaient leur actif en le faisant passer sur la tête de leurs femmes ou de leurs enfants. L'exemple de deux banqueroutiers fameux, Jousseaulme et Pingré, que l'extradiction ressaisit en Italie et en Flandre, et dont le premier fut pendu, tandis que l'autre paya son crime du pilori et des galères, produisit une salutaire intimidation. Le commerce, ainsi protégé, reprit bientôt sa vitalité, et un historien contemporain, Legrain, a représenté ainsi, dans sa *Décade de Henri le Grand*, les brillants résultats que l'administration du roi et de Sully obtenaient alors dans le commerce et dans l'industrie : « Henri introduisit plusieurs manufactures d'importance, dit-il, en quoy il monstra véritablement qu'il n'estoit pas seulement grand guerrier et grand homme d'Estat, mais aussi très grand politique et œconome. Conservant l'argent de la

France, il tiroit l'argent des estrangers, par la vente des choses que la fertilité de la France produit en plus grande abondance qu'il ne luy en faut pour ses besoins. Et, de cet argent, il se fortifioit contre les estrangers mesmes, car on ne voyoit en France que pistoles, doubles ducats, ducatons d'Espagne; chevaliers et alberts des Pays-Bas; jacobus, angelots et nobles d'Angleterre; sequins de Pologne; ducats d'Allemagne, dont les coffres du roy s'emplissoient, et les bourses des particuliers en estoient garnies. »

L'état prospère dans lequel Henri IV avait laissé les finances, l'industrie et le commerce, n'était plus qu'un souvenir, quatre années après sa mort. Les quinze ou seize millions qui formaient le fonds de réserve du trésor de la Bastille avaient été dévorés par la régence de Marie de Médicis. Malgré le rétablissement des édits bursaux et la triste ressource d'une foule d'exactions, la cour manquait d'argent au moment où se réunirent à Paris les États généraux de 1614. C'étaient les pensions et les dons de toute nature qui avaient vidé les caisses de l'État et absorbé tous les produits de l'impôt. La régente demanda d'abord aux trois ordres des États généraux qu'ils ne l'empêchassent pas de distribuer à son profit les offices des trésoriers des pensions, offices dont le feu roi lui avait permis de disposer librement; et, peu de temps après, on sut que ces offices étaient vendus, pour la somme de 1,800,000 livres, au bénéfice du maréchal d'Ancre, le favori de la régente. Un des députés vint alors raconter, en pleine assemblée des États généraux, que, durant les derniers troubles, ayant voulu, en sa qualité de trésorier de la généralité de Châlons, s'opposer aux levées de deniers que le duc de Nevers faisait dans son duché de Rethelois pour soudoyer la rébellion, le duc l'avait fait enlever par des soldats et promener sur un âne, habillé en fou, dans toutes les villes du duché. Cette piteuse aventure n'annonçait pas que la réforme des finances fût chose facile, alors que les États généraux réclamaient la surséance des pensions qui s'élevaient au taux des gages de tous les fonctionnaires publics, la réduction de la taille, et la recherche des financiers coupables des plus horribles concussions. Sully n'était plus là pour diriger les finances, et le président Jeannin, qui l'avait remplacé, déclara que, depuis la retraite de son prédécesseur, les finances étaient gouvernées aussi *innocemment* que jamais, éblouit l'assemblée par un imposant étalage de chiffres suspects, et se refusa enfin à fournir des comptes écrits, en se défendant de violer ce qu'on appelait le secret des finances. La recette totale de l'épargne, c'est-à-dire des revenus publics, montait, en ce temps-là, à trente et un millions, sur lesquels l'impôt territorial en fournissait plus de quatorze, et il fut impossible cependant de faire la moindre réduction, malgré les vœux unanimes des trois ordres et surtout du tiers état, qui avait déposé dans son cahier les idées les plus justes et les plus neuves sur les finances, l'industrie et le commerce. Pour les finances, il demandait qu'on en revînt au grand règlement de 1600 sur les tailles, et que les frais de perception fussent notablement diminués ; que l'on restreignît les privilèges des personnes exemptes de payer leur quote-part ; qu'on abolît pour toujours les acquits au comptant, qui donnaient lieu à tant d'abus, de pertes et de déprédations ; que le fonds destiné au service des rentes ne fût jamais appliqué à un autre usage, etc. Pour le commerce, il demandait que les traites foraines, c'est-à-dire les douanes de province à province, cessassent d'exister, et que les bureaux des douanes fussent reportés aux frontières. Il s'agissait aussi d'établir sur des bases plus équitables le commerce maritime, en développant la marine marchande et en la protégeant mieux contre la piraterie. Pour l'industrie, le tiers état réclamait l'abolition des maîtrises et jurandes établies depuis 1576, et le libre exercice des métiers, sauf visitation des ouvrages et marchandises par experts et prudhommes, la sauvegarde des travailleurs contre les vexations exercées sur eux à titre de surveillance, et en même temps la garantie de la loyale fabrication des produits industriels. On est vraiment étonné de trouver une telle hardiesse de vues et de conceptions dans ce cahier du tiers état, rédigé par des magistrats et des avocats, au nombre desquels on ne comptait pas un seul marchand. En somme, les États généraux de 1614 n'eurent aucun résultat immédiat et sérieux.

Douze ans plus tard, la situation financière de la France avait bien empiré, quoique Richelieu fût devenu premier ministre ; mais il n'avait pas le génie des finances et il en faisait l'aveu. A cette époque, la couronne s'était endettée de cinquante millions, plutôt que d'aggraver les tailles et de suspendre les rentes; la dépense annuelle de l'État s'élevait à trente-six millions, et le revenu s'abaissait jusqu'à seize, par suite de l'aliénation successive des tailles, des aides et

Fig. 117. — Interdiction du commerce avec l'Espagne, proclamée à Paris par le prévôt des marchands et les échevins de la ville de Paris, accompagnés de six hérauts d'armes et des hautbois, trompettes et tambours du roi.

N. B. La date du 23 avril 1625 est attribuée à cette cérémonie par le père Lelong, dans le catalogue des estampes du *Recueil de l'Histoire de France*, d'où est extraite la gravure ci-dessus. On se demande si cette date répond bien au costume des principaux personnages. D'autre part, c'est surtout à propos de la guerre de 1635 que les historiens constatent cette sorte de solennité mise à la rupture des relations entre les deux pays. (Voir notamment les Mémoires de Richelieu, et Bazin, *Histoire de Louis XIII*.) Quoi qu'il en soit, cette curieuse cérémonie qui a pu se répéter à plusieurs époques dans des formes identiques, nous a paru intéressante à reproduire ici.

des gabelles. Ce fut en présence de ces embarras financiers que Louis XIII convoqua une assemblée des notables à Paris (2 décembre 1626), assemblée dont étaient exclus systématiquement tous les fauteurs des cabales de la cour, princes, ducs et pairs, et gouverneurs de province. Le cardinal de Richelieu n'hésita pas à exposer la véritable situation du gouvernement : il fallait, pour y porter remède, diminuer la dépense et augmenter la recette. Le roi et la reine mère consentaient à diminuer de trois millions leurs dépenses personnelles. Quant à l'accroissement de la recette, il ne fallait pas songer à surcharger les peuples, « qui contribuent, dit Richelieu, plus par leur sang que par leurs sueurs, aux dépenses de l'État. » Le ministre proposait donc à l'assemblée de chercher les moyens de racheter les domaines, les greffes, les droits et impôts, engagés à vil prix et produisant plus de vingt millions par an, et de reconstituer ainsi les revenus de l'État, pour n'avoir plus besoin d'édits bursaux ni de partisans, qui étaient le fléau des finances. Les réformes que proposait Richelieu furent approuvées par l'assemblée, qui applaudit surtout au projet de démolition des forteresses par toute la France : la tyrannie féodale et militaire, qui avait pesé pendant des siècles sur les classes pauvres et laborieuses, allait disparaître avec ces forteresses. Le peuple eût accepté, à ce prix, une surcharge d'impôts; mais Richelieu déclara, au contraire, que l'intention du roi était de réduire les tailles. Il voulait, en outre, créer une puissante marine de guerre, pour protéger la marine marchande, favoriser la création « de bonnes et fortes compagnies de commerce, » en un mot, « rétablir le commerce, amplifier ses privilèges, et faire en sorte que la condition du trafic soit tenue en l'honneur et considération qu'il appartient, afin que chacun y demeure volontiers, sans porter envie aux autres conditions, enfin diminuer les charges du pauvre peuple. »

Malgré ces promesses, les réformes annoncées dans l'assemblée des notables de 1626 ne commencèrent à s'opérer qu'en 1634, et il avait fallu jusque-là user d'expédients et augmenter considérablement l'impôt direct; mais, en 1634, le roi supprima cent mille offices, jugés inutiles et onéreux, en remboursant avec des rentes les titulaires de ces offices; on créa aussi des rentes pour dégager le domaine et les autres revenus aliénés. Puis, « le gouvernement, dit Henri Martin dans son *Histoire de France*, publia sur les tailles le règlement le plus large, le plus sage et le plus populaire qui eût paru depuis Henri IV. » C'était la suppression presque complète de tous les privilèges nobiliaires, ecclésiastiques et autres, qui dispensaient du payement des tailles une multitude de propriétaires fonciers. Mais bientôt le roi se vit contraint de maintenir, par des édits postérieurs, le droit d'exemption aux gens d'Église, aux nobles, aux villes maritimes et frontières, ainsi qu'à certaines personnes de la cour. La réforme financière de 1626 n'avait donc pas produit les heureux effets qu'on en attendait. Le gouvernement, loin de liquider son arriéré, était obligé de recourir aux avances que

Fig. 118. — Pièce allégorique en l'honneur de Louis XIII, à l'occasion de l'édit de Péronne (1641). D'après une estampe contemporaine rare.

N. B. — Le personnage placé à la droite du Roi paraît être le cardinal de Richelieu, et celui placé à gauche est probablement Bouthillier, surintendant des finances.

les partisans lui faisaient chèrement payer; il avait besoin de ressources extraordinaires pour faire face aux énormes dépenses d'une guerre permanente; il battait monnaie, en créant des rentes, en vendant des offices de toute espèce, qui trouvaient toujours acquéreurs.

Cependant la misère était grande dans les villes comme dans les campagnes; l'industrie avait subi de telles crises, depuis la mort de Henri IV, que les plus habiles ouvriers s'expatriaient pour chercher du travail à l'étranger; le commerce allait de mal en pis et manquait de capitaux; il était, d'ailleurs, obéré par une quantité de nouveaux droits qu'on lui avait imposés : droits de contrôle sur la bière

(1625), droits sur le tabac (1629), droits de marque sur l'orfèvrerie (1631), droits de marque sur le papier (1633), etc. Pour remédier à ce fâcheux état de choses, un marquis de la Gombardière avait proposé au roi un *nouveau règlement général sur toutes sortes de marchandises et de manufactures*, consistant à établir, dans les principales villes du royaume, « des bureaux et maisons communes pour y faire travailler continuellement dans les manufactures, et à faire choix des plus capables ouvriers pour les établir dans cesdits bureaux et maisons communes, pour que chacun puissent d'eux montrer et enseigner leurs arts et métiers aux peuples. » Il ne paraît pas que Louis XIII ait pensé à réaliser les projets économiques du marquis de la Gombardière. Les compagnies de commerce que le cardinal de Richelieu avait fondées, celle de Saint-Christophe en 1626, celle de la Nouvelle-France en 1628, n'avaient point assez bien réussi pour encourager le roi à établir des bureaux et maisons communes de travail industriel dans les principales villes de son royaume. L'industrie et le commerce ne pouvaient pas prospérer, sous ce règne plein de troubles et d'agitations politiques. N'est-ce pas un piètre résultat de la diplomatie du grand ministre de Louis XIII, qu'un traité de commerce avec le roi de Maroc (1er septembre 1635)? Richelieu cependant se félicitait, en adressant sa *Succincte narration* au roi, d'être parvenu à élever les finances, par des moyens héroïques, en fournissant tous les ans plusieurs millions de *secours* ou subsides aux princes étrangers alliés de la France et en subvenant à toutes les dépenses d'une guerre de cinq ans, qui avait coûté chaque année plus de soixante millions, « sans prendre les gages des officiers, sans toucher aux revenus des particuliers, et sans demander aucune aliénation du fonds du clergé. » A la fin de ce règne, le revenu de l'État s'était élevé à quatre-vingts millions, et Richelieu, à sa mort, laissait l'État endetté de quarante millions de rentes, avec un arriéré du revenu de trois années, consommé d'avance; mais, sur sa fortune personnelle, il léguait au roi une somme de 1,500,000 livres, en disant, dans son testament, avoir plus d'une fois employé cette somme utilement aux plus grandes affaires de l'État.

Si Richelieu avait renoncé, pendant son long ministère, à entreprendre des réformes radicales en matière d'impôt, le cardinal Mazarin, qui, malgré la variété et l'étendue de ses aptitudes politiques, n'entendait absolument rien aux choses de finances, évita toujours de s'en occuper, dans tout le cours de sa carrière de premier ministre; il laissait ce soin-là aux agents spéciaux qu'il avait choisis : au sieur d'Émery, contrôleur général des finances; à Fouquet, surintendant des finances; à Colbert, son homme d'affaires, son secrétaire intime. Sous la régence d'Anne d'Autriche, les charges de l'État allèrent de mal en pis, s'augmentant chaque année avec les dépenses. Ainsi le revenu de la France, qui s'élevait à quatre-vingt-dix-neuf millions en 1642, monta, l'année suivante, à cent vingt-quatre millions, et le tiers de cette contribution énorme, représenté par des acquits au comptant, n'entrait pas dans les caisses de l'État! Il en fut de même durant la Fronde, où la misère du peuple, surtout dans les campagnes, atteignit des proportions inconnues jusque-là; il en fut de même après la Fronde, depuis la majorité de Louis XIV jusqu'à la mort du cardinal Mazarin. On mourait de faim partout, à Paris comme dans les villes de province; les paysans, qui laissaient la terre en friche et qui mangeaient de l'herbe, abandonnaient leurs maisons aux receveurs des tailles et se cachaient dans les bois. On ne s'explique pas comment on pouvait, au milieu de ce désarroi universel, mettre des armées sur pied, fournir la solde des soldats et subvenir à tous les frais de la guerre civile. C'est à d'Émery, qui n'était autre que l'Italien Particelli, que la reine mère et Mazarin demandaient les moyens de faire face aux nécessités du gouvernement, avec des emprunts usuraires et ruineux, ou bien de nouvelles taxes qui témoignaient de l'esprit inventif du contrôleur général. Il fallut pourtant, à deux reprises, sacrifier le contrôleur général aux colères du peuple de Paris, pressuré par le fisc.

Mazarin essaya de trois surintendants des finances avant de faire nommer Fouquet (février 1653), qu'il avait jugé plus habile et plus audacieux que tous les autres; mais Fouquet, que l'intérêt et la reconnaissance engageaient à satisfaire aux exigences du premier ministre, ne pouvait pas relever l'administration financière aussi promptement que celui-ci l'aurait voulu : aussi, cinq mois après sa nomination, n'était-il pas encore en état de satisfaire aux demandes d'argent incessantes et immodérées que le cardinal lui adressait au nom du roi. Mazarin, dans une lettre à son secrétaire Colbert (juillet 1653), pressait le surintendant de lui envoyer un prompt secours de 100,000 écus au moins, et lui offrait, pour l'aider à trouver cette somme sur-le-champ, de mettre en gage ses pierreries; mais Colbert répondait sèchement à toutes les lettres du cardinal : « Il n'y a pas d'argent. » Les choses changèrent en peu de temps : Fouquet sut créer autant de ressources qu'il en fallait pour contenter l'insatiable avidité de Mazarin, qui ne s'informait jamais des moyens employés pour tirer de l'impôt toutes les sommes que le surintendant mettait à la disposition du gouvernement. Le cardinal ne pouvait ignorer la vérité, mais il fermait les yeux et s'abusait lui-même, pour ne pas avoir à supprimer la source impure où il ne se lassait pas lui-même de puiser à pleines mains. Son secrétaire et intendant Colbert était trop honnête, en revanche, pour ne pas s'indigner de tant de monstrueuses prévarications, que Fouquet ordonnait ou autorisait, et que le cardinal n'avait pas l'air de soupçonner. Après avoir vainement tenté d'abord d'éclairer Mazarin par des avis indirects, Colbert se décida enfin à écrire un Mémoire, destiné à rester secret, dans lequel il prouvait, d'une manière irréfragable, que la France payait quatre-vingt-dix millions d'impôts dont le roi ne touchait pas la moitié, et que le surintendant était le principal auteur de ce vol manifeste des deniers publics. Le cardinal ne tint aucun compte de ces dénonciations catégoriques; il écrivit seulement à Colbert de faire tout ce qui pourrait dépendre de lui pour vivre avec le surintendant en bonne amitié. Colbert était bien forcé de comprendre que le cardinal se refusait absolument à changer un état de choses qu'il avait toléré jusque-là, et que Fouquet continuerait à dilapider les deniers du roi. Il courba la tête, et attendit en silence que ce régime permanent de concussions financières conduisît l'État à une banqueroute inévitable.

On comprend que l'incroyable désordre des finances, pendant la minorité de Louis XIV, avait frappé de mort l'industrie et le commerce : les travaux des manufactures s'étaient arrêtés, même avant la Fronde, et ils ne reprirent peu à peu qu'au sortir de la guerre civile, en 1653. Une adresse des six corps des marchands de Paris,

Fig. 119. — Nicolas Fouquet, marquis de Belle-Isle, surintendant des finances.
D'après le portrait peint et gravé par R. Nanteuil.

présentée au roi en 1654, montre que les manufactures françaises étaient dès lors en état d'envoyer à l'étranger une quantité considérable de marchandises : toiles, serges et étamines de Reims et de Châlons, futaines de Lyon et de Troyes, bas de soie et de laine de l'Ile-de-France et de la Picardie, soieries de Tours et de Lyon, castors de Paris et de Rouen, et toute espèce d'articles de mercerie, de quincaillerie et de pelleterie. C'était le commerce d'importation qui avait aidé cette reprise de l'industrie nationale; mais les résultats qui s'annonçaient d'une façon si avantageuse, trompèrent cruellement les espérances des marchands et de leurs commanditaires. Ainsi, le cardinal Mazarin eut à se repentir d'avoir écouté les conseils de Colbert, qui le poussait à favoriser la fondation de deux compagnies pour le commerce dans les Échelles du Levant et sur les côtes d'Afrique. Ces deux compagnies ne réussirent pas, et Mazarin perdit pour sa part plus de 600,000 livres. Il était assez riche de tout ce qu'il avait pris, durant huit ou neuf ans dans ses partages secrets avec Fouquet, qui se chargeait d'écumer les finances, pour ne pas s'affliger d'une perte aussi minime, puisque sa fortune particulière s'élevait à plus de vingt-cinq millions au moment de sa mort (9 mars 1661). Le legs qu'il fit de tous ses biens à Louis XIV n'était donc qu'une restitution posthume : « Je vous dois tout, Sire, avait-il dit au roi en mourant, mais je crois m'acquitter, en quelque manière, en vous donnant Colbert. » Colbert s'empressa de justifier cette recommandation testamentaire, et Mazarin eut à peine rendu le dernier soupir, qu'il mit entre les mains du roi une somme de quatre millions comptants que le cardinal avait thésaurisés dans sa maison de Vincennes. Ce fut là l'origine de la faveur de Colbert auprès de Louis de XIV.

Colbert était désormais en position d'achever l'œuvre de haine et de vengeance qu'il avait entrepris d'exécuter, du vivant de Mazarin, contre Fouquet. Il n'eut pas d'autre souci, il n'eut pas d'autre affaire, pendant cinq mois consécutifs, et jusqu'au dernier moment il craignit de voir sa victime lui échapper, par un retour de pitié et de clémence de la part du roi. Le premier mouvement de Louis XIV, en effet, avait été de pardonner au surintendant des finances les vols et les déprédations qu'il avait commis en participation avec le cardinal Mazarin; mais Colbert eut l'adresse d'exalter le ressentiment du roi, au point de le rendre impitoyable et inflexible. Fouquet fut arrêté, à Nantes, le 5 septembre 1661, dix-huit jours après la magnifique fête de

Vaux, où le roi avait été son hôte et semblait lui avoir donné le témoignage le plus éclatant d'estime et d'amitié. Colbert, peut-être avec l'assentiment tacite de Louis XIV, s'était préoccupé de mettre à l'abri de toute atteinte la mémoire de Mazarin, en chargeant des commissaires affidés de faire l'inventaire des papiers de l'accusé et d'en extraire tout ce qui pouvait compromettre le cardinal. Les accusations contre Fouquet, d'abord vagues et indécises, avaient fini par prendre corps et former un ensemble de griefs écrasants; les preuves de ses concussions et de ses déprédations étaient multiples et incontestables. Le procès criminel n'en dura pas moins quatre années, et il se termina par une condamnation au bannissement, que Louis XIV transforma en prison perpétuelle (20 décembre 1664). Le ressentiment de Colbert, que ce résultat ne satisfit pas, car il avait compté sur une condamnation capitale, paraît s'être étendu à tous les financiers qui, de près ou de loin, avaient été les complices ou les complaisants de Fouquet; car il fit établir, en décembre 1661, la chambre de justice de l'Arsenal pour la recherche et la punition de tous les délits relatifs aux finances. Près de cinq cents individus furent mis en cause par cette chambre de justice, qui continua pendant huit ans ses mystérieuses opérations, et qui fit rendre gorge à une multitude de concussionnaires et de pillards. Les amendes et les confiscations s'étaient élevées à plus de cent dix millions, que Colbert réintégra dans les caisses de l'État, où selon la déclaration même de Fouquet, Mazarin avait volé quarante millions.

Colbert ne s'attribua rien de la succession de Fouquet, que son rôle de surintendant des finances, sans vouloir en conserver le titre, qui avait porté malheur à beaucoup de ses prédécesseurs. La surintendance des finances fut donc supprimée, aussitôt après l'arrestation de Fouquet, et remplacée par un conseil composé de quatre membres et présidé par le roi ou par le chancelier. Colbert devait être l'âme de ce conseil, bien qu'il n'en fût qu'un des quatre assesseurs, et il remplissait déjà les fonctions de contrôleur général.

C'était un nouvel ordre de choses que Colbert allait inaugurer, sous les yeux du roi, dans l'administration financière du royaume. Le conseil des finances, dont les travaux devaient être couverts d'un secret inviolable, commença ses réformes par la révision et l'annulation des anciennes rentes, avec remboursement au prix d'achat, mais aussi avec déduction des intérêts perçus en trop, ce qui réduisait le capital à un taux insignifiant, puisque toutes ces rentes étaient tombées bien au-dessous de leur valeur primitive. La bourgeoisie parisienne protesta contre le remboursement dérisoire qu'on lui offrait et finit par obtenir une réduction, au lieu d'un remboursement : les rentes antérieures à 1656 furent simplement réduites des deux tiers; les rentes de l'Hôtel de Ville subirent la réduction d'un tiers, et toutes les autres catégories de rentes n'échappèrent pas à un *retranchement* arbitraire, qui produisit une émotion profonde parmi les rentiers. Nicolas Foucault, une des créatures de Colbert, n'augurait pas bien de cette mesure, que désapprouvaient le chancelier Seguier et le président Lamoignon : « Il s'est élevé, dit-il dans une lettre du 4 juin 1664, de petits murmures contre la suppression générale des rentes; l'on croit que si la suppression se fust faite par parties, les esprits s'y seroient insensiblement préparés. Au contraire, cette suppression générale, qui remonte au delà du siècle et regarde une infinité de petites gens esmeut les esprits. Il est difficile que le roi fasse tout d'un coup de si grands remboursements. » La fermeté de Colbert empêcha la renaissance des troubles de la Fronde : « Il est bon de faire sur ce sujet réflexion, disait Colbert, que cette matière qui estoit autrefois celle de toutes les séditions, et à laquelle tout le monde étoit persuadé que l'on ne pourroit jamais toucher sans faire courir risque à l'État, le roi, par l'autorité et le respect que lui avoit acquis son propre mérite, en traita avec une telle hauteur, qu'il en supprima, par une simple déclaration, pour quatre millions de livres de revenu, sans aucun bruit. » Il y eut seulement quelques mutins arrêtés et conduits à la Bastille, mais les rentiers se résignèrent, de telle sorte que Nicolas Foucault put reconnaître avec surprise « que cette petite vapeur étoit évanoüie. » Cette suppression des anciennes rentes ne fut pas un obstacle à la création de rentes nouvelles, qui

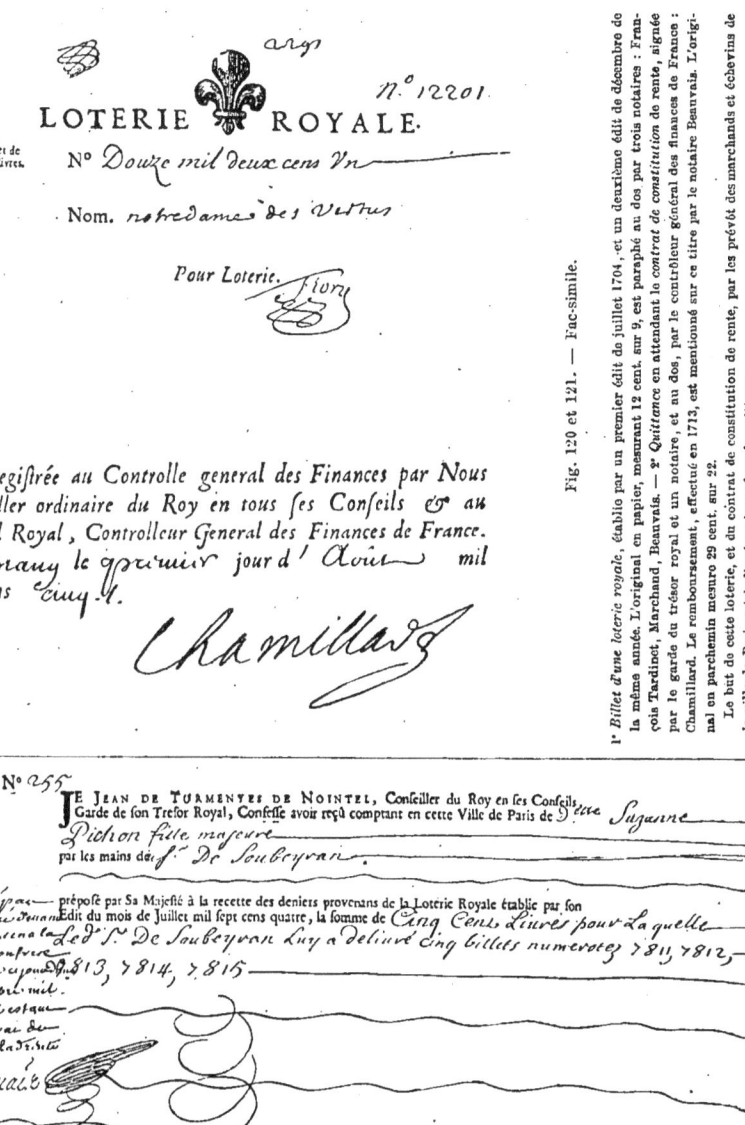

Fig. 120 et 121. — Fac-simile.

1° Billet d'une loterie royale, établie par un premier édit de juillet 1704, et un deuxième édit de décembre de la même année. L'original en papier, mesurant 12 cent. sur 9, est paraphé au dos par trois notaires : François Tardinet, Marchand, Beauvais. — 2° Quittance en attendant le contrat de constitution de rente, signée par le garde du trésor royal et un notaire, et au dos, par le contrôleur général des finances de France : Chamillard. Le remboursement, effectué en 1713, est mentionné sur ce titre par le notaire Beauvais. L'original un parchemin mesure 29 cent. sur 22.

Le but de cette loterie, et du contrat de constitution de rente, par les prévôt des marchands et échevins de la ville de Paris est indiqué au long dans la quittance.

trouvèrent, en 1672, en 1679 et en 1682, de la part des nouveaux rentiers, autant de confiance que d'empressement. L'intérêt légal avait été abaissé du denier 20 au denier 18, c'est-à-dire réduit de 5 1/2 à 5 pour 100.

Après l'affaire des rentes, Colbert s'occupa de remettre l'État en possession d'une foule de droits et de revenus aliénés à vil prix, parmi lesquels figuraient les greffes, une partie des aides, et les octrois de villes. En même temps, une commission était instituée pour le recouvrement du domaine aliéné ou usurpé. Le remboursement des aliénataires coûta, de 1662 à 1669, plus de vingt millions, et la prospérité des finances permit de faire face à cette énorme dépense. Les revenus de l'État s'étaient accrus déjà dans la proportion d'un vingtième : Colbert les augmenta encore, en faisant annuler les créances frauduleuses, en diminuant coup sur coup le nombre des offices, qui s'élevaient encore à 45,780, évalués à cent quatre-vingt sept millions, mais qui valaient quatre fois autant, en les estimant sur le pied des transactions entre particuliers. Colbert aurait bien voulu abattre la vénalité et l'hérédité des charges de justice et de finance : il dut se contenter provisoirement d'en fixer la valeur bien au-dessous du taux exagéré que des ventes successives leur avaient donné. Après avoir dégagé les revenus publics, Colbert avisa au dégagement du revenu des communes, en les obligeant à racheter leurs biens communaux et en leur interdisant à l'avenir les aliénations et les emprunts. Il n'était pourtant pas contraire au système des emprunts dans l'administration générale des finances, car les emprunts qu'il fit, à huit reprises, de 1671 à 1683, au taux de 5 et 5 1/2 pour 100, ne s'élevèrent pas à moins de deux cent soixante-deux millions, mais il les remboursa toujours avec une telle exactitude, qu'il réussit néanmoins à maintenir et à augmenter le crédit ; car « le crédit, comme il l'écrivait au roi, consiste en l'opinion du public sur le bon état des finances de Sa Majesté. » Au commencement de 1683, l'État ne devait plus que vingt-huit millions à la caisse des emprunts, et le grand ministre ne demandait que trois ans pour les rembourser.

La diminution des tailles avait été aussi une des préoccupations

Fig. 122. — Timbres apposés sur le papier ou le parchemin destiné aux actes publics, à ceux des notaires, tels que contrats de mariage, de vente, baux, etc., et sur les copies ou expéditions de ces actes.

Le tarif des droits fut fixé et le timbre ou *formule* rendu obligatoire, tant pour originaux que pour copies, à peine de nullité, en 1673. Le timbre devait faire mention du droit porté par le tarif.

Il y avait une *formule* particulière pour chaque généralité. Le timbre des actes publics changeait ordinairement à chaque bail de ferme générale.

Les types reproduits ici (réduits à l'échelle de trois pour cinq), proviennent des généralités de Paris, d'Orléans, de Bordeaux, de Dijon, de Bourgogne, de Bresse, de Moulins. Les dates inscrites sont celles des actes passés sur ces parchemins, équarriés selon des règles fixes.

Les *feuilles de finance* qui servaient aux contrats, devaient porter 12 pouces et demi de long et 9 pouces et demi de large. Pour la grande chancellerie on se servait de demi-peaux longues de 18 pouces et larges de 10. (Encyclopédie du XVIIIe siècle.)

constantes de Colbert. Cette diminution fut de trois millions, de 1662 à 1663. A cette époque, il établit l'assiette et la percetion des tailles, en renouvelant les règlements de Sully et de Richelieu, « que l'artifice des riches contribuables, dit-il, trouve moyen d'éluder, au préjudice des misérables. » Les tailles diminuèrent encore de plusieurs millions en 1664 et 1665. « Il faut observer, disait-il en 1682 dans un mémoire au roi, que les tailles estoient, en 1657, à 53,400,000 livres ; que, de 1662 jusqu'en 1679, elles ont esté toujours depuis trente-huit jusqu'à quarante et un millions, et qu'elles sont à présent de trente-cinq millions. » Au poids des charges mal réparties sur la population, s'ajoutait trop souvent l'âpreté des poursuites pour le payement des tailles : Colbert écrivait aux intendants, que dans la perception des tailles il fallait se garder à la fois de l'extrême indulgence et de l'excès contraire ; il les invitait donc, les cotisables pouvant être contraints par la saisie de tout ce qui leur appartient, à « exciter doucement les receveurs des tailles de prendre garde que l'on n'en vienne à ces contraintes, qu'à l'extrémité. »

Mais Colbert avait beau faire des miracles pour multiplier les sources de crédit, pour accroître le revenu de l'État, il pouvait à peine suffire à mettre ce revenu au niveau des dépenses, qui grossissaient tous les jours, malgré les timides et respectueuses représentations qu'il adressait au roi. Les frais extraordinaires de la guerre atteignirent bientôt un chiffre si élevé, qu'il se vit obligé de refuser à Louis XIV une somme de soixante millions, qu'on lui demandait au moment où il déclarait indispensable de diminuer les dépenses : « Songez-y, lui dit sèchement le roi ; il se présente quelqu'un qui entreprendrait de me fournir tout l'argent qu'il faut, si vous ne voulez pas vous y engager. » Colbert resta quelque temps sans voir le roi et tomba dans un sombre accablement : « Tandis qu'auparavant on le voyait se mettre au travail en se frottant les mains, raconte Charles Perrault, il ne travailla plus qu'avec un air chagrin et en soupirant ; de facile qu'il estoit, il devint difficultueux, et l'on n'expédia plus, à beaucoup près, autant d'affaires que dans les premières années de son administration. »

FINANCES, INDUSTRIE, ETC.

Colbert, dès son entrée au ministère, s'était proposé de constituer en France une industrie et un commerce, ayant pour véhicule sur toutes les mers une nombreuse marine marchande et pour protection une grande marine militaire.

Fig. 123. — Jean-Baptiste Colbert. — D'après le portrait de Philippe de Champagne, gravé par Nanteuil (1660).

On voit, d'après le tarif des douanes publié en 1664 pour remplacer celui de 1644, que Colbert n'entendait demander au commerce extérieur que les marchandises et les objets dont la production lui semblait nulle ou impossible en France : en protégeant ainsi la production nationale contre les abus de l'importation, lors même que les produits français étaient beaucoup plus chers et de moindre qualité que les produits étrangers, son but principal fut de rendre l'action industrielle de la France tout à fait indépendante de celle des nations voisines. Il prétendait aussi faire prospérer le commerce indigène, en assurant du travail aux oisifs, non moins nombreux dans les campagnes que dans les villes, et en retenant dans le royaume tout l'argent qui en sortait pour y faire entrer les draps et les toiles de Hollande et d'Angleterre, les fers et les bois de Suède, les glaces et les dentelles de Venise, les soies de Bologne et de Florence, les cuirs d'Espagne et les tapisseries de Flandre. Le tarif de 1644 était moins élevé que celui de 1664, mais ce dernier fut accepté, par tout le monde, comme une amélioration commerciale, parce qu'il réduisait à un seul droit d'entrée et à un seul droit de sortie tous les droits qui avaient grevé les marchandises françaises ou étrangères, en abolissant les tarifs confus, obscurs et inégaux, qui existaient de province à province et qui entravaient partout les échanges aussi bien que la circulation des marchandises et des denrées. Mais, trois ans plus tard, le tarif de 1664 se trouva bouleversé par un nouveau tarif qui doublait les droits d'importation pour les marchandises d'origine étrangère : Colbert, dans l'exposé des motifs du nouveau tarif, faisait dire au roi, que « l'établissement de diverses manufactures dans le royaume en ayant notablement changé le prix, il avoit fallu procéder à une nouvelle taxe sur l'entrée et la sortie d'aucunes marchandises. » Ces procédés, peu équitables de la part de la France, devaient amener, en forme de représailles, une augmentation considérable de droits de douane, pour les marchandises françaises, dans les ports de la Hollande, de l'Angleterre et de l'Espagne. Les surtaxes de 1667 devaient fatalement indisposer le commerce hollandais et devenir la cause principale de la guerre de 1672, qui avait commencé par une lutte de tarifs entre la France et la Hollande. La marine marchande française ne parvint pas rapidement à l'extension que Colbert lui avait promise, et le droit de cinquante sous par tonneau, qui frappait les marchandises importées sous le pavillon étranger dans les ports de France, ne servit qu'à causer une irritation profonde en

Hollande, car la marine marchande hollandaise comptait 16,000 vaisseaux, lorsque la marine marchande française n'en avait pas plus de 1,600.

Les manufactures créées en France par Colbert avaient pris, à cette époque, un développement extraordinaire, bien qu'il eût dit, dans un mémoire au roi, daté de 1663 : « Toutes les manufactures, qui estoient autrefois si grandes en dedans du royaume, sont entièrement abolies,

Fig. 124. — Navires de guerre et navires marchands. — D'après une estampe contemporaine.

les Hollandois et les Anglois les ayant presque toutes attirées, par de mauvais moyens, au dedans de leur Estat, à la reserve des seules manufactures de soies, qui subsistent encore à Lyon et à Tours, quoique notablement diminuées. » Mais, dès 1665, les manufactures renaissent de toutes pars; des fabriques de toiles et de tissus en fil s'établissent à la fois dans les provinces du nord et dans celles du centre de la France; les fabriques de drap se multiplient en Normandie; les points de Gênes, de Venise et d'Espagne, et tous les genres de passements sont partout imités avec autant de goût que d'habileté et peuvent à peine suffire aux impatiences de la mode, qui n'a plus besoin de les faire venir de l'étranger à grands frais. Une manufacture de glaces, à l'instar de Venise, est fondée à Paris. Les tanneries et les corroieries perfectionnent le travail des cuirs et des peaux, qu'on tirait naguère d'Espagne ou de Flandre. Les métiers à bas, inventés en France, y reviennent pour rivaliser avec ceux que l'Angleterre avait mis en mouvement pour la consommation du monde

Fig. 125. — Fabrication des glaces. — Tiré de l'Encyclopédie.

entier. Les soieries de Tours et de Lyon, ces étoffes d'or et d'argent, qui ne craignent plus la concurrence de la fabrication étrangère, arrivent directement chez tous les marchands de Paris, que la prohibition des produits analogues provenant du Levant et de l'Italie oblige à faire bon accueil aux produits français. Les tapisseries, façon de Flandre, que Henri IV avait introduites à Paris, ne s'y fabriquaient plus depuis cinquante ans : Colbert obtint du roi que la manufacture royale serait rétablie à Beauvais, sous la direction d'un tapissier parisien, et les progrès rapides de cet établissement décidèrent Louis XIV à fonder aux Gobelins une école de tapisserie de haute lice. Cette école devait être le berceau de la magnifique manufacture royale (novembre 1667), qui travailla bientôt pour toutes les cours de l'Europe comme pour la cour de France, et qui, sous la direction de l'illustre le Brun, exécuta sur des métiers à tisser la laine les reproductions les plus merveilleuses des grandes œuvres de la peinture.

C'est ainsi que Colbert donnait l'élan aux industries de luxe, tout en s'occupant de propager les industries plus modestes et non moins utiles qui intéressaient le bien-être de toutes les classes de la popu-

Fig. 126. — La galerie des Gobelins, visitée par Colbert. — D'après Séb. le Clerc.

lation : on voyait de tous côtés s'ouvrir des ateliers pour traiter et ouvrager le fer, le cuivre, l'acier ; les fonderies, les verreries, les faïenceries ne laissaient pas s'éteindre leurs fourneaux. Le mouvement industriel répondait partout à l'activité commerciale. L'argent ne manquait nulle part, et Colbert, si économe, si parcimonieux en toute autre circonstance, avait la main toujours prête à donner pour favoriser une nouvelle entreprise industrielle, surtout s'il fallait faire concurrence à quelque industrie étrangère. Par toute l'Europe, les ambassadeurs et les consuls français embauchaient à gros prix les plus habiles ouvriers et les envoyaient en France : le ministre les y attirait par des promesses avantageuses et se faisait rendre compte de leurs travaux. Mais Colbert, qui n'épargnait rien pour enlever à l'étranger ses meilleurs ouvriers, se montrait implacable contre tout embauchage exercé en France sur des ouvriers français; il n'hésitait pas à ordonner leur arrestation, et il les retenait de force, comme des esclaves, dans leurs manufactures. Il fit enfermer, au château de Pierre-Encise, un artisan lyonnais qui se disposait à porter en Italie un nouveau procédé pour la fabrication des étoffes de soie.

Ce grand ministre avait l'œil et la main à tout : son attention se portait à la fois sur les moindres détails de son administration, qui devenait de jour en jour plus vaste et plus complexe, car il réunissait dans ses attributions les finances et les monnaies, la marine et les bâtiments du roi, les colonies et le commerce extérieur, l'industrie et les manufactures, les forêts et l'agriculture, les fortifications et les arsenaux, les routes, les canaux et les mines. On peut dire qu'il travaillait jour et nuit, sans laisser aucune affaire en souffrance, et ses commis les plus laborieux ne pouvaient suffire à la tâche qu'il leur imposait. Il s'est caractérisé lui-même, dans une de ses lettres à Mazarin : « Mon inclination naturelle est tellement au travail, écrivait-il en sa jeunesse, que je reconnois, tous les jours, en m'examinant en mon dedans, qu'il est impossible que mon esprit puisse soutenir l'oisiveté ou le travail modéré. » Il ajoutait que, s'il se trouvait forcé de renoncer au travail, il n'aurait pas six ans à vivre.

On a peine à comprendre comment un homme d'État si occupé, si positif dans ses décisions, si clairvoyant dans ses projets, en un mot si éloigné des fantaisies de l'imagination, donnait quelquefois dans des rêveries étranges, dans des conceptions presque déraisonnables. C'est ainsi qu'il avait cru pouvoir trouver en France de grandes richesses minérales : il fit commencer des fouilles et des sondages en divers lieux, pour découvrir des gisements de plomb, d'étain et de cuivre, qu'on ne rencontra pas; il eut alors la sagesse d'arrêter les travaux, après une dépense inutile de 50,000 écus : « Nous avons fait là, dit-il à son secrétaire Charles Perrault, une folie d'autant plus inexcusable, qu'elle a été faite il y a soixante ans ou environ sous Henri IV, comme on le voit par des pièces d'or et d'argent que nous avons, où il y a écrit : *Ex auro gallico, ex argento gallico.* » Lorsqu'il s'était passionné pour une de ses créations, il dépassait souvent le but, et il s'obstinait quelquefois dans son idée, malgré l'évidence des faits qui lui donnaient tort. Il avait espéré, par exemple, accaparer, au profit de la France, le commerce du monde entier, par la formation de diverses compagnies pour l'exploitation du commerce des Indes, du Levant, du Sénégal et du Nord : « Les choses faciles, disait-il à l'ouverture du premier conseil du commerce, ne produisent point ou peu de gloire et d'avantages ; les difficiles, au contraire. Si, à la puissance

Fig. 127. — Le conseil du roi Louis XIV. — D'après Séb. le Clerc.

naturelle de la France, le roi y peut joindre la puissance des villes et des États qui ont eu seulement en partage cet art et cette industrie, l'on jugera facilement que la grandeur et la puissance du roi augmenteront prodigieusement. » Colbert avait espéré que la France entière apporterait son concours à la formation de ces compagnies commerciales, qui devaient, d'après ses calculs et ses prévisions, augmenter au centuple la fortune publique. Louis XIV partageait les espérances de son ministre, et il avait fait appel au patriotisme de tous les corps constitués et de tous les fonctionnaires de l'État, pour apporter des capitaux à ces compagnies formées sous ses auspices. Mais, dès le début, Colbert se heurta au mauvais vouloir de la capitale et des provinces : les bourses se resserraient, au lieu de s'ouvrir; la pression exercée, au nom du roi, sur les personnes qui ne pouvaient refuser de souscrire, accrut encore la haine que Colbert avait assumée sur lui par la réduction des rentes : il eût fallu cent millions pour organiser ces compagnies, on n'en recueillit pas la moitié. Le roi perdit toutes les avances qu'il avait faites, et les actionnaires ne touchèrent que l'intérêt de leur argent, sans espoir de recouvrer le capital. La création de la Compagnie des Indes orientales avait eu pourtant un grand retentissement en Europe, et l'on attendait les meilleurs effets des privilèges qui lui étaient accordés; mais, en 1674, après onze années d'existence, elle était en déficit de plus de six millions, et elle se traîna péniblement, pendant tout un siècle, à travers des alternatives de ruine et de prospérité. La Compagnie des Indes occidentales, que Colbert avait reconstituée sur de nouvelles bases, fut encore moins heureuse : après avoir perdu quatre millions et demi en dix ans, elle se vit forcée de liquider et de céder tous ses établissements au roi, contre la remise d'une créance de 1,300,000 livres. La Compagnie du Nord, créée en 1669, celle du Sénégal, créée en 1673, et celle du Levant, dont le roi avait fourni le fonds social, n'eurent aussi qu'une existence éphémère et ne produisirent aucun des brillants résultats que Colbert se flattait d'obtenir. Ces déceptions diminuèrent sans doute la confiance que Louis XIV avait eue dans la capacité administrative de son ministre, mais il ne lui fit aucun reproche, en n'attribuant qu'à des circonstances malheureuses les pertes énormes qui furent la conséquence des essais économiques de Colbert. Celui-ci souffrait vivement, dans son amour-propre, du mauvais succès de ces gigantesques entreprises, qui, dans sa pensée, n'avaient échoué que par suite des guerres maritimes de la France contre l'Angleterre et la Hollande. « M. Colbert devint si difficile et si chagrin, dit Charles Perrault encore, qu'il n'y avoit plus moyen d'y suffire ni d'y résister. »

C'était Louvois qui le minait sourdement dans la faveur du roi, Louvois qu'il avait longtemps tenu en sous-ordre, en le parquant rigoureusement dans son département de la guerre, et qui reprenait le dessus en s'attachant à faire ressortir, avec une adresse perfide, tout ce qui pouvait rabaisser le mérite de son collègue et lui ôter quelque chose de la confiance et même de l'estime du roi. Louvois avait cet avantage sur Colbert, qu'il accompagnait toujours Louis XIV dans ses campagnes, tandis que Colbert était obligé de rester à la tête de son administration, et ses lettres au roi, si fréquentes et si habiles qu'elles fussent, n'avaient pas la portée des paroles insidieuses et perfides de Louvois. Ainsi, en 1679, le roi, qui avait visité les

Fig. 128. — Réception des ambassadeurs de Siam, par Louis XIV. — D'après Séb. le Clerc.

fortifications exécutées dans les villes de Flandre sous la surveillance personnelle de Louvois, revint étonné, émerveillé de la beauté de ces travaux d'architecture militaire, et de la modération des dépenses, comparativement à la grandeur et à l'étendue des ouvrages que le ministre de la guerre avait entrepris et terminés en si peu de temps et à si peu de frais. A son retour, il dit seulement à Colbert : « Je viens de voir les plus belles fortifications du monde et les mieux entendues, mais ce qui m'a le plus surpris, c'est le peu de dépense qu'on y a faite. D'où vient qu'à Versailles nous faisons des dépenses effroyables et que nous ne voyons presque rien d'achevé ? Il y a quelque chose à cela que je ne comprends pas. » Ce reproche tacite et injuste fut un coup de foudre pour Colbert; il comprit que

Louvois avait essayé de le perdre dans l'esprit du roi. C'est en vain qu'il voulut expliquer, par de très bonnes raisons, « la différence notable qui se trouvoit entre les ateliers d'armée, où les soldats ne reçoivent qu'une très petite paye, et les ateliers de Versailles, où l'on paye de fortes journées aux paysans qui y travaillent. » Le roi n'eut pas l'air de l'écouter, et lui tourna le dos. Cependant, quoique blessé et irrité de l'injustice de Louis XIV, il crut devoir s'efforcer de le contenter, et il annonça un rabais considérable sur tous les ouvrages de bâtiment qu'il avait encore à faire à Versailles et dans les maisons royales. Ce rabais inusité dut être publié : les bons ouvriers se retirèrent, les mauvais se présentèrent, et les travaux qui se firent dons ces conditions nouvelles ne pouvaient satisfaire personne. Le roi en témoigna son mécontentement et s'éloigna davantage de Colbert, qui se mit alors lui-même à distance.

Tous les jours Louvois gagnait du terrain dans la faveur du roi. Colbert eut un dernier déboire, un dernier affront : il avait cru pouvoir, en 1674, réaliser un bénéfice immense au profit du roi, en acceptant la proposition d'un entrepreneur nommé Lucot, qui lui offrait de fabriquer des espèces de 2, 3 et 4 sols au titre de 10 deniers de fin, c'est-à-dire avec deux douzièmes d'alliage. Il ne pensait pas causer un préjudice réel au public, et les avantages qu'il aurait tirés de cette fabrication devaient, comme il le déclara loyalement, « soutenir les dépenses de la guerre; » mais il y eut bien des spéculations malhonnêtes favorisées par l'émission de ces espèces fabriquées au-dessous du titre légal, et lui-même reconnut son erreur, en faisant poursuivre l'entrepreneur qui avait abusé de son mandat. Quoiqu'il l'eût fait condamner à restituer un million au trésor royal, le bruit ne persista pas moins dans le peuple, que Colbert s'était enrichi malhonnêtement dans l'affaire des pièces fausses de 4 sols, et que son neveu Desmarets avait touché pour sa part un énorme pot-de-vin. A la suite de cette dénonciation, Colbert demanda au roi de le faire juger avec son neveu : « Si Desmarest est coupable, dit-il, je veux qu'il soit pendu ! »

Louis XIV ne réussit pas à le calmer : le malheureux Colbert, atteint d'une maladie chronique dont il souffrait depuis longtemps en secret, était frappé à mort; il ne reparut plus à la cour; il ferma sa porte à tout le monde et appela le vicaire de Saint-Eustache, sa paroisse, pour se préparer à recevoir le viatique. Louis XIV, averti par le fils aîné du malade, lui écrivit de Fontainebleau : « L'état où est votre père me touche sensiblement; demeurez auprès de lui tant que vous y serez nécessaire, et que votre douleur ne vous empêche pas de faire tout ce qui sera possible pour le soulager et pour le sauver. J'espère toujours que Dieu ne voudra pas l'ôter de ce monde, où il est si nécessaire pour le bien de l'État. » Mme Colbert s'approcha du lit de son mari, qui gémissait, et lui demanda s'il ne voulait pas écrire au roi : « Madame, dit-il tristement, quand j'étais dans ce cabinet à travailler aux affaires du roi, ni vous ni les autres n'osiez y entrer, et maintenant qu'il faut que je travaille aux affaires de mon salut, vous ne me laissez point en repos ! » Il se retourna du côté du mur, en priant à voix basse. Puis, tout à coup, il s'écria d'une voix lamentable : « Si j'avais fait pour Dieu ce que j'ai fait pour cet homme-là, je serais sauvé deux fois, et je ne sais ce que je vais devenir ! » Le vicaire de Saint-Eustache, qui l'assistait, lui dit qu'il avertirait au prône ses paroissiens de prier Dieu pour son rétablissement : « Non, pas cela, murmura Colbert, mais bien qu'ils prient Dieu de me faire miséricorde. » Il mourut le 6 septembre 1683, et le bruit courut dans Paris qu'il était mort « en désespéré. »

Colbert mort, Louis XIV lui donna pour successeur un parlementaire, Claude le Pelletier, ancien prévôt des marchands, homme de bien, modeste et travailleur, qui s'était plus occupé du droit canon que de finances. « Il n'est pas propre pour cet emploi, dit Michel le Tellier. — Pourquoi ? demande le roi. — Il n'a pas l'âme assez dure, reprit le vieux chancelier. — Mais je ne veux pas qu'on traite durement mon peuple ! » repartit le roi. Le nouveau ministre, en effet, était bon et juste. Lorsqu'en 1688 la France eut à soutenir la ligue d'Augsbourg, il se vit forcé d'emprunter, et de créer des rentes pour faire face à de terribles nécessités. Il voulut diminuer le luxe et fit ordonner que tous les meubles d'or et d'argent fussent envoyés à la Monnaie et convertis en numéraire, sacrifice dont le roi lui-même donna l'exemple. On essaya ensuite une refonte générale des monnaies, laquelle coûta quatre-vingts millions à l'État, et le Pelletier découragé, se retira en 1690. Le comte de Pontchartrain, qui prit sa place, n'essaya que de petits expédients et n'en tira que de faibles ressources : il rétablit la capitation en 1595 et la supprima deux ans après; il vendit des lettres de noblesse et mit un droit d'armoiries sur tous ceux qui prétendaient mettre des armes sur leur cachet. Chamillart, contrôleur des finances en 1699, fit le premier essai du papier de crédit. A cette époque, la moitié des manufactures créées par Colbert avaient disparu.

Fig. 129. — « Les magasins établis sur les frontières. »
Médaille tirée du Recueil cité p. 211 et 214.

CHAPITRE NEUVIÈME

LA POLICE ET LA JUSTICE

La police après la Ligue. — État des rues de Paris. — Les voleurs à main armée. — Les filous et les faux mendiants ; les Cours des miracles. — Création de la charge du lieutenant général de police en 1667 ; La Reynie. — L'organisation judiciaire. — Réforme de la procédure civile et de la procédure criminelle, sous Louis XIV. — Les supplices et les exécutions. — La justice sous l'ancien régime.

ès le milieu du seizième siècle, la police avait été organisé avec beaucoup de prévoyance, non seulement à Paris, mais encore dans les provinces, où l'on trouvait partout des prévôts généraux et particuliers, des vice-baillis, des vice-sénéchaux, des lieutenants de robe longue et de robe courte, des exempts et des sergents. Cependant la police de France était essentiellement locale et ne formait pas un corps unique, dépendant d'un seul chef et recevant d'une autorité supérieure la même impulsion pour les divers centres provinciaux. Chaque ville avait sa police municipale, souvent très compliquée et très nombreuse, mais dont la juridiction ne s'étendait pas au delà des murailles de la cité. Quant à la police de Paris, elle n'avait pas cessé de s'améliorer depuis

le moyen âge, en répondant autant que possible aux besoins des circonstances, et l'on peut dire que, sous le règne de Henri III, elle était arrivée à un point de régularité et d'ordre qu'on ne devait point attendre d'une époque si tourmentée par les troubles politiques : le prévôt de Paris, qui s'intitulait *premier bailli de France*, avait la haute administration de cette police, que le lieutenant civil et le lieutenant criminel dirigeaient, d'intelligence avec le concours des officiers du Châtelet et de l'Hôtel de Ville. Cet état de choses changea tout à coup, quand la Ligue se fut emparée de la capitale. La police n'exista plus dans la ville, du moins avec un fonctionnement normal, quoique le prévôt de Paris et le prévôt des marchands conservassent en apparence les attributions de leur magistrature urbaine ; et là, où le peuple était maître absolu, ses désordres, ses caprices et ses fureurs ne connaissaient plus ni frein ni règle. Quand Henri IV fut rentré en possession de sa capitale, au mois de mars 1594, il ne négligea pas d'y appeler la surveillance d'une police nouvelle, et le lieutenant criminel, Pierre Lugoli, dont le roi connaissait bien l'énergie, était l'homme qu'il fallait pour tenir la main au rétablissement de l'ordre public. Cependant la situation de Paris fut longtemps déplorable. Durant l'hiver de 1596, « processions de pauvres se voyoient dans les rues en telle abondance, raconte Pierre de l'Estoile, qu'on n'y pouvoit passer ; lesquels crioient à la faim, pendant que les maisons des riches regorgeoient de banquets et de superfluités. » Deux ans plus tard, au mois de décembre 1598, la police se reconnaissait impuissante à empêcher les *excès* et les *ravages* que le comte d'Auvergne et ses gens commettaient dans le quartier Saint-Paul.

Les rues de Paris n'avaient jamais été sûres pendant la nuit, d'autant plus qu'elles n'étaient pas éclairées par des lanternes, et que les habitants n'observaient plus les ordonnances de police qui leur enjoignaient de poser des chandelles ou des veilleuses sur leurs fenêtres. Depuis la fin de la Ligue, la garde bourgeoise, qu'on n'avait pourtant pas désarmée, ne faisait point de service nocturne, et le chevalier du guet, avec ses archers, osait à peine faire acte de présence dans quelques quartiers, où il évitait d'entrer en lutte ouverte contre les malfaiteurs.

Les voleurs ou *tireurs de laine* et les assassins, d'ailleurs, ne prenaient pas la nuit pour complice de leurs méfaits, car les rues étaient absolument désertes dès le crépuscule, et les bourgeois se renfermaient dans leurs maisons. C'était en plein jour qu'on volait, qu'on tuait les gens. La plu-

Fig. 130. — Le tire-laine. — Tiré des *Proverbes oyeux*, publiés par Lagniet. (V. page 184.)

Il n'est pas bon chasseur qui ne tire en volant :
Les filous du marais tiennent cette maxime ;
Le soldat maintenant et le passe-volant
Sont encor plus adroits et en plus grande estime.

part de ces crimes restaient impunis. Si, de temps à autre, le lieutenant criminel envoyait à la potence quelque larron qui s'était laissé prendre, le châtiment d'un seul n'avait aucune influence sur sept ou huit mille bandits qui ne vivaient que du produit de leurs larcins et de leurs assassinats. « Ce jour (en janvier en 1604), dit l'Estoile, un de ces tireurs de laine de Paris, dont la ville estoit remplie, fut pendu au bout du pont Saint-Michel. » Ces bandits appartenaient tous à des associations différentes, qui avaient chacune leur nom, leur capitaine, leur costume et leur spécialité de vol. C'est encore l'Estoile qui nous offre le tableau des crimes commis à Paris pendant l'année 1606, en terminant son journal de cette année par ces mots : « Empoisonnemens, voleries, meurtres, assassinats et duels si fréquents à Paris, à la cour et partout, qu'on n'oit parler d'autre chose, mesme au palais, où l'injustice qui y règne rend effacés la beauté et le lustre de cet ancien sénat. » Le lieutenant criminel était souvent bien embarrassé de sévir contre les perturbateurs du repos public ; car les grands seigneurs et les princes eux-mêmes donnaient à leurs pages et à leurs laquais les plus mauvais exemples. Pendant la foire de Saint-Germain, en février 1597, « le duc de Nemours et le comte d'Auvergne furent à la foire, où ils commirent dix mille insolences, » dit l'Estoile. Ce fut bien pis à la foire de 1605, dit encore l'Estoile : « Se commirent, à Paris, des meurtres et des excès infinis, procédans des débauches de la foire, dans laquelle les écoliers, les laquais et des gardes firent des insolences non accoutumées, se battant, dedans et dehors, comme en petites batailles rangées, sans qu'on y pust ou voulust donner autrement ordre. »

Les détails ne nous manquent pas, au sujet des bandes qui infestaient Paris sous le règne de Henri IV : l'*Inventaire général de l'histoire des larrons* nous apprend combien la tâche de la police était alors difficile. Le chef le plus connu de ces bandes d'assassins était le petit Jacques, qui fut la terreur de la capitale et des environs, et qui sut toujours se soustraire aux poursuites du chevalier du guet. Il y eut plusieurs bandes, dont les membres prenaient l'air et le costume de gentilshommes avec l'épée au côté. Aussi ne se défiait-on pas d'eux, quand ils demandaient à voir en particulier le maître du logis ; une fois qu'ils se trouvaient seuls avec lui, ils le prenaient à la gorge et lui mettaient dans la bouche un instrument de fer en forme de boule, connu sous le nom de *poire d'angoisse*. Cette boule s'ouvrait au moyen d'un ressort et remplissait alors la bouche du patient, qui, ne pouvant plus crier ni parler, était à la merci des bandits qui le forçaient à payer rançon.

On ne se figure pas combien les larrons de ce temps-là avaient perfectionné l'art et les procédés du vol. Les uns se déguisaient en ermites ou en religieux quêteurs, pour se couvrir la tête d'un capuchon ; les autres, qui avaient été *essorillés* en récompense de leurs exploits, se fabriquaient de superbes oreilles postiches, capables d'inspirer de la confiance au plus défiant ; ceux-ci avaient des mains artificielles

Fig. 131. — Le coupe-bourse. (Même source que celle de la fig. 134.)

Il n'a pas plutôt fait la besogne
Qu'il a l'argent à la main.

à ressort, avec lesquelles ils coupaient les bourses qui pendaient à la ceinture des hommes et des femmes ; ceux-là, portant des instruments de musique, allaient donner des sérénades auprès des maisons, que leurs camarades dévalisaient à la faveur de la nuit. Le Pont-Neuf, qui fut, pendant les trois quarts du dix-septième siècle, le lieu de rendez-vous des Parisiens et des étrangers, offrait, du matin au soir, aux filous et aux coupeurs de bourses, un champ de foire fertile en gains illicites et en beaux coups de fortune ; la nuit venue, les tireurs de laine et les assassins s'embusquaient à chaque extrémité du pont, pour attendre les passants, les dépouiller, et les tuer, s'ils s'avisaient de crier à l'aide ou de se défendre. Heureux celui qui n'y perdait que son manteau! Ces malfaiteurs diurnes et nocturnes se qualifiaient eux-mêmes d'*officiers du Pont-Neuf;* ils étaient si nombreux, si hardis et si déterminés, que les archers du guet évitaient de les rencontrer : ce qui faisait dire aux mauvaises langues que ces archers avaient leur part réservée dans le produit des vols du Pont-Neuf. Au reste, les jeunes seigneurs de la cour, au sortir d'une orgie, trouvaient plaisant d'aller, à moitié ivres, voler des manteaux sur le Pont-Neuf, et ce fut là une sorte de divertissement qui était encore à la mode sous Louis XIV. La noblesse ne donnait donc pas l'exemple de l'obéissance aux lois. On vit souvent des gentilshommes de bonne maison prendre plaisir à battre le guet, et délivrer des criminels qu'on avait arrêtés en flagrant délit. Au mois de juin 1616, un baron de Beauveau, accusé d'avoir fabriqué de la fausse monnaie, fut conduit dans les prisons du Châtelet. Ses amis, entre lesquels figuraient le sire de Vitry, capitaine des gardes du roi, et l'exempt Malleville, formèrent le projet de le tirer de là avant qu'on lui fît son procès. Ils s'assemblèrent en grand nombre, une nuit, bien armés et munis de pétards, pour venir assiéger le Châtelet : ils en brisent les portes, maltraitent et dispersent les archers et mettent en liberté le prisonnier, avec lequel ils se rendent au logis du lieutenant de robe courte, qui l'avait fait incarcérer : là, ils insultent ce magistrat et le menacent de mort. Un semblable attentat devait rester impuni, et le parlement, qui voulait en rechercher les auteurs, fut invité par le garde des sceaux à ne pas donner suite aux procédures.

Le nombre des offices du Châtelet avait triplé, et la police n'en était pas mieux faite, car ces charges étant achetées fort cher, ceux qui les avaient acquises ne cherchaient qu'à se rembourser de leur mise. Une des dames qui prennent part aux *Caquets de l'accouchée* (1622), raconte qu'un de ses enfants « fut, l'autre jour, tué, en revenant de souper de la ville, pour vouloir sauver un manteau. »

On lui demande avec intérêt : « Quelle raison avez-vous eu de ceste mort? — Mon mary, dit-elle, a poursuivy et fait prendre plusieurs voleurs, mais, parce qu'il ne s'est pas voulu rendre partie, on les a eslargis! Il est bien besoin que Dieu fasse la vengeance des meurtres, car les prévosts criminels ne la font que pour de l'argent. — M'amye, reprend avec ironie une des personnes présentes, c'est qu'il faut qu'ils se remboursent de la vente de leurs offices, lesquels anciennement on donnait : spécialement le chevalier du guet, le prévost des maréchaux, le prévost de l'Isle de France, le prévost de la connétablie et autres de la justice criminelle; et tandis que l'on leur vendra, jamais ne feront rien qui vaille. — A quoy servent tant d'huissiers et sergens ? dit une autre visiteuse : à faire monstre au mois de may et à piller le manant; tant de prévosts des maréchaux? à faire pendre ceux qui n'ont point d'argent; tant de juges criminels? à bien prendre, pour acquitter les debtes qu'ils contractent pour achepter leurs offices. »

Sous Louis XIII, en effet, la police a l'air de ne pas s'occuper de ce qui lui eût donné de la peine sans profit. Le parlement a beau rendre des arrêts contre les vagabonds, les gens sans aveu et les voleurs de nuit, en invitant le prévôt de Paris à leur faire vider la ville et les faubourgs dans les vingt-quatre heures : le prévôt fait la sourde oreille, et les individus désignés dans l'arrêt du 8 janvier 1615 et dans d'autres arrêts analogues ne sont pas même inquiétés. Huit ans plus tard, le mal n'a fait qu'empirer, et un conseiller du parlement, Cyprien Perrot, croit devoir se plaindre à la cour des assassinats et des voleries qui se multiplient, tant le jour que la nuit, dans la ville. Un nouvel arrêt prescrit de nouvelles mesures de sévérité et de précaution, sans plus de résultat. Deux ans après, le 24 janvier 1625, le procureur général se plaint encore de la continuation des voleries et des assassinats : le parlement requiert des peines rigoureuses contre les auteurs de ces crimes. Le 28 septembre 1627, les conseillers de la chambre des enquêtes renouvellent les mêmes plaintes, à la suite du meurtre d'un conseiller de la cour, Jean-Robert de Saveuse. Le 18 juin 1631, c'est le procureur général du roi qui vient dénoncer au parlement les assemblées illicites, les voies de fait, violences, meurtres et assassinats, qui se commettent aux portes de la capitale. Le parlement mande les officiers du Châtelet et leur ordonne de chasser les vagabonds et d'empêcher de pareils dé-

Fig. 132. — Gueux et mendiants. — Tiré, de même que les cinq figures suivantes, de la troisième partie des *Proverbes joyeux* de Lagniet, déjà cités ; partie composée de 31 planches, et intitulée : *Vie des gueux*, où sont représentés, avec leurs noms spéciaux *en langue d'argot*, les habitués des cours des miracles.

Rifodés, sont ceux qui disent que tous leurs biens et maisons ont été brûlés. — *Marcandiers*, sont ceux qui font les marchands dévalisés, qui disent avoir perdu tout leur bien. — *Millards*, sont ceux qui portent un grand bissac sur le dos.

sordres dans la ville, « où il n'y avoit sûreté le soir ni le matin. » Ces désordres s'aggravent les années suivantes, malgré les plaintes réitérées du parlement, et la négligence des officiers du Châtelet ne fait que s'accroître avec le mal. Le 23 avril 1633, le procureur du roi se plaint encore, avec plus d'énergie, « des meurtres, assassinats, violences et voleries, qui se commettoient journellement, sur les grands chemins, par plusieurs personnes armées, et autres malveillans qui empêchent la sûreté publique, forçant les maisons des particuliers, par la faute et négligence des officiers, qui ne font ce à quoi ils sont obligés en leur charge. » Cette fois, c'étaient les prévôts des maréchaux

Fig. 133. — Gueux et mendiants (même suite).

Coquillards, sont ceux et celles qui disent venir de Saint-Jacques et Saint-Michel. — *Convertis*, sont ceux qui changent de religion, ayant un certificat en leurs mains. — *Sabouleux*, sont ceux qui disent être malades de Saint-Jean, et qui mettent du savon en leur bouche pour la faire écumer.

et leurs archers qui ne faisaient plus leur devoir. On parvint cependant à diminuer le nombre des crimes et des excès dans Paris, en renfermant les pauvres et les vagabonds dans diverses maisons de refuge, et en faisant la chasse aux malfaiteurs et aux gens sans aveu.

La police avait reconnu son impuissance contre l'énorme population de gueux et de mendiants que renfermait la capitale, et qui se comptaient par milliers. Les archers du chevalier du guet et les sergents du Châtelet n'étaient point assez nombreux pour protéger la sûreté publique. De plus, ces sergents et ces archers étaient trop mal payés pour pouvoir vivre de leurs gages. Le lieutenant civil et criminel, mandé devant la cour de parlement, afin de fournir des

Fig. 134. — Gueux et mendiants (même suite).

Hubins, sont ceux qui disent avoir été mordus par des chiens enragés, et disent aller à Saint-Hubert. — *Polissons*, sont ceux qui vont quasi tous nus. — *Francs-mitous* (sans définition).

N. B. Cette gravure est, seule de la série, signée : *Boulonnois fecit ; Lagnet excudit*.

explications sur la persistance des méfaits commis dans les rues de Paris, déclara qu'il n'était pas possible d'empêcher ces crimes et délits, à cause de l'insuffisance des gages attribués à la milice du Châtelet, les archers et les sergents ne touchant que *trois sous et demi par jour*, « comme du temps du roi Jean. » Le parlement décida « que le roi seroit supplié de donner un fonds suffisant pour le paiement de ces officiers. » Depuis la Fronde, la masse des pauvres s'était augmentée dans une effrayante proportion : leur nombre s'élevait, dit-on, à quarante mille, en y comprenant sans doute les gueux de profession qui remplissaient les *cours des miracles*. Ces repaires de mendicité, de fainéantise et de scélératesse subsistaient, de-

Fig. 135. — Gueux et mendiants (même suite).

Le grand Coësre, est le maître des gueux. — Il est assis sur le dos d'un *mion de boulle*, qui est un coupeur de bourse. — *Cagous*, sont ceux qui font porter honneur au *grand Coësre*. — *Marquises*, est le nom des femmes de gueux. — *Archisupposts*, sont des écoliers débauchés.

puis le treizième siècle, sur différents points de la ville, notamment rue de la Truanderie, rue des Francs-Bourgeois et rue Montorgueil. Cette dernière cour des miracles était la plus importante et la plus célèbre de toutes. Chacune avait un chef particulier, qui n'était qu'un des lieutenants du grand chef suprême, nommé le *grand Coesre*, qui régnait souverainement sur le *royaume argotique*. Ses officiers et ses sujets se nommaient *archisuppôts de l'argot, cagous, francs-mitous, hubins, capons, rifodés, polissons, marcandiers, millards, coquillards, convertis, sabouleux*, etc. (Voyez, pour plus de détails, les Mœurs, usages et costumes au moyen age; chap. *Bohémiens, gueux, mendiants*, etc.); ils représentaient toutes les catégories de la grande famille des gueux. Les commissaires et les sergents n'osaient pas pénétrer dans les cours

Fig. 136. — Gueux et mendiants (même suite).

Courtauts de boutanche, sont compagnons de métier. — *Drilles*, sont soldats qui demandent avec l'épée. — *Narquois*, est la même chose.

des miracles, où leur vie eût été en péril. C'était de là que sortaient, jour et nuit, les voleurs et les assassins qui infestaient Paris : « On s'y nourrissoit de brigandages, dit Sauval dans son *Histoire des antiquitéz de la ville de Paris*, on s'y engraissoit dans l'oisiveté, dans la gourmandise et dans toutes sortes de vices et de crimes. » La destruction de ces repaires n'était pas chose facile, et la police n'osa l'entreprendre qu'après l'établissement de l'hôpital général, qui fut créé en 1656 pour la séquestration de tous les mendiants valides ou invalides, qu'on devait y faire travailler, chacun selon ses forces et son talent. Cet hôpital, dont la création était l'œuvre de Pomponne de Bellièvre, premier

Fig. 137. — Gueux et mendiants (même suite).

Malingreux, sont ceux qui ont des maux et plaies; ils feignent aller à Saint-Mein. — *Orphelins*, sont garçons qui demandent sans aucun artifice, trois ou quatre ensemble. — *Galots*, sont ceux qui sont teigneux, véritables ou contrefaits. — *Piètre*, est celui qui marche sur ses mains.

président du parlement, se trouva bientôt construit et approprié à sa destination sur les terrains de l'ancienne Salpêtrière, et l'on fit publier, au mois de mai 1657, que tous les pauvres y seraient reçus, logés et nourris, sous la condition de participer au travail commun des ateliers. En même temps, défense était faite de mendier dans les rues, sous peine de prison. Il n'en fallut pas davantage pour faire sortir de Paris une foule de gueux qui vivaient d'aumônes et de filouteries.

La tâche de la police devint dès lors beaucoup plus aisée, et la sécurité des honnêtes gens se trouva presque assurée. On vit néanmoins reparaître, en 1662, les vagabonds et les filous, dont on se croyait délivré par la fondation de l'hôpital général. Dans un réquisitoire du

Fig. 138. — Le chemin de l'hôpital. — Tiré, comme les numéros précédents, des *Proverbes joyeux*, de Lagniet, qui a emprunté, en les groupant, des figures de Callot.

9 décembre 1662, le procureur du roi signalait encore « les désordres, assassinats et voleries, qui se commettent, tant de jour que de nuit, en cette ville et faubourgs; » et, d'après ce réquisitoire, le parlement ordonna « que tous soldats qui ne sont sous charge de capitaine, tous vagabonds portant épée, tous mendiants non natifs de cette ville, se retireront aux lieux de leur naissance, à peine, contre les valides, des galères; contre les estropiés, du fouet et de la fleur de lys, et contre les femmes, du fouet et d'être rasées publiquement, etc. » La fin de la guerre avait mis sur le pavé quantité de soldats licenciés, qui conti-

nuaient à porter l'épée et qui s'en servaient pour attaquer ou pour menacer les passants. Ces misérables enlevaient des hommes, des femmes et des enfants, et les mettaient en chartre privée, pour les vendre et les envoyer, disait-on, en Amérique, ou bien ils s'emparaient

Fig. 139. — « On ne sort pas du cabaret comme d'une église. » — Tiré des *Proverbes joyeux*, cités ci-contre.

N. B. Cette petite scène, dont le sujet est indiqué, sur l'estampe même, par cette seconde légende « C'est un aveugle retourné, la fleur de lys, sur l'épaule » est, en outre, accompagnée du quatrain suivant :

Ces deux narquois pensaient s'en aller sans payer.
Mais le suisse leur dit : Point d'argent, point de suisse ;

Aveugles retournez, il faut sans délayer,
Payer l'escot content ou je ferai justice.

des jeunes gens qu'ils jugeaient capables de servir dans les armées du roi, et après les avoir détenus dans des maisons qu'on appelait des *fours*, ils les livraient, moyennant une somme d'argent, à des officiers recruteurs, qui les enrôlaient de vive force.

Ces faits monstrueux prouvent que la police avait encore besoin de beaucoup de réformes. Aussi, Colbert modifia-t-il entièrement le service de la police, lorsqu'il persuada au roi de créer, en 1667, une charge de lieutenant général de police à Paris, en supprimant l'office de lieutenant civil du prévôt de Paris, lequel avait à la fois dans ses attributions la justice et la police. La charge supprimée fut remplacée par deux offices distincts, l'un de *lieutenant civil du prévôt de Paris*, et l'autre de *lieutenant du prévôt de Paris pour la police*. Cette dernière charge était confiée au maître des requêtes la Reynie, dont la prévoyance, l'activité et l'énergie avaient eu déjà l'occasion de se montrer dans la magistrature. Il commença par faire éclairer Paris, pendant la nuit, avec des lanternes, et il finit par faire enlever les boues et les immondices dont les rues étaient infectées. Voici comment Dulaure a mis en prose les vers que le poète d'Assoucy avait faits en l'honneur de la Reynie : « Grâce à ses talents, à sa fermeté, tout le monde est maintenant en sûreté à Paris. Le gagne-denier, ainsi que le fabricant de drap, ne craignent plus les filous, ni le fameux brigand Bras d'acier ; les archers ne leur font plus de quartier. On n'entend plus crier : *Au voleur!* Le laquais, autrefois si insolent, ne porte plus l'épée, n'insulte plus, ne frappe plus personne. Le nombre des assassins, des empoisonneurs, des femmes de mauvaise vie et des blasphémateurs diminue ; les rues sont moins boueuses. » On attribue à la Reynie le perfectionnement d'un ingénieux système d'espionnage, qui rendait de grands services à la police.

Ce fut la Reynie qui purifia et qui ferma les cours des miracles. Il avait pour assesseur le terrible Defita, qui était l'effroi des vagabonds et surtout des femmes perdues : il les entassait dans les cabanons du grand Châtelet, et quand ces prisons se trouvaient remplies, on transportait les prisonniers dans des bateaux qui descendaient la Seine jusqu'au Havre, où de gros navires attendaient ces malheureux et malheureuses, qu'on envoyait peupler les îles de l'Amérique.

Ces expulsions arbitraires, cette espèce de trafic de bétail humain, eurent lieu, pendant plus de vingt ans, sans provoquer la moindre réclamation de la part du parlement. Enfin des plaintes arrivèrent jusqu'aux oreilles du roi, qui fit écrire, par son ministre le marquis de Seignelay, au lieutenant civil Lecamus (6 mars 1684) : « Le roy a esté informé que vous avez rendu quelques sentences pour envoyer, aux isles de l'Amérique, par forme de punition, des gens qui estoient tombez dans le désordre. Et comme cette punition n'est point connue en France, Sa Majesté m'a commandé de vous écrire qu'elle ne veut plus que vous en envoyiez de pareilles. » Ces punitions étaient si peu *connues* en France, que, huit ans auparavant, un poète parisien, qui pourrait bien être François Colletet, avait publié (1667) la *Des-*

Fig. 140. — « La seureté et netteté de Paris. » — Tiré du Recueil des médailles, cité p. 211, 214 et 300.

N. B. Par sa date (1669), cette médaille s'applique à l'administration de police de la Reynie.

route et l'adieu des filles de bien de la ville et fauxbourgs de Paris, avec leurs noms, leur nombre, les particularités de leur prise et de leur emprisonnement, sans oublier le départ de ces *brebis galleuses*, qui s'en allaient *en troupeau* « *paistre dans le Monde Nouveau !* »

Les prisons du Châtelet, à cette époque, étaient, comme toutes les prisons de Paris, aussi horribles qu'au seizième siècle, lorsque Clément Marot y composait son *Enfer* : elles n'avaient pas changé d'aspect, bien que le roi, dans sa fameuse ordonnance de 1670, eût dit : « Nous voulons que les prisons soient saines et disposées de manière que la santé des prisonniers n'en soit point incommodée. » C'étaient des antres humides et ténébreux, où les détenus, entassés les uns sur les autres, s'apportaient et se communiquaient des maladies de toute espèce. Les détenus pour dettes, les prisonniers civils et les criminels se trouvaient réunis dans une affligeante promiscuité. Le préau étroit et sombre, entouré de hautes murailles noires et nues, suffisait à peine à contenir un amas d'existences déclassées et insociables. Ce préau, long de 50 à 60 pieds sur 30 de large, renfermait quelquefois cinq cents prisonniers, qui n'y trouvaient pas même l'air respirable, car les bâtiments du Châtelet, n'ayant pas de fenêtres ni d'ouvertures extérieures, ne recevaient d'air que par en haut. Le concierge de la prison se faisait un revenu de 20 à 25,000 livres sur les prisonniers, qui payaient un droit à leur entrée et à leur sortie, sans compter une quantité de petites redevances pour le loyer de meubles ou la nourriture. Le lieutenant de police, aussi bien que le lieutenant civil, ne devait compte à personne des arrestations qu'il faisait exécuter.

La Reynie commit divers excès de pouvoir, qui lui valurent des remontrances de la part du parlement; il s'était aussi relâché de sa sévérité et il ne tenait plus la main, comme il l'avait fait d'abord, à la bonne direction de ses agents. Les désordres recommencèrent dans les rues de Paris, et Dangeau écrivait, dans son Journal, à la date du 11 août 1696 : « On commence à voler beaucoup dans Paris ; on a esté obligé de doubler le guet à pied et à cheval. » Enfin la Reynie fut remercié, et le sieur le Voyer d'Argenson fut nommé à sa place lieutenant de police, en 1697. Ce personnage, d'un caractère dur et inflexible, convenait parfaitement à la nature des fonctions qu'il était chargé de remplir. Son affreuse figure inspirait l'épouvante, et le peuple, qui apprit bientôt à le redouter, lui donnait les noms de *damné*, de *perruque noire*, de *juge des enfers;* ses nouvelles fonctions lui permirent de déployer sa capacité, et la capitale dut à sa prodigieuse énergie un ordre et une sécurité jusque là sans exemple.

La police, dont l'administration s'était améliorée d'une manière si remarquable à la fin du dix-septième siècle, avait sans doute une part considérable dans la machine du gouvernement, mais elle n'occupait qu'une bien petite place dans l'immense organisme de la magistrature, lequel ne comprenait pas moins de trois ou quatre cent mille officiers publics. La magistrature, comme toutes les institutions, reposait sur d'anciennes bases, qu'on pouvait regarder alors comme à peu près immuables. A la fin du seizième siècle, malgré les guerres de religion et les guerres civiles, il n'y avait pas eu de changement no-

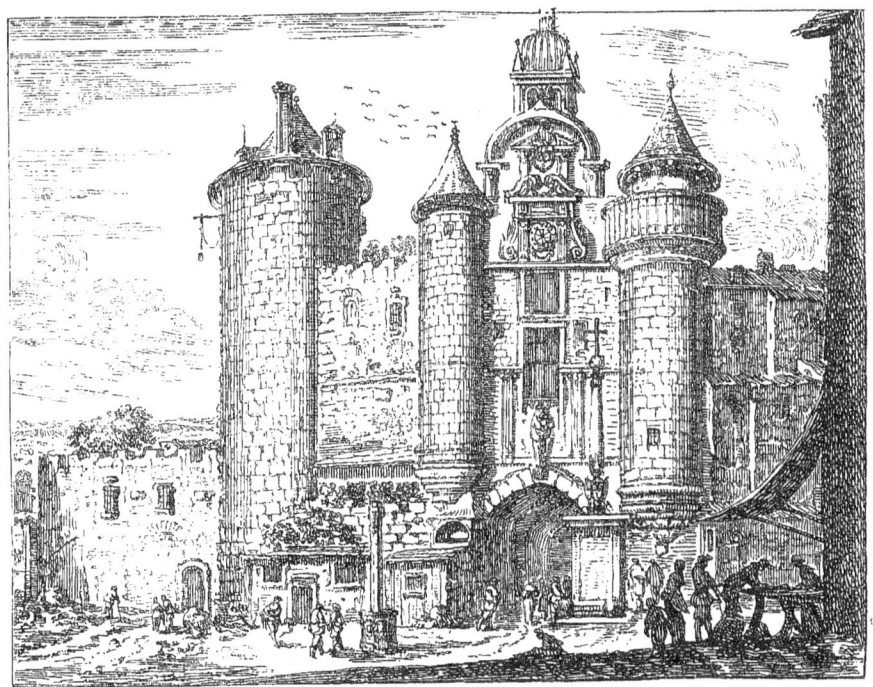

Fig. 141 — Vue du grand Châtelet. — Fac-simile d'une eau-forte d'Israël Sylvestre (1650).

table dans la hiérarchie des corps multiples de la justice. Ainsi tous les parlements de France conservaient leur organisation traditionnelle : à leur tête se trouvait naturellement celui de Paris, avec ses vingt-quatre présidents, dont le premier se distinguait par un *mortier* ou bonnet de velours entouré de deux galons d'or, et dont neuf autres n'avaient qu'un simple galon autour du mortier; ses quatre-vingt-deux conseillers portaient la robe d'écarlate et le chaperon rouge, fourrés d'hermine. Le parlement se divisait, comme autrefois, en chambres ayant chacune ses attributions spéciales; la grand'chambre, où les procès les plus importants étaient jugés, en audience solennelle, suivant le tour des divers bailliages; la chambre de la Tournelle, où se jugeaient les procès criminels; la chambre des enquêtes, où les procès n'étaient jugés que sur pièces ou sur mémoires écrits; la chambre des requêtes, qui jugeait exclusivement les procès des personnes privilégiées. Au-dessous des parlements, il y avait les cent présidiaux ou grands bailliages, et les grandes sénéchaussées; puis, les juges royaux; enfin les juges bannerets et les juges chatelains, au nombre de quarante mille. Le grand conseil, dont les parlements supportaient impatiemment la

Fig. 142. — Magistrats faisant partie d'un cortège. — D'après une estampe contemporaine.

suprématie, ne maintenait pas sans peine ses prérogatives, en réformant les arrêts des corps parlementaires. Tous les offices se vendaient, sous réserve de l'approbation du roi, et une partie du prix de vente retombait dans les caisses de l'État. L'office de conseiller au présidial valait 2 ou 3,000 livres; l'office de président de ce tribunal, 10,000 livres; l'office de conseiller au parlement ne valait pas moins de 40,000 livres, et celui de président au parlement, trois ou quatre fois davantage. Ces prix diminuaient ou augmentaient selon la situation des affaires publiques; ainsi, sous Louis XIV, l'office de procureur du roi au présidial de Lyon fut vendu 50,000 livres, et celui de procureur général au parlement de Paris, 1,200,000 livres. Les compagnies judiciaires, en dépit des variations de la politique, même sous la Ligue, et sous la Fronde, gardèrent leur esprit de corps et restèrent fidèles à leurs antécédents professionnels, quels que fussent les éléments nouveaux que la vente des offices amenait dans la constitution des parlements, des présidiaux, des sénéchaussées, des prévôtés, etc. Quant

Fig. 143. — Louis Phélyppeaux, comte de Pontchartrain, prête serment entre les mains du roi, comme chancelier et garde des sceaux, le 2 septembre 1699. — D'après l'Almanach royal de 1700.

aux différences qu'on pouvait remarquer dans les habitudes et les usages de ces tribunaux, institués uniformément par l'autorité royale, on ne devait les attribuer qu'aux mœurs et aux besoins différents des provinces. Ainsi la pénalité n'était pas partout semblable, et l'on peut même dire que les ordonnances, qui étaient la règle des décisions dans toutes les cours, se trouvaient plus ou moins modifiées par les coutumes préexistantes, avec lesquelles on cherchait à les faire concorder.

Ce fut là l'origine des efforts que fit Colbert, dans le but de « réduire en un seul corps d'ordonnances, comme il le dit dans un mémoire présenté au roi en 1665, tout ce qui est nécessaire pour rendre la jurisprudence fixe et certaine. » Louis XIV adopta pleinement les idées réformatrices de son ministre, et nomma le conseil de justice, qui fut chargé de préparer deux grandes ordonnances, l'une sur la procédure civile, l'autre sur la procédure criminelle. Colbert aurait voulu exclure de ce conseil les parlementaires, dont il redoutait les préjugés de robe et surtout la personnalité dominante. Mais le premier président de Lamoignon alla voir le roi, et lui proposa de remettre au parlement le soin de réformer la justice civile et criminelle. Colbert fut donc obligé d'adjoindre aux commissaires qu'il avait choisis, et qu'il comptait diriger souverainement, le premier président de Lamoignon, les avocats généraux Talon et Bignon, et plusieurs autres magistrats qui passaient pour être les lumières du parlement.

L'ordonnance civile, connue sous le nom de *Code Louis*, fut promulguée en 1667. L'objet principal de cette ordonnance, véritable code de procédure en 25 articles, était d'abréger les procès, de mettre des bornes à la chicane des procureurs et de rendre, comme le dit Henri Martin, « l'expédition des affaires plus prompte, plus facile et plus sûre, par le retranchement de plusieurs actes inutiles et par l'établissement d'un style uniforme dans toutes les cours et sièges du royaume. »

L'ordonnance criminelle ne fut publiée qu'en 1670. Ce code de procédure criminelle offre les mêmes mérites d'ordre, de clarté, d'unité et de simplification, que l'ordonnance civile : il corrigea beaucoup d'absurdes détails, mais il laissa subsister les rigueurs excessives de l'ancienne pénalité, nonobstant les protestations sages et humaines de Lamoignon. En somme, cette ordonnance criminelle fut considérée comme la plus timide et la moins généreuse des réformes législatives de Colbert. Ainsi la peine de mort n'était plus applicable aux blasphémateurs, mais ils devaient avoir, en cas de récidive, la lèvre et même la langue coupées ; le crime de magie et de sorcellerie avait été rayé, comme nul et illusoire, mais la peine de mort était maintenue, dans le seul cas de sacrilège. Cependant, au moment même où l'ordonnance criminelle allait paraître, le parlement de Rouen avait fait arrêter trente-quatre sorciers et prononçait un arrêt de mort contre quatre de ces malheureux. Le conseil du roi commua la peine en celle du bannissement, et plus tard, en 1682, une déclaration royale ordonna le bannissement des devins, et menaça de punitions exemplaires quiconque, faisant acte d'escroquerie, « surprendroit des personnes igno-

Fig. 144. — L'étude du procureur. — D'après Abraham Bosse.

rantes et crédules, par des opérations de prétendue magie. » Par là les procès de magie et de sorcellerie, si fréquents et si terribles au commencement du siècle, comme le témoignent les supplices d'Urbain Grandier et de Léonora Galigaï (1617 et 1634), changèrent de caractère, mais ne furent pas complètement abandonnés.

Quant à la chambre ardente de l'Arsenal, établie par ordonnance du 11 janvier 1680, pour rechercher à la fois les empoisonneurs et les sorciers, elle avait prouvé que les opérations magiques s'associaient d'une manière étrange et monstrueuse aux crimes les plus horribles aussi bien qu'aux plus innocentes folies : on n'en brûla pas moins deux ou

trois malheureux qui croyaient avoir eu des intelligences avec le démon.
. La plupart des procès criminels donnaient lieu à l'emploi de la question ordinaire ou extraordinaire, soit préventivement, pour obtenir des aveux de l'accusé, soit après condamnation, pour découvrir les complices du coupable. La question préparatoire était une odieuse iniquité, puisqu'on la faisait subir à l'accusé avant qu'il fût convaincu du crime qu'on lui imputait : la cour du Châtelet s'abstenait de l'ordonner depuis longtemps, lorsqu'un édit du roi la supprima en 1680. Quant à la question ordinaire, elle se donnait, dans le ressort de Paris, par l'eau, par l'extension des membres ou par les brodequins. Elle était plus cruelle, dans différents ressorts des parlements de France : ici, on pratiquait l'estrapade et le tour, autre genre d'extension; là, on allumait des mèches soufrées entre les doigts du patient. Le premier président de Harlay, en revenant des eaux de Vichy, apprit les atroces tortures usitées dans la justice du Nivernais, et appela l'attention du parlement de Paris sur ces horreurs juridiques : le parlement enjoignit aux bailliages du Nivernais de ne faire usage que de la question par l'eau, par l'extension et par les brodequins. Au parlement de Metz, pour la question ordinaire, on serrait avec des grésillons en fer les pouces des mains et des pieds; au parlement de Nancy, on se servait aussi des grésillons pour la question ordinaire, et l'on donnait la question extraordinaire à l'aide d'une échelle; au parlement de Bretagne, on se servait des escarpins, et quelquefois on employait les chaussons soufrés ou graissés, devant un feu clair; au parlement d'Aix, les brodequins; au parlement de Toulouse, l'eau froide et l'eau chaude. On frémit à cette idée que les magistrats les plus éminents et les plus respectables regardaient comme un devoir d'assister à la torture qu'ils avaient ordonnée. Il paraît que, dans certaines circonstances, les exécuteurs chargés de donner la question avaient l'art de diminuer les douleurs de la torture, au point de la rendre presque tolérable, quand ils avaient été payés en conséquence. La question ne devait être subie qu'à jeun : on laissait donc le patient privé de boire et de manger, dix heures avant de l'appliquer à la torture, pour que la douleur eût plus de prise sur un corps affaibli; aussi obtenait-on, à prix d'or, des

Les principaux supplices usités au dix-septième siècle. — D'après Callot.

N. B. Dans ce vaste ensemble, on distingue la marque, les verges, le bûcher, l'estrapade, la potence, la roue, l'écartèlement, etc.; et, dans le fond, à gauche, un duel qui pourrait bien être là comme un reste et un souvenir du combat judiciaire.

geôliers qu'ils donnassent au patient un peu d'eau-de-vie ou d'autre cordial. Ce fut sans doute sous l'influence d'une liqueur stupéfiante, que Mme Tiquet, veuve d'un conseiller du Châtelet, condamnée à avoir la tête tranchée en place de Grève, comme coupable de l'assassinat de son mari en 1699, put supporter, faible et épuisée, la question ordinaire et extraordinaire, en conservant son insensibilité ; elle nia jusqu'au huitième pot d'eau, après lequel on la délia et on la coucha sur un matelas devant le feu, pour lui faire reprendre ses sens et la mettre en état de satisfaire à sa peine, qu'elle subit avec une complète indifférence.

Les supplices n'étaient pas, d'ailleurs, plus horribles que la question, au dix-septième siècle, et ils duraient moins longtemps. De tous ces supplices encore en usage, celui de la roue, dans lequel le condamné, attaché nu ou à demi nu sur les jantes d'une roue de voiture, devait avoir tous les membres rompus à coups de barre de fer, pouvait se prolonger pendant une demi-journée, lorsque le patient n'avait pas reçu le dernier coup sur la poitrine. On n'écartelait plus que les régicides, et quant aux criminels qui devaient être brûlés vifs, on les étranglait au poteau d'exécution, avant de mettre le feu au bûcher. Les nobles seuls, par une distinction spéciale, qu'on leur accordait comme un droit, obtenaient la faveur d'être décapités. La pendaison était donc le supplice le plus ordinaire et le plus expéditif. On appliquait alors la peine de mort à une quantité de crimes, qui ne furent passibles que de la prison ou des galères dans le siècle suivant. Sous le règne de Henri IV, le gibet de Montfaucon n'était plus le lieu privilégié de ce genre d'exécution, mais la potence, dressée sur la place de Grève, y restait à demeure, parce qu'on y pendait, deux ou trois fois par semaine, les assassins et les voleurs qui passaient en jugement au Châtelet ou à la Tournelle. Ces exécutions journalières tenaient en éveil la curiosité du peuple, qui y courait à l'envi. Le spectacle attirait plus de monde encore, lorsque l'on avait à voir pendre plusieurs coquins l'un après l'autre. Il arrivait souvent que le spectateur de la veille devenait à son tour l'acteur patibulaire du lendemain, car voleurs et vagabonds se trouvaient mêlés à toutes les foules, et, il faut bien l'avouer, le peuple n'avait pas le cœur tendre en ce temps-là. Les vieux habitués de la place de Grève se souvenaient d'avoir ouï-dire que la grâce du condamné lui arrivait sur l'échafaud, mais ils ne l'avaient jamais vu venir, et ils espéraient toujours être témoins de cette espèce de miracle. Une fois néanmoins, le 12 juin 1698, le public des exécutions crut avoir la bonne fortune d'assister à un de ces rares épisodes de la vie des

Fig. 145. — Galériens. — D'après une série de scènes gravées à l'eau forte, attribuées à M. Schaeps ou à de Woël.

N. B. Une de ces gravures porte : *Wilhelm Baur invenit*, et est datée de 1640.

criminels : un nommé Cordier, coupable d'une tentative de meurtre sur la personne de sa femme, allait être pendu, en présence du lieutenant criminel Defita, et le bourreau ne s'était pas encore assis sur les épaules du patient; soudain les capucins, qui selon l'usage venaient chercher le corps avec une charrette pour le conduire au cimetière des suppliciés, voulurent se frayer un passage dans la foule, en criant à tue-tête : *Gare! gare!* On entendit, on crut entendre : *Grâce!* et le peuple répéta tout d'une voix : *Grâce!* Le pendu, qui avait la corde au cou, se prit aussi à crier : *Grâce!* comme les autres; l'exécuteur se prêta de bonne volonté à la circonstance et redescendit de l'échelle avec son homme. Mais l'erreur fut bientôt reconnue, et tandis que les assistants se précipitaient sur l'échafaud, en s'efforçant de délivrer le condamné, le lieutenant criminel donna ordre d'achever l'exécution, pendant laquelle il y eut des gens tués, blessés ou étouffés, au milieu des cris de : *Grâce!* qui retentissaient de toutes parts.

Les exécutions capitales n'avaient lieu à Paris que sur deux points principaux : à la place de Grève et à la place de la Croix-

Fig. 146. — Galériens. — (Même source.)

du-Trahoir, dans la rue de l'Arbre-Sec; les exécutions secondaires « qui n'entraînaient pas la mort » se faisaient toujours aux halles, devant le pilori. C'était là qu'on essorillait et qu'on mutilait, en cas de récidive, les voleurs et les filous; c'était là qu'on les marquait, au fer rouge, d'une fleur de lis, sur les épaules ou sur le front; c'était là qu'on les battait de verges. Le pilori servait, comme de tous temps, à l'exposition publique des malfaiteurs, dans une sorte de cage de bois, tournant sur pivot, où la tête et les mains du condamné étaient seules visibles. Le départ de la chaîne des forçats pour les galères était aussi un des spectacles favoris de la population.

Il y eut, en province, dans le cours du dix-septième siècle, quelques exécutions mémorables, dans lesquelles un grand nombre de criminels reçurent à la fois le châtiment de leurs nombreux forfaits. La plus fameuse est celle de Guillery et de sa bande, à la Rochelle, en 1608. Ce Guillery, qui était d'une grande maison de Bretagne et qui avait servi sous le duc de Mercœur pendant la Ligue, se fit chef de brigands et devint la terreur de la province. Il avait sous ses ordres quatre cents bandits intrépides, avec lesquels il rançonnait les villages, assiégeait les châteaux et pillait les maisons isolées ; il avait mis, sur les chemins, des écriteaux portant ces mots : « Paix aux gentilshommes, la mort aux prévôts et archers, la bourse aux marchands. » Il avait établi une forteresse, dans le bois des Essars, où il menait joyeuse vie avec ses complices. Le gouverneur de Niort rassembla 4,000 hommes que lui amenèrent tous les prévôts du pays, et vint l'attaquer dans son fort. Il fut pris avec soixante-deux de ses compagnons et roué vif comme eux. Un autre chef de bande, qui s'intitulait le *Bohémien*, et que le peuple nommait le *capitaine Carfour*, *général des voleurs de France*, avait choisi le Nivernais et l'Auxerrois pour théâtre de ses brigandages. Il prenait d'ailleurs tous les déguisements et changeait de tactique, selon le genre de vol qu'il avait l'intention de faire. A Paris, par exemple, il était le chef de la bande des *manteaux rouges*, qui commirent une foule d'assassinats dans l'intérieur des maisons. Il fut enfin traqué par tous les prévôts des maréchaux de France, et se retira en Savoie pour leur échapper. C'est là qu'il fut fait prisonnier, avec quelques-uns de ses *bandolliers* : on les ramena tous à Dijon, où ils furent rompus vifs. Les voleurs de grands chemins étaient ordinairement des soldats déserteurs ou licenciés, qui se réunissaient en troupes et qui choisissaient pour chef le plus brave et le plus féroce de leur association : ils se mettaient alors en embuscade sur les routes aboutissant à une ville riche et commerçante, pour arrêter au passage voitures, chevaux et piétons ; ils livraient bataille à la maréchaussée et tuaient sans pitié tous leurs prisonniers, après les avoir volés et dépouillés. Il fallait envoyer contre eux quelquefois des forces imposantes, pour les détruire comme des loups enragés : ceux qui n'avaient pas péri les armes à la main venaient expirer sur la roue, dans les villes que leurs audacieuses expéditions avaient épouvantées, et toute une province respirait, en apprenant qu'elle était délivrée de ses tyrans. Mais le souvenir des Guillery, des Carfour et des Bras d'Acier, devenu légendaire, survivait longtemps à leurs sanglants exploits et à leur châtiment. Ainsi, depuis le règne de Henri IV, on avait vu disparaître ces formidables bandes de brigands, qui infestaient la France et qui ne pouvaient être détruites que par l'action simultanée de la force armée et de la justice. Du temps de Louis XIII, les vols de grands chemins étaient encore commis par des soldats déserteurs ou licenciés, dont la maréchaussée avait bientôt raison. Sous Louis XIV, les grandes routes furent plus sûres, grâce à la surveillance prévôtale, qui ne laissait pas aux malfaiteurs le temps de s'associer pour attaquer les voyageurs.

La justice n'était pas irréprochable au dix-septième siècle, mais les reproches qu'on pouvait lui faire avec raison, et qu'on ne lui épargnait pas, ne s'adressaient point à toutes les juridictions et à tous les magistrats. Les abus dont on se plaignait furent successivement réformés. Les juges n'en sont pas moins vivement critiqués dans une foule de livres sérieux ou facétieux. La critique se faisait entendre jusque sur le théâtre : les comédiens de l'hôtel de Bourgogne représentèrent, du temps de Henri IV, une farce qui fit courir tout Paris, et que le roi, la reine et la cour allèrent applaudir. « Chacun disoit, rapporte Pierre de l'Estoile, qui nous donne l'analyse de cette pièce, que depuis longtemps on n'avoit vu farce plus plaisante, mieux jouée, ni d'une plus gentille invention. » C'était une attaque très vive contre les gens de justice. Un Parisien et sa femme sont en querelle : leur dispute est interrompue par l'arrivée d'un conseiller de la cour des Aides, d'un commissaire et d'un sergent, qui viennent saisir les meubles du ménage pour cause de non payement de la *taille au roi*. « Qui êtes-vous? demande le mari à ces représentants de la loi. — Nous sommes gens de justice, répondent-ils. — Gens de justice! » s'écrie le mari furieux, qui prend texte de là pour exposer avec indignation ce que devrait être la justice et ce qu'elle n'était pas alors ; il terminait sa protestation en disant : « Non, vous n'êtes point la justice! » Et les spectateurs applaudissaient à tout rompre. Les exécuteurs judiciaires ne poursuivent pas moins leur saisie, et le commissaire veut s'emparer d'un coffre contenant les nippes de la femme : le coffre ouvert, il en sort trois diables qui emportent conseiller, commissaire et sergent.

Vingt-cinq ans plus tard, les juges n'étaient pas mieux traités dans *la Pourmenade au Pré-aux-Clercs :* « Vous les verrez quelquefois condamner quelqu'un, soit à la mort, soit à quelques autres peines, mais pour de l'argent ; si vous trouvez quelque voleur indigne ou meurtrier dans votre maison et que vous le fassiez conduire en prison, il vous en coûtera de l'argent. Si vous demandez justice, on vous demandera si vous vous portez partie. Si vous dites *non*, on délivrera le coupable ; si vous dites *oui*, on s'informera si vous avez de quoi payer les frais de la procédure, et l'on condamnera le pauvre misérable à estre flagellé devant votre porte, ou aux galères. » Un des interlocuteurs, que l'auteur anonyme fait intervenir dans son curieux ouvrage, ne désavoue aucun des faits allégués contre la justice, mais il dit qu'on trouve en France des juges fort pieux et équitables, et notamment « à la cour de parlement de Paris, qui est plus douce et clémente que celle du Chastelet. Si les juges sont corrompus, ajoute-t-il, ce n'est point par amis ou par argent, mais par une punition de Dieu. »

Les erreurs de la justice ont été, de tous temps, un des effets inévitables de la fatalité qui préside aux choses humaines ; elles n'étaient pas plus fréquentes au dix-septième siècle qu'à toute autre époque : « Un coupable puni, dit la Bruyère, est un exemple pour la canaille ; un innocent condamné est l'affaire de tous les honnêtes gens. » La Bruyère faisait allusion à la déplorable affaire des époux Langlade, accusés de vol par leurs amis Montgommery et sa femme, et condamnés, par arrêt du parlement du 13 février 1688, puis réhabilités, par suite de la découverte des véritables voleurs, après que Langlade était mort aux galères.

La cour du parlement de Paris renfermait, en ce temps-là, un grand nombre de magistrats intègres, éclairés, irréprochables ; mais, par suite de la vente des offices de judicature, bien des sièges de juges étaient occupés par de jeunes conseillers qui manquaient de savoir et d'expérience : ce qui fait dire à la Bruyère : « L'essai et l'apprentissage d'un jeune adolescent qui passe de la férule à la pourpre et dont la consignation (prix d'une charge) a fait un juge, est de décider souverainement des vies et fortunes des hommes. » Les aberrations judiciaires étaient plus graves et plus frappantes dans les tribunaux de province, mais le parlement de Paris avait à la fois l'œil ouvert et la haute

Fig. 147. — Satire contre les gens de loi. — D'après une estampe populaire.

main sur les défaillances de ces tribunaux : il constituait, de temps à autre, le tribunal extraordinaire des *Grands jours*, et envoyait dans les provinces une commission de juges, munie de pleins pouvoirs pour évoquer toutes les causes et en décider souverainement et sans appel. Les *Grands jours d'Auvergne*, en 1662, avaient eu surtout un solennel retentissement, en faisant justice de la tyrannie des grands seigneurs contre leurs vassaux. « La plupart tranchoient du souverain, dit Bussy-Rabutin dans ses *Mémoires;* les sujets étoient accablés, et personne n'osoit s'en plaindre : la justice étoit encore plus mal administrée ; on se la faisoit à soi-même et on la refusoit aux autres... On punit les coupables, il en coûta la vie à plusieurs, quelques autres eurent leurs châteaux rasés, et ceux d'entre les juges qui, sans être criminels, avaient laissé par faiblesse les crimes impunis, furent dégradés et destitués de leurs places. » Parmi ces juges insouciants et routiniers, qui avaient contribué à la dégradation de la justice, il en était peut-être de l'espèce de ce conseiller que cite Balzac dans son *Aristippe,* lequel « opinoit ordinairement à la mort, et qui s'endormoit quelquefois. Un jour, le président de la chambre recueilloit les voix de la compagnie; il luy répondit en sursaut et n'estant pas encore bien resveillé, qu'il estoit d'avis qu'on fît couper le cou à cet homme-là. — Mais c'est un pré dont il est question! dit le président. — Qu'il soit donc fauché! répliqua le conseiller. »

Fig. 148. — Commissaires envoyés dans les provinces pour l'exacte administration de la justice. — Médaille tirée du Recueil cité p. 317.

CHAPITRE DIXIÈME

L'UNIVERSITÉ

ET L'INSTRUCTION PUBLIQUE

Décadence de l'université pendant la Ligue. — L'université après la rentrée de Henri IV à Paris. — Procès fait par l'université à la compagnie de Jésus; attentat de Jean Châtel; expulsion des jésuites. — Règlement universitaire de 1598. — L'intérieur et la discipline des collèges. — Retour des jésuites en France; nouveaux démêlés; réouverture définitive du collège de Clermont. — Richelieu et la Sorbonne. — L'université sous Louis XIV. — Le collège des Quatre-Nations. — Réforme projetée en 1665. — Le collège de Clermont devient collège Louis-le-Grand. — Rollin, recteur de l'université à la fin du siècle.

L y eut, vers la fin du seizième siècle, dans l'université de Paris, comme dans toutes les universités de France, une période de décadence générale, provenant de la perturbation profonde causée par les troubles religieux et politiques. Les protestants, dont le nombre allait toujours croissant malgré les édits de pacification, avaient renoncé à bénéficier de l'instruction publique, où leur foi n'était pas en sûreté, et les consistoires des Églises réformées comptaient sur leurs ministres pour remplacer les maîtres des petites écoles et les régents des collèges. La Ligue avait d'ailleurs répandu dans les centres d'éducation un esprit d'intolérance et de fanatisme qui en éloignait un grand nombre de familles; car l'université de Paris était devenue le principal foyer de l'agitation fac-

tieuse, suscitée par les princes de la maison de Lorraine, sous prétexte de combattre l'hérésie. Aussi, la plupart des écoliers étrangers composant la Nation d'Allemagne avaient-ils cessé depuis longtemps de suivre les cours de l'université, qui ne voulait plus d'hérétiques parmi ses élèves. Les études, jadis si florissantes, ne firent que déchoir sous l'influence des passions politiques, et bientôt les chaires des professeurs, dans les classes des quatre Facultés, furent, comme celles des prédicateurs dans les églises, les porte-voix du fanatisme. C'est à cette époque qu'un habile homme d'État, Henri de Mesmes, racontait à son fils, en regrettant le passé, la forte et généreuse éducation qu'il avait reçue, quarante ans auparavant, lorsque l'université formait, sous sa tutelle, tant de belles intelligences, tant de bons esprits, tant de nobles caractères. « Mon père, disait cet illustre personnage qui s'était distingué dans les grandes ambassades, sous les règnes de quatre rois, mon père me donna pour précepteur J. Maludan, Limousin, disciple de Daurat, homme savant, choisi pour sa vie innocente, et d'âge convenable à conduire ma jeunesse jusques à temps que je me sceusse gouverner moy-mesme... Avec lui, et mon puisné Jean-Jacques Mesmes, je fus mis au collège de Bourgogne, dès l'an 1542, en la troisiesme classe ; puis je fis un an, peu moins, de la première. Mon père disoit qu'en ceste nourriture du collège il avoit eu deux regards (objets) : l'un à la conservation de la jeunesse gaie et innocente, l'autre à la scholastique, pour nous faire oublier les mignardises de la maison et comme pour dégorger en eau courante. Je trouve donc que ces dix-huit mois au collège me firent assez bien. J'appris à répéter, disputer, et haranguer en public ; pris connoissance d'honnestes enfans, dont aucuns vivent aujourd'huy ; appris la vie frugale de la scholarité, et à régler mes heures ; tellement que, sortant de là, je recitay en public plusieurs vers latins et deux mille vers grecs faits selon l'aage ; recitay Homère, par cœur, d'un bout à l'autre. » On peut se faire une idée de ce qu'était alors l'instruction publique dans les collèges de Paris, quand on voit un écolier, qui ne passa que dix-huit mois dans les classes d'humanité, apprendre par cœur toute l'*Iliade* d'Homère et réciter les quinze mille vers grecs que contiennent ses douze chants. Cette solide éducation, que les hommes d'expérience imposaient à leurs enfants, n'avait pas toujours les résultats qu'on en attendait. « J'ay ouy tenir à gens d'entendement, dit Montaigne dans ses *Essais*, que ces collèges où on les envoye, de quoy ils ont foyson, les abrutissent. » Plus loin il ajoute : « Cette institution se doibt conduire par une sévère doulceur, non comme il se faict; au lieu de convier les enfans aux lettres, on ne leur présente, à la vérité, qu'horreur et cruauté! Ostez-moy la violence et la torce, il n'est rien, à mon advis, qui abbastardisse et estourdisse si fort une ame bien née. Si vous avez envie qu'il craigne la honte et le chastiment, ne l'y endurcissez pas... Cette police de la pluspart des collèges m'a tousjours despleu : on eust failly, à l'adventure, moins dommageablement, s'inclinant vers l'indulgence. C'est une vraye geole de jeunesse captifve : on la rend desbauchée, la punissant, avant qu'elle le soit. Arrivez-y, sur le point de leur office (la leçon) vous n'oyez que cris, et d'enfans suppliciez, et de maistres enivrez en leur cholère. Quelle manière pour esveiller l'appetit envers leur leçon, à ces tendres ames et craintifves, de les y guyder d'une trongne (figure) effroyable, les mains armées de fouets! Inique et pernicieuse forme! » Le fouet, en effet, était la punition usuelle dans tous les collèges, et l'exécuteur chargé d'administrer cette correction, même à des jeunes gens de vingt ans, remplissait consciencieusement les devoirs de sa charge, que le grand fouetteur du collège Montaigu, le terrible Tempête, avait immortalisée.

C'était d'ailleurs le temps des fortes études classiques et de la plus héroïque émulation. « C'était, dit H. Rigaut dans un discours académique, le temps où Ronsard et Baïf, couchant dans la même chambre, se levaient l'un après l'autre, minuit déjà sonné, et comme le dit un vieux biographe, Jean Daurat, se passaient la chandelle pour étudier le grec, sans laisser refroidir la place; c'est le temps où Agrippa d'Aubigné savait quatre langues et traduisait le *Criton* de Platon, *avant d'avoir vu tomber ses dents de lait.* »

Montaigne, malgré son aversion pour les collèges, ne voulait pas que l'éducation d'un enfant se fît sous les yeux de ses parents : « Ce n'est pas raison, disait-il, de nourrir un enfant au giron de ses parents : cette amour naturelle les attendrit trop et relasche, voire les plus sages ; ils ne sont capables ni de chastier ses faultes, ny de le veoir nourry grossièrement comme il faut et hazardeusement. » Les fils de famille, il est vrai, n'entraient au collège que sous la conduite d'un précepteur, qui leur épargnait les mauvais traitements et les rigueurs de la maison. Quant au choix de ce précepteur, Montaigne voulait, pour la bonne *institution* de l'enfant mis sous sa garde, « qu'on feust soigneux de luy choisir un conducteur qui eust plustost la teste bien faicte que bien pleine, et qu'on y requist tous les deux, mais plus les mœurs et l'entendement que la science ! »

Montaigne exposait ainsi ses idées sur l'éducation vers 1580, peu d'années avant le formidable déchaînement de la Ligue, qui bouleversa de fond en comble le corps social et qui ne respecta pas les vieilles traditions de l'instruction publique. « A la fin du seizième siècle, dit M. Charles Jourdain dans sa savante *Histoire de l'université de Paris*, l'université était bien déchue de son ancienne splendeur. Ce n'était plus cette puissante corporation, fière de ses privilèges confirmés de siècle en siècle, qui faisait sentir son ascendant tour à tour à l'Église et à l'État, que les rois mêmes ménageaient dans l'intérêt de leur couronne... Son rôle politique était fini, le temps de sa prépondérance était passé, et, dans sa modestie comme dans sa prudence, elle ne devait espérer ni poursuivre désormais que la gloire, sinon plus éclatante, du moins plus salutaire et plus durable, de bien élever la jeunesse. » Mais la plupart des maîtres ès arts, surtout les théologiens, s'étaient jetés à corps perdu dans les folies de la Ligue, en croyant faire acte de bons catholiques. A la journée des Barricades, on avait vu les écoliers, au nombre de huit cents, descendre en armes dans la rue et prendre parti pour l'émeute, sous les ordres du comte de Brissac. Ceux qui appartenaient à des familles royalistes étaient retournés chez leurs parents. Presque tous les lecteurs (on nommait ainsi les professeurs du collège Royal) suivirent de près le départ du roi. Tous les cours étaient suspendus ; les collèges avaient été abandonnés par leurs boursiers, et restèrent déserts tant que la capitale fut au pouvoir des ligueurs, et l'on peut dire que, de 1589 à 1594, l'instruction publique avait cessé d'exister dans le

Fig. 149. — L'éducation maternelle. — D'après une ancienne gravure.

N. B. Cette gravure est accompagnée du commentaire rimé qui suit, répété aussi en latin :

Que fait la main molle	Pire qu'un barbare
D'une mère folle	Elle lui prépare
A son jeune fol ?	Un triste licol.

domaine de l'université, qui ne s'intéressait qu'aux affaires de la Ligue. Raoul Boutrays, dans l'histoire de son temps écrite en latin, nous a laissé un triste tableau de ce douloureux état de choses : « Lors de l'entrée du roi à Paris on ne pouvait éprouver assez de surprise et de douleur à l'aspect misérable de l'université. Elle ne conservait plus aucun vestige de son ancienne dignité : des soldats espagnols, belges et napolitains, mêlés aux paysans des campagnes voisines, avaient rempli les asiles des muses d'un attirail de guerre, au milieu duquel erraient les troupeaux. Là où retentissait la parole élégante des maîtres de la jeunesse, on n'entendait plus que les voix discordantes de soldats étrangers, le bêlement des brebis, les mugissements des bœufs; en un mot, les collèges étaient devenus plus infects que les étables d'Augias, et l'université plus silencieuse qu'Amycla. »

Henri IV avait repris possession de Paris le 22 mars 1594, et tous les membres des cours souveraines étaient venus lui rendre hommage. L'université se tint à l'écart, délibérant et hésitant à faire amende honorable au roi, qu'elle avait outragé de mille manières sous le règne de la Ligue. Enfin, le 2 avril, le recteur, accompagné de ses suppôts, des quatre procureurs des Nations, et de quelques docteurs moins compromis que les autres, vint faire sa soumission au roi et se jeter à ses pieds, « en attendant, dit le Journal de l'Estoile, que l'université se soit tout à fait déterminée sur les soumissions qu'elle avoit à rendre au roy. » La visite spontanée du recteur fut très agréable à Henri IV, qui lui fit très bon accueil. Après différentes assemblées où l'université discuta les termes de sa soumission au roi, sans parvenir à se mettre d'accord, tous ses suppôts et tous ses officiers furent invités à venir, le 22 avril, dans l'église des Mathurins, jurer « foi et fidélité au roi; » ils répondirent tous à cet appel que leur avaient adressé M. d'O, gouverneur de Paris, et le lieutenant civil du Châtelet, garde et protecteur de l'université. Le serment fut prêté, par chacun des assistants, en présence de l'archevêque de Sens. Le roi avait promis l'oubli du passé, mais l'université prouva qu'elle n'avait rien oublié, et qu'elle jugeait le moment bon pour faire chasser de France les jésuites : le 12 mai, le recteur venait supplier la cour de parlement de prononcer l'expulsion des ennemis irréconciliables de l'université. Ceux-ci avaient de puissants appuis, entre autres l'avocat du roi Séguier, le procureur général de la Guesle, le cardinal de Bourbon et le duc de Nevers; mais l'université profita de l'inaction de la compagnie de Jésus, qui n'avait pas fait le moindre effort pour se bien mettre en cour, et la cause qui lui tenait tant à cœur fut mise au rôle : elle se portait comme dénonciatrice et comme accusatrice, avant que ses adversaires, tout occupés de la conduite scolaire de leur collège de Clermont, eussent songé à se défendre. Il fut arrêté que la cause serait plaidée à huis clos, et le mardi 11 juillet, Antoine Arnauld, avocat de l'université, commença un violent plaidoyer contre les jésuites, qui avaient à peine eu le temps de se faire représenter par l'avocat Duret. Celui-ci, en entendant la partie adverse les appeler « voleurs, corrupteurs de la jeunesse, assassins des rois, ennemis conjurés de l'État, peste des républiques, » interrompit l'orateur et lui reprocha d'en dire tant; l'autre répliqua qu'il n'en avait pas dit assez et que ce n'était pas trop de les chasser, puisque mieux vaudrait les pendre tous. Le jugement était encore en délibéré lorsque le misérable Jean Châtel, qui avait étudié chez les jésuites, commit un attentat contre la vie du roi, qu'il accusait d'être l'ennemi de la religion et du pape. Le collège de Clermont ayant été fermé sur l'heure, le principal et les régents furent mis en état d'arrestation, mais l'enquête la plus rigoureuse ne put prouver qu'ils eussent la moindre part au crime de Jean Châtel, qui, d'ailleurs, dans son interrogatoire, « les déchargea de tout point. » Ils ne furent pas moins condamnés au bannissement, par arrêt du parlement, et le dimanche 8 janvier 1595, obéissant à cet arrêt, ils sortirent de la ville, conduits par un huissier de la cour : « Ils estoient, dit Pierre de l'Estoile, trente-sept, desquels une partie dans trois charrettes et le reste à pied. Leur procureur estoit monté sur un petit poulain. Voilà comme, ajoute l'Estoile, un simple huissier avec sa baguette exécuta, ce jour, ce que quatre batailles n'eussent su faire! » Une pyramide expiatoire, élevée devant le palais, devait rappeler à la postérité l'expulsion des jésuites et le crime de Jean Châtel.

Henri IV ne pouvait s'empêcher de regretter les jésuites : il songeait alors à réformer l'enseignement dans l'université, et il eût été bien aise de pouvoir profiter de l'expérience de ces habiles instituteurs de la jeunesse. Il pensait avec raison que l'éducation publique devait être un des premiers bienfaits de son gouvernement, et, le lendemain même de la réduction de Paris, il invitait Passerat et les autres lecteurs du collège Royal, à remonter dans leurs chaires, en leur assurant le payement de leurs gages, dont ils n'avaient rien touché depuis la journée des Barricades. Henri IV fut moins généreux pour les officiers de l'université que pour les lecteurs du collège Royal, car il avait de la peine à oublier l'hostilité éclatante que la Sorbonne avait montrée contre lui, en le déclarant relaps, excommunié, et indigne de porter la couronne de France, même après sa conversion.

Un jour, la veille de la Chandeleur, raconte Charles Sorel dans son *Histoire comique de Francion*, le recteur de l'université, avec les procureurs des Nations et ses autres suppôts, se rendit au Louvre pour présenter un cierge au roi, suivant l'ancienne coutume. Le cortège, qui avait traversé les rues de Paris les plus fangeuses, par un temps de pluie, apportait dans la chambre du roi toute la crotte qu'ils avaient ramassée à leurs pieds. Les courtisans ne purent voir sans rire les éclaboussures de boue qui couvraient comme de la broderie les robes des pauvres universitaires. « Sire, dit-on à Henri IV, voilà votre fille l'université, qui s'en vient vous faire la révérence. » Le roi était dans un de ses moments de bonne humeur : « Mon Dieu ! s'écria-t-il, que ma fille est crottée ! » Il permit toutefois au recteur de l'approcher et de lui adresser une harangue; cette harangue était longue et surchargée de citations empruntées aux *Hommes illustres* de Plutarque; or, le roi, qui ne supportait pas les longs discours, s'impatienta dès les premiers mots qui sortirent de la bouche de l'orateur : « Alexandre, Sire, allant à la conquête de l'Asie... » Henri IV n'en écouta pas davantage : « Ventre-saint-gris ! dit-il en congédiant le recteur et son cortège, Alexandre avait dîné, m'est avis, et vous permettrez bien que je dîne. » Cependant, une autre fois, le roi fit meilleur accueil à sa fille l'université, quand, le 1er février 1595, le recteur Galland, accompagné des doyens des quatre facultés, des procureurs des Nations, et de ses autres officiers revêtus de leurs insignes, revint au Louvre, par un temps plus propice, pour lui offrir le cierge de la Chandeleur : il leur annonça que son dessein était de rendre à l'université l'ancien lustre qu'elle avait perdu, et que les plus grands personnages de l'Église et de la magistrature étaient désignés pour l'aider dans ce projet. Les commissaires nommés à cet effet employèrent trois années à visiter les collèges, à recueillir les opinions des hommes compétents, et à examiner les règlements séculaires que le roi voulait réformer. Ce ne fut pas sans d'interminables délibérations que les nouveaux statuts furent rédigés définitivement, après trois années d'enquêtes et d'incertitudes. Enfin, le 18 septembre 1598, l'université réunit ses principaux officiers, au couvent des Mathurins, pour la réception de ces statuts approuvés par le roi et enregistrés au parlement. L'université reçut avec reconnaissance la réforme qu'elle devait à la sollicitude paternelle de son souverain et qui comprenait de véritables lois, auxquelles tout le corps enseignant allait rester soumis pendant cent soixante ans. Les règles que le législateur avait posées, comme la condition suprême de l'éducation, étaient la probité dans les maîtres, la piété envers Dieu, le dévouement au roi, le respect des magistrats et le maintien du culte catholique dans les écoles. Cependant cette réforme universitaire, qui n'était, à vrai dire, qu'un règlement de police intérieure, « effaçait les derniers vestiges de la liberté académique, comme le dit M. Charles Jourdain, et subordonnait au bon plaisir du prince les moindres détails de l'organisation de l'enseignement. » C'était, en quelque sorte, la loi écrite qui remplaçait la coutume dans l'université.

Le recteur était toujours le chef de l'université; tous, maîtres et écoliers, lui rendaient hommage; il était nommé pour trois ans, par les délégués des différentes Nations, réunis en une sorte de conclave, et la durée de ses fonctions rectorales ne pouvait être prorogée, sous aucun prétexte; mais, à cet égard, les statuts ne furent pas toujours observés. Le recteur paraissait dans les processions ordinaires et extraordinaires, accompagné par les principaux régents, pédagogues et boursiers, auxquels se joignaient douze écoliers, choisis dans chaque collège. Il était tenu de visiter tous les collèges, dans le mois qui suivait son élection; il ne pouvait prendre aucune décision, sans avoir consulté les doyens des quatre facultés, et pourtant c'était toujours à sa juridiction que les parties en litige avaient recours, sauf appel en parlement. Le sceau de l'université restait sous sa garde, mais les clefs du coffre où il était renfermé passaient par les mains des doyens et des procureurs. Ceux-ci avaient donc seuls le droit d'examiner les questions qui étaient soumises au recteur, et que celui-ci ne décidait jamais sans leur avis. On voit ainsi que l'autorité du recteur résidait surtout dans son influence personnelle et qu'il n'exerçait qu'un pouvoir exécutif.

Le principal, dans son collège, avait un rôle moins imposant, mais plus actif et plus efficace; il était le chef immédiat de l'administration et de la discipline dans l'établissement qu'il dirigeait, exerçant une sorte de souveraineté sur les professeurs et sur les élèves, ainsi que sur les gens de service qui habitaient le collège; tous les soirs, on en fermait les portes à neuf heures, et les clefs étaient remises entre ses mains. Le prix de la pension était variable; chaque année, on le fixait, dans une réunion du recteur, des doyens et des principaux, qui en débattaient le taux annuel, en présence du lieutenant civil et du procureur général, tenant séance au Châtelet avec deux marchands notables appelés à donner leur avis. Outre la pension représentant le logement, la nourriture et le costume des écoliers, ceux-ci avaient à payer à leurs régents ou professeurs 5 ou 6 écus d'or par an, pour frais matériels de toute sorte : chandelles, bancs, plumes et encre, etc., et pour l'instruction qu'on leur donnait dans les classes. Les élèves externes n'avaient à payer qu'un quart d'écu par mois; quant aux pauvres, ils ne payaient rien.

Les statuts de 1598 indiquent les auteurs classiques qui devaient servir de texte à l'enseignement; dans les basses classes consacrées à l'étude de la grammaire, on expliquait déjà les lettres de Cicéron, les comédies de Térence et les *Bucoliques;* un peu plus tard, Salluste, César, Virgile et Ovide; en seconde et en première, les ouvrages philosophiques et les discours de Cicéron et tous les poètes latins, depuis Horace jusqu'à Perse et Juvénal. Dans les classes d'humanités, les élèves se familiarisaient avec les auteurs grecs aussi facilement qu'ils s'étaient familiarisés avec les latins. Le cours d'études ne durait que six ans, après lesquels on entrait dans la classe de philosophie, en justifiant d'avoir fait sa rhétorique et de savoir à fond le latin et le grec. Le cours de philosophie durait deux années et comprenait seulement l'interprétation des ouvrages d'Aristote, avec commentaires interminables, amenant des disputes scolaires, sans publicité la première année, mais publiques la seconde année. Les cours de théologie, de droit et de médecine, exigeaient également l'étude préliminaire des langues latine et grecque, dans les classes dépendant de la faculté des arts, qui était, en quelque sorte, le point de départ des trois autres facultés. Ainsi fallait-il être reçu maître ès arts depuis quatre ans, pour prétendre au baccalauréat en théologie, ou en

Fig. 150. — Cour du collège de Plessis-Sorbonne (1650). — D'après l'ouvrage intitulé *Histoire de Paris avec la description de ses plus beaux monuments*, dessinés et gravés par Martinet; texte par Poncelin et Béguillet; Paris 1779 à 1781, 3 vol. in-4°.

droit, ou en médecine. On n'arrivait ensuite à la licence et au doctorat qu'après des examens réitérés et des actes probatoires, qui avaient lieu devant un public très compétent, très difficile à contenter, et très peu indulgent. Les docteurs n'étaient admis aux assemblées de la faculté à laquelle ils appartenaient qu'après cinq ans de doctorat.

Tandis que les jeunes nobles recevaient ordinairement l'éducation dans leurs familles, sous la direction de précepteurs, et passaient de là aux *académies*, les élèves des collèges étaient, pour la plupart, des fils de bourgeois et de marchands. Ils n'apprenaient pas l'exercice et ne portaient pas l'épée. Leur costume était une espèce d'uniforme très simple et très modeste, en gros drap ou bureau de couleur sombre, avec une ceinture toujours attachée autour des reins; ils n'avaient pas de chapeau à haute et large forme, mais des calottes ou bonnets ronds. Leurs cheveux n'étaient jamais frisés et parfumés; ils se chaussaient avec des souliers, et non avec des bottes. Les internes se trouvaient séparés des externes, dans les classes, et ils ne sortaient du collège que sous la surveillance d'un professeur ou d'un gardien, après avoir obtenu la permission du principal. Ces pensionnaires prenaient leurs repas en commun, couchaient dans des dortoirs, faisaient ensemble la prière du soir, et entendaient la messe tous les jours. On s'occupait de leur instruction religieuse en même temps que de leur instruction classique. Ils avaient des congés aux fêtes de l'Église et obtenaient alors des sorties réglementaires. Leurs récréations, dans le courant des études, n'étaient ni fréquentes ni prolongées; on ne leur accordait la permission de jouer ensemble qu'une fois par semaine, et seulement en été, une heure de plus, les mardis et les jeudis. Il leur était défendu, dans ces courtes récréations, de se quereller, de s'injurier, de se frapper, et ils devaient ne jamais négliger de parler latin. Quant aux punitions, elles ne variaient guère que par le nombre de coups de fouet que le maître fouetteur du collège avait à administrer aux délinquants; on mettait aussi au pain et à l'eau ceux qui n'avaient commis que des fautes légères; on leur imposait parfois des tâches extraordinaires, ou des stations à genoux dans les classes et dans le réfectoire, en leur donnant à réciter de mémoire un certain nombre de vers latins ou grecs, ou de versets des livres saints.

La discipline établie par les nouveaux statuts était d'ailleurs loin d'être acceptée sans contestation, et la suppression des anciennes tolérances accordées aux mœurs turbulentes des écoliers (telles que la foire du Landit ou ces sortes de saturnales connues sous le nom de *minervales*) donna lieu à plus d'une révolte, contre laquelle se trouvèrent impuissants les maîtres les plus éminents de l'université, Richer, Minos, Ellain, Galland, qui usaient leur popularité dans ces luttes incessantes. Les collèges étaient peu à peu désertés pour les maisons fondées à l'étranger par les jésuites, qui exploitaient à leur profit cette insubordination générale, et qui espéraient voir se rouvrir pour eux les portes de la France. Ce vœu fut enfin exaucé par Henri IV, qui permit aux jésuites, par lettres patentes de septembre 1603, de rentrer en France et de rouvrir leurs maisons d'éducation dans différentes villes du royaume, Paris excepté, sous certaines conditions qui se rapportaient aux statuts de l'université. Ces lettres patentes consternèrent l'université et irritèrent le parlement, qui résolut de ne pas les enregistrer. La veille de Noël, le premier président Achille de Harlay, à la tête des principaux membres du parlement, se rendit au Louvre, pour présenter au roi d'humbles remontrances contre le retour des jésuites, lequel serait funeste à l'université, dit-il, en lui créant la redoutable concurrence de dix à douze nouveaux collèges. La réponse de Henri IV fut nette et décisive : « Si la Sorbonne a condamné les jésuites, dit-il, ç'a été sans les connoistre. L'université a occasion de les regretter, puisque, par leur absence, elle a été comme déserte, et les écoliers, nonobstant tous vos arrests, les ont été chercher dedans et dehors mon royaume. Ils attirent à eux les beaux esprits et choisissent les meilleurs, et c'est à quoi je les estime. Je les tiens nécessaires à mon Estat, et s'ils y ont été par tolérance, je veux qu'ils y soient par arrest. Dieu m'a réservé la gloire de les y rétablir par édit. » Le parlement n'essaya pas de résister au roi, mais il n'enregistra pas les lettres patentes relatives au rétablissement des jésuites, et ceux-ci ne réclamèrent pas cet enregistrement. Ils revinrent en foule, plus nombreux et plus puissants qu'ils n'avaient jamais été, et le roi se déclara leur protecteur, en leur accordant sans cesse de nouvelles faveurs et de nouveaux privilèges. L'université comprit qu'elle ne pouvait se mettre en lutte ouvertement contre le roi, mais elle se mit à poursuivre en Sorbonne tous les ouvrages contenant des maximes erronées, équivoques ou hérétiques, pour bien prouver qu'elle maintiendrait son droit d'examen sur tous les livres qui traiteraient de matières ecclésiastiques. La maison de Sorbonne, dans laquelle le roi avait créé, en 1598, deux chaires de fondation royale, déclarait ainsi son droit de condamner les jésuites et leurs écrits.

Cependant les jésuites se contentaient d'être assurés de l'appui que le roi leur avait promis, et ils ne se pressaient pas de reprendre possession de leur collège de Clermont, que l'université regardait comme une forteresse ennemie, qu'elle ne pouvait laisser se relever en face de la Sorbonne. Les jésuites, sans tenir compte des statuts de 1598 qui régissaient l'université, demandèrent et obtinrent du roi un grand nombre de concessions nouvelles pour leurs collèges provinciaux, où ils ajoutèrent des cours de théologie et de philosophie à l'enseignement de la grammaire et des langues latine et grecque. Ils augmentèrent ainsi leur collège de la Flèche, qui ne comptait pas moins de deux cents élèves, et le roi leur en témoigna sa satisfaction particulière par un don de 300,000 livres destinées à l'agrandissement de ce collège. Enfin, la compagnie de Jésus, qui avait réoccupé les bâtiments du collège de Clermont pour y établir sa maison professe à Paris, fut autorisée, par lettres patentes du 12 octobre 1609, à y faire des lectures publiques de théologie. Quant à la réouverture du collège lui-même, elle fut longtemps retardée par l'hostilité de l'université, qui, soutenue par le parlement, essaya de profiter de la mort du roi pour attribuer à ses adversaires des doctrines favorables au régicide, et obtint de la Sorbonne une délibération qui condamnait ces doctrines, sans d'ailleurs nommer les jésuites. L'université essaya même d'un procès contre eux, procès qu'un ordre de la régente, très opposée à ses prétentions, fit ajourner à plusieurs reprises.

L'université, que les statuts de 1598 avaient affaiblie en lui retirant à certains égards le monopole de l'enseignement, n'était pas seulement menacée dans son principe par la concurrence des jésuites : deux nouvelles institutions religieuses venaient de se fonder, en dehors de l'action et de la dépendance de l'université, pour travailler à l'enseignement ecclésiastique. Pierre de Bérulle avait créé la société des Pères de l'Oratoire de Jésus, dans le dessein de réformer et de restaurer la vie sacerdotale; César de Bus avait établi la congrégation de la Doctrine chrétienne, sous prétexte de combattre à la fois l'ignorance du peuple et celle du clergé, et pour réformer les mœurs; mais, en réalité, ces deux congrégations n'avaient pas d'autre objet que d'organiser des écoles inférieures et supérieures : celles-ci, pour former des théologiens et des prêtres instruits, destinés à parvenir aux plus hautes dignités de l'Église; celles-là, pour répandre l'instruction primaire et pour recruter ainsi le bas clergé parmi les enfants du peuple. L'université s'inquiétait de voir naître de pareilles rivalités contre elle, dans des corps religieux, qu'elle eût volontiers rattachés à son cénacle paternel; elle ne fut que plus impatiente de l'emporter dans sa querelle avec la compagnie de Jésus, qui ne voulait et ne pouvait se soumettre à sa suprématie. Mais ce fut en vain qu'aux États généraux de 1614, elle fit, à la demande du tiers état, rédiger par George

Fig. 151. — Le noviciat des jésuites.

Turgot, professeur au collège d'Harcourt, un cahier destiné à combattre la demande faite par le clergé et la noblesse pour la réouverture du collège de Clermont; en vain fit-elle une démarche solennelle auprès du jeune roi Louis XIII, par l'organe du recteur Dossier : de nouvelles lettres patentes du roi, publiées le 15 février 1618, permirent aux jésuites de ne pas tarder davantage à ouvrir les classes de leur collège. Le cardinal Duperron vint lui-même avertir le recteur et les notables de l'université, que le roi voulait en finir avec une lutte qui durait depuis trop longtemps entre sa fille l'université de Paris et la compagnie de Jésus. Deux maîtres des requêtes allèrent au collège de Clermont, par ordre du roi, et, après avoir donné lecture de l'arrêt du conseil, firent sonner la cloche pour annoncer la reprise des études. Un grand nombre de prélats, et entre autres le nonce apostolique, se trouvaient présents pour ajouter au caractère solennel de la réouverture de ce collège. L'université essaya de porter ses doléances devant le parlement, et le recteur intenta un nouveau procès à la compagnie de Jésus, mais le procureur général Molé lui fit savoir que la cause ne serait point appelée et que, s'il insistait contre une décision royale, il ferait acte de rébellion. Cependant la faculté de théologie s'était réunie pour délibérer, et elle avait déclaré qu'elle fermait l'accès des grades à quiconque n'aurait pas étudié dans les maisons de l'université.

Une guerre sourde continua d'exister entre l'université et les jésuites; mais le collège de Clermont avait repris, en un moment, toute sa splendeur, et il ne pouvait suffire à recevoir les élèves, pensionnaires et externes, qui lui arrivaient de toutes parts, tandis que les collèges dépendant de l'université voyaient tous les jours diminuer le nombre de leurs écoliers.

Ces collèges, la plupart du moins, ne pouvaient soutenir la concurrence avec les établissements des jésuites; leurs revenus, par suite d'une mauvaise administration, ne couvraient plus les frais indispensables; ici, les bâtiments tombaient en ruine; là, les boursiers n'avaient pas le strict nécessaire; au collège de Beauvais, le luxe du principal contrastait avec la misère des chapelains, qui ne touchaient que dix sous par jour; aux collèges de Narbonne et de Bayeux, on n'avait pas de quoi payer les régents de certaines classes, et les élèves se voyaient forcés de suivre les cours du collège des jésuites, à l'insu de l'université. Cet état de choses, cette pauvreté des anciens collèges, engendraient toutes sortes de désordres. Les écoliers faisaient l'école buissonnière et vagabondaient dans le Pré-aux-Clercs; quelques-uns, entre les plus âgés, portaient des épées et des bâtons, couraient les mauvais lieux, et troublaient le repos de la ville. En 1625, à l'entrée du légat, qu'une députation de l'université était allée recevoir et haranguer devant Saint-Étienne des Grez, les plus turbulents de ces écoliers se mêlèrent à une bande de laquais et de gens du peuple, pour attaquer le cortège, sur la place de Notre-Dame : le légat fut jeté à bas de sa mule et poursuivi jusque dans l'église, pendant qu'on maltraitait les personnes de sa suite. L'université ne pouvait que déplorer de pareils scandales, sans y porter remède, car il lui était impossible de reconnaître et de punir les auteurs de ces méfaits.

Il faut pénétrer dans l'intérieur des collèges, pour se rendre compte de la triste vie qu'y menaient écoliers et professeurs, et c'est Charles

Fig. 152. — Dortoir du collège de Navarre (1638-1731).
D'après l'ouvrage déjà cité, p. 343.

Sorel qui nous servira d'introducteur, en écrivant l'*Histoire comique de Francion*, qu'il fit paraître en 1633. Voilà ce qu'il dit des précepteurs ou *maîtres de chambre*, qui se chargeaient de surveiller et de nourrir les écoliers qu'on leur confiait dans un collège. « Mon Dieu! s'écrie Francion ou plutôt Sorel, que les pères sont trompés, pensant avoir donné leurs fils à des hommes qui les rempliront d'une bonne et profitable science ! Les précepteurs sont des gens qui viennent presque de la charrue à la chaire et sont, en peu de temps, cuistres, pendant lequel ils dérobent quelques heures de classe qu'ils doivent au service de leur maître, pour estudier en passant, tandis que leur morue est sur le feu. Ils consultent quelque peu leurs livres et se font à la fin passer maîtres ès arts... Au reste, ils ne savent ce que c'est que de civilité, et faut avoir un bon naturel et bien noble pour n'estre point corrompu estant sous leur charge. » On ne peut assez plaindre le pauvre Francion des privations qu'il avait à subir sous la discipline d'un pédant, surnommé Hortensius, auquel il payait pension : « Encore que nostre maistre, dit-il, eust beaucoup de vices insupportables, tout ce que nous estions d'escoliers nous ne recevions point d'afflictions comme de voir sa très estroite chicheté, qui lui faisoit espargner la plus grande partie de nostre pension pour ne nous nourrir que de regardeaux (c'est-à-dire la vue de ces plats qu'on regarde et auxquels on ne touche pas). Quelle piteuse chère, au prix de celle que faisoient seulement les porchers de nostre village! » Ce n'était point assez de mourir de faim, il fallait aussi mourir de froid : « Pendant un hyver, qui avoit esté extrêmement froid, voyant qu'il ne nous donnoit point de bois, nous avions esté contraints de brusler les ais de nos estudes, la paille de nos lits et puis après nos livres à thème, pour nous chauffer. » Cela se passoit dans le collège de Lisieux, qui n'estoit pas le plus mauvais de ceux de Paris. Le costume, à l'avenant du logis et de la nourriture : « J'avois, dit Francion, la toque plate, le pourpoint sans boutons, attaché avec des épingles ou des aiguillettes, la robe toute délabrée, le collet noir et les souliers blancs, toutes choses qui conviennent bien à un vray poste (vaurien) d'écolier, et qui me parloit de propreté estoit mon ennemy. » On comprend que Richelieu, qui méditait une réforme de l'université qu'il n'eut pas le temps d'exécuter, ait dit plus d'une fois que l'université de Paris possédait trop de collèges et qu'il lui suffirait d'en avoir six, pourvu qu'ils fussent bons et bien entretenus. Au surplus, son opinion était que la connaissance des lettres n'était pas faite pour tout le monde, et que, selon lui, rien n'eût été plus monstrueux qu'un État dont tous les citoyens fussent des savants.

L'université avait fini par l'emporter sur les rivalités qui s'étaient élevées contre elle, malgré les progrès de l'enseignement des jésuites, qui pouvaient compter sur les appuis les plus imposants dans la noblesse et dans la haute bourgeoisie. C'était dans leur collège de Clermont que les fils des grands seigneurs, des principaux magistrats et des riches bourgeois faisaient leurs études. Richelieu voyait sans doute avec intérêt, avec admiration, les efforts de la compagnie de Jésus pour développer, pour perfectionner l'instruction publique; mais il s'était déclaré le protecteur de l'université, qu'il regardait comme la gardienne des dogmes et des vérités fondamentales de la religion catholique, et il voulut que la faculté de théologie restât seule arbitre dans toutes les questions qui touchaient à l'au-

Fig. 153. — Vue perspective de la chapelle et maison de Sorbonne. — D'après Israël Sylvestre.

torité de l'Église, qu'il avait à cœur de mettre à l'abri des atteintes de l'hérésie. On peut dire qu'il fut le restaurateur de la Sorbonne : il fit respecter toutes les déclarations qu'elle formula sur les matières religieuses; il combla d'égards et de faveurs la plupart des docteurs qui faisaient partie de cette espèce de tribunal de conscience; il reconstruisit de ses deniers l'église de la Sorbonne et il y choisit la place de sa sépulture. Mais il se refusa toujours à servir les projets hostiles de l'université contre les jésuites : « Les universitez, disait-il, prétendent qu'on leur fait un tort extreme de ne leur laisser pas, privativement à tous autres, la faculté d'enseigner la jeunesse. Les jésuites, d'autre part, ne seroient pas faschés d'estre les seuls employés à cette fonction..... Il est plus raisonnable que les universités et les jésuites enseignent à l'envi, afin que leur émulation aiguise leur vertu, et que les sciences soient d'autant plus assurées dans l'Estat, qu'estant déposées entre les mains de plusieurs gardiens, si les uns viennent à perdre un si sacré dépôt, il se retrouvera chez les autres. » L'université avait activement secondé les intentions du cardinal, en faisant une guerre implacable à toutes les doctrines nouvelles, qu'on cherchait à introduire dans l'enseignement de l'école ; elle avait repoussé et mis à l'index les propositions hardies, sinon hérétiques, du jansénisme ; elle s'était mise en garde contre la philosophie de Descartes et contre celle de Gassendi ; elle avait, fidèle aux traditions scolastiques de plusieurs siècles, empêché toute innovation dans la philosophie d'Aristote, la seule qui fût admise et enseignée dans les cours publics, et le parlement lui vint en aide à cet égard, en condamnant des thèses écrites en français, dans lesquelles cette philosophie avait été attaquée, et en ordonnant aux auteurs de ces thèses de sortir de Paris dans les vingt-quatre heures, sans pouvoir enseigner ni même séjourner dans le ressort du parlement de Paris.

La cour, la noblesse et la bourgeoisie, allaient souvent voir les jeunes licenciés de distinction passer leur thèse de philosophie et soutenir publiquement une proposition plus ou moins obscure devant leurs professeurs et les chefs de l'université. Le jeune prince de Conti, après avoir terminé ses classes au collège de Clermont, fut reçu solennellement maître ès arts, en présence du cardinal Mazarin, le 28 juillet 1644, et deux ans plus tard, le même prince soutint la *tentative*, c'est-à-dire la première thèse pour le grade de licencié, dans une salle de la Sorbonne, toute la faculté de théologie présente. « M. le prince de Conty, dit le chancelier d'Ormesson dans son *Journal*, estoit sur un haut dais, élevé de trois pieds à l'opposite du président, sous un dais de velours rouge, dans une chaire à bras, avec une table ; il avoit la soutane de satin violet, le rochet et le camail, comme un évesque. Il fit merveille avec une grande vivacité d'esprit.... Il y avoit quantité de jésuites en bas, auprès de luy. M. le coadjuteur (de Retz) présidoit, qui disputa fort bien et avec grande déférence. » Le prince de Condé, frère aîné du candidat, se trouvait là, avec un immense concours d'illustres assistants, mais le cardinal Mazarin n'y vint pas. L'affluence n'était pas moins considérable ni moins distinguée, au collège de Clermont, quand les jésuites donnaient des représentations théâtrales, dans lesquelles tous les rôles étaient joués par leurs élèves. Ces représentations avaient été très fréquentes dans les collèges de Paris et de France, jusqu'au commencement du dix-septième siècle; mais, ordinairement, les pièces représentées étaient écrites en latin et même en grec; on jouait aussi les comédies de Térence et de Plaute, les tragédies de Sénèque et même les tragédies de Sophocle et d'Euripide. Mais, quand les jésuites eurent donné à ces représentations scolaires un éclat inusité dans leur collège de Clermont, l'université ne les vit plus d'aussi bon œil, et finit par les interdire; elles continuèrent toutefois, plus brillantes et plus courues que jamais, dans les collèges des jésuites, où les professeurs les plus lettrés, tels que les pères Ducerceau, Porée et Brumoy, se chargeaient de composer des tragédies et des comédies, que leurs élèves jouaient avec beaucoup de talent. « Mériter d'être de la tragédie, comme le dit l'intendant Joseph Foucault dans ses *Mémoires*, étoit une récompense; bien jouer méritoit un prix. » En dépit des réprimandes et des admonitions de l'université, les jésuites ne voulurent pas renoncer à leur théâtre, qui leur amenait du dehors beaucoup de spectateurs sympathiques, et qui était une des récréations les plus goûtées de leurs élèves. Le nombre de ces élèves s'accroissait dans une proportion extraordinaire, tandis que les autres collèges de Paris perdaient une partie de leurs écoliers : il y en avait au moins 600 au collège de Clermont et plus de 1,000 au collège de la Flèche. Au reste, de l'avis des juges impartiaux, les études étaient beaucoup plus fortes chez les jésuites que dans la plupart des collèges, comme le prouvaient les actes probatoires que les élèves des jésuites étaient tenus de passer en public devant les docteurs des facultés, pour obtenir la collation des grades, que l'université seule avait le privilège de conférer aux candidats.

Pendant les troubles de la Fronde, l'université avait eu la sagesse de suivre l'exemple des jésuites, en se tenant à l'écart des factions et en ne s'occupant que de l'instruction de la jeunesse, mais elle ne put se défendre de prendre fait et cause pour le cardinal de Retz, qui lui avait toujours témoigné une extrême bienveillance, lorsque ce frondeur incorrigible fut arrêté au Louvre et conduit au château de Vincennes (19 décembre 1652). Le recteur Claude de la Place se rendit au Louvre, avec son cortège habituel, et se permit d'implorer la clémence du roi en faveur de l'illustre prisonnier. Le jeune Louis XIV n'attendit pas la fin de ce discours inopportun, se leva brusquement et sortit, en laissant au chancelier Seguier le soin de répondre pour lui, en termes vagues et sévères. Trois jours après, le maître des cérémonies Sainctot venait, de la part du roi, signifier au recteur d'avoir à s'abstenir désormais de paraître au Louvre, sans y être mandé par ordre exprès de Sa Majesté. C'était là un triste témoignage de la déchéance de l'université. En effet, aux funérailles de Louis XIII, on avait réservé, dans le cortège, seize places d'honneur au recteur et à sa suite, et cinq cents docteurs étaient venus en procession saluer le jeune roi au Louvre, tandis qu'à l'entrée solennelle de Louis XIV et de sa nouvelle épouse Marie-Thérèse d'Autriche dans la ville de Paris, en 1660, c'est à peine si le recteur, accompagné des quatre doyens des facultés et d'un seul doyen de la Nation de France, put pénétrer dans l'enceinte réservée aux députations des premiers corps de l'État.

L'université était soupçonnée à la fois de jansénisme et de cartésianisme, reproche qui ne l'atteignait pas tout entière, car la faculté de théologie exclut de ses rangs, comme atteints de jansénisme, le célèbre Antoine Arnauld et soixante-dix docteurs, que les *Provinciales* de Pascal ne sauvèrent pas. En 1671, l'archevêque de Paris manda le recteur et les doyens des quatre facultés, et leur déclara que le roi n'entendait pas qu'on enseignât, dans son royaume, d'autre doctrine que celle qui était recommandée dans les règlements de l'université, c'est-à-dire la philosophie d'Aristote. Boileau et quelques-uns de ses amis eurent l'audace de composer un *Arrêt burlesque*, en faveur d'Aristote, « contre une certaine inconnue nommée la Raison, qui depuis quelque temps avoit entrepris de pénétrer de force dans les écoles de l'université. » Quant aux vrais jansénistes, ils avaient fait de leur monastère de Port-Royal une forteresse philosophique et religieuse.

En 1665, le roi avait nommé une commission pour procéder à une nouvelle réforme de l'université, avec l'intention d'y faire prédominer l'élément laïque. Cette résolution coïncidait avec les différends survenus entre la cour de Rome et le gouvernement français, et la Sorbonne avait eu l'imprudence de prendre parti pour le saint-siège. Cependant l'université, toujours jalouse de ses privilèges, s'attaquait aux petites écoles qui avaient essayé d'étendre leur enseignement et d'usurper ainsi les prérogatives universitaires. Elle dut alors défendre tout

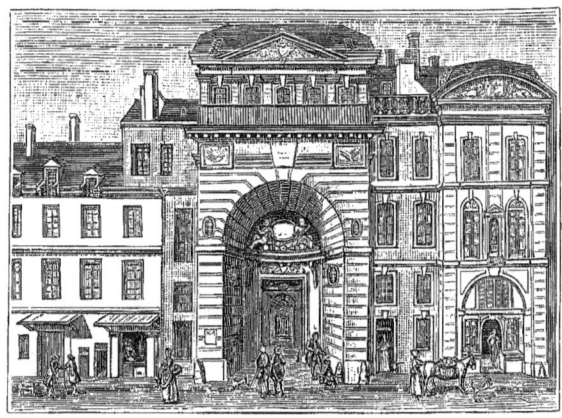

Fig. 154. — Façade du collège d'Harcourt (1675). — D'après l'ouvrage cité, p. 343 et 349.

son système d'éducation contre le chantre de Notre-Dame, Claude Joly, qui était le protecteur né des petites écoles : il y eut quantité d'encre répandue sur des questions de privilège et de discipline, qui n'intéressaient personne en dehors de la direction des petites écoles du chantre de Notre-Dame. La lutte de l'université contre les écoles de Port-Royal fut plus sérieuse, plus âpre et plus violente. Les livres écrits pour l'usage de ces écoles jansénistes étaient certainement bien supérieurs à ceux de l'université. Le vieux Despautère tombait sous le ridicule en face de Lancelot.

C'est vers ce temps-là que Louis XIV, qui reprochait à l'université de négliger les études utiles pour les études insignifiantes ou dégénérées, reconstitua les écoles de droit, qui furent transportées, de la rue Saint-Jean-de-Beauvais, dans les bâtiments du collège de Sainte-Barbe :

il décida que le droit français serait enseigné concurremment avec le droit canonique et le droit romain. Avant cette réforme, la faculté de droit de Paris était arrivée progressivement à un si déplorable état de décadence, qu'elle n'avait plus qu'une seule chaire et que les élèves en *décret* allaient prendre leurs licences à Orléans : « On n'étoit pas, en ce temps-là, dit Charles Perrault dans ses *Mémoires*, aussi difficile qu'aujourd'hui à donner des licences, ni les autres degrés de droit civil et canonique. » Il raconte ensuite comment il se rendit à Orléans, pour s'y faire recevoir licencié en droit, selon l'usage : « Dès le soir même que nous arrivâmes, dit-il, il nous prit fantaisie de nous faire recevoir, et ayant heurté à la porte des écoles, sur les dix heures du soir, un valet, qui vint nous parler à la fenêtre, ayant su ce que nous souhaitions, nous demanda si notre argent étoit prêt; sur quoi ayant répondu que nous l'avions sur nous, il nous fit entrer et alla réveiller les docteurs, qui vinrent, au nombre de trois, nous interroger, avec leur bonnet de nuit sous leur bonnet carré. En regardant ces trois docteurs, à la foible lueur d'une chandelle dont la lumière alloit se perdre dans l'épaisse obscurité des voûtes du lieu où nous étions, je m'imaginois voir Minos, Æacus et Rhadamante, qui venoient interroger des ombres... Je crois, ajoute Perrault, que le son de notre argent, que l'on comptoit derrière nous pendant que l'on nous interrogeoit, fit la bonté de nos réponses. »

L'université était alors en discrédit, malgré l'ouverture prochaine du magnifique collège Mazarin, qui était destiné, selon les termes du testament de son fondateur, à donner une éducation nationale à la jeunesse des provinces nouvellement annexées à la France. Toute la faveur du roi se portait alors sur les jésuites. Ce n'étaient pas eux pourtant que Louis XIV avait chargés de l'éducation du dauphin. Bossuet avait fourni le plan de cette éducation, d'après les idées du roi : « La loi que le roi imposoit aux études de ce prince, dit Bossuet, fut de ne lui laisser passer aucun jour sans étudier, car il jugeoit qu'il y a bien de la différence entre demeurer tout le jour sans travailler, et prendre quelque divertissement pour relâcher l'esprit. » Tel était le système des jésuites; telle fut aussi la principale cause de la renommée de leur collège de Clermont, qui prit en 1682 le nom de *collège de Louis-le-Grand*. Voici dans quelles circonstances : La reconstruction de ce collège était terminée, et le roi y avait puissamment contribué par ses dons, qui permirent aux jésuites d'acheter les vieux collèges du Mans et de Marmoutier pour les ajouter à leur collège. L'inauguration des nouveaux bâtiments se fit avec solennité ; les élèves devaient représenter

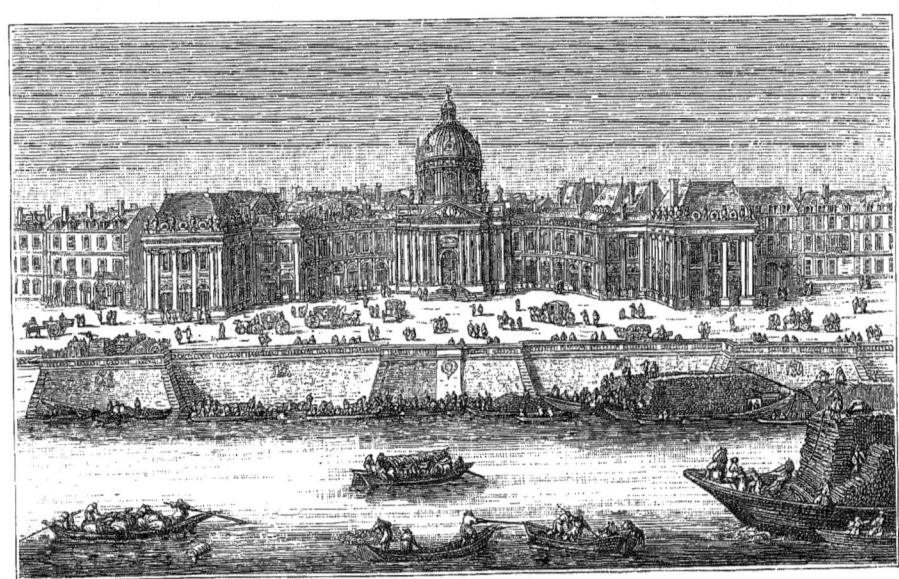

Fig. 155. — Vue et perspective du collège des Quatre-Nations. — D'après Pérelle.

une tragédie latine et lire des vers composés à la gloire du roi, qui avait promis d'assister à cette représentation; Louis XIV en fut très satisfait, et il exprima sa satisfaction, en disant à un seigneur qui applaudissait au succès de la pièce et des acteurs : « Faut-il s'en étonner? c'est mon collège! » Cette parole ne fut pas perdue : par ordre du recteur, l'ancienne inscription, qu'on voyait depuis 1564 au-dessus de la grande porte du collège, fut enlevée pendant la nuit, et des ouvriers gravèrent, en lettres d'or sur marbre noir, cette inscription qui remplaça la première : *Collegium Ludovici magni*. Louis XIV se reconnut parrain de ce collège, qu'il regardait comme le meilleur de tous et qu'il ne cessa d'honorer de sa sollicitude et de sa munificence.

L'université cependant, en s'efforçant d'imiter les méthodes du collège de Louis-le-Grand, avait relevé la prospérité de quelques-uns de ses collèges, notamment de ceux du Plessis et d'Harcourt, et nonobstant le mauvais vouloir des courtisans à son égard, elle se montrait inflexible pour le maintien de ses privilèges. Ainsi le savant Rollin, nommé recteur en 1694, avait refusé d'aller à l'archevêché, où monseigneur de Harlay manifestait l'intention de se faire représenter par son grand vicaire. « Je ne suis point d'avis d'aller chez M. de Harlay, dit-il. Je ne demande point de bénéfice; je ne crains ni n'espère rien, et je ne mettrai jamais l'université dans l'esclavage. » Rollin tint bon également contre le chancelier, lorsque, voulant faire entrer son carrosse dans la cour de l'hôtel Boucherat, le suisse eut l'insolence de lui répondre qu'on n'avait pas d'ordre pour ouvrir la porte; mais le chancelier, averti par un valet de chambre, désapprouva la grossièreté de son suisse et adressa des excuses au recteur. « Pardonnez-moi, Monseigneur, lui dit Rollin, de me montrer chatouilleux, dès que l'honneur de l'université se trouve en jeu. »

Fig. 156. — Séminaristes. — D'après Séb. le Clerc.

CHAPITRE ONZIÈME

INSTITUTIONS CHARITABLES

ET RELIGIEUSES

Mouvement des esprits vers les œuvres de charité au dix-septième siècle. — Les hôpitaux sous Henri IV ; insuffisance de l'Hôtel-Dieu ; l'hôpital Saint-Louis. — Les hôpitaux sous Louis XIII ; la Pitié ; les Incurables ; les sœurs hospitalières. — Saint Vincent de Paul, Mme Legras et les sœurs de charité. — La charité en province. — Les Enfants trouvés. — L'Hôpital général. — Les grandes communautés de femmes : la Visitation, les Carmélites, les Ursulines, etc. — Les grandes communautés d'hommes : l'Oratoire, les Pères de la Doctrine chrétienne, etc. — Les Missions. — Les établissements d'éducation et les maisons de refuge. — Les séminaires ; Olier. — Mme de Maintenon et Saint-Cyr.

i le dix-septième siècle fut agité par des luttes religieuses, dont le récit excéderait les bornes de notre cadre et que nous devons abandonner à l'histoire générale, de même que la politique, la guerre et la diplomatie, il nous offre un spectacle plus doux et plus consolant, qu'on ne peut contempler sans une douce émotion, celui des grandes œuvres de charité que cette époque vit se multiplier de toutes parts sous les auspices de la religion.

Ce fut alors dans toutes les classes de la société, dans les plus humbles comme dans les plus élevées, une ardente émulation de faire le bien, de secourir l'infortune, d'aider les pauvres, de soigner les malades, de répandre dans le peuple les bienfaits de l'instruction chrétienne, d'ouvrir, en quelque sorte, la maison de Dieu à tout ce qui souffre, à tout ce qui pleure, à tout ce qui a froid, à tout ce qui a faim. C'est que jamais peut-être, à aucune époque, la misère ne fut plus affreuse que pendant la Ligue, pendant le règne de Louis XIII, et surtout pendant la Fronde.

Saint Vincent de Paul, dont les premiers travaux charitables remontent à 1600 et se continuent sans un jour d'interruption jusqu'à sa mort en 1660, est comme la personnification la plus touchante, la plus admirable de l'amour du prochain, amour inspiré, illuminé, fortifié par la foi. On dirait que son exemple et sa parole faisaient sortir de tous les rangs de la famille humaine ces dévouements intrépides et infatigables qui se consacrent au service de la misère et de la souffrance. Ce sont les femmes, on se plaît à le constater, qui contribuent avec le plus d'ardeur à ce qu'on appelait les *œuvres de miséricorde*, à ces actes de dévotion et de charité que rien ne décourage, que rien n'arrête, quand il faut, pour employer la belle expression de saint François de Sales, « recueillir et soulager les pauvres membres souffrants de Jésus-Christ. » Et, parmi ces saintes femmes, ce sont les plus nobles, les plus belles, les plus illustres de la cour, qui visitent les hôpitaux et les prisons, qui pansent des plaies infectes et qui nettoient des enfants couverts de vermine.

Une des préoccupations de Henri IV, durant son règne, fut de créer des hôpitaux à Paris, qui n'en avait qu'un seul, le vieil Hôtel-Dieu, à peine suffisant pour recevoir les malades de toute la ville en temps ordinaire, et tout à fait impropre à sa destination en cas d'épidémie. Or, depuis la Ligue, les épidémies qu'on qualifiait de *peste*, se renouvelaient sans cesse et faisaient toujours un grand nombre de victimes, qui périssaient la plupart faute de soins. « La ville de Paris, lit-on dans *le Mercure françois* de 1607, avoit esté affligée par la peste l'année dernière, n'y ayant aucun lieu pour retirer les pestiferez, sinon l'Hostel-Dieu qui est au milieu de la ville. » Le roi, à qui la reine Marie de Médicis avait souvent parlé des soins qu'on apportait en Italie à l'établissement des hôpitaux, reconnut combien l'Hôtel-Dieu était au-dessous des nécessités du moment. On y admettait indistinctement les pestiférés, c'est-à-dire les malheureux frappés de maladies épidémiques ou contagieuses, comme ceux atteints d'autres maladies graves ou légères, entassés, confondus, réunis souvent dans le même lit au nombre de six ou sept malades ou moribonds; la plupart y trouvaient la mort, et de ce foyer d'infection l'épidémie se propageait avec rapidité dans les quartiers voisins, dont elle décimait les habitants. Quand l'Hôtel-Dieu était plein, les pauvres gens qu'on

Fig. 157. — « *Visiter les malades.* » — D'après Abraham Bosse.
Tiré de la suite intitulée : Les Œuvres de Miséricorde

y amenait en foule mouraient dans la rue. La reine Marie de Médicis avait donc fait venir de Florence, à ses frais, en 1602, cinq frères de la congrégation de Saint-Jean de Dieu ou de la Charité; elle les établit au faubourg Saint-Germain, à l'entrée du Pré-aux-Clercs, où l'on ouvrit un hôpital provisoire, qui rendit des services réels, grâce aux libéralités des dames de la cour; le nombre des frères s'augmenta, et ce petit hôpital de la Charité allait s'étendre, lorsque la reine Marguerite acquit de l'université le terrain même sur lequel l'hôpital avait été placé et y fit construire son hôtel; mais elle contribua de ses deniers à l'achat d'un autre terrain, beaucoup plus vaste, dans le même Pré-aux-Clercs, pour y transférer l'hôpital des frères de Saint-Jean de Dieu. Telle fut l'origine de l'hospice de la Charité, qui subsiste encore dans les mêmes bâtiments, édifiés alors le long de la rue des Saints-Pères. Cette maison hospitalière, qui pouvait recevoir un grand nombre de malades et qui ne comptait pas moins de soixante frères pour les soigner, dut sa prospérité aux bienfaits du roi et aux aumônes de la reine; il devint bientôt le chef-lieu de l'institut pour toute la France, où les frères de la Charité créèrent en peu de temps vingt-quatre hôpitaux, en vertu des lettres patentes que Henri IV avait accordées à la maison mère de la congrégation de Saint-Jean de Dieu. Le roi, effrayé et attristé de l'encombrement de malades qui étaient venus mourir à l'Hôtel-Dieu, lors de la grande épidémie de 1606, avait fait commencer immédiatement les travaux pour agrandir l'Hôtel-Dieu et pour l'améliorer.

Il y avait bien, au faubourg Saint-Marcel, une maison de santé, nommée la Charité-Chrétienne, qui, par l'objet de sa fondation, était réservée aux maladies contagieuses et qui avait eu pour fondatrice la reine Marguerite de Provence, veuve de saint Louis; mais cet hôpital, bien que reconstruit par Henri IV, sous le nom d'hôpital Sainte-Anne, ce qui n'empêcha pas de l'appeler comme autrefois *Maison de la Santé*, était encore insuffisant, en raison de l'accroissement de la population.

Le roi, qui avait payé sur son épargne une partie des travaux, fit de cet hôpital une annexe de l'Hôtel-Dieu, et se hâta de réaliser son projet d'un hôpital général, exclusivement consacré au traitement de toutes les maladies contagieuses. Il avait choisi, pour créer ce vaste hôpital, un emplacement sain et bien aéré, entre la porte du Temple et la porte Saint-Martin. Claude Chastillon, architecte et ingénieur du roi, avait fait les dessins des constructions qui furent exécutées à grands frais, sous la conduite de Claude de Vellefaux. Cet hôpital, par le nombre et la dimension de ses salles, de ses pavillons, de ses locaux, de ses cours et de ses fontaines, était comparable aux plus beaux bâtiments de cette époque. Sauval, qui écrivait sous

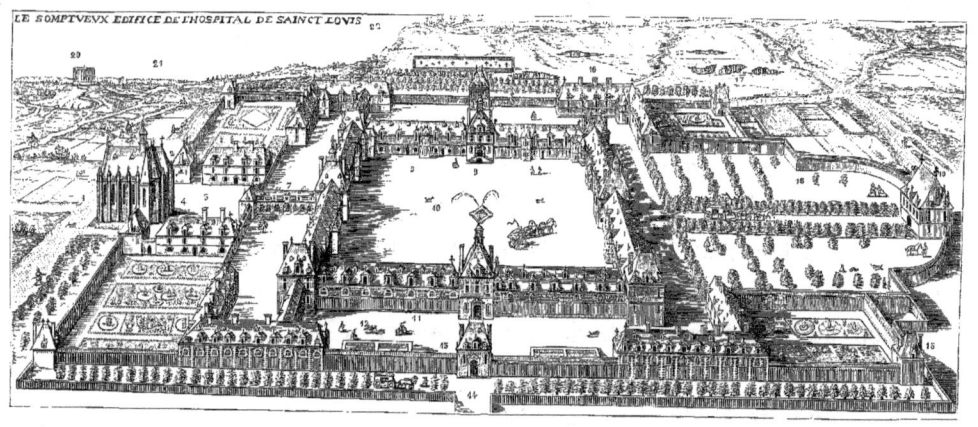

Fig. 158. — L'Hôpital Saint-Louis. — D'après la *Topographie française* de Claude Chastillon et autres, éditée par Boisseau, enlumineur du roy. Paris 1641.

Les numéros indiqués sur la gravure répondent, dans l'original, aux mentions suivantes : — 1. Chapelle Saint-Louis. — 2. Chambre des portiers. — 3. Cuisine et boulangerie. — 4. Cour de l'église. — 5, 6. Jardins du côté de la chapelle. — 7. Galerie conduisant des *esquaires* aux salles des malades. — 8. Les offices. — 9. Pavillons des salles. — 10. Grande cour. — 11. Espaces ou promenoirs. — 12. Lavoirs. — 13. Entrée vers Paris. — 14. Perron de la porte vers Paris. — 15. Jardins vers l'orient. — 16. Les quatre *esquaires*. — 17. Pavillons des jardins. — 18. Bois planté en échiquier. — 19. Pavillon royal. — 20. Montfaucon. — 21. La Villette. — 22. Butte et moulins de Belleville. — 23. Plâtrières.

Louis XIV son ouvrage sur les *Antiquités de Paris*, déclare que l'hôpital Saint-Louis (c'est ainsi que l'avait nommé Henri IV) « passe pour le plus vaste, le plus beau et le plus commode du monde. » Henri IV fit plus que de fonder cet hôpital, lequel ne coûta pas moins de 795,000 livres, qui représentent plus de trois millions d'aujourd'hui : par un édit du mois de mai 1607, il attribua aux hôpitaux de Paris une taxe de 10 sous sur chaque minot de sel qui se vendrait dans tous les greniers à sel de la généralité de Paris pendant quinze ans, et cinq sous à perpétuité, pour couvrir les dépenses de construction et d'installation de l'hôpital Sainte-Anne et de l'hôpital Saint-Louis, à charge de payer, en outre, le service médical et les gages de tous les employés, et de fournir tous les meubles et ustensiles nécessaires à ces deux établissements unis et incorporés à l'Hôtel-Dieu. La reine et la cour, à son exemple, contribuèrent pour la plus grande part, aux premiers frais de cette double fondation, qui conjura pour l'avenir le danger des épidémies. Outre Marie de Médicis, qui avait pris sans doute l'initiative de ces fondations hospitalières, il faut citer quelques-unes des grandes dames de la cour, qui s'associèrent à ses bonnes œuvres et qui en furent les ardentes propagatrices; elles appartenaient toutes à la famille de Longueville, qui occupe une si belle place dans l'histoire de la charité française : Catherine d'Orléans et sa sœur Marguerite, princesse d'Estouteville, vouées l'une et l'autre au célibat, vivaient à la cour pour y donner l'exemple de toutes les vertus chrétiennes, rachetant des prisonniers, élevant des orphelins, distribuant leur fortune entre les pauvres et les malheureux; leur sœur, Antoinette d'Orléans, veuve du marquis de Bellisle, s'était empressée de suivre leur exemple; leur belle-sœur, Catherine de Gonzague-Clèves, duchesse de Longueville, favorisait de tout cœur les entreprises utiles à la religion; une autre belle-sœur, née Anne de Caumont, avait renoncé au monde pour se consacrer entièrement au service des pauvres : elle allait soigner les malades de l'Hôtel-Dieu et ne gardait rien pour elle de ses revenus, qu'elle dépensait en aumônes; la marquise de Meignelais, belle-sœur d'Antoinette de Longueville, vivait aussi dans les pratiques d'une austère piété : elle eût voulu, après la perte de son mari, se retirer dans un couvent, mais les personnes les plus considérables du clergé la décidèrent à rester dans le siècle pour y être un modèle de piété active : chaque jour, elle allait dans les hôpitaux, visitait les prisonniers, et s'adonnait avec joie aux bonnes œuvres les plus répugnantes et les plus pénibles. Faut-il, après avoir énuméré ces gloires de la charité dans une seule famille, faut-il nommer quelques-unes des nobles émules de la maison de Longueville : Marie de Luxembourg, duchesse de Mercœur, belle-sœur de Henri III ; Catherine de Lorraine, duchesse de

Fig. 159. — Mendiants estropiés.

Nevers, fille du duc de Mayenne; Catherine d'Escoubleau de Sourdis, comtesse de Clermont-Tonnerre; Antoinette de Daillon du Lude, comtesse de la Guiche, et tant d'autres dames d'une grande naissance et d'un nom illustre, qui mettaient leur bonheur à servir la religion et à soulager les souffrances de l'humanité?

On comprend qu'avec des appuis aussi fidèles dans la noblesse, l'argent ne manquait jamais pour les œuvres de bienfaisance; le règne de Henri IV avait pourvu aux hôpitaux, mais l'on ne pouvait trop multiplier les hospices destinés à recueillir différentes catégories de pauvres et d'êtres souffrants. Le nombre des pauvres valides, qui ne tardaient pas à devenir des gueux malfaisants, avait forcé les magistrats de Paris d'aviser aux moyens de les sequestrer, dès 1612, pour les surveiller de plus près et pour tenir en bride leurs mauvais instincts. On acheta donc trois grandes maisons entre les rues du Battoir et du Jardin des Plantes, et l'on y adjoignit successivement de nouvelles constructions, afin d'y pouvoir enfermer tous les mendiants qu'on arrêtait, de jour et de nuit, dans les rues de la ville. Tous les jours les plus grandes dames venaient assister et consoler ces prisonniers, qui se refusaient, en général, à toute espèce de travail. Cette maison de correction et de surveillance n'était donc qu'un hospice ouvert à la fainéantise; elle reçut le nom de *maison de la Pitié*, parce que sa chapelle était sous l'invocation de Notre-Dame de Pitié. Elle rendit peu de services au bon ordre et à la paix publique, jusqu'en 1657, où l'hôpital général de la Salpêtrière devint le dépôt unique de tous les mendiants, qu'on y recueillait de force ou de bonne volonté et qui devaient, avec le produit d'un travail quelconque, payer les frais de leur entretien. Alors seulement la maison de la Pitié eut une meilleure destination, dont la générosité des bonnes âmes fit tous les frais : on en fit un hospice pour les enfants des mendiants. L'hospice se trouva naturellement divisé en deux parties : l'une, pour les filles, auxquelles on apprenait à lire, à écrire, à coudre et à tricoter; l'autre, pour les garçons, qui recevaient une éducation analogue; on y plaça aussi des orphelins, auxquels on faisait apprendre un métier et qui travaillaient en commun dans des ateliers où l'on avait établi une fabrique de drap et de toile.

Un établissement du même genre existait, depuis 1622, dans le faubourg Saint-Marcel, où Antoine Seguier, président du parlement, avait acheté une partie de l'ancien hôtel des ducs d'Orléans, situé rue Censier, pour retirer de la misère et du vice un certain nombre de jeunes orphelines de père et de mère; elles étaient cent et devaient être élevées depuis l'âge de cinq ans jusqu'à leur majorité : on leur apprenait un métier, qui pouvait les faire vivre, et *l'hôpital de Notre-Dame de la Miséricorde* (c'est le nom que les lettres patentes du roi attribuaient à cette fondation utile) accordait une dot à ses pensionnaires lorsqu'elles se mariaient.

L'hôpital des Incurables, fondé en 1632 par une honnête et pieuse bourgeoise, Marguerite Rouillé, veuve de Jacques Lebret, et bâti sur le chemin de Sèvres dans un terrain cédé par l'Hôtel-Dieu, se recommandait par une idée essentiellement neuve et pratique. Les plus grands personnages de l'Église et de la cour patronèrent cette idée, en l'aidant de donations considérables. François Joulet de Châtillon, aumônier du roi, y avait consacré tous ses biens et intéressé en faveur de l'œuvre le cardinal de la Rochefoucauld, qui s'en fit le protecteur. Jacques Danès, évêque de Toulon, Mathieu de Mourgues, aumônier de la reine mère, et beaucoup d'ecclésiastiques distingués, de magistrats, et de femmes pieuses, se firent les bienfaiteurs de cette fondation, qui prit de nouveaux développements par la suite, et qui devint une des plus importantes institutions hospitalières de Paris.

Tous les pauvres, par bonheur, n'étaient pas des incurables. Mme Bullion, veuve du surintendant des finances, ouvrit un asile aux convalescents, qui, sortant des hôpitaux avant d'avoir recouvré complètement la santé, avaient besoin de soins délicats pour échapper à des rechutes dangereuses. Cette dame voulut faire le bien en restant inconnue : elle chargea un prêtre, nommé Gervaise, d'acheter en son propre nom, dans la rue du Bac, un hôtel qui avait appartenu à feu M. Camus, évêque de Belley, et d'y organiser un hôpital pour huit convalescents. On ne sut le nom de la fondatrice qu'en 1631, lorsqu'il fallut enregistrer les lettres patentes qu'elle avait obtenues du roi pour sa fondation. Le nombre des lits fut doublé alors dans cet hôpital, qui était toujours administré par le prêtre Gervaise, lequel obtint, en 1650, la permission de construire une chapelle sous le titre de Notre-Dame des Convalescents. En 1652, cet hôpital passa sous la direction des religieux de la Charité, à qui la fondatrice en avait fait don.

Parmi tous ces hôpitaux, plusieurs avaient été fondés par des femmes, mais elles s'étaient tenues à l'écart par modestie, et elles ne se faisaient connaître que par leur ardeur à donner, toutes les fois qu'une fondation nouvelle s'appuyait sur la charité. Mais on ne voit pas qu'on ait fait intervenir jusqu'alors des femmes laïques ou des religieuses dans l'administration des soins à donner aux malades : ces soins incombaient d'ordinaire à des religieux, tels que les frères de la Charité, quoiqu'il y eût depuis longtemps une congrégation laïque d'infirmières, qu'on appelait *sœurs noires*, à cause de leur costume, et qui étaient employées, à l'Hôtel-Dieu, dans les salles où il n'y avait que des femmes en traitement. Ce fut seulement vers 1628 qu'on appela au service des hôpitaux diverses associations de femmes, qui s'intitulaient *hospitalières*, qui suivaient différentes règles, portaient différents costumes et se rattachaient à différentes congrégations. On avait vu, dans les hôpitaux, les plus grandes dames de la cour, des princesses même alliées à la famille royale, s'imposer la rude pénitence de soigner quelquefois les malades et de panser leurs plaies; mais ce n'étaient que des accidents et des exceptions qui produisaient toujours sur les assistants une impression profonde d'admiration et de respect. En 1624, une pieuse fille, nommée Simonne Gaugain, invita plusieurs de ses compagnes à former une association d'hospitalières, qui ouvriraient des hôpitaux de femmes à Paris et dans les provinces. Elles prononcèrent des vœux, sous le nom d'*hospitalières de la charité de Notre-Dame*, et elles se mirent sous la direction de Simonne Gaugain, qui prit le nom de Françoise de la Croix. La veuve d'un maître d'hôtel du roi, Madeleine Brulart, acquit une maison, pour ces religieuses, dans la rue de la Chaussée des Minimes, près de la place Royale, et elles y établirent un couvent et un hôpital, sans avoir songé à obtenir des lettres patentes du roi. Les *frères* de la *Charité* et les administrateurs de l'Hôtel-Dieu s'entendirent pour demander la clôture de l'hôpital, mais le parlement en autorisa le maintien. Les hospitalières, aidées par la duchesse de Mercœur, ouvrirent rue de la Roquette un hospice pour leurs convalescentes. Elles se répandaient surtout en province, afin d'éviter des querelles avec les administrateurs de l'Hôtel-Dieu, et elles eurent bientôt créé des hôpitaux de leur congrégation à Patay, en Beauce, à la Rochelle, à Toulouse, à Béziers, etc. Leur exemple fut suivi avec une sorte d'enthousiasme, et bientôt chaque province, chaque ville, voulut avoir des hospitalières, avant qu'elles eussent pu s'établir régulièrement à Paris. Ce n'est qu'en 1652 qu'un maître des requêtes, Jacques le Prévost d'Herbelay, fit venir à Gentilly des hospitalières, auxquelles il assura une rente de 1,500 livres, pour soigner les filles et les femmes malades; il obtint, pour elles, en 1655, des lettres patentes qui les

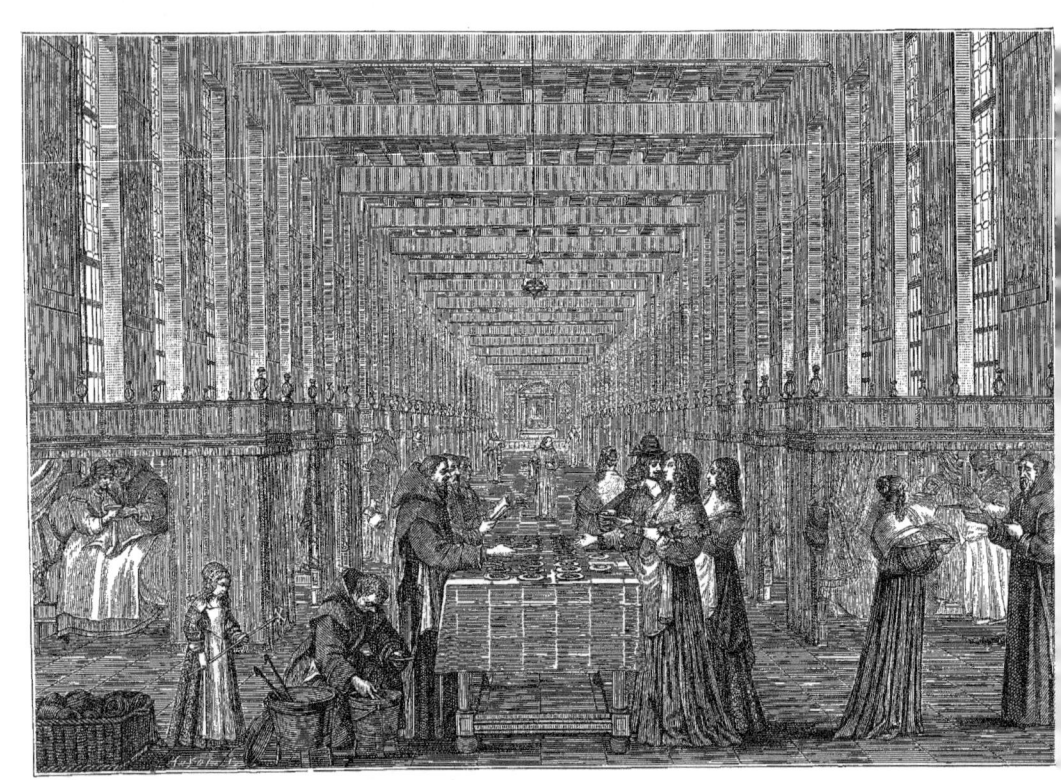

L'infirmerie de l'hospice de la Charité. — D'après Abraham Bosse.

autorisèrent à se transporter dans un faubourg de Paris, et elles occupèrent alors deux maisons qu'il leur avait achetées rue Mouffetard.

A cette époque, Paris possédait déjà depuis plus de vingt ans une institution d'hospitalières, destinée à survivre à toutes les autres, et plus capable aussi de rendre tous les services que la charité pouvait attendre d'elle. C'était saint François de Sales qui avait eu la première pensée de cette belle institution ; c'était saint Vincent de Paul qui, de concert avec sa pieuse et vénérable collaboratrice, Mme Legras, en avait posé les bases dès l'année 1633. Il ne s'agissait, en effet, que de mettre en pratique un ancien usage que les femmes des plus hautes classes avaient longtemps tenu à honneur de conserver pour l'édification du peuple, et qui consistait à visiter souvent les malades de l'Hôtel-Dieu et à les panser de leurs propres mains. Vincent avait institué d'abord une association de ces grandes dames, qu'il réunissait dans des conférences de charité, et qu'il invitait ensuite à se rendre dans les salles de l'Hôtel-Dieu pour y porter des soins et des consolations. Les dames de Villesavin, de Bailleul, de Mecq, de Sainctot et de Pollalion, avaient été les premières à concourir à ces assemblées de charité; Mme d'Aligre, femme du chancelier, et Mme Fouquet, étaient venues ensuite, puis la princesse de Mantoue, Marie de Gonzague, la marquise de Combalet, la marquise de Maignelay, la présidente de Lamoignon et d'autres illustres. La visite à l'Hôtel-Dieu, où chaque dame apportait des provisions aux malades, était considérée par les visiteuses comme une sainte récréation, et leurs assemblées de charité, présidées par saint Vincent de Paul, leur semblaient préférables à des réunions de fête ou de plaisir. C'est dans ces assemblées que fut préparée cette congrégation de sœurs de charité, composée de jeunes filles vouées au célibat, qui devaient soigner les malades dans les paroisses, visiter les hôpitaux et se consacrer aux œuvres de miséricorde. Les membres de cette congrégation ne pouvaient pas être cloîtrés, puisque leur mission leur ordonnait de se porter partout où les appelaient les besoins des pauvres. Mme Legras, nièce du chancelier Marillac, avait été mise à la tête de l'institution qu'elle formait sous les yeux de Vincent de Paul ; elle en établit le siège dans le village de la Chapelle, près de Paris ; mais bientôt elle reconnut la nécessité de rentrer dans la ville avec ses sœurs de charité, et elle les logea, vis-à-vis du couvent de Saint-Lazare, dans une maison achetée des deniers de la présidente de Goussault. C'était dans cette maison que les sœurs de charité recevaient les pauvres et leur distribuaient des secours. En 1655, la congrégation des sœurs de la Charité fut approuvée par l'archevêque de Paris : elle n'obtint des lettres patentes du roi que trois ans plus tard. Mais cette congrégation, dont le vénérable créateur n'avait pas encore rédigé les statuts, était déjà répandue partout, et Mme Legras, qui, malgré son grand âge, remplissait toujours les fonctions de supérieure générale, voyait avec bonheur se multiplier par toute la France les hôpitaux et les écoles gratuites, que les filles de saint Vincent de Paul dirigeaient dans un même esprit d'inépuisable charité.

C'était bien l'esprit de charité dont les plus nobles cœurs avaient été animés pendant les épouvantables misères de la Fronde. Saint Vincent de Paul, qui s'était fait à la fois le directeur des missions religieuses et le chef des sœurs de la Charité, eut alors un émule dans cet obscur et héroïque combat de la charité chrétienne, car Charles Maignart de Bernières, maître des requêtes au parlement de Rouen, avait créé et organisé, dans les provinces désolées par la guerre et la famine, quantité d'assemblées charitables, qui trouvaient des secours pour toutes les misères. Ce fut lui qui mérita le beau nom de *procureur général des pauvres.* Il faisait imprimer des relations contenant tous les actes de charité dont il avait connaissance, et il répandait ces relations, tirées à quatre mille exemplaires, pour éveiller partout l'émulation de la charité : « Il s'est trouvé aussi, dit-il dans un de ces factums qu'il ne signait pas, quelques dames qui ont vendu leurs pierreries et leur vaisselle d'argent, pour satisfaire à leur devoir de chrétiennes, et la reine même, jusqu'au cabinet de laquelle ces relations ont porté le récit des maux extrêmes des provinces, donna sur-le-champ ses pendants d'oreille, qui ont été vendus 16,000 livres, action qui devroit faire rougir toutes les princesses et les dames, qui portent, quand elles se parent, ce qui suffiroit à remédier aux nécessités pressantes de toute une province. » Il y eut, dans ces malheureux temps, par toute la France, un admirable élan de charité, provoqué par les appels suppliants des comités d'hommes, que Maignart de Bernières avait formés en province, et par les assemblées de dames que M. Vincent (c'est ainsi qu'on appelait ce saint homme) réunissait sans cesse à Paris et dans les villes où la cour faisait résidence.

Vincent de Paul avait déjà, depuis dix ans, fait passer des sommes énormes en Lorraine, en Picardie et en Champagne, pour subvenir aux besoins urgents de la population ruinée et désolée par le passage continuel des gens de guerre. C'étaient les pères et les frères de la Mission qu'il chargeait de porter des secours en argent et en vivres dans ces provinces, que la misère avait dépeuplées ; c'étaient les filles et sœurs de la Charité qu'il y envoyait soigner les malades et recueillir les orphelins. Un de ces missionnaires de la charité, le frère Mathieu Renard, avait fait, pendant ces dix années, cinquante-trois voyages de Paris en Lorraine, à travers les plus grands périls, pour apporter le produit des aumônes que sa congrégation avait pu ramasser, et jamais il ne fut volé en route. On assure que Vincent de Paul ne distribua pas moins de 1,600,000 livres en espèces, dans la Lorraine seule. Le roi avait remis à M. Vincent, pour servir de passeport et de sauvegarde aux prêtres de la Mission, une ordonnance en date du 14 février 1651, dans laquelle il déclarait que « plusieurs personnes de la bonne ville de Paris font de grandes et abondantes aumônes, qui sont fort utilement employées par les prêtres de la Mission de M. Vincent, et autres personnes charitables envoyées sur les lieux où il y a eu le plus de ruines et le plus de mal. » Il enjoignait, en conséquence, à tous les baillis, sénéchaux, juges, prévôts et autres officiers, de prendre sous leur protection ces dignes prêtres, qui allaient exercer la charité dans des pays réduits à une affreuse misère. Vincent de Paul faisait des miracles pour sustenter et nourrir tant de monde qui mourait de faim, et il écrivait tristement à un de ses plus actifs missionnaires : « Les pauvres qui ne savent où aller ni que faire, qui souffrent déjà et qui se multiplient tous les jours, c'est là mon poids et ma douleur. » Il en était à craindre de manquer de ressources pour la maison mère de Saint-Lazare à Paris, où il n'avait laissé que sept ou huit prêtres et dix-huit écoliers : « De si peu de blé qu'il y a, disait-il, on en distribue tous les jours trois ou quatre setiers aux pauvres, ce qui nous est une très sensible consolation dans l'extrémité où nous sommes, et qui nous donne espérance que Dieu ne nous abandonnera pas. »

Vincent de Paul, qui pensait à tout, et qui y suffisait pour les œuvres de charité qu'il avait prises sous ses auspices, était alors très préoccupé du sort de celle qui lui tenait le plus à cœur, l'œuvre des enfants trouvés. Un jour, en 1638, il rencontra dans la rue un mendiant qui déformait et brisait les membres d'un pauvre enfant, qu'il voulait rendre infirme pour mieux exciter la compassion publique. Vincent le lui arracha des mains et l'emporta dans ses bras, en prenant à témoin les passants de l'indigne traitement qu'un misérable infligeait à ce pauvre enfant, dont il se disait légitime possesseur, pour l'avoir acheté à la maison de la Couche. Cette vieille maison, située sur le port Saint-Landry, servait d'hospice aux enfants trouvés qu'on y amenait de tous les quartiers de la ville ; là, ils n'étaient nourris que par des femmes mercenaires, qui les vendaient pour différents usages plus ou moins déplorables : la plupart de ces enfants étaient achetés par des mendiants, qui s'en servaient pour émouvoir la pitié et provoquer les aumônes. Vincent de Paul, suivi d'une foule de peuple qui le bénissait, se rendit à la maison de la Couche, et fut affligé de l'état d'abandon et de misère, dans lequel il trouva cet établissement, confié au bon vouloir d'une veuve et de deux servantes. Il apprit, en effet, que ces petits infortunés étaient vendus, souvent au prix d'un franc, et que ceux qui n'avaient pas trouvé d'acquéreur, mouraient bientôt, faute de nourriture. Aussi, les cris de ces innocentes victimes n'importunaient pas longtemps le voisinage. Indigné des horribles détails qu'il avait recueillis, Vincent de Paul rassemble les dames de charité et leur propose de créer une œuvre nouvelle, pour sauver les enfants trouvés. Toute l'assistance partage sa généreuse indignation, mais on hésite devant l'étendue des sacrifices auxquels il fallait faire face, car le nombre des nouveau-nés délaissés et exposés dans les rues ne s'élevait pas à moins de trois à quatre cents

Sermon de saint Vincent de Paul en faveur des enfants trouvés.
D'après une gravure portant les mentions suivantes : « *B. Vincentius infantium expositorum vitæ ac educationi providet.* » *Galloche pinxit.* — *Bonnard delineavit.*

par an. L'assemblée de charité ne pouvait se charger de tous ces enfants : on en choisit, on en acheta douze, qui furent remis à Mme Legras et à ses filles de la Charité. On loua une maison, près de la porte Saint-Victor, pour en faire un hospice ; Vincent de Paul s'était occupé de réunir des fonds ; il avait obtenu de la reine régente une rente annuelle sur les fermes. Mais les troubles de la Fronde eurent trop vite épuisé ces ressources, et les frais de l'hospice avaient augmenté considérablement, parce que le fondateur de l'œuvre augmentait tous les jours le nombre des enfants qu'il arrachait à la mort et à l'infamie. Les dames, effrayées des dépenses que les aumônes ne couvraient plus, se rassemblèrent pour délibérer sur le parti à prendre : elles semblaient décidées à renoncer à une œuvre, intéressante sans doute, mais frappée de discrédit par suite d'un préjugé moral contre lequel protestait en vain la charité. C'est alors que Vincent de Paul prononça ce discours simple et touchant, qui changea tout à coup les dispositions de l'assemblée : « Or sus, mesdames, la compassion et la charité vous ont fait adopter ces petites créatures pour vos enfants. Vous avez été leurs mères selon la grâce, depuis que leurs mères selon la nature les ont abandonnés ; voyez maintenant si vous voulez aussi les abandonner. Cessez d'être leurs mères, pour devenir à présent leurs juges. Leur vie et leur mort sont entre vos mains : je m'en vais prendre les voix et les suffrages. Il est temps de prononcer leur arrêt, et de savoir si vous ne voulez plus avoir de miséricorde pour eux. Ils vivront, si vous continuez d'en prendre un charitable soin, et au contraire ils mourront et périront infailliblement, si vous les abandonnez. » Toute l'assistance fondait en larmes ; la cause des enfants trouvés était gagnée. Vincent de Paul et Mme Legras firent de nouvelles quêtes et intéressèrent la cour à la création d'un hospice définitif, à établir dans les bâtiments de Bicêtre, et destiné à recevoir tous les enfants qu'on trouverait dans les rues de Paris et aux environs de la ville. Les revenus de l'hospice étaient assurés pour l'entretien des enfants et pour le payement des nourrices et des surveillantes, mais une grande mortalité se déclara dans l'établissement de Bicêtre ; les médecins l'attribuèrent à l'air trop vif pour des enfants nouveau-nés. Aussitôt Vincent de Paul s'empressa de les ramener dans l'intérieur de Paris et de les confier aux soins directs des sœurs de la Charité, dans deux maisons qu'il acheta pour eux, l'une vis-à-vis de Saint-Lazare et l'autre dans le faubourg Saint-Antoine. Ces deux maisons ne firent que prospérer désormais, malgré l'augmentation successive de ces pauvres enfants que la misère et l'inconduite de leurs parents abandonnaient à la charité publique qui les adoptait. La reine Marie-Thérèse voulut être aussi la bienfaitrice des enfants trouvés, qui devaient tant à la bonté d'Anne d'Autriche; elle porta sa munificence sur la maison du faubourg Saint-Antoine, qui devint un vaste hôpital et fut réuni en 1670 à l'hôpital général.

Ce n'était pas assez pour Vincent de Paul d'avoir protégé ces frêles créatures, délaissées par les auteurs de leurs jours; il eut la pensée de rendre le même service aux orphelins, mais il fut devancé par son vénérable ami, Jean-Jacques Olier, curé de Saint-Sulpice, qui lui demanda quelques sœurs de la Charité pour diriger l'orphelinat qu'il établissait dans sa paroisse, rue du Vieux-Colombier, où fut fondée la maison des orphelins de la Mère-Dieu. Cette maison ne renfermait pas moins de cinquante enfants des deux sexes, que les filles de la Charité élevaient et instruisaient jusqu'à ce qu'on les mît en apprentissage chez des personnes pieuses. Mais Vincent de Paul n'eut pas de concurrent pour la fondation d'un hospice de vieillards; un saint homme, auquel il avait parlé de ce projet, lui offrit une somme de 130,000 livres, à la condition de n'être connu que de Dieu et de lui. Avec cet argent, Vincent put acheter, dans le faubourg Saint-Laurent, un terrain et deux maisons, auxquelles il ajouta une chapelle. Le nouvel hospice, appelé du nom de Jésus, reçut quarante pauvres des deux sexes, qui furent répartis dans deux corps de logis séparés, sous la conduite des sœurs de la Charité. Vincent de Paul avait pris en affection cette maison, dont il dressa lui-même les règles, et qu'il visitait souvent pour faire des instructions aux vieillards qui y étaient admis. L'ordre et la discipline qui régnaient dans cet établissement firent naître l'idée d'appliquer un système analogue de retraite à tous les pauvres de la capitale. De là la fondation de l'hôpital général, destiné à remplacer les divers

Fig. 160. — Hôpital de Bicêtre.

refuges et dépôts de mendicité qui n'avaient donné que des résultats très imparfaits. C'est à Vincent de Paul que le roi accorda, pour cette fondation, les terrains et bâtiments de la Pitié, de Bicêtre et de la Salpêtrière. L'hôpital général, institué par un édit royal de 1656, richement doté par le cardinal Mazarin et le marquis de Pomponne, placé sous la direction de Louis Abelly, l'un des missionnaires de Vincent, avait déjà recueilli 5,000 pauvres mendiants, lorsque le saint organisateur de cette colossale entreprise mourut (1660), avec la joie de l'avoir vu réussir au delà de ses espérances.

Saint François de Sales avait été contemporain de saint Vincent de Paul, et quoiqu'il fût originaire de Savoie (né en 1567, mort en 1622), son action et son influence s'étaient fait sentir en France plus que partout ailleurs, pour fonder des congrégations nouvelles de femmes vouées aux œuvres de charité, à l'éducation des enfants et à la vie ascétique. De même que saint Vincent de Paul avait été secondé dans ses travaux de pieuse propagande par une femme admirable de dévouement et d'abnégation, Mme Legras, qui fut pendant trente ans sa fidèle collaboratrice, saint François de Sales eut aussi, pour l'exécution de ses projets et de ses plans religieux, le concours infatigable d'une sainte femme, digne, par son mérite et par ses vertus, d'être associée à ce grand évêque de Genève. Jeanne-Françoise Frémiot, fille d'un président au parlement de Dijon et veuve du baron de Chantal, s'était mise sous la direction de saint François de Sales, qui lui inspira la pensée de se faire la fondatrice d'un nouvel ordre monastique, dont il rédigea les statuts et qu'il vit s'établir à Lyon, en 1615, sous le titre de *Filles de la Visitation*. Les premières compagnes de Mme de Chantal furent, comme elle, des femmes du grand monde, qui s'en étaient retirées pour se consacrer à Dieu et aux œuvres de miséricorde. Déjà, d'après les conseils de saint François de Sales, une autre femme pieuse, Mme Acarie, avait essayé d'introduire en France à Paris même, sous le titre de *Congrégation de Sainte-Geneviève*, la réforme austère que sainte Thérèse avait établie, en Espagne, avec tant de succès édifiant, dans l'ordre des Carmélites. Ce fut la reine Marie de Médicis qui forma le dessein de fonder à Paris, dans le faubourg Saint-Jacques, un couvent de Carmélites françaises.

Ces deux congrégations de femmes, la Visitation et les Carmélites, qui devaient leur établissement aux plus grandes dames de la cour, de la noblesse et de la haute bourgeoisie, avaient vu naître presque simultanément une nouvelle congrégation, originaire d'Italie, celle des Ursulines, que Mme Acarie eut la joie de naturaliser en France, sous l'inspiration de son illustre ami saint François de Sales. Ce fut Mme de Sainte-Beuve qui, après la mort de son mari, conseiller au parlement, consacra sa fortune à cette fondation religieuse, et qui obtint de Henri IV et de la reine Marie de Médicis les moyens de créer, dans le quartier Saint-Jacques, la maison mère des Ursulines, sous les auspices de l'archevêque de Paris, des princesses de Longueville, de la duchesse de Mercœur, de la marquise de Maignelais, de la comtesse de Saint-Pol, et de l'élite des dames de la cour. Les établissements des Ursulines, par la puissance de l'exemple et de l'émulation chrétienne, se multiplièrent avec une si étonnante

Fig. 161. — Jeanne-Françoise de Chantal, fondatrice de la Visitation.
D'après Restout.

rapidité, que dans l'espace d'une vingtaine d'années la congrégation de Paris compta plus de quatre-vingts maisons auxiliaires, et que des congrégations semblables, avec de légères différences dans la règle, se répandirent par tout le royaume.

Il y eut ainsi, depuis le règne de Henri IV, une sorte de fièvre religieuse, qui s'était emparée des femmes de l'aristocratie et qui les excitait à se jeter dans les congrégations ou à en favoriser le progrès. Chaque congrégation, une fois créée, enfantait, de tous côtés, des couvents; l'argent abondait pour cet usage, et quelles que fussent les souffrances des populations et les misères cachées des familles, l'aumône jaillissait partout comme une source intarissable. Les congrégations de femmes sont d'abord les plus nombreuses et les plus encouragées : filles de Notre-Dame, filles de Sainte-Élisabeth, filles de la Miséricorde, filles de la Croix, filles de l'Enfance, filles de Sainte-Geneviève, filles de l'Union chrétienne, etc. La plupart de ces institutions, qui naissent et qui prospèrent à la fois, ont pour objet principal l'éducation de la jeunesse. Les congrégations d'hommes s'organisent et s'établissent dans le même but, malgré la concurrence jalouse de l'université, ou se vouent avec la même ardeur aux durs travaux des missions : ici ce sont les prêtres de la Doctrine chrétienne, institués par César de Bus, dès l'année 1593; ce sont les prêtres de l'Oratoire, institués par l'abbé de Bérulle, en 1611; ce sont les Barnabites, venus du Béarn et protégés par Henri de Gondi, évêque de Paris, en 1622; là, ce sont les prêtres de la Mission, qui sortirent du collège des Bons-Enfants, que Vincent de Paul avait été chargé de gouverner en 1625; ce sont les Eudistes, que Jean Eudes, frère de l'historien Mézeray, rassembla en congrégation, en 1643, pour appliquer la théologie à l'œuvre des missions et pour instruire de jeunes ecclésiastiques; ce sont tous ces missionnaires qui apportent leur concours intelligent à la féconde institution des missions créées par Vincent de Paul : les missionnaires du Saint-Sacrement, les missionnaires de Saint-Joseph, les missionnaires de Saint-Laurent, etc. C'est encore au dix-septième siècle que se rapportent la réforme de l'ordre de la Trappe, ramené en 1662 à l'observance de Cîteaux par de Rancé et l'institution des frères de la Doctrine chrétienne, en 1679, par J. B. de la Salle.

Toutes les congrégations, qui reposaient sur des bases fixes et solides, et qui répondaient à un besoin de propagande religieuse ou d'utilité pratique, ne pouvaient manquer de réussir, de se développer et de s'enraciner, pour ainsi dire, dans le corps social; les services rendus étaient, pour elles, des titres de noblesse et des garanties de durée. Mais l'abus n'avait pas tardé à se produire et le gouvernement devint plus difficile pour accorder des lettres patentes à de nouvelles communautés, qui ne s'étaient formées que d'après des données fausses et des calculs erronés, et qui parfois croulaient en ne laissant que des dettes. L'autorité civile voulut porter remède à un état de choses qui pouvait compromettre la religion. En 1670, le parlement nomma des commissaires chargés d'examiner les droits et les titres

Fig. 162. — Costumes religieux. Tirés des recueils du père Hélyot et de de Bar.

N° 1 (de gauche à droite). *Augustine*, hospitalière de l'Hôtel-Dieu, en costume de service, antérieur à la réforme de 1646. — 6. La même, en habit de chœur. — 2 et 7. *Religieux de la Trappe*, en habit de travail et en coule. — 3. *Sœur de Saint-Joseph*, de l'ordre institué à la Flèche, en 1642, par Mlle de la Fère. — 4. *Lazariste*, ou prêtre de la Mission, de l'ordre fondé en 1625 par saint Vincent de Paul. — 5. *Dîmesse*, religieuse parcourant les villages pour recevoir la dîme du couvent.

de toutes les maisons religieuses qui existaient alors à Paris, et dont un grand nombre n'avait pas même d'autorisation. D'après le rapport de ces commissaires, un arrêt intervint, le 17 juin, supprimant les maisons de la mère Ursule, de la mère Maillard, de l'Annonciation, de la dame Cossart, de l'hospice de Charonne au faubourg Saint-Germain, des Bénédictines de la Consolation, et des filles de Sainte-Anne au faubourg Saint-Marcel.

Il est impossible d'énumérer tous les couvents de femmes qui s'étaient établis à Paris, sous le règne de Louis XIV; un grand nombre de ces communautés avaient eu leur résidence aux environs de Paris, mais elles s'y trouvaient délaissées ou ignorées; le désir de se faire de puissantes et riches protections les faisait venir dans la capitale, où rien ne s'opposait à leur installation, quand elles n'avaient pas d'autre objet que de s'adonner à la vie claustrale et contemplative, en ne s'occupant que de prières et de pratiques de dévotion; elles obtenaient facilement d'avoir une chapelle dans leur

Fig. 163. — Monastère du Val-de-Grâce. — D'après Pérelle.

maison et d'y recevoir librement les personnes pieuses qui se rendaient aux offices. Dès qu'une maison religieuse était en bonne odeur de sainteté dans le quartier où elle avait élu domicile, les aumônes lui arrivaient de toutes parts, et l'on n'attendait guère l'apparition d'un bienfaiteur ou d'une bienfaitrice, qui ornait l'église et rentait la communauté. Ce n'était pas la même chose, si une congrégation de femmes se proposait d'ouvrir un hôpital et d'y soigner des malades : les administrateurs de l'Hôtel-Dieu s'opposaient à la concurrence que la charité privée prétendait leur faire, et ils commençaient par faire fermer la maison, qui ne se rouvrait plus si les sœurs hospitalières n'étaient pas fortement soutenues à la cour ou dans le parlement. L'établissement d'une communauté qui voulait se consacrer à l'instruction des jeunes filles pauvres ou des petits enfants, était plus aisé à faire et rencontrait moins d'obstacle, de défiance et de jalousie, l'université ne se mêlant pas ordinairement de ces petites écoles, où l'on n'avait affaire qu'à l'éducation féminine. Ces communautés scolaires étaient les plus pauvres et les plus utiles : le bien qu'elles faisaient ne frappait pas tant l'imagination que les exercices de

Fig. 164. — Costumes religieux. Tirés des recueils du père Hélyot et de de Bar.

N°ˢ 1 (à partir de la gauche). *Bernardine*, de l'ordre de Cîteaux, religieuse de Port-Royal. — 2. *Madelonnette*. (V. pag. 382). — 3. *Feuillantine*, de l'ordre institué en 1590, établi à Paris, en 1622, par Anne d'Autriche. — 4. *Fille de la Croix*, de l'ordre hospitalier qui desservait l'Hôtel-Dieu et les hôpitaux Sainte-Marguerite, Saint-Louis et de la Charité. — 5. *Sœur de Charité*, ou de Saint-Vincent de Paul. — 6. *Ursuline* (V. page 376).

piété extraordinaires. Parmi ces établissements d'instruction religieuse, nous citerons seulement les filles de la Providence instituées en 1639, par Marie Delpech, de Bordeaux, et les filles de la Providence dont Vincent de Paul avait rédigé les statuts en 1643, lorsque Mme Pollalion eut fondé cette maison, avec l'appui de la reine Anne d'Autriche; les filles de l'Instruction chrétienne, qui s'établirent en 1657; les filles de Sainte-Geneviève, que Mlle de Blosset avait groupées sous sa direction dès l'année 1625, et les filles de la Croix, qui eurent pour fondatrice, en 1643, la veuve Marcel, de cette ancienne famille Lhuillier, bien connue pour sa charité.

Il ne faut pas oublier les maisons de refuge, où l'on recueillait de malheureuses femmes arrachées au vice et régénérées par la pénitence : un riche marchand, Robert de Montry, avait mis sous la garde du bon Pasteur de l'Évangile, en 1618, un troupeau de ces brebis égarées, ce qui fut l'origine du couvent des filles de la Madeleine ou Madelonnettes, fondé en 1620 par la marquise de Maignelay; plus tard, Mme de Combé ouvrit aussi une maison du Bon Pasteur, pour ramener à Dieu les tristes victimes de l'inconduite, et, avant elle, Mme de Miramion avait fait appel à toutes les pécheresses qui voudraient se punir elles-mêmes, en acceptant la règle rigoureuse de Sainte-Pélagie, qui était moins un couvent qu'une maison de détention. Cette détention paraissait d'autant plus dure, que la plupart des communautés de femmes n'étaient pas astreintes à la clôture et restaient mêlées à la vie sociale, en se montrant avec leur costume et leurs insignes au milieu des foules qui les entouraient de vénération.

On voyait alors, de temps à autre, passer processionnellement de longues files de jeunes gens vêtus du costume clérical : c'étaient les élèves des séminaires, qu'on menait aux églises ou à la promenade, sous la conduite de leurs professeurs. Depuis le commencement du siècle, le père de Bérulle et ses deux associés, Bourgoing et Bence, avaient donné leurs soins à la création des séminaires en France. Il n'y avait encore, à cette époque, pour les jeunes clercs qui se destinaient à l'état ecclésiastique, ni maison commune, ni exercices religieux, ni études spéciales. Adrien Bourdoise, qui se destinait à la prêtrise, était venu faire ses études à Paris, et il avait formé, dans le collège de Reims, où il était boursier, une communauté de dix associés, bacheliers en théologie, comme lui, pour se préparer aux devoirs du sacerdoce. Ils réformèrent d'abord leur extérieur, en adoptant l'habit long et en portant les signes distinctifs de l'état ecclésiastique. Leur association, qu'ils appelaient *la cléricature*, prit une forme régulière en 1618, lorsqu'ils se consacrèrent tout à fait à l'instruction des jeunes clercs. Un des associés, nommé Guillaume Compaing, qui avait reçu les inspirations de saint François de Sales, était assez riche, en sa qualité de fils d'un secrétaire du roi, pour prendre à sa charge tous les frais de l'établissement, pour lequel il obtint des lettres patentes en 1632. Ce premier séminaire, situé rue Saint-Victor, était une annexe de l'église Saint-Nicolas du Chardonneret, construite par les soins de Compaing. Le second séminaire de Paris fut fondé, en 1636, par Claude Bernard, dit le *pauvre prêtre*, qu'on ne pouvait voir ni entendre sans être touché de la simplicité et de l'onction de ses paroles aussi bien que de son dévouement infatigable pour le prochain. Sa réputation de charité le fit mander plusieurs fois par le cardinal de Richelieu, qui ne parvint pas à lui faire rien accepter pour lui-même. Un jour, le cardinal le pressant davantage, le pauvre prêtre le pria seulement de faire réparer la charrette dont il se servait pour conduire les condamnés au supplice, et qui leur infligeait, dit-il, en raison de son mauvais état, un supplice de plus. Enfin, il entreprit de réunir de pauvres écoliers qui auraient la vocation du sacerdoce, et de leur fournir les moyens d'achever en commun leurs études théologiques. Le cardinal de Richelieu et la reine Anne d'Autriche contribuèrent à cette fondation, qui fut installée dans l'hôtel d'Albiac, vis-à-vis du collège de Navarre : ce fut le séminaire des Trente-trois, qui fournit un grand nombre de laborieux ouvriers pour le saint ministère. Mais le plus important et le plus célèbre des séminaires de Paris fut celui de Saint-Sulpice, que l'abbé Olier avait projeté, bien avant de devenir curé de cette paroisse; l'estime et la renommée qu'il avait acquises dans les missions le désignaient à la faveur du cardinal de Richelieu, qui songeait à lui ouvrir la carrière de l'épiscopat. Mais le vertueux abbé refusa cet honneur, en déclarant qu'il rendrait plus de services à l'Église dans une position plus modeste et plus active. Il institua donc, à Vaugirard, une nouvelle congrégation pour la direction des séminaires, et, soutenu par quelques généreux coopérateurs, établit définitivement son séminaire, qu'il divisa en deux : le grand et le petit, l'un rue du Vieux-Colombier, l'autre rue Férou. La libéralité d'un des élèves du séminaire, le jeune abbé de Bretonvilliers, fit tous les frais des constructions, qui étaient assez vastes pour la résidence de deux ou trois cents personnes, les prêtres dans le grand séminaire, les clercs dans le petit. L'université avait bien eu l'intention de protester contre la concurrence invincible que ces établissements faisaient aux écoles de théologie de la Sorbonne, mais ils étaient trop utiles au recrutement des jeunes prêtres et appuyés par de trop puissantes sympathies, pour que les anciens privilèges universitaires pussent être invo-

Fig. 165. — Jean-Jacques Olier, fondateur et premier supérieur du séminaire de Saint-Sulpice, curé de cette paroisse. — D'après une estampe signée : *Christianus d'Ellieul delineavit; N. Pitau sculpsit.*

qués contre des œuvres de charité si fécondes et si nécessaires dans l'intérêt du clergé.

Depuis la mort d'Anne d'Autriche, la cour semblait s'être refroidie pour les fondations religieuses; Louis XIV, nonobstant sa piété et son zèle pour la religion, ne se dissimulait pas qu'on avait abusé de ces fondations; ce qui explique pourquoi Marie-Thérèse, si pieuse qu'elle fût, ne se montrait pas aussi ardente que la reine mère à intervenir de son nom et de sa personne dans l'établissement de nouvelles congrégations, de nouvelles institutions religieuses, de nouveaux couvents. Il ne manquait pourtant pas de saintes femmes, qui continuaient les errements de Mme Acarie, de Mme Legras et de Mme Pol-

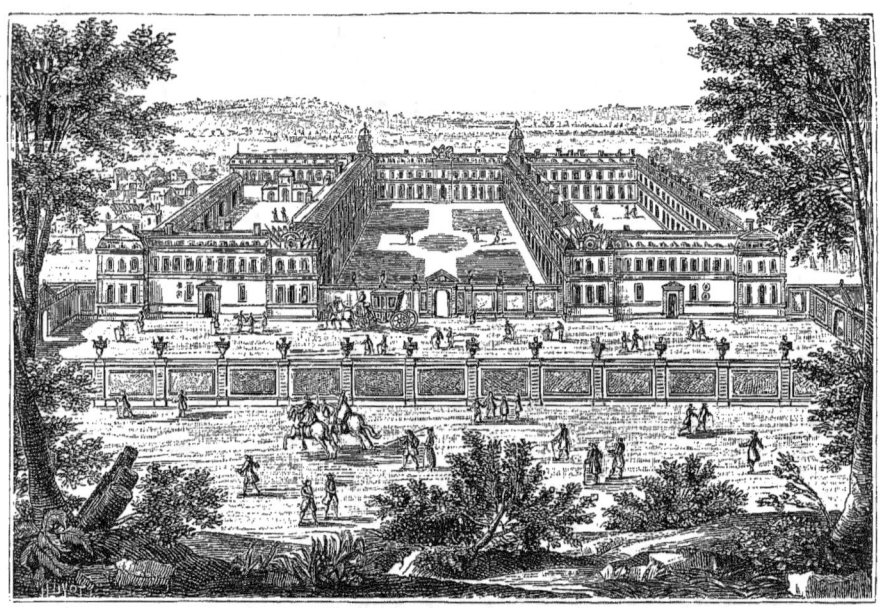

Fig. 166. — Vue générale de la maison de Saint-Cyr. — D'après Aveline.

lalion. La princesse de Conti, la duchesse de Conti, Mme de Dampierre et quelques dames de la cour encourageaient de leurs donations généreuses les œuvres charitables de Mme de Miramion, de Mme Chardon et de Mme Helyot, mais les bourses et les cœurs demeuraient fermés à la cour; ils se seraient pourtant ouverts comme autrefois, si Mme de Maintenon avait eu le goût de ces fondations auxquelles chacun participait par l'aumône. Quand elle eut l'idée de fonder la maison de Saint-Cyr (1686), elle s'adressa au roi, qui, sans recourir à des quêtes et à des dons volontaires, fit construire par ses architectes cette maison royale, dans laquelle trente-six dames et vingt-quatre sœurs converses étaient employées à l'éducation de deux cent cinquante pensionnaires, choisies parmi les familles nobles. Mme de Maintenon regardait donc ce monastère comme son ouvrage et sa propriété ; elle en dirigeait l'administration, elle en inspirait les études, elle en était la reine plutôt que la gouvernante. C'est là qu'elle se retira humblement, après la mort de Louis XIV ; c'est là qu'elle passa les dernières années de sa vie, au milieu de ses filles ; c'est là qu'elle mourut en 1719.

Fig. 167. — Séminaristes. — D'après Séb. le Clerc.

CHAPITRE DOUZIÈME

LE PEUPLE DES VILLES

ET DES CAMPAGNES

Le peuple à la fin du XVI° siècle. — Caractère du peuple parisien. — Population de Paris sous le règne de Henri IV; pauvres et mendiants. — Prospérité relative des campagnes sous ce règne. — Le peuple de Paris sous Louis XIII. — Misère générale pendant la Fronde. — État malheureux des campagnes; la taille et le passage des gens de guerre. — Les campagnes sous Louis XIV; rapports des intendants de province. — Le peuple parisien à la fin du XVII° siècle.

Si l'on veut faire une exacte et juste définition du peuple, il faut s'en tenir à celle que la Bruyère a si bien établie dans ses *Caractères des mœurs de ce siècle* : « Qui dit *le peuple*, dit plus d'une chose ; c'est une vaste expression, et l'on s'étonnerait de voir ce qu'elle embrasse et jusqu'où elle s'étend. Il y a le peuple qui est opposé aux grands, c'est la populace, la multitude ; il y a le peuple qui est opposé aux sages, aux habiles et aux vertueux : ce sont les grands comme les petits. » Nous n'avons à parler ici que du peuple proprement dit, de ce qu'on nommait autrefois *le populaire*, qui ne comprenait pas, du moins dans son état normal, les grands, les riches, les bourgeois et les marchands. C'est surtout de ce peuple que Pierre Charron a fait un portrait si ressemblant et si effroyable, dans son livre de *la Sagesse*, comme s'il eût voulu remplir une lacune que son ami Michel Montaigne a laissée à dessein ou par oubli dans ses inimitables *Essais*. Charron avait pu étudier le peuple des villes et des campagnes pendant les troubles du seizième siècle et surtout à l'époque de la Ligue, où le peuple se montra sous ses plus tristes aspects.

« Le peuple, dit Pierre Charron, le peuple (nous entendons icy le vulgaire, la tourbe et lie populaire, gens, soubs quelque couvert que ce soit, de basse, servile et méchanique condition) est une bête estrange à plusieurs testes, et qui ne se peut bien descrire en peu de mots : inconstant et variable, sans arrest, plus que les vagues de la mer, il s'esmeut, il s'accoyse; il approuve et réprouve en un instant mesme chose... Il court toujours d'un contraire à l'autre : de tous les temps, le seul futur le repaist. Léger à croire, recueillir et ramasser toutes nouvelles, surtout les fascheuses, tenant tous rapports pour veritables et asseurés : avec un sifflet ou sonnette de nouveauté, on l'assemble, comme les mouches au son du bassin. Sans jugement, raison, discrétion, son jugement et sa sagesse, trois dez et l'adventure. Il juge brusquement, et à l'estourdie, de toutes choses, et tout par opinion, ou par coutume, ou par le plus grand nombre, allant à la file, comme les moutons qui courent après ceux qui vont devant... Envieux et malicieux, ennemy des gens de bien, contempteur de vertu, regardant de mauvais œil le bonheur d'autruy, favorisant au plus foible et au plus meschant, et voulant mal aux gens d'honneur sans savoir pourquoy... Peu loyal et véritable, amplifiant le bruict, enchérissant sur la verité et faisant toujours les choses plus grandes qu'elles ne sont, sans foy ni tenue.... mutin, ne demandant que nouveauté et remuement, séditieux, ennemy de paix et de repos.... Mais il n'a que le bec, langues qui ne cessent, esprits qui ne bougent, monstre duquel toutes les parties ne sont que langues, qui de tout parle et rien ne sçait, qui tout regarde et rien ne voit, qui rit de tout et de tout pleure ; prest à se mutiner et rebeller, et non à combattre, son propre est d'essayer plustost à secouer le joug qu'à bien garder sa liberté.... Il ne peut souffrir le mors doux et tempéré, ny jouyr d'une liberté reiglée, court toujours aux extrémités, trop se fiant ou se mesfiant, trop d'espoir et de crainte. Ils vous feront peur, si vous ne leur en faictes ; quand ils sont effrayés, vous les baffouez et leur sautez à deux pieds sur le ventre ; audacieux et superbes, si on leur monstre le baston, dont est le proverbe : *Oings-le, il te poindra; poinds-le, il t'oindra.* »

C'est à Paris même que Pierre Charron avait vu le peuple, pour le peindre d'après nature ; mais, dans le portrait qu'il nous en a laissé, il a eu peut être le tort de ne le regarder que par ses mauvais côtés. Sauval, qui connaissait bien aussi son Paris, mais qui n'en a fait la peinture que soixante-dix ans plus tard, a traité le peuple de cette grande ville avec beaucoup plus d'indulgence et de sympathie. Pour lui, le peuple se compose de tous les habitants de Paris ou plutôt de tous ceux qui en sont originaires. « Les Parisiens, dit-il, sont bons, dociles, fort civils, aiment les plaisirs, la bonne chère, le changement de mode, d'habits et d'affaires. Leur facilité est si grande à l'égard des étrangers et des inconnus qu'ils leur prêtent sans peine, quoiqu'assez souvent ils y soient attrapés. S'il se fait à Paris des vols, des meurtres, des insolences, des blasphèmes et autres désordres, ils sont moins fréquents qu'on ne le dit, et se font d'ordinaire par des soldats et des gens de la lie du peuple, qui ne sont point Parisiens. » Sauval était dans le vrai, quand il prenait fait et cause pour le peuple de Paris, en refusant de lui imputer une grande partie des méfaits qu'on mettait sur son compte, tout en reconnaissant, avec l'historien du Haillan, que « le naturel des Parisiens est propre à la rébellion. » Un autre historien de la fin du seizième siècle, Jacques Charron, avait porté sur le peuple de Paris un jugement analogue à celui de Sauval : « On tient en particulier les Parisiens, dit-il dans son *Histoire universelle de toutes les nations*, non seulement plus gracieux, ains encore plus dévotieux, plus charitables, aumôniers, pécunieux et remplis de délices, que tous les autres François, mais colères, soudains et fort faciles à esmouvoir. Ils font profession de la religion catholique et ont esté surnommés *badauds* ou *niais*, combien que la plupart ayent toujours bien fait paroistre ; comme ils font encore, qu'il n'y en a guères de plus avisés qu'eux. » Un placard imprimé, que Pierre de l'Estoile a recueilli dans ses Registres-journaux et qui fut affiché, le 5 août 1590, sur les murs du couvent des Augustins, commençait ainsi : « Pauvres Parisiens, je déplore vostre misère et ai encore plus grand pitié de ce qu'estes toujours badauds. »

En cette même année 1590, au moment où l'armée de Henri IV

Fig. 168. — Paris sous Henri IV. — D'après Mérian.

investissait les faubourgs de la capitale, on fit le recensement général des habitants qu'il fallait nourrir pendant le siège : « Il se trouva dans Paris, quand il fut bloqué, dit l'évêque de Rhodez dans ses Mémoires inédits, deux cent trente mille personnes seulement, dont il y en avoit bien près de trente mille des paysans d'alentour, qui s'y étoient réfugiés, et s'en étoit retiré près de cent mille naturels habitans, si bien qu'en ce temps-là il n'y avoit que trois cent mille âmes à Paris. » Les habitants qui avaient quitté la ville avant le blocus étaient donc les plus riches et appartenaient presque tous à la bourgeoisie et à la classe des marchands. Deux mois après, en juin 1590, un nouveau recensement constata la présence de douze mille trois cents pauvres, qui n'avaient ni pain ni argent, et de sept mille personnes qui avaient de

Fig. 169. — Mendiants mangeant la soupe distribuée. — D'après une estampe anonyme portant pour titre principal : « Les rentes des gueux sont assignées sur la marmite des riches. »

N. B. Cette image est accompagnée, dans l'original, de nombreux dictons et proverbes populaires, tels que : Tel pot, tel soupe. — Ils en ont bien senti la fumée. — Il vaut mieux venir à benedicite qu'à grâce. — Il ne se soucie pas comme on l'appelle, pourvu qu'on l'appelle pour dîner. — Il n'est pas saoul qui n'a rien mangé. — On perd beaucoup de choses faute de demander. — Des soupes et des amours, les premiers sont les meilleurs. — Il est raisonnable, il a mangé de la soupe à neuf heures. — Je ne dis mot, je mange ma soupe. — Mon mouchoir me sert de cuiller....

l'argent, sans avoir du pain. Cinq ans plus tard, en mars 1595, le nombre des pauvres était réduit à sept mille sept cent neuf, qui, sur une convocation de l'hôtel de ville, se réunirent au cimetière des Innocents. La ville de Paris, quoique rendue au roi, n'avait pas encore retrouvé toute sa population. Il est impossible d'apprécier, par des calculs problématiques, quel pouvait être à cette époque le nombre des individus, mâles et femelles, formant la masse du peuple, dans laquelle

Fig. 170 et 171. — Gueux. — D'après Callot.

les mendiants et les gueux, c'est-à-dire la populace fainéante et malfaisante, comptaient au moins pour cinquante mille âmes. Le reste du peuple se composait d'artisans, de manouvriers, de petits marchands ambulants et d'aventuriers, la plupart d'origine étrangère. C'était une population mobile et flottante, qui se renouvelait sans cesse par l'arri-

Fig. 172 et 173. — Gueux. — D'après Callot.

vée de nouveaux venus, cherchant du travail et trouvant à grand'peine le moyen de vivre misérablement. Beaucoup de ces misérables couchaient, la nuit, en plein air, sous les auvents des boutiques, sur les étaux des halles et dans les bateaux de la rivière. Le jour, ils se répandaient dans les rues, ou se groupaient sur les places, pour y exercer une foule de métiers infimes et souvent honteux. Et pourtant quelquefois, en certaines circonstances imprévues, ce bas peuple semblait s'animer tout à coup d'une vie commune et ressentait à la fois comme les impressions d'une âme unique, qui l'inspirait et le faisait agir ; c'est ce qui se passa, par exemple, au supplice de l'exécrable Ravaillac, l'assassin de Henri IV. « Le peuple, raconte l'auteur du *Supplément au Journal de Pierre de l'Estoile*, le peuple, qui pour l'ordinaire est touché de compassion à la vue des supplices, ne l'a pas été à l'égard de celuy-cy ; mais, depuis le palais jusqu'à sa mort, il n'a pas cessé de lui dire des injures et des malédictions, et a refusé qu'on dist pour luy la prière accoutumée, qui est un *Salve Regina*, criant tout haut qu'il étoit plus damné que Judas. »

Le peuple de Paris avait conscience de l'affection paternelle que lui portait Henri IV, et mille échos répétaient, par toute la France les preuves de tendre et généreuse sollicitude que le roi donnait à ses sujets, en temps de paix comme en temps de guerre. Dans quantité de lettres adressées par cet excellent roi aux gouverneurs de provinces et aux cours souveraines, il ne cessait de leur recommander les intérêts de son peuple : « Ayez soin de mon peuple, leur disait-il avec une touchante insistance ; ce sont mes enfants, Dieu m'en a confié la garde. » On n'aurait jamais fini d'énumérer tout ce qui s'était fait pour le peuple, durant les dernières années de ce règne prospère et florissant. « On ne se plaignoit point des impositions excessives, dit l'abbé de Marolles dans ses *Mémoires*, où il a décrit d'une manière charmante et poétique l'état de prospérité des campagnes avant la mort de Henri IV, et je n'ai pas de mémoire d'avoir ouï-dire qu'alors un passage de gens de guerre eût pillé une paroisse, bien loin d'avoir désolé des provinces entières, comme il ne s'est vu que trop souvent depuis par la violence des ennemis. Telle fut la fin du règne du bon roi Henri IV, qui fut la fin de beaucoup de biens et le commencement de beaucoup de maux. » Les détails que donne l'abbé de Marolles sur la prospérité des campagnes pendant ce règne béni ne permettent pas de douter que le peuple des villes fût moins heureux que les paysans : « Le bétail, dit-il, étoit mené sûrement aux champs, et les laboureurs versoient les guérets pour y jeter les blés que les leveurs de taille et les gens de guerre n'avoient pas ravagés. Ils avoient leurs meubles et leurs provisions nécessaires et couchoient dans leur lit. » Quatre ans après le crime de Ravaillac, la situation des campagnes avait déjà bien changé, comme on le voit dans les *Ennuis des paysans champêtres, adressés à la Royne régente*, en 1614. « Nous pensions pour longtemps estre bien assurez en nos cabanes rurales, jouÿssant de l'amiable repos que ce grand et invincible guerrier, nostre deffunt et très honoré maistre, avoit procuré à son peuple. Mais, ne pouvant les envieux de nostre prospérité longuement entretenir en France ce bien inestimable de la paix, de laquelle nous respirions si doucement les doux zéphires avec une extresme crainte de la perdre, nous voyons présentement, hélas ! des présages dangereux de sa prochaine ruine. Nous ne craignons point tant les esclairs ny les bruits des effroyables tonnerres qui souventesfois esbranlent nos maisons et renversent les tours et clochers de nos paroisses, que les épouvantables alarmes qui s'engendrent au son du tocsin, le plus souvent de nuit au milieu de nostre repos, ores de jour au milieu de nos sueurs, peines, labeurs et travaux. Point tant ne nous attristent les gresles ny les gelées de may ni les coulanges de juing, qui nous apportent coutumièrement la cherté des vivres, que l'inhumanité des soldats et desloyauté des goujards (goujats), qui tuent, qui molestent, qui violent, qui bruslent, qui destruisent, rançonnent le Bonhomme et luy font mille violences. »

Le peuple de Paris, sous le règne de Henri IV, devait être aussi content de son sort que l'était le peuple des campagnes, car le bon roi se plaisait à améliorer l'état matériel de sa capitale, qui, en devenant plus splendide et plus salubre, avait vu s'accroître rapidement le nombre de ses habitants et notamment celui des artisans et des ouvriers, auxquels le travail lucratif ne faisait pas défaut, à cause des constructions qui s'élevaient et des manufactures qui se multipliaient de toutes parts. Henri IV, malgré son amour sincère pour le peuple, ne souffrait pas qu'il troublât l'ordre de la cité. En 1606, ce peuple, qui gardait encore au fond du cœur le levain de la Ligue, se porta aux plus graves excès contre les protestants qui allaient au temple de Charenton. Chaque dimanche ramenait les mêmes excès à l'égard de ceux qu'on appelait encore des *hérétiques*, en dépit de l'édit de Nantes. Le roi, pour faire cesser cette agitation populaire, ordonna, dit l'Estoile, « de dresser à la porte Saint-Antoine une potence, pour y attacher le premier, tant d'une religion que de l'autre, qui seroit si osé d'attenter aucune chose contre le repos public. »

Paris n'avait donc jamais été plus tranquille, nonobstant l'immense accroissement de sa population. « Le peuple, dit Jacques Charron dans son *Histoire universelle* publiée en 1621, le peuple y est encore en telle multitude pour le jourd'hui, qu'encore que les rues de Saint-Honoré, Saint-Denis, et autres soient bien larges, néanmoins à peine y peut-on passer le plus souvent sans s'entretoucher, de façon qu'il semble que ce soit une perpétuelle procession de peuple, qui y va et vient, tant à pied qu'à cheval, outre infinis coches, carrosses, chariots et charettes qu'on y entend marcher dès la pointe du jour jusqu'au soir, et bien souvent tout le long de la nuit, pour la conduite des seigneurs et des dames, et trafic des vivres et marchandises, lesquels, s'accrochant quelquefois les uns aux autres pour leur multitude, barrent tellement les rues, que plusieurs sont contraints d'attendre longuement, avant que d'y pouvoir passer. »

Ce tableau du mouvement de la foule dans les rues de Paris n'a rien d'exagéré, car, à cette époque, les Parisiens, et notamment les gens du peuple, restaient le moins possible renfermés dans les maisons et se portaient de préférence là où ils pouvaient donner satisfaction à leur curiosité, et, pour dire le mot, à leur badauderie. Il y avait, d'ailleurs, dans la ville, beaucoup d'étrangers et de gens de passage, qui augmentaient la presse des curieux. « Le peuple de Paris, ajoute Jacques Charron, est fort riche pour la multitude de peuple qui y abonde tous les jours, tant des autres provinces du royaume qui ont affaire au roi ou à la cour de parlement, que d'Italie, Espagne, Allemagne, Angleterre et autres lieux, qui y viennent, tant pour voir le pays que pour les affaires qu'ils peuvent avoir, auxquels les habitants de la ville et du pays vendent avec grand profit, non seulement leurs vivres, marchandises et autres commodités, sans grande peine ni travail, ains encore les merciers du palais, plusieurs jolivetés, que peu de personnes peuvent regarder sans deslier leurs bourses. »

Le Pont-Neuf et plusieurs autres endroits de la ville étaient constam-

Fig. 174. — « La miche. » — Tiré des *Proverbes Joyeux* de Lagniet, déjà cités.

N. B. Cette scène représente le passage à l'auberge d'un pèlerin qui se fait festoyer, en distrayant les voyageurs. Les proverbes ou dictons inscrits sur l'original sont : « Rouge au soir, blanc au matin, c'est la journée du pèlerin. — Il a beau mentir qui vient de loin. »

ment remplis de monde, de promeneurs, de flâneurs et de fainéants, qui semblaient n'avoir pas d'autre métier que d'ouvrir les yeux et les oreilles. On s'explique ainsi comment les opérateurs et les charlatans de la place Dauphine, qui vendaient leurs drogues en amusant le peuple par des lazzis et des farces grossières, trouvaient toujours un nombreux et sympathique auditoire. C'était là que le peuple allait chercher un préservatif permanent contre la mélancolie. L'auteur anonyme des *Fantaisies de Tabarin* n'hésite pas à déclarer que les remèdes qui se délivraient sur son théâtre, vis-à-vis *le Cheval de bronze* (c'était la statue équestre de Henri IV), avaient été proclamés très rares et très excellents par « la bouche de tant de diverses personnes et mesme du peuple de Paris, où est la pepinière de tous les plus beaux jugements du monde. » Dulaure, d'après un ouvrage contemporain qu'il analyse dans son *Histoire de Paris*, et qui a pour

Fig. 175. — Types parisiens. — Tiré du 2ᵉ livre des *Proverbes Joyeux* de Lagniet.

N. B. La réunion de ces quatre personnages est appelée par l'auteur : le *grand bureau de la Gazette*.

titre : la *Pourmenade du Pré-aux-Clercs*, a fait du peuple de Paris un portrait peu flatté. L'auteur qu'il cite, sans le nommer, représente « aux halles, plusieurs gueux, qui ne s'amusent qu'à piller et derober les uns les autres, tant les acheteurs que les vendeurs; » puis d'autres gueux qui, « pour mieux avoir leur proie, chanteront des chansons deshonnestes et sales, sans épargner ni dimanches ni fêtes; » puis, les femmes qui vendent des vivres : « Si vous en offrez moins qu'elles n'en désirent, fussiez-vous la personne la plus renommée de la France, là, vous serez blasonné de toutes injures, imprécations, malédictions, et le tout avec blasphèmes et juremens. » Ailleurs, le même auteur nous montre « 'les écoliers plus débauchés que jamais, portant armes, pillant, tuant, paillardant et faisant plusieurs autres méchancetés...; les enfants de famille, aussi bien que serviteurs et

Fig. 176. — Types parisiens. « Le Barbon. » — D'après le dessin de Chauveau, gravé par N. Regnesson.

N. B. Cette estampe se trouve en tête de la première édition (1648) du livre de Balzac intitulé *le Barbon*, satire d'un pédant de collège tombé dans la dernière misère.

servantes, qui ne sont remplis que de désobéissance, de libertés, de volontés, de folies, de caquets, de saletés, de paillardises, de voleries et de plusieurs autres malices; ainsi on en fait des vagabonds, enfants perdus, esclaves de Satan, héritiers de potence. »

Le peuple vivait de peu et supportait les privations avec calme et même avec insouciance; mais, si quelque imprudent ou malavisé cherchait à lui persuader qu'on voulait le faire mourir de faim, il s'affolait tout à coup et devenait capable des plus grands excès d'aveugle fureur. En 1631, la misère était extrême, et le peuple en souffrait cruellement, sans se plaindre ; le bruit se répandit, parmi la populace, qu'un financier, nommé Jean de Bryais, avait spéculé sur les grains et fait hausser le prix de la farine : une émeute terrible éclata contre ce financier, qui eut à peine le temps de s'enfuir et dont la maison fut saccagée de fond en comble. Une émeute du même genre faillit avoir des conséquences plus sérieuses, en 1647, lorsque le surintendant des finances d'Émery, qui cherchait tous les moyens de créer de nouvelles ressources pour les finances de l'État, eut la malheureuse idée d'établir un droit d'entrée sur toutes les denrées alimentaires arrivant à Paris. « La populace dormait engourdie par la misère, dit Alphonse Feillet dans son beau livre de *la Misère au temps de la Fronde;* la faim le réveilla, et le parlement étant parvenu à faire rejeter cet impôt put compter sur la reconnaissance des Parisiens. » La disette régna presque toujours à Paris dans cette triste époque, tandis que la famine décimait la population des campagnes. Le président Molé dit dans ses *Mémoires :* « Après ce jour fatal du départ de la cour (janvier 1649), tout ordre public fut renversé..... Chacun ne pensoit qu'à conserver sa vie. Le travail cessa parmi tous les artisans, le trafic et le commerce parmi les marchands. Les désordres de l'armée dans les environs étoient tels, qu'ils faisoient horreur. » Cependant le prévôt des marchands eut assez de prévoyance et d'habileté pour assurer l'approvisionnement des halles, et quoiqu'un grand nombre de malheureux se fussent réfugiés dans la ville avec l'espoir d'y trouver protection et secours, le peuple ne manqua jamais de subsistance, en se contentant toutefois de pain d'avoine et de son, au lieu de pain de froment. La charité publique fit des prodiges pour sustenter cette multitude affamée.

La situation du peuple des campagnes était cent fois plus à plaindre, car il se trouvait sans cesse à la merci de deux ennemis impitoyables qui le réduisaient aux dernières extrémités : le collecteur des tailles et le soldat des différents partis. Pendant plus de dix ans, de 1645 à 1656, les impitoyables exactions de l'impôt ne laissèrent pas aux paysans un jour de calme et de bien-être. Déjà, dix ans auparavant, ils ne pouvaient plus supporter le poids des exigences fiscales : aux états de Normandie, en 1634, l'assemblée des élus constate que « les tailles se sont accrues jusqu'au point d'avoir tiré la chemise qui restoit à couvrir la nudité du corps, et empesché les femmes, en plusieurs lieux, par vergogne de leur propre nudité, de se trouver aux églises. » Dans toutes les provinces, les intendants recueillaient, à défaut du remboursement des tailles, les plaintes et doléances des pauvres gens, qui n'avaient pas de quoi payer et qui étaient toujours prêts à se soulever contre les commis et les sergents, qu'ils regardaient comme leurs bourreaux. L'intendant de la Gascogne écrivait au chancelier Seguier, en 1643 : « Une sédition pour les tailles est arrivée à Villefranche en Rouergue. Je n'ose pas quitter l'élection de Comminges, de peur que, le dos tourné, les cinq élections de Gascogne, qui sont les plus séditieuses et qui obéissent et paient le moins, en fassent de même. » L'intendant de l'Anjou écrit, la même année : « A Saumur, on a voulu chasser les commis des taxes ; tout est calme présentement, et cela n'a servi qu'à mieux faire payer les droits. » L'intendant de Guyenne : « Tous les jours, on craint rebellion à Bordeaux et à Blaye. Le seul mot *sol pour livre* met les peuples en fureur... » L'intendant d'Auvergne écrit : « A Yssoire, ils ont jeté les commis dans une chaudière pleine de chaux vive... Une sédition s'en est suivie ; le mal empire dans les élections de Clermont, Brioude, Aurillac : on fait des rébellions de toutes parts..... »

La guerre avait commencé le désastre ; l'impôt avait mis le comble à tous les maux. Mathieu Molé, premier président au parlement de Paris, navré des misères du peuple des campagnes, implorait pour lui la pitié de la reine régente Anne d'Autriche : « Votre Majesté, disait-il, m'entendra exposer l'extrémité des souffrances du peuple... Encore si en payant sa part et portion de l'impôt on étoit quitte et libéré ! Mais toute la commune est solidaire, et l'on voit un particulier réduit à une prison perpétuelle, après avoir acquitté sa dette personnelle. Les laboureurs seront bientôt contraints d'abandonner leur travail, de quitter leurs familles et leurs maisons, pour demander leur vie, de porte en porte. On exerce contre eux mille violences à main armée, pour le payement des tailles. »

Mais, nonobstant les tyrannies et les tortures que le payement des tailles faisait subir aux paysans, les violences et les atrocités qu'ils avaient à craindre des gens de guerre étaient encore plus intolérables. Les états de Normandie, en 1647, nous montrent, dans les élections d'Alençon et de Lisieux, « des compagnies de soldats traisnant la désolation, faisant au peuple plus de mal qu'il n'en eust reçu de troupes ennemies : ces soldats rançonnant à discrétion les habitants, contraints la plupart d'abandonner leurs demeures, rompant, bruslant les portes des maisons, démaçonnant les granges, battant les blés, les vendant à vil prix, ainsi que les pailles à demi battues, bruslant les charrues et les charrettes, saisissant les chevaux, enlevant tous les bestiaux

Fig. 177. — Les malheurs de la guerre. — D'après Callot.

d'un village, qui, réunis en un seul troupeau et parqués tous ensemble, estoient ensuite vendus en détail. » Ces soldats appartenaient à l'armée royale, et, pour la plupart, étaient Français ! Mais quand le baron d'Erlach, général suisse, qui s'était mis à la solde de Mazarin, arriva en Picardie et en Champagne, avec une armée composée de Suédois, de Polonais et d'Allemands, les malheureux habitants des campagnes eurent à souffrir des mauvais traitements et des cruautés, qu'ils n'avaient pas soufferts, au moyen âge, pendant la guerre des Anglais. « Pour forcer les paysans à découvrir l'endroit où ils ont caché l'argent que souvent ils ne possèdent pas, raconte un témoin oculaire de ces horreurs, on leur brusle la plante des pieds ! » La déposition d'un labou-

Fig. 178. — Les malheurs de la guerre. — D'après Callot.

reur de Crécy-sur-Serre rapporte naïvement quelques épisodes du passage des *diables* de d'Erlach en Picardie : « Comme cette armée avait donné de la terreur par tous les endroits où elle avoit passé dans le diocèse, et qu'on n'entendoit parler que des cruautés qu'elle avoit exercées depuis la rivière d'Aisne jusqu'à celle de Serre, tout le pays estant en confusion, chacun fuyoit pour trouver un asyle et se mettre à couvert de la violence des soldats.... Tout le village fut entièrement abandonné, comme aussi le bourg de Crécy et plus de trente

Fig. 179. — Marche de Bohémiens. — D'après Callot.

« Ne voilà pas de braves messagers
Qui vont errants par pays étrangers. »

villages aux environs, qui furent réduits en déserts et inhabités, tous les peuples fuyant de tous costés en une telle extrémité de misère, que pas un n'avoit le moyen d'avoir du pain pour eux et pour leurs enfants... Et, après que cette armée se fut éloignée et passée en une autre province, tous ceux qui vouloient retourner au lieu de leurs domiciles trouvèrent que le nombre en estoit grandement diminué et que la plus grande partie estoit morte de misère, de chagrin et de pauvreté. » D'Erlach lui-même, indigné de tant d'atrocités, écrivait à sa femme : « Nos gens se conduisent fort mal et pis que l'ennemi, de sorte que nous sommes détestés de toute la France. »

A ces invasions des corps armés venait se joindre le passage incessant d'une foule de traînards isolés, de soldats devenus mendiants, de voleurs, de gueux et de bohémiens, dont les routes étaient infestées.

Il faut lire les lettres de la mère Angélique Arnauld, abbesse de Port-Royal des Champs, pour se faire une idée de l'état des campagnes pendant la Fronde : « C'est une chose horrible que ce pauvre pays, écrivait-elle en janvier 1649 ; tout y est pillé ; les gens de guerre, se mettant dans les fermes, font battre le blé et n'en veulent pas donner un pauvre grain au maistre qui leur en demandoit par aumosne. On ne laboure plus ; il n'y a plus de chevaux, tout est volé... Les

Fig. 180. — Marche de Bohémiens. — D'après Callot.

« Les pauvres gueux, pleins de bonadctures
Ne portent rien que des choses futures. »

paysans sont réduits à coucher dans les bois, heureux d'y avoir retraite pour éviter d'estre assommés ; si encore ils avoient du pain la moitié de leur besoin, ils s'estimeroient heureux. »

« Toutes ces misères touchoient fort la reine, dit la Porte dans ses *Mémoires*, et mesme, comme on s'en entretenoit à Saint-Germain, elle en soupiroit et disoit que ceux qui en estoient la cause auroient un grand compte à rendre à Dieu, sans songer qu'elle mesme en étoit la principale cause. » Mais cette stérile pitié restait inactive contre les causes de cette misère et de cette cessation de travail, qui dépeuplaient les campagnes, et l'on peut affirmer que, pendant cette époque désastreuse, la population de la France diminua de plus d'un tiers.

Combien de villages étaient restés ruinés et inhabités ! combien de champs en friche et sans culture ! combien de familles disparues ! Les campagnes conservèrent longtemps leur aspect lugubre de désolation et de misère. La Bruyère, qui se souvenait de les avoir vues, en sa jeunesse, à moitié désertes et incultes, a laissé, dans ce passage si connu des *Caractères et Mœurs du siècle*, « On voit certains animaux farouches, etc..... » un effroyable portrait des paysans, qui, vrai en

Fig. 181. — Pauvres des campagnes. — Tiré des *Proverbes Joyeux* de Lagniet.

N. B. Les dictons appliqués à cette gravure dans l'original sont : Porte l'écuelle, le passe-port des gueux. — On les entend venir de loin, ils ont des sabots chaussés. — Quelque part qu'il se promène, il est toujours dans ses bois. — Pauvroté n'est pas vice. — Ils n'ont pas besoin de fort hiver.

1656, ne l'était plus que par exception, sur certains points du territoire, où n'avait pas pénétré l'amélioration du sort des classes agricoles, lorsque trente ans plus tard, la Bruyère écrivait son livre. Ainsi, dans les dernières années du dix-septième siècle, la situation des paysans de la Marche était encore à peu près conforme à celle que la Bruyère avait pu observer en 1656 ; voici le témoignage de l'intendant de cette province située au centre de la France : « La Marche est un pays affreux; les hyvers y sont rudes et longs; les neiges y couvrent toute la terre, et les habitants vivent entre eux, sans commerce. Aussi, sont-ils noirs et livides et presque tous hideux; ils se déchirent, les uns les autres, d'envie et de médisance, mais ils sont grands économes, passant l'été hors de leur pays, afin d'y gagner quelque chose pour l'hyver, pour aider leur famille à payer la taxe. »

Cependant il n'avait fallu que quelques années de paix et de prospérité pour rendre aux populations des campagnes, avec les travaux champêtres, le bien-être et la richesse, du moins dans la plupart des provinces. Les tailles et les gabelles étaient toujours lourdes à payer, même dans les années de bonne récolte, mais le règne de Louis XIV n'avait pas tardé à effacer en partie les traces douloureuses des misères du temps de la Fronde. Monteil, dans son *Histoire des Français de divers états*, s'est cru autorisé, d'après l'étude minutieuse des documents contemporains, à faire une peinture consolante et sereine de la vie des villageois à cette époque, non pas par toute la France, mais en quelques provinces privilégiées, plus laborieuses et plus riches que les autres. « Les villageois, dit-il, sont plus tranquilles, plus heureux qu'ils ne l'aient jamais été et que, sur ma parole, jamais ils le seront. Vous me direz, la dîme! la rente! Sans doute, mais ne les ont-ils pas toujours payées, ne les payeront-ils pas toujours? Le sort des villageois vaut sûrement celui des autres; il est en petit celui du gros fermier; en petit, les villageois cultivent, récoltent, vivent comme lui. »

Monteil prouve l'aisance et le bien-être des paysans par le chiffre des salaires de chaque serviteur dans une grande ferme. « Dans la Brie et la Beauce, le laboureur avait 20 livres de gages par an; en Bourgogne, 50 livres; le berger touchait 60 livres; le petit valet d'écurie, 25 livres; le cocher, 20 livres; le dindonnier, 15 livres; la servante de cuisine, 45 livres; la servante de basse-cour, 36 livres. En outre, on leur fournissait du vin, on leur donnait de la toile pour leurs chemises et de la tiretaine pour leur habillement; on les régalait aux quatre grandes fêtes, au jour de l'an, au jour des Rois, à la tonte des brebis, aux semailles, aux vendanges, aux fêtes locales. » Ce qui n'empêche pas Vauban de déclarer, dans ses *Oisivetés* inédites, que « le commun du peuple ne mange pas trois fois de la viande en un an, » et de dire, ailleurs, que « tout ce qui s'appelle bas peuple ne vit que de pain d'orge et d'avoine meslez, dont ils n'ostent pas même le son, ce qui fait qu'il y a tel pain que l'on peut lever par les pailles d'avoine dont il est meslé. » Monteil répond en ces termes aux allégations de Vauban : « Ne plaignez pas le sort de ces bonnes gens, qui, vous dira-

Fig. 182. — La danse champêtre. — D'après Stella.

N. B. Cette composition, ainsi que celles reproduites sous les numéros 183, 185 et 186, est empruntée à une suite d'estampes signées : *Stella*, mention qui doit désigner, dans la famille d'artistes flamands dont le nom *Van den Star* a été italianisé d'après la mode de l'époque, Jacques Stella (1591-1657), élève et imitateur de Poussin. — Cette suite, qui offre le tableau idéalisé des charmes de la vie rustique, a été l'objet d'imitations et réductions diverses.

t-on, se contentent, pendant la semaine, de la soupe aux gros choux, au gros lard. Sachez que, le dimanche et surtout les jours des *apports* ou fêtes patronales, on coupe la gorge aux plus belles volailles; qu'alors le meilleur rapé coule abondamment, et qu'ensuite, soit dans la cuisine, soit dans les prairies, on danse, au son de la chevrette ou musette à peau de chèvre, les vives bourrées, les vives sauteuses, et gardez-vous de croire que le peuple est malheureux dans un pays où il danse le plus vite, où il saute le plus haut. »

Cette période de prospérité ne fut certainement pas de longue durée, et les guerres ruineuses de Louis XIV eurent bientôt épuisé les ressources du royaume : après la paix de Nimègue (1679), l'augmentation des impôts écrasa les campagnes; l'épidémie, la famine et la misère

Fig. 183. — L'aller au travail. — D'après Stella.

se propageaient dans les provinces; les classes industrielles et laborieuses souffraient d'une gêne croissante, lorsque la révocation de l'édit de Nantes (1685) amena partout la cessation du travail et la dépopulation immédiate du pays. On peut estimer à plusieurs millions le nombre des protestants qui sortirent de France et qui n'y rentrèrent jamais. Les taxes de l'État ne diminuèrent pas, bien que la population eût diminué d'un dixième. L'impôt du sel était de 26,000,000 de livres en 1684, et le produit des tailles devait s'élever à plus de 38,000,000 de livres. Tailles et gabelles s'accrurent d'année en année, en pesant de plus en plus sur les pauvres campagnards. Les intendants des provinces, chargés par le roi, en 1697, de fournir des renseignements sur l'état matériel de chaque province, ne purent s'empêcher de consigner dans leurs mémoires les lamentables résultats de la révocation de l'édit de Nantes, sans oser toutefois rechercher la cause de cet état de décadence générale. Il suffira de passer en revue les principaux mémoires de ces intendants, pour faire apprécier la véritable situation du peuple en France à la fin du siècle.

L'intendant de l'Ile de France reconnaît que « le nombre du peuple est fort diminué dans toute l'étendue du gouvernement; les élections de Mantes et d'Étampes le sont presque de moitié, et les autres, d'un tiers; à tout le moins, d'un quart. » Selon lui, « les logemens excessifs des gens de guerre et leurs fréquens passages, les épidémies, la retraite des huguenots et des habitants des campagnes qui se jettent dans les villes franches, les levées des troupes et les milices forcées, et enfin les impositions extraordinaires, sont les causes de la diminution des peuples. » Dans l'Orléanais, « le peuple ne manque ni d'esprit ni de courage, mais le malheur des temps est cause qu'une partie des meilleurs esprits se jettent dans la pratique des arts mécaniques, y étant engagé par le besoin particulier et par le besoin public, qui rend ces professions plus lucratives. » En Bretagne, « les peuples ne sont ni industrieux ni laborieux, mais fort ivrognes et chicaneurs, deux vices qui contribuent à la misère générale. » En Normandie, « chaque maison de laboureur s'efforce d'avoir un prêtre dans sa famille; c'est l'ambition commune de tous les paysans, et cela multiplie tellement les gens d'Église, que le public en est surchargé. » Du reste, le tableau que l'intendant fait de cette belle et riche province est fort sombre : « Il est certain que le nombre du peuple est considérablement diminué par la retraite des huguenots, la mortalité, la misère et les milices..... On est touché de voir partout la moitié des maisons périr, faute de réparations et d'entretien : les propriétaires n'y sont pas à couvert le plus souvent, et la pauvreté répand partout une tristesse et une férocité qui surprend. »

Le Maine, le Bourbonnais, l'Anjou et la Touraine nous apparaissent sous un aspect plus favorable. « Le caractère des Manceaux est l'industrie et la vigilance pour les intérêts; ils sont laborieux et actifs, mais d'une foi douteuse. La campagne est assez peuplée, parce que les habitants se tiennent dans les métairies, mais les villes et bourgs fermés sont peu remplis. Les gens de campagne s'adonnent au labourage et à leur commerce. » Le Bourbonnais se montre avec le riant aspect que Monteil avait entrevu dans quelques provinces :

Fig. 184. — Scènes de la vie rustique. « On plante le may. » — D'après une suite publiée par Mariette.

« Le caractère des peuples de cette province tient beaucoup de la température de l'air; la douceur, la fainéantise et l'amour du plaisir sont les principales qualités qui le composent. Parmi les habitants, peu d'émulation, jamais de jalousie de profession, ni médisance, ni curiosité sur la conduite d'autrui. Ils aiment la liberté pour eux et pour les autres; ils sont légers, inconstants et toutefois tranquilles. » Passons en Poitou : « Les habitants sont laborieux, durs au travail, grossiers et difficiles dans les mœurs; le sang y est beau; et si les peuples avoient tant soit peu plus d'aisance, on y verroit briller la joie et la bonne chère, à laquelle ils sont naturellement emportés. Les vêtements des gens de campagne les déguisent à nos yeux : ils portent presque tous les cheveux courts et de larges chausses à la suisse, avec des rabats. » L'intendant de la Touraine cite le Tasse, qui a fait l'éloge de cette province : « Le peuple n'est pas robuste, ni propre aux fatigues ; la terre est heureuse et délectable :

Fig. 185. — Les fiançailles. — D'après Stella.

elle produit des habitants semblables à elle. Ils ne manquent ni d'esprit ni d'industrie, mais l'application dont ils sont divertis par l'abondance et les plaisirs de la vie leur manque. Le peuple est fort diminué, et cette diminution est au moins d'un quart depuis trente ans. »

L'intendant de la Bourgogne entre dans moins de détails, et se borne à transcrire cette note sur le bailliage d'Autun : « Les montagnes y sont rudes et incultes, sans aucun vignoble. Le pays seroit fort misérable, comme il l'est en effet, si les peuples n'avoient quelques ressources dans leurs bestiaux qu'ils élèvent et engraissent en quantité... »

L'intendant de l'Alsace compare l'ancien état de la province, lors de son annexion à la France, au déplorable état où cette province se trouvait en 1697 : « La joie régnoit partout ; les danses, les violons, la bonne chère, la propreté des maisons, la culture de la terre, tout y ressen-

Fig. 186. — La noce villageoise. — D'après Stella.

toit la liberté et la favorable protection que le roi accordoit ci-devant à l'Alsace. C'est à l'espérance que donnoient pour l'avenir ces heureux commencements de sa domination, qu'il doit la conservation de cette belle province. Tout changea, lorsque les impositions dont elle est chargée excédèrent entièrement ses forces ; pendant la guerre, le pays fut ruiné et écrasé. »

En Dauphiné, « la draperie est l'ouvrage qui occupe davantage les hommes, comme le filage de la laine, de la soie, et la couture des gants sont les occupations principales des femmes; ce qu'il faut entendre néanmoins du temps où la campagne n'exige pas le travail des uns et des autres, car les hommes préfèrent le labourage à tout le reste, ainsi que la façon des vignes, et ils le font prudemment, puisque c'est le fonds de leur subsistance. » L'intendant du Lyonnais, qui dit que les paysans de la province sont *comme partout ailleurs*, mentionne cependant un usage agricole très singulier dans l'élection de Saint-Étienne : « c'est le petit peuple qui fait la récolte des grains, quand il le juge à propos, et sans congé du propriétaire ; il coupe le blé, le lie, et se paye lui-même de sa peine, en prenant la dixième gerbe. Cela s'appelle *faire cherpille.* »

Les habitants de l'Auvergne et du Limousin sont caractérisés avec une certaine sagacité par les intendants de ces provinces, lesquels paraissent s'être particulièrement pénétrés des instructions du roi. C'est dans leurs rapports qu'on apprend à connaître les habitants de la Limagne « laborieux, mais pesants et grossiers, et sans industrie; » les montagnards de l'Auvergne, au contraire, « vifs et industrieux, » avec une certaine finesse chez ceux d'Aurillac, de la malignité chez ceux de Saint-Flour, de la douceur et de la simplicité chez ceux de Thiers et d'Ambert. L'habitant du haut Limousin est « grossier et pesant, mais laborieux, entendu aux affaires, vigilant et économe jusqu'à l'avarice ; » celui du bas Limousin, « délié, insinuant, dissimulé » avec des goûts processifs qui vont jusqu'à la mauvaise foi.

Finissons par la Lorraine et le pays Messin. Dans ce pays, « le peuple y tient beaucoup des mœurs allemandes ; ils sont, en général, extrêmement simples, très laborieux, et aiment la paix et la liberté ; ils sont vaillants, et quoique doux naturellement, on remarque que, quand la proximité de l'Allemagne ou les malheurs de la guerre ont échauffé leurs esprits, ils deviennent extrêmement cruels. Ils aiment beaucoup la propriété ; ils sont sobres et épargnent les vivres ; ils sont tous très religieux. » Quant à la Lorraine, « elle n'est pas si peuplée que les autres provinces, et pourtant partout bien cultivée, car les hommes sont laborieux, mais très grossiers et d'esprit pesant : il n'y a que les voyages et la guerre qui les puissent former à l'air du monde. »

Les intendants, qui esquissaient ainsi tant bien que mal les traits distinctifs de la physionomie des paysans de chaque province, n'étaient sans doute pas même entrés dans leurs misérables habitations : ils n'auraient donc pu en décrire l'intérieur, comme l'a fait Monteil en visitant le Nivernais au reflet de la tradition locale : « Allez de village en village, dit-il dans l'*Histoire des Français de divers états*, vous serez souvent

Fig. 187. — La fête des rois, au village. — D'après la suite publiée par Mariette.

émerveillé de trouver, dans une maison couverte de genêt ou de gui, la grande pièce, c'est-à-dire la grande cuisine, ceinte de cordons de pots de brillant étain, meublée de massives armoires à corniche ou dressoirs chargés d'assiettes, et au bout de la grande table, entre le lit du père et de la mère, la grande cheminée toujours flamboyante, renfermant dans son large manteau le four où l'on cuit le pain. » Mais ce tableau ne retraçait, au moins pour certaines provinces qu'un état d'exception dans l'existence des campagnards, pressurés par la taille et subissant encore, malgré la protection du roi et la justice des *Grands Jours*, un reste de tyrannie féodale.

Le peuple de Paris avait toujours été plus libre et plus heureux que celui des campagnes et des villes de province ; il se trouvait à peu près délivré de la pression des droits féodaux ; il payait l'impôt sans trop s'en apercevoir, puisque cet impôt était compris et presque déguisé dans la valeur des denrées. On s'explique donc comment la population de la capitale tendait à s'accroître, alors même que celle des autres villes ne faisait que diminuer. Cette population s'élevait, en 1698, à huit ou neuf cent mille personnes, selon le calcul de Germain Brice (*Description nouvelle de la ville de Paris*, 2° édit., 1698). Pour nourrir tant d'habitants, il fallait, chaque année, cent quarante mille bœufs et vaches, cinq cent cinquante mille moutons, cent vingt-cinq mille veaux, quarante mille porcs, trois cent mille muids de vin, sans compter les autres boissons fermentées, et cent mille muids de blé.

Il n'y avait dans l'enceinte de Paris que vingt-quatre mille maisons, formant environ huit cents rues, et la ville aurait pris une extension considérable dans la campagne, si, vers les dernières années du siècle, on n'avait pas, comme le dit Germain Brice, « planté des bornes, au delà desquelles il n'est pas permis de bâtir. »

Un Sicilien, qui résidait à Paris vers cette époque, a consigné, dans une lettre écrite de cette ville en 1692, les détails les plus circonstanciés sur le caractère, les habitudes et les mœurs du peuple parisien. Il s'étonne d'abord de la quantité d'habitants que renferme cette grande ville, où ils sont « logez jusque sur les ponts de la rivière et sur les toits des maisons, qui ont souvent sept étages ; » il ne compte pas moins de cinquante mille maisons, « dans chacune desquelles les familles sont si nombreuses, qu'elles logent depuis le grenier jusqu'à la cave. » Les loyers n'en étaient pas moins chers : « Une petite chambre, dit-il, vaut plus que dix maisons en Moscovie. La mienne, où Platon ne voudroit pas se coucher et où Diogène même ne trouveroit rien de superflu, m'oblige à une dépense que dix cyniques ne pourroient pas soutenir. Cependant tout mon meuble ne consiste qu'en une médiocre tapisserie, qui couvre quatre murailles minces, en un lit, une table, quelques chaises, un miroir et le portrait du roi. »

L'étendue de Paris, dit le Sicilien, se pourroit mesurer par la quantité extrême de laquais, de chevaux, de chiens, de plaideurs et de filoux

Cris de la rue. — D'après Lauron et Boitard.

Fig. 188 à 192. — Les chanteurs de chansons. — *Couteaux et ciseaux à moudre! — Bon vinaigre! — A ma bonne encre! — Chevaux pour les enfants!*

qu'on y trouve : tous ces gens composent un tiers de ce grand peuple.

Ajoutez les hurlemens et les cris de tous ceux qui vont dans les rues

Fig. 193 à 198. — *A mes bons biscuits d'Hollande!* — *Ayez souvenance des pauvres prisonniers!* — *Couteaux, peignes, écritoires!* — *Vieilles ferrailles!* — *Le charlatan.* — *Cire d'Espagne et oublies!*

pour vendre des herbes, du laitage, des fruits, des haillons, du sable, des balais, du poisson, de l'eau, et mille autres choses nécessaires à la

Fig. 199 à 204. — *Aux allumettes!* — *A mes beaux oiseaux qui chantent!* — Le violon. — *Achetez des trompettes de verre!* — Vues d'optique. — *Maquereaux, quatre pour six sols!*

vie, et je ne crois pas qu'il y ait au monde aucun sourd-né, si ennemi de lui-même, qui voulût à ce prix recevoir l'ouïe pour entendre un tintamarre si diabolique. » Le Sicilien en conclut donc que Paris « est le siège du tumulte. »

Le Pont-Neuf était encore, comme du temps de Louis XIII, un champ de foire pour les charlatans et un lieu de rendez-vous permanent pour toutes les classes de la population. « On trouve, sur le Pont-Neuf, dit le Sicilien, une infinité de gens qui donnent des billets ; les uns remettent les dents tombées, et les autres font des

Fig. 205. — Types parisiens : Le marchand d'images. — D'après Callot.

yeux de cristal ; il y en a qui guérissent des maux incurables : celui-ci prétend avoir trouvé la vertu cachée de quelques pierres en poudre, pour blanchir et pour embellir le visage ; il s'en trouve qui chassent les rides du front et des yeux, qui font des jambes de bois pour réparer la violence des bombes. Enfin, tout le monde a une application si continuelle, que le diable ne peut tenter personne que les fêtes et dimanches. »

C'était donc seulement les fêtes et dimanches que le peuple allait à la taverne, quoique les taverniers fussent en si grand nombre, dit le Sicilien, « qu'ils peupleroient une grande ville ; » et ces taverniers ne se faisaient pas scrupule de frelater leur vin et de le mélanger d'eau.

LE PONT-NEUF VERS LE MILIEU DU DIX-SEPTIÈME SIÈCLE

D'APRÈS UNE PEINTURE COMMUNIQUÉE PAR M. CLÉMENT.

Le Pont-Neuf était à peine achevé, avec sa Samaritaine et son Jacquemart, qu'il était déjà devenu le centre de la vie parisienne et offrait le plus gigantesque comme le plus varié des spectacles en plein vent. Poètes et gueux, charlatans et chanteurs, empiriques et baladins venaient y faire leur cour au roi de bronze. Le terre-plein était, d'ailleurs, un des moins propres endroits de Paris ; il fallut finir par le clore d'une haute grille, mais cela n'eut lieu qu'en 1662.

Dès 1620, Tabarin et son maître, le beau Mondor, vinrent installer leurs tréteaux sur la place Dauphine : avec leur vente d'opiats pour les dents gâtées, leurs pommades et leurs onguents, ils attiraient tant de monde, cavaliers et dames du plus bel air, qu'en une dizaine d'années Tabarin fit fortune. Puis on y vit son gendre, Gautier Garguille, faire les délices des laquais, des oisifs, des écoliers, des bourgeois et aussi des seigneurs et des dames de qualité qui ne redoutaient pas les propos salés : ce *sottisier* semble surtout avoir intronisé au Pont-Neuf la véritable comédie en plein vent, avant de passer au théâtre enfumé de l'Estrapade, et d'entrer avec ses camarades Turlupin et Gros-Guillaume dans la troupe de l'hôtel de Bourgogne.

Chaque jour, sur le Pont-Neuf, se chantait l'événement nouveau ; on y vendait la complainte du crime accompli la veille, six blancs la pièce. Qui faisait ces couplets ? Tout le monde et personne ; ils se faisaient tout seuls, a dit Mme de Sévigné ; c'est de là que partirent toutes les *mazarinades*. On redoutait ces refrains rapidement populaires. « Gare les ponts-neufs! enfants, » disait le grand Condé au commencement d'une bataille. C'est là qu'on entendait les chansons du *Savoyard*, l'*Aveugle à gueule ouverte et torse*, ou les folies de la virago Mathurine, le feutre sur l'oreille, armée de pied en cap pour débiter les *fadaises*.

Le pont était couvert de boutiques mobiles, tenues par toutes sortes de petits détaillants, vendeurs d'almanachs et de *pasquils*, merciers, couteliers, etc., qui devaient à Henri IV le droit d'y séjourner, ainsi que le raconte Germain Brice : « Les boutiques portatives que les « marchands dressent et défont tous les jours sont louées au profit des grands valets de pied du roy ; c'est un don que leur a fait Henri IV. » Ils en jouirent jusqu'en 1756.

L'époque précise où cette peinture a été faite est assez difficile à déterminer. D'une part, on n'y voit aucune indication des quatre figures d'esclaves qui ornaient le piédestal de la statue dès 1635 ; d'un autre côté, on aperçoit en construction les deux pavillons carrés du collège des Quatre Nations, lequel ne fut entrepris qu'après la mort de Mazarin et avec son argent, en 1661, au plus tôt.

On peut relever dans ce tableau une particularité qui ne se rencontre pas dans les autres représentations du Pont-Neuf, c'est la forme demi-circulaire du dallage du terre-plein, où se tiennent les tondeurs de chiens et les flaneurs, filous le jour, voleurs la nuit, répandus là comme sur les *banquettes* (trottoirs). La baraque en plein vent, montée sur tréteaux est aussi d'une époque postérieure aux célèbres farceurs qui ont créé là la comédie en plein vent.

Un peintre du XVIIe siècle ne pouvait oublier, même dans une représentation partielle, le proverbe passé alors du pont au Change au Pont-Neuf : Chaque passant y doit rencontrer une fille, un moine, un cheval blanc.

(Extrait de l'*Histoire du Pont-Neuf*, par M. Ed. Fournier. Paris ; Dentu, éditeur.)

Le Sicilien se plaît, d'ailleurs, à faire l'éloge des Parisiens : « Le roi seul est obéi, dit-il, et il n'y a pas un grand qui ose menacer le plus petit. Quand vous avez rendu au maître ce qui lui est dû, du reste, vous pouvez vivre à la grecque. On n'est pas obligé, par les rues, de tirer son chapeau devant qui que ce soit, si ce n'est devant Dieu, quand on le porte aux malades. Ceux de la lie du

Fig. 206. — Types parisiens : Le crieur public. — D'après Humbelot.

peuple jouissent du même privilège : ils ne cèdent le pas à personne ; ils ne souffrent pas la moindre injure et ils se font craindre plus que les honnêtes gens. Il n'y a pas un peuple plus impérieux et plus hardi. Ils se sont donné eux-mêmes le droit de ne rien faire le soir, de ce qu'ils ont promis le matin ; ils disent qu'ils sont les seuls au monde à avoir le privilège de manquer de parole, sans craindre de rien faire contre l'honnêteté, et cela parce qu'ils croient être les seuls au monde qui sachent jouir de la véritable liberté. »

Cette liberté avait fini par produire une sorte d'égalité extérieure, et il était assez difficile de reconnaître, à première vue, la condition des gens qu'on rencontrait au théâtre ou au sermon, car tout le monde avait à peu près le même costume et le même air. « L'or et l'argent est devenu si commun, dit le Sicilien, qu'il brille sur les habits de toute sorte de personnes, et le luxe démesuré a confondu le maître avec le valet, et les gens de la lie du peuple avec les personnes les plus élevées. Tout le monde porte l'épée, ce qui les rend tous soldats, et Paris ressemble à l'*Utopie* de Thomas Morus, où l'on ne distinguait personne. »

Fig. 207. — Le cuisinier. — Gravé par Mariette, d'après Lasne.

CHAPITRE TREIZIÈME

LES BOURGEOIS ET LES MARCHANDS

La bourgeoisie après la Ligue. — Ambition de la haute bourgeoisie; lois somptuaires. — Mœurs bourgeoises; les bourgeois de Molière. — Les marchands; les jurandes. — Les armoiries des corps de métiers. — La population bourgeoise et marchande, à la fin du dix-septième siècle.

A la fin du seizième siècle, la bourgeoisie, surtout celle de Paris, retrouva, grâce à la Ligue, une partie de l'importance et du pouvoir politique, qu'elle se souvenait toujours d'avoir acquis sous le règne désastreux de Charles VI, et qu'elle regrettait encore, quoiqu'elle ne les eût obtenus qu'au prix de son repos, de sa fortune et de son sang. Les nobles avaient fait la Ligue; les bourgeois, en s'y associant imprudemment, firent les barricades et enlevèrent au roi sa capitale. Ce fut d'abord, chez ces bourgeois, devenus tout à coup maîtres de Paris, l'enivrement de la victoire, la confiance de l'orgueil satisfait; mais ils ne tardèrent pas à s'apercevoir qu'ils avaient trop compté sur les bons et utiles résultats de leur révolte triomphante, quand ils se virent plus esclaves, plus opprimés, plus malheureux, qu'ils ne l'avaient jamais été sous le régime de la monarchie absolue : des tyrans odieux, impitoyables, terribles, qui s'étaient choisis et nommés eux-mêmes pour représenter le tiers état ou le peuple, les Seize, punirent cruellement la bourgeoisie d'avoir conspiré contre la royauté et voulu détrôner Henri III. La bourgeoisie était un corps immense et presque inerte, composé d'éléments hétérogènes épars et insociables, qui comprenaient les *hauts* et les *petits bourgeois*, les bourgeois riches et pauvres, les marchands de tous états, et les gens du commun, c'est-à-dire ceux qui vivaient d'un revenu quelconque sans servir et sans travailler. Les hauts bourgeois occupaient la plupart des positions considérables au parlement et dans les cours souveraines; les petits bourgeois remplissaient également des fonctions publiques moins élevées dans la hiérarchie gouvernementale; ils avaient surtout des charges de ville, peu lucratives, mais emportant certains privilèges honorifiques; au reste, chacun s'attribuait un degré différent de supériorité dans sa caste, en raison de sa naissance, de sa famille et de sa situation pécuniaire. Il y avait, parmi les marchands en exercice, les mêmes distinctions sociales qu'entre les bourgeois proprement dits, et les gros marchands, comme les plus riches, prenaient rang au-dessus des moyens et petits marchands, qui se confondaient avec les gens du commun, mais qui n'avaient pourtant aucune affinité avec les artisans et les *gens mécaniques*. Ceux-ci étaient du peuple et ne se rattachaient jamais à la bourgeoisie par des liens de sympathie ou d'intérêt.

Les bourgeois et les marchands eurent donc tout à souffrir du peuple et de la populace, qui formaient la véritable armée des chefs populaires de la Ligue. C'était à eux, c'était à ces imprudents complices de la rébellion, à ces victimes inconscientes du despotisme des Seize, que s'adressait, en 1592, l'auteur du *Manifeste de la France aux Parisiens* : « N'avez-vous point de honte, leur disait cet auteur anonyme, qui plaidait chaleureusement la cause du Béarnais, n'avez-vous point de honte, vous autres bourgeois, anciens et bons marchands, qui possédez des biens de juste acquest, qui composez la partie la plus saine et la plus entière de la cité, qui ne pouvez conserver vos familles que par un ordre et une police, de souffrir parmi vous ces poudreux matois et ces loups ravissants, et que vous ne convenez tous, pour repurger votre ville de ces mauvais garnemens et revendiquer la seureté publique?... Combien peut demeurer debout une république où tous les ordres sont pervertis, le temple de justice pollu, les crimes impunis, l'innocence opprimée et la violence en règne; où les magistrats sont sans commandement, le peuple sans obéissance, les lois sans autorité, les gens de bien sans suffrages, et où les plus vils et les plus méchants commandent? » Cette belle et touchante allocution éveillait un écho de patriotisme dans le cœur des bourgeois découragés, et c'étaient eux qui, un an plus tard, adressaient au duc de Mayenne ces tristes remontrances, que Pierre Leroy avait ingénieusement formulées dans la *Satire Ménippée*, en présence des états de la Ligue : « Oh! que nous serions maintenant riches, si nous eussions fait cette perte!... Nous verrions nostre palais remply de gens d'honneur de toutes qualités, et la Grand-Salle, et la gallerie des Merciers pleine de peuple à toutes heures, au lieu que nous n'y voyons plus que gens de loisir se pourmener en large, et l'herbe verte qui croist là où les hommes avoient à peine espace de se remuer. Les boutiques de nos rues seroient garnies d'artisans, au lieu qu'elles sont vuides et fermées. La presse des charrettes et des coches seroit sur nos ponts, au lieu qu'en huit jours on n'en voit passer une seule que celle du légat. Nos ports de Grève et de l'École seroient couverts de basteaux pleins de bleds, de vins, de foins et de bois; nos halles et nos marchés seroient foulés de marchands et de vivres, au lieu que tout est vague et mort. Ah! combien faut-il déplorer le pitoyable estat de cette reine des cités, de ce microcosme et abrégé du monde! »

Les bourgeois de Paris, qui avaient à se reprocher d'être les vrais auteurs de la Ligue et qui en étaient les mauvais marchands, comme le disaient malicieusement les écrivains royalistes, firent les premiers amende honorable, en ouvrant les portes de la ville à Henri IV et en implorant leur pardon. Henri IV ne leur pardonna que du bout des lèvres, et il leur garda toujours rancune de leur conduite déloyale à l'égard de la royauté. Non seulement il n'augmenta pas leurs privilèges; qu'il eût plutôt diminués, mais encore il ne perdit aucune occasion de se moquer de leur vanité arrogante, et plus il témoignait de son affection pour le peuple, plus il marquait de défiance et de dédain à l'égard des bourgeois, enflés de leurs prérogatives municipales. Au moment où il comparait ses devoirs de monarque à ceux d'un père

Fig. 208. — Statue équestre de Henri IV, érigée sur le terre-plein du Pont-Neuf (1614-1635).

de famille, en disant : « S'il a soin de ses enfants, ceux-ci prospèrent; » il promulguait l'édit de 1597, qui assujettissait les marchands à la même loi que les artisans, « comme pour abaisser la marchandise et rehausser le travail. »

Les États généraux de 1614 rendirent à la bourgeoisie une partie de sa puissance et de son prestige. Le lieutenant civil Henri de Mesmes défendit avec fierté, contre la noblesse, les droits du tiers état, et le président de cet ordre, Robert Miron, prévôt des marchands, entouré de ses échevins et conseillers de ville, fit entendre, dans la séance solennelle de clôture des États généraux, les vœux et requêtes du tiers-état, qui, dit-il au roi, « représente tout votre peuple : L'établissement de la police et de la marchandise, ajouta-t-il, vous sera, Sire, une recommandation, car c'est ce qui règle et enrichit les grandes villes, afin que les célèbres marchands soient reconnus et remis en honneur, et qu'ils aient plus de part aux charges publiques qu'ils

Fig. 209. — La place Royale, avec la statue de Louis XIII. — D'après Israël Silvestre.

n'en ont eu par le passé. » Cette réforme de la police et de la marchandise ne devait être accordée à la bourgeoisie que cinquante ans plus tard, quand Louis XIV, d'après l'inspiration de Colbert, qui n'était qu'un bourgeois parvenu, consolida la monarchie en l'appuyant sur le tiers état et en introduisant, pour ainsi dire, la bourgeoisie dans ses conseils et dans son gouvernement. Une boutade haineuse du duc de Saint-Simon prouve que la noblesse n'avait pas vu sans dépit l'influence que la bourgeoisie reprit sous Louis le Grand : « On a fait le proverbe des trois places et des trois statues de Paris : Henri IV, avec son peuple, sur le Pont-Neuf; Louis XIII, avec les gens de qualité, à la place Royale, qui, de son temps, a été le beau quartier ; et Louis XIV, avec les maltôtiers, dans la place des Victoires. » Les courtisans disaient encore, comme nous l'apprend la Bruyère : « C'est un bourgeois, un homme de rien, un maltôtier ; » et pourtant l'argent avait dès lors si bien réconcilié la noblesse et la roture, que les plus grands seigneurs épousaient tous les jours des filles de marchands et de financiers, pour redorer un vieil écusson où la rouille d'une mésalliance n'effaçait pas le nom d'une famille illustre.

C'est en vain que nobles et bourgeois avaient espéré de Louis XIII, qui aimait les gens de qualité, une réglementation définitive pour que les rangs sociaux ne fussent plus confondus ou déguisés par le trompe-l'œil permanent de la fortune. « Le grand désordre qui est maintenant, disait avec confiance une des matrones du curieux tableau des *Caquets de l'accouchée* (1622), engendrera un bon ordre : l'on fera des édits qui régleront toutes choses ; l'on cognoistra le marchand d'avec le noble, l'homme de justice avec le méchanique, le fils de procureur avec le fils de conseiller. » Et là-dessus, une jeune *damoiselle*, qui se trouvait là, par hasard, exprimait finement la difficulté de faire cesser un *désordre* que les lois somptuaires cherchaient bien à atteindre, sans y réussir. « Hé, Madame, autrefois la linotte et le chardonneret estoient à part en diverses cages, mais à présent tout est en mesme vollière. » Les lois somptuaires, en effet, toujours remises en vigueur jusqu'au milieu du règne de Louis XIV, tombaient en désuétude, après quelques mois de bonne observance, et la bourgeoisie riche ne se soumettait pas longtemps à ces interdictions minutieuses, qu'on essayait de lui imposer sous peine d'amende et de confiscation arbitraire. On a même supposé, avec quelque apparence de raison, que c'étaient les gros bourgeois qui sollicitaient sous main la promulgation de nouvelles lois somptuaires, pour empêcher les petits bourgeois du commun de s'assimiler à eux par le costume et par les usages. Ainsi, dans les *Caquets de l'accouchée*, cette accouchée, qui n'est autre qu'une *bonne bourgeoise* de robe, « n'estoit pas trop contente de la visite qu'elle avoit eue le jour d'auparavant, d'autant, disait-elle, qu'il pourra sembler à la compagnie que, pour luy faire moins d'honneur, l'on y avoit fait trouver des fruictières, des femmes de meuniers et autre racaille de basse étoffe, qui estoient si impudentes et effrontées que de parler avec des femmes de messieurs des comptes, de secrétaires, de trésoriers et autres de qualité. » On

Fig. 210. — Statue de Louis XIV, élevée en 1699 sur la place Louis-le-Grand ou Vendôme.
Gravé par Tardieu, d'après le dessin de Lesueur.

voit par là que les catégories et les démarcations étaient assez difficiles à établir dans la bourgeoisie, puisque l'on considérait dès lors comme gens de qualité les bourgeois qui avaient acquis des offices royaux ou qui étaient pourvus de charges municipales.

Un demi-siècle plus tard, l'état de choses était le même. « Il y a dans la ville, disait la Bruyère, la grande et la petite robe, et la première se venge sur l'autre des dédains de la cour et des petites humiliations qu'elle y essuie : de savoir quelles sont leurs limites où la grande finit, où la petite commence, ce n'est pas chose facile. Il se trouve même un corps considérable, qui refuse d'être du second ordre et à qui l'on conteste le premier : il ne se rend pas néanmoins, il cherche, au contraire, par la gravité et par la dépense, à s'égaler à la magistrature; on ne lui cède qu'avec peine : on l'entend dire que l'indépendance de sa profession, le talent de la parole et le mérite personnel, balancent au moins les sacs de mille francs que le fils du partisan ou du banquier a su payer pour son office. » A cette époque, déjà, le nom de *bourgeois* était pris en mauvaise part, du moins en certaines circonstances. Richelet définissait ainsi, dans son Dictionnaire, le mot employé avec un sens dénigrant : « C'est ce qui n'a pas l'air de la cour, qui n'est pas tout à fait poli, qui est trop familier, qui n'est pas assez respectueux. » Furetière avait aussi, dans son célèbre *Roman bourgeois* (1666), constaté « la grande différence qu'on remarque entre les gens de la cour et de la bourgeoisie, car la noblesse, faisant une profession ouverte de galanterie et s'accoutumant à voir les dames dès la plus tendre jeunesse, se forme une certaine habitude de civilité et de politesse qui dure toute la vie, au lieu que les gens du commun ne peuvent jamais attraper ce bel air, parce qu'ils n'étudient point ce bel art de plaire qui ne s'apprend qu'auprès des dames. Il ne faut pas s'étonner, après cela, si le reste de leur vie ils ont une humeur rustique et bourrue, qui est à charge à leur famille et odieuse à tous ceux qui les fréquentent. »

Dès le commencement du règne de Louis XIII, le désir de *paraître* et de singer la noblesse s'était répandu dans la bourgeoisie parisienne. Quiconque avait la richesse voulait passer pour noble. C'étaient surtout les fils de bourgeois, auxquels il fallait faire reproche de vouloir cacher leur origine et de rougir de leurs parents. « La plupart d'aujourd'huy, dit une des visiteuses des *Caquets de l'accouchée*, sont si orgueilleux, que, mesprisans le lieu d'où ils sont venus, s'accommodent en princes et grands seigneurs. Tel aujourd'huy n'a pas cinq sols vaillant, qui fera autant de parade comme s'il avoit de grands biens et possessions. » La femme d'un secrétaire, laquelle avait eu pour premier mari « un empirique et distillateur du roy, » ne se fait pas faute de gourmander les usurpateurs d'état : « C'estoit, raconte-t-elle aux commères, une fort honnête compagnie l'autre jour, où il arriva un jeune muguet, vestu à l'advantage, avec l'habit de satin découpé, le manteau doublé de panne de soye, le chapeau de castor et le bas de soye; lequel se mit à cajoler une bonne heure entière et usoit de toutes sortes de complimens; après qu'il fut sorty, je m'inquiestay quel il estoit : l'on me dit qu'il estoit fils d'un chirurgien, mais jamais je ne vis rien de plus leste, car il a la mine de quelque courtisan. Aujourd'huy l'on ne connoist plus rien aux habits; tout est permis, pourveu que l'argent marche : quand on parle à quelqu'un, on ne sçait si l'on doit dire *monseigneur* ou *monsieur* simplement. »

Furetière, quarante ans plus tard, faisait un portrait analogue, dans son *Roman bourgeois*, portrait d'un *homme amphibie*, qui était avocat le matin, et le soir courtisan : « C'étoit un de ces jeunes bourgeois, qui, malgré leur naissance et leur éducation, veulent passer pour des gens du bel air, et qui croyent, quand ils sont vestus à la mode et qu'ils méprisent ou raillent leurs parents, qu'ils ont acquis un grand degré d'élévation au-dessus de leurs semblables. Celui-cy étoit méconnoissable, quand il avoit changé d'habit. Ses cheveux assez courts qu'on luy voyoit le matin au palais, étoient couverts le soir d'une belle perruque blonde. Son chapeau avoit pour elle un si grand respect, qu'il n'osoit presque jamais luy toucher; son collet de manteau étoit bien poudré, sa garniture fort enflée, son linge orné de dentelle... Enfin, il étoit ajusté de manière qu'un provincial n'auroit jamais manqué de le prendre pour modèle pour se bien mettre. Mais j'ay eu tort de dire qu'il n'étoit pas remarquable : sa mine, son geste, sa contenance et son entretien le faisoient assez connoistre; car il est bien plus difficile d'en changer, que de vêtements, et toutes ses grimaces et affectations faisoient voir qu'il n'imitoit les gens de la cour qu'en ce qu'ils avoient de défectueux et de ridicule. » L'auteur des *Caquets de l'accouchée* dit expressément que l'*invention de paroistre* avait été trouvée quinze ou seize ans avant le temps où il écrivait, c'est-à-dire sous la régence de Marie de Médicis, vers 1615 ou 1616, et en effet, dans les *Aventures du baron de Fœneste*, qui furent imprimées en 1617 pour la première fois, Agrippa d'Aubigné a donné à son héros un nom qui n'est qu'un verbe grec francisé, signifiant *paraître*, parce que ce personnage gascon est le type par excellence de la vanité bourgeoise et provinciale. La régence de Marie de Médicis, pendant laquelle plus d'un aventurier italien s'était glissé à la cour et y avait fait son chemin, fut donc le bon temps du *paraître*. « Un ramoneur lombard, dit l'auteur bouffon de *la Mode qui court* (Paris, 1613, in-12), entendant les merveilles des bottes..., jura qu'il se viendroit ici naturaliser et en achepter deux paires, pour se rendre estafier chez quelque honneste homme à bottes, et tascher, par ce moyen, de *parestre* (c'est le mot qui court) et faire ses affaires s'il pouvoit. »

On comprend que les femmes, les bourgeoises surtout, n'avaient pas été les dernières à se faire valoir dans cette espèce de montre générale de la vanité et de l'ostentation. Le charmant recueil des *Caquets de l'accouchée* est rempli de portraits qui semblent faits d'après nature, et que les contemporains devaient reconnaître. Ici, c'est une madame Claremonde, « qui depuis un mois s'est faite damoiselle, aux despens de son mary. Depuis qu'elle a commencé à porter le masque (que les *demoiselles* ou dames de qualité portaient seules hors de chez elles), elle en est si orgueilleuse, que, mesme à l'église, elle ne le déferoit point pour tout le monde. » Là, c'est la fille d'une Mme Ledoux, à qui la fortune est venue au prix de sa vertu : « Il n'y a que deux jours qu'elle étoit fille de chambre au logis de M. de Chevreuse, et maintenant elle porte autant d'atours que la plus grande dame de la cour; mais pourtant elle a beau se parer, ny son masque ny ses perles ne luy blanchiront point le teint. » Une fille de chambre avait souvent pour père un honnête bourgeois, qui, faute de dot, la laissait prendre du service dans une grande maison et ne pouvait plus la marier honorablement. Voici ce que dit une *damoiselle de chambre*, qui se trouvait derrière sa maîtresse, dans la chambre de l'Accouchée : « Mon père, que vous sçavez estre procureur et qui a des moyens assez honnestement, a marié, au commencement, ses premières filles, à deux mille écus, et a trouvé d'honnestes gens. A présent, quand il auroit deux mille livres comptant, il ne pourroit trouver party pour moy : occasion, qui a meu ma mère de me donner la coiffe et le masque, pour servir de servante et avoir la superintendance sur le pot et sur la vaisselle d'argent. » Le mariage des filles sans dot devenait de plus en plus difficile chez les bour-

Fig. 211. — Le mariage bourgeois. (Le contrat.) — D'après Abraham Bosse.

geois, qui, en revanche, ne manquaient jamais de partis avantageux pour leurs filles quand ils avaient leur coffre plein. « J'ay veu, dit une damoiselle de haut parage, que nous en estions quittes de tels mariages pour cinquante ou soixante mille escus; mais, à présent qu'un de nos confrères a marié sa fille à un comte, avec douaire de cinq cens mil livres comptant et vingt mil escus d'or pour les bagues, toute la noblesse veut en avoir autant. »

Les bourgeois riches, et surtout les financiers, se souciaient moins de marier leurs filles, s'ils avaient beaucoup d'enfants, que de pousser leur fils aîné dans les charges et dans les honneurs : « Ne sçavez-vous pas, dit la femme d'un secrétaire du roi, qu'à Saint-Germain un apotiquaire a laissé des moyens suffisamment à son fils pour avoir un office de payeur, qui vaut huit mil escus au plus? Mais qui vous diroit qu'ils font aujourd'huy leurs enfans conseillers de la cour, dont il y a eu un grand bruit entre messieurs du parlement, qui ne les

Fig. 212. — Satire contre les médecins et les avocats. — Tiré des *Proverbes joyeux* de Lagniet.

veulent recevoir, à cause de leur qualité? — Mais, réplique la femme d'un médecin, que ne diray-je pas des chirurgiens, qui donnent des offices de contrôleurs, ou semblables qui valent quinze à seize mil francs, à leurs fils? Et quant à leurs filles, il ne leur manque que le masque, que l'on ne les prenne pour damoiselles. »

Médecins et apothicaires, qui s'enrichissaient dans leur profession, n'occupaient pas, il est vrai, dans la bourgeoisie, un rang bien élevé, mais les bourgeois à qui leur passage dans les charges publiques avait donné le plus de considération s'y étaient généralement appauvris, au lieu de s'enrichir. Aussi ne s'étonnait-on pas, dans l'assemblée des caqueteuses de la chambre de l'Accouchée, d'entendre dire à une bonne vieille qui avait son chaperon, marque de bourgeoisie à la mode ancienne, « que son mari, l'honorable M. d'Aubray, lequel fut trois fois prévost des marchands, n'a jamais profité à l'Hostel de Ville, que d'un pain de sucre par an, aux estrennes ; encore faisoit-il difficulté

Fig. 213. — Le mariage bourgeois. (Le soir des noces.) — D'après Abraham Bosse.

de le prendre; et quand il est mort, il a laissé, par testament, que l'on mist la valeur de trois pains de sucre au tronc de l'Hostel-Dieu de Paris, que sa conscience et son ame ne fussent en peine. »

C'était là cette vieille bourgeoisie, qui tenait moins à la fortune qu'à des traditions patrimoniales de probité et d'honneur. Les chefs de la bourgeoisie patricienne avaient sans doute un peu de morgue et se donnaient parfois trop d'importance, mais tout était digne et respectable dans leur intérieur et dans leur famille. Les femmes se contentaient de faire de bonnes ménagères, qui n'avaient pas la manie de *paroître* et qui vivaient modestement, sévèrement attachées au foyer domestique, simples de costumes et de manières, travaillant à la maison, élevant leurs enfants comme elles avaient été elles-mêmes élevées. Ces enfants étaient candides, dociles et respectueux vis-à-vis de leurs parents; ils ne ressemblaient pas, par exemple, à la Javotte du *Roman bourgeois*, laquelle refusait dédaigneusement l'époux que son père lui avait choisi dans la classe bourgeoise, et disait, au moment où on lui présentait le contrat à signer, « qu'elle avoit suffisamment de mérite pour épouser un homme de qualité, qui n'auroit point cet air bourgeois qu'elle haïssoit à la mort; qu'elle vouloit avoir d'ailleurs un carrosse, des laquais et la robe de velours. »

Il n'y avait pas alors faute de scandale dans la haute bourgeoisie, mais c'était plutôt dans la petite qu'on signalait bien des rapts et des enlèvements, et l'on a de cette époque une foule de contes et de facéties accusant la vie désordonnée de certaines bourgeoises, qui abusaient étrangement de la liberté que leur laissaient des maris trop crédules ou trop insouciants.

La Bruyère, qui publiait en 1688 les *Caractères ou les mœurs de ce siècle*, n'avait pas vécu du temps de Louis XIII, mais il connaissait de ce temps-là ce que les contemporains lui en avaient rapporté, et il n'hésitait pas à offrir aux bourgeois de son temps, comme un modèle à imiter, cette vivante peinture de leurs ancêtres : « Ils ne savoient point encore se priver du nécessaire pour avoir le superflu, ni préférer le faste aux choses utiles : on ne les voyoit point s'éclairer avec des bougies et se chauffer à un petit feu : la cire étoit pour l'autel et pour le Louvre. Ils ne sortoient point d'un mauvais dîner pour monter dans leur carrosse; ils se persuadoient que l'homme avoit des jambes pour marcher, et ils marchoient. Ils se conservoient propres quand il faisoit sec, et dans un temps humide ils gâtoient leur chaussure, aussi peu embarrassés de franchir les rues et les carrefours, que le chasseur à franchir un guéret et le soldat de se mouiller dans une tranchée. On n'avoit pas encore imaginé d'atteler deux hommes à une litière; il y avoit même plusieurs magistrats qui alloient à pied à la chambre ou aux enquêtes... L'étain, dans ce temps, brilloit sur les tables et sur les buffets, comme le fer et le cuivre dans les foyers; l'argent et l'or.

étoient dans les coffres. Les femmes se faisoient servir par des femmes : on mettoit celles-ci jusqu'à la cuisine. Les beaux noms de *gouverneurs* et de *gouvernantes* n'étoient pas inconnus à nos pères : ils savoient à qui l'on confioit les enfants des rois et des plus grands princes, mais

Fig. 214. — La bourgeoise. — D'après le dessin de Lasne, gravé par Mariette.

N. B. Cette gravure, qui représente le type de l'honnête bourgeoise, est accompagnée du quatrain suivant :

Cette belle toute autre passe
A travailler habilement,
Et sy c'est de si bonne grâce,
Qu'on ne la peut voir qu'en l'aimant.

ils partageoient le service de leurs domestiques avec leurs enfants, contents de veiller eux-mêmes immédiatement à leur éducation. Ils comptoient, en toutes choses, avec eux-mêmes ; leur dépense étoit proportionnée à leur recette : leurs livrées, leurs équipages, leurs meubles, leurs tables, leurs maisons de la ville et de la campagne, tout étoit mesuré sur leurs rentes et sur leur condition. Il y avoit, entre eux, des distinctions extérieures, qui empêchoient qu'on ne prît la femme du praticien pour celle du magistrat, et le roturier ou le simple valet pour le gentilhomme. Moins appliqués à dissiper ou à grossir leur patrimoine qu'à le maintenir, ils le laissoient entier à leurs héritiers et passoient ainsi d'une vie modérée à une mort tranquille. »

Il faut étudier les mœurs bourgeoises dans la comédie, et surtout dans celles de Molière, qui, pour divertir la cour de Louis XIV, s'attachait à mettre en scène les bourgeois de Paris et à peindre l'intérieur de leur ménage. La bourgeoisie défraye, à elle seule, ces comédies, pour le sujet et même pour les détails ; tous les personnages qui y figurent sont des bourgeois et des bourgeoises de différentes classes et de différents caractères, à l'exception de quelques marquis de mauvais aloi, qui eussent été plus déplacés à la cour que dans la bourgeoisie, où ils trouvaient des admirateurs, des copistes et des dupes. Dans la petite comédie de *Sganarelle*, jouée en 1660, le héros de la pièce, Sganarelle, et son voisin Gorgibus, sont tous deux qualifiés de *bourgeois de Paris;* dans *l'École des maris*, il y a encore deux bourgeois, Ariste, et son frère Sganarelle, qui prétend, en dépit de la mode, s'habiller commodément et simplement comme faisaient leurs aïeux. Dans *l'École des femmes*, Arnolphe est un bourgeois enrichi, qui s'est donné le surnom de *la Souche*, pour prendre les airs d'un homme de qualité, et qui n'écoute guère les conseils de son ami Chrysale, le type du bourgeois sensé et philosophe. Dans *l'Amour médecin* et *le Mariage forcé*, le bourgeois s'appelle encore Sganarelle ; il est devenu Géronte dans *le Médecin malgré lui;* c'est Orgon dans le *Tartufe*, et son beau-frère Cléante oppose à ses folles et aveugles exagérations la raison pratique et le jugement sain d'un bourgeois éclairé. Oronte, dans *Monsieur de Pourceaugnac*, est un bourgeois candide et aveugle : Géronte, le bourgeois crédule et bonnasse, reparaît dans *les Fourberies de Scapin;* M. Jourdain, dans *le Bourgeois gentilhomme*, est l'ancien marchand, gonflé de vanité, qui voudrait faire oublier son origine roturière et qui hante la noblesse, parce que, dit-il, « cela est plus beau que de hanter la bourgeoisie, » n'en déplaise à Mme Jourdain, qui s'indigne de voir son mari infatué de ces chimères de grandeur ; enfin, dans *les Femmes savantes*, Chrysale, que Molière qualifie de *bon bourgeois*, représente le gros bon sens et la sagesse instinctive, en face des rêveries et des manies académiques de sa femme et de sa fille. Molière était né, avait vécu, au milieu des bourgeois, dans les deux familles bourgeoises des Poquelin et des Béjart : il peignait donc d'après nature les portraits et les types variés de la bourgeoisie parisienne; il n'avait, d'ailleurs, qu'à chercher en lui-même ces qualités d'observation clairvoyante, de jugement solide et de bonhomie malicieuse, qu'il a données à quelques-uns de ses bourgeois, au Chrysale de *l'École des femmes* et au Cléante du *Tartufe*. Sous Louis XIV, en effet, les meilleurs esprits, les plus sages et les plus élevés, s'étaient formés dans la classe bourgeoise et avaient caractérisé l'aristocratie de l'intelligence, qui marchait de pair avec l'aristocratie de la naissance et du rang. La bourgeoisie fournissait à la royauté ses plus grands ministres, entre autres Colbert et Louvois; à l'Église, ses plus grands prélats; aux lettres, les plus grands écrivains; aux arts, les plus grands artistes. De même que le Brun et Mignard, de même que Mansart et Girardon, Pascal et la Bruyère, Racine et Molière, Boileau et la Fontaine, n'étaient que des bourgeois, qui ne furent anoblis que par leur génie.

Le *Roman comique* (1651) de Scarron nous offre un fidèle et piquant tableau de la vie bourgeoise à Paris et en province, pendant la régence d'Anne d'Autriche; nous y voyons les bourgeois du commun allant à la danse avec des bas de drap et des souliers, tandis que les bourgeois de qualité portent des plumes, malgré les édits qui leur défendent d'en mettre sur leur chapeau; ceux-ci montent à cheval et sont ainsi autorisés à entrer tout bottés dans les maisons; ceux-là n'ont jamais eu de monture et ne sauraient pas se tenir en selle, mais ils n'en ont pas moins des bottes, qu'ils ne quittent point, fussent-elles couvertes de boue. Les bourgeoises de toute condition portent des masques jusque dans les églises, et quantité de dentelles, de broderies et de passements, nonobstant la rigueur des lois somptuaires. Les bourgeois *huppés* bravaient l'amende, en se donnant des titres qu'ils n'avaient pas le droit de prendre; ils ne se bornaient pas à trancher du gentilhomme, mais ils se faisaient comtes ou marquis sans marquisat, « en un temps, dit Scarron, où tout le monde se marquise de soy-mesme, je veux dire de son chef. » La Fronde avait ouvert la porte à ces envahissements de la vanité bourgeoise. Aussi, le poète Saint-Amant disait, dans la préface d'un de ses poèmes, en 1658 : « Si je me suis pû résoudre jusqu'à présent à me *monsieuriser* moy-mesme, dans les titres de tous mes ouvrages.... quand on m'aura prouvé que j'ay mal fait, je ne me *monsieuriseray* seulement; mais, pour réparer ma faute, je me *messiriseray* et me *chevalieriseray* à tour de bras, pour le moins avec autant de raison que la plus part de nos galands d'aujourd'huy en ont à prendre la qualité ou de comte ou de marquis. »

C'était pourtant dans la bourgeoisie qu'on trouvait le plus souvent le vrai type de l'*honnête homme*, que Bussy-Rabutin définit : « un homme poli et qui sait vivre. » Ce nom d'*honnête homme*, qui s'appliquait fréquemment à des bourgeois, comprenait ainsi tout ce qui caractérisait un homme du monde, bien élevé, bien pensant et bien disant, fait aux belles manières et à la bonne société.

Les bourgeois de Paris dédaignaient et maltraitaient les provinciaux, comme les courtisans faisaient des bourgeois; « Me prenez-vous pour une provinciale ? » dit la *comtesse d'Escarbagnas*, avec indignation. Les romans et les comédies du temps sont pleines de sorties violentes contre la lourderie et la grossièreté des gens de province. Paris a toujours été en avance d'un demi-siècle sur la province, comme on l'a dit et répété cent fois. Par exemple, *les Précieuses ridicules*, que Molière a immortalisées sans songer à s'attaquer aux *véritables précieuses*, sont des types achevés de provinciales, qu'il avait observées pendant ses pérégrinations dramatiques en Languedoc. La bourgeoisie de bonne étoffe, suivant l'expression reçue, n'avait rien de la province; elle rivalisait quelquefois, à Paris, avec la véritable noblesse; elle avait des chaises à porteurs et des carrosses, de telle sorte qu'elle avait dû remplacer par des portes cochères les portes bâtardes de ses hôtels; elle s'habillait et se parfumait à l'instar des gens de qualité, avec lesquels son savoir-vivre lui permettait de se confondre sans s'exposer à un affront.

La démarcation la plus complète a existé entre les grands et petits bourgeois, dans tout le cours du dix-septième siècle. Les grands bourgeois n'étaient pas tous sur le même pied, et mille circonstances établissaient de l'un à l'autre une distinction catégorique. Ceux qui possédaient ou qui avaient eu des charges de judicature dans les cours souveraines ne fréquentaient pas les officiers du Châtelet ou de l'Hôtel de Ville. Il suffisait, toutefois, d'avoir passé par les charges de ville, pour avoir droit de prendre des armoiries et des attributs de noblesse. Quelques-uns achetaient des titres nobiliaires; mais, comme le fisc

Fig. 215. — Armoiries bourgeoises. — D'après le grand Armorial universel de Jaillot (1679).

N. B. Ces armoiries simulent celles de la noblesse; elles s'en distinguent toutefois par l'absence du heaume et du lambrequin qui descend de chaque côté de l'écu.

n'avait pas égard à ces titres, malgré une acquisition en bonne forme, les bourgeois préféraient se contenter du droit d'armoiries, qu'on ne leur disputait plus. Ils ne se refusèrent point à payer un impôt, en garantie de ce droit, quand le roi fit dresser, par Charles d'Hozier, juge d'armes, le grand Armorial de France, en vertu de l'édit de 1696. On ne songeait plus alors à punir les faux nobles, en les frappant de grosses amendes, ce qu'on appelait *mettre les faux nobles au billon;* on laissait, au contraire, les bourgeois en possession des armoiries qu'ils avaient à tort ou à raison, et qu'on semblait même leur attribuer tout spécialement, en leur faisant payer la taxe. Cette taxe produisit des sommes énormes, parce qu'on acceptait la déclaration de quiconque voulait faire enregistrer des armoiries par le célèbre juge d'armes du roi. Il y eut alors une multitude de bourgeois et de petits marchands qui payèrent, et qui se crurent devenus nobles par le fait seul du payement de leurs armoiries postiches. La haute bourgeoisie paya, comme la noblesse, mais ne s'en glorifia pas. Les marchands seuls, surtout dans les provinces, firent sonner la prétendue consécration d'une demi-noblesse, qu'ils conservèrent tant qu'ils furent riches et qu'ils eurent un train de prince. Mais certains petits marchands, tenant boutique, qui avaient pensé que le droit d'armoiries leur donnait le privilège de placer ces armoiries sur leur enseigne, eurent maille à partir avec la cour des aides, et perdirent ce droit d'armoiries après avoir été condamnés à l'amende. C'est à dater de l'édit de 1696 que les bourgeois affectèrent de se séparer des marchands, que la voix publique n'épargnait pas et dont les corporations n'avaient cessé, depuis la Ligue, de décheoir de leur vieille splendeur et surtout de leur importance politique.

Henri IV, qui, dans ses préférences pour le peuple, était porté à regarder les marchands comme des thésauriseurs et des accapareurs, restreignit leurs privilèges, en réglementant les maîtrises, et en supprimant les droits onéreux que l'apprenti et le compagnon avaient à supporter avant de devenir maîtres, pour ne laisser subsister que les droits de cotisation et de réception, au profit du roi et de la jurande. Il n'alla pas toutefois jusqu'à remplacer les jurés électifs composant chaque jurande, par des syndics héréditaires, réforme capitale qui n'eut lieu que sous Louis XIV.

Louis XIII fit de vains efforts pour relever les corps des marchands : par ses lettres patentes de juin 1629, il leur avait accordé des armoiries, « pour s'en servir à toujours et à perpétuité, tant aux ornemens de leur chapelle qu'en toutes les autres occasions qu'ils en auront besoin. » Aux merciers, corps dans lequel figuraient aussi les joailliers, *trois nefs d'argent à bannière de France, au soleil d'or en chef, entre deux nefs,* sur champ de sinople; aux drapiers, *un navire d'argent à bannière de France, flottant, un œil en chef,* sur champ d'azur; aux épiciers et apothicaires : *coupé d'azur et d'or, et sur l'azur à la main d'argent tenant des balances d'or, et sur l'or deux nefs de gueules flottantes aux bannières de France accompagnées de deux étoiles à cinq*

Fig. 216. — Les armes des six corps des marchands de Paris. — D'après l'Armorial universel de Jaillot (1679).

pointes de gueules, avec la devise : *Lances et pondera servant;* aux bonnetiers, *cinq nefs d'argent aux bannières de France, une étoile d'or à cinq pointes en chef*, sur champ d'azur. Toutes ces armoiries rappelaient le navire qui figurait dans les armes de la ville de Paris depuis le quatorzième siècle. Quant aux orfèvres, ils avaient déjà des armoiries, qu'ils prétendaient avoir reçues de saint Louis, le patron de leur communauté, et qui étaient *de gueules, à la croix engrelée, accompagnée au 1ᵉʳ et 4ᵉ quartier d'une coupe d'or, et au 2ᵉ et 3ᵉ d'une couronne aussi d'or; au chef d'azur semé de fleurs de lis sans nombre*, avec cette légende : *In sacra inque coronas*. Les pelletiers, qui formaient le quatrième des six corps des marchands, avaient également des armoiries depuis le quatorzième siècle : *un agneau pascal, en champ d'azur, à la bannière de France, de gueules, ornée d'une croix d'argent*. Les marchands de vin n'avaient jamais fait partie des six corps, mais Louis XIII leur concéda le privilège d'y être annexés, comme devant former un septième corps ayant pour armes parlantes un *navire d'argent, flottant, avec six autres petites nefs d'argent autour d'une grappe de raisin en chef, sur champ d'azur*, et cela en attendant qu'ils remplaçassent le corps des pelletiers, qu'on songeait dès lors à réunir aux drapiers ou aux bonnetiers, parce que leur nombre avait considérablement diminué depuis qu'on portait moins de fourrures. Chaque corps de marchands était gouverné par un maître ou garde, qui, élu tous les deux ans par les membres du corps, marchait en tête de sa communauté, dans toutes les cérémonies publiques, vêtu de la robe de drap noir à collet, avec manches pendantes à parements et bordures de velours noir. La couleur de ces manches était différente pour chaque corps. Chacun de messieurs des six corps marchands, choisis parmi les membres les plus distingués de leur communauté, passaient successivement par les charges de juge-consul et d'échevin de la ville de Paris, pour prendre qualité de notable bourgeois, avec le titre d'écuyer, qui conférait une véritable noblesse de second ordre.

Les marchands qui arrivaient ainsi aux honneurs n'étaient pas seulement les plus capables et les plus intelligents de leur corporation ; ils devaient, en outre, être sans reproches sous le rapport de la probité et de l'honnêteté, en donnant un démenti aux préjugés défavorables qui s'attachaient à leur profession. Le bourgeois, par exemple, disait d'un procédé peu délicat : « Il n'y a rien de plus marchand que ce procédé » (*les Précieuses ridicules*, de Molière) ; et le marchand disait, en revanche, d'un acte de lésinerie ou de vanité : « Cela est un peu bourgeois » (*le Bourgeois gentilhomme*). Les bourgeois reprochaient surtout aux marchands leur mauvaise foi, leur cupidité et leur impudence, stigmatisées par plus d'une locution proverbiale; ainsi l'on disait d'un marchand peu délicat : « C'est un marchand qui prend l'argent sans compter; » d'un marchand finassier et trompeur : « Il faut être marchand ou larron; » d'un marchand grognon et rébarbatif : « Marchand qui ne peut rire; » d'un marchand qui tenait mal ses engagements : « De marchand à marchand il n'y a que la main; » ou encore, d'un marchand qui vendait à bon marché : « C'est un marchand de marchandise volée. » Enfin la Bruyère résumait ainsi la vie du marchand : « L'on ouvre et l'on étale tous les matins pour tromper son monde, et l'on ferme le soir, après avoir trompé tout le jour. »

Tous les marchands ne trompaient pas sans doute, mais tous étaient exclusivement occupés de leur trafic et de leur gain. Pendant le siège et le blocus de Paris, en 1590, alors que la population mourait de faim et de misère, les marchands faisaient de bonnes affaires avec les assiégeants qui permettaient l'entrée des vivres, « pour en retirer des escharpes, plumes, estoffes, bas de soie, gans, ceintures, chapeaux de castor et autres belles galantises, » disent les *Œconomies royales* de Sully. Quelles que fussent les souffrances du peuple à l'époque de la Ligue, les marchands ne cessaient pas de vendre et de gagner. Pierre de l'Estoile a consigné dans ses Journaux, que le 12 novembre 1594, on lui fit voir « un mouchoir qu'un brodeur de Paris venoit d'achever pour madame de Liancourt (Gabrielle d'Estrées), laquelle le devoit porter le lendemain à un ballet et en avoit arrêté le prix avec luy à dix-neuf cens escus, qu'elle luy devoit payer comptant. » On comprend les bénéfices que pouvaient faire alors les marchands, en raison du luxe excessif qui régnait à la cour, quand on voit Bassompierre commander, pour le baptême des enfants du roi, un habillement d'étoffe d'or brodé en perles, qui lui coûta quatorze mille écus, et acheter une épée garnie de diamants qu'il paya cinq mille écus.

Sous Louis XIII, en 1622, dans un temps où l'on voloit et assassinoit en plein jour dans les rues de la ville, remplie de vagabonds et de gens sans aveu, les marchands, « qui se damnent pour un liard, » dit l'auteur de la *Pourmenade au Pré aux Clercs*, forçaient les passants d'entrer dans les boutiques, « et pour peu de chose et quelquefois pour rien, leur laissent la liberté de parler à leurs femmes, de leur dire des choses déshonnestes... le tout pour vendre une douzaine d'aiguillettes de soie, un collet à la mode, une bourse d'enfant, une dragme ou deux de parfum... » Sous Louis XIV, les marchands n'ont pas plus de conscience : « Le marchand, dit l'auteur des *Caractères et mœurs de ce siècle*, fait des montres pour donner de sa marchandise ce qu'il y a de pire : il a le catis et les faux jours, afin d'en cacher les défauts et qu'elle paroisse bonne ; il la surfait pour la vendre plus cher qu'elle ne vaut ; il a des marques fausses et mystérieuses, afin qu'on croie n'en donner que son prix ; un mauvais aunage, pour en livrer le moins qu'il peut, et il a un trébuchet, afin que celui à qui il l'a livrée la luy paye en or qui soit de poids. » Les choses se passaient ainsi à Paris en 1688. Elles n'avaient pas changé en 1692 : « Gardez-vous de mettre le pied dans les boutiques où l'on vend les choses inutiles ! dit le Sicilien, qui peut bien être le Génois Marana, l'auteur de *l'Espion turc*. D'abord que le marchand vous a fait la description de ses marchandises, avec plusieurs paroles précipitées, il vous flatte et vous invite insensiblement, et avec beaucoup de révérences, à acheter quelque chose, et à la fin il parle tant, qu'il vous ennuie et vous étourdit. Quand on entre dans sa boutique, il commence par montrer tout ce qu'on ne veut pas, faisant voir ensuite ce qu'on demande ; et alors il dit et fait si bien, que vous dépensez tout votre argent, en prenant la marchandise qu'il vous donne pour plus qu'elle ne vaut. C'est par ce moyen qu'ils se payent de leur civilité et des peines continuelles qu'ils prennent à montrer inutilement et cent fois par jour leurs marchandises à des curieux qui veulent tout voir sans rien acheter. » Les marchandes étaient encore plus avides et plus pressantes que leurs maris : « Quoique les hommes soient laborieux et ingénieux dans leur art, dit le Sicilien, les femmes ne laissent pas de faire la moitié du travail ; les plus belles gardent les boutiques, pour y attirer les marchands (acheteurs); comme elles sont extrêmement ajustées et qu'elles ont une voix et des paroles gracieuses, elles ne manquent jamais de tirer tout notre argent, quoiqu'on n'ait aucune envie d'acheter. »

Tous les marchands ne s'enrichissaient pas, mais tous vivaient de leur commerce, petits et grands, même dans les temps les plus durs et les plus difficiles. La quantité des boutiques allait toujours

Fig. 217. — Le pâtissier dans sa boutique. — D'après Abraham Bosse.

augmentant. Dans un mémoire sur le recensement de Paris vers 1682, le chancelier Michel le Tellier relevait ainsi le nombre des marchands : « Dans les six corps des marchands, dit-il, se trouvent deux mille sept cent cinquante-deux maîtres et plus de cinq mille garçons de boutique. Les classes industrielles, en général, renferment mille cinq cent cinquante et une communautés d'artisans : on y compte dix-sept mille quatre-vingt-cinq maîtres, trente-huit mille compagnons, et six mille apprentis. Le nombre des tireurs de bois flotté va jusqu'à quatre cents; celui des porteurs d'eau jusqu'à six cents, et jusqu'à dix-sept cents celui des porteurs de chaises. Les crocheteurs font un corps de deux mille quatre cents au moins. On fait état de quatre mille carrosses roulants au moins et d'autant de chevaux, et sans tout cela, de quatre cent quatre-vingt-deux mille quatre cents hommes capables de porter les armes. » Ce que le chancelier ne dit pas, c'est que les bourgeois de toutes conditions formaient la plus grande partie de ces quatre cent quatre-vingt-deux mille quatre cents hommes, qui ne pouvaient être appelés au service militaire que dans la garde bourgeoise, que les ministres de Louis XIV ne songeaient pas à remettre sur pied, au risque de voir renaître les troubles de la Ligue et de la Fronde. Il faut remarquer aussi que Michel le Tellier ne comprenait pas les marchands dans cette jeune bourgeoisie capable de porter les armes, et parmi laquelle les fils de marchands enrichis menaient le plus grand train. Tel était le président Gilbert, fils d'un marchand de toile qui avait sa boutique rue des Rats. C'est de ces fils de marchands enrichis que la Bruyère a dit : « Quel est l'égarement de certains particuliers, qui, riches du négoce de leurs pères dont ils viennent de recueillir la succession, se moulent sur les princes par leur garde-robe et par leur équipage, excitent par une dépense excessive et par un faste ridicule les traits et la raillerie de toute une ville qu'ils croient éblouir, et se ruinent ainsi à se faire mocquer de soi. Quelques-uns n'ont pas même le triste avantage de répandre leurs folies plus loin que le quartier qu'ils habitent; c'est le seul théâtre de leur vanité. »

Au commencement du règne de Louis XIV, la petite bourgeoisie tenait ses assises à la place Maubert. Comme nous l'apprend *le Roman bourgeois* : « C'est le centre de toute la galanterie bourgeoise du quartier, et elle est assez fréquentée, à cause que la licence du causer y est assez grande. C'est là que sur le midy arrive une caravanne de demoiselles, à fleur de corde, dont les mères, il y a dix ans, portoient le chaperon, vraie marque et caractère de bourgeoisie, mais qu'elles ont tellement rogné petit à petit qu'il s'est évanoui tout à fait. Il n'est pas besoin de dire qu'il y venoit aussi des muguets et des galans, car la conséquence en est assez naturelle. Chacune avoit sa suite plus ou moins nombreuse, selon que sa beauté ou son bonheur les y attiroit. » En même temps, la haute et la riche bourgeoisie se promenaient au Cours-la-Reine, ou bien se réunissaient au jardin des Tuileries, où « l'art a fait tous ses efforts pour le rendre digne d'une infinité de personnes considérables qui le fréquentent, d'un grand nombre de belles dames qui l'embellissent, et d'une quantité extrême d'honnêtes gens qui s'y promènent toujours. » Le Sicilien nous a laissé une charmante description de cette promenade, qui avait lieu tous les

Fig. 218. — Entrée du Cours-la-Reine. — D'après Israël Silvestre.

jours de l'été, tandis que l'entrée du jardin était interdite aux laquais et à la canaille. « On voit là, dit-il, étalé dans les habits tout ce que le luxe peut inventer de plus tendre et de plus touchant. Les dames, avec des modes toujours nouvelles, avec leurs ajustements, leurs rubans, leurs pierreries et les agréables manières de s'habiller, étalent dans les étoffes d'or et d'argent les applications de leur magnificence. Les hommes, de leur côté, aussi vains que les femmes, avec leurs plumes et leurs perruques blondes, y vont chercher à plaire et à prendre les cœurs... Dans ce lieu si agréable, on raille, on parle d'amour, de nouvelles, d'affaires et de guerre. On décide, on critique, on dispute, on se trompe les uns les autres, et avec cela tout le monde se divertit. » Le jardin des Tuileries avait dès lors remplacé, pour la promenade des belles et des galants, le jardin de la place Royale, qui était, du temps de Louis XIII, le rendez-vous favori de la bonne bourgeoisie parisienne.

Fig. 210. — Le petit pâtissier. — D'après Abr. Bosse.

CHAPITRE QUATORZIÈME

LES DIVERTISSEMENTS PUBLICS

ET LES FÊTES DE COUR

La badauderie parisienne. — Les promenades publiques. — Les fêtes populaires. — Les solennités ; les entrées des souverains. — Les jeux guerriers ; les carrousels. — Les ballets de cour. — Les grandes fêtes de Versailles.

ES Français, et surtout les Parisiens, à la fin du seizième siècle, étaient restés aussi badauds qu'ils l'avaient toujours été. Pierre de l'Estoile, qui l'était autant que personne en sa qualité de Parisien, leur donnait souvent, dans ses Mémoires-journaux, cette épithète, dont la voix publique avait fait un sobriquet connu de toute l'Europe. Cinquante ans plus tard, le grand Corneille disait de Paris, dans sa comédie du *Menteur :* « Il y croît des badauds autant et plus qu'ailleurs. »

En effet, pour le peuple de Paris, tout était spectacle, tout était sujet de curiosité et de plaisir des yeux et des oreilles. Il ne fallait, suivant un dicton proverbial, pour faire foule dans les rues de cette ville populeuse, qu'un singe en hoqueton et un âne porteur de cimbales. *La Chasse au vieil grognard* (1622), en effet, recherche quelles étaient les *délectations du temps passé* en France, et nous montre nos ancêtres, qui « suivoient pas à pas maistre Gonin, qui, avec sa robbe my-partie, le nez enfariné, jouant de sa cornemuse, faisoit danser son chien courtaut, ou, par une subtilité de la main, faisoit courir sur son bras sa petite beste faite d'un pied de lièvre, qu'ils croyoient fermement estre vivante, tant ils avoient l'esprit innocent. C'estoit là le plaisir des bourgeois, ajoute l'auteur anonyme de cette curieuse comparaison du passé et du présent, et au sortir de là, pour discourir de ce qu'ils avoient veu, ils s'embarquoient dans un cabaret, où ils faisoient un gros banquet à dix-huit deniers l'escot, où la pièce de bœuf aux navets servoit de perdrix. »

Le même ouvrage complète ainsi le tableau de la vie d'autrefois : « Pour le menu peuple et gens de boutique, ils prenoient congé les festes, pour jouer à la savatte parmy les rues ou à frappe-main (main-chaude), où les maistres et maistresses prenoient moult grand plaisir, à cause de quoy ils avoient le soir demi-setier par extraordinaire et non davantage, encores que le muids de vin ne coustoit lors que cinquante sols. Quant aux procureurs et aux avocats, qui « n'osoient à cause de leur gravité hanter le menu peuple, » ils se promenoient aussi, les jours de fête, hors des portes de la ville, sur les remparts ou au Pré-aux-Clercs, avec la robe et le bonnet carré, disputant et devisant entre eux et regardant les écoliers et les enfants qui s'amusoient à courir et à sauter. »

Puis, à cette peinture des récréations de l'ancien temps, l'écrivain de 1622 oppose ce qu'il avait alors sous les yeux : les nobles, les officiers des cours souveraines, les bons bourgeois, méprisant la comédie comme trop commune, la paume comme trop violente, la boule comme trop vile, et allant au cours, avec le carrosse à quatre chevaux, au petit pas, « pour deviser, chanter, rire, conter quelque nouvelle impression, voir et contempler les actions des hommes qui s'y trouvent, et, à l'exemple des plus honnestes, se rendre agréables aux compagnies. » Les marchands ne se trouvent plus dans leurs boutiques, où leur trafic se fait par commis : « Ils vivent honorablement ; le matin, on les voit sur le Change (le pont au Change), vestuz à l'advantage,

Terre-plein du Pont-Neuf et perspective des deux quais du côté du Louvre; d'après Dieu (gravure de Simonneau et A. Pérelle).

incognus pour marchands, ou sur le Pont-Neuf, devisant d'affaires; sur le Palmail (le Mail du quai des Ormes), communiquant avec un chacun; si c'est un peuple docte, ils escoutent les leçons publiques; s'ils sont devotieux, ils fréquentent mille belles églises, escoutant infinis bons prédicateurs, qui tous les jours preschent en quelque lieu où on faict feste. Si le roy est à Paris, ils prennent plaisir à voir une académie remplie de jeune noblesse instruicte à picquer, tirer des armes, à la barrière, à la bague et à mille autres exercices. »

Le Pont-Neuf et la place Dauphine, construits sous le règne de Henri IV, furent jusqu'au milieu du dix-septième siècle la promenade la plus fréquentée de Paris et le rendez-vous des étrangers. C'était comme une foire perpétuelle, où des charlatans de tous les pays vendaient leurs drogues et leurs baumes sur des théâtres en plein vent; où les bateleurs faisaient des tours d'adresse et des exercices d'agilité; où les joueurs de marionnettes représentaient des scènes burlesques et populaires; où les vendeurs de chansons leur donnaient la vogue en les chantant eux-mêmes, avec accompagnement de violon ou de guitare; où quantité de petits marchands débitaient des objets de mercerie et de quincaillerie, en annonçant leur marchandise par de bouffonnes allocutions à la foule. Chacun de ces *opérateurs* (c'était le nom qu'ils se donnaient eux-mêmes) était, du matin au soir, entouré d'un cercle épais de spectateurs, parmi lesquels les chambrières ou servantes, les écoliers, les laquais et les filoux étaient toujours en majorité. Le théâtre de Tabarin, le plus célèbre de tous les tréteaux du Pont-Neuf, s'élevait au milieu du pont, et fut ensuite reporté sur la place Dauphine, parce qu'il gênait la circulation, à cause de la multitude de curieux qu'il attirait. Tabarin était le valet de Mondor, qui, habillé en médecin grotesque, vendait des poudres et des élixirs contre tous les maux, tandis que son valet lui adressait des questions ridicules ou comiques sur toutes sortes de sujets, pour faire rire la galerie. Vis-à-vis de Tabarin, devant la statue équestre de Henri IV, qu'on appelait *le cheval de bronze*, le Savoyard chantait et vendait les chansons plaisantes et grossières qu'il avait composées et dont il faisait aussi la musique. A côté de lui, le *gros Thomas,* sur un échafaud roulant, arrachait les dents et vendait, pour cinq sous, la médecine universelle. A l'extrémité du pont, en face de la rue Guénégaud, l'Italien Biocci, dit Brioché, donnait des représentations de marionnettes, dont Polichinelle était le principal acteur automate. De l'autre côté du pont, la fontaine de la Samaritaine, avec son horloge à carillon, offrait aux promeneurs un attrait toujours nouveau, et l'assemblée était nombreuse et attentive, chaque fois que le *clocheteur* se mettait en mouvement pour frapper l'heure avec son marteau.

Il y avait aussi d'autres promenades que le Pont-Neuf : ici, le jardin de Renard, qui fut joint au jardin royal des Tuileries, après avoir été longtemps le rendez-vous des gens de cour et des riches bourgeois, qui allaient y boire et manger en partie de plaisir; là, le jardin de l'Arsenal et celui de la place Royale, où l'on venait respirer le frais au printemps et en été; quant au Pré-aux-Clercs, les familles des petits bourgeois et des marchands s'y rendaient, les dimanches et fêtes, jusqu'à ce qu'il eût été entièrement couvert de maisons qui formèrent le quartier de l'Université. Mais les deux principales promenades à la mode, où défilaient lentement des carrosses et des véhicules de toute espèce, c'étaient le cours Saint-Antoine, en dehors du rempart, à partir des fossés de la Bastille, et le Cours-la-Reine, aux Champs-Élysées, lequel n'hérita de la vogue du cours Saint-Antoine qu'après le règne de Louis XIII. Ce fut Marie de Médicis qui mit à la mode ces promenades en voiture, où la cour et la riche bourgeoisie se montraient tous les jours, de quatre à six heures, tandis que le peuple ne se lassait pas de voir tant de brillants équipages, où les dames portaient le masque et tant d'élégants cavaliers qui faisaient assaut de luxe et de galanterie. En hiver, et lorsque la pluie empêchait la promenade, les oisifs et les curieux, y compris les dames, qui étaient de toutes les fêtes à Paris, allaient s'asseoir sous les galeries de la place Royale ou se rendaient au palais, pour se promener dans la grande salle et dans la galerie des Merciers, où se trouvaient les boutiques de libraires, d'orfèvres et de marchandes de mode. Quand les foires Saint-Germain et Saint-Laurent étaient ouvertes, la foule s'y portait, dans la journée

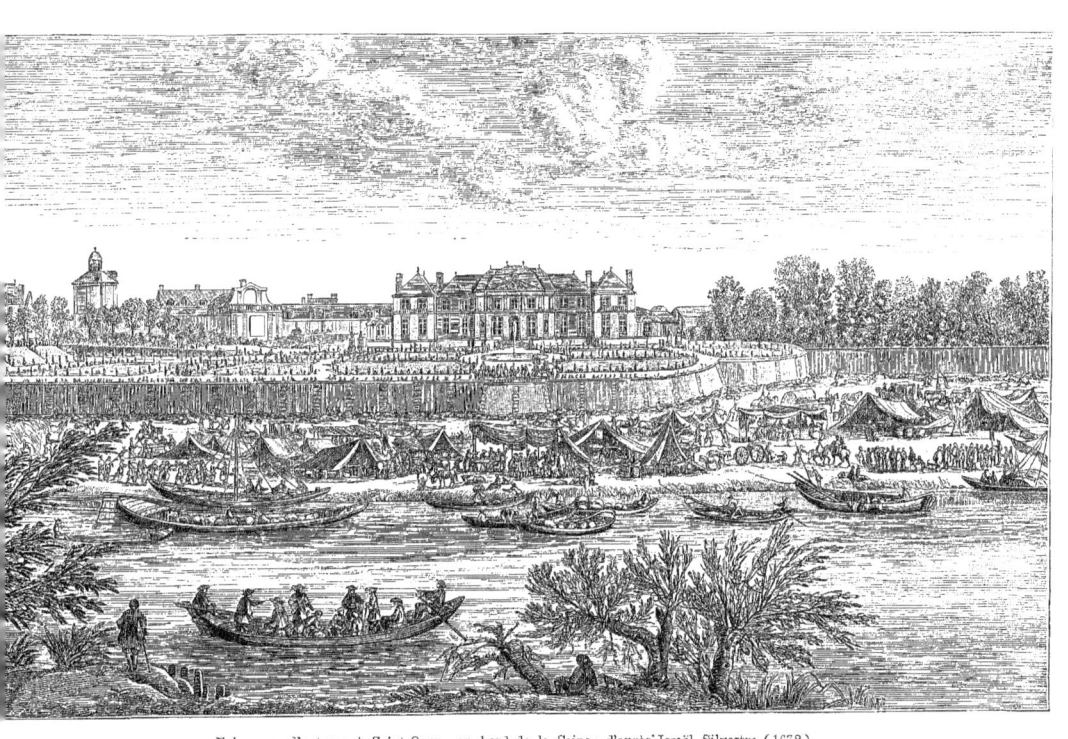

Foire annuelle tenue à Saint-Ouen, au bord de la Seine; d'après Israël Silvestre (1672).

et dans la soirée, pour y acheter une multitude d'affiquets et de *bibelots*, qui se métamorphosaient, chaque année, selon le caprice de la mode, et pour assister à une multitude de spectacles, de concerts et de divertissements.

Le peuple n'avait pas perdu l'habitude de tenir cour plénière dans les rues, les dimanches et les jours de fête, qui se renouvelaient sans cesse autrefois; tous les soirs, dans la belle saison, on sortait des maisons et des boutiques pour prendre le frais, et l'on profitait des bonnes relations de voisinage pour se divertir par des jeux, des chants et des danses, qui étaient plus bruyantes et plus animées dans les carrefours.

Pendant la journée, les jeunes garçons s'exerçaient à la longue paume et à la courte paume, au mail, à la boule, aux quilles et à *d'autres passe-temps*, dit Sauval. On allait aux rôtisseries du petit Châtelet ou bien à celles de la rue aux Ours, pour y chercher une oie grasse sortant toute chaude de la broche, car il n'y avait pas de bon repas, à Paris, dans le peuple et dans la bourgeoisie, quand on n'avait pas mangé de l'oie. Les hommes seuls visitaient de compagnie les cabarets, qui étaient alors fort nombreux dans tous les quartiers, et sur le tard, bien des buveurs rentraient ivres au logis. Les trois plus fameux cabarets, au dix-septième siècle, furent celui de la Pomme de pin, dans la Cité; celui du Petit-Saint-Antoine, près de la Bastille et la Croix-Blanche, au cimetière Saint-Jean. Il y avait pourtant alors beaucoup moins d'ivrognes qu'aujourd'hui, parce que le peuple travaillait davantage et ne quittait pas l'ouvrage, par accès de paresse. Les occasions de faire bombance ne se présentaient que trop, néanmoins, en ce temps-là, puisque les fêtes chômées revenaient à tout propos, et que chacun, apprenti ou patron, appartenait à quelque confrérie, qui se réunissait le plus souvent possible à l'église le matin, et le soir au cabaret. Henri IV fit des efforts inutiles pour empêcher ou du moins pour diminuer ces repas de confrérie, qui faisaient autant de tort à la santé qu'à la bourse des gens de métier.

Indépendamment des époques particulièrement consacrées au plaisir, telles que le carnaval, avec sa promenade du bœuf gras, ses mascarades souvent licencieuses et les mille divertissements des jours gras, où le peuple semblait faire provision de gaieté avant les austé-

Fig. 220. — *Compère Mardi gras.* — Allégorie populaire; d'après la gravure de Langlois dit *Ciartres.*

Invincible dans les hazars	Les visages impérieux	Estant armé comme je suis
De Bacchus, et non pas de Mars,	Des guerriers les plus glorieux,	Il n'est point de soings ni d'ennuy
Je sçay triompher des plus braves,	Ne valent point ma bonne mine;	Que je n'attaque et ne défie
Et suis ce vaillant Mardy gras	Par qui je suis creint tellement,	Sans être ni faible ni las;
Qui me retranche dans les caves	Que j'anéantis la famine	Pouveu que je me fortifie
Ou de muscat ou d'hipocras.	Avec ma troigne seulement.	De jambons et de cervelas.

rités du carême, on n'imagine pas combien de fêtes servaient de prétextes à des amusettes, à des folies et à des plaisanteries, généralement fort innocentes. A la fête de Saint-Simon et de Saint-Jude, on envoyait au Temple les crédules et les naïfs, en leur disant qu'on y distribuait des nèfles à tout venant, et là, ils étaient accueillis par des nazardes que leur donnaient les complices de la mystification.

Fig. 221. — *Carême*. — Allégorie populaire; d'après la gravure de Langlois, dit *Ciartrès*.

Je viens de Diepe et de Calais	Il a beau faire l'obstiné	Neptune avecque son trident
En poste plustost qu'on relais	Ce fanfaron au rouge né,	Luy vient arracher une dent
Chercher madame la Gazette,	Dont le ventre est une caverne;	Et le percer à coups d'arestes;
Et lui déclarer maintenant,	Eust-il pour garde autour de soy	Ou l'accrocher d'un hameçon,
Que monté sur une mazette	Un renfort de gens de taverne,	Et pour signaler ses conquestes
Je poursuis Caresme prenant.	Si faut-il qu'il se rende à moy.	L'ensevelir dans un poisson.

Le jour de la Conception de Notre-Dame, c'était le tour des nouveaux apprentis, qu'on forçait à baiser la figure en pierre de *la Truie qui file*, vieille enseigne qui formait l'encoignure d'une maison du marché aux Poirées, et au moment où le patient exécutait l'ordre de ses persécuteurs, on lui frottait le nez contre la pierre. Le jour de la Saint-Christophe, on persuadait aux provinciaux qu'ils devaient aller au parvis Notre-Dame pour rendre leurs devoirs à M. le Gris, lequel n'était autre que la statue colossale de Saint-Christophe, élevée au milieu du parvis.

À la fin de l'année, les jeunes gens, déguisés en fous, couraient les rues, en frappant, à tort et à travers, avec des bâtons garnis de paille, toutes les personnes qu'ils rencontraient sur leur passage. Le jour de Pâques, l'usage était d'aller, après vêpres, manger des échaudés aux Petites Maisons, qu'on appela depuis l'hospice des Ménages, au faubourg Saint-Germain, et d'y visiter les fous qu'on y tenait renfermés. Enfin, le jour des Rois, au dire de Sauval, était un jour de bacchanales et de toutes sortes de licences. Tout devenait spectacle dans ce temps-là, et partout une foule énorme accourait pour y assister.

Les exécutions de haute et basse justice ne furent jamais plus multipliées qu'au dix-septième siècle, et la population parisienne en était alors très friande. Elles avaient lieu tantôt à la place de Grève, tantôt à la croix du Trahoir, carrefour de la rue Saint-Honoré, tantôt à la place de l'Estrapade et au pilori des halles, car les exécutions ne se faisaient plus au gibet de Montfaucon, qui tombait en ruine. La curiosité publique était toujours en éveil.

Les bourgeois et les marchands paraissaient surtout sensibles aux spectacles qui semblaient faits exprès pour eux, en passant sous leurs fenêtres, où l'on étalait des tapisseries et des pièces d'étoffe, afin que les femmes de chaque maison eussent le plaisir de voir et d'être vues. C'était pour les processions que la population tout entière se mettait aux fenêtres ou descendait dans la rue, et l'on peut dire que les processions étaient presque journalières : processions de paroisses, processions de confréries, processions funéraires dans les enterrements, et processions de réjouissance pour les mariages et les baptêmes. Si les processions étaient générales et solennelles, comme celles du Jubilé et de la Fête-Dieu, auxquelles le roi et la cour ne manquaient jamais d'assister, il ne restait dans les maisons que les malades et les infirmes : tout ce qui avait des bras, des jambes, des yeux et des oreilles, devenait, ce jour-là, spectateur impatient, ardent, passionné, et ces processions défilaient majestueusement entre les deux rangs pressés d'une multitude émue et sympathique. Le goût du peuple de Paris pour les processions et les cérémonies religieuses s'était prodigieusement accru pendant la Ligue, qui lui offrait chaque jour une procession plus ou moins étrange : « Le 30 janvier 1589, raconte

Fig. 222. — Fous courant la ville. — Tiré des *Proverbes* de Lagniet.

Pierre de l'Estoile, se firent plusieurs processions par la ville, premièrement des enfants, puis des religieux, et ensuite de toutes les paroisses de Paris, de tous âges, sexes et qualités, la plupart en chemises et nuds pieds, quoyqu'il fist bien froid. » Les Parisiens, durant trois mois d'hiver, renouvelèrent chaque jour ces espèces de processions de pénitence : « Ils estoient si enragés, ajoute l'Estoile, pour ces dévotions processionnaires, qu'ils alloient la nuit faire lever leurs curés et les prêtres de leurs paroisses, pour les mener en procession. » C'était surtout aux époques d'agitations populaires, que se ravivait à Paris cette fureur de processions ; il en fut ainsi en 1652, sous l'influence de la Fronde. On fit alors, à l'instigation du prévôt de Paris, des processions particulières et une procession générale, pour avoir la paix : le parlement en robe rouge et tout le corps de ville en habits de cérémonie y assistaient. Les processions de l'abbaye de Saint-Germain furent les plus brillantes. On y voyait trente-six bourgeois revêtus d'aubes, la tête couronnée de fleurs et les pieds nus, portant à tour de rôle la châsse de Saint-Germain. Les reliques, que l'abbaye possédait en si grand nombre, étaient également portées par des bourgeois en pareil costume et précédées par huit cents enfants des deux sexes, tous vêtus de blanc et les pieds nus, tenant chacun à la main un cierge allumé. Le cortège, sorti de l'église à huit heures du matin, n'y rentra qu'à trois heures de l'après-midi. Les processions, qu'on faisait dans les temps de sécheresse pour obtenir de la pluie, mettaient en mouvement la population de la ville. On descendait alors la châsse de sainte Geneviève, que les principaux orfèvres, couronnés de roses, portaient sur leurs épaules, depuis l'abbaye de Sainte-Geneviève jusqu'à Notre-Dame, pour la rapporter ensuite avec le même cérémonial. Les habitants de Paris n'étaient pas moins curieux de processions civiles, sévères ou joyeuses : aussi, ne manquaient-ils pas d'aller voir celles de la Basoche, qui avaient lieu chaque année, non seulement le 1er mai pour la plantation du *mai*, dans la cour du palais, mais encore au mois de juin ou au mois d'octobre pour la *montre* ou revue de la Basoche, c'est-à-dire de tous les clercs du Parlement et du Châtelet. Ces clercs, au nombre de dix mille, vêtus de costumes d'apparat, accompagnés de trompettes, de timbales et de hautbois, parcouraient, à pied et à cheval, les rues de Paris, et donnaient des aubades aux magistrats des cours souveraines. Les officiers du Châtelet, notaires, procureurs, huissiers et commissaires, avaient aussi leur *montre* annuelle, le lundi après le dimanche de la Trinité ; ils y venaient tous, à cheval, avec leurs robes de palais de diverses couleurs, conduits par un des avocats du roi et par le lieutenant civil en robe rouge. La cavalcade, précédée d'une musique guerrière, allait rendre visite successivement au chancelier, au premier président du parlement, au procureur général et au prévôt de Paris. Sur tout le parcours du cortège, la foule se portait avec empressement et admiration.

Reposoir, élevé pour la Fête-Dieu par M⁰ʳ Tubeuf, conseiller du roi, intendant de ses finances, etc., sur les dessins de La Belle (Della Bella).

Les badauds de Paris ne perdaient pas un seul des spectacles auxquels ils pouvaient assister gratuitement. Ils savaient profiter, à point nommé, de toutes les occasions qui s'offraient à eux de donner un aliment à leur insatiable curiosité. Ils ne quittèrent pas, plusieurs jours,

Fig. 223. — « Paye qui tombe; » jeu forain. — D'après une estampe populaire.

le Pont-Neuf et les bords de la Seine, sous le règne de Louis XIV, pour voir les expériences d'un habile *voleur*, ou voltigeur, qui avait fait tendre une corde, de la tour de Nesle à la tour du Grand Prévôt, laquelle lui faisait face. Cet homme, dit Sauval, « voloit sur sa corde et y faisoit des tours incroyables et prodigieux. » Après avoir bien diverti les Parisiens, qui l'applaudissaient, il tomba dans la rivière, mais il ne fut pas noyé; il n'osa pas toutefois continuer ses exercices.

Une autre fois, c'était un feu d'artifice que l'on courait voir, dans quelque quartier éloigné, mais on ne regardait pas à la distance. Ainsi le feu d'artifice que les carmes déchaussés de la rue de Vaugirard avaient préparé, en 1622, pour célébrer la canonisation de sainte Thérèse, attira un monde prodigieux, qui prit en patience les accidents de tout genre auxquels donna lieu cette fête nocturne. « J'y fus entièrement bruslée, dit une damoiselle d'auprès la porte Saint-Victor, dans la seconde journée des *Caquets de l'accouchée;* c'est la raison pourquoy je n'ay pas deffait mon masque en entrant, car je ne suis pas encore guarie tout à fait. — Comment, ma cousine, répondit une jeune mariée, estiez-vous à ce feu? Je ne vis jamais un tel désordre, ny tant de dégats; un de mes frères y a eu aussi toute la face emportée, et n'y a encore aucune apparence de guarison. — Mais à quoy bon toutes ces superfluitez? dit alors une vieille édentée. De mon jeune temps, je n'ouïs jamais parler de canoniser les sainctes, de la façon; c'est plustost les canonner que les canoniser. — Tout beau, tout beau, ma tante, dit une marchande de la rue Saint-Denis : on en a bien fait davantage à Rome. Ce sont des réjouissances publiques. Il n'y a point de danger de faire quelquefois ces superfluitez, quand on y est porté d'une pure et sincère affection. Et puis, ce que les carmes déchaussés en ont fait, ce n'a esté que par le commandement de la reine, qui a fourni cette despence, à cause que saincte Thérèse estoit d'Espagne. — Il n'importe; on y a plus offensé Dieu mille fois que lui faire honneur, dit une bourgeoise d'auprès Saint-Leu. Je vous promets, pour moy, que je n'approuve aucunement ces choses. Combien pensez-vous qu'il y ait eu de filles enlevées? Tous les bleds des environs sont renversés et bruslés! » Des accidents plus graves encore ne corrigeaient pas la curiosité native des Parisiens; il en arrivait, tous les ans, à la cérémonie du feu de la Saint-Jean, et tous les ans le peuple était plus empressé d'y courir. Cette cérémonie, qui remontait à une haute antiquité, se célébrait la veille de la Saint-Jean-Baptiste, aux frais de la ville, avec beaucoup de pompe et de dépense. On élevait, au milieu de la place de Grève, un énorme bûcher, composé de cotrets et de bourrées, autour duquel on entassait dix ou douze voies de bois avec une centaine de bottes de paille. On y mêlait des lances à feu, des pétards et des fusées. Au-dessus du bûcher, on attachait un panier contenant deux ou trois douzaines de chats. Les cent vingt archers de la ville et autant d'arquebusiers étaient rangés à l'entour, pour empêcher la foule d'approcher. Lorsque le roi était à Paris, il

Fig. 224. — Un artificier. — D'après Abraham Bosse.

N. B. Cette figure allégorique représente le Feu, dans une suite des Quatre Éléments.

venait ordinairement allumer le feu, avec une torche de cire blanche, que lui présentait le prévôt des marchands, accompagné des échevins portant des torches de cire jaune. Henri IV et Louis XIII assistèrent souvent à cette ancienne cérémonie, chère aux Parisiens; Louis XIV ne daigna y paraître qu'une seule fois. On ne peut se figurer quelle foule immense couvrait les deux rives de la Seine, pour prendre part à la fête. A partir de la nuit, les joueurs d'instruments de la *grande bande* répondaient par des aubades aux sons des trompettes de la ville; à neuf heures, le feu allumé par le roi ou par le prévôt des marchands, une magnifique collation était servie à l'hôtel de ville, pendant que le bûcher flambait au milieu des détonations des pièces d'artifice, et que le canon tirait au bord de la rivière. Les assistants poussaient des cris de joie, riaient et applaudissaient, en entendant les miaulements désespérés des chats, qui se débattaient parmi les flammes. Une fois le brasier consumé, on laissait approcher le peuple qui enlevait des charbons et des cendres, qu'il croyait devoir lui porter bonheur. Les Parisiens, d'ailleurs, avaient toujours été grands amateurs des feux de joie, qu'ils allumaient dans les rues et dans les carrefours, toutes les fois que le prévôt des marchands les y invitait pour célébrer quelque victoire du roi ou quelque heureux événement de cour, mariage royal, baptême de dauphin, convalescence du roi ou de la reine. Lorsque ces milliers de feux étaient allumés, la ville entière paraissait embrasée, et la population en habits de fête remplissait les rues, en dansant aux chansons.

Mais le plus grand plaisir des Parisiens avait toujours été le spectacle des entrées solennelles de rois et de reines, de princes et de princesses, d'ambassadeurs et de légats. Ces entrées magnifiques, dont la ville faisait les frais et qui coûtaient des sommes considérables, étaient des fêtes publiques, que le peuple regardait comme siennes, puisque c'était la ville seule qui en supportait toutes les dépenses. Ce fut justement à cause de ces dépenses qu'on fit en sorte de les rendre moins fréquentes à Paris, d'autant plus qu'elles devaient se reproduire dans les bonnes villes du royaume qui avaient l'honneur de recevoir le roi ou la reine. Ces entrées inspiraient partout la même curiosité et le même enthousiasme; elles furent souvent aussi brillantes dans les villes de province, à Bordeaux, à Lyon, à Rouen, etc., qu'à Paris, où le roi, pour ne pas obérer les revenus de l'hôtel de ville, épargnait, autant que possible, aux Parisiens, la dépense énorme d'une réception officielle. Il n'y eut donc que deux entrées solennelles de Henri IV à Paris : la première, le 15 septembre 1594, cinq mois et demi après la réduction de cette ville, et la seconde, le 28 avril 1608, au retour du voyage de Sedan. Louis XIII fit sa première entrée, dans sa capitale, le 16 septembre 1614; la seconde, avec la reine Anne d'Autriche, le 16 mai 1616 ; il n'eut ensuite que de petites entrées, à la suite de ses différentes campagnes, le 5 octobre 1620, le 28 janvier 1622, le 25 décembre 1628. L'unique entrée triomphale de Louis XIV se fit, le 26 août 1660, au retour du voyage

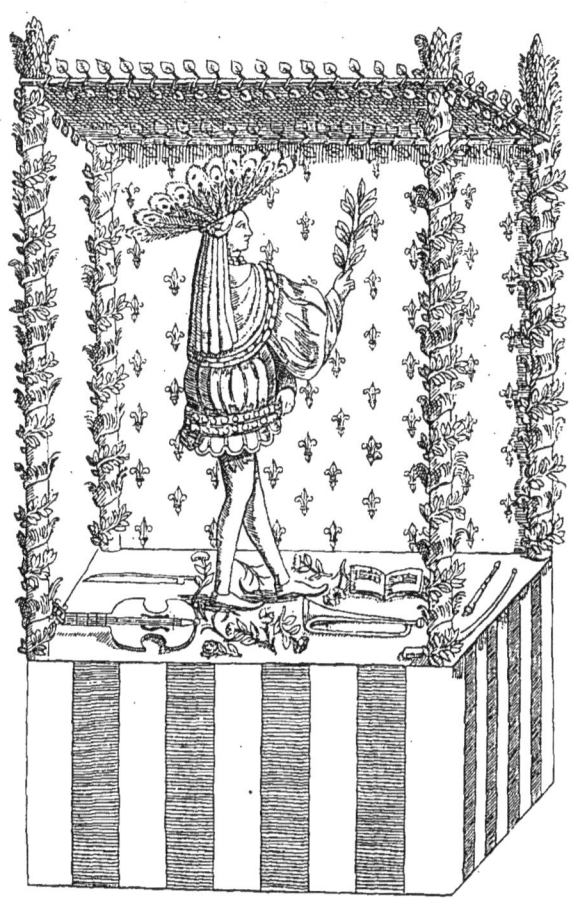

Fig. 225. — Le troubadour du roi (1622). — Épisode des fêtes données au roi Louis XIII dans le midi de la France. (Bibl. nat., *Recueil de l'Histoire de France*, à sa date.)

qu'il avait fait aux Pyrénées pour son mariage avec l'infante d'Espagne Marie-Thérèse. Toutes ces entrées de rois et de reines ne furent pas célébrées avec autant d'éclat les unes que les autres, mais le peuple en fut toujours le témoin joyeux et sympathique, ne se lassant pas de voir, d'admirer, de crier *Vive le roi!* et de manifester son allégresse.

Puis, dans les familles, dans les ateliers, dans les rues, il n'était question, durant plusieurs mois, que des magnificences de la cour et des pompes de la cérémonie. On se souvenait toute sa vie d'avoir assisté à ce beau spectacle, salué par les acclamations unanimes des spectateurs. On se souvint surtout de l'entrée de Henri IV, laquelle eut lieu après les longues et terribles commotions de la Ligue. Lorsque le Béarnais eut reconquis le trône de France et fut remis en possession de sa capitale, il fit son entrée aux flambeaux, par extraordinaire, vers sept heures du soir.

Quinze ans et demi s'étaient écoulés depuis cette première entrée de Henri IV dans Paris, lorsqu'il consentit, pour donner satisfaction à un caprice orgueilleux de Marie de Médicis, à faire une seconde entrée avec elle, après l'avoir fait sacrer et couronner à Saint-Denis. Tous les préparatifs de cette entrée solennelle étaient presque achevés le 14 mai 1610, quand il monta dans un carrosse, ouvert à chaque portière, pour les voir en passant, et fut assassiné, rue de la Ferronnerie. Ce jour-là, les rues étaient pleines de gens qui allaient voir aussi ces préparatifs, que nous a décrits un contemporain, l'auteur anonyme de la *Consolation aux François, sur la paix et couronnement de la reine*. Hors la porte Saint-Denis, on avait construit une belle fausse porte accompagnée de plusieurs autres édifices; aux deux côtés de cette fausse porte étaient les statues de la Paix et de l'Abondance; au-dessus, plusieurs dauphins portant deux navires aux armes de France; au-dessous, quatre anges, une Vénus, et un tableau dans lequel étaient représentés la reine, le dauphin, avec ses sœurs et ses frères, soutenant un globe terrestre couvert de palmes et de lauriers; plus haut était le portrait du roi et de la reine, se tenant par la main. Au commencement de la rue Saint-Denis, un autre portique était orné des portraits *au naturel* du roi et de la reine, avec plusieurs tableaux : l'un d'une déesse traînant un navire, l'autre d'un Mercure prenant une déesse qui s'élevait dans une nue; plus haut, sur une tour, une Vierge ayant son fils entre ses bras, et de chaque côté de la tour, une déesse sur un char traîné par des lions et par des chevaux blancs. Près de l'église des Saints-Innocents, un grand rocher qu'arrosaient deux déesses tenant chacune un vase et une corne d'abondance. Près de Sainte-Opportune, un autre portique enrichi de plusieurs figures, emblèmes et devises. Près du grand Châtelet, un autre rocher, au pied duquel le dieu Neptune et la déesse Thétis ; du milieu de ce rocher sortait un grand vaisseau, portant sur son mât la déesse de la Foi et plusieurs dauphins. Au pont de Notre-Dame, qui formait une rue couverte et ornée des plus riches tapisseries, un magnifique portail, décoré de figures emblématiques, précédait un double rang de grandes statues d'hommes et de femmes, les bras étendus de l'un à l'autre, soutenant chacune l'écusson des armes de France ; à l'extrémité du pont, un autre portail, sur lequel était le roi dans un char de triomphe traîné par deux chevaux gris pommelés, que conduisait un ange sonnant de la trompette. Telle était la décoration que la ville avait fait exécuter sur la route que le roi et la reine devaient suivre, à leur entrée, pour se rendre à Notre-Dame.

La plupart des entrées solennelles qui avaient eu lieu à Paris depuis deux siècles, furent illustrées par des inventions décoratives du même genre, aux mêmes endroits et sur le même parcours. Ce jour-là, qui changeait en deuil national les réjouissances publiques que le peuple attendait, on avait fait répandre le bruit dans Paris, que le roi n'était que blessé légèrement, et le soir, raconte l'Estoile, « un grand nombre de seigneurs alloient par la ville et disoient en passant : « Voicy le roy qui vient ; il se porte bien, Dieu merci ! » Comme il estoit nuit, croyant que le roy estoit en cette compagnie, le peuple se mit à crier à force : *Vive le roy!* Ce cry s'estant communiqué d'un quartier à l'autre, toute la ville retentit de *Vive le roy!* » Et le lendemain, à huit heures du matin, le parlement s'assemblait au couvent des Augustins, pour reconnaître Louis XIII, qui succédait à son père ; et la foule consternée vit passer sur le Pont-Neuf ce petit prince, vêtu d'un habit violet, et monté sur une petite haquenée, au milieu des princes, ducs, seigneurs et officiers de la couronne marchant à pied.

Ce fut quatre ans plus tard que le roi, qui venait d'atteindre sa majorité, fit son entrée dans Paris, le 16 septembre 1614, au retour du voyage qu'il avait entrepris avec sa mère dans plusieurs provinces du royaume pour apaiser la révolte des princes, et après avoir été reçu solennellement à Orléans, à Poitiers et au Mans. La réception qu'on lui fit dans sa capitale ne fut pas plus belle que celle qu'il avait trouvée dans ces différentes villes, heureuses de le posséder dans leurs murs. Mais ce qui distinguait cette entrée dans Paris, où le cortège royal excita l'enthousiasme des Parisiens, c'était la *montre* générale des compagnies de la milice bourgeoise, que Louis XIII, âgé de quatorze ans, passa en revue dans le Pré-aux-Clercs. L'entrée du jeune roi fut donc une espèce de triomphe, et dans les emblèmes qui décoraient les monu-

Fig. 226. — Réjouissance générale pour la paix (1633). — D'après une gravure anonyme.
(Bibl. nat., *Collection Hennin*, t. XXVIII, p. 39.)

ments d'architecture élevés à cette occasion, le corps de ville lui avait déjà donné les titres de *très pacifique* et *très juste*.

Les habitants de Paris, qui avaient vu cette magnifique entrée, attendirent quarante-quatre ans pour en voir une autre qu'on pût lui comparer, celle de Louis XIV et de la reine son épouse, à la suite de la paix des Pyrénées. Cette entrée, qui ne le céda en rien à toutes les précédentes, devait se faire par le faubourg Saint-Antoine, et les arcs de triomphe, érigés sur le passage du cortège, de la porte Saint-Antoine à la place Dauphine, ne rappelaient pas ceux qu'on élevait traditionnellement, depuis deux siècles, en pareille circonstance, entre la porte Saint-Denis et Notre-Dame. On avait édifié, à l'extrémité du faubourg Saint-Antoine, un trône monumental, soutenu par quatre colonnes et couvert d'un dôme, que supportaient quatre autres co-

Haut-Dais ou Trône Royal élevé en plein air, lors de l'entrée solennelle du Roi Louis XIV, à l'occasion de son mariage; d'après J. Marot.

lonnes; il était tendu de superbes tapisseries, avec un dais magnifique, sous lequel Leurs Majestés devaient recevoir les hommages et les félicitations des grands corps de l'État. Le premier arc de triomphe était construit au cimetière Saint-Jean : on y voyait figuré le Parnasse avec Apollon et les neuf Muses; un tableau représentait les portraits

Fig. 227. — Arc de triomphe en l'honneur de Louis XIV, érigé aux frais de la ville, à l'extrémité du faubourg Saint-Antoine.

N. B. Cet arc ne faisait pas partie des monuments factices de l'entrée de 1660, mais il peut donner une idée du genre de ces sortes de décorations éphémères. Il ne fut construit qu'en plâtre, sur les dessins de Perrault en 1670, et démoli en 1716.

du roi et de la reine. Un second arc de triomphe, au pont Notre-Dame, était décoré de statues allégoriques, entre autres celles de l'Honneur et de la Fécondité; dans un grand tableau placé au-dessus du portique, ouvert entre deux colonnes feintes de lapis, Junon, sous les traits de la reine mère, ordonnait à Mercure et à Iris de porter à l'Hymen les portraits du roi et de l'infante d'Espagne. Au Marché Neuf, c'était l'arc de triomphe de la Paix : Minerve, sous les traits de la jeune reine, offrait une branche d'olivier et montrait plusieurs nymphes représentant des villes que le traité des Pyrénées laissait à la France; dans un grand tableau, on voyait le roi figuré en Hercule, dépouillé de sa peau de lion par les Amours et couronné de myrte et d'olivier par la Vertu. A la place Dauphine, le dernier arc de triomphe était surmonté de la statue d'Atlas, foulant aux pieds des armes brisées et portant sur ses épaules un globe d'azur fleurdelisé, tandis que la Renommée, avec ses deux trompettes, publiait l'alliance de la France et de l'Espagne; sur un grand tableau, on voyait le roi et la reine, dans un char, dirigé par l'Hymen et traîné par un coq et un lion, ayant à leurs côtés la Concorde et la Paix. Toutes les rues que devait suivre le cortège étaient tapissées, les portes des maisons couronnées de fleurs et de verdure, les fenêtres garnies d'étoffes de soie et de belles tapisseries, le pavé couvert de sable fin et semé d'herbes odorantes. La milice alla au-devant de Leurs Majestés, dans le plus bel ordre, conduite par son colonel général, le président de Guénégaud, monté sur un cheval caparaçonné. Le parlement et les cours souveraines, précédant le chancelier et les officiers de la chancellerie, vinrent prendre position autour du trône royal. Louis XIV et la reine sortirent du bois de Vincennes, pour se rendre au trône; le roi, vêtu d'un habit tout en broderie d'argent-trait, mêlée de perles et de rubis, avec un bouquet de plumes incarnat et blanc au chapeau, attaché d'une rose de diamants, était monté sur un genêt d'Espagne; la reine, assise dans un char découvert, garni en dedans et au dehors d'une broderie d'or sur fond d'argent : elle était parée des joyaux de la couronne et vêtue d'une robe en étoffe d'or brodée de perles et de pierreries. Ce fut sous le dais du trône que vinrent prendre place le roi et la reine, entourés de tous les princes et princesses du sang et des plus grands seigneurs de la cour. Rien ne peut donner une idée de la marche pompeuse de tous les corps de l'État, revêtus de leurs plus riches costumes et de leurs insignes, allant saluer Leurs Majestés et leur adressant des harangues de félicitations. Les harangues finies, l'ordre de l'entrée commença : l'équipage du cardinal Mazarin marchait le premier, ensuite l'écurie de Monsieur, celle de la reine mère et celle du roi. La compagnie des mousquetaires et celle des chevau-

légers défilèrent après; ils furent suivis par les pages de la chambre, les gentilshommes ordinaires, les maîtres d'hôtel, les officiers de la prévôté de l'hôtel, et d'autres officiers de la maison du roi. Les cent-suisses, les hérauts d'armes, et quelques officiers de la couronne, tous à cheval, précédaient le roi, entouré de plusieurs princes et de ses gentilshommes de bec à corbin. Les officiers de la reine marchaient en avant de son char, où tous les regards se concentraient sur elle. Une longue suite de carrosses remplis de princesses et de dames fermaient le cortège, qui traversa toute la ville, au milieu des acclamations enthousiastes du peuple, pour se rendre au Louvre. Cette entrée du roi et de la reine laissa un sentiment ineffaçable dans la mémoire de ceux qui en avaient été les spectateurs, et tout le monde tomba d'accord que jamais entrée de roi n'avait été plus admirable.

Les fêtes de ce genre pouvaient être considérées comme des divertissements publics, auxquels les habitants de Paris étaient appelés à prendre part. Mais il n'en était pas de même des fêtes de cour, très nombreuses et très brillantes au dix-septième siècle, dont le peuple n'eut, pour ainsi dire, que les échos et les reflets, et où sa place n'était point marquée, bien que sa présence y fût tolérée, pourvu qu'il s'abstînt de toute expression bruyante de ses sentiments.

De ce nombre étaient les jeux guerriers et carrousels, qui furent célébrés avec tant de pompe et d'éclat pendant les règnes de Henri IV, Louis XIII et Louis XIV. Tel fut le carrousel des Quatre Éléments, donné à l'hôtel de Vendôme en 1605, en l'honneur de Henri IV, qui dirigea lui-même, le 25 février de la même année, un combat à la barrière, dans la grande salle de l'hôtel de Bourbon. Tel fut aussi, sous Louis XIII, le grand carrousel du Palais de la Félicité, donné en 1612 pour célébrer le mariage du roi et celui de sa sœur, carrousel qui dura trois jours, dans la Place-Royale, et où les courtisans firent assaut de luxe à ce point que Bassompierre, l'un des tenants, et ses amis dépensèrent, pour leur part, 550,000 écus!

Mais ces splendeurs furent encore effacées par le grand carrousel de 1662 (lequel a donné son nom à la place qui relie le Louvre et les Tuileries), bien que Louis XIV n'y eût consacré que

1,200,000 livres. Tous les courtisans, conviés à de pareilles fêtes, se faisaient un point d'honneur de s'y faire remarquer par le luxe de leurs équipages. On avait disposé la place en forme d'un camp fermé de doubles barrières et entouré d'amphithéâtres immenses, qui pouvaient contenir des milliers de spectateurs. La fête, qui remplit

Fig. 228. — Carrousel de 1662. — Le duc d'Enghien, commandant la quadrille des Indiens. — Tiré des : *Courses de têtes et de bagues, faites par le roy et par les princes et seigneurs de la cour.* (Paris, imp. roy. 1670, in-fol.)

les journées des 5 et 6 juin 1662, se composait de courses en char, de courses de têtes et de courses de bague, où il fallait faire preuve de force et d'adresse. Les concurrents avaient été divisés en quadrilles de nations différentes. Le roi, vêtu à la romaine, marchait à la tête de la première quadrille représentant les Romains, et Monsieur, frère du roi, de la seconde quadrille représentant les Perses ; la troisième quadrille, représentant les Turcs, était conduite par le prince de Condé, et la quatrième, représentant les Indiens, par le duc d'Enghien ; le duc

ESCADRON DES TURCS, COMMANDÉ PAR LE PRINCE DE CONDÉ
CARROUSEL DE 1662

de Guise conduisait la cinquième quadrille représentant les sauvages. La reine, la reine mère, la reine d'Angleterre, entourées de toute la cour, étaient désignées comme les reines du camp et chargées, à ce titre, de distribuer le prix de chaque journée. Le roi fit admirer de

Fig. 229. — Carrousel de 1662. — Le duc de Guise, commandant la quadrille des sauvages américains.
(Même source.)

tout le monde sa bonne grâce et son adresse; mais il avait demandé qu'on ne lui décernât pas de prix. Le marquis de Bellefonds, qui faisait partie de la quadrille de Monsieur, eut le prix de la première journée, qui était une boîte à portraits enrichie de diamants; le comte de Sault, de la quadrille du prince de Condé, eut le prix de la seconde journée, qu'il reçut des mains de la reine mère. « Ces fêtes, dit Voltaire, dans son *Siècle de Louis XIV*, ranimèrent plus que jamais le goût des devises et des emblèmes, que les tournois avaient autrefois mis à la mode et qui avaient subsisté après eux. » Mais si le peuple prenait grand plaisir à voir de magnifiques costumes, des chevaux superbes, des chars et des machines théâtrales, s'il applaudissait à l'adresse des joûteurs abattant des têtes de maures ou de sarrasins, courant la bague et atteignant le but de la quintaine, il ne pouvait ni comprendre ni apprécier ce qui, dans ces pompeux divertissements, faisait surtout la préoccupation et le charme de la cour.

Parmi les divertissements que la cour goûtait le plus, il ne faut pas oublier les ballets de cour, qui eurent pleine faveur depuis le règne de Henri IV jusqu'aux belles années de la jeunesse de Louis XIV. Ces ballets n'étaient pas ordinairement des actions dramatiques, ayant un commencement et une fin, avec des péripéties imprévues : c'étaient des exhibitions de personnages mythologiques, héroïques ou comiques, richement ou bizarrement habillés, qui venaient, au son de la musique, se montrer, en marchant ou dansant, avec une pantomime conforme aux costumes qu'ils portaient. C'étaient donc des mascarades plus ou moins ingénieuses et singulières, qui mettaient en relief les qualités physiques des acteurs muets, que la musique, la danse, les habits et la pantomime concouraient à caractériser. Or, les personnes de la cour, le roi et la reine eux-mêmes, prenaient un rôle et s'appliquaient à le bien remplir, soit sous le masque, soit à visage découvert, dans ces représentations d'apparat, qui enchantaient les spectateurs. Bientôt ces ballets pantomimes devinrent plus curieux et plus piquants, lorsque les poètes de cour imaginèrent d'expliquer en vers le rôle de chaque personnage et d'y ajouter des allusions malignes au caractère personnel des acteurs. Ces espèces de programmes, rimés en madrigaux ou en épigrammes, se distribuaient à l'entrée de la salle où le ballet devait avoir lieu, et l'assemblée, en regardant les danseurs, lisait les vers flatteurs ou caustiques qui s'adressaient à eux.

Sous Henri IV, on représenta au Louvre le ballet de douze dames *toutes couvertes d'estoilles*, le ballet des princes *vestus de fleurs et de*

ESCADRON DU PRINCE DE CONDÉ : LE CHEVAL DE BATAILLE

broderie, le ballet des *Vertus*, le ballet des *Princes de la Chine*, le ballet de la *Folie des folles*, et quantité d'autres. Sous la régence de Marie

Fig. 230 et 231. — Costumes et mise en scène de ballets.

N. B. Ces figures et celles reproduites sous les n°s 232 à 235 sont empruntées au ballet de la *Délivrance de Renaud*, dans lequel Louis XIII lui-même dansa le rôle du démon du Feu. La musique était de Guédron et la composition du ballet d'Étienne Durand, qui fut depuis condamné à être rompu vif (le 19 juillet 1618), pour avoir écrit un libelle diffamatoire contre le roi.

Ce ballet a été l'objet d'une publication imprimée par Pierre Ballard, imprimeur de la musique du roi, sous le titre de : *Discours au vray du ballet dansé par le roi, le dimanche 29° jour de janvier 1617, avec les dessins tant des machines et apparences que de tous les habits des masques.*

Le sujet inférieur est tiré du tableau des « Démons sous la figure des vieilles femmes, bottées et éperonnées. »

de Médicis, les ballets devinrent de véritables tableaux de théâtre, composés par les poètes de cour; par exemple, le ballet du *Courtisan*, celui des *Matrones*, celui des *Argonautes*, la *Délivrance de Renaud*, etc. Le jeune roi était passionné pour cet amusement : il en inventait souvent le sujet et les personnages. Louis XIII, pendant tout son règne, ne cessa de prendre part aux ballets de cour, qui furent plus splendides, plus étranges, plus grotesques que jamais : chaque hiver, on en dansait au Louvre trois ou quatre; on en dansait dix ou quinze chez le duc d'Orléans, qui fut toute sa vie affolé de ballets. Il suffira de citer, parmi les ballets héroïques, les *Fêtes de Junon la*

Fig. 232. — Costumes de ballet. (Même source.)

N. B. Les personnages sont, de gauche à droite : 1. Le démon des eaux (M. le chevalier de Vendôme). — 2. Le démon de la guerre (M. le baron de Palluaud.) — 3. Le démon de la vanité (M. le comte de la Rochefoucauld). — 4. Le démon du jeu (M. de Blinville). — 5. Un monstre.

nopcière, les *Fées de la forêt de Saint-Germain*, le ballet des *Dieux*, le ballet des *Triomphes*, le ballet des *Quatre monarchies*, etc.; parmi les ballets comiques et facétieux, les ballets des *Fols*, des *Voleurs*, du *Monde renversé*, du *Hazard*, du *Landit*, du *Bureau des adresses*, etc. Quelques-uns de ces ballets étaient remarquables par la licence effrontée de leur programme, ce qui n'empêchait pas de les intituler *Ballet du roi*, de *Monsieur*, de *Madame*, etc.

Sous la régence d'Anne d'Autriche, les ballets de cour ne furent pas moins libres, ni moins dévergondés, témoins les ballets de l'*Oracle*, de la *Sybille de Panzoust*, le ballet des *Rues de Paris*, le ballet du

Déréglement des Passions. Mais quand Louis XIV, qui avait en horreur le commun et le trivial, opéra, par sa propre influence, un changement complet dans le ballet de cour, qui devint décent, noble et gracieux dès que le roi y dansa devant la reine mère et le cardinal Mazarin, on représenta dès lors une suite de ballets mythologiques ou allégoriques, dont Benserade composait les vers avec beaucoup de délicatesse et de convenance ; entre autres le ballet de

Fig. 233. — Costumes de ballet. (Même source.)

N. B. Les personnages sont, de gauche à droite : 1. Le démon des fous (M. de Gondy, comte de Joigny, général des galères). — 2. Un monstre. — 3. Le démon des avaricieux (M. de Chalais). — 4. Un monstre. — 5. Le démon des Maures (M. de Brantes).

Psyché, le ballet de *l'Amour malade*, le ballet d'*Alcidiane*, etc. Le roi, après son mariage en 1660, continua de danser dans les ballets de Benserade, qui étaient de véritables pièces de théâtre et qui éclipsaient tout ce qu'on avait vu en ce genre, par le luxe des costumes et la beauté des décors. C'était le ballet galant et amoureux qui dominait à la cour. On eut ainsi le ballet des *Saisons*, celui de l'*Impatience*, celui des *Arts*, celui des *Amours déguisés*, etc. A cette époque, Molière avait gagné la confiance du roi, pour tout ce qui touchait aux choses de théâtre et aux divertissements scéniques. Ce fut Molière qui conseilla au roi de reprendre l'idée des fêtes mythologiques et féeriques qu'on avait célébrées avec tant de luxe dans les cours d'Italie au seizième siècle. Le *Camp de la place Royale*, sous la régence de Marie de Médicis, avait été une imitation de ces fêtes de cour, au point de vue guerrier et chevaleresque. Molière avait déjà fait un essai

Fig. 234. — Costumes de ballet et disposition chorégraphique de quatorze personnages. (Même source.)
Le Grand ballet, dansé à la fin du spectacle, par les chevaliers de la Terre-Sainte.

de ce genre de fête, en fournissant à Pellisson, le secrétaire de Fouquet, le plan de la fête de Vaux, dans laquelle la comédie des *Fâcheux* fut représentée pour la première fois (1661). Cette fête qui dura deux jours, surpassa celles que Mazarin avait données : Louis XIV voulut que les fêtes de Versailles fissent oublier la fête de Vaux.

La première fête fut celle du ballet des *Amours déguisés*, qui eut lieu, au Palais-Royal, dans l'admirable salle de spectacle que le cardinal de Richelieu avait fait construire et qui pouvait contenir 4,000 personnes. C'était dans cette même salle, que le cardinal Mazarin avait

Fig. 235. — Décoration et mise en scène. (Même source.)

Bois mobile abritant seize chanteurs vêtus à l'antique (dirigés par Guédron). Sur le devant, un hermite, représenté par le Bailly tenant le rôle du vieil-Pierre, « par la science duquel Renaud fût délivré de sa prison. »

donné, à ses frais, le 5 mars 1647, la représentation du premier opéra italien, *Orfeo*, qui, après *Euridice* (1600) et *la Finta Pazza* (1645), ait été joué en France. Cet opéra, dans lequel on avait introduit « les merveilleux changements de théâtre, les machines et autres inventions jusqu'à présent inconnues à la France, » étonna, mais ennuya les spectateurs, qui ne goûtèrent ni la musique italienne ni les chanteurs italiens.

Le ballet des *Amours déguisés*, avec sa musique française, vive et légère, eut beaucoup plus de succès que l'opéra d'*Orfeo*. Le président de Périgny en était l'auteur, sous le nom de Benserade, et peut-être d'après les conseils de Molière, qui avait fait représenter au Louvre, quinze jours auparavant (29 janvier 1664), sa comédie-ballet du *Mariage forcé*, où dansait le roi. Louis XIV dansa aussi, avec les seigneurs et les dames de la cour, dans le ballet des *Amours déguisés*. Le prologue était une dispute sur l'amour entre Pallas et Vénus, la première accompagnée des Vertus et des Arts, la seconde, des Grâces et des Plaisirs : Mercure les décidait l'une et l'autre à prendre le roi pour arbitre. Les onze entrées du ballet mettaient en scène différents déguisements des Amours. Dans la première entrée, on voyait le combat naval où Marc-Antoine renonçait à la victoire pour suivre Cléopâtre : les Amours étaient déguisés en rameurs; dans la seconde entrée, les Amours, déguisés en nymphes, livraient Proserpine à Pluton; dans la troisième, les Amours, déguisés en jardiniers, cultivaient le jardin de Vénus; dans la quatrième, les Amours, chez Pluton, se déguisaient en démons; dans la cinquième, les Amours, déguisés en bergers, retenaient Renaud près d'Armide : le roi remplissait le rôle de Renaud, et le duc de Saint-Aignan, représentant la Gloire, l'arrachait au pouvoir des Amours; dans la sixième, les Amours étaient déguisés en nymphes couronnées de fleurs; dans la septième, les Amours, chassés de leur palais, n'avaient pas le temps de choisir un déguisement; dans la huitième, les habitants de la Colchide admiraient une machine qui emportait les Amours au courant d'un beau fleuve; dans la neuvième, les Amours étaient déguisés en déesses et en dieux marins; dans la dixième, après un combat des Grecs et des Troyens, les Amours, déguisés en Grecs, propageaient avec des torches l'embrasement de Troie; enfin, dans la onzième, des soldats se partageaient le butin sur les ruines de la ville détruite par les Amours déguisés.

Ce ballet allégorique excita un tel enthousiasme, que le roi consentit à le faire représenter quatre fois de suite devant la cour, qui ne se lassait pas d'admirer les décorations, les machines, les costumes, et surtout les actrices et les acteurs.

Mais la grande fête de Versailles, qu'on préparait en secret et dont les préparatifs ne furent terminés qu'à la fin d'avril, devait être bien autre chose. Le roi en avait demandé le dessin au duc de Saint-Aignan, et le duc, au lieu de s'adresser à Benserade, qui était le poète attitré des ballets de cour depuis vingt ans, eut recours à Molière, pour avoir un sujet de divertissement dans lequel il serait facile d'encadrer tous les genres

Fig. 236. — Les plaisirs de l'Isle enchantée. — Troisième journée; théâtre dressé au milieu du grand étang. D'après Israël Silvestre.

de plaisir qu'on voudrait offrir aux invités de la fête pendant sept jours consécutifs. Le sujet, que le roi approuva, était tiré du poème de l'Arioste et s'intitulait *le Palais d'Alcine*. Le brave Roger et les chevaliers ses compagnons devaient être retenus dans ce palais par les enchantements de la magicienne, jusqu'à ce que la bague d'Angélique, qui avait seule assez de pouvoir féerique pour combattre et vaincre celui d'Alcine, eût été mise au doigt de Roger. Molière et le duc de Saint-Aignan avaient réglé ensemble tous les détails de la fête, à laquelle le roi donna le nom de *Plaisirs de l'Isle enchantée*. Six ou sept cents personnes de la cour, de l'aristocratie et de la haute bourgeoisie parisienne, étaient invitées à cette fête extraordinaire, qui ne devait pas durer moins de sept jours entiers, et pour laquelle avaient travaillé pendant quatre mois plusieurs milliers d'artistes et d'ouvriers de toute espèce. La décoration générale du divertissement, dans les jardins de Versailles, avait exigé moins de temps et de travail. Un rond-point, auquel quatre grandes allées aboutissaient, avait été orné de quatre portiques ayant trente-cinq pieds d'élévation et vingt-deux pieds d'ouverture, tout enrichis de festons d'or et de peintures aux armes du roi.

La cour vint se placer dans les amphithéâtres de ces portiques le 7 mai, avant 6 heures du soir. On vit paraître un héraut d'armes vêtu à l'antique : il était suivi de trois pages, dont l'un portait la lance et l'écu du roi, qui allait se montrer dans le rôle de Roger. Le duc de Saint-Aignan et le duc de Noailles, qui parurent ensuite, précédés de quatre tompettes et de deux timbaliers, étaient l'un maréchal de camp, l'autre juge des courses. Le roi, armé à la grecque et portant une cuirasse toute couverte de broderie d'or et de diamants, s'avança, monté sur un cheval étincelant d'or et de pierreries, à la tête de sa quadrille, où les princes, et les plus grands seigneurs représentaient les fameux chevaliers, Ogier le Danois, Aquilant le noir, Griffon le blanc et Roland. Un char magnifique, haut de dix-huit pieds et large de vingt-quatre, figurait le char d'Apollon, qui avait à ses pieds les quatre Ages d'or, d'argent, d'airain et de fer. Le Temps conduisait ce char attelé de quatre coursiers superbes; les douze Heures du jour et les douze Signes du zodiaque marchaient des deux côtés. A la suite du char, tous les pages des chevaliers défilèrent, deux à deux, portant les lances et les écus de leurs maîtres, pendant que des pasteurs, en costume antique couleur de feu, venaient dresser la barrière pour les courses de bague. Après les compliments en vers adressés à la reine, après un dialogue entre Apollon et les quatre Ages, la course de bague commença. Le roi s'y fit remarquer par son adresse autant que par sa grâce. Le prix des courses, consistant en une épée d'or enrichie de diamants, fut décerné au duc de la Vallière, qui vint le recevoir des mains de la reine. La nuit était venue, et tout s'éclaira, en un instant, de mille flambeaux qui remplaçaient la clarté du jour. Pendant que les quatre

Comédie à la Cour; d'après Israël Silvestre.

Saisons, accompagnées de jardiniers, de moissonneurs et de vendangeurs, apportaient des fruits et des sucreries, pour la collation que le roi offrait à la reine et aux dames, Pan et Diane, accompagnés de sylvains et de nymphes chasseresses, apportaient les viandes, aux sons des instruments. Alors s'avancèrent : le Printemps, monté sur un cheval d'Espagne; l'Été sur un éléphant, l'Automne sur un chameau, l'Hiver sur un ours, pour complimenter la reine. Puis, quatre déesses : l'Abondance, la Joie, la Propreté et la bonne Chère firent servir le souper par les Plaisirs, les Jeux, les Ris et les Délices.

La seconde journée de la fête menaçait d'être compromise par le vent qui s'éleva et qui aurait éteint les bougies, mais le roi y mit ordre, en faisant couvrir de toiles tout le rond-point où la fête allait être concentrée ce soir-là, et mille grands flambeaux chargés de grosses torches en cire blanche suppléèrent à l'absence de quatre mille bougies. On représenta *la Princesse d'Élide*, comédie héroïque de Molière, composée exprès pour la fête. C'étaient Roger et ses chevaliers qui offraient la comédie aux dames. Le succès de Molière, comme mime, dans cette pièce où il jouait le rôle d'un valet de chien, dépassa tout ce qu'on en attendait : « Il faut avoir vu Molière qui dormoit sous l'habit de Lisiscas, dit un témoin oculaire de la fête, et les figures inimitables qu'il fit en s'éveillant au bruit des veneurs, pour juger de ce jeu de théâtre, dans lequel aucun de ceux qui l'ont copié depuis ne l'a jamais imité. »

La troisième journée était attribuée au ballet. La cour prit place sur les bords du grand bassin circulaire, sur lequel on avait bâti le palais d'Alcine, au milieu d'une île défendue par des animaux fantastiques. La magicienne, portée sur le dos d'un monstre marin et entourée de ses nymphes, se promena d'abord sur les eaux, pour s'assurer qu'on ne tenterait pas de délivrer les chevaliers enfermés dans son palais. Alors commença le ballet : Alcine fit paraître des géants énormes et des nains, qu'elle chargea de faire bonne garde autour de ce palais. Plusieurs chevaliers essayèrent en vain de s'échapper : ils furent vaincus par des monstres qui luttèrent avec eux. Alcine, inquiète des résultats d'une nouvelle révolte de ses prisonniers, fit appel aux esprits et ensuite aux démons, en leur ordonnant de veiller nuit et jour. Mais, pendant que Roger et ses compagnons se désolaient de leur captivité, la sage fée Mélisse, sous la forme d'Atlas, réussit à parvenir jusqu'à Roger et lui remit l'anneau d'Angélique. Aussitôt un coup de tonnerre annonça la fin des enchantements d'Alcine : son palais fut réduit en cendres par un splendide feu d'artifice.

Les quatrième, cinquième, sixième et septième journées ne furent pas consacrées seulement à des courses de tête, où le roi brilla entre tous par son adresse, et à une loterie pour les dames; on y vit représenter *les Fâcheux* et *le Mariage forcé* de Molière, qui donna, en outre, au roi et à la cour, un avant-goût de la comédie du *Tartufe*, en faisant jouer les trois premiers actes de ce chef-d'œuvre, qu'on ne devait voir paraître sur la scène que deux années plus tard.

Cette fête de Versailles fut l'entretien de l'Europe entière, et tout le monde reconnut que la cour de Louis XIV était le centre des plaisirs, le modèle de toutes les cours, le séjour perpétuel du luxe, de la politesse et de la galanterie.

Louis XIV avait donné l'exemple d'une nouvelle espèce de fête de cour, qu'on essaya inutilement d'imiter dans différentes cours de l'Europe; il ne s'arrêta pas à cette première tentative qui avait si bien réussi, mais, de tous les divertissements du même genre qu'il offrit à sa cour, dans l'intervalle de huit ou dix années, aucun n'égala celui des *Plaisirs de l'Isle enchantée*. Ce qui n'est pas douteux, c'est que Molière fut toujours, jusqu'à sa mort, l'inspirateur, sinon le directeur officiel, des fêtes de cour, qui se succédèrent de loin en loin ; mais il en laissa l'honneur à Benserade, qui recevait ses conseils d'assez mauvaise grâce, et n'osait pas contrarier les intentions du roi. Le *Ballet des Muses*, dansé par Louis XIV, à Saint-Germain en Laye, le 2 décembre 1666, était surtout l'œuvre de Benserade; Molière n'y avait gardé sa place qu'en se réservant deux entrées du ballet, pour y introduire sa comédie du *Sicilien ou l'Amour peintre* et sa *Pastorale comique*, où il jouait le rôle de Lycas et dansait en habit de berger, à côté du roi. Ce *Ballet des Muses* plut tellement à Louis XIV, qu'on le joua et dansa plusieurs fois à la cour, et toujours avec de nouveaux divertissements. Le grand divertissement de Versailles, représenté le 18 juillet 1668, était, à coup sûr, de l'invention de Molière, et Benserade n'y fut pour rien. Après une promenade dans les jardins, la cour se rendit au labyrinthe, où l'attendait une merveilleuse collation. Tous les assistants y firent honneur largement. On alla ensuite occuper une salle de théâtre bocagère, pour

Fig. 237. — Les plaisirs de l'Isle enchantée. — Le feu d'artifice de la troisième journée. (Même source.)

assister à la représentation de la comédie de *George Dandin*. Au sortir du spectacle, le roi conduisit la cour « à une espèce de palais enchanté, d'une structure aussi rare et aussi singulière que les faiseurs de romans en aient imaginé. » Là, dans des salons rafraîchis par les jets d'eau, un souper délicieux fut servi pour trois cents dames, et le reste des invités soupa dans les allées voisines. Le souper achevé, on passa dans la salle de bal et, après les danses, une illumination aussi *étrange* que *prodigieuse* appela toute l'assemblée au milieu des jardins, où fut tiré un feu d'artifice qui ne devança que de peu d'instants les premiers rayons de l'aurore. Le divertissement royal de Saint-Germain, au mois de septembre 1670, n'eut pas le même éclat que le précédent : on y représenta pourtant une nouvelle comédie de Molière, *les Amants magnifiques*. Le divertissement de Chambord, mêlé de comédie, de musique et de ballet, dura plusieurs jours, au mois de décembre 1669 : Molière,

Fig. 258. — Galère réale d'un Argonaute. — D'après Bocquet.

qui en était l'organisateur, y fit représenter *Monsieur de Pourceaugnac*. L'année suivante, au mois d'octobre, nouveau divertissement à Chambord, pour la représentation du *Bourgeois gentilhomme*. Le *ballet des ballets*, dansé à Saint-Germain en Laye au mois de décembre 1671, en l'honneur de la princesse Palatine, était un composé des plus beaux endroits de tous les divertissements précédents, que le roi avait choisis lui-même, et que Molière avait travaillé à fondre ensemble, de concert avec Quinault et Lully. Il y fit entrer aussi une de ses comédies, *la Comtesse d'Escarbagnas*, qui n'avait pas encore paru. Ce pot-pourri dramatique et musical eut tant de succès, que le roi en demanda un autre du même genre, à Molière, qui ne fit que s'em-

Char décoratif figurant la forteresse de Montmélian, prise par Catinat (21 décembre 1691);
d'après Séb. Le Clerc.

prunter à lui-même les intermèdes de plusieurs de ses comédies, pour en composer une pastorale intitulée *les Fêtes de l'Amour et de Bacchus*, avec la collaboration de Quinault et de Lully (13 novembre 1671). Mais Lully, qui avait obtenu le privilège de l'Académie royale de musique, voyait dans ces divertissements représentés à la cour une concurrence dangereuse pour son entreprise théâtrale. Molière, mort le 17 février 1673, n'était plus là d'ailleurs pour donner

Fig. 239. — Orphée conduit par Bacchus. — D'après Bocquet.

des idées et des plans au roi, qui pouvait se persuader qu'il contribuait pour la plus grande part aux fêtes de cour et aux divertissements, qu'il remplissait en quelque sorte de sa glorieuse et auguste personnalité. Lully dirigea encore les divertissements, donnés par le roi à toute la cour, en 1674, au retour de la conquête de la Franche-Comté; mais Louis XIV ne lui demanda plus rien jusqu'en 1679, où *Urgande*, tragédie en prose, ornée d'entrées de ballet, de machines et de changements de théâtre, fut représentée devant lui à Saint-Germain en Laye, le 25 janvier, « par un exprès commandement. »

C'en était fait des fêtes de cour, telles que Molière les avait créées pour les « rendre dignes du grand roi. » Au mois de janvier 1681, *le*

Triomphe de l'Amour, ballet de Benserade, fut encore dansé devant le roi à Saint-Germain en Laye, comme le *Ballet de la Jeunesse* le fut à Versailles l'année suivante, mais les divertissements en musique, qu'on exécutait de temps à autre à Versailles, à Fontainebleau et à Marly, n'étaient plus que des oratorios, ou des intermèdes, ou des cantates, qui ne demandaient pas même de costumes de théâtre, et que la cour écoutait avec un air aussi froid et aussi ennuyé que l'était celui du roi. La musique faisait tous les frais de ces pauvres divertissements, et c'est à peine si on la rehaussait quelquefois de quelque machine, comme celle qui représentait la forteresse de Montmelian et qui fut traînée, devant la cour, en 1695, après la prise de cette place par Catinat.

Fig. 240. — Revers de la médaille frappée en mémoire du carrousel de 1662.
Tiré du recueil cité p. 211 et autres.

CHAPITRE QUINZIÈME

LE THÉATRE

Décadence du théâtre pendant la Ligue. — L'hôtel de Bourgogne et la foire Saint-Germain. — Les privilèges des confrères de la Passion. — Les comédiens italiens. — Le théâtre du Marais. — Mœurs des comédiens; les troupes de campagne. — Les pièces à grand spectacle; importation de l'Opéra italien. — Les acteurs célèbres. — L'Illustre Théâtre fondé par Molière au Palais-Royal. — L'académie de musique passe aux mains de Lully. — Mort de Molière; la Comédie-Française rue Guénégaud, puis rue des Fossés-Saint-Germain des Prés.

N peut dire avec certitude que la Ligue avait tué le théâtre en France, au moment où il prenait une telle extension que la cour et la ville, les collèges et quelques communautés religieuses, les corps de métiers et les classes les plus infimes de la population contribuaient, avec une sorte de frénésie enthousiaste, à répandre et à mutiplier ce genre de divertissement, qui se prêtait de la manière la plus variée à toutes les aspirations de l'esprit français. La cour inaugurait les ballets en musique à grand spectacle; la ville, où l'on avait absolument oublié les représentations des mystères et des moralités, interdites par arrêt du parlement de Paris, se contentait des farces, des prologues facétieux et des chansons gaillardes, qui donnaient l'élan à la gaieté gauloise; les collèges avaient des tragédies et des comédies taillées sur le modèle des pièces grecques de l'antiquité ; les communautés religieuses avaient aussi des tragédies, sur des sujets pieux et édifiants ; les corps de métiers reproduisaient de même, aux fêtes de leurs confréries, quelque épisode dramatique de la vie de leur saint patron, et le peuple ne se lassait pas d'entourer les tréteaux des charlatans et des opérateurs, qui, pour vendre leurs drogues, amusaient le public par des dialogues burlesques et de grossières plaisanteries.

Tous ces jeux, toutes ces comédies, toutes ces farces, toutes ces formes diverses de l'art théâtral à sa naissance, avaient disparu aussitôt après la journée des Barricades (12 mai 1588), qui fut le point de départ des lugubres et tristes drôleries de la Ligue, comme les appelle Pierre de l'Estoile, l'historien sincère et naïf de cette époque troublée. Dès lors, le théâtre de l'hôtel de Bourgogne, le seul qui eût le droit d'être toujours ouvert à Paris, ferme ses portes, et ne trouve plus de comédiens qui osent faire un bail avec les confrères de la Passion, propriétaires privilégiés de cette salle de spectacle ; les bateleurs et les vendeurs d'orviétan, avec leurs singes et leurs animaux savants, ne se montrent plus sur les places et dans les carrefours ; les troupes de campagne, avec leurs charrettes de transport, ne s'aventurent plus sur les routes ; les collèges n'ont plus d'écoliers qui songent à mettre en scène des tragédies ou des comédies ; il n'y a plus, nulle part, d'association dramatique qui ait le courage de s'occuper de théâtre en présence des misères publiques.

Quant à la cour, où l'on se souvenait encore des magnificences du *Ballet comique de la Royne*, représenté au Louvre en 1582, elle avait assisté, pendant les États de Blois, aux dernières représentations des *Gelosi*, comédiens italiens de Venise, qui, après avoir eu l'honneur de représenter devant le roi une partie de leur répertoire, étaient venus à Paris pour jouer des pantomimes dans la salle du Petit-Bourbon, où les confrères de la Passion, en vertu de leurs anciens privilèges de confrérie, leur firent défense d'ouvrir un théâtre en dehors de l'hôtel de Bourgogne. L'arrêt du parlement était du 10 décembre 1588, et treize jours plus tard, le meurtre du duc de Guise et du cardinal de Lorraine au château de Blois, mettait en fuite les comédiens italiens et imposait silence, pendant huit années, à tous les échos des plaisirs dramatiques.

Il paraît certain, en effet, que, dans les huit années qui suivirent le terrible dénouement des États de Blois jusqu'à la fin de la Ligue en 1596, aucun comédien ne monta sur la scène en France, aucun théâtre ne reçut de spectateurs à Paris ou en toute autre ville. Il n'y eut, de temps à autre, dans la capitale, que des mascarades satiriques et politiques en pleine rue, pour distraire le bas peuple de ses souffrances et de ses inquiétudes. C'est à peine si dans les villes de province quel-

Fig. 241. — Grotesques. — D'après des dessins originaux.

ques auteurs de tragédies, qu'ils ne pouvaient faire représenter, se donnaient le dédommagement de les faire imprimer; mais, dans cet intervalle de temps, les presses de Paris n'imprimèrent pas une seule pièce de théâtre. On comprend que Henri III, dans son camp de Saint-Cloud, et après lui Henri IV, à son quartier général de Saint-Denis, ne songeaient guère à se donner la distraction d'un ballet ou d'une comédie. Mais, dès que le roi fut rentré en possession de sa ville de Paris (22 mars 1594), et que le royaume se sentit délivré de la tyrannie des Ligueurs, tout le monde regretta d'avoir été privé si longtemps des jeux du théâtre et en attendit avec impatience le rétablissement. Les troupes de comédiens éprouvèrent pourtant des difficultés pour se reformer, et surtout pour reprendre leurs exercices : la Ligue avait laissé les bourses vides, et l'argent manquait partout. L'hôtel de

Bourgogne ne rouvrit ses portes qu'au commencement de 1596, mais la troupe, qui avait fait marché, pour un bail temporaire, avec les confrères de la Passion, n'était point assez bonne pour attirer une grande affluence de spectateurs. La foire Saint-Germain les lui enleva, en créant un nouveau théâtre, où la foule se porta pour applaudir une excellente troupe de province. Les confrères de la Passion virent dans la création de ce théâtre forain une atteinte à leurs privilèges, et dans

Fig. 242. — Baladins et mimes italiens. — D'après Callot.

Personnages, de gauche à droite, en commençant par le haut : 1. *Signora Lavinia.* — 2. *Cap. Ceremonia.* — 3. *Cap. Cocodrillo.* — 4. *Signora Lucretia.* — 5. *Pulliciniello.* — 6. 7. *Fracasso et Taglia-Cantoni.* — 8. *Franca Tripa.* — 9. *Fritellino.*

une plainte adressée au lieutenant civil du Châtelet, ils réclamèrent la suppression dudit théâtre. Les comédiens de la foire suspendirent spontanément leurs représentations et s'en remirent à la décision du lieutenant civil.

Cette affaire fit du bruit dans Paris, et les partisans du théâtre forain, accusant la troupe de l'hôtel de Bourgogne d'avoir arrêté par jalousie les représentations de la troupe rivale, envahirent le parterre, insultèrent les acteurs et commirent toutes sortes d'excès. Le lieutenant civil, par sentence du 5 février 1596, déclara que le privilège exclusif des *maîtres* de l'hôtel de Bourgogne ne devait pas cependant prévaloir sur les droits accordés de tout temps aux entrepreneurs de la foire Saint-Germain, et que les comédiens de province qui s'y étaient établis pouvaient y jouer tant qu'elle durerait, pourvu qu'ils se conformassent aux lois de police et qu'ils payassent aux administrateurs de la confrérie de la Passion une redevance de deux écus par an.

Fig. 243. — Même suite. — D'après Callot.

10. *Coviello.* — 11. *Bellosguardo.* — 12. *Fricasso.* — 13. *Mestolino.* — 14. *Guatsetto.* — 15. *Gian Farina.* — 16. *Fracischina.* — 17. *Metzetin.* — 18. *Trastullo.* — 19. *Signora Lucia.*

Les confrères de la Passion louaient leur salle à des conditions si onéreuses (environ 2,500 livres pour l'année), que les troupes qui se succédèrent à l'hôtel de Bourgogne jusqu'en 1615 n'y firent pas leurs affaires. Beaucoup de spectateurs entraient, sans payer, au parterre, quoique le prix d'entrée eût été fixé à 5 sous, par ordonnance du Châtelet (12 novembre 1609). La plupart des grandes loges n'étaient pas remplies, et souvent la représentation n'avait pas lieu, faute de pouvoir réunir une recette suffisante pour couvrir les frais du jour. Les comédiens attendaient donc quelquefois, avant de commencer le spectacle, que la salle se remplît, et il en résultait que les représentations, au lieu de finir à quatre heures et demie, comme l'exigeaient les règlements de police, se prolongeaient jusqu'à six et sept heures du soir. Les représentations étaient pourtant annoncées par des *montres* ou promenades que les acteurs en costume de théâtre faisaient, dans les rues voisines, aux sons des instruments, et ensuite par la proclamation plaisante d'un comédien qui paradait à la porte de la salle. Les confrères de la Passion avaient obtenu de Henri IV, en avril 1597, la confirmation de leurs vieux privilèges, qu'ils étaient résolus à maintenir avec une inflexible rigueur. Aussi, dès qu'ils apprenaient l'arrivée de plusieurs comédiens de province descendus dans une hôtellerie de la capitale, ils les avertissaient, par huissier, de ne pas songer à exercer leur profession à Paris, contrairement aux privilèges de la confrérie de la Passion. En 1596, ayant conclu un marché avec une troupe de comédiens dirigée par Nicolas Potrau, et ceux-ci ne se pressant pas d'exécuter leur traité, sans doute faute de ressources pécuniaires, les *maîtres* leur firent signifier « qu'ils eussent à venir sans délai représenter jeux et farces à l'hôtel de Bourgogne. » C'étaient donc surtout des farces qu'on représentait à cette époque sur ce théâtre, et ces farces, généralement très licencieuses, s'improvisaient, selon le caprice des acteurs, d'après un simple canevas qui ne réglait que la marche de l'action scénique. Voilà pourquoi la plupart de ces farces n'ont jamais été recueillies et imprimées. Quand le théâtre n'était pas loué à une troupe de comédiens français, les maîtres ne se refusaient pas à traiter avec des comédiens étrangers, qui payaient, outre le prix du bail, le droit d'un écu par représentation. En 1598, le bail avait été passé avec des comédiens anglais, sous la direction d'un nommé Jean Sehais, et comme les représentations de cette troupe n'attiraient personne, dix jours après la signature du bail, les maîtres faisaient saisir, pour en assurer le payement, les costumes et le matériel de ces pauvres comédiens.

Dans tous les procès que la confrérie de la Passion avait à soutenir, au Châtelet ou en parlement, et même devant le bailli du faubourg Saint-Germain ou devant le bailli du palais, pour défendre les privilèges de l'hôtel de Bourgogne, la question d'art dramatique n'était jamais en cause, car les confrères administraient leur théâtre comme une propriété immobilière, à laquelle ils faisaient rendre tout ce qu'elle pouvait produire dans l'intérêt des associés. La salle, construite à la hâte, en 1548, dans l'espace de trois ou quatre mois, sur l'emplacement des dépendances de l'ancien hôtel de Bourgogne, situé rue Mauconseil, n'avait pas changé d'aspect depuis soixante ans et se trouvait alors dans le plus triste état de dégradation : le vaisseau était vaste, mais peu élevé de plafond, eu égard à ses dimensions, qui permettaient

Fig. 244. — Décoration théâtrale. — D'après Callot.

N. B. Cette décoration fait bien ressortir la profondeur de la scène, telle qu'elle était alors.

d'y rassembler plus de deux mille personnes. La scène avait une profondeur extraordinaire, puisqu'elle avait été faite pour représenter des mystères où figuraient un nombre considérable d'acteurs ; mais, quand on n'y jouait que des farces, l'espace se trouvait considérablement réduit par des tentures de tapisserie qui n'encadraient que le milieu de cette vaste scène. L'éclairage, durant les représentations, consistait en une rangée de chandelles, qu'il fallait moucher souvent pour en raviver la clarté fumeuse : il y avait, en outre, au-dessus des acteurs, un porte-flambeau à quatre branches, suspendu en l'air, avec quatre grosses bougies de cire jaune. Les farces, ordinairement, n'avaient besoin d'aucune décoration, et s'il en fallait une, exigée par le sujet, on lui donnait la forme la plus simple et la moins dispendieuse. La salle contenait deux rangs de loges superposées, et chaque loge, garnie de bancs de bois, pouvait renfermer plus de douze spectateurs, qui voyaient tant bien que mal le spectacle, mais qui n'étaient pas vus du reste de la salle, où régnait une demi-obscurité. Les corridors et les montées restaient absolument dans les ténèbres, et une heure avant que les chandelles de la scène fussent allumées, on avait la liberté, en prenant son billet, de venir prendre place dans une loge entièrement obscure. Le parterre, où chacun se tenait debout et circulait à volonté durant la représentation, n'était pas mieux éclairé que les loges, et cette obscurité ne favorisait que trop les entreprises des mauvais sujets et des filoux. Une ordonnance du lieutenant civil (12 novembre 1609) enjoignit aux comédiens de faire éclairer le parterre, les galeries et les escaliers, du moins à la sortie du spectacle ; mais cette ordonnance ne fut jamais ponctuellement exécutée, et maintes fois les prédicateurs dénoncèrent en chaire les scandales honteux de l'hôtel de Bourgogne.

Les maîtres de l'hôtel de Bourgogne tenaient à conserver dans leur théâtre la vieille farce, qui avait remplacé les mystères et qui répondait bien à la tournure gauloise de l'esprit national. Ils traitèrent, au mois d'avril 1599, avec des comédiens italiens qui se disaient comédiens du roi, parce que le roi les avait mandés plusieurs fois au Louvre, et ils leur louèrent la grande salle de l'hôtel, par bail de quatre années. Ces comédiens n'étaient que les prête-noms et les associés d'une troupe de comédiens français, qui s'intitulaient « comédiens ordinaires du roi, » parce que Henri IV les avait reçus aussi au Louvre et s'était beaucoup diverti de leurs comédies. Les deux troupes s'installèrent donc à l'hôtel de Bourgogne et se partagèrent les sept jours de la semaine : les Italiens se réservant le mardi, le jeudi et le samedi, les Français s'attribuant les quatre autres jours, y compris le dimanche. La troupe française ne jouait pas seulement des farces à l'impromptu; elle représentait aussi des comédies et même des tragédies en vers. Ses directeurs étaient Valleran Lecomte et Mathieu le Fèvre, dit la Porte, dont la femme, Marie Vernier, serait, dit-on, la première comédienne qui ait paru sur la scène, car, avant elle, tous les rôles de femmes étaient joués par des hommes en masques, qui prenaient la voix de fausset. La nouvelle troupe eut un succès prodigieux, et la foule augmentant tous les jours, il fallut demander au lieutenant de police la permission de faire établir des barrières devant la porte du théâtre, « pour empecher la pression du peuple, » à l'heure de la représentation. Dès ce moment, la troupe royale se trouva constituée, avec le titre qu'elle s'était donné elle-même et que personne n'osa lui contester, car le roi, qui aimait les pièces gaillardes et les plaisanteries salées, l'appelait au Louvre, toutes les fois qu'il éprouvait le désir d'oublier les soucis de la royauté. Mais bientôt les deux associés, Valleran Lecomte et Matthieu le Fèvre, dit la Porte, se séparèrent à l'amiable, et la Porte, qui s'était fait des protecteurs et des appuis considérables à la cour, obtint un privilège spécial pour créer un théâtre tout nouveau (1600), absolument distinct et indépendant de l'hôtel de Bourgogne et ne lui étant assujetti par aucune redevance. Ce théâtre ne devait retenir la farce que comme un accessoire de peu d'importance : il était destiné à mettre en scène de grands ouvrages en vers, tragédies, tragi-comédies, pastorales et comédies, rehaussées par la splendeur des costumes et des décorations, ainsi que par l'ingénieux emploi des machines théâtrales et de la musique.

La troupe de la Porte et de Marie Vernier s'établit ouvertement à l'hôtel d'Argent, approprié à son usage, au coin des rues de la Verrerie et de la Poterie, et les représentations commencèrent avec un éclat qui éclipsa tout d'abord celles de l'hôtel de Bourgogne. Le poète Hardy, qui avait composé plusieurs centaines de pièces pour les troupes de province, s'était engagé à pourvoir à tous les besoins du répertoire de ce théâtre, auquel il donna, en effet, plus de quarante grands ouvrages, de 1601 à 1625. Un procès que les confrères de la Passion intentèrent en 1608 à la Porte, pour l'exécution du bail qu'il avait signé avec Valleran, fut arrêté par ordre du roi.

Ce fut seulement deux mois avant la mort de Henri IV, que les confrères de la Passion, encouragés, excités peut-être par la troupe de l'hôtel de Bourgogne, entamèrent des poursuites contre les comédiens de l'hôtel d'Argent, et les firent condamner solidairement, par sentence du Châtelet, à payer la redevance obligatoire de 60 sols, « pour chacun jour qu'ils avoient représenté et représenteroient audit hôtel d'Argent. » C'était une mesure comminatoire contre les autres comédiens, qui pourraient se hasarder, sous l'apparence d'une permission quelconque, à jouer en public, dans quelque endroit que ce fût de la ville de Paris, au mépris des privilèges des maîtres de l'hôtel de Bourgogne.

Les confrères demandèrent et obtinrent, bientôt après, du jeune roi Louis XIII, la confirmation de tous leurs privilèges octroyés par les rois ses prédécesseurs, qui leur avaient donné « congé et licence de jouer « ou faire jouer tous jeux, mystères profanes, honnêtes et licites, soit « en leur hôtel de Bourgogne, que Sa Majesté reconnoît appartenir à « ladite confrérie, que en tous lieux et endroits qu'ils jugeront à propos, « avec défenses à tous joueurs, comédiens ou autres, de jouer ne repré- « senter, dans ladite ville de Paris, fauxbourgs et banlieue d'icelle, « ailleurs que audit hôtel de Bourgogne, sinon sous le nom et congé de « ladite confrérie et au profit d'icelle. » Dès lors la confrérie poursuivit impitoyablement plusieurs troupes de comédiens qui s'obstinaient à ne pas tenir compte de ses droits, entre autres la troupe de Claude Husson, dit Longueval, jouant au faubourg Saint-Germain des Prés. Plus tard, en 1621, Étienne Robin, maître paumier, demeurant rue Bourg-l'Abbé, ayant loué son jeu de paume à des comédiens, fut condamné à des dommages-intérêts, et une sentence du Châtelet défendit à tous les paumiers, sous peine d'amende, « de louer leurs jeux de paume à des comédiens et de souffrir estre dressé théâtre chez eux. » Sous le bénéfice de cette sentence, les confrères de la Passion recommencèrent des procédures contre les comédiens de l'hôtel d'Argent, qui, se trouvant trop à l'étroit dans le quartier des halles, avaient transporté leur théâtre dans un jeu de paume de la Vieille rue du Temple où s'établit le *théâtre du Marais*, qui subsista jusqu'en 1673.

Les troupes de comédiens, qu'on appelait « comédiens de campagne ou de province, » prenaient souvent le titre de troupes de tel ou tel prince, de tel ou tel grand seigneur, parce qu'elles avaient eu la faveur d'être bien accueillies ou bien récompensées par ces princes ou ces grands seigneurs ; elles étaient libres de se fixer dans toutes localités et d'y « faire la comédie, » après avoir obtenu l'autorisation des magistrats locaux : on leur demandait seulement de payer une redevance pour les pauvres ou pour les malades de l'hôpital. Ces troupes parcou-

Fig. 245. — Vue de Paris. — D'après Callot.

N. B. On voit, dans cette composition, des comédiens ambulants usant de l'ancien privilège d'acquitter le péage en monnaie de singe.

raient la France, en toutes saisons, avec des voitures couvertes, chargées de décors, de toiles, d'accessoires et de bagages, suivies ou précédées de chevaux de selle que les acteurs et actrices montaient à tour de rôle. Quelques-unes de ces troupes, qui se composaient d'un personnel assez nombreux, avec un directeur ou chef de l'association, étaient en faveur, à cause des souvenirs qu'elles avaient laissés dans les villes importantes où elles revenaient tous les ans : le talent des comédiens, la richesse de leurs costumes, le mérite de leur répertoire, leur assuraient des représentations fructueuses. Les autres troupes, et la plupart, étaient fort misérables et ne s'arrêtaient que dans les villages, pour ouvrir leur théâtre dans des granges ou sous des tentes : elles manquaient du nécessaire et ne vivaient que de dons charitables ; mais, la passion du théâtre étant alors générale, on faisait assaut de générosité à l'égard des comédiens. Ceux-ci se recrutaient dans toutes les classes sociales : il y avait parmi eux des artistes illettrés, qui n'en jouaient pas plus mal pour cela, des écoliers, des poètes, et même des gentilshommes. Leur association était une sorte de franc-maçonnerie, qui avait ses statuts secrets, ses serments professionnels et son argot particulier : Scarron, en parlant de la réception d'un comédien dans la troupe de son *Roman comique*, dit positivement : « On fit les cérémonies accoutumées ; il fut écrit sur le registre et presta serment de fidélité : on lui donna le mot auquel les comédiens se reconnoissent. »

Une troupe arrivait-elle dans une ville ou dans un village, les présents lui venaient de tous côtés : ici, on lui apportait des victuailles et du vin ; là, on lui faisait des offres de service. Les comédiens étaient partout dans l'usage de recevoir des habits et des objets de toilette, qu'ils employaient à augmenter leur garde-robe théâtrale. En cas de mauvais temps, ils trouvaient une gracieuse hospitalité dans les châteaux comme dans les chaumières, et même dans les couvents. Quand ils étaient fixés dans une ville, le curé de la paroisse à laquelle ils s'attachaient ne faisait jamais difficulté de les marier, de baptiser leurs enfants et de les enterrer à peu de frais, et parfois gratuitement. Il n'y avait pas de salle de spectacle dans les villes de France comme dans celles d'Italie, mais les comédiens trouvaient toujours un jeu de paume pour y établir leur théâtre : il suffisait d'élever, à l'une des extrémités du jeu de paume, une estrade pour la scène, avec des coulisses et une toile de fond, que le décorateur de la troupe se chargeait de peindre à l'huile ou à la détrempe. Les meilleures villes de France n'eurent pas d'autre théâtre jusqu'à la fin du dix-septième siècle. Quand, par hasard ou de propos délibéré, deux troupes différentes venaient se fixer en même temps dans une ville, c'était au public à se prononcer entre elles deux, et celle dont les représentations n'étaient plus suivies se faisait justice elle-même en cédant la place à l'autre ; mais, souvent aussi, elles se fusionnaient ensemble à l'amiable, car généralement la confraternité régnait entre les comédiens, en dépit de leurs rivalités personnelles. Les comédiens les plus riches avaient toujours la bourse ouverte pour leurs camarades pauvres, et si pauvres que quelques-uns n'avaient pas même un habit de théâtre

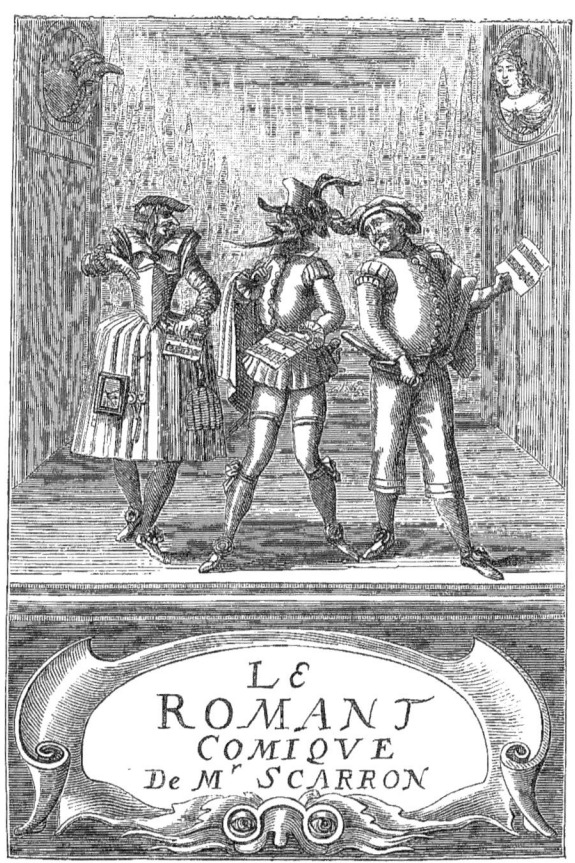

Fig. 246. — Frontispice de l'édition originale du *Roman comique* de Scarron.
(Toussaint Quinet, 1651; 2 vol. in-8°.)

pour paraître sur la scène. En revanche, ceux-là même qui ne portaient que des guenilles se paraient de noms pompeux ou bizarres qu'on ne leur disputait pas; ces noms étaient pris des romans en vogue, ou formés de sobriquets qualificatifs. On voit ainsi les héros du *Roman comique*, qui sont de véritables comédiens de campagne, se qualifier des noms du *Destin*, de *la Rancune*, de *la Caverne* et de *l'Étoile*. Ils étaient les bienvenus partout, malgré leur pauvreté, et Scarron nous apprend que ces comédiens nomades, pour se montrer reconnaissants du bon accueil qu'ils trouvaient sur leur route, offraient de jouer la comédie dans les châteaux où ils étaient reçus et hébergés. Le poète de la troupe n'avait pas un emploi fictif, car non seulement il devait composer, au besoin, des pièces de circonstance, surtout des intermèdes, des divertissements et des ballets, mais encore il était chargé de modifier, de couper et d'abréger les pièces du répertoire, selon les aptitudes des acteurs qui devaient les jouer; il remplissait aussi les fonctions multiples de régisseur, de lecteur, d'orateur et de souffleur de la troupe. Tous ces comédiens de campagne aspiraient à venir s'engager dans une des troupes qui se trouvaient de passage ou à demeure dans la capitale; ces troupes de Paris, disaient-ils dans leur argot, étaient « leurs colonnes d'Hercule. »

La troupe royale de l'hôtel de Bourgogne, qui se fit appeler par excellence, l'*Élite de la troupe royale*, pour se mieux distinguer des *petits comédiens du Marais*, ainsi qu'elle qualifiait dédaigneusement les acteurs de l'ancien théâtre de l'hôtel d'Argent, était souvent mandée, *par ordre*, à la cour, pour faire la comédie dans la salle du Louvre, où l'on dressait un théâtre sur lequel étaient jouées les pièces en vogue. Mais le roi et la cour prenaient bien moins de plaisir à ces représentations données par des comédiens de profession, qu'à voir danser des ballets, dans cette même salle du Louvre, qui avait servi de théâtre en 1582 au célèbre *Ballet comique de la Royne*.

Il a été suffisamment parlé des ballets de cour (dans le chapitre des Fêtes), pour faire connaître ce genre de divertissement qui, après avoir été inauguré avec éclat, en France, sous le règne de Henri III, retrouva toutes ses splendeurs et tous ses attraits aussitôt que Henri IV fut rentré en roi au château du Louvre. Le ballet donné par Madame, sœur du roi, en 1595, resta célèbre. Il y eut aussi des ballets chez les princes du sang, chez les grands seigneurs, comme le duc de Montmorency, et même à l'Arsenal, où l'austère Sully ne dédaignait pas d'y présider, gardant lui-même la porte de la salle, une calotte de velours sur la tête, un brassard de pierreries au bras gauche et un gros bâton dans la main droite.

Le ballet de cour n'exigeait ordinairement aucune décoration, aucun appareil théâtral, dans l'endroit où il se donnait, mais il entraînait quelquefois des dépenses considérables de costumes et d'accessoires. Les personnages du ballet, revêtus de leur déguisement, aussi exact et aussi original que possible, entraient, d'ordinaire deux par deux ou quatre par quatre, dans la salle où ils commençaient leurs danses et leur pantomime, au milieu de l'assemblée, qui quelquefois répétait les airs de musique en chantant à demi voix les vers caractéristiques qui s'appliquaient aux personnages. Cependant plusieurs ballets furent de merveilleux spectacles de machines, qui offraient les tableaux mécaniques les plus ingénieux. On se souvint longtemps, par exemple, de ce ballet maritime, que le roi avait ordonné en 1609 pour plaire à Mlle de Montmorency, et dans lequel les peintres et les machinistes avaient si bien réussi à représenter la mer, qu'on voyait Neptune et Amphitrite voguer sur leurs chars, les tritons et les néréides nager autour d'eux, et un grand navire balancé sur les flots.

La plupart des ballets représentés à la cour de Henri IV appartenaient au genre trivial et burlesque, comme l'indiquent assez les noms de ballets des *Barbiers*, des *Princes habillés de plumes*, des *Lavandières*, des *Tirelaines*, des *Oublieux*, des *Moulins à vent*. Louis XIII hérita du goût de son père pour ce genre populaire, et si on le vit, en 1617, figurer, sous les traits du démon du Feu, dans le ballet héroï-comique de la *Délivrance de Renaud*, il donnait en général la préférence à des sujets moins relevés. Dans le ballet des *Chercheurs de midi à quatorze heures*, figuraient le joueur de gobelets, le batteur de fusil, l'Espagnol, la vieille, le porteur d'eau, le ramoneur, le charlatan, le vendeur de lunettes; dans le ballet du *Bureau de rencontre*, le courrier, le porteur de gazette, les chercheurs de métiers, les arracheurs de dents, etc.

Ce fut, au contraire, le genre noble et mythologique qui domina sous Louis XIV, et ce genre correspondait en effet, mieux que tout autre, à la sérieuse majesté du grand roi, qu'on vit figurer plus d'une fois devant toute sa cour, dans les ballets de Benserade et de Molière.

Le théâtre du Marais s'était permis plus d'une fois d'imiter les ballets de cour, en représentant de grandes pièces à spectacle, avec danses et musique ; mais il en coûtait fort cher pour monter de pareilles pièces, faites la plupart sur des sujets mythologiques, et quoique la cour ne manquât pas de se rendre à ces représentations, le produit des recettes n'était pas suffisant pour en couvrir les frais. Poètes, musiciens et comédiens semblaient alors d'intelligence pour faire adopter en France le genre de l'opéra, que l'Italie possédait depuis longtemps et qui faisait ses délices. Le cardinal Mazarin avait voulu le premier donner aux Français un essai de ce genre de spectacle essentiellement italien, en faisant représenter devant la cour, en 1645, les *Feste teatrali*, par des chanteurs venus d'Italie exprès pour la représentation qui eut lieu dans l'immense salle du Petit-Bourbon. Ce fut encore dans cette salle qu'un second essai d'opéra, cette fois français, se renouvela, en 1650, avec plein succès, grâce à la nouveauté et à la perfection des machines qui servaient à cette représentation de la tragédie d'*Andromède*, du grand Corneille. Ces deux essais avaient trop bien réussi pour ne pas encourager quelque entrepreneur à demander le privilège d'un théâtre d'opéra, mais les confrères de la Passion se jetèrent encore à la traverse d'une entreprise théâtrale de cette espèce, en invoquant leurs privilèges exclusifs, et ils furent secondés par la troupe royale de l'hôtel de Bourgogne, pour empêcher la fondation d'une académie royale de musique. Le projet ne fut repris que vingt ans plus tard, par Molière et Lully.

Mazarin avait bien à cœur cependant la création d'une scène musicale à Paris, puisqu'il fit encore les frais d'une représentation de la *Rosaura*, en 1658, dans cette même salle du Petit-Bourbon louée par la troupe italienne. Mais il fallait des opéras français, avec de la musique française, si l'on voulait naturaliser ce nouveau genre de spectacle. C'est encore à l'instigation de Mazarin que l'abbé Perrin tenta l'expérience, et c'est sous ses auspices que l'auteur de la première comédie française en musique fit représenter huit ou dix fois son opéra de *Pomone*, en 1659, non pas à Paris, mais dans la belle maison de plaisance que M. de la Haye possédait à Issy. Ce fut vers ce temps-là qu'Alexandre de Rieux, marquis de Sourdéac, amateur passionné des jeux de la scène, voulut consacrer une partie de sa fortune à fonder un théâtre de musique et de machines, dans son château de Neuf-Bourg, en Normandie, où l'on représenta, plusieurs fois (nov. 1660), devant la noblesse de la province, la tragédie de *la Toison d'or*, que Pierre Cor-

Fig. 247. — Comédiens italiens appelés en France par le cardinal Mazarin. D'après une gravure anonyme. (Bibl. nationale, *collection Hennin*, t. XXXVIII, p. 55.)

neille avait composée pour cette solennité. Le marquis de Sourdéac ne fit jouer cette tragédie, mêlée de danses et de tableaux mécaniques, que pour montrer les machines de son invention... « Il a de l'inclination aux mécaniques, dit de lui Tallemant des Réaux : il travaille de la main admirablement; il n'y a pas un meilleur serrurier au monde. » Il fit don de ces machines et de toutes les décorations du théâtre de Neuf-Bourg au théâtre du Marais, qui représenta nombre de fois la pièce de Corneille avec un éclat extraordinaire.

Depuis que la tragédie et la comédie en vers avaient remplacé avantageusement la farce de bas étage, sur la scène de l'hôtel de Bourgogne, ce théâtre n'avait fait aucuns frais pour restaurer et embellir sa vieille salle; les confrères de la Passion se bornaient à entretenir le bâtiment tant bien que mal, en dépensant pour cet objet 700 à 900 livres par an. Les comédiens de la troupe royale n'avaient pas même jugé utile d'améliorer le matériel théâtral, et de faire des décorations en harmonie avec les belles pièces qu'ils représentaient. C'était toujours le même paysage, le même palais, la même place publique, que des toiles, usées et déteintes, offraient à la vue des spectateurs. Ils ne se préoccupaient que de leurs costumes, qui n'avaient pas le moindre caractère de vérité historique, mais qui se distinguaient par une extrême richesse. Quant à la coiffure, c'était toujours une composition monstrueuse, extravagante, qui grandissait d'un pied ou deux la taille du comédien.

Il fallait bien que cette exagération du costume pût répondre à l'exagération du jeu des acteurs, pour qui la déclamation n'était jamais assez retentissante, la mimique assez grimaçante, la pantomime assez mouvementée. Le comédien, loin de chercher le naturel dans l'expression de ses rôles, croyait rendre la passion par de furieux éclats de voix et par des airs de démoniaque. La déclamation scénique, qu'elle fût chantante ou criarde, arrivait ainsi à des abus de force physique, auxquels les natures les plus énergiques ne se livraient pas impunément : Mondory, dans le rôle d'Hérode, fut frappé de paralysie; Montfleury, dans le rôle d'Oreste, et Brécourt, dans le rôle de Timon, se brisèrent un vaisseau et furent pris de vomissements de sang qui causèrent leur mort presque immédiate. Tous ces comédiens, à la voix de tonnerre, aux gestes forcenés, à l'air frénétique, n'étaient cependant pas sans talent. La plupart avaient joué dans la farce, avant de jouer dans la comédie, c'est-à-dire dans le genre noble. Ils avaient, en conséquence, deux noms de théâtre : l'un pour la comédie, l'autre pour la farce. Henri Legrand s'était surnommé *Belleville* et *Turlupin;* Robert Guérin, *Lafleur* et *Gros-Guillaume;* Hugues Gueru, *Fléchelles* et *Gautier-Garguille.* Leur réputation de comédien ne fut pas à la hauteur de celle qu'ils avaient acquise comme farceurs. Leur camarade Hardouin de Saint-Jacques, qui jouait sous le nom de *Guillot-Gorju*, ne prit pas d'autre nom de théâtre, parce qu'il ne se risqua point dans la tragédie. Ces quatre farceurs,

Fig. 248. — L'hôtel de Bourgogne. — Turlupin, Gros-Guillaume, Gautier-Garguille, l'Espaignol, etc. D'après Abr. Bosse.

Que ce théâtre est magnifique !
Que ces acteurs sont inventifs !
Et qu'ils ont de préservatifs
Contre l'humeur mélancolique !...

Icy l'ingénieux Guillaume,
Contrefaisant l'homme de cour,
Se plaît à gourmander l'Amour
Troussé comme un joueur de paume.

Icy d'une façon hagarde,
Turlupin veut faire l'escroq ;
Et l'Espaignol de peur du choq
Fuit le François qui le regarde.

Mais le vray Gautier les surpasse,
Et malgré la rigueur du sort,
Il nous fait rire après sa mort,
Au souvenir de sa grimasse.

les plus fameux qu'on ait vus à l'hôtel de Bourgogne, avaient chacun leur emploi caractérisé, leur costume spécial, leur genre de comique bouffon : rien n'égalait une farce où ils jouaient ensemble, d'abondance, en s'en tenant à la nature exclusive du rôle que chacun d'eux avait à remplir. Leur aspect seul provoquait des rires inextinguibles. Ils étaient du peuple et n'avaient pas la moindre teinture des belles-lettres ; mais l'esprit ne leur faisait pas défaut et ils trouvaient, pour animer leurs dialogues, les saillies et les reparties les plus inattendues et les plus comiques. Lorsque la farce dut être abandonnée, parce qu'elle avait passé de mode, ils continuèrent à débiter, avant la tragédie, des prologues et des discours facétieux, qu'ils développaient avec un sérieux imperturbable sur des sujets plaisants. Après la tra-

Fig. 249. — Comédiens italiens. — D'après Callot.

gédie et la comédie, ils chantaient, avec mille grimaces, des chansons triviales, trop souvent libres, qu'on appelait les *Chansons des comédiens* et qui remplissaient la salle de bruyants éclats de rire. Ces chansons grotesques, ils les composaient eux-mêmes ou les achetaient à des rimeurs faméliques. Le plus amusant de ces chansonniers était Gautier-Garguille. « Beaucoup de gens, dit Sauval, ne venoient à l'hôtel de Bourgogne que pour l'entendre. »

Les comédiens, qui jouaient seulement dans les tragédies, les tragi-comédies et les pastorales, sortaient la plupart des familles bourgeoises; quelques-uns même étaient nobles et ne croyaient pas avoir déchu en montant sur le théâtre, ce qui fut reconnu et déclaré par une ordonnance du roi, en date du 14 avril 1641, constatant que la profession de comédien n'avait rien que d'honorable et qu'elle ne le faisait pas déroger à la noblesse. Quelles que fussent les distinctions sociales qui pouvaient exister entre les comédiens, la plus franche confraternité régnait entre eux au théâtre, mais elle n'existait plus dans la vie privée, où chaque comédien reprenait son rang. Parmi les comédiens de bonne naissance et de bonne éducation, qui vivaient côte à côte avec les crapuleux représentants de la farce et de la chanson à l'hôtel de Bourgogne, il faut citer Pierre le Messier, dit *Bellerose;* Michel Boyron, dit *Baron;* François Chatelet de Beauchateau et sa femme; Josias de Soulas, sieur de Prinefosse, dit *Floridor;* Zacharie Jacob de Montfleury et sa femme; Vautray, un des meilleurs acteurs de la tragédie.

Fig. 250. — Michel Boyron dit *Baron*.

Le théâtre du Marais eut aussi de très bons comédiens, qui avaient passé par l'hôtel de Bourgogne, et d'autres qui n'en firent jamais partie, bien qu'ils fussent sortis des troupes de province avec une réputation très méritée. Au reste, les comédiens, étant tous plus ou moins capricieux et fantasques, se dégoûtaient souvent de la troupe où ils figuraient et ils passaient alors dans une autre, quittes à revenir bientôt dans celle qu'ils avaient quittée. C'était quelquefois aussi un ordre du roi ou d'un ministre qui décidait de leur changement. Ainsi, en 1634, par commandement du roi, six acteurs du Marais, Jodelet et son frère l'Espy, Lenoir et sa femme, la France et Alison, rentraient à l'hôtel de Bourgogne, où ils avaient déjà figuré.

Entre les bons acteurs comiques du Marais, on peut nommer seulement Alison, qui jouait des rôles de femmes du peuple; Jodelet, qui jouait les valets; Bellemore, dit le *capitaine Matamore;* le grotesque Jean Farine, etc. Les bonnes actrices furent Mlle l'Oysillon, la Beauchâteau, la Desurlis, Marie Vernier, femme la Porte. Quant aux acteurs, ils étaient tous éclipsés par Mondory, le premier comédien de son temps et le chef de sa troupe, auquel succéda Dorgemont, comme le plus digne de lui succéder. Le cardinal de Richelieu, qui avait au plus haut degré la passion du théâtre, préférait Mondory à tous les acteurs tragiques, et quand ce comédien devint paralytique, à la suite d'une attaque d'apoplexie qui l'avait frappé sur la scène en jouant le rôle d'Hérode dans la *Mariamne* de Tristan (1636), le cardinal lui assigna une pension viagère de 2,000 livres, que d'autres grands seigneurs de la cour s'empressèrent d'augmenter à l'envi, en témoignage d'admiration pour ce grand comédien. L'année suivante, Mondory, quoique à demi perclus de tous ses membres, remonta sur le théâtre pour reparaître dans *l'Aveugle de Smyrne*, tragi-comédie du cardinal de Richelieu et de ses quatre collaborateurs ordinaires. Malheureusement, en 1639, il n'était plus en état d'accepter un rôle dans la tragédie de *Mirame,* que le cardinal avait fait composer par son secrétaire Jean Desmarets et qu'il fit représenter, avec un luxe inouï, pour l'ouverture de la nouvelle salle de spectacle qui fut construite à cette occasion dans le Palais-Cardinal. Cette salle, pouvant contenir plus de 3,000 personnes, avait été décorée superbement et disposée pour les représentations que le premier ministre voulait y donner avec le concours des comédiens de l'hôtel de Bourgogne et du Marais; mais il fut si peu encouragé par le mauvais succès de *Mirame*, qu'il laissa sans destination un théâtre qu'on regardait comme le plus beau qui fût en France.

Les confrères de la Passion, propriétaires du théâtre et des dépendances de l'hôtel de Bourgogne, étaient toujours en querelle et en procès avec les comédiens qui tenaient à bail leur salle et qui ne pouvaient aller jouer ailleurs la comédie, si ce n'est à la cour, sans s'exposer à des réclamations exorbitantes. Par exemple, une partie de la troupe étant allé donner des représentations au jeu de paume de Berthault, pendant que le reste de la troupe continuait à jouer à l'hôtel de Bourgogne, une sentence condamna les comédiens associés à payer aux maîtres une somme de 405 livres pour cent-vingt-cinq représentations qui avaient eu lieu au jeu de paume de Berthault. La troupe royale, qui touchait 12,000 livres de pension du roi, employait une bonne part de cette somme à désintéresser les insatiables détenteurs

Fig. 251. — Scène de *Mirame*. — D'après la Belle.
Tirée de l'*Ouverture du théâtre du Palais-Cardinal; Mirame, tragi-comédie.* (Le Gras, 1641 ; in-fol.)

des privilèges de l'ancienne confrérie de la Passion. Plusieurs troupes de province avaient essayé de s'établir momentanément à Paris, en payant aux confrères de la Passion le droit d'un écu par représentation ; une de ces troupes ouvrit un théâtre, en 1632, au jeu de paume de la Fontaine, rue Michel-le-Comte ; une autre troupe obtint la permission, en 1635, de jouer à la foire Saint-Germain, mais ces tentatives échouèrent tristement. Les habitants de Paris étaient toujours très curieux de toute espèce de spectacle, et néanmoins, le prix des places au théâtre ayant été presque doublé, il fallait compter avec sa bourse, pour se donner un plaisir aussi coûteux.

A la fin de 1643, des *enfants de famille* formèrent une société dramatique et louèrent le jeu de paume des Métayers, près des fossés de la porte de Nesle, avec l'intention d'y *faire la comédie;* ils étaient protégés par Gaston d'Orléans, qui leur avait promis une pension, et ils avaient consenti à payer la redevance que les confrères de la Passion réclamaient de tous les comédiens jouant à Paris. L'*Illustre théâtre* (c'est ainsi qu'ils l'avaient appelé un peu ambitieusement) s'ouvrit le 31 décembre 1643. La troupe se composait des frères et sœurs Béjart et de leurs amis, au nombre desquels était Molière, fils de Jean Poquelin, tapissier et valet de chambre du roi. Le jeune Molière (c'était le nom de théâtre qu'il avait choisi) venait à peine de terminer sa classe de philosophie et d'achever son droit, mais il ne rêvait que comédie et il se faisait comédien pour se préparer à devenir auteur. L'*Illustre théâtre* avait un répertoire tout nouveau et des acteurs pleins d'ardeur et d'émulation, qui ne s'étaient pas encore montrés sur la scène. Le public leur manqua, et, pour trouver ce public qui n'avait pas répondu à l'appel des *enfants de famille*, les fondateurs de l'*Illustre théâtre*, après une année d'efforts infructueux, se transportèrent dans le quartier de l'Arsenal, où ils ouvrirent leur spectacle dans le jeu de paume de la Croix-Noire, situé devant le port Saint-Paul, sur le quai des Ormes. Là, les subventions de Gaston d'Orléans et du duc de la Meilleraye ne retardèrent pas la ruine de ce théâtre, qui avait pourtant de bonnes pièces et de bons acteurs. Molière s'était fait responsable de toutes les dettes de la troupe, qui retourna dans le faubourg Saint-Germain, et qui s'établit dans le jeu de paume de la Croix-Blanche, près de la porte de Bucy. Ce troisième essai ne fut pas plus heureux que les précédents. La troupe de l'*Illustre théâtre* se décida enfin à quitter Paris et à courir la province. Pendant un intervalle de douze années, de 1646 à 1658, on retrouve cette troupe, qu'on regardait comme la meilleure des troupes de campagne, tantôt en Normandie, tantôt au Mans, tantôt en Guyenne, tantôt en Languedoc. C'est à Lyon qu'elle obtint ses plus brillants succès dramatiques. On la voit mandée aux États du Languedoc, par le prince de Conti, qui avait été le condisciple de Molière au collège de

Clermont, et l'on peut prévoir que cette troupe ambulante, qui a conservé des relations avec divers personnages influents de la cour, ne tardera pas à retourner à Paris. Elle n'y revint pourtant qu'en 1658. Les Béjart et Molière étaient toujours les principaux acteurs de la troupe, qui débuta devant le roi, au Louvre, le 21 octobre de cette année-là. On joua *Nicomède*, de Pierre Corneille, et l'assemblée parut très satisfaite du jeu des comédiens. Monsieur, frère du roi, s'était

Fig. 252. — Types de comédiens italiens. — D'après une suite publiée chez Mariette.
1. Scaramouche. — 2. Dame Ragonde. — 3. Romagnesi (dit *le docteur Balouard*).

fait ouvertement l'appui de Molière, que le prince de Conti lui avait recommandé; ce fut lui qui l'invita à faire voir à Sa Majesté une des petites pièces comiques qu'il jouait dans les provinces avec tant de succès. Molière joua donc *le Docteur amoureux*, farce dont il était l'auteur, et il la joua d'une manière si divertissante, que Louis XIV lui accorda sur-le-champ la permission de s'établir, avec sa troupe, au théâtre du Petit-Bourbon.

La troupe de Molière devenait, dès ce moment, la rivale redoutable de la troupe royale de l'hôtel de Bourgogne, qui devait avoir bientôt à souffrir de la concurrence des *comédiens de Monsieur*. Les confrères de la Passion n'osèrent pas, nonobstant leurs privilèges, mettre obstacle aux débuts de la nouvelle troupe, qui allait partager, avec une troupe de comédiens italiens, la possession de la salle du Petit-Bourbon. Les comédiens italiens jouaient les dimanche, mardi et vendredi; Molière s'entendit avec eux, moyennant le payement d'une somme de 1,500 livres, et se contenta des quatre autres jours de la semaine pour ses représen-

Fig. 253. — Types de comédiens italiens. — D'après l'*Histoire du Théâtre italien*, de 1500 à 1660, publiée en 1727 par Louis Riccoboni.

1. Pantalon moderne. — 2. Polichinelle napolitain. — 3. Scapin. — 4. Narcissin de Malalbergo.

N. B. Les estampes de cet ouvrage sont gravées par Joullain d'après les dessins de Gillot.

tations. Il composa son répertoire des comédies en vers et des petites pièces en prose, qu'il avait jouées en province et qui n'étaient pas connues à Paris. La faveur particulière dont Monsieur honorait ses comédiens leur assura la vogue, et les deux premières années de leur exploitation dramatique assurèrent l'établissement de leur théâtre. Non seulement la salle était toujours remplie d'une assemblée nombreuse et distinguée, qui applaudissait, dans Molière, l'auteur et le comédien, mais encore la troupe de Monsieur recevait sans cesse des invitations pour aller jouer les pièces de son répertoire chez les plus grands personnages de la cour, de la noblesse et de la finance.

Une puissante cabale s'était formée contre Molière et sa troupe : on imagina de lui enlever son théâtre, en faisant ordonner par le roi la démolition immédiate du Petit-Bourbon, pour commencer les travaux de la colonnade du Louvre. Par bonheur, le théâtre que Richelieu avait fait construire, vingt-quatre ans auparavant, dans le Palais-Cardinal, devenu, depuis sa mort, Palais-Royal, n'était pas occupé, et aucune troupe de comédiens n'avait songé à s'en emparer, à cause de l'abandon

Fig. 254. — Types de comédiens italiens. — Tirés du même ouvrage.
1. Pierrot. — 2. Mezzetin. — 3. Capitan italien. — 4. Arlequin moderne.

et du délabrement dans lesquels il se trouvait. Molière était déjà bien en cour : il demanda au roi le théâtre du Palais-Royal et l'obtint, au moment même où sa troupe n'avait plus d'asile (1660). Les réparations de la belle salle accordée à la troupe de Molière durèrent plusieurs mois, et cette troupe errante, que l'hôtel de Bourgogne et le Marais essayaient en vain de démembrer à tout prix, resta entière, allant *en visite*, comme on disait, chez les grands seigneurs et les gens riches, où elle continuait à jouer son répertoire. Molière se voyait en possession de la salle du Palais-Royal, qu'il faisait remettre en état, et la réouverture de son théâtre eut lieu, le 4 février 1661, par la première représentation de sa tragi-comédie de *Don Garcie de Navarre*, qui tomba ou qui n'eut pas de succès. La comédie de *l'École des maris* fut une prompte revanche de cet échec, et, depuis *l'École des maris*, jusqu'au *Malade imaginaire*, dernière comédie de Molière représentée sur le théâtre du Palais-Royal, la prospérité de ce théâtre ne fit que s'accroître, à chaque nouvelle comédie qu'il donnait au public. Vainement les rivaux et les ennemis de l'illustre auteur-comédien se déchaînèrent contre ses ouvrages et contre sa personne ; il était soutenu par la faveur du roi, qui se déclarait son approbateur et son soutien en toute occasion : le roi appréciait non seulement le génie comique de Molière, mais encore sa probité et son noble caractère.

La troupe du Palais-Royal était toujours nominativement la troupe de Monsieur, qui ne lui payait pas même l'indemnité de 300 livres qu'il avait promise à Molière. Le 14 août 1665, dans une *visite* que cette troupe faisait à Saint-Germain pour jouer devant le roi, Louis XIV, comme le raconte la Grange dans son Registre de théâtre, « dit au sieur de Molière, qu'il vouloit que la troupe désormais lui appartînt ; et il la demanda à Monsieur, » qui n'avait rien à refuser au roi. Dès lors cette troupe, qui s'intitula *Troupe du Roy au Palais-Royal*, reçut du roi une pension annuelle de 6,000 livres, en dehors des sommes souvent considérables qu'elle touchait éventuellement pour ses *visites* à la cour et pour ses *voyages* à Fontainebleau et à Chambord. Ainsi la troupe de Molière, arrivée au château de Saint-Germain le 24 juin 1662, y resta jusqu'au 11 août, et joua seulement treize fois, ce qui lui valut une indemnité de 14,000 livres ; elle ne passa que dix-huit jours à Chambord en 1670, et elle eut à se partager une somme de 12,000 livres. La troupe royale de l'hôtel de Bourgogne recevait pourtant une pension supérieure à celle de la troupe du Palais-Royal (12,000 livres), parce qu'elle était deux fois plus nombreuse que celle-ci, qui ne compta jamais plus de douze comédiens pensionnaires ou à part entière. Molière, comme auteur et chef de troupe, avait droit à deux parts, outre les gratifications personnelles que Louis XIV lui accordait de temps à autre. Molière était donc, à lui seul, en quelque sorte, l'incarnation vivante de son théâtre, de son répertoire et de ses comédiens.

C'est à lui, c'est à la distinction de son caractère, à ses qualités d'*honnête homme* ou d'homme du monde, à son crédit auprès du roi et à l'estime générale dont il jouissait à la cour, qu'il faut attribuer la position sociale que les comédiens avaient prise de son vivant, et

Fig. 255. — Frontispice des œuvres de Molière (édition *princeps* de 1666); gravé par Chauveau.

N. B. Molière est représenté dans ce frontispice, en buste, et en pied dans les costumes de Mascarille des *Précieuses* et de Sganarelle.

qu'ils ne conservèrent pas longtemps après sa mort. Samuel Chapuzeau écrivait en 1673, dans son ouvrage intitulé *le Théâtre françois* : « Le grand et facile accès que les comédiens ont auprès du roy et des princes et de tous les grands seigneurs qui leur font caresse, doit fort les consoler de se voir moins bien dans les esprits de cértaines gens, qui au fond ne connoissent ni la comédie ni les comédiens. » Ceux-ci, la plupart du moins, vivaient honorablement en famille, évitant toute espèce de scandale, élevant avec soin leurs enfants, et s'attachant à n'admettre dans leur communauté que des acteurs et des actrices *de bonne vie et mœurs*. Ils étaient généralement aussi réguliers dans leur vie privée que les bourgeois les plus estimables; ils remplissaient leurs devoirs religieux avec décence et sans ostentation; ils ne se montraient en public que vêtus proprement, et quelquefois avec recherche. Leur profession n'était pour personne un motif de mettre en doute leur conduite honorable. Ils cachaient, d'ailleurs, avec une extrême discrétion, les irrégularités qui pouvaient se produire dans la conduite de leurs confrères. Montfleury, par un odieux sentiment de rivalité contre Molière, ayant essayé de le diffamer et de le perdre dans l'esprit du roi, Louis XIV accabla de son mépris le calomniateur, et fit lui-même réparation d'honneur au comédien calomnié, en voulant être le parrain d'un de ses enfants. Chapuzeau rapporte, en faveur des comédiens, le témoignage d'un des premiers magistrats de France, lequel déclara « que l'on n'avoit jamais vu aucun de leur corps donner lieu aux rigueurs de la justice, ce qu'en tout autre corps, quelque considérable qu'il puisse estre, on auroit bien de la peine à rencontrer. » On a pu constater aussi les rapports de bonne harmonie qui existaient entre les comédiens et le clergé, antérieurement à la représentation du *Tartufe* de Molière : cette comédie, que le roi avait approuvée, fut considérée, à tort, comme une machine de guerre dirigée contre la religion, et de ce moment-là (1667), l'Église condamna le théâtre et les comédiens. Ceux-ci, par le fait seul de l'exercice de leur profession, se virent retranchés de la communion chrétienne jusqu'à ce qu'ils eussent fait amende honorable et renoncé au théâtre.

Molière mourut cependant assisté d'un prêtre et muni des sacrements (17 février 1673); mais il fallut un ordre du roi pour le faire enterrer, le soir, aux flambeaux, sans que le corps fût présenté à l'église, et l'enterrement eut lieu au cimetière Saint-Joseph, où l'on inhumait les enfants morts sans baptême, les fous et les suicidés.

DÉCOR POUR LE THÉÂTRE DU CHÂTEAU DE VERSAILLES

La mort de Molière amena un démembrement, une désorganisation générale des théâtres de Paris, qui étaient déjà en souffrance depuis la création de l'Académie royale de musique, en vertu d'un privilège accordé à Lully, par lettres patentes de mars 1672. Ce nouveau théâtre de machines, de musique et de danse, que Lully avait enlevé à l'abbé Perrin et au marquis de Sourdéac, qui en eurent le privilège avant lui, s'était ouvert dans le jeu de paume de Bel-Air, près du

Fig. 256. — Frontispice de l'acte IV de l'opéra d'*Atys*, de Lully (1676). — D'après l'édition de Chr. Ballard (1720).

jardin du Luxembourg; mais l'éloignement de la salle n'était pas favorable au succès de l'entreprise, et Lully avait tenté inutilement de s'entendre avec le marquis de Sourdéac, à l'effet d'occuper une autre salle que celui-ci avait fait construire dans la rue Mazarine pour les opéras de Perrin et de Cambert. Molière, quoique ancien ami de Lully, se préparait, quand il mourut subitement, à lui faire une redoutable concurrence, en jouant au théâtre du Palais-Royal des comédies et des pastorales mêlées de musique et de danses. Lully, Molière mort, se hâta de demander au roi la salle du Palais-Royal, pour y transporter l'Académie royale de musique, au moment même où la veuve de Molière rouvrait le théâtre, qu'elle espérait bien faire survivre à son mari. Mais les meilleurs comédiens du Palais-Royal étaient déjà engagés à l'hôtel de Bourgogne, et, pour les remplacer, Mme Molière n'avait trouvé que quelques emprunts à faire à la troupe du Marais. Le théâtre du Marais, où l'on avait représenté de véritables opéras et des pièces à machines, semblait vouloir s'en tenir à ce nouveau genre, et il devait être transporté, rue Mazarine, dans la salle du marquis de Sourdéac. Mais cette salle fut achetée, en secret, moyennant 30,000 livres, avec toutes les machines et toutes les décorations qu'elle renfermait; l'acquéreur était la veuve de Molière, qui obtint la permission de faire inscrire : *Théâtre de la troupe du roi*, sur une table de marbre, au fronton de ce théâtre, qui ouvrit le 9 juillet 1673. L'ordonnance du lieutenant de police la Reynie, autorisant l'ouverture du théâtre de la rue Mazarine, défendait aux comédiens du Marais de jouer, soit dans leur ancienne salle, soit dans tout autre quartier de Paris. C'était Lully qui se débarrassait ainsi, au profit de son amie, la veuve de Molière, de la gênante rivalité du théâtre du Marais. L'hôtel de Bourgogne, qui avait attiré les meilleurs comédiens de la troupe de Molière, pouvait se flatter d'avoir reconquis sa supériorité, et la troupe royale n'avait plus à craindre une comparaison désavantageuse avec la troupe du roi de la rue Mazarine ou Guénégaud (on lui donnait indifféremment l'un ou l'autre nom). Elle avait commencé à lutter contre les pauvres confrères de la Passion, qu'elle prétendait déposséder de leurs anciens privilèges. Elle y réussit d'autant mieux, que, depuis l'établissement du théâtre de Molière, les confrères n'osaient plus, comme autrefois, réclamer contre la moindre infraction à ces privilèges : ils tremblaient de se heurter à des privilèges de nouvelle date, octroyés par le roi à des troupes qui avaient eu l'honneur de jouer devant lui. C'est ainsi qu'ils étaient restés muets et inertes, quand les comédiens de Mademoiselle s'étaient établis en 1661, au faubourg Saint-Germain, dans la rue des Quatre-Vents; quand la troupe du dauphin, composée des petits acteurs de l'organiste Raisin, avait obtenu un ordre du roi, pour donner des représentations à la foire Saint-Germain; quand les comédiens espagnols, protégés par la reine, avaient joué, de 1660 à 1672, dans une salle presque toujours déserte. Enfin, la confrérie de la Passion fut supprimée par édit de décembre 1670, et les revenus de cette confrérie, y compris le louage de l'hôtel de Bourgogne, furent attribués à l'hôpital général, pour l'entretien des enfants trouvés. La comédie n'avait donc plus que deux théâtres à Paris : celui de l'hôtel de Bourgogne et celui de la rue Guénégaud, et cependant les deux salles étaient vides les jours de représentation ; les deux troupes mouraient de faim.

Fig. 257. — Frontispice du 1er acte de l'opéra d'*Armide*, de Lully. — D'après l'édition de Ch. Ballard (1713).

Le goût du théâtre diminuait et s'affaiblissait de jour en jour, surtout dans les classes élevées, qui trouvaient les pièces nouvelles mauvaises, les comédiens pitoyables, malgré l'incontestable talent de Michel Baron et de quelques autres acteurs tragiques. Louis XIV se lassa de pensionner deux troupes, qu'il n'appelait presque jamais à Versailles, et qui ne servaient qu'à lui faire regretter davantage la troupe tragique de Floridor et la troupe comique de Molière ; il ordonna tout à coup, par déclaration du 25 août 1680, que la troupe de l'hôtel de Bourgogne eût à se fondre avec la troupe de la rue Guénégaud, de manière à n'en plus former qu'une seule qui jouerait dans ce dernier théâtre. Quant au théâtre de l'hôtel de Bourgogne, il fut réservé exclusivement aux comédiens italiens, qui y continuèrent leurs représentations jusqu'en 1697. Mais le théâtre de la rue Guénégaud ne subsista pas aussi longtemps : il était de plus en plus abandonné par le public, lorsque le lieutenant de police notifia aux comédiens, de la part du roi, qu'ils eussent à se pourvoir d'une autre salle, celle

Fig. 258. — Types de comédiens.

1. Deschars, en habit de polichinelle, dans le divertissement de Villeneuve-Saint-Georges (1692); d'après Bérain. 2. Briguelle; d'après Le Blond. — 3. Polichinelle.

qu'ils occupaient dans les rues Mazarine et Guénégaud étant trop proche des écoles du collège Mazarin, où l'on se plaignait journellement de ce voisinage, à cause du bruit de la foule et des carrosses qui encombraient les abords du théâtre. Depuis la réunion des deux troupes en une, il est vrai, ce théâtre jouait tous les jours, au lieu de se borner à trois représentations par semaine. La troupe était nombreuse, mais dénuée de ressources; elle espéra que le roi aurait à cœur de donner à sa troupe royale une résidence digne d'elle, car elle n'avait pas les moyens de faire bâtir une salle à ses frais. Pendant deux ans, elle annonça qu'elle cherchait sérieusement à s'établir, soit dans l'ancien hôtel de Nemours, près la Croix du Trahoir, soit dans l'hôtel de Sens, rue Saint-André des Arts, soit dans l'hôtel de Lussan, rue des Petits-Champs, soit dans l'hôtel d'Auch, rue Montorgueil;

Fig. 259. — Types de comédiens.

1. Mlle Journet dans le rôle de Mélisse, d'*Amadis de Grèce* (Académie royale de musique).
2. Catherine Biancolelli, dite *Colombine*.

elle faisait présenter des plans de construction au roi, qui les approuvait, mais qui ne donnait pas d'argent. Enfin, la troupe royale, qu'on pressait de quitter la rue Mazarine, acheta le jeu de paume de l'Étoile, dans la rue des Fossés-Saint-Germain des Prés, depuis rue de l'Ancienne-Comédie : l'acquisition devait être payée au moyen du prélèvement d'un vingt-troisième sur les vingt-trois parts des comédiens, et le payement s'effectua en six années. La construction du théâtre, dirigée par l'architecte Dorbay, coûta 198,433 livres quinze sous. Il fut ouvert le 18 avril 1689, et il demeura au même endroit jusqu'en 1770. C'était alors le théâtre de la Comédie-Française, et les comédiens du roi avaient grand'peine à vivre du produit de leur part, les recettes baissant tous les jours. Un arrêt du conseil du 1er mars 1699 leur ordonna de donner le sixième de leur recette aux pauvres de l'hôpital général, mais il élevait en même temps le prix des places, qui furent de trois livres douze sous sur les banquettes du théâtre, de trente-six sous aux secondes loges, et de dix-huit sous au parterre. La recette totale, à cette époque, dépassait rarement 1,400 livres.

Aussi la Comédie-Française ne fit-elle que végéter jusqu'à la mort de Louis XIV.

Fig. 260. — Grotesque. — D'après Callot.

CHAPITRE SEIZIÈME

LA MODE ET LE COSTUME

La mode après la Ligue. — Extravagance des modes féminines sous Henri IV. — Faste déployé dans les costumes de grandes cérémonies. — Le costume populaire, peu sujet à changements. — Régence de Marie de Médicis; modifications de la manière de porter la barbe et premier usage de la perruque ; la *Cadenette*. — Costume des hommes. — Parure des femmes; les fards, l'éventail, le manchon et le petit chien. — Les édits somptuaires de 1633 et 1634. — La mode des rubans ; les galants et la petite oie. — Élégance du costume masculin, sous Louis XIII; sévérité relative du costume féminin. — Les modes à *la Fronde*. — Usage définitif de la perruque sous Louis XIV. — Les mouches. — Le costume des hommes; les canons ; la rhingrave, etc.... — Coiffures des femmes : la *Hureluberlu* et la *Fontange*. — Recrudescence du luxe dans les costumes de cour. — La mode décrite par la Bruyère.

AMAIS la mode, dans le costume des hommes et des femmes, n'était parvenue, en France, au degré de bizarrerie, de dévergondage et de luxe, qu'elle atteignit à la fin du règne de Henri III, qui avait donné l'exemple de ces exagérations et de ces folies. La mode, il est vrai, se trouvait, comme à l'ordinaire, renfermée dans les limites de la cour, et elle ne les dépassait que pour donner satisfaction au caprice et à la vanité de la riche bourgeoisie. Le reste de la population était à peu près étrangère aux singulières variations d'habillement qu'on lui offrait en spectacle. Mais dès lors l'austérité morale de la Réforme s'était prononcée avec indignation contre ces scandaleuses mascarades, qui témoignaient de la corruption des mœurs, et depuis que la Ligue avait voulu tracer une ligne de démarcation profonde entre ses actes et ceux de la royauté, les bons catholiques eux-mêmes avaient repoussé avec horreur les *livrées* de la mode courtisanesque.

Cette différence entre les vêtements de l'un et de l'autre parti ne fit que s'accentuer, à mesure que les événements politiques rendirent plus irréconciliables le roi et la Ligue. Paris, foyer de la Ligue, avait, en quelque sorte, renoncé au despotisme de la mode, avant que Henri III, qui en avait fait la reine de la cour, l'eût abandonnée lui-même, pour venir, au milieu de son armée, suivre, le casque en tête et la cuirasse au dos, le siège de sa capitale révoltée. Les troubles continuels et la misère du temps firent ce que n'avaient pu faire tant de lois somptuaires ; la Ligue avait tué la mode, non seulement à Paris, mais encore dans les différents centres où elle exerçait sa tyrannie.

Si la mode ne conserva son empire que dans quelques villes de province, telles que Lyon, Bordeaux et Metz, elle avait trouvé du moins une sorte de lieu d'asile, où elle ne cessa de régner en souveraine, dans le château d'Usson, séjour de la reine Marguerite de Valois. Brantôme nous a transmis le souvenir de l'admiration que la gracieuse reine inspirait aux contemporains; et cependant la mode est chose si capricieuse et si changeante, que quand la reine Marguerite, âgée alors de cinquante-deux ans, revint à Paris, en 1606, et s'habilla, comme autrefois, « à son plus superbe appareil, » on la trouva ridicule, et plus tard, sous Louis XIII, on la représentait dans un ballet, comme le type le plus grotesque du temps passé.

La mode, à sa renaissance sous le règne de Henri IV, avait transformé assez heureusement le costume des hommes, mais celui des femmes, qui n'était qu'une déformation extravagante du corps humain sous Henri III, devint, s'il est possible, encore plus laid et plus incommode. La taille était si étroitement serrée dans un corset armé d'un busc d'acier, de baleines et d'éclisses de bois, que la mode arrivait à ce triste résultat, que Henri Estienne appelait l'*espoitrinement des dames;* cette taille de guêpe s'emmanchait, pour ainsi dire, dans la vertugade, qui bouffait autour des reins, en s'appuyant sur un large cerceau tenu en suspens comme une coupole environnée de basques à gros bouillons, au-dessous desquelles tombaient toutes droites les jupes formant une espèce de tour ronde soutenue par une armature de fil d'archal. Les manches du corsage, surchargées de bourrelets aux épaules et rembourrées de coton jusqu'au coude, étaient plus grosses que le corsage lui-même ; la collerette, tuyautée et empesée, se dressait comme une grille évasée derrière la tête. La coiffure, composée d'une perruque ou de cheveux naturels, était retroussée et pommadée, autour d'un tampon de filasse, sur le sommet du crâne. Les cheveux étaient souvent poudrés, poudre d'iris pour les blondes, poudre de violette pour les brunes. Le cou et le haut de la gorge restaient nus ordinairement, avec un *carcan* en or ou en pierreries. Il y avait, en général, trois jupes l'une sur l'autre, chacune d'une étoffe plus ou moins riche, de couleur différente. La porteuse de jupes avait l'art de remuer les hanches en marchant, de manière à balancer en cadence par-devant et par-derrière le tambour de la vertugade ; elle avait aussi l'art de relever coquettement la robe, pour montrer successivement une première jupe chamarrée, une seconde jupe passementée, et une troisième brodée en or ou en argent. Quant à la robe, elle était également brodée quelquefois avec des perles et des diamants. Ce splendide costume, bien massif et bien lourd, exigeait, comme accessoires indispensables, des bas de soie d'une couleur répondant à celle de la robe, des souliers à pont en maroquin d'Espagne, ouverts des deux côtés, avec oreilles et cordon d'attache en nœud d'*amour*, des gants de peau parfumée et un mouchoir brodé de la plus grande richesse.

A cette époque, le sceptre de la mode fut entre les mains de Gabrielle d'Estrées, et le luxe consistait surtout dans l'abus des pierres précieuses et des perles, appliquées sur toutes les parties de l'habillement féminin, depuis la tête jusqu'aux pieds ; c'était l'alliance de la joaillerie avec la passementerie et la broderie. Lors de l'entrée solennelle de Henri IV à Paris, le soir du 15 septembre 1594, la belle Gabrielle était, au dire des mémoires contemporains, « chargée de tant de perles et de pierreries si reluisantes, qu'elle offusquoit la lueur des flambeaux, et avoit une robe de satin noir toute huppée de blanc. »

Ce fut au baptême du dauphin et de ses deux sœurs, Mesdames Christine et Élisabeth, le 14 septembre 1606 (voir p. 61), que la cour de France se surpassa en folles dépenses de toilette, dans le moment même où la peste régnait à Paris. « Les princes et seigneurs de la cour, raconte Jean de Serres dans son *Inventaire de l'histoire de France*, concertoient à qui devanceroit l'un l'autre en despense. Dedans les gardes seules d'une superbe espée que le duc d'Épernon fit monter, entrèrent dix-huit cents diamants, dont le plus riche estoit de vingt escus et le moindre de quatre à cinq, et revenoient ces gardes, au dire de l'orfèvre qui les étoffa, à trente mille écus. Jamais ne fust rien de plus admirable à la veüe, ni de plus incroyable à l'ouye, que la beauté, l'ornement et le lustre des princesses et dames de la cour : les yeux humains ne pouvoient soustenir la splendeur de l'or, ny la candeur de l'argent, ny le brillant des perles et des pierreries qui couvroient leurs habillemens ; et tout ce qui peut se recouvrer de précieux et de rare en étoffes revestoit les princes et seigneurs. La robbe de la reine, estoffée de trente-deux mille perles et de trois mille diamans, la mettoit hors de pair et de prix. » Les étoffes de soie, aux couleurs multiples, que les dames faisaient servir à leur costume, étaient toutes d'un prix excessif, qu'elles vinssent de l'étranger ou qu'elles fussent tissées en France, car les satins de Chine et les brocards de Turquie étaient imités très habilement dans les fabriques françaises, et l'inventaire des meubles de Gabrielle d'Estrées (1598) décrit une « cotte de drap d'or de Turquie, figuré à fleurs, incarnat, blanc et vert, » et une « robbe de velours vert découppé en branchages, doublée de toile d'argent, et icelle chamarrée de passemens d'or et d'argent, avec des passepoils de satin incarnadin. »

Le costume des hommes de la cour était aussi riche que celui des femmes, dans les occasions solennelles, mais il était de meilleur goût, parce qu'il tendait à se rapprocher de celui qu'on avait porté à la cour de Henri II. Les pourpoints à bosse d'estomac et les pourpoints busqués avaient été remplacés par les pourpoints collants sans busc, avec manches serrées à bourrelets sur les épaules. On n'avait pas gardé longtemps les collets en *peaux de fleurs* ou *de senteurs;* les grandes fraises revinrent alors à des proportions raisonnables, sur deux ou trois rangs plissés et empesés; puis elles allèrent toujours diminuant, jusqu'à ce qu'elles se changeassent en *rabats* ou collets rabattus de toile ou de point-coupé. Les hauts-de-chausses étaient encore bouffants ou rembourrés, mais sans exagération; on les nommait

Fig. 261. — Costumes militaires, sous Henri IV. — Gravé par Goltzius d'après J. de Gheyn.

N. B. Le personnage de gauche, qui tient un bâton de *prévôt* d'armée, porte encore le *panseron* qui depuis Henri III n'était resté en usage que dans l'armée, jusqu'au moment où il disparaît tout à fait. Le prévôt est coiffé d'un de ces feutres empanachés que Brantôme appelait « grands fats de chapeaux » et qui ne furent abandonnés que vers 1600.

L'autre personnage porte l'écharpe, mise à la mode par Henri IV. (Voir page 530.)

grègues; ils grossissaient modérément les cuisses et descendaient jusqu'aux genoux, où ils étaient séparés des bas d'attache, en soie de couleur, par des jarretières nouées sur le côté. On conservait la cape à l'espagnole. Le chapeau, dit *français*, n'était autre que l'ancien chapeau albanais, qu'on avait relevé par-devant et chargé d'un *pennache* ou panache. Brantôme n'aimait pas ces chapeaux, qu'il appelle

« de grands fats de chapeaux, garnis de plus de plumes en l'air qu'une autruche peut en fournir en chascun. » L'opinion de Brantôme prévalut, et ces grands fats de chapeaux furent abandonnés vers 1600, pour faire place au feutre ou au castor à basse forme et à larges bords, sans plumes, avec une *enseigne* ou ornement d'orfèvrerie. Quant à la chaussure en cuir mou, à haut talon, avec pont ou tablier mobile recouvrant tout le cou-de-pied, elle ne tarda pas à être détrônée par les bottes, qui s'appliquèrent à tous les usages, en variant de matière et de forme : elles étaient tantôt en cuir de Russie, tantôt en maroquin de Turquie, tantôt en peau d'Espagne; il y avait les longues bottes larges allant jusqu'au genou, les demi-bottes à col évasé, ou bottes d'écurie, qui pénétrèrent dans les appartements du Louvre et s'y maintinrent longtemps, en raison de la commodité de leur usage. On ne prit pas même la peine de supprimer les éperons. Les souliers de cuir persistèrent cependant, lorsqu'on adopta les hauts-de-chausses collants, de soie ou de tricot de laine, à la place des grègues bouffantes et des bas d'attache. Le pourpoint s'allongea aussi en jaquette, avec bourrelet ou ceinture autour de la taille et trousses flottantes ou rembourrées descendant au milieu des cuisses. Le manteau s'était aussi allongé, pour se couvrir de plus de broderie. L'exemple du roi avait fait adopter, par les hommes ainsi que par les femmes, l'écharpe de satin de couleur, passée en bandoulière sur le pourpoint; le roi seul portait l'écharpe blanche. L'usage d'avoir toujours des bas de soie, qui coûtaient fort cher et qui se salissaient très vite, donna l'idée de les préserver avec de longues guêtres boutonnées, dites *ganaches*, qu'on mettait par dessus et qui étaient en peau, pour sortir à pied ou à cheval, en velours brodé d'or et d'argent, pour aller en compagnie. Le pendant d'épée, en cuir ou en étoffe agrémentée, remplaçait le ceinturon et le baudrier, en fixant l'épée horizontalement sur le haut de la cuisse. Enfin, les gants à poignets montaient jusqu'au coude; ils étaient en peau de daim ou en cuir de cerf, pour l'équitation et pour la chasse; ils étaient en satin ou en velours de couleur, frangés de soie ou d'or, pour la vie de cour. On portait encore des gants à la frangipane, en peau fine et parfumée, semblables à ceux que le comte de Frangipani avait introduits à la cour de Catherine de Médicis, et qui furent dès lors fabriqués à Blois sur des modèles italiens. Les ordonnances somptuaires furent plus d'une fois renouvelées, pendant le règne de Henri IV, mais on ne les observait pas; elles ne servaient qu'à contrarier les aspirations de la riche bourgeoisie, qui se préoccupait d'imiter les modes de la cour.

Fig. 262. — Costumes populaires.

N⁰⁸ 1 et 5. — Paysans des environs de Paris; d'après Saint-Jean. — N⁰⁸ 2 et 3. — Homme et femme dansant; d'après la *Joyeuse assemblée ou Bacchanale au sujet de la paix*, par Bonnard. — N° 4. — Le fendeur de bois; d'après Bonnard.

N. B. Ces costumes appartiennent à la seconde partie du siècle, mais ils n'en montrent que mieux la lenteur des changements opérés dans le costume populaire; l'homme n° 2, notamment, porte encore le chapeau à la Henri IV.

Quant au peuple, il voyait passer sous ses yeux, avec indifférence, les continuelles métamorphoses des modes de la cour. Il restait fidèle à son ancien costume national, qui ne se modifiait que de loin en loin, moins sous la forme du vêtement que sous le rapport des étoffes que le progrès de la fabrication rendait moins grossières et moins coûteuses à la fois. Dans la *Chasse au vieil grognard de l'antiquité* (1622), l'auteur anonyme se plaît à décrire l'habillement du marchand et de sa femme, durant tout le seizième siècle. Chez l'un : « Un petit bonnet de mouton, fait à la coquarde, un petit saye de drap, une ceinture de grosse lizière, un haut-de-chausses à prestre, une gibecière pendante, des souliers qui n'avoient du cuir que par le bout, et la barbe raze. » Chez l'autre : « Un grand chaperon détroussé par derrière, jusqu'à la ceinture, une robe de drap sceau (d'Ussel en Limousin), bordée d'un petit bord de velours, une cotte de cramoisi rouge, et collets jusqu'aux mamelles, et des souliers pareils à son mary, un demy ceint d'argent, trente-deux clés pendantes, et une bourse où il y avoit toujours dedans du pain bénit de la messe de minuit. » Après la mort de Henri IV, tout changea, en peu d'années : la mode, qui se tenait dans les hautes sphères de l'aristocratie, descendit dans la classe bourgeoise, et l'auteur de la *Chasse au vieil grognard* pouvait représenter le marchand « vestu d'habit de soye, avec manteau de pluche; le bourgeois qui n'est qu'un peu moindre que la noblesse, et si je disois égal, ajoute-t-il, je ne sçais si je faillerois, veu que la noblesse, à présent, se joint et s'annexe par alliance avec lui. » Il parle aussi des femmes : « Il n'y a rien, dit-il, de mieux vestu, de plus propre, de plus honneste ; si bien avenantes que la plupart pourroient plustost estre recognues nobles ès compagnies, pour estre agreables en leurs discours et entretiens, que bourgeoises et marchandes; » avec leurs filles, « qui portent l'habit d'attente de noblesse. »

Quant aux paysans, d'une génération à l'autre, ils étaient habillés tous de la même manière : sayon ou jupon de toile bise ou de gros drap, sinon cape écourtée ouverte par devant et attachée avec des cordons, hauts-de-chausses amples en grosse toile, grandes guêtres également en toile ou en cuir, et des souliers ferrés. Les paysannes étaient partout mieux vêtues que leurs maris et leurs enfants; chacune affectait de porter une sorte de costume indigène propre à sa province; elles avaient presque toutes des bijoux en or, et si elles se couvraient la tête, tous les jours, d'un gros béguin piqué, qu'on appelait *cale* ou *calipète*, elles revêtaient, les dimanches et fêtes, leur costume local, dont la coiffure, plus ou moins élégante et compliquée, était toujours la partie caractéristique.

Les modes de cour ne subirent que de légers changements sous la régence de Marie de Médicis. La barbe, à laquelle Henri III faisait une guerre implacable, avait reparu sous le règne de Henri IV, et n'avait plus trouvé d'opposition nulle part. Les magistrats et les ecclé-

Fig. 263. — *L'écuyer à la mode*. — Estampe satirique, signée *Jaspar Isac, excud.* (1634.)
(Bibl. nat., Coll. *Hennin*, t. XXXVIII, p. 61.)

Cet escuyer plus froid que glace,
Devrait bien avoir un valet,
Pour paraistre avec plus de grâce
Et faire honneur à son mulet.

Mais par une nouvelle mode
Il veut que sa Dame aille à pied
Disant que son train l'incommode
Et qu'il en est estropié.

N. B. Le petit bossu ridicule, que représente cette caricature, porte la barbe taillée à la mode du nouveau règne, le pourpoint *tailladé* qui s'était introduit entre 1600 et 1620 (V. page 535) et enfin la longue mèche de cheveux appelée alors *moustache*, ou *cadenette*, quand elle était enveloppée d'un nœud de ruban. (V. page 534.)

siastiques avaient été les premiers à la reprendre; ils la conservèrent jusqu'aux premiers temps du ministère de Richelieu, qui n'autorisait que les moustaches et la barbiche ou petite barbe en pointe au menton. Sous Henri IV, tous les genres de barbe avaient été admis, selon le caprice de chacun : on en voyait de rondes, de carrées, de pointues, des barbes *à la Ligue*, en *queue d'aronde* ou d'hirondelle, en feuilles d'artichaut, en satyre, en éventail, etc. Cette dernière espèce de barbe était consolidée avec un mastic de cire parfumée ; on la renfermait, chaque soir, pour la nuit, dans une bigotère ou bourse destinée à la maintenir dans sa forme ; quant aux moustaches, elles étaient généralement courtes et retroussées en aigrette ; plus tard, elles s'allongèrent, en s'effilant vers la pointe. Les cheveux, qu'on avait portés presque ras du temps de Henri IV, redevinrent longs, mais sans

Fig. 264. — Gentilshommes français (1620 à 1630). — D'après Callot.

N. B. Le n° 1 porte la casaque dite *hongreline*, les deux autres le manteau qu'on drapait sur le bras, ou autour du buste (V. page 537). Tous trois portent les chausses bouffantes dites en *ballon* et sont coiffés du large chapeau de feutre gris ou de castor avec la plume retombant *en queue de renard*. Les deux premiers ont le col *en rotonde* (p. 536) et le troisième une fraise à *la confusion*. Les chaussures sont pour les n°° 1 et 3, la botte éperonnée à tige épanouie, et pour le n° 2, le soulier à pont-levis, ou *lazarine*.

retomber sur les épaules ; on les frisait dru et menu, de manière à composer une masse de petites boucles qui se mêlaient ensemble. C'était rendre la perruque indispensable pour les hommes qui manquaient de cheveux. La perruque fut définitivement approuvée et conseillée, quand le jeune roi Louis XIII se vit atteint d'une calvitie prématurée, en 1620. Ceux qui avaient alors l'avantage d'une belle chevelure, l'accommodaient *à la comète*, en séparant sur l'occiput les cheveux qui formaient par derrière une petite queue flottante qu'on ramenait sur l'une et l'autre épaule. Le seigneur de Cadenet, frère du connétable de Luynes, inventa une mode qui convenait à ses magnifiques cheveux blonds, dont il laissait pendre, du côté gauche, une longue mèche, qu'on appela *cadenette*, et qu'il nouait avec un ruban de couleur, après l'avoir tressée soigneusement.

De 1600 à 1620, le costume des femmes s'améliora, sous le rapport du goût et du naturel; celui des hommes gagna beaucoup aussi, en gardant la plupart de ses arrangements consacrés par l'usage. Ainsi

Fig. 265. — Dames françaises (Même époque). — D'après J. Callot.

N. B. Comparés aux costumes du temps de Henri IV, ces exemples se caractérisent surtout par la moindre ampleur du vertugadin et le raccourcissement du corsage, en même temps plus ouvert. Les cheveux sont ondés et crêpés et le chaperon, en pointe allongée sur le front, réduit à sa plus simple expression. Le masque était généralement en crêpe noir.

on conserva le pourpoint à la Henri IV, avec ses épaulettes et ses ailerons, mais il fut tailladé menu ou largement sur les bras ou sur la poitrine, pour mieux faire ressortir la couleur de la doublure, qu'on nommait la *petite* et la *grande chiquetade*. Il descendait en pointe jusqu'à la ceinture, mais il ne ballonnait plus en trousse autour des reins. Louis Garon expose ainsi, dans sa *Sage folie*, les variétés du pourpoint : « Pourpoints ouverts, devant, derrière, aux costez, sur les espaules, sur les manches, balafrez à la suisse, avec boutons, sans boutons, garnis de freluche, à queue (houppe de soie), découpez, non découpez, passementez, aussi pleins que vuides, sans passement avec le double arrière-point, avec passement et passe-poil, ou avec le simple passe-poil; avec les tasselles (basques) longues ou moyennes, avec les hauts de manches ou sans hauts de manches (bourrelets), la piccadille (bordure festonnée) ou sans piccadille. » Les cols de chemise rabattus devaient finir par l'emporter sur les *rotondes*, cols montés en carton, et sur les fraises à plusieurs rangs. Ceux qui ne portaient pas le pour-

Fig. 266. — Gentilshommes français. — D'après Abraham Bosse.

point avaient repris la casaque, ou *calabre* ou *roupille*. Il y en avait de longues et de courtes, de larges et d'étroites, d'ouvertes et de fermées. De là l'usage des casaques à deux envers. L'*Inventaire de ce qui s'est trouvé dans les coffres de M. le chevalier de Guise*, indique « les utilitez, et manière de s'en servir. » Cette casaque était d'un côté aux couleurs d'un parti, mais on la retournait au besoin. Le Laboureur, dans l'*Origine des armes*, dit que cet usage pourrait bien avoir donné lieu à l'expression proverbiale : *Il a tourné casaque*. Les chausses, qui ne contenaient pas moins de huit aunes d'étoffe de frise ou d'écarlate, flottaient à gros plis autour des cuisses; des jarretières, à rosette et à nœud pendant, les attachaient au-dessus du mollet. Les grandes bottes, dont les tiges s'épanouissaient par le haut, montaient jusqu'au genou. La cape, débarrassée de ses doublures d'apprêts, ne se tenait plus raide sur les épaules et se drapait sur le bras ou autour du buste. On avait aussi des *manteaux de pluie*, auxquels on donnait bien des noms différents : *hongreline*, *balandras*, *gaban* ou *caban*,

Fig. 267. — Costumes de courtisans. — D'après une estampe intitulée *la Politesse françoise*, et signée Wilhelm Baur.

mandille, etc., et chacun de ces noms indiquait des différences dans la forme ou dans l'étoffe. Le bas de soie était toujours de mode chez les délicats qui ne se piquaient pas de passer pour des gens de cheval, mais, comme le tissu de ces bas avait une extrême finesse, il fallait en mettre plusieurs paires l'une sur l'autre pour se préserver du froid. C'est sans doute un conte plaisant qui nous montre le poète Malherbe portant à la fois onze paires de bas. Ce qui caractérise la mode sous la régence de Marie de Médicis, c'est la diminution, le rétrécissement de toutes les parties du costume : « N'en déplaise à messieurs les courtisans, dit le *Diogène françois* (1617), ils aiment les choses petites, le chapeau petit, la barbe petite en queue de canard, le petit manteau à la clistérique, la petite espée, et, foy de Platon, le plus souvent la bourse si petite, qu'il ne se trouve rien dedans. » Les femmes, dont les vêtements restaient très amples, grandes vertugades, robes de dessus retroussées en baldaquin, jupes de dessous traînant jusqu'à terre, etc., appropriaient cette manie des petites choses à des objets accessoires. « La femme, pour sa propreté, dit le *Diogène françois*, doit porter un petit estui, de petits cizeaux, de petits couteaux, un petit drajouer, un petit manchon, un petit chien. » A aucune époque, les femmes ne firent plus d'usage des faux cheveux, des fards de toilette et des masques. Écoutons le *Discours de la Mode* (1615) :

> Une dame ne peut jamais estre prisée,
> Si sa perruque n'est mignonnement frisée,
> Si elle n'a son chef de poudre parfumé
> Et un millier de nœuds, qui çà qui là semé,
> Par quatre, cinq ou six rangs, ou bien davantage,
> Comme sa chevelure, a plus ou moins d'étage.

« Celles, dit la *Découverture du style des courtisanes de Normandie* (1622), celles qui avoient visage trop pâle appliquoient le vermillon destrempé sur la rondeur des joues; celles qui avoient le visage trop rouge ou trop triste, le blanc d'Espagne délayé assez clairement, qu'elles appliquoient très doucement sur leur visage, sans oublier la petite mouche noire sur la tempe et la plume orange pastel avec verd naissant. » Il est dit, dans l'*Œuf de Pâques*, de Jacques de Fonteny (1616), que « si les femmes ont encore envie d'avoir un blanc pour se farder, elles calcinent la coquille d'un œuf et font une poudre fine qu'elles meslent avec de l'eau d'ange. » L'eau d'ange ou de Chypre passait pour la meilleure des eaux de senteur. Les femmes qui voulaient avoir le teint fleuri se servaient de couennes de lard, qu'elles appliquaient sur leur visage pendant la nuit. Les mouches, découpées en taffetas noir, avaient été mises en œuvre dès le milieu du seizième siècle, mais cette mode ne se montrait encore qu'à l'état d'exception.

TYPES DE LA MODE PENDANT LE COURS DU SIÈCLE.

N⁰ˢ 15, 16, 18. — 1630 environ. Gentilshommes portant le grand feutre empanaché et le collet vidé qui succéda à la rotonde; dame. — D'après Callot.

3. — 1630. Gentilhomme en habit militaire, coiffé du casque, le poing sur la hanche. — Cet élégant joue, de sa main gauche, avec sa *moustache*, longue mèche de cheveux que l'on portait au devant de l'épaule. — D'après Abraham Bosse.

25. — Même époque. Henri de Lorraine, duc de Guise. — Ce seigneur porte des vêtements passementés d'or, et le grand col en rabat, point coupé, ainsi que ses triples manchettes et ses *bas de bottes*; son manteau est une houppelande à manches agrémentées d'or; on lui voit la *cadenette*, c'est-à-dire la *moustache* tressée et enrubannée. — Peint par Van-Dick. (Recueil de Gaignières.)

7, 13, 14. — 1635 environ. Une dame en costume de ville; un cavalier et une dame. — Les dames avaient alors les cheveux abattus, séparés en trois parties dont deux latérales; les *bouffons* étaient massés en petites frisures, le milieu couché était coupé court sur le front; un mouchoir bordé de dentelle, retenu par des épingles, servait de coiffure; le col rabattu, le fichu de linon transparent, formaient ce qu'on appelait un rabat : *rabat à la reine, à la Guise, à la neige*; le vêtement ou corsage court, aisé, prit le nom de *robe à la commodité*; une dame ne sortait guère alors sans son manchon. Le costume du cavalier, fort rapproché de celui de Henri de Lorraine, en diffère par la simplicité des ornements, conséquence non seulement du rang, mais surtout des réformes ordonnées en 1634. — D'après Abraham Bosse.

9, 5. — 1635-1640. Anne Hurault, marquise de Rostaing. — Le cavalier du groupe est le marquis de Rostaing; l'un et l'autre sont tirés du recueil de Gaignières. N. B.

N⁰ˢ 17. — Même époque. Cavalier dont on voit le chapeau bas de forme avec le large col en rabat. — Gravure du temps, anonyme.

2, 5. — 1642-45. Les quatre dames appartiennent à deux groupes que désignent ces numéros, sont tirées de l'œuvre de Hollar.

10, 8. — 1646. Mᵐᵉ la maréchale de Guébriant en costume de veuve, avec le chaperon et le voile, suivie d'un page. — (Recueil de Gaignières.)

11. — 1660 environ. Costume civil, où figure la perruque Louis quatorzième, et le véritable rabat. (Gaignières.)

1. — 1664. Seigneur de la cour de Louis XIV. — D'après le Brun.

6. — 1675 environ. Gentilhomme portant le baudrier et l'écharpe sur un vêtement de caractère militaire que devait prendre bientôt généralement le costume masculin; celui-ci porte aussi la double cravate, de linge et de soierie. — D'après une tapisserie. (Exp. de l'Union centrale (1876.)

22. — 1680, environ. Marie-Anne de Bavière, dauphine de France.

21, 23. — 1679. Mˡˡᵉ de Blois, princesse de Conti, le jour de son mariage. — Habit blanc, liseré de diamants et de perles, dit le *Mercure*. La couronne d'usage, qu'on appelait le *chapeau*, n'était pas en fleurs, mais en cinq rangs de perles; c'est le roi lui-même qui l'avait attachée.

12, 24. — 1680. Deux autres costumes de la princesse de Conti. — (Ces cinq derniers exemples tirés du recueil de Gaignières.)

19 20. — Enfants de la première partie du siècle suivant. — D'après C. Coypel.

TYPES DE LA MODE PENDANT LE COURS DU SIÈCLE.

En revanche, le masque de velours noir était déjà le privilège inséparable des femmes de qualité.

Dans le *Bruit qui court de l'Espousée* (1620), on se moque de la Mijolette, une mauvaise langue, qui soutient que cette épousée « est la première de sa race, qui a le masque de velours. » Ces masques étaient de diverses sortes, les uns à mentonnières de satin, pour qui ne voulait pas montrer le bas du visage, les autres très courts, pour les femmes qui avaient la bouche belle et *coraline;* on les attachait aux oreilles avec des oreillettes en canetille, ou bien on les retenait avec les dents, à l'aide d'un bouton de verre fixé au bas du masque.

Fig. 268. — Le petit chien de manchon. — D'après Hollar.

Les lois somptuaires revenaient périodiquement depuis Henri IV, non pas, comme on l'a cru, pour réprimer le luxe de la toilette des femmes, mais pour retenir dans le royaume l'argent que ce luxe faisait passer à l'étranger, surtout dans les Pays-Bas et en Italie. Ces lois, dont l'action, très puissante d'abord, cessait de s'exercer au bout de quelques mois, avaient ainsi pour objet de remettre en faveur les produits de l'industrie nationale, en arrêtant ou en diminuant l'introduction de certaines marchandises exotiques. Ainsi, Henri IV n'avait jamais interdit l'usage de la soie, qu'il voulait, au contraire, répandre en France avec le secours des fabriques françaises. Il n'interdit pas davantage les dentelles, qui se fabriquaient sur tous les points du royaume. Les lois somptuaires de Louis XIII, dictées par Richelieu, visaient surtout l'abus excessif qu'on faisait des matières d'or et d'argent pour les vêtements des femmes et des hommes.

Entre toutes ces ordonnances, les deux plus fameuses furent celles de 1633 et 1634. L'édit du 18 novembre 1633 défendait à tous les sujets de Sa Majesté « de porter, sur leur chemise, coulets, manchettes, coëffe; et sur autre linge, aucune découpure et broderie de fil d'or et d'argent, passemens, dentelles, points coupés, manufacturés, tant de

Fig. 269. — Le courtisan suivant l'édit. — D'après Abraham Bosse.

« Plus de galons, ni de points coupés, ni de clinquant. »

dedans que dehors le royaume. » Le parlement donna plus d'extension à cet édit, qui s'adressait surtout à la riche bourgeoisie, en désignant certains objets, tels que rabats et bas, mouchoirs et cravates, etc., qui faisaient partie de l'habillement des gens de cour, et qui n'étaient pas moins susceptibles de recevoir des broderies d'or et d'argent.

L'édit du mois de mai 1634 prohibait, pour les habits d'homme et de femme, toute espèce de drap d'or et d'argent, fin ou faux, et aussi toutes les broderies où ces matières métalliques seraient employées. Il était ordonné, en outre, que les plus somptueux habillements, en velours, satin ou taffetas, ne porteraient pas d'autres ornements que deux bandes de broderie de soie; que les pages, laquais et cochers ne pourraient-être vêtus qu'en étoffes de laine; que les litières et

Fig. 270. — La dame suivant l'édit. — D'après Abraham Bosse.

« Il faut serrer ces belles jupes. »

carrosses, garnis à l'intérieur d'étoffes brodées d'or ou d'argent, devraient être dépouillés de ces étoffes, etc. Les marchands, qui avaient le plus à souffrir de ces édits, réclamèrent contre eux inutilement; la caricature se fit l'interprète de leurs plaintes : dans une estampe, on avait représenté un marchand flamand, qui s'arrachait les cheveux et foulait aux pieds sa marchandise, en disant : « Mettons bas la boutique, et de nos passements faisons des cordes pour nous pendre! »

Dans une autre estampe, intitulée : *Pompe funèbre de la Mode avec les larmes de Démocrite et les ris d'Héraclite,* on voyait la Mode portée par quatre femmes et suivie d'un cortège de tailleurs, de barbiers, de brodeurs, de *faiseuses*, qui arboraient, en guise de bannières, des bâtons chargés d'oripeaux et d'ajustements brodés.

Ces deux édits, plus rigoureux que tous les précédents, n'attei-

Fig. 271 et 272. — Costumes de femme. — D'après Hollar.

1. Noble dame de France.   2. Marchande de Paris.

gnirent pas la cour, qui ne changea rien à ses habillements, à ses livrées et à ses carrosses : on envoya seulement à la fonte les vieilles broderies d'or et d'argent. Les bourgeois furent seuls un peu tourmentés, non pas à cause du luxe de toilette, mais en raison de la provenance des passements, des dentelles et des points coupés, qu'ils préféraient comme étant d'origine étrangère : on leur interdit la passementerie milanaise, les dentelles de Flandre, les points coupés de Gênes et de Venise, qu'on saisissait chez les marchands; mais ces mêmes objets, fabriqués en France, furent à l'abri de toute prohibition. Les broderies de soie étaient d'ailleurs autorisées, pourvu qu'elles n'excédassent pas la largeur du doigt et qu'elles fussent appliquées comme bordures sur les habillements des deux sexes. On avait aussi les rubans, pour remplacer les galons d'or et d'argent. On se jeta sur les rubans, et on les employa de toutes manières, en leur donnant le nom de *galants*. On en garnissait toutes les parties du costume, sous

Fig. 273 et 274. — Costumes de femmes. — D'après Hollar.

3. Matrone parisienne.   4. Femme des classes rustiques.

différentes formes de nœud et de rosette, à ce point que, vers 1656, un homme à la mode avait cinq ou six cents galants, grands et petits, distribués dans l'économie de sa toilette. On s'était contenté d'abord d'un seul, car, dans *la Galerie du Palais*, comédie de Pierre Corneille jouée en 1625, Oronte dit à Florise, en lui montrant la boutique d'un mercier : « Vois, je te veux donner tout à l'heure un *galant*. » Le mot prêtait à la plaisanterie ; ce fut peut-être ce qui fit son succès et celui des rubans. « On a beau dire que c'est faire une boutique de sa propre personne, et mettre autant de mercerie à l'estallage, que si l'on vouloit vendre, disent les *Loix de la galanterie*, publiées en 1644, il faut néanmoins observer ce qui a cours : et pour monstrer que toutes ces manières de rubans contribuent beaucoup à faire paroistre la galanterie d'un homme, ils ont emporté le nom de *galands*, par préférence sur toute autre cause. » Déjà, en 1635, un nœud de ruban s'appelait une *petite oie*, parce que ce nœud figurait également au bas des manches, sur les épaules et sur la chaussure, comme représentant l'abattis d'une oie qu'on va mettre à la broche. Cette expression de *petite oie*, si vulgaire qu'elle fût, s'introduisit pourtant dans la langue la plus raffinée, pour désigner d'abord le cordon et les aiguillettes du haut-de-chausses ; puis les rubans qui tombaient comme un petit tablier sur le ventre, pour cacher l'ouverture du haut-de-chausses ; puis l'ensemble de tous les galants qui ornaient l'habillement. Dans *les Précieuses ridicules*, de Molière, jouées en 1660, Mascarille fait admirer sa *petite oie* à Cathos et à Madelon : « La trouvez-vous, leur dit-il, congruante à l'habit ? » puis il ajoute : « C'est Perdrigeon tout pur. » Ce Perdrigeon était alors le mercier à la mode, qui vendait ces bouquets de rubans.

Ce ne fut pas sans des essais variés et sans de nombreux tâtonnements, que le costume de cour parvint, sous Louis XIV, au plus haut degré d'élégance et de bon goût. Il avait été soumis d'abord à des transformations bizarres. Voici ce que disait, en 1625, *le Courtisan à la mode :* « La France, plus que province du monde inconstante et grossière d'inventions, en produit et enfante tous les jours de nouvelles. C'est bien pis au temps où nous sommes, auquel on porte la barbe pointue, les grandes fraises, les chapeaux hors d'escalade et d'autres en preneurs de taupes, l'espée la pointe haute, bravant les astres; et crains encore à l'advenir plus grand débordement de mœurs et humeurs. Chose beaucoup plus dangereuse que la superfluité des habits! Si on demandoit à tels pipeurs, preneurs de papillons, vrais prothées de cour, pourquoi ils changent si souvent de face et de grimace, ils vous répondront que leur habit, leur démarche et leur barbe est à l'espagnole. Maintenant, à cause des relations de la France avec l'Angleterre, incontinent vous verrez nos courtisans habillez à l'angloise, et par ce

Le bal; d'après Abraham Bosse.

moyen, pour rendre leurs fraizes et leurs collets jaunes, ils seront cause qu'il pourra advenir une cherté sur le safran. » Les choses n'en vinrent pas là : l'imitation des modes anglaises ne gagna pas la France; on se contenta de porter des étoffes et des draps dont le nom seul était anglais, et qui se fabriquaient à Paris et dans les provinces. Aussi, dans *le Bourgeois poli* (1631), une bourgeoise demande une belle étoffe pour faire un manteau à son mari, et la drapière lui offre du drap ou du *carizi* d'Angleterre : « Quand vous maniez cela, dit-elle, vous diriez que vous maniez du velours! » Or, le carizi était fait, en Normandie, avec de la laine de Flandre.

Il y eut, surtout pour les chapeaux, une incroyable variété de formes, et cela pendant plus de vingt ans. Gabriel Naudé en parle dans son *Mascurat,* qui parut en 1649, sous le titre de *Jugement de tout ce qui a esté imprimé contre le cardinal Mazarin :* « Les chapeliers, dit-il, se plaignent que tant de chouses (modes) nouvelles leur font perdre l'escrime en la fabrique des chapeaux. L'un les veut pointus, en pyramides, à la façon des pains de sucre, qui dansent, en cheminant, sur la perruque... D'autres les veulent plats à la cordelière, retroussez, en mauvais garçon (par signe seulement), avec un pennache cousu tout autour, de peur que le vent l'emporte; d'autres en veulent en façon de turban, ronds et peu de bords. »

La barbe disparut tout à coup par le fait d'une étrange aventure de cour. Le roi, qui s'amusait à faire tous les métiers, devint barbier et coupa la barbe à tous ses familiers, en ne leur laissant que la moustache en croc et la royale, qu'il eut le soin de tailler lui-même au-dessous de la lèvre inférieure. Tout le monde obéit à cet ordre tacite : peu de jours après, il n'y avait plus une barbe à la cour, sauf un petit bouquet de poils au menton. La perruque étant dès lors en faveur, les jeunes gens ne se faisaient pas faute de porter les cheveux longs et flottants en crinière sur les épaules. Quelques muguets imaginèrent de poudrer leurs cheveux avec de la fine fleur de farine, mais cette mode ne tint pas contre les brocards qui poursuivaient les *meuniers* et les *enfarinés*. L'usage du tabac à fumer avait failli s'établir parmi la jeunesse du beau monde, mais la répugnance des dames en eût bientôt raison.

Le pourpoint, en taffetas moiré et cylindré, aux couleurs tendres ou voyantes, était ouvert le long des bras et sur la poitrine, par de larges taillades, qui laissaient passer la chemise en toile de Hollande, « comme petits flots écumeux, » dit un poète du temps. Le collet *vidé*, qui avait remplacé la *rotonde*, retombait jusqu'au milieu du dos. Le haut-de-

Fig. 275. — Gentilhomme français (1635-1640). — D'après une estampe signée : *Franciscus Hœius excud*.

N. B. — Cette figure et la suivante montrent des exemples de l'ajustement de coiffure appelée *cadenette*.

chausses, qui s'attachait avec des aiguillettes sous les basques du pourpoint, s'allongea en culottes flottantes, d'égale largeur partout et garnies d'un rang de boutons le long des cuisses et des jambes. La botte de cuir jaune, en entonnoir, ne tarda pas à s'entourer de dentelles ou de toile de batiste empesée, qu'on nomma des *canons*. Un ceinturon de cuir autour des reins soutenait l'épée, qui paraissait suspendue à un large baudrier brodé et frangé d'or et d'argent. Ce fut la plus belle époque du costume masculin.

Le costume féminin suivait les mêmes lois d'élégance et de bon goût : il ne semblait plus inventé pour déguiser et déformer les proportions harmonieuses du corps humain. Le justaucorps, qui n'était autre que la hongreline raccourcie et ajustée, succéda aux corsages en pointe et bombés ; les manches larges, serrées seulement au poignet, ne traves-

Fig. 276. — Gentilhomme français (1635-1640). — Même source.

tissaient plus la forme des bras ; la robe tombait droit à partir de la taille, mais elle était accompagnée de deux jupes, qui avaient leur nom dans le langage précieux : on les appelait la *friponne* et la *secrète*. Quant à la robe de dessus, on la nommait la *modeste*. Les chaperons de diverses formes, que portaient encore les petites bourgeoises, étaient définitivement remplacés par les bonnets de fantaisie, posés sur les cheveux frisés à grosses boucles : les uns sans passe, avec deux longues pattes voltigeant derrière les oreilles, les autres consistant en mouchoirs de fine toile empesée, bordés de dentelles, ou en toquets de velours, dits *bonnets à plumes*. On essaya pourtant de remettre en honneur le vieux chaperon, qui avait été si longtemps la partie dominante du costume national : « Les uns, dit Fiteleu dans sa *Contre-mode* (1642), se disent à jour, pour approcher un peu de la demoiselle (dame de qualité),

Fig. 277. — L'eau. — Tiré d'une suite des *Quatre Eléments*, dessinée par Huret, gravée par Couvay et publiée par Mariette.

et les autres se voyent fermés, pour leur servir de bonnet. » Le même auteur constate aussi les efforts que l'on fit pour rajeunir le chaperon et le replacer parmi les coiffures à la mode : « Les mercières du palais galantisent de ce costé, dit-il, pour en faire naistre l'envie à celles qui les visitent pour s'informer des nouveautés. Il n'est rien de si ajusté qu'elles, ni de si joli que leur teste. »

Les robes ne se portaient décolletées que dans les assemblées du jour ou du soir : on en garnissait l'encolure avec des *devants*, bouillons de gaze disposés en guirlande ou entremêlés de perles et de cordonnets d'or. Pour le négligé, on mettait des fichus blancs ou mouchoirs de cou, qui amenèrent bientôt les grands cols rabattus à la pèlerine. Ces grands cols rabattus, que la régente Anne d'Autriche

Fig. 278 et 279. — Dames de qualité (1614-1650). — D'après Le Blond.

N. B. Ces dames sont coiffées en cheveux, disposés en cône tronqué, surmonté de la torsade qu'on nommait un *rond*; les deux côtés sont frisés en serpenteaux. Les nœuds de ruban entrent en grand nombre dans leur toilette. Les grands cols rabattus, mis à la mode par Anne d'Autriche, ont reçu là, comme dans la figure précédente, les ornements que bannissait leur simplicité primitive.

avait pris sous sa protection, ne gardèrent pas longtemps leur caractère de sévérité et de simplicité; la batiste eut bientôt cédé la place à la guipure et au point coupé, en dépit des lois somptuaires renouvelées par le cardinal Mazarin.

Sous la Fronde, on ne s'habillait plus que de couleurs neutres ou sombres, mais néanmoins toutes les modes furent *à la Fronde;* c'est-à-dire qu'on y ajoutait des cordons de fil ou de soie, noués et tressés comme les cordes d'une fronde; ces cordons étaient teints en jaune ou couleur de paille; plus tard, on les fit en paille même, lorsque la paille fut devenue le signe de ralliement des frondeurs. La mode avait pris alors une allure austère, que les édits de Mazarin essayèrent de lui conserver, même après la Fronde. Louis XIV, âgé de dix-huit ans, affectait de se montrer, dans Paris, d'après les conseils de son premier ministre, vêtu d'un pourpoint de velours uni, avec un baudrier de maroquin, sans aucun ruban, sans aucune broderie. Suivant une déclaration royale de 1644, il s'interdisait à lui-même ce qu'il avait interdit à ses sujets. Les dernières lois somptuaires de Mazarin, celles de 1656 et de 1660 furent les plus rigoureuses qu'on eût jamais faites contre les passements, les broderies, les points et les dentelles.

On publia, à ce sujet, la *Révolte des Passements*, en vers et en prose : « Il estoit environ cinq heures du soir (le 27 novembre 1660), lorsque les Broderies, les Points et les Dentelles entendirent parler de la défense des Passements : on ne rencontroit plus dans les rues que des Broderies en carrosse, qui se plaignoient les unes aux autres; que des Points, qui, dans leur affliction, ne prenoient pas seulement la peine de se mettre en linge blanc; et que des Dentelles, qui, d'elles-mêmes, s'efforçoient de quitter la toile, dont elles devoient bientost estre séparées. » Les hommes étaient intéressés, comme les femmes, à protester contre ces mesures de rigueur : « Telle Dentelle de Flandre, ajoute la *Révolte des Passements*, disoit avoir fait deux campagnes sous M. le Prince en qualité de cravatte; une autre se vantoit d'avoir appris le mestier sous M. de Turenne. Il n'y en avoit presque pas une qui ne se fût rencontrée à quelque siège ou à la journée d'une bataille. »

Louis XIV, après la mort de Mazarin, se relâcha de cette rigueur excessive et se montra plus indulgent pour les caprices de la mode; il ne fut plus hostile aux points et aux dentelles, puisqu'il encouragea leur fabrication en France, en faisant venir du Hainaut et du Brabant, de Gênes et de Venise, les meilleures ouvrières pour les établir à Paris, à Chantilly et à Alençon. Mais il resta inflexible à l'égard des tissus d'or et d'argent, dont il réserva l'usage pour lui et la famille royale, et pour les personnes de la cour auxquelles il accorderait le droit d'en porter.

INTÉRIEUR D'HABITATION SEIGNEURIALE

D'APRÈS JEAN LE PAUTRE

La perruque, inaugurée par Louis XIII en 1620, ne fut adoptée par Louis XIV qu'en 1673, à l'âge de trente-cinq ans; mais il avait eu le temps de voir autour de lui la moitié de ses courtisans porter perruque. La perruque, il est vrai, avait été bien perfectionnée depuis son origine. Ce n'était plus une calotte de soie sur laquelle on avait cousu tant bien que mal des mèches de cheveux : on était parvenu à implanter le cheveu, en quelque sorte, sur un canevas où il était fixé par des nœuds invisibles qui formaient une chevelure artificielle qu'on pouvait croire véritable. L'histoire de la mode a conservé les noms des principaux artistes en cheveux : Quentin, d'Ervais, Binet, qui exécutaient ces merveilleuses perruques, pesant souvent deux livres et coûtant deux ou trois mille francs. Ces énormes perruques, dont les boucles flottaient sur la nuque et venaient retomber à droite et à gauche sur la poitrine, exigeaient une si grande quantité de cheveux, que l'importation en fut considérée comme ruineuse pour la France. Colbert eut l'intention de la restreindre, sinon de la supprimer, et il fit fabriquer des perruques de crin et de filasse, qui furent essayées devant le roi; mais les perruquiers, menacés dans leur industrie, firent comprendre au ministre que l'Europe entière était tributaire de la France, en fait de perruques, et que le prix de ces perruques, exportées à l'étranger, compensait amplement le prix des cheveux, non travaillés, qu'on importait dans le royaume.

Les mouches, que les lois somptuaires n'avaient jamais contrariées, prirent aussi un prodigieux développement; les hommes eux-mêmes avaient voulu en porter. Dans les *Maximes morales et chrestiennes pour le repos des consciences* (1649), il est dit qu'on voit des « abbés frisés, poudrés, le visage couvert de mouches, tous les jours, dans un habit libertin, parmi les cajoleries des cours et des Tuileries. » Mais les hommes eurent le bon sens de laisser aux femmes une mode qui n'avait été inventée que pour elles et par elles. Le choix et la pose de ces mouches n'étaient pas une petite affaire : une femme passait une heure à les ajuster. Quant à la forme de ces mouches, on reconnaissait celles qui venaient de la *bonne faiseuse*; les mouches rondes se nommaient des *assassins*; chacune avait d'ailleurs un nom particulier, suivant la place qu'elle occupait sur le visage : près de l'œil, c'était la *passionnée;* au coin de la bouche, la *baiseuse;* sur les lèvres, la *coquette;* sur le nez, l'*effrontée;* sur le front, la *majestueuse;* au milieu de la joue, la *galante.* Le masque, comme les

Fig. 280. — Dames en costume d'intérieur.

N° 1. *Damoiselle en habit de chambre;* d'après Wolfgang. « Le négligé, dès 1672, consistait, dit M. Quicherat, à s'habiller de noir avec un tablier blanc. » — N° 2. *Femme de qualité en déshabillé négligé;* d'après Suzanne Maria J. S. Cette dame est vêtue de la *robe battante,* sans ceinture, imaginée par M°° de Montespan et surnommée l'*innocente* (v. page 556). Elle porte des mouches.

mouches, devait survivre longtemps au règne de Louis XIV ; voici les règles que comportait son usage, d'après le *Traité de la Civilité* (1695) : « A l'égard des dames, il est bon de savoir, qu'outre la révérence qu'elles font pour saluer, il y a le masque, les coiffes et la robe, avec quoi elles peuvent tesmoigner leur respect ; car c'est incivilité aux dames d'entrer dans la chambre d'une personne à qui elles doivent du respect, la robe troussée, le masque au visage et les coiffes sur la teste, si ce n'est une coiffure claire. C'est incivilité aussi d'avoir son masque sur le visage en un endroit où se trouve une personne d'éminente qualité, et où on peut en estre aperçu, si ce n'est que l'on fust en carrosse avec elle. C'en est une autre d'avoir le masque au visage en saluant quelqu'un, si ce n'estoit de loin; encore l'oste-t-on pour les personnes royales. » L'éventail n'était pas moins nécessaire que le masque à une femme qui voulait se donner des airs de grande dame; l'éventail était comme un sceptre dans la main d'une femme, mais encore fallait-il s'en servir avec grâce et avec adresse. Il y avait des éventails du plus grand prix, peints sur vélin ou sur soie par les meilleurs peintres, et montés sur des lames de bois de senteur, de nacre, d'ivoire ou de métal.

Le costume des hommes, tel qu'on le portait en 1664, ne saurait être mieux décrit qu'il l'a été satiriquement par Molière, dans *l'École des maris* :

> Ne voudriez-vous point, dis-je, sur ces matières,
> De vos jeunes muguets m'inspirer les manières,
> M'obliger à porter de ces petits chapeaux
> Qui laissent éventer leurs débiles cerveaux ;
> Et de ces blonds cheveux, de qui la vaste enflure
> Des visages humains offusquent la figure ?
> De ces petits pourpoints, sous les bras se perdant ?
> Et de ces grands collets, jusqu'au nombril pendant ?
> De ces manches qu'à table on voit tâter les sauces ?
> Et de ces cotillons appelés haut-de-chausses ?
> De ces souliers mignons, de rubans revêtus,
> Qui vous font ressembler à des pigeons pattus ?
> Et de ces grands canons où, comme en des entraves,
> On met tous les matins ses deux jambes esclaves ?

Quatre ans plus tard, cet habillement n'avait presque pas changé, lorsque, dans la comédie de *Don Juan*, Molière le critiquait encore avec la même verve, en faisant parler un de ses personnages, le paysan Pierrot, qui décrivait ainsi le costume des courtisans : « Ils avont des cheveux qui ne tenont point à leu tête et ils boutont ça après tout, comme un gros bonnet de filace. Ils ant des chemises qui ant des manches où j'entrerions tout brandis, toi et moi. En glieu d'haut-de-chausse ils portont un garde-robe aussi large que d'ici à Pâques ; en glieu de pourpoint, de petites brassières qui ne leu venont pas jusqu'au brichet ; et, en glieu de rabat, un grand mouchoir de cou à réziau, aveuc quatre grosses houpes de linge qui leu pendont sur l'estomaque. Ils avont itou d'autres petits rabats au bout des bras, et de grands entounois de passement aux jambes, et, parmi tout

Fig. 281 et 282. — Tenues de duel et d'escrime.

N. B. Cette figure rapproche deux époques différentes : celle de Henri IV et celle de Louis XIV.

ça, tant de rubans, tant de rubans, que c'est une vraie piquié. Ignia pas jusqu'aux souliers qui n'en soyont farcis tout depis un bout jusqu'à l'autre ; et ils sont faits d'une façon que je me romprais le cou aveuc. » Ces souliers, qui faisaient ressembler les hommes à des *pigeons pattus*, étaient décorés de rubans sur les côtés de l'empeigne et surmontés de rosettes d'où saillaient trois ou quatre longues ailes de dentelles montées sur fil de fer. Cette *garde-robe* large, qui remplaçait le haut-de-chausses, était une ample culotte, qu'on appelait *rhingrave*, tombant tout droit, comme un jupon, jusqu'au dessous du genou, mode hollandaise introduite à la cour par le comte de Salm, *rheingraf* (comte du Rhin). « J'ai chez moi, dit le tailleur du *Bourgeois gentilhomme*, de Molière, joué à Chambord en 1670, j'ai chez moi un garçon, qui, pour monter une *rhingrave*, est le plus grand génie du monde. » Les manches bouffantes de la chemise sortaient abondamment des demi-manches du pourpoint, de ces *petites brassières* qui finissaient au-dessus du coude. Les rubans et la dentelle composaient toute la décoration de l'habillement.

Fig. 283. — Gentilshommes français (1675-1694); d'après Saint-Jean, Bonnard et Trouvain.

Les n°° 1 et 4 sont en habit d'épée. — Le n° 2, en habit d'hiver, avec le manchon. — Le n° 3 représente *Monsieur*, frère de Louis XIV en habit de cour, et le n° 5, le duc de Vendôme (1694).

Tous les cinq portent le soulier à la cavalière avec le talon rouge.

« Entre 1660 et 1680, dit le savant M. J. Quicherat dans son beau livre sur l'histoire du Costume en France, la métamorphose ne fut pas aussi complète dans la mise des femmes que dans celle de l'autre sexe. Leur habillement passa par une infinité de petits changements, dont aucun n'en atteignit le caractère fondamental. On ne sortit pas des tailles en pointe, des manches courtes et des amples jupes retroussées sur d'autres jupes étroites. » La jupe retroussée s'appelait *manteau*, dans le langage de cour, et se prolongeait en une queue, dont la mesure était réglée par la qualité des personnes. Le costume de chambre différait beaucoup du grand costume d'apparat : il consistait en une robe dite *battante*, sans ceinture, et flottant sur le corps ; cette robe, qu'on appelait aussi une *innocente*, était ordinairement de couleur sombre et même noire. La dentelle de Valenciennes et le

Fig. 284. — Dame de qualité (1690-1700).

N° 1. *Madame L. C. D. C. estant à l'église*; d'après Sandrart. Elle porte la *fontange*, une robe falbalassée et une *mante* de velours ; son visage est couvert de mouches. — N° 2. *Femme de qualité en habit d'été d'étoffe siamoise* (1687) ; d'après N. Arnoult.

point d'Alençon ne faisaient pas défaut à ces costumes négligés, non plus que les rubans et les garnitures de boutons. Mais la grande affaire des femmes était la coiffure, qui avait pris une importance majeure depuis que le coiffeur Champagne, et sa rivale la coiffeuse Martin, se disputaient toutes les têtes de la cour. Cette coiffure se composait toujours d'un amas de frisures et de boucles, mais si habilement accommodées à l'air du visage de chaque personne, que les

MODES ET COSTUMES SOUS LOUIS XIII ET LOUIS XIV.

N°s 8, 10. — 1625-1628. Gentilhomme courtisant une femme du peuple. — Cet élégant porte la collerette en *rotonde*, le manteau drapé sur un bras ; son chapeau est orné de deux longues plumes en *queue de renard*. Le pourpoint, ouvert par le bas, est taillé. Le baudrier, passant par dessus, supporte une longue rapière, les manches ont de hauts *rebras*, la culotte est flottante. Les gants au haut poignet dentelé largement sont de ceux qu'on appelait : *A l'Occasion*, *à la Phyllis*, *à la Cadenet*.
La femme est chaussée du *muletin* renfermé dans une galoche nouée, à épaisse semelle, en usage pour celles qui allaient à pied. La coiffe est celle des femmes du menu peuple, avec la pièce de lingerie, appelée *bavolette*, retombant sur les épaules. La collerette, en rabat largement ouvert, est portée ici sans le fichu qui recouvrait la gorge. — D'après Saint-Igny.

7. — 1628. « Gentilhomme françois se trouvant en quelque assemblée où « il se retire derrière la presse, se couvrant un peu de son manteau « pour voir sans estre veu. » — Les tiges des bottes à entonnoir furent à ce moment épanouies en un large revers, recouvert, en partie, par le *bas à botter*. Le *surpied*, de grande dimension, était découpé en quatre feuilles. Le manteau, bordé en bandes, était doublé de fric. Le chapeau, feutre ou castor, était bas de forme, à grands bords et toujours empanaché. — D'après Saint-Igny ; gravé par Briot fils.

9. — 1675. Gentilhomme en habit de cavalier. — Graveur anonyme.

1. — 1675. Dame en déshabillé, allant par la ville. — Cette dame, masquée, porte la coiffure *hurlupée* ou *hurluberlu*, une mante, une robe ample retroussée sur une jupe étroite, celle du milieu, la *friponne*, don on faisait montre. Les chaussures pointues sont à haut talon. I masque, percé de deux trous seulement pour les yeux, est de crê noir.

N°s 4. — 1678. Femme de qualité en habit d'hiver. — Les grands collets en poin coupé étaient disparus depuis 1672 ; ou se tenait les épaules nue dans les réunions ; pour sortir, on mettait soit un mouchoir, soit un *palatine*, de dentelle pendant l'été, de martre pendant l'hiver. I jupe de cette dame est soutachée de bandes de chenille ; le mante ou jupe traînante était maintenu ouvert par des agrafes, mais ne le relevait plus. Le manchon était fort étroit. — Gravure *Mercure galant*, dessinée par Saint-Jean.

5. — 1688. Femme de qualité en habit d'été, à la grecque. — La coiff de cette dame est faite de ces tissus légers que l'on appelait *transparents*. — D'après N. Arnoult.

3. — 1694. Femme de qualité en costume de ville. — Le goût s'était alo attaché aux ramages. Les dentelles de tout prix, depuis la *gueuse* la *neige* jusqu'aux plus dispendieuses, étaient employées pour ch marrer en même temps les corsages et les jupes ; la jupe volan était alors complètement rejetée en arrière. Cette dame est coiff de la fontange. — D'après Saint-Jean.

11. — Même époque. Dame en habit de cheval. — D'après Johann Andre von Oreutz.

2. — 1695-1700. Monseigneur le duc d'Anjou. — D'après Cornelis Dancker

6. — Même époque. Monsieur le duc de Bourbon. — D'après Joha Georg. Wolffgang.

TYPES DE LA MODE SOUS LOUIS XIII & LOUIS XIV

femmes de chambre ne pouvaient plus lutter avec le coiffeur ou la coiffeuse à la mode. Ces artistes en cheveux avaient inventé la coiffure *hurlupée* ou *hurluberlu*, dans laquelle les tire-bouchons étaient remplacés par des boucles serrées les unes contre les autres à plusieurs étages, descendant à peine au-dessous des oreilles. « Imaginez-vous, écrit Mme de Sévigné à sa fille, la comtesse de Grignan, une tête partagée à la paysanne jusqu'à deux doigts du bourrelet. On coupe les cheveux, de chaque côté, d'étage en étage, dont on fait de grosses boucles rondes et négligées, qui ne viennent pas plus bas

Fig. 285. — Jeunes élégants des deux sexes. — Costumes de la fin du siècle.
D'après Bonnard, Trouvain, Mariette, etc...

qu'un doigt au-dessous de l'oreille : cela fait quelque chose de fort jeune et de fort joli, et comme deux gros bouquets de cheveux trop courts. »

Mlle de Fontange, suivant un jour la chasse du roi, fut décoiffée par le vent; elle s'avisa de nouer avec un ruban ses beaux cheveux blonds, et les bouts de ruban lui retombaient sur le front. Louis XIV trouva l'invention si jolie qu'on en fit une mode. Mais le ruban s'associa un bouquet de dentelle qui formait aigrette; il se changea ensuite en bonnet, dont la passe, façonnée en rayons, se dressait en l'air. La coiffure nouvelle, qui avait reçu le nom de *fontange* et qui le garda toujours, s'était singulièrement compliquée de boucles de cheveux et de rubans. Louis XIV, qui l'admirait d'abord, la trouva fort enlaidie ; mais les femmes ne furent pas de son avis, puisqu'elles s'obstinèrent à la conserver. « Les fontanges, dit Saint-Simon dans ses Mémoires, étoient un bastiment de fil d'archal, de rubans, de cheveux et de toutes sortes d'affiquets, de deux pieds de haut, qui mettoient le visage des femmes au milieu du corps. Pour peu qu'elles remuassent, le bastiment trembloit et menaçoit ruine. » La Bédollière, dans son *Histoire de la mode en France*, complète ainsi la description de Saint-Simon : « Des morceaux de toile roulés en tuyaux d'orgue étoient comme les colonnes de cet édifice d'ordre composite, dont l'ensemble s'appeloit une *commode*, et dont chaque pièce essentielle avoit un nom spécial. » Tous les noms bizarres des pièces de la fontange sont détaillés dans la comédie de Regnard, *Attendez-moi sous l'orme* (1695).

Depuis que le justaucorps avait remplacé le pourpoint, la mode avait pris, pour les hommes, un caractère plus sérieux ; car le justaucorps, au lieu d'être en étoffe de soie comme le pourpoint, était fait de drap, de frise, de ratine, ou de petite laine, comme la serge, le camelot ou le droguet. *Le Mercure galant*, rédigé par de Visé, disait en 1677, à propos de la mode des hommes : « Plus d'étoffes somptueuses ; l'élégance est dans la coiffure, la chaussure, la beauté du linge et de la veste. » La veste, en effet, avait conservé seule les broderies, les chamarrures, les dentelles et les rubans. La garniture des boutons était en soie jaune ou blanche, pour imiter l'or ou l'argent, qui avaient disparu tout à fait de l'habillement masculin. On les vit reparaître en 1686, car nous lisons dans le *Discours sur les causes de l'extresme cherté qui est aujourd'hui en France* (1686) : « La dissipation des draps d'or, d'argent, de soye et de laine, et des passemens d'or et d'argent et de soye, est très grande : il n'y a chapeau, cape, manteau, collet, robe, chausses, pourpoint, jupe, casaque, colletin, ny autre habit, qui ne soyent couverts de l'un ou de l'autre passement ou doublé de toile d'or ou d'argent. Les gentilshommes ont tous or, argent, velours, satin et taffetas ; leurs moulins, leurs terres, leurs prés, leurs bois et leurs revenus, se coulent et consomment en habillemens, desquels la façon excède souvent le prix des estoffes, en broderies, pourfileures, passemens, franges, tortilz, canetille, recameures, chenettes, bords, picqueures, arrière-points, et autres pratiques qu'on invente de jour en jour. »

Cette recrudescence de luxe s'accusa davantage dix ans plus tard, par l'exemple même du roi, qui souffrait que Mme de Maintenon fût habillée d'un damas feuille-morte, toute uni, coiffée en battant-l'œil,

Fig. 286. — Costumes de ville (1680-1700). — D'après Bonnard.
La coiffure à la Fontange.

et n'ayant pour toute parure qu'une croix de quatre diamants pendue à son cou, mais qui voulait, après tous ses désastres militaires et politiques, que sa cour fût encore la plus brillante de l'Europe : « Il s'étoit expliqué, raconte Saint-Simon, qu'il seroit bien aise que la cour fust magnifique (au mariage du duc de Bourgogne, 1697), et lui-même, qui de longtemps ne portoit plus que des habits fort simples, en voulut des plus superbes! » Au reste, Dangeau, dans son célèbre Journal, après avoir décrit l'ajustement ordinaire du roi, que caractérisait une sévère simplicité, ajoute qu'il se départait de cette simplicité dans de semblables circonstances. « Il étoit, dit-il, le seul de la maison royale ou des princes qui portoit l'ordre du Saint-Esprit dessous l'habit, excepté les jours de mariage et de grande fête, où il portoit l'ordre par-dessus, avec des pierreries pour huit ou neuf millions. » « C'en fust assez, ajoute Saint-Simon, pour qu'il ne fust

Fig. 287. — Costumes de Louis XIV et de Monseigneur (Le grand Dauphin) lors de la cérémonie de l'ondoiement du duc de Bretagne, à Versailles (25 juin 1704). — D'après un almanach.

N. B. C'est là le costume de grande cérémonie décrit par Dangeau.

plus question de consulter sa bourse ni presque son état, pour tout ce qui n'étoit ni ecclésiastique ni de robe. Ce fust à qui se surpasseroit en richesse et en invention. L'or et l'argent suffirent à peine. Les boutiques des marchands se vidèrent en très peu de jours; en un mot, le luxe le plus effréné domina la cour et la ville, car la fête eut une grande foule de spectateurs. Les choses allèrent à un point, que le roy se repentit d'y avoir donné lieu, et dit qu'il ne comprenoit pas qu'il y avoit des maris assez fous pour se laisser ruiner par les habits de leurs femmes. Il pouvoit ajouter : et par les leurs. Mais la bride étoit laschée, il n'étoit plus temps d'y remédier, et au fond, je ne sais si le roy en eust été fort aise, car il se plut fort, pendant les fêtes, à considérer tous les habits. On vit aisément combien cette profusion de matières et ces recherches d'industrie lui plaisoient ; avec quelle satisfaction il loua les plus superbes et les mieux en-

Fig. 288. — Costumes de cour. — Tirés de la *Réception faite par Philippe V, roi d'Espagne, à la princesse de Savoie, son épouse, à Figuières en Catalogne, le 2 novembre 1701.*

N. B. Cette gravure offre un exemple des queues de manteaux de cour, dont la longueur, réglée sur la qualité des personnes, atteignait jusqu'à onze aunes pour la reine.

tendus, et que, le petit mot lasché de politique, il n'en parla plus et fust ravi qu'il n'eust pas pris. »

La Bruyère, dans la première édition des *Caractères ou des mœurs de ce siècle* (1688), avait ainsi spécifié l'habillement et le caractère des gens de cour : « Le courtisan avoit ses cheveux, étoit en chausses et en pourpoint, et portoit de larges canons, et il étoit libertin. Cela ne sied plus : il porte une perruque, l'habit serré, le bas uni, et il est dévot : tout se règle par la mode. » Mais le moraliste s'était abstenu de parler de la mode chez les femmes.

Trois ans après, dans la sixième édition de son ouvrage (1691), il n'ajouta rien à ce qu'il avait dit des femmes dans la cinquième : « Si les femmes veulent seulement être belles à leurs propres yeux, et se plaire à elles-mêmes, elles peuvent sans doute, dans la manière

Fig. 289. — Femme de qualité s'habillant pour courre le bal. — D'après une gravure publiée chez Mariette.

de s'embellir, dans le choix des ajustements et de la parure, suivre leur goût et leur caprice; mais si c'est aux hommes qu'elles désirent de plaire, si c'est pour eux qu'elles se fardent ou qu'elles s'enluminent, j'ai recueilli les voix et je leur prononce, de la part de tous les hommes ou de la plus grande partie, que le blanc et le rouge les rendent affreuses et dégoûtantes; que le rouge seul les vieillit et les déguise; qu'ils haïssent autant de les voir avec de la céruse sur le visage, qu'avec de fausses dents en la bouche et des boules de cire dans les mâchoires; qu'ils protestent sérieusement contre tout l'artifice dont elles usent pour se rendre laides. »

En 1692, dans sa septième édition, la Bruyère lançait aux femmes la flèche du Parthe, en leur faisant ses adieux : « Une femme coquette

Fig. 290. — Dame de qualité recevant un message d'un petit négrillon. — (Même source.)

ne se rend point sur la passion de plaire et sur l'opinion qu'elle a de sa beauté; elle regarde le temps et les années comme quelque chose seulement qui ride et enlaidit les autres femmes; elle oublie, du moins, que l'âge est écrit sur le visage. La même parure qui a autrefois embelli sa jeunesse, défigure enfin sa personne, éclaire les défauts de sa vieillesse. La mignardise et l'affectation l'accompagnent dans la douleur et dans la fièvre : elle meurt parée et en rubans de couleur. »

Quant à l'homme à la mode, la Bruyère en a esquissé ce charmant portrait : « Iphis voit à l'église un soulier d'une nouvelle forme, il regrette le sien et en rougit; il ne se croit plus habillé. Il étoit venu à la messe pour s'y montrer, et il se cache; le voilà retenu par le pied dans sa chambre, tout le reste du jour. Il a la main douce et il l'entretient avec une pâte de senteur. Il a soin de rire pour montrer ses dents; il fait la petite bouche, et il n'y a guère de moment où il ne veuille sourire. Il regarde ses jambes, il se voit au miroir : l'on ne peut être plus content de personne qu'il l'est de lui-même. Il s'est acquis une voix claire et délicate, et heureusement il parle gras. Il a un mouvement de tête et je ne sais quel adoucissement dans les yeux, dont il n'oublie pas de s'embellir. Il a une démarche molle et le plus joli maintien qu'il est capable de se procurer. Il met du rouge, mais rarement, il n'en fait pas habitude : il est vrai aussi qu'il porte des chausses et un chapeau; et qu'il n'a ni boucles d'oreille ni collier de perles; aussi ne l'ai-je pas mis dans le chapitre des *Femmes*. »

Fig. 291. — Cavalier avec une dame en croupe.
D'après La Belle (Della Bella).

ANNEXE

EXPLICATION DE LA PLANCHE DOUBLE, PAGE 470.

L'entrée triomphante de Leurs Majestés Louis XIV et Marie-Thérèse d'Autriche dans la ville de Paris, le 26 août 1660, à l'occasion de la signature de la paix générale et de leur heureux mariage.

Les mentions mises sur la planche même indiquent la place des différents personnages ou corporations qui prirent part à cette grande fête ; mais un peu plus de détail est nécessaire pour faire apprécier le luxe d'apparat déployé dans cette cérémonie dont, en 1662, il fut publié, par les soins de la ville de Paris, une relation officielle.

La marche se divise en deux parties bien distinctes : 1° *Les corps constitués* qui, formés dans un lieu de réunion à eux assigné, allèrent successivement présenter leurs hommages au roi et à la reine placés sous le *haut-dais* ou *trône royal*, érigé à l'extrémité du faubourg Saint-Antoine et représenté dans notre planche, p. 468, puis reprirent la tête du cortège. 2° *L'Entrée ou Cavalcade de la cour*, qui suivit, après le défilé des corps constitués.

N. B. La gravure originale étant divisée en quatre bandes et notre réduction en douze, on doit, pour l'intelligence de l'ordre du cortège remettre ainsi les bandes bout à bout : 3-2-1 ; 4-5-6 ; 9-8-7 ; 10-11-12.

I. Ordre des corps constitués.

1° LE CLERGÉ.

Le clergé se divisait en *régulier*, représenté par les *quatre ordres mendiants* (Cordeliers, Jacobins, Augustins et Carmes) qui marchaient en tête, et *séculier* représenté par les trente-sept paroisses de Paris, les archiprêtrés de Saint-Séverin et de Sainte Marie-Madeleine marchant les derniers côte à côte, chaque paroisse précédée de sa croix et de sa bannière et guidée par un garde du corps. Chaque ecclésiastique, en passant devant LL. MM., les saluait d'une profonde inclination, sans s'arrêter.

2° L'UNIVERSITÉ.

Ce corps, qui marchait à pied comme le clergé, se composait des facultés des arts, de médecine et de théologie (bacheliers, licenciés et docteurs, précédés des bedeaux avec leurs masses sur l'épaule) le recteur marchant en dernier, avec le doyen de la faculté de théologie à sa gauche.

Le cortège fit halte pour le discours du recteur qui assura LL. MM. des respects et soumissions de ce savant corps que le roi reconnaissait pour sa fille aînée, et auquel le roi répondit en personne, ainsi qu'aux orateurs suivants.

3° LA VILLE.

Suivait le Corps de Ville, en un cortège dont les principales divisions étaient : 1° les archers de la ville ; 2° les pages et le cheval de parade du gouverneur de la ville, duc de Bournonville ; 3° le gouverneur lui-même, que la ville laissa sur le trône d'où il repartit avec LL. MM. pour escorter la reine ; 4° le prévôt des marchands, M. de Sève, suivi des échevins ; 5° les conseillers de ville et les seize quarteniers ; 6° les maîtres des six corps des marchands (draperie, épicerie, mercerie, pelleterie, bonneterie, orfévrerie) ; 7° les cinquanteniers, dixeniers et notables bourgeois, suivis des marchands maistres tailleurs d'habits.

Discours du prévôt des marchands et réponse du roi.

4° LE CHATELET.

Venait ensuite le Châtelet, marchant dans cet ordre : 1° le chevalier du guet suivi de cent archers du guet et de trois cavaliers dont l'un portait un casque, le second des gantelets et le troisième une enseigne; 2° les sergents à verge; 3° les notaires, au nombre de quatre-vingts, à cheval; 4° le greffier en chef; 5° les lieutenants civil, criminel et particulier, montés sur des mules; 6° les conseillers au Châtelet au nombre de vingt; 8° quatre-vingt-douze procureurs, à cheval.

Discours par le lieutenant civil.

5° LA COUR DES MONNAIES.

6° LA COUR DES AIDES.

7° LA CHAMBRE DES COMPTES.

Ces différents corps de magistrature furent successivement admis sous le dais royal, où les premiers présidents Pajot, Amelot et de Nicolaï firent des discours au roi qui leur répondit.

8° LE PARLEMENT.

Venait en dernier ce corps, le plus important de tous, précédé du lieutenant criminel de robe courte à la tête de ses quatre-vingts archers, conduit par son premier président de Lamoignon et composé de cent quarante conseillers.

Une députation fut reçue sous le dais royal, mais l'auteur de la relation dit que le premier président se borna à faire au roi un simple compliment pour l'assurer du respect de la compagnie et ne fait pas mention de la réponse du souverain. Il semblerait que les souvenirs de la Fronde eussent laissé subsister un certain froid entre cette cour souveraine et le monarque absolu.

II. Entrée ou cavalcade de la cour.

L'ordre de cette cavalcade était le suivant :

1° TRAIN DE SON ÉMINENCE LE CARDINAL MAZARIN.

On peut juger de l'éclat de cette partie du cortège par l'énumération de soixante-douze mulets richement enharnachés et de onze carrosses à six et huit chevaux dont le dernier, celui du corps, était enrichi de plaques de vermeil doré et entouré de quarante estafiers, en pourpoints blancs et chausses rouges. Ce carrosse, qui portait le premier ministre, était suivi de sa compagnie des gardes à cheval, et précédé de vingt-quatre gentilshommes.

2° MAISONS ROYALES.

Le train de Monsieur, frère du roi, consistait en trente-six chevaux montés par des pages ou menés en main par des palefreniers; celui de la reine en vingt-quatre mulets dont les couvertures étaient aux armes mi-parties de France et d'Espagne. Puis suivaient les mulets du roi divisés en deux troupes de trente chacune, marchant sur une même ligne, dit le narrateur, « avec la gravité qui leur est naturelle, » et menés par des muletiers vêtus de pourpoints de satin.

3° ÉCURIES.

La narration se poursuit par la description de la Grande et de la Petite Écurie, cette dernière commandée par M. de Givry, avec ses grands chevaux que « dix-huit pages montez dessus animaient tantôt par des airs de courbettes, quelquefois par des airs de cabrioles, selon qu'ils estaient eux-mêmes animez par la veüe des regardants. »

4° CHANCELLERIE.

Non moins remarquable était le cortège de la chancellerie, où figuraient les sceaux du roi enfermés dans un coffret de vermeil doré et portés sur une haquenée blanche devant messire Pierre Séguier, chancelier de France, vêtu d'une soutane de drap d'or et garanti du soleil par des parasols de tabis violet que portaient ses pages.

5° MOUSQUETAIRES.

6° CHEVAU-LÉGERS.

On peut se reporter à notre planche de Costumes militaires (p. 234), pour se faire une idée des brillants uniformes de ces deux corps d'élite, dont le premier était divisé en deux compagnies, sous MM. de Marsal et d'Artagnan, et dont le second avait pour chef le duc de Navailles.

7° Prévôté de l'Hôtel.

Elle était placée sous les ordres du marquis de Sourches, grand prévôt.

8° Gouverneurs et Lieutenants du roi.

Cette réunion de gentilshommes de la plus haute noblesse, gouvernant pour le roi dans les provinces, et qui déployaient dans leur train et leur ajustement un luxe extraordinaire, étaient suivis des Cent-Suisses de la garde. Venait ensuite, précédé de dix-neuf hérauts d'armes le sieur de Breton, héraut d'armes de France, au titre de Montjoie-Saint-Denis.

9° Officiers de la couronne.

C'étaient : 1° le grand maître de l'artillerie, marquis de la Meilleraye; 2° les maréchaux de France: MM. Fabert, Clérambaut, La Ferté, de Villeroy et d'Estrées, doyen du corps marchant deux à deux; 3° le comte d'Harcourt, grand écuyer, portant l'épée royale.

10° LE ROI.

Précédé d'un dais ou poêle porté alternativement par les échevins et les gardes des six corps de marchands, paraissait enfin le roi, vêtu *d'un habit en broderie d'argent trait par bord*, un bouquet de plumes à son chapeau, monté sur un cheval d'Espagne bai brun, ayant à ses côtés le grand chambellan et le capitaine des gardes du corps, et suivi des vingt-quatre archers de la garde écossaise.

A la suite du roi venaient Monsieur, son frère, monté sur un barbe blanc ; les trois princes du sang : M. le Prince, le duc d'Enghien son fils et le prince de Conti son frère ; puis le comte de Soissons seul.

En arrière suivaient les deux cents gentilshommes, *à bec de corbin* (Voir la planche *Costumes de l'armée*, p. 234), commandés par le marquis d'Humières et le comte de Pequilin-Lauzun, reconnaissables à leur hache d'armes, à manche recouvert de velours bleu, et à tête dorée, terminée par un marteau et un bec de faucon.

11° LA REINE.

De même que le roi, la reine était précédée d'un dais. Elle était seule dans sa calèche découverte, doublée d'une riche étoffe d'argent bordée d'or trait et surmontée d'un petit baldaquin. Le duc de Bournonville, gouverneur de Paris à droite, le duc de Guise sur un cheval turc à gauche, et l'ambassadeur d'Espagne un peu en arrière, entouraient cette voiture, suivie des carrosses du corps à six chevaux, où avaient pris place les princesses du sang et les dames d'honneur.

Le cortège de la reine était suivi des gardes du corps, au nombre de cent quatre-vingts, et cent trente gendarmes fermaient la marche.

Le roi et la reine, partis du château de Vincennes et arrivés sous le dais ou trône royal, vers huit heures du matin, étaient rendus au Louvre à six heures du soir.

TABLE DES ILLUSTRATIONS

CONTENUES DANS LE VOLUME.

N. B. Les chromolithographies et les planches hors texte sont placées en regard des pages indiquées à la table.

CHROMOLITHOGRAPHIES.

	Pages.
Pl. 1. — Louis XIII à seize ans. — Figures de Crispin de Pas............... Peinture de M. Legrand. — Lithographie de M. Urrabieta.	Frontispice.
Pl. 2. — Paris sous la Ligue. — D'après d'anciens documents.................... Aquarelle de M. Bayalos. — Lithographie de M. Nordmann.	4
Pl. 3. — Entrevue de Louis XIV et de Philippe IV, dans l'île des Faisans. — Reproduction de la tapisserie exécutée d'après le Brun............................ Aquarelle de M. Garcia. — Lithographie de M. Sigogne.	202
Pl. 4. — Le château de Chambord. — Reproduction de la tapisserie exécutée d'après le Brun, dans les douze pièces : *les Maisons royales*............................ Aquarelle de M. Sabatier. — Lithographie de M. Durin.	212
Pl. 5. — Costumes de l'armée française (cavalerie et artillerie de terre)........... Aquarelle de M. Sabatier. — Lithographie de M. Urrabieta.	234
Pl. 6. — Chevaliers de l'ordre militaire de Saint-Louis, armés par Louis XIV. — École française (Musée de Versailles).. Copie de Mlle Lenoir. — Lithographie de M. Gaulard.	248
Pl. 7. — Costumes de l'armée française (infanterie et marine).................... Aquarelle de M. Sabatier. — Lithographie de M. Urrabieta.	256
Pl. 8. — Le Pont-Neuf vers le milieu du XVIIe siècle. — D'après une peinture du temps, communiquée par M. Clément..................................... Lithographie de M. Gaulard.	420
Pl. 9, 10. — L'entrée triomphante de LL. MM. Louis XIV et Marie-Thérèse. (*Pl. double.*). Dessin de M. Gaillard. — Réduction de M. Dujardin. — Lithographie de M. Schmidt.	470
Pl. 11. — Escadron des Turcs commandé par le prince de Condé. — Carrousel de 1662. Aquarelle de M. Sabatier. — Lithographie de M. Urrabieta.	472
Pl. 12. — Escadron du prince de Condé; le cheval de bataille. — Carrousel de 1662.. Aquarelle de M. Sabatier. — Lithographie de M. Urrabieta.	474
Pl. 13. — Décor pour le théâtre du château de Versailles....................... Lithographie de M. Spiegel.	518
Pl. 14. — Types de la mode pendant le cours du siècle. — D'après d'anciens documents. Peinture de M. Legrand. — Lithographie de M. Nordmann.	538
Pl. 15. — Intérieur d'habitation seigneuriale. — D'après le Pautre................ Aquarelle de M. Bayalos. — Lithographie de M. Durin.	550
Pl. 16. — Modes et Costumes sous Louis XIII et sous Louis XIV. — D'après d'anciens documents.. Peinture de M. Legrand. — Lithographie de M. Nordmann.	556

GRAVURES HORS TEXTE.

Pages.

Pl. 1. — Histoire générale du siècle. — D'après Boquet...................... Frontispice.

Pl. 2. — La procession de la Ligue. — D'après une estampe anonyme............... 14

Pl. 3. — Création de chevaliers du Saint-Esprit (14 mai 1633). — D'après Abr. Bosse. 130

Pl. 4. — Disposition du festin fait par S. M. à MM. les chevaliers du Saint-Esprit après leur création, à Fontainebleau (16 mai 1633). — D'après Abr. Bosse............. 186

Pl. 5. — Vue intérieure du grand escalier de Versailles. — Gravé par Surugue, d'après Chevotet.. 194

Pl. 6. — Le grand carrousel de 1662. — D'après la publication de Ch. Perrault, de 1670. 196

Pl. 7. — Renouvellement d'alliance entre la France et les Suisses, fait dans l'église de Notre-Dame de Paris par le roi Louis XIV et les ambassadeurs des XIII cantons et de leurs alliés (18 novembre 1663). — D'après C. le Brun..................... 198

Pl. 8. — 1. Chasse royale; d'après Callot. — 2. La chasse au cerf. — 3. La chasse au sanglier. — 4. La chasse au chevreuil; d'après la Belle (Della Bella).............. 200

Pl. 9. — L'état glorieux et florissant de la famille royale. — Tiré de l'almanach de 1699. 204

Pl. 10. — Prestation de serment, entre les mains du roi, par M. le marquis de Dangeau, comme grand maître de l'ordre de Saint-Lazare, le 18 décembre 1695, dans la chapelle de Versailles. — Gravé par Séb. le Clerc, d'après Ant. Pezey................ 206

Pl. 11. — Les principaux supplices usités au XVIIe siècle. — D'après Callot......... 324

Pl. 12. — L'infirmerie de l'hospice de la Charité de Paris. — D'après Abr. Bosse..... 368

Pl. 13. — Sermon de saint Vincent de Paul, en faveur des enfants trouvés. — D'après Galloche... 372

Pl. 14. — Terre-plein du Pont-Neuf et perspective des deux quais du côté du Louvre; d'après Dieu. (Gravure de Simonneau et Pérelle.)............................ 452

Pl. 15. — Foire annuelle tenue à Saint-Ouen, au bord de la Seine. — D'après Israël Silvestre (1672)... 454

Pl. 16. — Reposoir, élevé pour la Fête-Dieu par Mgr Tubœuf, conseiller du roi, intendant de ses finances, sur les dessins de la Belle (Della Bella)................ 460

Pl. 17. — Haut dais ou trône royal, élevé en plein air, lors de l'entrée solennelle de Louis XIV, à Paris, à l'occasion de son mariage. — D'après J. Marot............ 468

Pl. 18. — Comédie à la cour (seconde journée; théâtre fait dans la même allée sur laquelle la comédie et le ballet de la princesse d'Élide furent représentez). — D'après Israël Silvestre... 482

Pl. 19. — Char décoratif figurant la forteresse de Montmélian, prise par Catinat (21 décembre 1691). — D'après Séb. le Clerc..................................... 486

Pl. 20. — Le bal. — D'après Abraham Bosse.................................... 544

GRAVURES DANS LE TEXTE.

Chapitre premier. — LA LIGUE.

	Pages.
Fig. 1. — Meurtre de Henri III.	6
Fig. 2. — Transport des restes de Henri III à Poissy.	9
Fig. 3 et 4. — Monnaies et médailles à l'effigie du cardinal de Bourbon.	11
Fig. 5. — Rébus sur les misères de la France.	17
Fig. 6. — Pourtrait de la Ligue infernale.	21
Fig. 7. — Le président Brisson; d'après Thomas de Leu.	25
Fig. 8. — Doublons d'Espagne.	30
Fig. 9. — Le Persée français; allégorie.	33
Fig. 10. — Entrée de Henri IV à Paris; d'après Bollery et J. le Clerc.	37
Fig. 11. — Sortie de la garnison espagnole; idem.	39
Fig. 12. — Un arquebusier, du temps de la Ligue.	42

Chapitre II. — HENRI IV ET SULLY.

Fig. 13. — Henri IV.	45
Fig. 14. — Sully; d'après Porbus.	49
Fig. 15. — Surprise d'Amiens par les Espagnols.	53
Fig. 16. — L'ancien Arsenal.	59
Fig. 17. — Baptême du dauphin et de ses sœurs.	61
Fig. 18. — Le maréchal de Biron.	65
Fig. 19. — Exécution du maréchal de Biron.	67
Fig. 20. — Frontispice du *Théâtre d'agriculture*, d'Olivier de Serres.	69
Fig. 21. — Attentat contre Henri IV, sur le Pont-Neuf.	71
Fig. 22. — Couronnement de Marie de Médicis.	75
Fig. 23. — Boîte de montre, avec effigie de Henri IV.	76

Chapitre III. — RÉGENCE DE MARIE DE MÉDICIS.

Fig. 24. — Attentat et supplice de Ravaillac.	79
Fig. 25. — Louis XIII au manège; d'après Crispin de Pas.	80
Fig. 26. — Louis XIII courant la bague. (*Même source*.)	81
Fig. 27. — Marie de Médicis, régente, et son fils; d'après Quesnel.	83
Fig. 28. — Entrée de Louis XIII à Reims pour son sacre.	87
Fig. 29. — Portrait de l'infante, fiancée de Louis XIII.	93
Fig. 30. — Louis XIII et Anne d'Autriche, Philippe d'Autriche et Élisabeth de France; d'après Firens.	95
Fig. 31. — Léonora Galigaï.	99
Fig. 32. — Meurtre de Concini.	101
Fig. 33. — Monnaies à l'effigie de Louis XIII, jeune.	104

Chapitre IV. — LOUIS XIII ET RICHELIEU.

Fig. 34. — Le Père Joseph; d'après P. de Jode.	109
Fig. 35. — Richelieu; d'après Philippe de Champagne.	113
Fig. 36. — Louis XIII; d'après Heince et Bignon.	117
Fig. 37. — Exécution de Chalais.	119
Fig. 38. — Siège du fort Saint-Martin; d'après Callot.	120
Fig. 39. — Entrée du roi à la Rochelle; *id.*	121
Fig. 40. — Harangue des échevins au roi, au retour de la Rochelle.	123
Fig. 41. — Exécution de Montmorency.	129
Fig. 42. — Le vœu de Louis XIII; d'après Abr. Bosse.	133
Fig. 43. — Cinq-Mars.	134
Fig. 44. — De Thou.	134
Fig. 45. — Dessin satirique contre Richelieu.	135
Fig. 46. — Jetons frappés en souvenir du vœu de Louis XIII.	136

Chapitre V. — LA FRONDE.

Fig. 47. — La bataille de Rocroy.	139
Fig. 48. — Séance du parlement pour la déclaration de la régence.	141
Fig. 49. — Mazarin; d'après Mignard.	145
Fig. 50. — Les drapeaux de Lens portés à Notre-Dame; d'après Cochin père.	151
Fig. 51. — Réunion de frondeurs.	155
Fig. 52. — Mme de Longueville; d'après Chauveau.	159
Fig. 53. — Jean-Robert enrôlé à la guerre de Paris; caricature.	161
Fig. 54. — Dans les armes de la ville de Paris; estampe allégorique contre Mazarin.	163
Fig. 55. — La marche de Louis XIV (18 août 1649).	165
Fig. 56. — Les justes devoirs rendus au roi et à la reine régente; d'après Humbelot.	167
Fig. 57. — Combat du faubourg Saint-Antoine.	173
Fig. 58. — Le sacre de Louis XIV; d'après le Pautre.	175
Fig. 59. — Les armes de France.	176

Chapitre VI. — LA COUR, LA FAMILLE ROYALE ET LA NOBLESSE.

Fig. 60. — Nain, bouffon de cour; d'après Goltzius.	183
Fig. 61. — Le cordier; satire contre les courtisans; tirée des *Proverbes* de Lagniet.	184
Fig. 62. — Les travailleurs en faux; *id.*; *id.*	185
Fig. 63. — Les députés de la noblesse demandent la création du juge d'armes en 1614.	186

	Pages.
Fig. 64. — La comédie à la cour	189
Fig. 65. — L'écu de France; bas-relief	191
Fig. 66. — Le dîner du roi	193
Fig. 67. — Louis XIV dans la tranchée, devant Tournay ; d'après le tableau de le Brun, gravé par Séb. le Clerc	198
Fig. 68. — Le roi à la chasse au cerf avec les dames ; d'après Van der Meulen	200
Fig. 69. — Marie-Anne-Christine-Victoire de Bavière, épouse du grand dauphin ; d'après de Saint-Jean	203
Fig. 70. — Première chambre des *appartements* ; d'après Trouvain	208
Fig. 71. — Cinquième chambre des *appartements* ; id.	209
Fig. 72. — Quatrième chambre des *appartements* ; id.	210
Fig. 73. — Portraits de Louis XIV à différents âges ; d'après des médailles	211
Fig. 74. — La reine allant à Fontainebleau ; d'après Van der Meulen (fragment)	212
Fig. 75. — Louis XIV en calèche au bois de Vincennes ; d'après Van der Meulen	213
Fig. 76. — Médaille commémorative des *appartements*	214

Chapitre VII. — LES ARMÉES ET LA MARINE.

Fig. 77. — Armement du piquier, de l'arquebusier et du mousquetaire ; d'après de Gheyn	217
Fig. 78. — Armes diverses. — Tiré des *Travaux de Mars* de Manesson-Mallet	221
Fig. 79. — Piquiers sous Henri IV ; d'après de Gheyn	222
Fig. 80. — Mousquetaires sous Louis XIII. — Tiré du *Mareschal de bataille*, par de Lostelneau	223
Fig. 81. — Mousquetaires sous Louis XIV ; *idem*.	225
Fig. 82. — Officiers au cabaret ; d'après Saint-Igny.	226
Fig. 83, 84, 85 et 86. — Supplices militaires ; d'après Callot	228
Fig. 87 et 88. — Marche des bagages de l'armée et ordre pour le campement ; d'après Van der Meulen	230
Fig. 89. — Campements fixes. — Tiré des *Travaux de Mars*	231
Fig. 90. — Les estropiés militaires ; d'après Callot.	233
Fig. 91. — Différentes espèces de canons. — Tiré des *Travaux de Mars*	236
Fig. 92. — Canons et pierriers sur leurs affûts. *Id*.	237
Fig. 93. — Grenadier allumant une grenade	239
Fig. 94. — Engagement de cavalerie ; d'après Van der Meulen	240
Fig. 95. — *Idem; idem*	241
Fig. 96. — Cavalerie en campagne ; d'après Van der Meulen	242
Fig. 97. — Cavaliers ; d'après la Belle	243
Fig. 98. — Défaite de l'armée espagnole ; d'après le tableau de le Brun, gravé par Seb. le Clerc	245

	Pages.
Fig. 99. — Les ordres de l'état-major ; d'après Rugendas	246
Fig. 100. — Turenne ; d'après Phil. de Champagne.	247
Fig. 101. — Une compagnie d'infanterie sous Louis XIII ; d'après Callot	249
Fig. 102. — Manœuvres d'infanterie et de cavalerie. Tiré des *Travaux de Mars*	250
Fig. 103. — Entrée du duc d'Enghien dans Philipsbourg ; d'après la Belle	251
Fig. 104. — Le pétard. — Tiré des *Travaux de Mars*.	252
Fig. 105. — Prise de Cambrai ; d'après Van der Meulen	253
Fig. 106. — Vauban ; d'après Bonnard	255
Fig. 107. — La coque du grand navire ; d'après Hollar	257
Fig. 108. — Navire de guerre calfaté ; d'après Dancker	258
Fig. 109. — Le navire royal avec ses divers pavillons	259
Fig. 110. — Une galère ; d'après la Belle	260
Fig. 111. — Galère attaquant un gros navire ; d'après Isr. Silvestre	261
Fig. 112. — Abr. du Quesne ; d'après Edelinck	262
Fig. 113. — Jean Bart ; d'après P. Schenck	263
Fig. 114. — Un fifre ; d'après Abraham Bosse	264

Chapitre VIII. — FINANCES, INDUSTRIE, COMMERCE.

Fig. 115. — Le château de Madrid	268
Fig. 116. — Le travail de la soie	269
Fig. 117. — Interdiction du commerce avec l'Espagne	275
Fig. 118. — Le tombeau des rogneurs, ou la justice de Louis XIII au règlement général des monnaies.	277
Fig. 119. — Nicolas Fouquet ; d'après R. Nanteuil.	281
Fig. 120 et 121. — Billet d'une loterie royale et quittance	285
Fig. 122. — Timbres royaux	287
Fig. 123. — J.-B. Colbert ; d'après Philippe de Champagne	289
Fig. 124. — Navires de guerre et navires marchands	291
Fig. 125. — Fabrication des glaces	292
Fig. 126. — La galerie des Gobelins ; d'après Séb. le Clerc	293
Fig. 127. — Le conseil du roi Louis XIV ; *id*.	295
Fig. 128. — Réception des ambassadeurs de Siam ; *id*.	297
Fig. 129. — Les magasins établis sur les frontières. Médaille	300

Chapitre IX. — LA POLICE ET LA JUSTICE.

Fig. 130. — Le tire-laine. — Tiré des *Proverbes joyeux* de Lagniet	303
Fig. 131. — Le coupe-bourse. *Idem*	305

Pages.
Fig. 132. — Gueux et mendiants. — *Rifodés; Marcandiers; Millards*. (*Même source.*)........ 308
Fig. 133. — Idem. — *Coquillards; Convertis; Sabouleux.* (*Même source.*)................ 309
Fig. 134. — Idem. — *Hubins; Polissons; Francs-Mitous.* (*Même source.*)............... 310
Fig. 135. — Idem.— *Le grand Coësre; Cagous; Marquises; Archisuposts.* (*Même source.*)....... 311
Fig. 136. — Idem. — *Courtauts de boutanche; Drilles; Narquois.* (*Même source.*).............. 312
Fig. 137. — Idem. — *Malingreux; Orphelins; Galots; Piètres.* (*Même source.*)............... 313
Fig. 138. — Le chemin de l'hôpital. (*Même source.*). 314
Fig. 139. — « On ne sort pas du cabaret comme d'une église. » (*Proverbe. Même source.*). ;.... 315
Fig. 140. — « La seureté et netteté de Paris. » Médaille..................... 317
Fig. 141. — Le grand Châtelet en 1650; d'après Isr. Silvestre................... 319
Fig. 142. — Magistrats faisant partie d'un cortège. 320
Fig. 143. — Prestation de serment du grand chancelier Pontchartrain; d'après l'Almanach royal de 1700..................... 321
Fig. 144. — L'étude du procureur; d'après Abr. Bosse..................... 323
Fig. 145. — Galériens................ 326
Fig. 146. — *Idem.*................. 327
Fig. 147. — Les quatre vérités du siècle d'à-présent. 331
Fig. 148. — Commissaires envoyés dans les provinces. Médaille................ 332

Chapitre X. — L'UNIVERSITE ET L'INSTRUCTION PUBLIQUE.

Fig. 149. — L'éducation maternelle........ 337
Fig. 150. — Cour du collège de Plessis-Sorbonne. 343
Fig. 151. — Le noviciat des jésuites; d'après Isr. Silvestre..................... 347
Fig. 152. — Dortoir du collège de Navarre...... 349
Fig. 153. — La Sorbonne; d'après Isr. Silvestre. 351
Fig. 154. — Façade du collège d'Harcourt...... 355
Fig. 155. — Le collège des Quatre-Nations; d'après Pérelle..................... 357
Fig. 156. — Séminaristes; d'après Séb. le Clerc. 358

Chapitre XI. — LES INSTITUTIONS CHARITABLES ET RELIGIEUSES.

Fig. 157. — « *Visiter les malades* »; d'après Abr. Bosse..................... 361
Fig. 158. — L'hôpital Saint-Louis; d'après Chastillon..................... 363
Fig. 159. — Mendiants estropiés.......... 365
Fig. 160. — Hôpital de Bicêtre........... 375
Fig. 161. — Jeanne-Françoise de Chantal; d'après Restout..................... 377
Fig. 162. — Costumes religieux.......... 379
Fig. 163. — Monastère du Val-de-Grâce; d'après Pérelle..................... 380

Pages.
Fig. 164. — Costumes religieux.......... 381
Fig. 165. — Jean-Jacques Olier, curé de Saint-Sulpice..................... 384
Fig. 166. — La maison de Saint-Cyr; d'après Aveline..................... 385
Fig. 167. — Séminaristes; d'après Séb. le Clerc. 386

Chapitre XII. — LE PEUPLE DES VILLES ET DES CAMPAGNES.

Fig. 168. — Paris sous Henri IV; d'après Mérian. 390
Fig. 169. — Mendiants mangeant la soupe.... 391
Fig. 170 et 171. — Gueux; d'après Callot..... 392
Fig. 172 et 173. — *Idem; id.*............ 393
Fig. 174. — La miche. — Tiré des *Proverbes joyeux* de Lagniet..................... 397
Fig. 175. — Types parisiens populaires. (*Même source.*)..................... 398
Fig. 176. — Types parisiens. — Le barbon; d'après Chauveau..................... 399
Fig. 177. — Les malheurs de la guerre; d'après Callot..................... 402
Fig. 178. — *Idem; id.*............... 403
Fig. 179. — Marche de Bohémiens; d'après Callot. 404
Fig. 180. — *Idem; id.*............... 405
Fig. 181. — Pauvres des campagnes. — Tiré des *Proverbes* de Lagniet.............. 406
Fig. 182. — La danse champêtre; d'après Stella. 408
Fig. 183. — L'aller au travail; *id.*......... 409
Fig. 184. — On plante le may........... 411
Fig. 185. — Les fiançailles; d'après Stella..... 412
Fig. 186. — La noce villageoise; *id.*........ 413
Fig. 187. — La fête des Rois au village...... 415
Fig. 188 à 192. — Cris de la rue. — Les chanteurs de chansons. — *Couteaux et ciseaux à moudre! — Bon vinaigre! — A ma bonne encre! — Chevaux pour les enfants!*.............. 417
Fig. 193 à 198. — Cris de la rue. — *A mes bons biscuits d'Hollande! — Ayez souvenance des pauvres prisonniers! — Couteaux, peignes, écritoires! — Vieilles ferrailles! — Le charlatan. — Cire d'Espagne et oublies!*............... 418
Fig. 199 à 204. — Cris de la rue. — *Aux allumettes! — A mes beaux oiseaux qui chantent! — Le violon. — Achetez des trompettes de verre! — Vues d'optique. — Maquereaux pour six sols!*....... 419
Fig. 205. — Le marchand d'images; d'après Callot. 420
Fig. 206. — Le crieur public; d'après Humbelot. 421
Fig. 207. — Le cuisinier; d'après Lasne...... 422

Chapitre XIII. — LES BOURGEOIS ET LES MARCHANDS.

Fig. 208. — Statue équestre de Henri IV sur le Pont-Neuf..................... 426
Fig. 209. — La place Royale et la statue de Louis XIII; d'après Israël Silvestre...... 427
Fig. 210. — Statue de Louis XIV sur la place Louis-le-Grand..................... 429

574 TABLE DES ILLUSTRATIONS

Pages.

Fig. 211. — Le mariage bourgeois (le contrat); d'après Abr. Bosse. 433
Fig. 212. — Satire contre les médecins. — Tiré des *Proverbes* de Lagniet. 434
Fig. 213. — Le mariage bourgeois (le soir des noces); d'après Abr. Bosse. 435
Fig. 214. — La bourgeoise; d'après Lasne. 437
Fig. 215. — Armoiries bourgeoises; d'après l'*Armorial* de Jaillot. 441
Fig. 216. — Les armes des six corps de marchands. (*Même source*.) 443
Fig. 217. — Le pâtissier dans sa boutique; d'après Abr. Bosse. 447
Fig. 218. — Entrée du Cours-la-Reine; d'après Israël Silvestre 449
Fig. 219. — Le petit pâtissier; d'après Abr. Bosse. 450

CHAPITRE XIV. — LES DIVERTISSEMENTS PUBLICS ET LES FÊTES.

Fig. 220. — *Mardi gras*; d'après Langlois dit *Ciartres*... 456
Fig. 221. — *Carême*. (*Même source*.) 457
Fig. 222. — Fous courant la ville. — Tiré des *Proverbes* de Lagniet. 459
Fig. 223. — *Paye qui tombe*; jeu forain. 461
Fig. 224. — Un artificier; d'après Abr. Bosse... 463
Fig. 225. — Le troubadour du roi 465
Fig. 226. — Réjouissance pour la paix (1633) ... 468
Fig. 227. — Arc de triomphe du faubourg Saint-Antoine (1670). 469
Fig. 228. — Carrousel de 1662. Le duc d'Enghien. 472
Fig. 229. — *Idem*. Le duc de Guise. 473
Fig. 230 et 231. — Costumes et mise en scène du ballet de *Renaud*. 475
Fig. 232. — Costumes de ballet. (*Même source*.).. 476
Fig. 233. — Idem. (*Idem*.) 477
Fig. 234. — Costumes de ballet et disposition chorégraphique. (*Idem*.) 478
Fig. 235. — Décoration et mise en scène. (*Idem*.). 479
Fig. 236. — Les plaisirs de l'île enchantée. — Troisième journée; le théâtre dressé au milieu de l'étang; d'après Isr. Silvestre 481
Fig. 237. — Idem. Id. Le feu d'artifice; *id*. 485
Fig. 238. — Galère reale d'un Argonaute; d'après Bocquet. 486
Fig. 239. — Orphée conduit par Bacchus. (*Même source*.) 487
Fig. 240. — *Ludi equestres*. Médaille. 488

CHAPITRE XV. — LE THÉÂTRE.

Fig. 241. — Grotesques; d'après des dessins originaux. 491
Fig. 242. — Baladins et mimes italiens; d'après Callot. 492
Fig. 243. — Même suite; *idem*. 493
Fig. 244. — Décoration théâtrale; *idem* 495
Fig. 245. — Vue de Paris; *idem* 499

Pages.

Fig. 246. — Frontispice du *Roman comique*. 501
Fig. 247. — Comédiens italiens appelés par Mazarin. 505
Fig. 248. — L'hôtel de Bourgogne. *Turlupin*; *Gros-Guillaume*; *Gautier-Garguille*, etc.; d'après Abr. Bosse. 507
Fig. 249. — Comédiens italiens; d'après Callot... 508
Fig. 250. — Michel Boyron, dit *Baron*. 509
Fig. 251. — Scène de *Mirame*. 511
Fig. 252. — Comédiens italiens. *Scaramouche*; *dame Ragonde*; *Romagnesi* dit le docteur *Balouard*... 513
Fig. 253. — *Idem*. *Pantalon moderne*; *Polichinelle napolitain*; *Scapin*; *Narcissin de Malalbergo*; d'après l'*Histoire du théâtre italien*, de Riccoboni.. 514
Fig. 254. — Idem. *Pierrot*; *Mezzetin*; *Capitan italien*; *Arlequin moderne*. (*Même source*.). 515
Fig. 255. — Frontispice des Œuvres de Molière. 517
Fig. 256. — Frontispice d'*Atys* de Lully. 519
Fig. 257. — Frontispice d'*Armide* de Lully 521
Fig. 258. — Types de comédiens. 522
Fig. 259. — Types de comédiennes. 523
Fig. 260. — Grotesque; d'après Callot 524

CHAPITRE XVI. — LA MODE ET LE COSTUME.

Fig. 261. — Costumes militaires sous Henri IV; d'après de Gheyn et Goltzius. 529
Fig. 262. — Costumes populaires; d'après Saint-Jean et Bonnard 531
Fig. 263. — *L'écuyer à la mode*; estampe satirique.. 533
Fig. 264. — Gentilshommes français; d'après Callot. 534
Fig. 265. — Dames françaises; *id*. 535
Fig. 266. — Gentilshommes français; d'après Abr. Bosse. 536
Fig. 267. — La *Politesse française*; d'après W. Baur. 537
Fig. 268. — Le petit chien de manchon; d'après Hollar 539
Fig. 269. — Le courtisan suivant l'édit; d'après Abr. Bosse. 540
Fig. 270. — La dame suivant l'édit; *id*. 541
Fig. 271 et 272. — Noble dame de France. Marchande de Paris; d'après Hollar. 542
Fig. 273 et 274. — Matrone parisienne. Femme des classes rustiques; *id*. 543
Fig. 275. — Gentilhomme français. (1635 à 1640). 546
Fig. 276. — *Idem. Id.* 547
Fig. 277. — L'Eau; d'après Huret et Couvay.... 548
Fig. 278 et 279. — Dames de qualité (1644 à 1650); d'après Le Blond. 549
Fig. 280. — Dames en costume d'intérieur. 552
Fig. 281 et 282. — Tenues de duel et d'escrime, sous Henri IV et sous Louis XIV. 554
Fig. 283. — Gentilshommes français (1675-1694); d'après Saint-Jean, Bonnard et Trouvain 555
Fig. 284. — Dames de qualité (1690-1700); d'après Sandrart et Arnoult. 556
Fig. 285. — Jeunes élégants des deux sexes d'après Bonnard, Trouvain, Mariette 557

	Pages.		Pages.
Fig. 286. — Costumes de ville (1680-1700). La Fontange ; d'après Bonnard	559	Fig. 289. — Femme de qualité s'habillant pour courre le bal ; d'après Mariette	562
Fig. 287. — Costumes de cérémonie de Louis XIV et de son fils ; d'après un almanach	560	Fig. 290. — Dame de qualité recevant un message d'un négrillon ; *idem*	563
Fig. 288. — Costumes de cour. (Le manteau de cour)	561	Fig. 291. — Cavalier, avec une dame en croupe ; d'après La Belle	564

RÉSUMÉ DE L'ILLUSTRATION.

Chromolithographies 16
Gravures 317

Gravures { Hors texte, imprimées sur teinte . . . . 20 }
          { Dans le texte . . . . 291 } 317
          { Fleurons, encadrements, culs-de-lampe . . . . 6 }

TABLE DES MATIÈRES.

	Pages.
PRÉFACE...	III
LISTE ALPHABÉTIQUE DES PEINTRES, GRAVEURS, ETC. dont les œuvres sont reproduites.	V

CHAPITRE PREMIER. — LA LIGUE.. 1

La Ligue; ses origines. — Les États de Blois et le meurtre du duc de Guise. — L'armée royale à Saint-Cloud. — Mort de Henri III. — Siège de Paris; procession de la Ligue. — Arques et Ivry. — Cruelle famine dans Paris. — Campagnes de Henri IV contre Mayenne et Alexandre Farnèse. — Tyrannie des Seize; meurtre du président Brisson. — Henri IV à Saint-Denis. — Les états de la Ligue. — L'abjuration. — Entrée de Henri IV à Paris. — La pacification.

CHAPITRE II. — HENRI IV ET SULLY.. 43

Caractère de Henri IV. — Administration et réformes de Sully. — L'assemblée des notables à Rouen. — Siège d'Amiens et traité de Vervins. — Mariage de Henri IV avec Marie de Médicis. — Naissance du dauphin. — Trahison et châtiment du maréchal de Biron. — Intrigues de cour et querelles de ménage. — Couronnement de la reine. — Attentat de Ravaillac; mort de Henri IV.

CHAPITRE III. — RÉGENCE DE MARIE DE MÉDICIS... 77

Procès et supplice de Ravaillac. — Caractère du jeune roi; son éducation. — Marie de Médicis proclamée régente par le parlement. — Disgrâce de Sully; influence des favoris italiens. — Rébellion des grands. — États généraux de 1614. — Mariage de Louis XIII. — Arrestation du prince de Condé. — Les Concini. — Faveur de Luynes. — Meurtre du maréchal d'Ancre supplice de Léonora Galigaï. — Disgrâce de la reine mère.

CHAPITRE IV. — LOUIS XIII ET RICHELIEU............................ 105

Richelieu en disgrâce, après la chute de Concini. — Ses rapports avec Marie de Médicis. — La reine mère s'évade du château de Blois. — Intrigues des *mécontents;* guerre civile. — Prise d'armes des protestants; siège de Montauban. — Mort de Luynes. — Entrée de Richelieu au conseil. — Richelieu premier ministre. — Conspiration de Chalais; son supplice. — Siège de la Rochelle. — Guerre d'Italie; le pas de Suze. — Nouveaux complots déjoués par Richelieu; la *journée des Dupes.* — Exécution de Montmorency. — Pouvoir de Richelieu. — Conspiration de Cinq-Mars; exécution de Cinq-Mars et de de Thou. — Mort de Richelieu. — Mort de Louis XIII.

CHAPITRE V. — LA FRONDE.. 137

Bataille de Rocroy. — Anne d'Autriche déclarée régente. — Mazarin; son caractère, son impopularité. — Émotions populaires. — L'arrêt d'union. — Le *Te Deum* de Lens. — Arrestation de Broussel. — Sédition. — La Fronde. — La cour quitte deux fois Paris. — Combat de Charenton. — Traité entre la cour et le parlement. — Rentrée solennelle du roi à Paris. — Nouvelles intrigues. — Arrestation des princes. — Guerre civile générale. — Exil de Mazarin. — Majorité du roi. — Combat du faubourg Saint-Antoine. — Les princes à l'hôtel de ville; massacre des notables. — Nouvelle rentrée du roi. — Le sacre. — Fin de la Fronde.

CHAPITRE VI. — LA COUR, LA FAMILLE ROYALE ET LA NOBLESSE...... 177

La cour et les courtisans sous Henri IV. — La cour et les courtisans sous Louis XIII. — Les grandes charges de la cour. — Les maisons des reines et des princes du sang. — La famille de Louis XIV. — La cour du grand roi. — La noblesse à la cour. — Les *appartements.* — Les résidences royales. — L'étiquette et la vie de cour.

CHAPITRE VII. — LES ARMÉES ET LA MARINE........................... 215

Les armées. — Modifications dans l'armement à partir de Henri IV. — Système de recrutement. — Discipline militaire. — Art militaire; marches et campements. — Administration; vivres; hôpitaux. — L'artillerie. — Organisation de l'infanterie en régiments. — La cavalerie. — Les grands commandements et la hiérarchie militaire. — La tactique. — La marine depuis Henri IV jusqu'à Louis XIV; progrès, splendeur et décadence.

CHAPITRE VIII. — FINANCES, INDUSTRIE, COMMERCE..................... 265

Administration financière de Sully. — Mesures prises par Henri IV en faveur de l'industrie et du commerce français. — Désordres financiers pendant la régence de Marie de Médicis; États généraux de 1614. — Les finances sous Richelieu. — Minorité de Louis XIV; misère et dilapidations. — Mazarin et Fouquet. — Colbert et son administration. — Ordre rétabli dans les finances. — Impulsion donnée aux diverses branches de l'activité nationale; développement de la marine marchande et du commerce extérieur; création de grandes manufactures. — Premiers insuccès de Colbert; rivalité de Louvois. — Mort de Colbert; ses successeurs.

CHAPITRE IX. — LA POLICE ET LA JUSTICE............................... 301

La police après la Ligue. — État des rues de Paris. — Les voleurs à main armée. — Les filous et les faux mendiants; les cours des miracles. — Création de la charge de lieutenant général de police en 1667; la Reynie. — L'organisation judiciaire. — Réforme de la procédure civile et de la procédure criminelle, sous Louis XIV. — Les supplices et les exécutions. — La justice sous l'ancien régime.

Pages.

Chapitre X. — L'UNIVERSITÉ ET L'INSTRUCTION PUBLIQUE............ 333

Décadence de l'université pendant la Ligue. — L'université après la rentrée de Henri IV à Paris. — Procès fait par l'université à la compagnie de Jésus; attentat de Jean Châtel; expulsion des jésuites. — Règlement universitaire de 1598. — L'intérieur et la discipline des collèges. — Retour des jésuites en France; nouveaux démêlés; réouverture définitive du collège de Clermont. — Richelieu et la Sorbonne. — L'université sous Louis XIV. — Le collège des Quatre-Nations. — Réforme projetée en 1665. — Le collège de Clermont devient collège Louis-le-Grand. — Rollin, recteur de l'université à la fin du siècle.

Chapitre XI. — INSTITUTIONS CHARITABLES ET RELIGIEUSES.......... 359

Mouvement des esprits vers les œuvres de charité au dix-septième siècle. — Les hôpitaux sous Henri IV; insuffisance de l'Hôtel-Dieu; l'hôpital Saint-Louis, la Pitié. — Les hôpitaux sous Louis XIII; les Incurables; les sœurs hospitalières. — Saint-Vincent de Paul, Mme Legras et les sœurs de charité. — La charité en province. — Les Enfants trouvés. — L'hôpital général. — Les grandes communautés de femmes : la Visitation, les Carmélites, les Ursulines, etc. — Les grandes communautés d'hommes : l'Oratoire, les pères de la Doctrine chrétienne, etc. — Les Missions. — Les établissements d'éducation et les maisons de refuge. — Les séminaires; Olier. — Mme de Maintenon et Saint-Cyr.

Chapitre XII. — LE PEUPLE DES VILLES ET DES CAMPAGNES.......... 387

Le peuple de Paris à la fin du seizième siècle. — Caractère du peuple parisien. — Population de Paris sous le règne de Henri IV; pauvres et mendiants. — Prospérité relative des campagnes sous ce règne. — Le peuple de Paris sous Louis XIII. — Misère générale pendant la Fronde. — État malheureux des campagnes; la taille et le passage des gens de guerre. — Les campagnes sous Louis XIV; rapports des intendants de province. — Le peuple parisien à la fin du dix-septième siècle.

Chapitre XIII. — LES BOURGEOIS ET LES MARCHANDS................ 423

La bourgeoisie après la Ligue. — Ambition de la haute bourgeoisie; lois somptuaires. — Mœurs bourgeoises; les bourgeois de Molière. — Les marchands; les jurandes. — Les armoiries des corps de métiers. — La population bourgeoise à la fin du dix-septième siècle.

Chapitre XIV. — DIVERTISSEMENTS PUBLICS ET FÊTES DE COUR...... 451

La badauderie parisienne. — Les promenades publiques. — Les fêtes populaires. — Les solennités; les entrées des souverains. — Les jeux guerriers; les carrousels. — Les ballets de cour. — Les grandes fêtes de Versailles.

Chapitre XV. — LE THÉÂTRE.. 489

Le décadence du théâtre pendant la Ligue. — L'hôtel de Bourgogne et la foire de Saint-Germain. — Les privilèges des confrères de la Passion. — Les comédiens italiens. — Le théâtre du Marais. — Mœurs des comédiens; les troupes de campagne. — Les pièces à grand spectacle; importation de l'Opéra italien. — Les acteurs célèbres. — L'*Illustre Théâtre* fondé par Molière au Palais-Royal. — L'académie de musique passe aux mains de Lully. — Mort de Molière; la Comédie-Française rue Guénégaud, puis rue des Fossés-Saint-Germain des Prés.

Chapitre XVI. — LA MODE ET LE COSTUME........................... 525

La mode après la Ligue. — Extravagance des modes féminines sous Henri IV. — Faste déployé dans les costumes de grandes cérémonies. — Le costume populaire, peu sujet à changements. — Régence de Marie de Médicis; modifications dans la manière de porter la barbe et premier usage de la perruque; la *cadenette*. — Costume des hommes. — Parure des femmes; les fards, l'éventail, le manchon et le petit chien. — Les édits somptuaires de 1632 et 1634. — La mode des rubans; les galants et la petite oie. — Élégance du costume masculin, sous Louis XIII; sévérité relative du costume féminin. — Les modes à la *Fronde*. — Usage définitif de la perruque sous Louis XIV. — Les mouches. — Le costume des hommes; les canons; la rhingrave, etc. — Coiffures des femmes : la *Hureluberlu* et la *Fontange*. — Recrudescence du luxe dans les costumes de cour. — La mode décrite par la Bruyère.

Annexe. — Explication de la planche double, p. 470.................. 565

Table des illustrations... 569

Table des matières... 577

www.ingramcontent.com/pod-product-compliance
Lightning Source LLC
Chambersburg PA
CBHW051321230426
43668CB00010B/1102